アフリカと共に50年

アフリカの曙光

松浦晃一郎

かまくら春秋社

アフリカ各国の国旗

北アフリカ

エジプト・アラブ共和国 / スーダン共和国 / 大リビア・アラブ社会主義人民ジャマーヒリーヤ国 / チュニジア共和国 / アルジェリア民主人民共和国 / モロッコ王国 / モーリタニア・イスラム共和国

西アフリカ

ガーナ共和国 / ナイジェリア連邦共和国 / コートジボワール共和国 / セネガル共和国 / ギニア共和国 / マリ共和国 / トーゴ共和国 / ベナン共和国

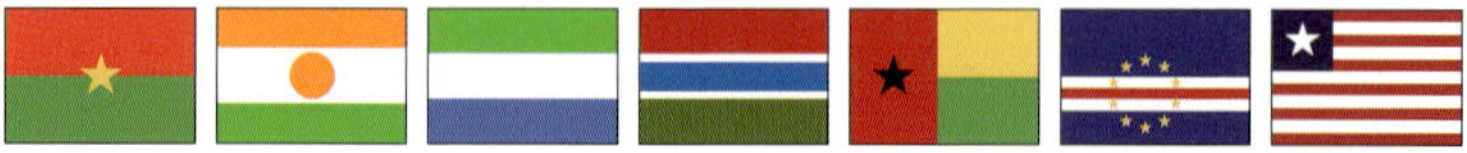

ブルキナファソ / ニジェール共和国 / シエラレオネ共和国 / ガンビア共和国 / ギニアビサウ共和国 / カーボヴェルデ共和国 / リベリア共和国

東アフリカ

エチオピア連邦民主共和国 / エリトリア国 / ケニア共和国 / タンザニア連合共和国 / ウガンダ共和国 / ブルンジ共和国 / ルワンダ共和国 / ジブチ共和国

ソマリア民主共和国 / コモロ連合 / セーシェル共和国

中部アフリカ

コンゴ民主共和国 / カメルーン共和国 / ガボン共和国 / コンゴ共和国 / チャド共和国 / 中央アフリカ共和国 / 赤道ギニア共和国 / サントメ・プリンシペ民主共和国

南部アフリカ

南アフリカ共和国 / レソト王国 / スワジランド王国 / ボツワナ共和国 / ナミビア共和国 / ジンバブエ共和国 / ザンビア共和国 / マラウイ共和国

モザンビーク共和国 / アンゴラ共和国 / マダガスカル共和国 / モーリシャス共和国

（参照：外務省ホームページ、2009 年 6 月）

アフリカ全土の地図

地中海
チュニジア
モロッコ
アルジェリア
リビア
エジプト
(西サハラ)
カーボヴェルデ
モーリタニア
紅海
マリ
ニジェール
セネガル
ガンビア
チャド
スーダン
エリトリア
ブルキナ
ファソ
ジブチ
ギニアビサウ
ギニア
ナイジェリア
シエラレオネ
エチオピア
ガーナ
リベリア
中央アフリカ
ベナン
カメルーン
ソマリア
コートジボ
ワール
トーゴ
赤道ギニア
ウガンダ
赤道
ケニア
ガボン
サントメ・プリンシペ
コンゴ
コンゴ
(民)
ルワンダ
ブルンジ
セーシェル
タンザニア
インド洋
大西洋
アンゴラ
コモロ
ザンビア
マラウイ
ジンバブエ
モザンビーク
ナミビア
マダガスカル
ボツワナ
モーリシャス
スワジランド
南アフリカ
レソト

著者　© UNESCO

2009 年 3 月、ユネスコ本部にジャン・ピン AU コミッション委員長を迎えて共同会議の折
© UNESCO

アフリカと共に50年

アフリカの曙光

装丁　林　琢真

目次

東アフリカ

中部アフリカ

南部アフリカ

はじめに

〝アフリカ〟という言葉を耳にした時、読者はどんなことを想い浮かべるだろうか。野生の動物が疾走する大平原、大平原に沈む巨大な太陽、キリマンジャロの雪、砂漠を行くキャラバン、極彩色の衣裳をまとい情熱的で土の匂いのする踊り――そういう自然の驚異や情熱的な文化。このようなイメージを持たれる読者は、アフリカについて従来から関心を持ち、アフリカをポジティブな目で見ている人たちである。他方、アフリカは文明を持たない民族が原始的な生活をしている未知なる大陸、さらには民族問題や貧困、医療問題など混沌とした大陸、それも一つのアフリカ観だろう。

残念ながら後者のイメージは、アフリカ（なかんずくサハラ以南のアフリカ）が一六世紀のヨーロッパ史上に、もっぱら金を産出する大陸として、さらには奴隷を供給する大陸として登場したことに依拠する。その後、そのような搾取を正当化するために、アフリカが文明のない暗黒大陸として強調されるようになったのである。一九世紀に入り、奴隷貿易が禁止されるようになってからも、アフリカは〝文明のない大陸〟であるが故に、キリスト教を広めることで文明を齎さねばならないと考えられ、一九世紀後半からはヨーロッパ列強国による植民地の奪い合いの対象となった。また、自然環境が厳しい地域も少なくなく、マラリアといった病気の蔓延、度重なる干ばつによる農業生産への打撃、産業の低迷などの諸問題が、多くの国を苦しめてきた。

二〇世紀後半、アフリカ諸国（サハラ以南）が相次いで独立した後も、そのような暗いイメージがなかなか払拭されなかった。さらには、各国内に存在する多くの部族間で対立が起こりがちで、政治が安定せず、国によっては今なお内戦が続いている。今世紀に入ってもまだワクチンが存在しないマラリアから解放されず、ＨＩＶ／ＡＩＤＳへの予防対策の立ち遅れから世界の感染者数の三分の二がアフリカに集中している。

ここで、データをちょっと紹介したい。アフリカには五三カ国あるので、世界の独立国一九四カ国の二七パーセントにあたる。また陸地面積は約三〇〇〇万平方キロメートルで、世界の二二・四パーセントを有する。加えて、アフリカは貴重な鉱物資源であるプラチナ、ダイヤモンド、コバルトに恵まれ、世界埋蔵量の五〇パーセント以上が存在している。一方、人口は九億二五〇〇万（二〇〇七年）で、全世界の約一四パーセントを占めるのだが、アフリカ全体の国民総生産（GDP）は、世界の二・一パーセントに過ぎない（二〇〇七年）。この数字が示すように、アフリカは世界の中で最も貧しい地域である。

こうしたアフリカへのネガティブなイメージ、貧しさを理解するには、四〇〇年続いた奴隷貿易、植民地時代の搾取、厳しい自然環境及び独立後の政治不安、更には内戦の勃発、また政治指導者層の腐敗などを今一度、振りかえってみる必要があるだろう。私は一九六一年、西アフリカのガーナに開設されたばかりの日本大使館への着任を命ぜられたのを皮切りに、機会を捉えてはアフリカには積極的に足を運んだ。アフリカは未来に向けて大きな可能性を含めた大地だったから、自分の目で確かめてみたいという気持ちに押された、と言った方が正直かもしれない。

気がついてみれば、アフリカ五三カ国中の五二カ国を訪問し、名だたる首脳達と会うことができた。これは、私の前職・外交官としても、現職・国際機関の長としても余り例を見ないと自負している。つまり本書は、アフリカの国の歴史もかいつまんで紹介しつつ、その中で、私の五〇年近くに及ぶアフリカ諸国の指導者との交流を振り返り、記憶を頼りに綴ったものである。

日本の各界においても、これからアフリカ各国との接触を深められるよう、私の経験が参考になれば大変幸いである。とはいえ、日本とアフリカの交流を記すことを主目的としていないため、国別の項目では、その国と日本の関係は非常に断片的な紹介にとどめたことを断っておきたい。そうした日本とアフリカの全般的なつながり、また私が執筆に至る経緯については、駆け足ではあるが、続く総論にまとめた。なお本書は、読破するような構成にはなっていない。分量からしても、当初の予定を大幅に超えてしまった。興味のある項目から読んでもよいように、歴史的な背景などあえて重複させた個所も少なくない点を断っておきたい。

アフリカは日本から遠くて、遠い国だ。しかし、アフリカ大陸における各国の歴史には、愚かさ、自己満足、英知、結束、希望……我々人類すべてが経験してきたベクトルが凝縮している。実は、遠くて、非常に近い国なのである。それを少しでも感じていただければ、著者としてこれに増す喜びはない。

二〇〇九年八月

松浦晃一郎

総論に代えて

私とアフリカ

一．ガーナ大使館への赴任

私がアフリカとの出会いは今から四八年前の一九六一年九月に遡る。西アフリカの在ガーナ日本大使館に、三等書記官（現地ランクで、外務省での正式なランクは外交官補）として赴任したのである。日本を出る前の私は、アフリカに対して「はじめに」で書いたようなポジティブな面とネガティブな面の両方をイメージしていたから、期待と不安が入り混じった気持ちでアフリカの大地に足を踏み入れた。

当時、サハラ以南のアフリカで、日本が大使館を開設していた国はエチオピア、コンゴ共和国（現コンゴ民主共和国）、ナイジェリアおよびガーナの四カ国だけだった。もっとも、総領事館や領事館は、南アフリカやローデシア（現在のジンバブエ）、ケニア等に置かれていた。西アフリカで独立していた一二カ国（植民地では、英国領のガンビア、ポルトガル領のギニアビサウとカーボヴェルデが残っていた）のうち、ナイジェリアはその国土の広さから、大使館の担当は当該国一カ国のみ。セネガルにも開設が予定されていた。従って、在ガーナ日本大使館は、ガーナの他にリベリア、ギニア、マリ、シエラレオネの四カ国を正式に管轄し、さらに西アフリカのその他の国々、すなわちコートジボワール、上ヴォルタ（現ブルキナファソ）、ニジェール、トーゴ及びダホメ（現ベナン）の五カ国も担当（現在は、コートジボワール、ギニア、マリ、ブルキナファソの四カ国に大使館が設置され、近くベナンにも開かれる予定）。つまり、西アフリカの一〇カ国をみていたのである。

私のアフリカ観は、ガーナに赴任して日を重ねるごとに、よりポジティブな方向へ変化していった。後から考えてみると、私の活動の拠点となった西アフリカは、東アフリカ及び南部アフリカに比べれば自然環境、生活環境ともに厳しかった。その結果、植民地時代に東アフリカや南部アフリカにはヨーロッパ人が大挙して移住していったが、西アフリカ（ポルトガル領を除いて）はそのような入植の対象にはならなかった。ヨーロッパ人で現地に赴任したのは、政府関係者およびその家族だけだった。その数も、旧英領では非常に限られていたが、旧仏領では相当数に上っていた（ただし、独立後は次第に減少）。

エイズはまだ存在していなかったが、マラリアが広範囲にわたって蔓延していた。幸い、黄熱病は駆逐され、赴任前に黄熱病の予防接種を受けていたので、黄熱病にかかる心配はないと言われたが、マラリア菌を持ったハマダラ蚊は方々におり、毎日マラリアの予防薬を服用しなければならなかった。そのうえ、アフリカには日本のような四季が存在せず、一年中三〇度を越す暑さの中で生活することは、若い私でも辛かった。また、そのころは外務省の在勤俸に現地の事情が十分反映されておらず、欧米先進国に比べて経済的に厳しい状況におかれていた。とても空調付きの家を借りることはできなかった。このような悪条件にも関わらず、私は日に日にアフリカに魅せられていった。

その理由は、まずアフリカ（サハラ以南）に文明がなかったというのは真っ赤な嘘であるということを、いろいろな書物を通して知ることができたことが大きい。私が一番刺激を受けたのは、イギリス人の歴史家バジル・デヴィッドソンが書いた『ブラックマザー』以下一連のアフリカ史である。西アフリカでは紀元後八世紀から、ガーナ、ソンガイ、マリの三大帝国が栄えたことを知り驚愕した。二番目には、ガーナ人を初めとするアフリカ人の友人が増えていったことが挙げられる。私をよく夕食などのパーティに招いてくれた彼らは、決して裕福ではなかったが、心から歓待してくれた。次第に、アフリカの音楽や踊りが大好きになり、彼らと一緒によく踊るまでになった。政治に加えて広報文化も担当していた関係で、日本の文化を紹介する講演や映画上映のためにガーナ各地を訪れる機会に恵まれた。ガーナ以外に担当していた九カ国にも折をみて出張し、その国の人々や文化にも直接、接することができた。こうした接点が、私とアフリカとの距離を縮めていった。

そして同時に私が驚いたのは、アフリカ人のインテリ層は日本のことを非常によく知っており、尊敬の念を抱いている、ということだった。それが背景にあったからこそ、若い日本人である私を非常に大事にしてくれたのだろうと思う。彼らは私に、日本について様々な質問を投げかけてきた。

しかし、日本から見ればアフリカは非常に遠い存在であった。西アフリカ在勤中は、何で日本人はもっとアフリカに関心を持たないのかと歯がゆかったほどだ。それは今になればよく分かるが、一九五〇年代にようやく戦後を脱した日本は、一九六〇年代に入って所得倍増計画を掲げ、先進国の仲間入りをすることが外交の至上命題だった。一方において日米安保条約で結ばれているアメリカとの関係を強化し、他方ではヨーロッパの先進国との協力を進めることが、日本の大きな目標だったのである。同時に、アジア諸国との関係修復（賠償協定の締結を含めて）も重要課題であり、そのような中で日本から見て地球の反対側に位置するアフリカに対して、とても関心の持てる状況ではなかった。

二．外務省の経済畑から駐仏大使に

私は一九六三年九月、二年間の西アフリカ勤務を終えて東京の外務省に戻り、経済局中近東課に籍を置いた。同課のことを「中近東アフリカ課」と訳す英語の方が実態に見合っている。と言うのは、中近東に加えてアフリカの旧英領諸国を除く国々、即ち、旧仏領、旧ポルトガル領を担当していたからだ。私はまず総務班長として、次に首席事務官（課長に次ぐ二番目のポスト）について計三年間、中近東諸国に加えてアフリカ諸国の経済関係を担当した。

当時の日本の対外経済関係の中で、アフリカの占める地位は非常に小さく、アフリカ諸国との経済関係にはほとんど関心が払われていなかった。しかし、一九六〇年代は日本の経済外交華やかなりし時代で、まず先進国の仲間入りをし、次いでOECDに加入し、そして、それに合わせて、GATT上の対日差別待遇を撤廃するという三本柱をシナリオにしていた。その関連で言えば、アフリカの旧仏領諸国には貿易上の対日差別（通常の三倍の対日差別関税）が残っていたので、これを撤廃させることが経済外交の要となってきた。従って、経済局中近東課においても、旧仏領アフリカに関心が払われるようになっていた。

私としては、西アフリカで勤務した経験からして、アフリカの人たちが日本に対して多大な尊敬と関心を持っており、また期待も大きな事を知っていたので、それに応えていかなければならないと思っていた。そのためには、日本がこれらの国に対して経済技術協力（最近の言葉では政府開発援助）を実施する必要性を感じていたが、実際にはまだ、そのような雰囲気ではなかった。ようやく一九六〇年代半ば、東アフリカ三カ国（ケニア、タンザニア及びウガンダ）との片貿易問題に端を発して、日本が円借款で協力することになった。私は直接には旧英領を担当していなかったが非常に喜ばしいことだと思い、これがアフリカ全土に広まって欲しいと願ったものだ。

一九七〇年代に入って私は外務省の経済協力局に異動となり、爾来、二〇年近く様々な形で日本の政府開発援助を担当し、一九八〇年代の終わりには経済協力局長を務めた。その過程で、私は従来のアジア中心の政府開発援助は基本的には維持しつつも、アフリカにもっと力を入れていく方向で努力した。その結果、一九六〇年前半に西アフリカで考えた事を、漸く推し進めることができるようになったのである。さらに外務審議官を二年あまり務めた後、一九九四年八月にパリに駐仏大使として赴任した。駐フランス大使を五年以上務める中で、私にとって嬉しいことの一つは、「アフリカの角」にあるジブチを兼任したことだった。

これには事情がある。一九六〇年代にアフリカ各地の旧仏領諸国が独立したが、日本が直ちに大使館を設立できない場合は、近隣に然るべき大使館があれば駐在大使に兼任を依頼するが、それが叶わないときは駐仏の日本大使が兼任する形をとっていたからだ。従って、以前の在仏日本大使はジブチやマダガスカルなども兼任していたが、その後マダガスカルに大使館が開設された。ジブチに関しては、隣国エチオピアに大使館があるとはいえ、エチオピアは英語圏であり、仏語圏のジブチを在エチオピアの大使が兼任するということは事実上難しいと判断され、駐仏大使が引き続き兼任をしていたのであった。もっとも、歴代の大使は必ずしもジブチに興味があったわけではなかったが、アフリカに大いなる関心をもっていた私は、ジブチの兼任を大歓迎した。これによって、また直接、アフリカと接する機会をもてることが非常に嬉しかった。ジブチの歴代大統領との交流については、ジブチの項を参照いただきたい。

三．対アフリカ経済協力

私にとって非常に喜ばしい出来事となったのは一九九三年一〇月、日本が音頭をとって東京で開催したTICAD I（第一回アフリカ開発会議）である。私は当時、外務省の外務審議官（経済担当）のポストにあり、同時にG7サミットのシェルパを務めていた。その資格で、TICAD Iの事務局長的な役割を負うとともに、ホストである細川総理

（当時）の補佐役を担った。

ＴＩＣＡＤ Ⅰは、今から考えても日本の外交上、画期的なイニシアティブであった。西側諸国も東側諸国も、かつては冷戦戦略の一環でアフリカにおいて勢力争いを繰り広げ、政治的な観点から援助を進めていたが、東西冷戦が終結すると、援助疲れの影響から双方とも対アフリカ支援を急速に減らしだしていた。そうした状況で、日本がむしろアフリカへの援助を増やしていることが注目されるようになり、それを踏まえて日本主導でＴＩＣＡＤを開いたので、アフリカ諸国は大きな関心を示したのである。従って、アフリカ諸国のほとんどが閣僚レベルで同会議に参加し、大統領も五名（ボツワナ、ガーナ、ウガンダ、ブルキナファソ及びベナン）が出席、ドナーや国際機関なども合わせると全体で一〇〇〇名以上が集った。

私は、Ｇ７サミットのシェルパを務めていた関係で、一連のシェルパ会合でもＴＩＣＡＤ Ⅰの意義を説明しドナーの参加を呼びかけた。ドナー側は最終的には同意してくれたが、ハイレベルの参加は難しく、全体として日本のお手並み拝見という雰囲気が非常に強かった。しかし、アフリカ諸国は積極的に関わり、日本のイニシアティブを高く評価してくれた。具体的にはそれぞれの関係国の項を参照していただきたい。

二〇〇八年五月に横浜でＴＩＣＡＤ Ⅳが開かれたときは、私はユネスコ事務局長として顔を出した。第一回から数えると、ちょうど一五年経っており、ＴＩＣＡＤは確実に定着したと感じた。アフリカの独立国ほとんど全て（五二カ国）が参加し、首脳陣（大統領、首相）は四五カ国から、その中でも大統領は三八名に達していた。これは、近年いろいろな国がアフリカと開発フォーラムを開催するようになっている中でも、飛びぬけてレベルの高いものであり、アフリカ諸国の日本に対する高い評価を反映している。その根底には、日本が一九八〇年代から一九九〇年代にかけてＯＤＡ全体を急速に伸ばし、対アフリカ援助を着実に伸ばしていった事実と実績があることは間違いない。同会議においては、当時の福田康夫総理が二〇一二年までの対アフリカＯＤＡの倍増、対アフリカ民間投資の倍増を約束した。重要なことは、その約束をこれからしっかり果たしていくことである。残念ながら、二〇〇〇年に入ってからの日本の対アフリカ開発援助は、一九九〇年代の終わりからのＯＤＡ予算削減を反映して減少の一途をたどっている。

アフリカとの経済関係においては、対アジアがそうであったように、基本的には政府開発援助、投資及び貿易の三本柱が平行して伸びていく必要がある。しかし、アフリカの場合はすぐにはそうならないので、やはり政府開発援助が先行し、それに投資、貿易が続く形が望ましいと私は思う。しかも、投資および貿易は民間主導であり、アフリカの中でも資源のある国、人口の多い国に偏りがちだ。従って、TICADⅣを契機に、このところ減少にある対アフリカ開発援助が再び伸びて欲しいと心から願っている。サハラ以南の貧しいアフリカの国々に対する無償資金協力を再び増やしてゆくことが、何と言っても鍵であると私は思っている。さらに言えば、アフリカとは、経済を軸としながらも人的交流、政治、文化といった幅広い側面でも関係を強化していってほしい。先にも述べたように、一九七〇年代頃から徐々に進んでいった人的交流が、一九九三年開催のTICAD Iに結びついたのである。ただ、アフリカからの来訪者はどんどん増加しているが、日本からアフリカへのハイレベルの訪問者は少なく、一方通行のところがある。

日本の閣僚で、最初にアフリカを訪問したのは木村俊夫外務大臣（田中角栄内閣）だった。同大臣がイニシアティブをとって一九七四年一一月、ガーナ、ナイジェリア、ザイール（現コンゴ民主共和国）及びタンザニアの四カ国を訪れたのである。次いで五年後の一九七九年にも、園田直外務大臣（大平正芳内閣）がアフリカへ赴いた。そしてさらにその五年後の一九八四年、安倍晋太郎外務大臣（中曽根康弘内閣）に対して、当時の三宅中近東アフリカ局長がアフリカ訪問を強く進言した。当時、外務省大臣官房総務課長を務めていた私は、同郷の山口県出身ということもあり、安倍大臣には随分と可愛がってもらった関係で、直接お会いできる機会にはアフリカ訪問を促した。三宅中近東アフリカ局長と相談し、親日家の大統領がいるザンビアと干ばつによる貧困や難民問題を抱えるエチオピアという対照的な二カ国を推薦したところ、同年一一月に実現した。

遠くから見ていて嬉しかったのは、二〇〇一年一月に森喜朗総理（当時）が日本の首相として初めてサハラ以南のアフリカ（南アフリカ、ケニア及びナイジェリア）に赴いたことだ。森総理は首相退任後も二〇〇三年に日本・アフリカ友好議員連盟を結成、会長に就任してアフリカとの人的交流を積極的に推進している。毎年大勢の衆参両議員をアフリカに送り、TICADⅣでは、ずっと会議の司会を務めた。現在、アフリカの指導者の中で一番名前が知られている日本の政治家は、何と言っても森喜朗元総理だろう。私はよくアフリカの指導者から、「ミスター・モリは最近どうしているか」と尋ねられる。また、森元総理の後押しで近年、アフリカ各地に大使館が毎年のように新設されている。対アフリカ外交という点から高く評価すべきことであり、こうした国々は日本がようやく本格的にアフリカに目を向けるようになってきたと、大変喜んでいる。

四．ユネスコ事務局長選挙への立候補

ユネスコは、国連が第二次世界大戦後の国際秩序を形成する政治・軍事問題を扱う中核機関としてニューヨークに設立されたのに対して、第二次世界大戦直後の一九四六年、西洋文明の中核をなす知的機関として設立された。その成り立ちから、準備はフランスとイギリスが中心となって進め、本部はパリに置かれ、初代の事務局長にイギリス人の世界的に有名な科学者ジュリアン・ハックスレーが就任した。これらに象徴されるように当初、西欧の知識階級がユネスコをリードして来たのは紛れもない事実である。

一九九九年に事務局長選挙が行われることになり、その二年前の九七年秋には外務事務当局から私に出馬要請の話が持ち込まれていた。しかし、決意を決めたのは九八年五月、中学以来の親友だった故・小渕恵三元首相との話し合いを通してである。学習院中学科で同窓だった小渕氏（当時は外務大臣）は、「成績ではいつもお前の方が上だったが、選挙は初めてだろ。俺は国政選挙でも一二連勝して一度も負けたことがないから、選挙のことは俺に任せろ」と私の背中を押してくれた。実際に立候補を表明した九八年九月の時点で、小渕氏は橋本龍太郎総理の辞任を受けて総理に就任していたが、私の選挙参謀を自称し、選挙運動のために心から尽くしてくれた。

その後、立候補者は徐々に増えて全体で一一名に及んだ。選挙運動の見地から一番重要なのは、執行委員会のメンバー国五七カ国（日本を含めるとメンバー国は五八カ国）に働きかけることだった。そこで私は、選挙期間中にこれらの国々をできるだけ多く回ることにし、結局三六、七カ国を訪問した。最初から、私以外の候補者支持をほぼ決めている国は除外した。

アフリカに関しては、ブルキナファソで開かれたアフリカ統一機構（ＯＡＵ）のサミットで、ＯＡＵがエジプトのセラゲルディン候補を支持することは決まっていたが、私を支持してほしいと、日本政府から執行委員会のメンバー国にいろいろと働きかけてもらった。私自身もアフリカ（サハラ以南）にある執行委員会のメンバー国の大半を訪問し、選挙運動を行った。その過程で、一九六〇年代に西アフリカに勤務し、以来、日本の対アフリカ協力に力を入れてきたことが大変プラスになった。その結果、ＯＡＵの決議にも拘らず、アフリカ諸国の多くから私への支持を取り付け

ることに成功したのである。（いくつかの国はＯＡＵ決議があるので一回目はセラゲルディン氏に投票するが、二回目以降は松浦氏に投票するということを内々に言ってくれた）

晴れて当選を決めた私は、ユネスコ事務局長の就任演説で次のように述べた。「ヨーロッパ中心で進められてきたユネスコという国際機関を、いち日本人が真の意味でグローバルなものに変貌させ、二一世紀に新しく飛躍する基盤をつくったという評価を得られるようにしよう」

五．アフリカ候補として再選果たす

以上のような基本的なスローガンの下で、私はユネスコの対アフリカ協力を積極的に推進し、アフリカの国々を訪問した。現在アフリカには五三カ国の独立国がある。これらの国を全て訪れる方針を固めていたが、後に述べるように、ソマリアへの渡航だけはどうしても叶わなかった。それでも、結果的には五二カ国を訪れたことは、やはり珍しいようだ。仕事柄、年がら年中会っているアフリカの指導者たちにこの話をすると、みな目を丸くして驚いてくれる。

以上のように、ユネスコ事務局長として対アフリカ協力を積極的に進めてきた結果、二〇〇四年七月にアディスアベバで開かれたアフリカ連合（ＡＵ）サミットで、全会一致で私の再選（立候補を表明する前だったが）を支持する決議を採択してくれた。従って翌二〇〇五年五月二五日のアフリカ・デーの式典をパリのユネスコ本部で行ったときに、私は再立候補を宣言、同年一〇月の総会では対立候補はなかった。執行委員会の勧告に基づき、ほぼ全員一致で再選されたのである。最初の選挙運動では日本政府が陣頭指揮してくれたが、再選に当たっては一切の選挙運動は必要ないと伝えていた。そして実に、ＡＵサミットで再選支持を受けての「アフリカの候補」として立候補することを私は公言していた。

その後二〇〇六年、二〇〇七年と私はＡＵサミットに特別ゲストとして招待され、二〇〇九年七月のリビアのシルトでの同サミットには四度目の参加をして、これまでのユネスコでの一〇年間の業績を取りまとめて報告する機会が与えられることになった。実際にはＡＵ委員会の権限について紛糾した結果、私の発言する場はなかったが、事務局長として教育、文化、科学の三つの重要な分野で対アフリカ協力をどのように進めてきたかを報告したテキストを、公式文書として配布してもらった。

六．アフリカの将来

私はアフリカの将来について決して悲観していない。その理由として次の点を挙げたいと思う。

近年、アフリカではアフリカ連合（AU）がしっかりした地域協力組織になりつつある。コナレ前AU委員会委員長は、常々、これからアフリカは「アフリカ合衆国」を目指していかなければならないと強調している。といっても、一気に「アフリカ合衆国」とまではいかないと思うが、その方向に向かって次第にAUが強化されることは結構なことである。アフリカで引き続き軍事クーデターが起こっているが、全体としては減少の方向にある。ただ、軍事クーデターが成功、或いは憲法に反するかたちで政権交代が行われると、AUアフリカ連合はその国のメンバーシップを停止するなど、非常に厳しい対応を取っている。また、内戦の際には、国連とAUとが一丸となって平和維持軍を派遣してきた。それを受けてAUの下で、アフリカ人が自らの治安維持について十分に考え、対応する方向で着実に組織化されてきている。

現在、アフリカには八つの地域経済機構が存在する。地域統合の組織としては各機構の状況にはバラつきがあるが、全体として少しずつ前進している。そして、中には経済面だけでなく、政治面、さらには平和維持面についての協力についても対応する動きが出てきている。たとえば、西アフリカの経済地域共同体（ECOWAS）について見れば、国の政治問題の解決にも介入し、更には平和維持軍も派遣するようになっている。

その結果、軍事クーデターや憲法に沿わない政権交代が最近、モーリタニアやギニア、ギニアビサウ、マダガスカル等で起こってきているが、AUさらには地域経済機構が介入して、新しい軍事政権に非常に厳しく対応し、早い時期に民主的な政治体制に移行するよう要請している。現状では、軍事クーデターをゼロにすることは難しいが、軍事政権が長続きできないような政治環境を整え、軍事政権から民主移管へのスムーズな転換を図られてきているのは事実である。

先進国側もこれらアフリカ諸国の自助努力を可能な限り援助する方向に動いてきている。現在、世界で貧困を始めとした諸問題を抱えているのがアフリカである。そのアフリカを中心に支援しようと、西欧諸国とアメリカはODAの額全体を増やし、GDP（国民総生産）に占めるパーセンテージの向上も公約する方向で動いている。唯一の例外は日本で、ODA全体での額も減っているが、GDPで占めるパーセンテージに至ってはどんどん低下し（二〇〇八年は〇・一八パーセント）、先進国の中で最下位（二一位）である。このような状態では、やはり日本がその国力に応じた国際的な責任を果たしていないと言わざるを得ない。日本のＯＤＡ総額が第一位から第五位に転落したことが日本のマスコミでは時折報道されるが、国際比較は総額ではなく、ＧＤＰ比でおこなわれる。そこでの日本は、最下位である事を忘れてはならない。財政悪化という厳しい状況に置かれていても、日本は全体としては先進国の一員である。それ相応の国際的な責任がある事を国民はしっかりと自覚する必要があると、私は予てから思っている。

Arab Republic of Egypt

エジプト・アラブ共和国

エジプト・アラブ共和国（Arab Republic of Egypt）

面積	約100万平方キロメートル（日本の約2.6倍）
人口	8,152万人
首都	カイロ
自然	国土のほとんどが砂漠。耕作に適しているのは、ナイル川のデルタ地帯と川沿いの細長い緑地帯だけ。地中海に面している北部の沿岸地方は、快適な地中海性気候だが、そのほかは、乾燥した砂漠性気候。
産業	農業（GDPの14.6%）、鉱工業（同17.5%）、貿易・金融・保険（同18.4%）、石油（同12.9%）、運輸（同10.6%）（エジプト通商産業省 Monthly Economic Digest,Sept.2006）
民族グループ	主にアラブ人（その他、少数のヌビア人、アルメニア人、ギリシャ人等）
言語	アラビア語
宗教	イスラム教、キリスト教（コプト教）

＊　＊　＊

日本は、1936年にカイロに公使館を設置して以来、良好な関係を維持している。ムバラク大統領は過去4回訪日しているほか、閣僚レベルや政治家ら要人の往来も頻繁に行われている。地理的な位置をいかし、中東・アフリカ地域における大国として、また、アラブ外交の中心として、中東和平では、パレスチナ諸派やイスラエルとのパイプを活かした活動を積極的に行うほか、イラク、スーダンなどの地域問題でも活発な外交を展開している。ユネスコの世界遺産活動の発端となったアブ・シンベル神殿をはじめとする「アブ・シンベルからフィラエまでのヌビア人遺跡群」のほか、7つの世界遺産がある。

一．五〇〇〇年におよぶ歴史

エジプトは正式名称の国名「エジプト・アラブ共和国」が表しているように、アラブ世界の指導者という顔と、南アフリカ（南ア）、ナイジェリアと並ぶアフリカの大国と呼ばれる顔とを併せ持っている。人口は八一五二万人（二〇〇八年）で、アラブ世界では最大の人口を抱えているが、アフリカ諸国と比較すると、ナイジェリアの人口のほぼ半分で、エチオピアより若干少ない第三位となる。

国連の安全保障理事会の改革に関しては、アフリカに新たな常任理事国を二つ与えるべきだという主張が強くなされているが、その際に議席を争うのは南ア、ナイジェリアおよびエジプトであろう。しかし、経済的な点でみると、エジプトの経済は農業、観光収入およびスエズ運河収入の三つを大きな柱としており、総体的には南アの経済力を大きく下回る。従って、人口一人当たりの国民総所得（GNI）は南アのほぼ四分の一の一八〇〇ドル（二〇〇八年）で、昨今の経済危機を議論するために結成された新たなG20に、南アは参加したが、エジプトは入っていない。しかし、そうであってもエジプトが最も誇りにしているのは、五〇〇〇年におよぶ長い歴史である。

エジプトは、黄河、インダス、メソポタミアと並ぶ四大文明の一つであるナイル文明の発祥地である。紀元前三〇〇〇年頃に中央集権国家が形成され、第一王朝が誕生した。そして、紀元前五世紀にペルシャに征服されるまでの二五〇〇年にわたり、高度の文明を発展させた。ピラミッド、王家の谷、アブ・シンベル神殿[*1]等を築き、また神聖文字と言われる象形文字を発達させた。ペルシャに侵入されるまで続いた二七代の王朝の間に築かれたピラミッドは、世界各地から訪れる観光客を魅了してやまない。

このようなエジプト文化の礎を築いた人々がどういう人たちであったのかは、かねてよりいろいろな説があった。わたしがまだ学生の頃に学んだ有力な説は、当時その地帯に住んでいたと思われるベルベル人[*2]であったというものだった。ベルベル人は七

1　アブ・シンベル神殿
砂岩を掘り、造られた岩窟神殿。古代エジプト第一九王朝（紀元前一二九三年頃～紀元前一一八五年頃）の王、ラムセス二世の命により建設された。太陽神ラーを祭神とした大神殿とハトホル女神を祀る小神殿からなる。ダム建設により、水没の危機にあったが、ユネスコの支援のもと完全移築され、一九七九年、「アブ・シンベルからフィラエまでのヌビア遺跡群」として世界遺産に登録された。

2　ベルベル人
北アフリカの広い地域に古くから住み、アフロ・アジア語族のベルベル諸語を母語とする人々の総称。北アフリカ諸国でアラブ人が多数を占めるようになった現在も一定の人口をもち、文化的な独自性を維持する先住民族である。イスラム教を信仰する。

世紀以降、アラブ人がイスラム教と共にエジプトに侵入してきた結果、次第に西方に押しやられ、現在でもアルジェリアおよびモロッコではかなりの規模で存在している。これらのベルベル人を、古代ギリシャ人はリビア人と呼んだ。

一方、ユネスコ発行「アフリカ一般史」の第二巻は、複数の専門家による新しい分析を紹介している。それによると、サハラ砂漠（当時は砂漠になっていないのでサハラ地帯と言うべきであろう）を越えて流入してきた黒人がエジプト文明の担い手であるという。その説によれば、当時、サハラ地帯には湖が点在し緑溢れていたが、紀元前七〇〇〇年頃から雨量が徐々に減り、砂漠化が始まった。それを境に、黒人たちが東方に移住し、肥沃なナイル川周辺に住みつくようになった結果、その人々が次第に中央集権的な国家を作りエジプト文明が生みだされたというのだ。この説を展開する専門家たちは、発掘された古代エジプト人の頭蓋骨を解剖学的に分析したり、さらにはエジプト人が神聖文字で自分たちをどう描写していたか、エジプト人以外の民族が残した文献にはエジプト人がどう呼ばれていたか、などを仔細に分析したりした上での結論なので、非常に説得力がある。

エジプトは紀元前五世紀にペルシャに支配されるが、そのペルシャを破ったマケドニアのアレキサンダー大王は、紀元前三世紀にエジプトを征服する。その時、ナイルデルタの西端に建設した新しい都市は「アレクサンドリア」と名づけられ、以後、大王の部下であったプトレマイオスが創始したプトレマイオス朝[*3]エジプトの首都として栄えた。この王朝はローマ帝国の属州となるまで三〇〇年にわたって栄えた。プトレマイオス王朝の最後に君臨したのは、かの有名なクレオパトラ女王（クレオパトラ七世）である。

その後、エジプトはローマ帝国、さらにはローマ帝国が東西に分裂した後は東ローマ帝国（ビザンチン帝国）の一部となり、それまで続いていた多神教が排除され、完

3 プトレマイオス朝
古代エジプトのヘレニズム王朝（紀元前三〇六年～紀元前三〇年）。アレクサンドロス三世（アレキサンダー大王）の死後、部下であったプトレマイオスが創始した。首都はアレクサンドリアに置かれ、ヘレニズム文化の中心として栄えた。

全にキリスト教化した。七世紀に入ってからはイスラム教徒のアラブ人が侵入してエジプトを支配するようになり、急速にイスラム化が進められた。現在、エジプトの人口の九割はイスラム教徒で、残りの一割がキリスト教時代の名残であるキリスト教徒(正確にはコプト教徒)である。

一六世紀に入るとエジプトはオスマントルコ帝国[*4]の支配を受けるが、一八世紀の終わりにはヨーロッパ支配に野心を燃やすフランスのナポレオンがエジプト遠征を行い、アレクサンドリアを占拠し、カイロにも入城をはたすものの、支配権を樹立するにはいたらなかった。この間、オスマン帝国はイギリスと組んでフランスを敗退させることに成功。オスマン帝国の将軍であったムハンマド・アリがエジプトにおける支配を確立し、さらにはエジプトを拠点にアラビア半島、スーダンに支配権を伸ばそうとした。もっとも、オスマン帝国はムハンマド・アリが巨大帝国を築くことを好まず、エジプトの中に抑え込むことにしたが、アリの子孫がエジプトで王国を興し、一九五二年までエジプトを支配したのである。

イギリスが植民地支配を確立する前の一八五九年、エジプトはフランスと組んで、地中海と紅海、インド洋を結ぶ全長一六三キロに及ぶスエズ運河の建設に着工、一八六九年に開通させた。フランスの外交官レセップス[*5]が指揮をとって進められた一〇年間に及ぶ工事には一五〇万人のエジプト人が動員され、コレラなどによる犠牲者も一〇万人を超えた。また、スエズ運河建設はエジプトが多額の対外債務を背負う結果となり、エジプトは運河の運営管理会社の株をイギリスに売却せざるを得なくなった。イギリスは一八八二年、運河の保護を理由に自国の軍隊を駐留させたことをきっかけに、エジプトを植民地とした。しかし、英国がムハンマド・アリの興した王朝をうまく利用する形で支配したので、同王朝は継続した。

4 オスマントルコ帝国
一二九九年から一九二二年までの六〇〇年以上の期間、現在のトルコを中心として領土を拡大しながら繁栄した大帝国。トルコ系の皇室オスマン家を皇帝とする多民族帝国で、現在のトルコの都市イスタンブールを首都とし、東西はアゼルバイジャンからモロッコに至り、南北はイエメンからウクライナに至る広大な領域に及んだ。

5 レセップス
(一八〇五～九四)
フェルディナン・ド・レセップス。スエズ運河の建設者。フランスの外交官。エジプト領事のときスエズ運河の構想を立てた。一八五四年、国際スエズ運河株式会社を設立し、その株式を売却することで国際世論に訴え、トルコ皇帝未承認のまま、翌年、試験掘削という名目でスエズ運河建設に着工した。

二　エジプトの独立とナセル大統領の誕生

二〇世紀に入ってからエジプトにおいてもナショナリズムが高揚し、イギリスの植民地支配に色々な形で挑戦するようになった。ついに第一次世界大戦後の一九二二年、イギリスはエジプト王国の独立を認め、ファド一世[*6]が元首として国王に即位した。ファド一世は一九三六年に亡くなり、息子がファルーク一世として王位を継承した。

イギリスはエジプトの独立を一応認めたものの、英国軍のエジプト駐留を認めさせる権利を持っていた。第二次世界大戦の終結後、英国軍はカイロやアレクサンドリアからは引き揚げたものの運河地帯には留まったため、これに反発する形でエジプトのナショナリズムは一気に熱をおびた。

エジプトは一九四八年、他のアラブ諸国と組んでイスラエル国の建設を防ぐべく戦争を始めたが敗北を喫し、ファルーク一世の権威は失墜した。五二年に至って、ガマール・アブデル・ナセル[*7]将軍を中心とする若手将校たちが起こした軍事クーデターによって、ファルーク一世は退位に追い込まれた。これらの若手将校はアンマンのムハマド・ナジブ将軍を大統領に担ぎあげ、五三年にエジプト共和国が成立する。しかし、ナジブ大統領とナセル将軍を中心とする若手将校との間で意見が激しく衝突し、若手将校たちはナジブ氏を大統領のポストから追放、五六年にはナセル氏が正式に大統領に選出された。

ナセル大統領はエジプト経済の近代化（具体的には洪水調整、農耕地の拡大、および電力の生産）を進めるために、南部の都市アスワン近くのナイル流域にアスワンハイダム[*8]の建設を決め、米英および世銀にアプローチした。当初は、よい返事を得ていたが、米国は、ナセル大統領がアラブ世界でも急進的な方向に舵取りを進め、かつ共産圏諸国とも手を結ぼうとしていると考え、ダム建設への資金援助を行わない決定を下し、イギリスや世銀も追従した。

6　ファド一世
（一八六八〜一九三六）
一九一七年、ムハンマド・アリー朝エジプトのスルタンに即位。二二年のエジプト独立とともに国王となった。

7　ガマール・アブデル・ナセル
（一九一八〜七〇）
エジプトの軍人・政治家で、アラブ連合共和国第二代大統領。インドのネールやインドネシアのスカルノと並んで、五〇年代には第三世界のヒーローだった。スエズ運河を国有化して、その通行料収入でアスワンハイダム建設費を賄おうとした。スエズ動乱で、アラブにおける名声を不動のものとした。

8　アスワンハイダム
一九六〇年に着工、七〇年に完成した、高さ一一一メートル、全長三六〇〇メートルの巨大ダム。ナイル川の氾濫防止とともに、約二一〇〇万キロワットの電力を供給する。この事業により水没するはずであったヌビア遺跡のアブ・シンベル神殿は、ユネスコの援助により移築された。

これに対して、ナセル大統領はスエズ運河の国有化を発表。その結果、イスラエルがエジプト攻撃を始め（第二次中東戦争）、英仏がイスラエルと示し合わせた上でスエズ運河地帯の支配権を確立した。これにはソ連のみならず米国も反発し、国連において英仏イスラエル軍の即時撤退を要求する決議が可決され、三カ国は軍隊を撤退せざるをえなくなった。この結果、ナセル大統領はスエズ運河の国有化を達成、エジプトのみならずアラブ世界において英雄となった。

その勢いに乗って大統領はアラブ統一をスローガンに掲げ、その第一歩として一九五八年にシリアとエジプトをアラブ連合共和国として統合した。さらに他のアラブの国々にも及ぼそうとしたところ、シリアもエジプトに対して警戒心を抱くようになり、アラブ連合共和国は解体した。しかし、大統領の急進的なナショナリズムは、アルジェリアなど他のアラブの国々にも大きな影響を与えた。

前述したように、アスワンハイダムの建設構想に米英および世銀からの融資は得られないことになったが、一九六〇年にソ連の援助の下に着工。こうして大統領は国内的に強力なリーダーシップを確立し、社会主義経済体制に向けて大きく舵を取った。銀行、保険、運輸等の企業、さらには工業部門の国営化も進めたのである。

三．日本の経済使節団が訪問

一九六四年三月、日本政府派遣の北アフリカ経済施設団（団長は小泉幸久 古河電工会長）がエジプトを訪れた（モロッコの項参照）。それに遡る五六年、新憲法に基づいて行われた大統領選挙でナセル氏は初出馬だったにも関わらず九九・九パーセントの支持率で圧勝、第二代目大統領に就任していた。しかし、大統領が力を入れて進めた国有化政策は六〇年代に入ってから必ずしも順調に進まず、経済は停滞気味だった。

当時、わたしは外務省経済局中近東課（実質は中近東アフリカ課）の総務班長をしており、その資格で同使節団に同行していた。訪問した北アフリカ六カ国の中でも、使節団を最も歓迎してくれたのはエジプトである。アリ・サブリ首相以下、主要な経済閣僚と全員会うなかで、エジプト政府として日本の産業力に注目していること、エジプトで産業を興すにあたって日本の協力を得たいという点が強調された。

エジプトは国有化政策を進めている関係上、日本からの民間投資を求めるのではなく、産業関係のプラントを借款付きで輸入したい、さらには技術協力を得たいという希望が寄せられた。実は一九五八年に「高崎借款」と言われる三〇〇〇万ドルの延べ払い枠が設定され、様々なプラント輸入に当てられ、ほとんど使い切られている状況だった。そのため、エジプトとしては、その次の信用供与額を設定してほしいということであった。また日本は、国有化されたスエズ運河の拡張工事にも民間ベースで協力して評価されており、引き続き協力をお願いしたいと頼まれた。

しかし、小泉団長が強く要望していたナセル大統領との面会に関しては、日本大使館もエジプト政府に再三、働きかけを行ったが実現しなかった。今思えば、両国間の経済関係がかなり進んでいたものの、まだ一般的な関係は希薄だったと言わざるを得ず、民間経済人からなる経済ミッションの代表が大統領に会ってもらえるような状況ではなかった。

アスワンハイダムに話を戻せば、エジプトはソ連の融資を得て一九六〇年一月に着工、四年半後の六四年五月に第一期工事が竣工し、当時のソ連フルシチョフ[*9]書記長臨席の下でナセル大統領による盛大な式典が催された。経済使節団がエジプトを訪れていた六四年三月に、わたしもダムの工事現場を訪れる機会があった。第一期工事はナイル川の水を迂回させる新しい運河の建設であり、ちょうど完成式の二カ月前だったので、大勢のエジプト人労働者たちが懸命に働いている様子を見学することができた。

アスワンハイダムは一九六九年に完成し、「ナセル湖」と名付けられた巨大な人工湖

9　フルシチョフ
（一八九四〜一九七一）
ソ連の政治家。スターリン没後、ソ連共産党第一書記、首相。スターリン批判を展開、アメリカとの平和共存を推進し「雪解け時代」をつくった。

（関東全域が入る大きさで、貯水量は黒四ダムの一〇〇〇倍）が作りだされた。電力供給も二〇〇万キロワットの電力を供給することになり、エジプト経済にとって大きなプラスであったが、同時に巨大な債務を背負うことになった。折しも、ナセル大統領の下で経済は停滞気味、また、大統領が反対党を弾圧した結果、六〇年代後半には知識階級の間で反ナセルを囁く不穏な空気が流れるようになっていた。

一九六七年には、第三次中東戦争が勃発した。エジプトをはじめ、イスラエル周辺のアラブの国々は、わずか六日間でイスラエルに徹底的に叩きのめされ、惨めな敗北はナセル大統領の権威をエジプトのみならず、アラブ世界でも失墜させた。七〇年九月、大統領は心臓麻痺で急逝、五二歳の若さであった。その後、ナセル大統領の下で副大統領を務めていたアンワール・アッ・サダト氏[*10]が暫定大統領に就任し、七〇年一〇月に大統領選挙で正式に第三代大統領に選ばれた。

四．サダト大統領の誕生とその死

サダト大統領は、一九五四年にナセル氏と一緒に立ちあがった青年将校の一人であり、爾来ナセル大統領の下で様々な閣僚のポストを歴任、最後には副大統領の座に就いた人であるが、ナセル時代は影の薄い存在だった。従って、サダト大統領が強力なリーダーシップを発揮し、それまでに確立していたナセル路線を大幅に転換するとは誰も予想していなかった。

ナセル時代、国内的に行き詰まっていた社会主義経済政策を徐々に改めて自由化を進め、また徹底的に弾圧されていた反政府抵抗勢力を認めるという方向転換を図った。その結果、イスラム原理主義運動が次第に力を得ていき、それが後にサダト大統領の命取りとなる。

最も劇的な展開を遂げたのは、対外政策の面だ。一九七三年九月、シリアと組んで

10 アンワール・アッ・サダト（一九一八〜八一）

エジプトの第三代大統領。一九七七年にイスラエルのベギン首相の招きでエルサレムを訪問。イスラエル・エジプト間の和平交渉を開始し、翌年、アメリカのカーター大統領の仲介のもとキャンプ・デービッド合意にこぎつけた。合意は、長年の敵であるイスラエルとの和解のみならず、過去の中東戦争でイスラエルに奪われていたシナイ半島の領土の返還に結び付くものであった。この合意を評価され、ベギンとともに七八年ノーベル平和賞を受賞した。

始めたイスラエルとの第四次中東戦争は決して成功とは言えなかった。しかし、休戦成立後、アメリカのキッシンジャー国務長官（当時）がイスラエルとエジプトの間を往復するシャトル外交を展開し、政治的な解決が図られた。この内容がエジプトにかなり有利なものであったので、エジプト国内におけるサダト大統領の威信は上昇した。もちろん、キッシンジャー国務長官のシャトル外交の背景には、ナセル政権が共産圏諸国との関係を重視したのに対し、サダト大統領が、むしろアメリカと手を結ぶ方向に動き出していた、という冷戦時代の構図がある。

サダト大統領は一九七七年、アラブの政治指導者としては初めてイスラエルを訪問、エルサレムにある国会で演説を行い、イスラエルとの平和的な解決を求めることを提案した。翌七八年にはアメリカのジミー・カーター大統領の招待で、イスラエルのベギン首相と共にキャンプデービッドに招かれ、有名な「キャンプデービッド合意」[*11]を結んだのである。

当時、わたしはワシントンの日本大使館の参事官を務めていたが、三者会談の様子をテレビで食い入るように見ていた。合意ができたという発表が行われたときは、これでようやく中東に新しい時代が訪れると、感無量だった。イスラエルがシナイ半島から随時軍事撤退すること、エジプトはイスラエルと外交関係を結ぶことが両者の間で約束事項として取り交わされた歴史的な合意によって一九七八年、サダト大統領とベギン首相はともにノーベル平和賞を受賞した。

そして一九七九年、エジプトとイスラエルの間で包括的な和平協定ができあがると、アメリカのみならず世界の多くの国が歓迎した。しかし、両国間の単独和平に対して、アラブ世界の反応は「パレスチナのアラブ同胞に対する裏切りである」と受け止められ、他のアラブ諸国からは糾弾を受けることになった。同年、エジプトはアラブ連盟からも除名され、同連盟の本部はカイロからチュニジアの首都チュニスに移転された。

---

11 キャンプデービッド合意
一九七八年、中東の和平問題に関し、エジプト・サダト大統領とイスラエル・ベギン首相との間でなされた合意。「平和条約締結のための枠組み」「中東和平のための枠組み」の合意文書を発表した。アメリカ・カーター大統領の招きに応じ、米国メリーランド州キャンプデービッドが舞台となった。

そうした状況の中で一九八一年一〇月、サダト大統領は軍事パレードを観閲中に銃撃を受けて死亡した。犯人はイスラム過激派に属していた軍人だった。これで、わたしが期待した中東における新時代は雲散霧消した。しかし、後から考えてみても、サダト大統領の勇敢なステップで、アラブ―イスラム関係が新しい局面に移ったことは確かである。

五．ムバラク第四代大統領の誕生

サダト大統領の暗殺後、副大統領を務めていたホスニ・ムバラク氏[*12]が大統領に昇格した。ムバラク大統領はサダト大統領路線を基本的には継承したが、次の二点においてはサダト路線を変更した。

①国内的に再び反政府分子、特にイスラム原理主義者を厳しく取り締まる。

②アラブ諸国との関係を回復する。

その結果、一九八九年にエジプトはアラブ連盟に復帰し、同連盟の本部もカイロに戻った。ムバラク大統領の努力の成果が、こうしてエジプトがアラブ諸国と再び連携することにつながったと言える。

ムバラク大統領は、イスラエルとの関係を後戻りはさせないものの、それを推進する姿勢はとらなかった。しかし、アメリカとの協力関係は引き続き発展させ、たとえば、一九九〇年にアメリカ主導の多国籍軍がイラクと戦闘を開始した時、エジプトはアメリカのイニシアチブを支持した。これらの政策は国内的には必ずしも評判はよくなかったため、大統領はイスラム原理主義者の過激派を一層厳しく取り締まる方向に動いていった。

話は変わるが一九九九年、わたしはユネスコ事務局長選挙の過程でエジプトのセラゲルディン候補と厳しく対立したが、日本政府の強力な後押しを受けて、相手の支持

12　ホスニ・ムバラク
（一九二八〜）
軍人で政治家。エジプト第四代大統領。一九八一年、大統領就任以来、安定政権を維持している。かつては親ソ派であったが、冷戦崩壊後は親米派に転じた。また長期にわたる独裁政治のためか、暗殺の危機に直面したこともある。

基盤を崩すことに成功した。セラゲルディン候補は第一回の投票（一九九九年九月の執行委員会で）で七票、わたしは二〇票を獲得。二回目の投票では、同候補は四票、三回目では三票と次第に支持票を失い、三回目の投票で三四票を得たわたしが、ユネスコの事務局長に当選したのである。

　セラゲルディン候補は当時、世銀の副総裁（副総裁は約三〇人おり、ユネスコでいうと一〇人いる事務局長補に相当する）の一人であった。選挙の後はエジプトに戻り、ムバラク大統領が力を入れて建設したエジプト国立アレクサンドリア図書館[13]の館長となっている。ユネスコ事務局長選挙で惨敗したことで、同氏は誇りを大きく傷つけられたと聞いた。そこで、わたしもセラゲルディン氏がユネスコ本部を訪ねてこられる際には、丁重な応対を心がけている。

　折しも二〇〇九年四月、ユネスコと世界の主要な図書館（三二機関）を結ぶ「世界デジタル図書館」が開館した。同プロジェクトは、アメリカの国会図書館のビリントン館長とわたしが中心になって推進してきたもので、エジプトのアレクサンドリア図書館にも重要な役割を演じてもらった。そんな次第で、今ではセラゲルディン氏とも定期的にお会いするようになっている。

六．ユネスコ事務局長としてのエジプト訪問

　エジプトは冒頭で書いたようにアラブ世界の雄であり、またアフリカの中でも非常に影響力の大きい国であるので、わたしはユネスコの事務局長としてエジプトとの協力関係はしっかり築いていく必要があると最初から考えていた。従って、二〇〇〇年一月、事務局長に就任してわずか二カ月後のことであったが、エジプトの首都カイロで開かれたアラブ地域の教育大臣会議に出席した。この会議は、同年四月にセネガルの首都ダカールで開かれる第二回「万人のための教育世界会議」（第一回は一九九〇年

13　アレクサンドリア図書館
図書館兼文化複合施設。「新アレクサンドリア図書館」とも呼ばれる。二〇〇一年八月に完成。初代館長はイスマイル・セラゲルディン。紀元前三〇〇年頃、プトレマイオス朝のファラオ、プトレマイオス一世によって造られた古代図書館があったとされる近くに建設された。

にタイのジョムチアンで開催）の準備として、世界各地で教育大臣を集めた会議だった。

カイロでは、ムバラク大統領とスーザン・ムバラク大統領夫人にもお会いした。ファーストレディーは大変な賢夫人で、エジプト国内では教育面、文化面など多方面で活躍され、国際的にも著名な方である。夫人にも、ユネスコとの協力などについて貴重な意見を伺うことができた。しかし何と言っても、ムバラク大統領との初めての出会いは有意義だった。大統領も私もユネスコ事務局長選挙については一言も触れず、むしろムバラク大統領から「ユネスコ事務局長当選おめでとう」という温かい言葉をいただき、今後のエジプトとユネスコの協力関係について、教育文化関係を中心にいろいろ話し合った。わたしは、大統領の積極的な協力姿勢に大いに元気づけられたのである。

その際に、ムバラク大統領と夫人から「今度はぜひ、一週間くらい時間をかけて、ゆっくりエジプトを訪問してください」というお誘いがあった。わたしは、すでに三回エジプトを訪れていた。一九六三年八月にガーナからの帰国の途中に立ち寄ったのが最初であり、六四年三月には北アフリカ経済使節団の一員として、さらに九五年四月には駐仏大使として兼任していたジブチ訪問後にカイロに立ち寄っていた。しかし、まだ王家の谷[*14]やアブ・シンベル神殿やアレクサンドリアへは行ってなかった。通常、ユネスコの事務局長としての公式訪問は二日程度だが、ムバラク大統領夫妻の申し出を受けて二〇〇一年一二月の末、一週間ほどエジプトに滞在、王家の谷やアブ・シンベル神殿を訪れた。

最も気に入ったのはアブ・シンベル神殿だった。エジプトの第一九王朝時代、最も勢力を伸ばしたラムセス二世が紀元前一二六〇年に築いたものである。神殿の入口にはラムセス二世と、数多い妃の中でも最も寵愛されたと言われるネフェルタリの巨大な像が左右に二対建てられている。その間を縫って、奥の神殿の中に入っていく形になっている。

14　王家の谷
エジプト新王国時代（紀元前一六～同一一世紀）の王墓群。エジプト中部、ナイル川東岸の都市ルクソールの対岸にある。一九二二年、ツタンカーメンの墳墓が発掘された。第一八王朝第三代トトメス一世～第二〇王朝最後の王ラムセス一一世までのほとんどのファラオが葬られた。

2009年6月17日、パリで行われたエジプト文化遺産展示会では開幕式のスピーチを行った　© UNESCO／Michel Ravassard

　一九六〇年代、エジプトはアスワンハイダムの工事に着工したが、その計画どおりにダムが建設されると、三二〇〇年あまり存続してきたアブ・シンベル神殿は水没する危機にあった。そこでユネスコが世界的なキャンペーンを展開した結果、世界約五〇カ国から移築に必要な八〇〇〇万ドルの半分が集まった。それによって、神殿を構成する岩を一〇三六のブロックに切断して、そばにある山の上への移築が可能となり、現在の形で残すことができたのである。当時の模様は、ダムの横の観光センターで展示されている。一〇三六の岩の一枚一枚に番号が付けられ山の上に運ばれていく大事業が写真に残されており、大変感激した。

　わたしがエジプトの古代の建造物を訪問していたこの時期、ムバラク大統領はシナイ半島のシャルノエルシェイクに滞在中だったが、わたしが赴くと温かく迎えてくれた。また大統領夫人ともカイロで会った。その後、二〇〇六年一二月にも、わたしはカイロで開催されたハイレベル会議「第二回万人のための教育フォーラム」に出席、オープニングを飾った大統領夫人と再会できた。

　というわけで、これまでにエジプトを五回訪問した計算になるが、うち三回はムバラク大統領との面会が叶っている。

七．ガリ元国連事務総長

わたしが親しくしているエジプト人の一人は、ブトロス・ブトロス・ガリ元国連事務総長である[*15]。ガリ氏には、わたしが事務局長に就任して以来、わたし自身の上級顧問というポストに就いてもらっている。無給だが、ユネスコ本部にオフィスがあり、必要に応じて出勤される。同氏がパリに住んでおられることも幸いしたアレンジであり、様々なユネスコ主催の重要な会議にお招きすると、いつも適切な助言をしていただいている次第だ。

ちなみに、わたしにはもう一人、事実上の上級顧問がいる。ガリ氏の前に国連事務総長を務めていたハビエル・ペレス・デ・クエヤル氏[*16]（ペルー）である。ガリ氏同様、デ・クエヤル氏も上級顧問ポストに就かれたが、ペルー本国で首相を務めるために帰国、同ポストのタイトルは返上された。首相を退任されてからは、春から秋にかけてパリに滞在され、実質的には今も上級顧問を務めてくれている。二人の元国連事務総長の力添えは、非常にありがたい。

ブトロス・ガリ氏は、エジプトの人口の一〇パーセントを占めるコプト教徒である。コプト教徒にとって最高の権威者、正確に言えばコプト正教会の教皇であるシェヌーダ三世に対し、ユネスコは二〇〇〇年、「寛容と非暴力の奨励」に関する賞を差し上げることになった。同教皇をユネスコ本部にお招きしての授賞式は、一番大きな会議室（二〇〇〇人収容）が満員になった。集まった人々はもちろん皆コプト教徒で、最前列にガリ氏が座っていた。同氏が、シェヌーダ三世を敬愛の眼で仰ぎみていた神妙な表情は、それまで見たことがないものだった。シェヌーダ三世は一時期、サダト大統領の下で幽閉状態に置かれたが、ムバラク大統領になって一九八五年に釈放され、コプト正教会の教皇としての活動を再開しておられた。

15　ブトロス・ブトロス・ガリ（一九二二〜）一九七七年にエジプトの外交担当大臣に任命され九一年まで務めた。第六代国連事務総長に。「アジェンダ・フォー・ピース（平和への課題）」などの提言を次々に打ち出し国連改革を推進したが、アメリカの拒否権発動で再選を阻まれ退任。

16　ハビエル・ペレス・デ・クエヤル（一九二〇〜）ペルーの政治家・外交官で、第五代国連事務総長。一九九五年にペルーの大統領選に出馬したが、アルベルト・フジモリに敗れた。ペルーの首相兼外務大臣を務めた。

八．エジプトの大統領選挙

エジプトの大統領選挙を振り返って結びとしたい。

ムバラク大統領は一九八七年、九三年、九九年と、いずれも大統領選挙で選ばれた。しかし、実際には、対抗馬が一人もいなかった。というのも、国民議会が大統領候補を指名し、その指名された候補者のみが大統領選挙に出馬できるという仕組みだったからである。政府与党が圧倒的多数を占める国民議会は、常にムバラク氏を大統領候補に指名したのであった。しかし、やはり野党からも立候補できる形で大統領選挙を行う必要が認められ、二〇〇五年の憲法改正によって国民議会の指名を受けずに直接立候補できるようになった。従って、同年九月の選挙には野党からも一人立候補したが、ムバラク大統領が圧倒的多数の支持を得て選ばれた。

次の大統領選挙は、その六年後の二〇一一年である。ムバラク大統領は一時期健康を害したとも伝えられ、再度出馬するのか、あるいは誰か他の人が立候補するのか、大統領の息子の一人ガマール・ムバラクが立候補するのかと、巷で憶測が飛んでいる。もっとも、今のムバラク大統領の政治的手腕があるからこそ、イスラム原理主義者の過激グループ（その代表はモスレム同胞団）を抑え込むことができている。また、イスラエルとの平和条約を維持しつつもアラブ諸国との良好な関係を保つとともにアメリカとも友好な関係にある、とも言えよう。大統領には当分の間、アラブ世界とアフリカの双方で指導者的な役割を果たせるエジプトのリーダーであり続けてほしいと願っている。

The Republic of the Sudan

スーダン共和国

スーダン共和国（The Republic of the Sudan）

面積	250万平方キロメートル（日本の約7倍）
人口	4,134万人
首都	ハルツーム
自然	赤道直下のビクトリア湖から流れこむ白ナイルと、エチオピアのタナ湖から流れ下ってくる青ナイルと、二つのナイルが国土を貫流し、首都ハルツームで合流する。砂漠が広がる北部には、世界遺産に登録されている古代文明の遺跡群が点在。中西部チャド国境近くにはスーダンの最高峰ジァベルマラ山。東部は、古くからアラビア半島につながる海の玄関口だった。大湿原と熱帯雨林が広がる南部は、多様な野生動物や鳥類が生息する。（在日スーダン大使館スーダン情報）
産業	原油、農業、林業、畜産業、漁業
民族グループ	主として北部にアラブ人、ヌビア人、ヌバ人、フール人、ベジャ人等。主として南部にディンカ人、ヌエル人、アザンデ人、トポサ人、バリ人等。
言語	アラビア語（公用語）、英語（公用語）
宗教	イスラム教（主に北部）、キリスト教（主に南部）、土着宗教

＊　＊　＊

巨額の対外累積債務と国内避難民等を抱え、厳しい経済状況にある。かつて著しい人権侵害が見られたため、1992年10月以降、緊急かつ人道的性格のものを除き、日本は、原則として同国に対する援助を停止した経緯がある。南北スーダン包括的和平合意（CPA）締結後は、二国間支援も拡大している。現在までに外交官日本語研修2名招聘、5名の国費留学生を受け入れている。学術交流は、京都大学とハルツーム大学、神戸大学農学部とゲジラ大学農業科学部、鳥取大学とスーダン農業研究機構などの実績がある。

一・アフリカ系とアラブ系の民族間対立

スーダンはアフリカ大陸で最大の面積（二五〇万平方キロメートル）を持つ国で、日本の約七倍、北の隣国エジプトの二・五倍もある。他方、人口は四一三四万人（二〇〇八年）でエジプトの約半分である。国名は、アラビア語で「黒い人」という意味に由来する。独立したのは一九五六年一月だが、独立から五〇年以上経ってもコンゴ民主共和国と同じように未だに政治は安定していない。その理由は二つある。

一つは、国内の北部にアラブ系、南部にアフリカ系という二つの民族を抱えていること（コンゴ〔民〕においてはアフリカ系民族内での部族対立）。西部のチャドと国境を接するダルフール[1]地方においても、数の上ではアフリカ系の民族が勝るが、アフリカ系とアラブ系の民族間の対立が歴史的に続いている。スーダンは、国際社会では北アフリカに位置づけられるが、それは首都ハルツームに陣取る中央政府が常にアラブ系の民族によって占められ、伝統的にアラブ系の民族中心の国とみられているからだ。しかし、南部はアフリカ系の民族が住むから、サハラ以南[2]のアフリカの国々と同様に扱う方が適しているだろう。

もう一つの理由は、コンゴと同じように九カ国にもわたる国々と国境を接しており（東側は紅海にも面している）、これらの国々から様々な介入を受けていることにある。後で述べるように、歴史的にはエジプトとサハラ以南の国に、特に中部アフリカの国々との交流の拠点になっている。というのも、スーダンの首都ハルツームで、エチオピアからの青ナイル、南部からの白ナイルが合流してナイルを成し、ナイル峡谷を通じてエジプトにつながっているからだ。

現時点でみると、地政学的には北部が砂漠（国土の約三〇パーセントを占める）、中部が半乾燥地帯、南部は湿地地帯および熱帯雨林である。スーダンは基本的には農業国で、従来、最大の輸出品は綿花で、その他に胡麻や砂糖、小麦等が輸出されていた。

---

1 ダルフール
スーダン西部の地方。リビア、チャド、中央アフリカと接している。

2 サハラ以南
サハラ砂漠より南の地域をさす呼称。かつてのヨーロッパ人は、この地域を「未開の地」であるとして「暗黒大陸」と呼んだ。「ブラックアフリカ」「サブサハラ」とも呼ばれる。

しかし一九九〇年代に入ると石油の生産が始まり、九九年から輸出も始まって、経済が石油によって徐々に潤ってきている。国全体でみれば今なお貧しいが、一人当たりの国民総所得（GNI）は一一三〇ドル（二〇〇八年）に達している。しかし、その石油が南部で採掘されていることから、石油収入の使い方が南北対立の原因にもなってきたが、最近、ようやく合意に達した。これについては詳しく後述する。

さて、先にも書いたように北部と南部の対立は歴史的にも古くから存在していたが、南部の軍事的な反乱はスーダンが一九五六年に独立した後、しばらくして始まった。最初は散発的なゲリラ的な戦いだったが、次第に組織化され、北部を中心とする中央政府にとって頭の痛い存在となった。中央政府はこれに対し軍事的に対抗したが結局、七二年に至って南部に自治権を与え、とりあえず北部と南部が手を結んだ。しかし、八〇年代に入ると南部は再び現状を不満としてアフリカ系民族全体の支持を得た反乱軍が結成された。九〇年代後半には、反乱軍はスーダン人民解放軍（SPL）[*3]として組織化され、南部を自主的に支配するようになった。

その状況に鑑み、中央政府も戦闘を続けるわけにもいかなくなった。国際的な圧力もかかり、ついに二〇〇五年一月、スーダン政府とSPLの間で包括的な和平協定が結ばれた。その結果、中央にSPLの幹部を取り組んだ南北双方からなる国民和解政府が成立、南部で生産される石油収入の半分を南部と北部で折半するという合意もできた。そして、二〇〇五年から六年間の暫定期間をおいた後（即ち二〇一一年に）、引き続き南北一体の国として存続するのか、南部は南部の国として独立するかについて南部で国民投票を行うことで決着がついた。

他方、もう一つの民族対立の舞台ダルフール地域では、二〇〇三年に組織されたアフリカ系民族を中心とする反乱軍が政府軍の拠点を攻撃し、同地域の自治権を要求した。これに対して中央政府はさらに軍隊を派遣し、そのうえアラブ系民族からなる民間武

3 スーダン人民解放軍（SPL）
一九八三年にジョン・ギャランら南部スーダンの「非アラブ系」の世俗主義者が中心となり結成された旧反政府武装組織、スーダン人民解放運動の軍事部門。北部の「アラブ系」政権と第二次スーダン内戦で争った。八九年には国民民主同盟にも加盟。二〇〇五年、南北内戦の包括和平協定が結ばれ、ジョン・ギャランを大統領とする南部スーダンの半自治政府が認められた。

装グループを軍事的に支援して反乱軍の弾圧にかかった。こうしてダルフール問題が発生し、現在も国際的な問題になっている。ダルフール問題については、後でまた詳しく述べたい。

南北対立に戻ると、南北の戦いによって約一五〇万のスーダン人が命を落としたと言われている。加えて、多くの南部のスーダン人がウガンダと南の周辺国に難民として逃れている。同じような問題がダルフール問題でも起こっており、三〇万の市民が殺され、二〇〇万人以上のアフリカ系の人たちが難民化したと見られている。

二．ヌビアの歴史から独立まで

エジプトの南部からスーダンの北部にかける地域は、伝統的にはヌビア*4と呼ばれてきた。現に一九六〇年代、エジプト南部のアスワンハイダム建設計画に伴い、水没の危機に曝されたアブ・シンベル神殿を移築する形で救うためにユネスコが展開した国際的キャンペーンも、「ヌビア遺跡の救済運動」と呼ばれた。

古代エジプトの一八代王朝（紀元前一五五〇年より）までに、ヌビア（スーダン北部）はエジプト王朝の支配下に置かれるようになった。アブ・シンベル神殿も、一八代王朝で権勢を誇ったラムセス二世が紀元前一二六〇年ころ造営したものだ。今では高台に移築された同神殿の入り口には、ラムセス二世とその王妃ネフェルタリの巨大な像が二対建ち、ヌビア地方をしかと見下ろしている。

しかし、エジプト古代王朝の権勢の衰えにつれてヌビア人の反乱が起こるようになり、紀元前八世紀ごろからヌビア人の手になる王朝が相次いで成立する。最初にナパータ王国、次いでモエ王国等が栄え、紀元後六世紀以降になるとキリスト教を中核とする王国が生まれた。その中でもマクリア王国は一四世紀まで存続した。

わたしが一九九九年にユネスコの事務局長に就任して以来、スーダンから訪れる教

4　ヌビア
エジプト南部からスーダン北部にかけてのナイル川流域一帯の呼称。金、石材の産地として早くから知られ、エジプトに支配された。紀元前八世紀には、逆に、一時、エジプトを支配したこともあった。

育大臣および文化大臣は「北の隣国エジプトと南の隣国エチオピアにはいくつもの世界遺産がある。スーダンにも色々な遺跡があるのに、一つも世界遺産になっていないのは残念である。ぜひユネスコの協力を得て登録を目指したい」と訴えてきた。そこで全面的に協力することを約束し、ついに二〇〇三年、スーダン北部のゲベール・バルカンの遺跡群[*5]が世界遺産に登録された。これはエジプト文明を取り入れたヌビア人のナパータ王国およびモエ王国の時代の遺跡を対象としている。

同遺跡群には二〇〇三年一二月、ユネスコの事務局長として初めてスーダンを訪問した時に足を運んだ。エジプトの古代王朝の影響を受けたものであることが歴然としているが、その後に砂漠化が進んだ結果、現時点での保存状況は決してよくない。しかし、スーダンとしては国内で最初かつ唯一の世界遺産を誇りにしており、わたしもアル・バシール大統領[*6]からお礼を言われた。

一六世紀に入ると回教徒が勢力を伸ばし、スーダンはスルタン（君主の称号）をいただく回教徒の国になったが、一九世紀にオスマントルコ帝国支配下のエジプトが侵入、スーダンの北部はエジプトの一地方となる。エジプト軍は南部にも勢力を拡大しようとするが、反乱軍の抵抗にあって順調に進まなかった。オスマン帝国の力が衰えるに従って、スーダン北部では英国とエジプトが手を結び、両国が北部を支配することになった。一方、南部にはフランスが進出した。しかし、イギリス・エジプト連合軍がフランス軍に対して勝利をおさめ、現在のスーダン全体をその支配下に置いた。一八九九年には、イギリスとエジプト双方が、スーダンの支配権を行使する合意を交わした。

その後、エジプトはスーダンの単独支配を求めるようになるが、イギリスはなかなか譲らなかった。第二次世界大戦後はむしろ、エジプトによるスーダン併合への圧力を牽制したいイギリスが、スーダンに自治権を与える方向で動いた。一九五三年二月、

5　ゲベール・バルカンの遺跡群　ヌビア人のナパータ王国、モエ王国の遺跡。一三の寺院群、三つの神殿群から成る。遺跡群は砂岩の丘にあり、ヌビア人は最高神アモンが住むとした。

6　アル・バシール　一九八九年、無血クーデターを成功させた。「革命委員会」を設置して非常事態を宣言し、自ら元首、首相、革命委員会議長、国防相に就任した。九三年、首相を兼任したまま大統領に就任した。九六年の議会選では欧米諸国との関係改善を図るバシール大統領派が圧勝し、バシール政権が存続した。ダルフールでの戦犯容疑で二〇〇九年、国際刑事裁判所から逮捕状を出されている。

イギリス・エジプト両国政府はスーダンに対し、三年間の暫定期間を置いて自らの道を選ぶ選択権を与えた。結局、五五年に英国軍、エジプト軍の双方ともスーダンから引き上げ、翌五六年一月一日、スーダン共和国として独立を果たしたのである。

三、内乱勃発の直後に訪問

エジプトおよびイギリスもただちにスーダン共和国を承認した。独立後の最初の総選挙では、独立運動を主導したイスラム教団の流れをくむウンマ党が勝利を収め、アブダラ・カリル党首が首相の地位に就いた。しかし当時、スーダンが抱えていた財政危機、アフリカ系民族が中心を占める南部の取り扱い、さらに北の隣国エジプトとの国境問題などに対して、カリル首相は解決する力を持っていなかった。

そのため一九五八年一一月、イブラヒム・アブード参謀総長が起こしたクーデターによってウンマ党政権は倒された。新しく成立した軍事政権下で、アブード将軍は綿花の輸出を伸ばし、財政収入を増やした。財政危機を乗り切り、エジプトとの国境問題も解決するなど、政治的には国民の人気が高かった。しかし、南部においてはイスラム化を進めて問題をこじらせ、六三年に内戦が勃発した。

その直後の一九六四年三月、エジプト等の項でもふれた日本政府派遣の北アフリカ経済使節団の一員として、わたしは初めてスーダンを訪れた。同使節団はモロッコを起点に、北アフリカの五カ国を回り、最後にスーダンを訪問したのである。スーダン経済は、アブード政権下での綿花収入増加の結果、相対的に安定していた。

綿花は、青ナイルから水を引いて灌漑施設が作られたゲジラ地帯で栽培される。輸出の六割が綿花で、政府収入の五割を占めていた。スーダンの綿花は長繊維、高品質で、日本もかなりの量を輸入していた。しかし、政治的にみれば南部では内戦が始まり、アブード軍事政権も行き詰まりを見せている時だった（現に、わたしたちの訪問から八カ月後の一九六四年一一月、アブード将軍は退陣に追い込まれた)。

このような状況にあったため、各国のなかで使節団の受け入れはスーダンが最も低調であった。迎えてくれたのは、閣僚レベルでは外務大臣のアーメッド・ケイール氏のみで、経済関係の省庁では全て次官が応対に当り、全体として会談は上滑りだった。スーダン側が期待するのは政府レベルの経済技術協力だったが、日本にはまだ積極的に対応する準備はできていなかった。民間レベルの貿易や投資が大きく伸びていく状況には、全くなかった。

アブード軍事政権崩壊後、民政移管が行われた。国民統一党とウンマ党の連立内閣が成立し、国民統一党の党首アブアザリ氏が首相を務めていたが、一九六九年五月にヌメイリ大佐の軍事クーデターによって転覆。ヌメイリ軍事政権が樹立し、八五年まで続いた。ヌメイリ氏は七一年に選挙を行い、スーダンで初めて選ばれた最初の大統領となった。翌七三年には新しい憲法を作成し、同憲法下の選挙でも当選した。

ヌメイリ政権の当初の功績は、南部に自治権を与えたことによって一九七二年、内戦に終止符を打ったことである。しかし八〇年代に入ると、ヌメイリ政権はイスラム原理主義勢力の圧力に屈して、八八年にイスラム法であるシャリアを、南部を含めて全国的に適用することを決めた。その結果、キリスト教徒や原始宗教が中心の南部の反発を招き、内戦が再び始まった。その闘争を率いたのは、ガラン大佐を指導者とするスーダン人民解放運動[*7](SPLM)だった。

ヌメイリ軍事政権時代には何度か軍事クーデターが試みられた。なかでも一九七六年の企ては最大の危機だった。イスラム原理主義者とみられているアル・マハディ氏の率いる反乱軍が、リビアで軍事訓練を受けた後にスーダンに攻め入り、首都ハルツームにも侵入してきたのである。そのときはヌメイリ将軍が反乱軍を撃退したものの、八五年四月にアメリカを訪問中、国防大臣のアル・ダハブ将軍が起こした軍事クー

---

7 スーダン人民解放運動
正式名称は組織の政治部門と軍事部門の名をあわせたスーダン人民解放運動・スーダン人民解放軍(SPLM/SPLA)だが軍事部門が突出していたためSPLAが通称となっていた。

デターによって、ヌメイリ政権に終止符が打たれた。八六年には選挙が行われ、民政移管によりウンマ党の党首マハディ氏が政権を取った。

四．バシール政権の成立

一九八九年六月、バシール大佐が軍事クーデターを企て成功した。以来、二〇年間、スーダンではバシール政権が続いている。バシール氏は九〇年代においては政権の国内基盤を固めることに力を注いだ。そのためにまず、国内で力を持っているイスラム原理主義運動の中核を成す国民イスラム戦線の党首トラービー氏と連携関係を築いた。その上で九三年一〇月にはバシール氏は自らを大統領に任命し、次いで九六年の大統領選挙で（同氏は唯一の大統領候補）、七五・七パーセントの支持を得て大統領に当選した。盟友のトラービー氏は国民議会の議長に就任した。しかし、次第にバシール大統領とトラービー国民議会議長の間で権力闘争が始まり、大統領は緊急事態を宣言して国民議会を解散、トラービー氏を議長のポストから追放した。

二〇〇〇年一二月の大統領選挙でバシール大統領（再び候補者は同氏のみ）は八六・五パーセントの支持を得て当選し、同時に行われた議会選挙でもバシール氏が党首を務める国民会議党が国民議会のほとんどの議席を占めた。ヌメイリ氏は八五年の軍事クーデター後、エジプトに亡命していたが、九九年に帰国、二〇〇〇年の大統領選挙には打って出た。九・六パーセントの支持しか得られなかったが結果的には第二位で、同氏は現在、バシール大統領の国民議会党に協力している。〇五年になってからは、ヌメイリ氏の政党である人民労働者同盟がバシール氏の国民会議党と合併。ヌメイリ氏はバシール大統領に全面的に協力する形になっている。

五．バシール大統領との出会い

一九六四年三月に北アフリカ経済使節団の一員としてスーダンを訪問して以来、わたしは同国を訪問する機会がなかった。したがって、ぜひ早い機会にユネスコの事務局長としてスーダンを訪問したいと考えていた。南部における内戦に終止符が打たれた暁には、その後の国民和解に向けてユネスコとして協力できることを話し合いたいと思っていたので、南部での交渉を注意深くフォローしていた。結局、南北間の話し合いが進み、二〇〇二年一〇月に休戦協定が結ばれて戦闘が停止。次いで包括的な和平合意に向けての交渉が行われ、〇三年九月には南部の安全保障に関する合意が成立した。石油収入の分配や南北諸勢力の中央政府への参加の仕方などの課題についても、基本的には和平合意の中核をなす合意ができた以上、間もなく解決するであろう——というのがユネスコのスーダン担当者の分析だった。

それを受けて、わたしは〇三年一二月の末までには包括合意ができるだろうとの見通しで、スーダン政府に訪問を申し出た。バシール大統領から喜んで会うという返事を得たので、同年一二月に同地を訪れ、大統領と会談した。まずわたしの方から、長年懸案だったスーダンにおける世界遺産第一号の誕生にお祝いを述べたところ、大統領はユネスコの努力に対して深い感謝の意が表明され、次のような話をされた。「これでスーダン国民として誇るべき世界遺産が誕生したことになる。しかし、スーダンにはゲベール・バルカン以外にも有力な候補がまだまだあるので、第二号、第三号の世界遺産登録に向けて協力してほしい」

またわたしは、南北間の包括的な和平合意が近くできると理解しているので、それが早く達成され国民和解政府が新たに誕生することを期待している、と述べた。大統領も、ほぼ合意ができているので、近い将来に調印できるというかなり楽観的な話だった。バシール大統領の側近である政府の要人や要職を占める人たちからも、包括和平合意の八割はできていて、残り二割に関しても近く合意に達するだろうという話すら出ていた。

そこでわたしは「合意成立後に、その和平協定実施に当たってユネスコとしては、教育文化および科学の分野で積極的に協力したい」という意向を表明し「特に南部では教育水準が全体として遅れているので、確固たる教育制度をつくり、基礎教育の普及を図る必要がある」と強調した。大統領もそれに全く同感の意で、ぜひ教育大臣と具体的に話をしてほしいと言われたので、わたしは大統領との間で教育、技術科学および文化を三本柱とするユネスコの今後の協力についての共同コミュニケにサインした。

しかし、多くの人の予想に反して南北間の交渉はさらに長引いた。最終的には石油収入を南北で折半することと、首都ハルツームに設置する中央政府に対する南北の諸勢力の参加への対応についても合意ができたものの、予想以上に時間がかかり、最終的に包括合意が全体として署名されたのは、わたしが訪問してから一年あまりが経った二〇〇五年一月だった。同年四月には、合意を受けて新しい南北統一政権がバシール大統領により認められ、南部のかつての反乱軍であったスーダン人民解放運動（SPLM）を初め、その他の諸勢力も新しい統一政権に参加した。

したがってわたしとしては、いよいよ本格的にユネスコの協力を実施する必要を感じた。当時のユネスコの地方分権体制の下では、エジプトにある事務所がスーダンをカバーしていたが、それでは不十分でスーダンにユネスコの事務所を設ける必要があった。そのため、スーダン北部の首都ハルツームに新たに事務所を設け、その支部をウガンダとの国境に近い南部の中心地ジュバ市に設ける計画を立て、ユネスコの執行委員会の了承も得た。

それから間もない翌〇六年一月、アフリカ連合サミットがハルツームで開催され、特別ゲストとして招かれたわたしは改めてバシール大統領と会談した。先のような考えを元に、スーダンにおける新しいユネスコの事務所と支部の設置計画を説明したところ、大統領は非常に喜んでくれた。わたしは、これらの事務所を通じて教育、科学、文化の分野で、ユネスコのプロジェクトを着実に実施していきたい旨も強調した。実際、教育プログラムの実施はその後順調に進み、スーダンにある国連システムの他の諸機関とも協力しながらも、ユネスコが中心的な役割を果たしている。しかし、そこに、冒頭にも述べたダルフール問題が大きな障害として現れた。

六、ダルフール問題と大統領への逮捕状

ダルフール問題とは、前にも書いたように二〇〇三年にスーダンの西部においてアフリカ系の民族が、アラブ系が牛耳る中央政府に反発して反乱を起こしたところから始まる。それに対し、中央政府は正規軍のみならずアラブ系の民兵組織を支援して、反乱軍の弾圧に取り掛かった（スーダン政府は民兵組織への支援を否定している）。またその過程で、民兵組織がアフリカ系民族への略奪、強姦さらには殺害を行い、今までのところ死者は三〇万人を数えるという。

その結果、約二五〇万人が難民化し、そのうちの相当数の難民は隣国チャドに逃れている。さらに追い打ちをかけるように、西部地域では飢餓が発生、国連の諸機関および国際的なNGOが人道援助の手を差し伸べるようになった。二〇〇四年に入ってから、アフリカ連合（AU）がイニシアティブを取り、平和維持軍をダルフール地域に約七〇〇〇人送り込んだが、民兵組織による暴力行為を止めることはできなかった。したがって国連の安全保障理事会も動き出し、AUと国連とあわせて二万六〇〇〇人（うち七〇〇〇人はアフリカ軍の平和維持軍）を送ることを決めた。当初スーダン政府は、AUの平和維持軍は受け入れるが、国連の平和維持軍は拒否する立場をとっていたが、

国連の平和維持軍もアフリカ人が中心になることを前提に受け入れた。このようにして、ダルフールにおける国連・AU合同ミッション（UNAMID）が〇八年冒頭に発足したのである。

その間、国連の安全保障理事会が二〇〇五年、ダルフール問題を新しく発足した国際刑事裁判所（ICC）に付託した。[*8] ICCは人道に対する罪、戦争犯罪などに関して個人を裁く常設的な国際刑事法廷で〇二年に設立されたものであり、現在までのところ一〇八カ国が参加している。日本は加わっているが、アメリカや中国は参加していない。〇九年三月に入って、ICCはバシール大統領がダルフールで人道に対する罪と戦争犯罪を犯しているとして訴追することを決め、同氏に逮捕状を出した。容疑は、大統領自らがスーダンの軍隊やアラブ系の民兵組織に指示を出し、ダルフールのアフリカ系住民の襲撃を命じたというものである。

今まで元国家元首が訴追された例はある。元ユーゴスラビア大統領のミロシェヴィッチ氏やリベリアの元大統領のテイラー氏などがその例だ。しかしながら、現職の国家元首が訴追されたのは今回が初めてであり、国際的に大きな反響を呼んだ。西欧諸国や国際的なNGOはこれを歓迎したが、アラブおよびアフリカ諸国はこれに猛反発した。バシール大統領が激しく抗議したのは当然だが、ハルツームでもスーダン国民による大規模な抗議デモが起こった。

ICCが逮捕状を出してから一週間余り経ったころ、ユネスコはAU委員会のジャン・ピン委員長を招いて協議し、[*9] また同委員長はユネスコの各国大使とも会合を持った。この時、質問が飛び交う中で、ジャン・ピン委員長はICCの動きを厳しく非難し、次のように話した。

「残念ながら、世界では様々な所で人道に対する犯罪や戦争犯罪が行われているが、なぜダルフール問題だけが取り上げられるのか、どうしても納得できない。もし公平

8 国際刑事裁判所（ICC） 個人の国際犯罪を裁く常設の国際司法機関。国際連合全権外交使節会議において採択された国際刑事裁判所ローマ規程（ICC規程）に基づき、二〇〇三年オランダのハーグに設置された。判事・検察官などは、締約国会議によって選出される。国際司法裁判所（ICJ）と混同されることがあるが、国連の司法機関であるICJは国家間の法的紛争を扱うため、全く別の裁判所である。

9 ジャン・ピン （一九四二〜）ガボンの政治家。ユネスコ・ガボン政府代表部勤務などを経て大臣、政府要職を歴任。一九九九年から二〇〇八年まで外相。

を期すのであれば、南アフリカにおけるアパルトヘイト時代の残虐行為をまず槍玉に上げるべきであるが、そのような動きは国際的に一切見られないではないか。そのほか、イラクにおける武力行使といい、イスラエル軍のガザ[*10]における残虐行為などの例もある。国際社会はもっと、国際正義を公平な形で進めるべきである」

ＩＣＣの措置は、ユーゴスラビアやリベリア、次いでカンボジアでもポル・ポト[*11]時代の人道に対する罪について、さらには大量殺人罪について裁判が行われようとしている流れの中でとらえられるべきである。しかし、ＩＣＣは全体的に限界はあるが、公平に運営されているというイメージを是非作ってほしいとわたしも思っている。

現時点でいうと、バシール大統領の逮捕状の発令により、かえってダルフール問題そのものの解決の足が引っ張られている。いろいろな国際ＮＧＯが、スーダン政府によってダルフールから追放されてしまった。同政府は今後、ダルフール問題に対する国連やアフリカ連合の介入に対して、従来よりも非協力的になっているのではないかと心配される。ダルフールのアフリカ系住民の安全が保障され、政治が安定し、難民化した元住民が戻れるような状態が早く実現してほしいと願うばかりである。

バシール大統領の任期は二〇一〇年に切れる。本来は二〇〇五年に大統領選挙が行われるはずだったが、ダルフール問題の結果、延びている。そういう中でスーダン政府は一〇年二月に、次の大統領選挙および議会選挙を行うと発表した。今後、そうした選挙がどのような形で展開されるか、二〇一一年には南部において将来を決める国民投票が行われる予定だが、その結果がどうでるかが注目される。その間、ダルフール問題が解決の方向に動いていくのか。これからのスーダン国内の動きから当分、目が離せない状況にある。

---

10 ガザ
パレスチナ自治地区「ガザ地区」の中心都市。地中海に面し、古くからの交易の中継地。アレキサンダー大王、ローマ帝国、アラブの支配を受けた。第二次世界大戦後は、エジプトとイスラエルの係争地となった。

11 ポル・ポト
（一九二五〜九八）
カンボジアの政治家。カンボジア共産党書記長、民主カンボジア政府首相。一九七五年のプノンペン解放後、首相となり、「全面的、徹底的な社会革命」などの名の下に、自国民を大量殺戮。国際的な非難を浴びた。

The Great Socialist People's Libyan Arab Jamahiriya

大リビア・アラブ社会主義人民ジャマーヒリーヤ国

大リビア・アラブ社会主義人民ジャマーヒリーヤ国
(The Great Socialist People's Libyan Arab Jamahiriya)

面積	176万平方キロメートル(日本の約4.6倍)
人口	627万人
首都	トリポリ
自然	国土の九割を岩と砂のサハラ砂漠とリビア砂漠が占める。高温、乾燥が激しいが、地中海沿岸の平野と丘陵は温暖で、雨量に恵まれ、快適に過ごせる。とくに夏は温暖。砂漠地方は、寒暖の差が激しく、夜は冷え込む。
産業	石油業
民族グループ	アラブ人
言語	アラビア語
宗教	イスラム教(スンニ派)

＊　＊　＊

イスラム教を基調においた社会主義的、民族主義的国家の建設を掲げる。正式国名が示すように、直接民主主義に基づいたジャマーヒリーヤ体制(大衆による共同体制)の確立を目指している。2004年に米国による対リビア制裁が解除され、2006年にテロ支援国家リストから削除されたことにより外交の正常化が図られている。日本とは、国費留学生の受け入れや柔道専門家の派遣をはじめ、文化交流は活発。北東部の古代ギリシアの緑あふれる美しい遺跡キュレーネなど、5つの考古遺跡、古代遺跡の世界遺産がある。

一・ポセイドンの愛人の名前

正式国名は、大リビア・アラブ社会主義人民ジャマーヒリーヤ国である。ジャマーヒリーヤとは、現在のリビアの最高指導者カダフィ[*1]大佐が一九七七年に行った「ジャマーヒリーヤ宣言」（人民に主権があるという宣言）にちなむ。

歴史的に古くから存在する国である。古代エジプト王国時代の文献には、リビアがエジプトに食糧（農産物および畜産品）を提供し、リビア人が農民労働者さらには軍人として重用されたことが記されている。もっとも、古代エジプト王国時代にはリビアという言葉は使われていなかった。リビアとは、ギリシャ人が北アフリカ沿岸地帯全体を指す名称として使い出したもので、ギリシャ神話に登場する海の神ポセイドンの愛人の名前に由来している。オスマン帝国時代にこの呼び名はいったん消えてしまったが、一九一一年にイタリアが植民地化した際に古代の名称を復活させ、現在の国名になった。

リビアは、日本の面積の約四・六倍もの広大な国土を擁しているが、人口はわずか六二七万人（二〇〇八年）に過ぎない。国土の大半がサハラ砂漠[*2]であるため、多くの住民が地中海沿岸地帯に住んでいる。サハラ砂漠は、かつては緑あふれる地帯だったが、紀元前三五〇〇年ころから急速に砂漠化が進んだと言われている。その証拠は、リビアの南西部、現在のサハラ砂漠の真ん中にあるタドラット・アカスクのロック・アート遺跡群だ。その岩壁や洞窟の中には、砂漠化が進む前にサハラ地帯に住んでいた象やキリン、鹿などの動物を描いた岩絵が残されている。古いものは紀元前六〇〇〇年ころからのものとされ、アルジェリアのサハラ砂漠南東部にあるタッシリの岩壁絵と基本的に同様のものもある。しかし、リビアの岩壁には古代エジプトの影響と思われるものもあり、興味深い。

リビアの地中海岸には紀元前七、八世紀に、まずフェニキア人が、次いでカルタゴ人、

---

1 カダフィ
（一九四二〜）
リビアの事実上の国家元首であり、最高指導者。ベドウィン族の子に生まれ六一年まで、リビア南部で伝統的な宗教教育を受ける。エジプトのナセル大統領の影響を受け、アラブの統一による西洋、特にキリスト教圏への対抗を志すようになる。六九年首都トリポリでクーデターを敢行。国王イドリス一世を退位させ、国家の中枢機関を制圧して無血革命に成功。自らを議長とする革命評議会が共和国の最高政治機関に。七九年からは一切の公職を退いたが、「革命指導者」として現在に至るまで実質上の元首としてリビアを指導している。

2 サハラ砂漠
アラビア語でサハラは砂漠の意味。エジプトのナイル川西岸からリビア、ニジェール、アルジェリア、マリ、モーリタニアの大西洋岸にいたるまで、アフリカの北部一帯に広がる砂漠地帯。紀元前四三〇年に、歴史家ヘロドトスは「サハラは高い砂丘がどこまでも続き、一滴の水も無いところである。所々に

ギリシャ人、さらにはローマ人が植民地を作った。ローマ時代にはレプティス・マグナ、サブラータおよびゴヤ（現在のリビアの首都トリポリ）の三都市が、ローマとサハラ砂漠を結ぶ交易路の重要な中継地として繁栄した。そのうち、北アフリカ最大のローマの植民都市レプティス・マグナとローマ式円形劇場の残るサブラータは、当時の都市建築物がかなりいい保存状態で残されており、世界遺産に登録されている。トリポリは、残念ながらローマ時代の遺跡が破壊されてしまったため、世界遺産に指定されていない。五世紀にイタリア半島からゲルマン民族[*3]が侵入し、七世紀にはアラブ人が入ってきた。現在のリビア人は、原住民のベルベル人（エジプト時代にリビア人と呼ばれた民族の子孫と見られている）とアラブ人の混血と言われているが、以上のような歴史を反映して様々な民族の血が混じっていることは間違いない。

一六世紀に入るとオスマントルコがリビアを征服し、二〇世紀の初めまで支配を続けたが、オスマン帝国[*4]の勢力が弱まった隙にイタリアが侵入し、一九一二年にリビアはイタリアの植民地となった。イタリアがアフリカ大陸で作った数少ない植民地の一つだったが長くは続かず、第二次世界大戦の間にリビアは独伊の枢軸と連合軍の激しい戦闘の舞台となった。結局、連合軍が勝利を収め、英仏がリビアに対する支配権を確立したのである。

第二次世界大戦後の一九五二年、リビアは国連の決定によって独立を達成し、酋長（エミール）の一人がイドリス一世として国王に選ばれた。その時点で灌漑地帯での農業と牧畜業に依存していたリビアは、アフリカ大陸で最も貧しい国の一つだった。しかし、一九五〇年代の後半に石油が発見され、その開発が進むにつれて経済状態は一変した。

二．経済使節団の報告書から

わたしが初めてリビアを訪れたのは一九六四年三月、石油ブームの真っ最中だった。

は岩塩の取れる地域があり、奇妙な風習をもった民族が住んでいる」と記述している。

3　ゲルマン民族
インド・ヨーロッパ諸族に属する民族。バルト海沿岸に居住、紀元前八世紀頃から南下した。紀元後四世紀に大移動を開始してヨーロッパ全域に広がり、現在の西欧諸民族の祖先となった。

4　オスマン帝国
一二九九年から一九二二年までの六〇〇年以上の期間、現在のトルコを中心として領土を拡大しながら繁栄した大帝国。トルコ系の皇室オスマン家を皇帝とする多民族帝国で、現在のトルコの都市イスタンブールを首都とし、東西はアゼルバイジャンからモロッコに至り、南北はイエメンからウクライナに至る広大な領域に及んだ。

当時、外務省の経済局中近東課の総務班長を務めていた関係で、日本政府が北アフリカに派遣した経済使節団（古河電工の小泉幸久会長が団長）に同行したのである。同使節団は、民間経済界の主要な企業の重役から構成され、北モロッコ、アルジェリア、チュニジアを訪問後、リビアに一週間近く滞在した。帰国後、北アフリカ経済使節団は報告書をまとめ日本政府に提出したが、大半はわたしと古河電工の小泉会長の秘書役の二人で書いたものである。今、同報告書を読み直してみると、当時のことがいろいろと思い出されて懐かしい。

リビアのところを読んでみると、二つのことが指摘されている。

一つは将来の経済発展に関することだ。膨大な石油収入に基づいて農業開発、教育を進めようとしているが、人口わずか一二五万（現在の五分の一強）で、果たしてそれだけの資源を活用することができるだろうか、という疑問が提示されている。

もう一つは、政治の展望である。使節団は面会が叶わなかったイドリス一世は当時、八〇歳を越える高齢だった。しかし、行政権は国王にあり、国王が内閣を任命することになっていた。隣国のエジプト（当時のアラブ連合）のナセル大統領の影響もあって政治が不安定化する兆しがあり、いずれ社会主義化の方向をたどるであろうという記述がある。

今から考えてもこの二点の指摘はまさに正鵠を射ていたと思う。

三．カダフィ政権の成立

現に、使節団の訪問から五年余り後の一九六九年九月にカダフィ大尉の率いる若手将校の無血軍事クーデターが起こってイドリス一世は退位に追い込まれ、王制が廃止された。続いてカダフィ大尉は革命委員会を作って委員長の座に着き、リビアアラブ共和国と国名を変えた。さらに内閣を一新し、首相のポストにも就いた。タイトルは大尉から大佐に昇格、以来、カダフィ大佐の名前で通っている。他方、首相のポストは一九七二年に降りて以来、政府関係のポストには就いていない。しかし、カダフィ大佐がリビアの最高指導者であることは間違いなく、その肩書は、単に革命指導者となっている。

カダフィ大佐は、勇敢な遊牧民といわれるベドウィン[*5]の出身だ。陸軍士官学校に進むが、一九六〇年代に最も影響を受けたのは隣国エジプト（当時はアラブ連合と呼称）のナセル大統領だった。従って、政権を樹立した後にナセル式の社会主義体制を導入、対外的にも汎アラブ主義を掲げて、アラブ統一を最高の外交目標とした。また東西冷戦の中でソ連陣営に接近し、反米の姿勢を強く示した。そして七〇年九月にナセル大統領が亡くなると、アラブ世界でナセルを継ぐ指導者となることを狙う。七二年にはエジプト、シリアと図ってアラブ共和国連邦を結成しようとしたが、細目について三国間の合意ができず実現しなかった。その後はエジプトとの関係も悪化し、カダフィ氏の関心の対象は、次第にアラブ諸国からアフリカ諸国に移っていった。

そうした中で、一九七七年にリビアは国家機構の再編成を行い、革命委員会を廃止、同委員会のメンバーは国家最高機関である全国人民会議に吸収された。同機関の議長と書記長を兼任することになったカダフィ大佐は、冒頭に書いたようにジャマーヒリーヤ宣言を行い、リビアの国名を大リビア・アラブ社会主義人民ジャマーヒリーヤ国と変えた。つまり、大衆の政治参加を実現しようとする新体制のイデオロギーを反映して、直接民主制による人民共同体という独自の政治体制が明示されたわけである。

一九八〇年代はカダフィ大佐の率いるリビアと米国および西欧の間で緊張が高まった時代だった。米国および西欧は、世界各地でリビアがテロリストを支援していると疑い、八六年四月にはアメリカが首都トリポリとベンガジのテロリストキャンプを爆撃した。リビア側では右爆撃はカダフィ大佐の暗殺を狙ったものと受け止めた。現に

---

5 ベドウィン
アラビア語で「砂漠の住人」を指す一般名詞。アラビア半島を中心に砂漠地帯でラクダ・羊の放牧や売買をおこない、輸送などを営むアラブ系の遊牧民。

カダフィ氏は娘一人を失い、同氏も傷を負ったという。八八年にはヨーロッパからアメリカに向うパンアメリカン航空機がスコットランド上空で爆破され、乗客二〇〇人以上が死亡するという惨事が起き、欧米はリビアの差し金であるとの結論を出した。一九八〇年代からアメリカは単独で対リビア経済制裁を実施していたが、上記のパン[*6]ナム機爆破事件を契機として国連安全保障理事会で対リビア経済制裁が九二年三月に採択され、その後、さらに強化された。従って、九〇年代もリビアと欧米の関係は膠着したままで、かつリビアは国際的にも孤立した。

しかし、九〇年代の終わりから二一世紀初頭にかけて、リビアの欧米に対する態度に変化が表れた。最初の兆しは前記の一九九九年四月、パンナム機爆破の首謀者とみられる二人のリビア人を、リビア政府がオランダに設けられた裁判所に引き渡したことである。これを受けて、国連安保理は対リビア制裁を解いたが、アメリカは単独の対リビア経済制裁を続けた。また、二〇〇一年九月一一日[*7]のアルカイダ・グループによる一連のテロリスト行動に対して、カダフィ氏は厳しい非難声明を発表。〇三年九月に至って、国連安保理は対リビア制裁（一九九九年四月以来、実質的には停止されていたが）の全面解除を決めた。また同年一二月、同氏は、それまでリビアが進めてきた核兵器を含む大量破壊兵器の製造計画を放棄し国際的な査察を受ける旨を発表した。

四．カダフィ指導者との初対面

わたしがユネスコの事務局長としてリビアを訪れたのは二〇〇一年一月のことである。「カダフィ指導者が貴方に会いたいと言っているので、ぜひリビアを訪問してほしい」と、ユネスコのリビア大使を通じて申し入れてきたからだった。わたしがその招待を受けたのは、カダフィ指導者が、欧米さらに国際社会と和解しようという右記の

6　パンナム機爆破事件
一九八八年一二月、フランクフルトを離陸しアメリカ・ニューヨークに向かった米パンナム航空ボーイング747型機が中継地イギリス・ロンドン離陸後、スコットランド上空で爆発。アメリカとイギリスは、リビア人二人を殺人の容疑で国際手配した。

7　二〇〇一年九月一一日
米国で同時多発テロ事件が発生した日。国内線四機がハイジャックされ、三機がニューヨークの世界貿易センタービル、ワシントンのペンタゴンに突入した。

ような動きを踏まえてのことだ。それに加えて、同指導者は七〇年代の後半からアフリカ大陸、特にサハラ以南のアフリカの国々に目を向け出し、その一環として、ユネスコがサハラ以南の国々を協力していたプロジェクトに対して、資金援助を始めるようになっていたからでもあった。

また一九九九年にはカダフィ指導者の出身地シルテ（リビア内陸部のサハラ砂漠の中にある村）で開かれたアフリカ統一機構[*8]（OAU）サミットで、同氏の声掛けによってOAUをさらに歩を進めた形でアフリカ連合[*9]（AU）を作る基本合意ができた。その後、同合意をアフリカ連合憲章として作成し、アフリカ各国の批准を得て近いうちにAUが発足すると見られていた。したがって、わたしも今後アフリカ諸国との協力を進めるにあたって、リビアと提携する考えがあったのである。

さて、先に説明したように、カダフィ指導者からの強い要請を受けてリビアを訪れたのだが、現地に着いてみると、いつどこで会えるのかはっきりしなかった。実は、わたしの前任者が一九九〇年代の終わりに同国を訪問した時も、車で首都トリポリを出発し、砂漠の中を数時間も走ってようやく目的地に達したと聞いていた。やはり、八六年のアメリカのB51による爆撃によほど懲りたのか、カダフィ氏は居所を伏せ、毎日いろいろなところで寝泊まりしている感じがした。

わたしの場合も、急に会うと言われて砂漠の真ん中に連れて行かれるのかと思っていたら、トリポリ市の外れにある軍の司令部とおぼしき敷地内の、ベドウィン・テントの中でお会いした。まずわたしは、カダフィ氏がAU成立にあたってイニシアチブを取ったことに敬意を表した上で、こう話した。

「ユネスコとしては、アフリカの国々がAUの憲章を批准し、一日も早くAUが発足されることを願っている。その暁にはAUと連携し、アフリカの各国との協力関係も引き続き進めたいので、ぜひリビアとも手を組んでいきたい。またリビアを中心とす

---

8 アフリカ統一機構（OAU）
かつて存在した国際組織。国連憲章と世界人権宣言を尊重。アフリカ諸国の統一と連帯を促進し、人民の生活向上のための相互協力・調整、国家の主権と領土を守り、独立の擁護、新植民地主義と闘うことが目的で一九六三年に発足。二〇〇二年にアフリカ連合へ発展した。

9 アフリカ連合（AU）
アフリカ統一機構が、発展改組して発足した。本部はエチオピアのアディスアベバ。アフリカの一層高度な政治的経済的統合の実現及び紛争の予防解決への取組強化のための地域統合体である。アフリカ諸国と諸国民間の一層の統一性及び連帯性の強化、アフリカの政治的経済的社会的統合の加速化、アフリカの平和と域内紛争や独裁政治の根絶、安全保障及び安定の促進、民主主義原則と国民参加統治の促進、持続可能な開発の促進、教育及び科学等での協力、グローバリゼーション時代におけるアフリカ諸国の国際的な地位向上、等を目指している。

る財政支援のおかげでユネスコが二〇〇人近い専門家を動員し、三〇年以上かけて完成させたアフリカ史（全八巻）を大いに活用したい。さらには一般向け、高校生や中学生にもわかる版を作る第二段階にも進めたいと考えているので、そのプロジェクトへの支援もお願いしたい」

しかしカダフィ指導者は、AU構想に対して敬意を表した時はにこりとしたが、全体としてはかなり厳しい表情だった。ユネスコとの関係についても、リビアとしても協力を深めていきたい、という一般的な話で終わった。会談時間は三〇分だったが、通訳を挟んだので、実質的には一五分あまりの話だったと言える。中身自体は悪くなかったと思うが、カダフィ指導者が最後まで険しい面持ちだったのには、いささか驚いた。

訪問中には、カダフィ指導者の次男で国際親善基金の総裁を務めているセイフ・アルイスム・カダフィ氏にも会い、同基金とユネスコとの協力関係を進めることについて意見を交わした。同氏は後に、パリのユネスコ本部を訪れてくれた。カダフィ指導者の七人の息子のうち二番目の息子にあたるが、カダフィ指導者が一番期待をかけていると言われている。

AUに関しては、その後、創設のための条約がアフリカ各国から相次いで批准されて二〇〇一年に発効、〇二年七月に南アフリカのダーバンで開かれた第一回首脳会議を経て正式に発足した。AUは欧州連合を基とし、最終的にはアフリカ合衆国を作ることを目標として経済統合、さらには政治統合をOAU時代よりも大きく前進させることを狙っている。

また、リビアと欧米との接近はさらに進み、〇四年三月にはイギリスのトニー・ブレア首相がリビアを訪れた。カダフィ指導者が政権を取って以来、欧米首脳による初の訪問だった。続いて、フランスのシラク大統領、イタリアのベルルスコーニ首相もリビアを訪れ、同指導者と会談した。最後まで慎重な態度を崩さなかったのは米国だったが、その米国も〇四年一月に対リビア経済制裁処置を解除することを決めた。

五．カダフィ指導者とユネスコ

そうした中、再びカダフィ指導者から招待を受け、わたしは二〇〇五年五月にリビアを訪れた。このとき実は、もう一つ目的があった。それは、首都トリポリでアフリカ連合（AU）の下で作成されたプログラム「アフリカ開発のための新しいパートナーシップ（NEPAD）[*10]」に対して、ユネスコが管轄する諸分野（教育、文化、科学、コミュニケーション）がどう協力すべきかを検討する第三回会合が行われたからだ。AUの事務局であるAU委員会（本部はアディスアベバ）、アフリカの知的指導者たちが参加する諮問委員会の会合である。

2005年5月にカダフィ氏から招待を受け、図書館で会談　© UNESCO

この時のカダフィ指導者との会談は、かなり早い時期に時間と場所が設定され、トリポリ市内にある同氏の事務所で行われることになった。事務所を訪れたところ、図書館に案内された。わたしから「AUは教育と文化、さらに科学にも力を入れようとしているので、ユネスコも全面的に協力していこうとしている」と述べ、具体的な話をすると真剣に耳を傾けてくれた。また、アフガニスタンやイラク、パレスチナに対するユネスコの協力体制についても言及し

10 NEPAD
（The New Partnership for Africa's Development）

二〇〇一年七月のアフリカ連合（AU）サミットにおいて採択された（採択時は「新アフリカ・イニシアティブ」）。当初、南アフリカのムベキ大統領が提唱し、九九年頃より南アフリカ、ナイジェリア、アルジェリアを中心に策定、その後エジプト、セネガルが共同提案国に加えられた。NEPADの目的は、国際社会の援助に頼ることなく、アフリカ自らの責任においてアフリカの貧困を撲滅し、永続的な成長と開発を行って世界経済へ統合すること。国際社会においては、アフリカの自助努力を補完する形での支援（パートナーシップ）を求める。

たところ、身を乗り出してきた。

約束の三〇分が経ったので失礼しようと思ったところ、カダフィ指導者は「いろいろまだ話が聞きたい」と、立ち上がろうとするわたしを抑えた。通訳付きではあったが結局、会談は一時間以上にわたった。同氏は非常に友好裡で、時々ににこしながら笑い顔を見せ、前回二〇〇一年一月の時とは雰囲気が様変わりしていた。これはユネスコやわたしに対する同氏の見方が変わったこともあろうが、欧米と和解を図り、国際社会に再び迎え入れられようとしている状況で、気分が高揚していたことを反映したものと思われる。

二〇〇七年一二月末、わたしは三度目のリビア訪問を行ったが、この時はわたしの方からイニシアチブを取った。というのも〇五年五月の第二回会談時に、カダフィ指導者に「ぜひパリのユネスコ本部にご招待したい」と申し上げ、快諾してくれた経緯があるからである。そして〇七年一二月初め、同氏はポルトガルで開催されるEUアフリカサミットに出席した後で、フランス、スペインを訪問すると連絡してきた。ところが残念ながら、その時期に重要な教育会議でセネガルへの出張が決まっており、ユネスコ本部を訪れた氏をわたしは直接お迎えできなかったのである。

とはいえわたしは、どうしてもカダフィ指導者と話がしたかった。従来から話をしていた八巻におよぶアフリカ史の第二編を進める企画についても、リビア側とユネスコのアフリカ関係の職員の間ですでに合意ができ、そのための協定を調印するなどの懸案もあった。その調印が同年一二月末に行われることになったのでわたしはリビアを訪れたのだが、カダフィ指導者はどうしても都合がつかないとのことで会えなかった。リビアを出発する間際に、飛行場に儀典長から電話があり、カダフィ指導者から次の伝言をもらった。「今回はお目にかかれず非常に残念である。ぜひ次回、もう一度訪れてほしい。その時はいろいろとお話ししましょう」

2009年2月、CEN-SADの会合に参加。中央がカダフィ氏、カダフィ氏の左はベナンのボニ・ヤイ大統領　© UNESCO

　カダフィ指導者とは、その後、二〇〇九年二月にリビアで再会を果たした。アフリカ大陸における教育文化科学コミュニケーション分野でのプログラム実施に関して協議する第三回会合がリビアで開催された折に、前月にAU議長に就任した同氏とわたしで開会スピーチをすることになったのである。参加したアフリカの八つの地域経済委員会の一つに、[*11]サヘル・サハラ諸国共同体（CEN－SAD）がある。カダフィ指導者の音頭で設けられた同共同体は、サハラ砂漠の周辺二八か国を中心に構成され、本部はトリポリだ。CEN－SAD事務局長と協力して開かれた同会合には、CEN－SAD議長のベナンのボニ・ヤイ大統領にも出席してもらった。

　国際会議場の壇上には、真中にカダフィ指導者、その右側にヤイ大統領、左側にわたしが座った。司会はリビア人のCEN－SADの事務局長が務め、まずわたしが冒頭のあいさつ、続いてヤイ大統領、カダフィ指導者のスピーチと続いた。カダフィ氏は一切メモを見ないで、約四五分間熱弁をふるったのだが、最も強調したことは、アフリカ諸国はアフリカ合衆国（United States of Africa）を目指して一致団結して進ま

11　サヘル・サハラ諸国共同体（CEN―SAD）
アフリカの主要地域機関のひとつ。本部はトリポリ。サハラ砂漠周辺の国々が参加。一九九八年、六カ国で始まった同共同体は現在二八カ国が加盟。

なければならない、という点だった。

具体的に、スピーチには、以下のような内容が盛りこまれていた。

これからはソフトパワーがハードパワーに勝るようになるだろう。とすれば、教育、文化、科学などのソフトパワーを担当するユネスコはますます重責を担うことになり、国連憲章の第七章（平和に対する脅威、平和の破壊及び侵略行為に関する行動）よりもユネスコ憲章[12]のほうが重要になっていく。その中にあって事務局長がユネスコ改革をしっかり進め、ユネスコをより一層効率的な国際機関に衣替えさせたことは称賛に値する。また、同事務局長の下でアフリカ大陸に大きな関心が払われ、アフリカ人の手になる八巻におよぶアフリカ史の完成、さらに第二段階に移ろうとしていることも高く評価されなければならない——。

このスピーチはリビアのテレビで実況放送されたこともあり、後でいろいろな人からカダフィ指導者のユネスコ讃辞、さらにわたしへの評価を聞いたと耳にした。指導者は当然のことながらアラビア語でスピーチをし、わたしはその英訳を聞いていたわけだが、身に過ぎることばに恐縮してしまった。一方で、カダフィ指導者は近年、欧米諸国とは和解を進めてきているものの、欧米諸国に対する根強い不信感が残っていることをうかがわせる台詞がいくつもみられた。

その一つが「ヨーロッパやアメリカはアフリカの資源をめぐって、また、国際的な選挙の際の票を目当てにいろいろ約束をするが、それらは全く実施されていない」という批判だった。その中で「ヨーロッパ、アメリカ、日本、その他の国々」と、日本をヨーロッパ、アメリカに次いで明示したのには驚いた。

会合を前に、カダフィ指導者とは別室で会談を行ったが、これが三度目だった。二〇〇七年一月、アディスアベバでのAUサミットの際の立ち話を入れれば四度目の会談になる。こうした会談の過程で、わたしが日本人であることは当然知っている

12 ユネスコ憲章
第二次世界大戦中の一九四二年、ロンドンで開催された連合国文部大臣会議で、教育・文化に関する国際機関の設立が検討され、一九四五年に連合国教育文化会議で四四カ国代表により採択された。一五条に及ぶユネスコ憲章の前文冒頭に「戦争は人の心の中に生まれるものであるから、人の心の中に平和の砦を築かなければならない」とある。

と思っていたが、日本のことは一度も話題にならなかった。もっとも、カダフィ指導者は日本を訪問したことはないが、三男サーディ・カダフィ、リビア作家協会会長は二〇〇一年に来日しており、〇五年の四月には愛知万博関連で二男のセイフ・アルイスラム・カダフィ氏も訪日しているので、日本に対して関心を払っていると理解していたのである。

先の、同氏のスピーチの中での批判は、主としてヨーロッパ及びアメリカに向けられたものではあったのだろうが、その関連で日本の名前が公の場で出されたのは大変残念であった。

カダフィ指導者は二〇〇九年いっぱいアフリカ連合の議長を務め、また同年九月には革命四〇周年の盛大な行事を予定されているときく。ぜひ、しかるべき機会に日本のハイレベルな関係者が日本の対アフリカ政策について同指導者に説明し、誤解を解く必要があると強く感じた次第である。

六、わたしとアフリカ連合サミット

二〇〇九年七月のアフリカ連合サミットは、マダガスカルの首都アンタナナリボで開かれることになっていた。同サミットは、同年一一月にユネスコ事務局長としての任期が終わるわたしが出席できる最後のサミットだ。〇五年の第二期目のユネスコ事務局長選挙においてわたしは、アフリカ諸国が推す候補者として立候補した形でもあり、一期と二期の全体を通じて一〇年間、これまでどのようにアフリカ諸国、さらにはAUとの協力関係を築き、成果を挙げてきたか、同サミットで報告したいと思っていた。その希望をAU委員会のジャン・ピン委員長[*13]に伝えたところ承諾を得ていたが、やはりAUサミットの議長であるカダフィ指導者の確認がほしかった。そこで連絡をとったところ快諾され、特別ゲストとして招待されることになった。

---

13 ジャン・ピン
(一九四二〜)
ガボンの政治家。ユネスコ・ガボン政府代表部勤務などを経て大臣、政府要職を歴任。一九九九年から二〇〇八年まで外相。

余談になるが、AUサミットからは常にオブザーバーとして招待されるが、わたしはオブザーバーとしては出席しないことにしてきた。オブザーバーは単に開会式のみ出席し、後は出席できない。特別ゲストであれば、全ての会合（非公式会合は除く）に出席でき、かつ発言の機会も与えられる。だから、特別ゲストにこだわったのである。

しかしその後、マダガスカルで政情が不安定化し、ラヴァルマナナ大統領が辞任に追い込まれるに至った。これは、首都アンタナナリボの市長を務めるラジェリナ氏を中心とした反大統領派が繰り返しデモを行い、軍も同調した結果だった。辞任した大統領の後任に就いたのはラジェリナ市長だった（マダガスカルの項参照）。

一連の事態はクーデターであり、AUとしては認めることはできないので、モーリタニアやギニアビサウと同じように、マダガスカルのメンバーシップを停止する措置を取った。従って、マダガスカルで予定されていたAUサミットの開催は不可能となってしまった。別の場所探しに苦労したが、結局、リビアのシルトで開かれることになった。わたしとしては、ユネスコ事務局長として一〇年間のとりまとめのスピーチを行うとともに、再度、AU議長を務めるカダフィ指導者にもお会いしたいと思って出席した。

わたしは初日の午後の本会議で、特別ゲストとしてスピーチをすることになっていた。ところが、AUの今後のあり方について意見が対立し、公式会合が長引いてしまった。カダフィ指導者は早急にAU委員会の権限を強化しようとの意向を示し、他国の大統領と首相たちは、漸進的に物事を進めるべきであると主張した。最終的には、その中間で妥協に至ったようだ。

その結果、予定されていた初日午後の会議はとび、わたしの出番が無くなってしまった。残念ではあったが、わたしは用意していたスピーチをAUサミットの正式文書として、AU委員会から出席者たちに配ってもらうことにした。もっとも、今回一番の収穫は、初日午前の開会式のレセプションなどで、アフリカ各国から参加している大統領や首相に会えたことだった。この一〇年間、ユネスコ事務局長としてわたしが進めてきた改革やプロジェクトへの支持、協力に対して、直接、感謝の言葉を伝えることができたのである。まさに、わたしの仕事のしめくくりともいえるサミットとなった。

Republic of Tunisia

チュニジア共和国

チュニジア共和国
(Republic of Tunisia)

面積	16万3610平方キロメートル(日本の約5分の2)
人口	1,032万人
首都	チュニス
自然	首都チュニスなど地中海沿岸は、比較的温暖な典型的地中海性気候で過ごしやすいが気候分布はダイナミックな変化がある。北部は緑豊かな穀倉地帯、アトラス山脈の左端部分に位置する地域には積雪もあり、寒暖の差が大きい。
産業	農業(小麦・大麦・柑橘類・オリーブ・なつめやし)、鉱業(石油、燐鉱石、セメント)、工業(繊維、機械部品、電気部品、食品加工)、観光業
民族グループ	アラブ人(98%)、その他(2%)
言語	アラビア語(公用語)、フランス語(国民の間で広く用いられている)
宗教	イスラム教スンニ派(多数派)、キリスト教およびユダヤ教(少数派)

＊　＊　＊

日本は1956年にチュニジアを承認し、69年、在チュニジア大使館を開設。開発・国際協力担当相がほぼ毎年訪日するなど、特にチュニジアからの要人来訪が多い。1985年以来、4、5年ごとに「日・チュニジア合同委員会」が日本、チュニジア(交互)において開催され、二国間関係全般、中東情勢、アジア情勢等について意見交換が行われている。国費留学生の受け入れ、文化無償協力の実施、またスポーツ交流、学術交流、姉妹都市提携(瀬戸市・ナブール市)などの交流もさかん。

一・チュニジアの長い歴史

チュニジアは地中海に面した北アフリカに位置し、リビアとアルジェリアに挟まれた国である。面積は日本の約五分の二で人口は一〇三二万人（二〇〇八年）だ。現在チュニジアと呼ばれている領域は、もともとはリビア文化圏の一角を成していたが、紀元前八世紀半ばころ、フェニキア人[1]が入植してから急速に発展した。フェニキア人は現在のレバノンを拠点として、地中海の各地に植民地を築いていったが、チュニジアには特に力を入れてその植民地を作り、カルタゴと呼んだ。カルタゴというのはフェニキア語で「新しい町」という意味である。

当初、カルタゴの規模は、他の地中海に展開されたフェニキア人の植民地と同じように数百人程度だったが、フェニキアが衰えるにつれ、逆にカルタゴは都市国家として力を付けていった。最盛期には人口は四〇万を超え、ギリシャの都市国家アテネに匹敵するほどだった。

カルタゴは、紀元前三世紀から勢力範囲を拡大していたローマ帝国とシチリア島の領有を巡って衝突し、三回にわたって戦争（ポエニ戦争）を行った。一時は勇将ハンニバルの活躍でローマを攻めたこともあったが、最終的には紀元前二世紀半ばの第三次ポエニ戦争の結果、カルタゴは完全にローマに叩き潰され、チュニジアはローマの属州となった。現在の首都チュニスの北にカルタゴの栄華を偲ばせる遺跡が幾つか残っているが（ユネスコの世界遺産）、ローマ軍による徹底的な破壊にあい、当時の面影を今に残しているものは僅かである。

その後、チュニジアはゲルマン民族[2]の侵略、ビザンチン帝国[3]による支配、アラブ人の侵入（その結果としてのイスラム化）、さらにシチリア島（現在のイタリアの一部）やモロッコの王国にも次々と征服された。一六世紀に入ると隣国のアルジェリア、リビアとともにチュニジアもオスマン帝国[4]の支配下に入り、一九世紀後半にフランスの

1　フェニキア人
紀元前一二〇〇年頃、現在のレバノン海岸部に定着した海上通商民族。錫や金属、ダイヤ、米、綿などを求め積極的に海上貿易を行うようになった。その活動範囲は、黒海、大西洋（イギリス）、紅海、さらにはインド洋にまで及ぶ。その過程で各地に貿易都市国家を形成した。カルタゴも植民市のひとつ。さらに商業活動の取引で文字が必要になり、アルファベットは、フェニキア人のつくった二二文字から発展した、と言われている。

2　ゲルマン民族
インド・ヨーロッパ諸族に属する民族。バルト海沿岸に居住、紀元前八世紀頃から南下した。紀元後四世紀に大移動を開始してヨーロッパ全域に広がり、現在の西欧諸民族の祖先となった。

3　ビザンチン帝国
東ローマ帝国の別称。東西に分裂したローマ帝国の東方地域を継承し、オスマン帝国によって滅ぼされるまでの一〇〇〇年以上にわたって存続した帝国。中世ローマ帝国、ギリシア帝国とも呼ばれる。

植民地になるまで続いた。しかし、一八世紀には、オスマン帝国内においてもフサイニッド王朝が興り、ベイと呼ばれる首長（世襲制）が二〇世紀半ばまでチュニジアを支配した。その間、一九世紀に入ってアルジェリアを植民地化したフランスは一八八一年、当時のフサイニッド王朝の首長と協定を結び、内政面ではチュニジアに自治機能を認めるというフランスの保護領とした。つまり、形としてはフサイニッド王朝が存続し、その首長が支配者の立場を維持しながらも、実権はフランスが任命した総督が握ることになり、フランス人入植者は農耕に適した海岸地帯に農園を設立していった。

二〇世紀に入ると、チュニジア人の間で独立を求める声が次第に高まり、一九三四年にハビブ・ブルギバ氏[*5]を中心とする若者たちが新憲法党を形成、独立運動を開始した。しかしフランスは同党を禁止し、ブルギバ氏を逮捕、投獄した。第二次大戦時は、チュニジアも連合軍と枢軸軍の間の激しい戦いの場となったが、四三年には連合軍がチュニジアを占拠するに至り、自由フランス政府がチュニジアの支配を取り戻したのである。

二．独立とブルギバ初代大統領の誕生

しかし、フランスは第二次大戦後もブルギバ氏を中心とする独立運動を弾圧したため、同氏はエジプトに逃れ、独立に向けて活動を続けた。そうした中、チュニジア国内でもテロやゲリラが活発化し、もはや強硬な弾圧政策を続けることが困難であるという見方がフランスでも徐々に強まった。従って一九五五年、フランスはチュニジアに自治権を与えるが、外交と軍事はフランスが掌握したままの状態にチュニジア国民は納得せず世論は収まらなかった。そのため、五六年には完全独立を認めるに至るが、形としては一八八一年以来続いてきた首長制の下での独立だったので、首長が元首として残った。

独立直後に行われた一九五七年三月の議会選挙で、ブルギバ氏が率いる新憲法党が

4 オスマン帝国
一二九九年から一九二二年までの六〇〇年以上の期間、現在のトルコを中心として領土を拡大しながら繁栄した大帝国。トルコ系の皇室オスマン家を皇帝とする多民族帝国で、現在のトルコの都市イスタンブールを首都とし、東西はアゼルバイジャンからモロッコに至り、南北はイエメンからウクライナに至る広大な領域に及んだ。

5 ハビブ・ブルギバ
（一九〇三〜二〇〇〇）
チュニジアの政治家。独立運動を指導し、五六年、独立を達成し首相、翌年に初代大統領となる。権力を集中し穏健外交と近代化政策を推進。

大勝、同氏は国民議会の議長、さらに首相の地位に就いた。また新議会は新しい憲法を採択して首長制を廃止し、同年七月にチュニジアは共和国を宣言、ブルギバ氏が初代大統領に就任した。五九年の大統領選挙は国民が直接選ぶ形で行われ、国民的な人気を誇るブルギバ氏が無投票で再選され、新憲法党が国民議会の議席の全てを押さえた。それ以来、ブルギバ氏は大統領選挙の度に当選を重ねて七四年、国民議会の決定で終身大統領となった。従って、同氏は五七年から失脚する八七年までの三〇年間、チュニジアの大統領を務めたのである。

ブルギバ大統領はアラブの世界において、一九五〇年代および六〇年代においてはエジプトのナセル[6]大統領と並ぶ英雄であった。ナセル大統領は反西欧路線、親共産圏路線を打ち出したのに対し、ブルギバ大統領は親西欧路線を貫いた。にもかかわらずブルギバ大統領がアラブで英雄視され続けたのは、チュニジアの独立を求めて二〇年以上、植民地主義と戦い、その結果、フランスの官憲により何度も投獄された経歴があったからだろう。

また大統領は、近代化を進めることに重点を置き、なかでも一夫多妻制の廃止をはじめ女性解放に力を入れた。その結果、チュニジアでは早い段階から女性が選挙に参加するようになり、また教育、保健衛生、インフラの整備、経済インフラの拡充なども急速に進んだ。しかし、八〇年に入ってから経済は停滞し、インフレを起こした結果、ストライキやデモなど様々な騒動が起こるようになった。大統領が力で弾圧しようとする政策に乗り出したため、国民の批判を浴びるようになった。

そうした中、長年内務大臣を務めてきたベン・アリ[7]氏が八七年一〇月、首相に就任する。チュニジアの憲法上、首相は大統領に次ぐ重要なポストである。ベン・アリ首相は病気や高齢のため、国民の人気が急落し始めたブルギバ大統領の追い落としを画策。医師団に、大統領が執務を続けることができないという診断書を発表させ、ブルギバ

6　ナセル
（一九一八～七〇）
ガマール・アブデル・ナセル。エジプトの軍人・政治家で、アラブ連合共和国第二代大統領。インドのネールやインドネシアのスカルノと並んで、五〇年代には第三世界のヒーローだった。スエズ運河を国有化して、その通行料収入でアスワンハイダム建設費を賄おうとした。スエズ動乱で、アラブにおける名声を不動のものとした。

7　ベン・アリ
（一九三六～）
一九八七年、チュニジアの二代大統領に就任。終身大統領制を廃止し、新しい政党の設立を受け入れ、政治犯を釈放した。就任以来、四選を果たし大統領をつとめている。

氏を大統領職から外すことに成功した。当時、八四歳になっていたブルギバ氏はその後、二〇〇〇年四月に亡くなるまでの一三年間、かつてフランス総督の公邸だった建物に幽閉されていた。

ブルギバ前大統領の逝去に対して、わたしは就任したばかりのユネスコ事務局長として弔電を送り、心から哀悼の意を表した。思えば一九六四年三月、日本政府派遣の北アフリカ経済使節団の一員としてチュニジアを初めて訪れたときは、独立から八年を経ており、西欧諸国との良好な関係を進め、政治も経済も安定路線に乗せていたブルギバ大統領の全盛時代だった。一度もお会いする機会には恵まれなかったが、そうした大統領の手腕や動向には関心を払っていたので、訃報に接した時は何とも悲しい気持ちを覚えた。

政府派遣の経済使節団（団長は古河電工の小泉幸久会長）について説明をしておくと（モロッコの項参照）、日本とチュニジアの経済関係（貿易投資さらには政府ベースの経済協力）についてチュニジア側と協議することが主目的だった。当時はブルギバ大統領の人気も高く、同国政府は経済発展に非常に力を注いでいたときだ。チュニジア側で会った関係者の中で最も印象に残ったのは、ベン・サラー[*8]財政企画相であった。チュニジアは小国ではあるが、政治も安定しており確固とした経済政策を採っている、というのが訪問した使節団メンバーの一致した意見であった。日本からの投資に対する期待はとても大きかった。

従って、日本は一九六九年にチュニジアに大使館を開設し、チュニジアも七七年に日本に大使館を開設した。両国間の人的交流も盛んになり、日本の対チュニジア政府開発援助も円借款を中心としてかなりの規模に上るようになっている。また三年半にわたる日本滞在を経て大変な親日家となった初代駐日大使のベン・ヤヒア氏は、ベン・アリ第二代大統領の下で九〇年代から二〇〇〇年代かけての二回、長期に渡って外務

8 ベン・サラー
（一九二六〜）

パリ大学卒業後、高校教師に。チュニジア労働総同盟書記長から政治家に。一九六一年、計画・財政相に就任、以来、社会主義政策を推し進めた。その後、失脚、投獄。脱獄して海外に逃れ、反政府運動を展開した。

大臣を務めた。チュニジアが現在、北アフリカの国々の中でもっとも親日国となっている理由の一つだろう。

ちなみに、ベン・ヤヒア氏は二〇〇五年に外務大臣のポストを去った後、北アフリカの五カ国（チュニジア、モロッコ、アルジェリア、リビアおよびモーリタニア）で構成するアラブ・マグレブ連合（AMU）（本部はモロッコの首都ラバト）の事務局長に就任していた。同氏は〇九年二月、ユネスコ主催でリビアの首都トリポリで開いたアフリカにおける八つの地域経済機構の長との会合に出席されたので、初めてお会いする機会を得た。

またユネスコは、アフリカの七つの地域経済機構とは協力協定を結んでいたが、AMUとは未締結だったので、同年五月にパリのユネスコ本部にベン・ヤヒア事務局長を招いて協力協定を結んだ。そのとき、同氏とじっくりお話する機会を持ったが、今でもヤヒア氏にとって日本で過ごした日々は忘れられないという。大の寿司好きというだけでなく、日本的なコンセンサスのつくり方から多くを学び、国際舞台の場でも役立てているという。本当に日本の良き理解者であることを改めて認識した。

三．ベン・アリ第二代大統領

話を元に戻そう。一九八七年一一月にブルギバ氏を大統領職から追放して大統領に就任して以来、ベン・アリ氏は二二年間、大統領の職にある。チュニジアの憲法では従来、大統領はその任期を三期まで務めることができるが、それ以降の継続は禁止されており、かつ立候補時の年齢制限が七〇歳未満とされていた。しかし、二〇〇〇年五月の憲法改正（国民投票で可決）によって大統領の再選制限が削除され、立候補の年齢制限も七五歳まで引き上げられた。その新憲法の下、〇四年の大統領選挙でベン・アリ氏は四選を果たしたのである。もっとも、〇四年の選挙においてベン・アリ氏は九四・四八パーセントの支持を得たと公式発表されているが、これに対して不正選挙だったという国際的な批判が起こった。同氏は一九三六年生まれなので今年（二〇〇九年）は七三歳だ。一〇月には再度、大統領選挙が行われるが、さらに五選を狙って立候補する旨既に宣言している。

ユネスコの事務局長就任以降、わたしはチュニジアを四回訪れている。一回目は二〇〇一年一月、主目的はユネスコの新しい分権化政策を踏まえて、今後どのようにしてユネスコとチュニジアの協力を進めるかにつき協議することだった。

背景を説明すると、元々マグレブ地域には、チュニジアの首都チュニスとモロッコの首都ラバトに夫々地域事務所があり、チュニス事務所はチュニジアおよびリビアを、ラバト事務所はモロッコのみをカバーしていた。アルジェリアはパリの本部が直接担当し、モーリタニアは本来、モロッコ事務所が管轄すべきだったが必ずしも明確でなく、チュニジア、モロッコ双方の事務所とも人手と予算が不足していた。そのため、この両事務所を合併し、本部から人員を補充する形で一つの事務所にする案があった。それにより、アルジェリアもモーリタニアも同事務所に管轄させたいと考えたわけである。最終的にはユネスコ事務局内での検討を重ねた上でチュニジアの事務所を廃止し、その人的資源をモロッコに移すことで、モロッコ事務所がマグレブの五カ国を担当するという決定をわたしは下した。

それ以前に、チュニジア、モロッコの両国政府は、事務所を一つに絞る事自体は妥当な政策としながらも、その事務所は自国に設置されるべきであると主張し、わたしは非常に強い政治的圧力を受けていた。したがって、先の決定にモロッコ政府は大喜びしたが、チュニジア政府は非常に怒り、かつ様々な手段で決定を覆そうとしてきたが、わたしは応じなかった。このため、ユネスコとチュニジア政府との関係、さらにはわたしとチュニジア政府との関係が緊張したものになったので、自らチュニジアに乗り込んで直接チュニジア政府の幹部にユネスコの意図を説明し、そのうえでプログラム面でユネスコの対チュニジア協力の強化について話し合いたいと思ったのである。

そのためにはベン・アリ大統領に直接説明することが最も有効だと考えたが、事前に同大統領とのアポイントメントが確実に取れる約束は得られず、結局その対話は実現しないことが判明した。しかし、ガヌーシ首相以下、教育大臣、文化大臣などに会うことができた。ガヌーシ首相は、首相就任以前に国際協力および外国投資大臣を務め、頻繁に日本を訪問していた。ベン・ヤヒア外務大臣と並んで、政府の中では親日家の筆頭であることを知っていただけに、こういう状況説明をせざるを得なくなって、わたしとしても心苦しかった（ちなみにガヌーシ首相は二〇〇三年九月のTICAD Ⅲおよび二〇〇八年五月のTICAD Ⅳのため訪日している）。

案の定、ガヌーシ首相以下、相手側はわたしの説明に必ずしも納得してくれなかった。そこでわたしは、以前から懸案になっていたユネスコ文化センターをチュニジアに設立する約束をした。あくまでもチュニジア政府の文化センターで、ユネスコが協力するというものだったが、これについては首相以下歓迎の意を表してくれ、引き続き協議を続けることになった。その後、ユネスコから担当部長をチュニジアに二度派遣したが、実際の設立にあたっては同国側に様々な障害があることがわかり、協議は進まなくなってしまった。

四．ベン・アリ大統領との和解

他方、二〇〇一年一一月にイスラム教育科学文化機関[*9]（ISESCO＝教育科学文化を担当するユネスコのイスラム諸国版、本部はモロッコの首都ラバト）主催で「文明間対話の会議」がチュニスで開かれることになった。ベン・アリ大統領がオープニングの音頭をとるので、わたしには開会の挨拶をしてほしいと、ISESCOの事務

9 イスラム教育科学文化機関（ISESCO）
一九八一年にイスラム教国四四カ国が加盟して発足したイスラム教育科学文化機関。モロッコのラバトに本部を置く。イスラム教徒の人々の間の相互理解を促進し世界平和と安全保障を達成するため、三年に一度、総会を開いている。

局長アルトゥワイジリ氏（サウジアラビア人）から受けた。「文明間の対話」というテーマがユネスコにとって重要であることもあったが、何よりもこの機会にベン・アリ大統領とじっくり話すことが重要であると考え、アルトゥワイジリ事務局長の招待を受けてチュニスに赴いた。

会議場に到着すると、演壇の中央に椅子とテーブルがあり、そこにベン・アリ大統領が一人で座っていた。そして主催者のアルトゥワイジリ氏やわたしには聴衆側の一列目に席を与えられ、スピーチをする時だけ壇上の端においてあるマイクロフォンの所で挨拶するように指示された。通常、国際機関の長が開会の挨拶をする時は同じ演壇に座るのが慣例であるので、少々、違和感を覚えた。

しかし、この時期はちょうど国連総会で決定された「国連文明間の対話年」[*10]の締めくくりにあたり、ユネスコが活動の中心を担っていただけに、わたしはこういう形でイスラム諸国と欧米社会の文明間の対話を強調する機会が与えられたのが嬉しかった。折しもアメリカで起こった九・一一事件の二カ月後であっただけに、大きな意義のある会議だった。ベン・アリ大統領も同じような問題意識で、文明間対話の必要性を強調した。その会議の後、大統領との会談がようやく官邸で実現した。ベン・アリ大統領は流暢なフランス語を話したので、互いに十分な意思疎通を図ることができた。

冒頭にわたしは、チュニジア事務所を閉鎖するに至った経緯を説明し、二つの点に絞って話した。「より合理的な地方事務所ネットワークを実現するために、ユネスコがやむを得ず取った措置で、むしろプログラムの面ではチュニジアにおけるプレゼンスを強化していきたい。さらにユネスコ文化センターの設置を促進させ、なんとか実現させたいと思っている」。それを受けて、大統領は「チュニジアにおけるユネスコ事務所は長い歴史があり、ユネスコの象徴的な存在だっただけに、あなたが閉鎖したことは非常に残念である。しかし、もう決まったことであるので、これ以上、不満を述べ

10 国連文明間の対話年
一九九八年の国連総会は、文明間の相互理解は不可能とする概念「文明の衝突」を否定して二〇〇一年を「文明間の対話年」とすることを決定した。

ることは止めにしたい」と述べられ、わたしは胸を撫で下ろした。

さらに大統領は、わたしが本部から連れてきていたアラブ人（対外関係局のアラブ課長）の女性スタッフに気付いて「あなたはどちらの国の方か」と尋ねた。彼女が「モロッコです」と返答すると、大統領はすかさず「あなたの影響で、事務局長はモロッコの事務所を存続されることにしたんですね」と、冗談めいてはいたが、鋭い眼差しを彼女に向けた。そこでわたしは「彼女はこの意思決定の過程に全く関与していない。いろいろな人の意見を聴いて、最終的にはわたしの責任で決めたことです」と、改めて強調した。

大統領は大柄で眼光鋭く、迫力のある政治家だったが、帰りがけには「あなたの今回の滞在は非常に短いようだが、この次はもっとゆっくり滞在してチュニジアの世界遺産巡りなどを楽しんでいただきたい」と、笑顔で招待してくれた。チュニジアには世界遺産が八件あり、わたしはそのうちの二件（首都チュニスのメディナ[11]およびチュニスの旧市街、そしてカルタゴ遺跡[12]）には訪れたことがあった。特に、二〇〇〇年近い歴史を刻んで今に残るカルタゴ遺跡には二〇〇一年一月に足を運び、深い感銘を受けていたので、カルタゴの遺跡の保存関係の資料を整備する必要性を伝え、それについてユネスコとして協力を進めることにしている旨を説明した。

五．三回目と四回目のチュニジア訪問

三回目のチュニジア訪問は二〇〇四年一二月だった。前述のＩＳＥＳＣＯと並ぶもう一つの組織に、アラブ諸国の教育文化科学を担当するアラブ連盟教育科学文化機関[13]（ＡＬＥＣＳＯ＝本部は首都チュニス）がある。その総裁モンジ・ブスニーナ氏（チュニジア人、元文化大臣）とは大変親しくしていたので、この機関の総会に出席する目的でチュニスを訪れたのである。ブスニーナ氏は四年の任期を終え、二期目の再選が

11 チュニスのメディナ
チュニスの旧市街のこと。ザイトゥーナ・モスク（大モスク）はじめイスラム建築物、スーク（市場）などがある。一四世紀に、ほぼ現在の形となった。チュニスの新市街は、一九世紀の後半、フランスの軍事占領下で建設された。

12 カルタゴ遺跡
チュニス近郊の地中海沿いにある遺跡。ポエニ戦争（紀元前二六四～同一四六）に敗れ、ローマ軍に破壊されたが、のちローマの属州の都として復活。二～三世紀には、神殿、ローマ劇場、円形闘技場、共同浴場などが造られた。

13 アラブ連盟教育科学文化機関（ALECSO）
一九六四年設立のアラブ版ユネスコともいえるような事業を展開している。

決まっていたので、その祝辞を述べることになっていた。またガヌーシ首相にも再会できたので、ユネスコの対チュニジア協力の進展ぶりを説明したところ喜んでくれた。

さらに四回目に訪問したのは、二〇〇五年一一月に開かれた第二回「[*14]世界情報社会サミット（WSIS）」への出席のためである。これは、[*15]国際通信連合（ITU）が中心になって開いたもので、二年前の〇三年にジュネーブで開かれた第一回サミットに続いて、二回目がチュニジアの首都チュニスで開催されることになったのである。報道の自由が必ずしも確立されていないチュニジアで、世界情報社会サミットを開くことには国際的なNGOから様々な批判があったものの、ベン・アリ大統領はサミット成功に向けて大変力を注いでいた。

「世界情報社会サミット」では、ユネスコも一連の問題（教育・文化・報道の自由など）に関して大きな役割を担うことになっていたので、わたしは情報通信技術（ICT）の教育面における活用について、マイクロソフト社と協力関係を確立していた。その協力の第一号として、チュニジアに北アフリカ全体を対象にしたICTセンターを設置し、青少年に技術訓練を提供することに合意した。前述のように、ユネスコ事務所の閉鎖をめぐってチュニジアとぎくしゃくした関係があったこともあり、同センターをチュニスに設けることは非常にいいと考えて推進した次第だ。

第二回「世界情報社会サミット」の開会式にはマイクロソフト社のビル・ゲイツ会長を招待したが出席は叶わず、代わりに送ってくれたハイレベルの代理（ヨーロッパマイクロソフト社社長）の臨席を得て、同時期にICTセンターのオープニングも行った。その後、ベン・アリ大統領に会う機会があったので、北アフリカ全体を対象に、マイクロソフト社と提携してチュニスに設けるICTセンターのオープニング式典を行ったところだと報告すると、大いに喜んでくれた。

わたしは「チュニジアの世界遺産をゆっくり、時間をかけて見ていただきたい」と

---

14 世界情報社会サミット（WSIS） 情報通信分野での初めての国連サミット。目的のひとつは、発展途上国のインターネットへのアクセス環境の充実を図ることで世界の情報格差を縮小することにあった。二〇〇三年、〇五年の二回に分けて開催された。

15 国際通信連合（ITU） 一八六五年、パリで創設の万国電信連合と一九〇六年、ベルリンで創設の国際無線電信連合が、三二年、マドリッドにおいて合体し、国際電気通信連合（ITU）として発足。国際連合（UN）の専門機関の一つ。電気通信の改善と合理的利用のため国際協力を増進することが目的。電気通信業務の能率増進、利用増大と普及のため、技術的手段の発達と能率的運用の促進につとめている。加盟国数は一九〇カ国で、本部はスイスのジュネーブ。

いう大統領の言葉は、今も忘れていない。チュニジアの八つの世界遺産のうちの六つはまだ訪れていないので、植民都市時代の面影をよく残しているというローマ遺跡に一日も早く足を運び、地中海に広がっていた古代帝国の栄華に心を馳せてみたいと願っている。

People's Democratic Republic of Algeria

アルジェリア民主人民共和国

アルジェリア民主人民共和国
(People's Democratic Republic of Algeria)

面積	238万平方キロメートル
人口	3,436万人
首都	アルジェ
自然	国土広大だが大半は厳しい環境のサハラ砂漠などの砂漠地帯である。そうした砂丘地帯にかつてはサバンナだったことを示す狩猟や放牧の様子を描いた岩壁画や岩刻画などが発見されている。温暖で肥沃な地中海沿岸と、荒涼とした高原地帯、広がり続けるサハラ砂漠、アトラス山脈につらなる山岳地帯など、自然は変化に富んでいる。
産業	主要産業は石油・天然ガス関連産業、第二次産業。天然ガスは世界第4位の輸出国。世界最高の軽質油を現在でもEU加盟国の消費の約12%供給している。
民族グループ	アラブ人（80%）、ベルベル人（19%）、その他（1%）
言語	アラビア語（国語、公用語）、ベルベル語（国語）、フランス語（国民の間で広く用いられている）
宗教	イスラム教（スンニー派）

＊　＊　＊

1990年代の国内テロによる政情不安のイメージ改善を目指している。「アフリカ開発のための新パートナーシップ（The New Partnership for Africa's Development：NEPAD）」推進の中心的な国として活躍。2005年にはアラブ連盟議長国を、2004～2005年には国連安保理非常任理事国を務めた。また、2000年以降、ほぼ全てのG8サミットにアフリカの代表として招かれており、2008年7月にはブーテフリカ現大統領が北海道洞爺湖サミット出席のため来日した。

一．文化遺産の豊富なアルジェリア

アルジェリアは、アフリカではスーダンに次ぐ面積を有する大国だが、九〇パーセント以上がサハラ砂漠で占められ、人口三四三六万人（二〇〇八年）の大半は国土の七パーセントに相当する海岸地帯に集中している。サハラ砂漠に当たる地帯は、紀元前三五〇〇年ころまでは大きな湖がいくつもあり雨量も豊富で肥沃な土地であった。しかし、その後の気候変化によって内陸の乾燥化が進み、紀元前一〇〇〇年ころまでにかなりの規模の砂漠がつくられた。現在も、サハラ砂漠は東西南北に拡大しつつある。

歴史を更に紀元前一万年前くらい遡れば、緑に恵まれたサハラ地帯で新石器時代が始まったとみられている。かつて、新石器時代は紀元前五〇〇〇年ころが起源であると考えられていたが、最近では発見された石器や陶器の時代測定がより正確になり、一万年前と推定されている（一九八一年のユネスコ刊『アフリカ一般史』第一巻では、サハラ地帯の新石器時代は紀元前五〇〇〇年から始まったとされている）。その時代の生活状況を伝える岩絵や彫刻は、アルジェリアの南東部、サハラ砂漠の真ん中に位置するタッシリ・ナジェール国立公園[*1]に残されている。同国立公園は一万平方キロメートルの面積（日本国土の五分の一強）があり、全体が一九八二年に世界遺産として登録された。

二〇〇一年二月、ユネスコの事務局長として初めてアルジェリアを訪れたときの第一の目的もタッシリだったので、首都のアルジェでブーテフリカ大統領[*2]と面会する前にタッシリへ行った。いくつかの岩に刻みこまれた絵や彫刻を見た後で、タッシリの中心地ジャネ市にある博物館を見学した。博物館の考古学者によれば、紀元前一万年から約一万年にわたる新石器時代に、岩に刻まれた彫刻や絵は一万五〇〇〇点以上も存在するという。わたしの見たものはほんの一部だったが、この博物館に展示された写真を見ると、その頃の人々の暮らしぶりや牛などの動物の生態がよくわかる。

1　タッシリ・ナジェール国立公園
アルジェリア南東部、サハラ砂漠にある山脈。糸杉が多く生い茂り、考古学的な景観も含んでいることから、国立公園に指定されている。生物圏保護区、ラムサール条約登録地に指定されており、「タッシリ・ナジェール」としてユネスコの世界遺産（複合遺産）に登録されている。アルジェリアの先史的な岩絵群がよく知られている。それらは、一帯が砂漠でなくサバンナに恵まれ湿潤だった新石器時代に遡るものである。岩絵には、牛の群れ、ワニなどの大型生物、狩猟や舞踏といった人々の活動などがいきいきと描かれている。

2　ブーテフリカ（一九三七〜）
アブデラズィズ・ブーテフリカ。一九六三年、二六歳で外相に就任し「世界最年少の外相」と話題になる。その後、政治的理由から約二〇年に及ぶ海外生活を経て再びアルジェリア政界への復帰。九九年、大統領選に出馬し、当選。二〇〇四年の大統領選挙では他の五候補を破り、再選。

いわばタッシリ文明と言っていいと思うが、その担い手は、そこに住み着いていた先住民であったとみられている（その先住民の動きについてはエジプトの項参照）。わたしは二〇〇九年五月、ポルトガルの北部にあるコア渓谷（世界遺産）を訪れる機会があった。一九九〇年代の始め、ポルトガル政府はコア渓谷にダムを作る計画を立てていたが、岩に刻んだ先史時代の彫刻が見つかったためダム建設に対する反対運動が起こった。結局、政府はダムの規模を大幅に縮小し、コア渓谷の岩に刻み込まれた彫刻を保存することにしたのである。そして、コア渓谷は九八年、わたしが京都で世界遺産委員会の議長を務めたときに世界遺産として登録された。

コア渓谷では、その後も岩に刻まれた動物の姿、さらには人間の彫刻が相次いで発見され、現在は一〇〇〇点近くにのぼるが、紀元前二万五〇〇〇年から一万年の間にわたって彫られたものと見られている。わたしが見たものはそのうちの二〇前後であるが、古いものでは紀元前二万五〇〇〇年から二万年のものがあった。タッシリよりさらに古いものであり、タッシリの岩絵や彫刻よりも、概してより単純である。

話をアルジェリアに戻すと、タッシリの岩に刻み込まれた彫刻や絵は、コア渓谷のものに比べて遥かに手の込んだものである。また不思議なことに、タッシリのみならずアフリカの各地に残された岩に刻まれた彫刻よりも、ヨーロッパに渡ったホモ・サピエンスが残したコア渓谷のものの方が古い。その理由は何なのか。アフリカにはコア渓谷のものより古いものが存在したが、現在まで残っていないということなのか、それとも、ヨーロッパに渡ったホモ・サピエンスのほうが、アフリカに残ったホモ・サピエンスよりも先にこのような岩に刻み込む彫刻を作り出したのであろうか——。

紀元前八世紀にフェニキア人が現在のチュニジアに築いたカルタゴ帝国は、次第に北アフリカの他の地域に勢力を伸ばし、アルジェリアの沿岸にも拠点を作った。その拠点の一つが、現在の首都アルジェよりもさらに西にあるティパサ[*3]（世界遺産）である。

3 ティパサ
アルジェリア沿岸部にあるティパサ県の県庁所在地。一八五七年に建造されたその近代的な町並みは、砂浜でひときわ目立っている。町の名前はアラビア語で「荒廃した都市」の意味である。古代にフェニキア人の植民都市として建てられたのが街の起源とされるが、現在残る遺跡は、古代ローマ帝国時代の寺院、劇場、住居等から構成される。一九八二年にユネスコの世界遺産（文化遺産）となった。

ティパサは紀元前一世紀に誕生した町で、その後、カルタゴに占領されてからローマの支配下に入った。したがって、ティパサにはフェニキア人の作った遺跡と、ローマ時代に作られた遺跡の双方が残っている。二〇〇二年六月にアルジェリアを二度目に訪問した際に、ティパサに足を延ばした。かつてはティパサの博物館の館長で、その時はユネスコの文化担当事務局長補だったムニール・ブシュナキ氏（アルジェリア人）が同行してくれたおかげで、神殿や劇場、公衆浴場が立ち並ぶ古代の大都市ティパサの栄光を存分に偲ぶことができた。

五世紀に入ると、ローマ帝国の力が衰えてくるのにともなって、ゲルマン族が他の北アフリカのモロッコ、チュニジア、リビアと同じようにアルジェリアにも侵入した。しかし、ゲルマン族の支配は長く続かず、ビザンチン帝国[*4]の支配下に入った。七世紀に侵入したアラブ民族はイスラム教をもたらし、先住民のベルベル人も最後はアラブ人の支配を受け入れたのである。アラブ人は主として沿岸地帯に留まり、内陸ではイスラム教を受け入れたベルベル人の王国が興った。一一世紀から一三世紀にかけて同王国が栄えた北東部の町トレムセンには、二〇〇四年一月の四度目のアルジェリア訪問の際に立ち寄り、美しい回教寺院を見ることができた。

その後、一四世紀にスペインが侵攻してくると、アルジェリアはオスマン帝国の支援を求め、その支配下に入った。しかし、一八世紀後半になって同帝国の権勢が衰えるのに合わせてヨーロッパ、なかんずくフランスが進出し、一九世紀前半にはアルジェを占拠、続いて他の沿岸地帯、さらには内陸にも支配権を拡大した。ベルベル族はフランス軍に抵抗を続けたが、一八七二年までにアルジェリアはフランスの海外県として吸収された。その結果、フランスからのアルジェリアへの入植者が相次ぎ、葡萄その他の果物を生産、さらには葡萄酒を作ってフランスに輸出するようになったのである。

---

4 ビザンチン帝国
東ローマ帝国の別称。東西に分裂したローマ帝国の東方地域を継承し、オスマン帝国によって滅ぼされるまでの一〇〇〇年以上にわたって存続した帝国。中世ローマ帝国、ギリシア帝国とも呼ばれる。

二、アルジェリアの独立

アラブ人もベルベル人も形の上ではフランスの海外県に住むものとしてフランスの国籍を取得したが、フランス人と同じ市民権を持つことは認められなかった。従って、次第にナショナリズムが興隆し、特に第一次大戦を契機としてヨーロッパ人と同等の権利を求めるアルジェリア人の活動が大いに高まり、時には、反フランスゲリラ活動が展開された。

若い頃フランス映画「外人部隊」(一九五三年)を観たときの印象が強い。主人公ピエールに扮する男優(ジャン・クロード・パスカル)は、恋人フロレンス(ジーナ・ロロブリジーダ)が約束した時間に現れないのでふられたと思いこんで外人部隊に身を投じ、アルジェリアに派遣されて奥地でゲリラ部隊と戦う兵士を演じていた。外人部隊が活躍する場面に、わたしはなぜか単純に感激したのだが、考えてみれば、この映画も「モロッコ」と同じように、フランス側の見地から作られた映画であり、これらのゲリラ部隊というのは、あくまでもアルジェリア人の独立を求めたゲリラ活動であったのである。

ついに一九五四年、アルジェリアのナショナリストを中心として独立を求める機構「団結と行動のための革命委員会」が結成された。同機構は、後に国民解放戦線(FLN)[*5]と改名され、アルジェリアにいるフランスの軍隊や警察のみならず、フランス人入植者も次第に狙うようになった。これがアルジェリア戦争と呼ばれるものであり、独立を認められる六二年の四月までに一〇〇万人に及ぶ死者を出した。

もともとFLNの活動は地方から始まったが、五六年からは都市部にも広がり、フランス人の経営する一般の店まで攻撃の対象になった。当時、フランス人の入植者は一二〇万人にも上っていたため、フランスは四〇万人の兵をアルジェリアに派遣、FLNが形成した国民解放軍[*6]との戦いを繰り広げることになった。国民解放軍はゲリラ

---

5 国民解放戦線(FLN) アルジェリア民族解放戦線。アルジェリアの社会主義政党である。一九五四年、フランスからの独立を勝ち取るために、いくつかの小さな集団が合併することで創立された。フランスの監視の目をかいくぐって秘密会合が開催され、「統一と行動のための革命委員会(CRUA)」が組織された。同年秋、エジプトのナセル大統領に援助を求めつつ、民族解放戦線の結成が宣言され、一斉蜂起することが決定された。

6 国民解放軍 一九五四年結成された民族解放戦線の軍事部門。

戦法を取り、軍事力では圧倒的に上回るフランス軍を悩ませた。FLNがアルジェリアの独立を求めていたのに対し、フランス人入植者とアルジェリアに送りこまれた軍幹部は、FLN軍を挫折させ、アルジェリアをフランスの一部として維持することを主張していた。

そうした状況に対して、フランス政府は自治を拡大するなど政治的な解決を模索しはじめたところ、アルジェリアのフランス軍幹部は、自国政府が軍事的解決への決意に迷いがあるのではないかと危惧した。そのため、現地の植民地政府と警察、五〇万人に膨れ上がっていたフランス軍が手を結んで一九五八年五月に反乱を起こし、フランス政府を倒す寸前に追い込んだのである。この圧力にフランスの国民議会も屈し、第二次大戦の英雄ド・ゴール[*7]将軍を首相とすることを決めた。そして同年一〇月の第五共和憲法発布に基づいて行政権を持つ大統領職が誕生し、ド・ゴール将軍が就任した。

ド・ゴール将軍は当初、アルジェリア現地のフランス人が求めるようにFLNを壊滅させる方向に動いたが、次第に軍事的な解決は不可能であると悟るようになった。六〇年一月、ド・ゴール大統領はテレビで「アルジェリア人たちは、自分たちの運命に自由な選択権を持つであろう」と述べ、アルジェリアに独立を与える用意のあることを宣言。翌六一年一月にはフランスで、アルジェリアの独立を認めるド・ゴール政策を国民投票にかけたところ、将軍の呼びかけに圧倒的な支持が得られた。こうした経緯でフランス政府とFLN指導者の間の交渉が始まり、ようやく六二年三月に和平協定に合意がなされた。場所がフランス・レマン湖畔のエヴィアンで行われたことから、エヴィアン協定と呼ばれている。

同協定に基づいて一九六二年四月、アルジェリアは独立を果たした。しかし、それに先立って、FLNの指導者の間で権力闘争が起きた。その中で頭角を現してきたのは、FLN創立者の一人であるアーメッド・ベンベラ氏だった。国民解放軍の総指揮者だっ

7 ド・ゴール
（一八九〇～一九七〇）
シャルル・アンドレ・ジョゼフ・ピエール＝マリ・ド・ゴール。フランス第五共和制初代大統領。一九四〇年、フランスがドイツに降伏したあと、ロンドンに自由フランス政府を樹立して対独抵抗運動を指導。解放後、共和国臨時政府の主席に就任。一時は引退したものの、五八年のアルジェリア戦争（フランスの支配に対するアルジェリアの独立戦争）で危機に陥った際、第五共和制を発足させて初代大統領に就任した。米ソの国際関係のなかで、フランス独自の外交路線を追求した。

たブーメディエン大佐がベンベラ氏を支持した結果、独立後にベンベラ氏は首相に就任。そして六三年の新憲法で、行政権を持つ国家元首を大統領に据えた大統領制への移行が決まり、ベンベラ氏が初代大統領となった。

三．初の訪問

わたしが初めてアルジェリアを訪問したのは一九六四年三月、政府派遣の北アフリカ経済使節団のメンバーとしてだった。独立から一年八カ月しか経っていない状況を見ることができたのは、今から考えてみても大変勉強になった。同使節団は、モロッコを皮切りに二番目の国としてアルジェリアを訪れたのだが、もっとも大きな歓迎を受けたのがアルジェリアとエジプトで、よいタイミングだったのだろうと思う（エジプトの項参照）。実際、それ以外の四カ国については残念ながら日本からの経済使節団の派遣は時期尚早で、なかなか相手側と日本側の考え方が噛み合わなかったのである。

最初の訪問地モロッコの首都ラバトを発った我々の飛行機は、まずアルジェリアの港町オランに着陸した。オランはアルジェリア戦争が勃発するまでは北アフリカの中でもフランス人入植者が多かったところで、ファッションデザイナーのイブ・サンローラン[*8]やノーベル文学賞を受賞したアルベール・カミュ[*9]の出身地でもある。その故郷を舞台にカミュが書いた小説『ペスト』は、高校生のころにむさぼるように読んだものだったから、上空からオランの海岸を見降ろしたときは感慨ひとしおだった。飛行機は間もなく、首都アルジェに降り立った。

アルジェ市を訪問中に、第二次大戦前の映画『望郷（ペペ・ル・モコ）』（ジャン・ギャバン主演）で有名になったカスバ[*10]を訪れた。その時点では治安がまだ十分でなく、大勢の警官に囲まれながらの見学だった。『ペペ・ル・モコ』の封切りからすでに二〇数年経っていたが、丘陵斜面にぎっしりと建ち並ぶ家々や曲がりくねった石畳の狭い坂

8 **イブ・サンローラン**
（一九三六〜二〇〇八）
世界をリードするフランスの服飾デザイナー。二一歳の時にディオールの後継者となり、のち独立。女性用のタキシードなどで知られる。

9 **アルベール・カミュ**
（一九一三〜六〇）
第二次世界大戦後のフランスを代表する小説家のひとり。社会の不条理とそれに反抗する人間の価値を描いた。『異邦人』『ペスト』『転落』など。

10 **カスバ**
アルジェ北東部の丘に広がる旧市街。アラビア語で「城塞」を意味する。建設されたのは一〇世紀。城壁に囲まれたイスラムの都市だった。アルジェリア独立戦争の際には拠点となった。世界遺産。

道がつくる秘密めいた路地などは、映画でみたカスバを彷彿とさせてくれた。その後、一九九二年にユネスコの世界遺産に登録されたカスバを、二〇〇一年二月、ユネスコ事務局長として四〇年ぶりに再訪した。この時は治安の問題も一切なく、物々しい警戒態勢もなかっただけに、皮肉なことに『ペペ・ル・モコ』時代の言わば暗黒街としてのカスバの面影は全く感じられなかった。カスバは元々、アラブ人の支配下にあった一〇世紀に、アルジェの町の中核支配として建設されたものである。一九世紀の後半にアルジェリアがフランスに併合されると、カスバの外に新しい町がどんどん作られていった。

さて、使節団の最初のアポイントメントはブーマザー経済大臣との会談だった。ベンベラ大統領との面会は叶わなかったものの、経済関係の主要な閣僚とは全員に会うことができ、アルジェリア政府が日本との経済技術協力および日本からの民間投資に非常に大きな期待をかけていることがわかった。というのも、アルジェリア側はフランス人入植者一二〇万人が引き揚げたことによって経済に大きなギャップが生じたため、日本からの協力（民間投資を含めて）で至急埋めたいという背景があったからだ。

これに対して使節団側は、アルジェリアの政治状況が落ち着いていないのでタイミングをみる必要がある、と分析した。しかし一方では、豊富な天然資源（石油、天然ガスなど）に恵まれたアルジェリアは日本にとって有望な市場になる可能性が高いので、頃合いを計って早めにアルジェリアへの協力に積極的に乗り出すべきだ、という見解も出された（既に日本の商社川上貿易が活躍を始めていた）。我々が会談した相手の中でも、ブーマザー経済大臣は非常にしっかりしたエコノミストかつ政治家で、使節団が訪問した六カ国の政府要人の中では一番印象深かった。六四年九月に日本で開かれた世銀総会にブーマザー経済大臣が来訪した際には、小泉団長以下使節団の一行が食事にお招きして、歓談した。

ベンベラ氏にも言及しておくと、同氏はFLNを率いて長年のアルジェリア独立戦争を成功裏に進めた英雄として、大統領になってから国際的にも称えられた。しかし、当時わたしには必ずしも十分掌握できていなかったが、本人も次第にその名誉に酔いだし、大統領個人に権力を集中させる独裁に陥り始めていた。その結果、FLN内部で指導者間の対立が起こり、一九六五年六月、国防大臣を務めていた軍の総司令官ブーメディエンヌ氏が軍事クーデターを起こしてベンベラ大統領を逮捕、投獄したのである。

ブーメディエンヌ氏は結局、FLNの指導者を排除し、軍人を中心とする軍事政権を作った。アルジェリアで起きた軍事クーデターを耳にした時、そのタイミングは全く予測していなかったものの、使節団が「まだ政治が安定していない」と分析したことは正しかったと感じた。

四．ブーテフリカ大統領の誕生

ブーメディエンヌ軍事政権は国内で社会主義体制を敷き、フランス人入植者が残した土地、さらにフランスが握っていた石油会社も一九七一年に国有化した。同時にアラブ化も進めた結果、人口の二〇パーセント近くを占めるベルベル人の反発も招いた。しかし七六年に新しい憲法を採択してFLNを唯一の政党と認めることとし、ブーメディエンヌ氏が大統領に選ばれたが、七八年に病死した。

その後、軍はシャドリ大佐をブーメディエンヌ氏の後任として大統領に就任させた。シャドリ大統領はブーメディエンヌ氏が進めた幾多の政策の行き過ぎの是正を図り、その一環として獄中にいた初代大統領ベンベラ氏を釈放した。また経済運営も、社会主義体制から少しずつ自由化の方向に舵を取り、農地の民営化も進めた。シャドリ大統領は、八四年に再選された。

一九八九年に憲法改正が行われ、FLN以外の政党も認められるようになるとイスラム主義者の政党、イスラム救済戦線（ＦＩＳ）が結成された。このため九〇年代は、軍と軍が支持するＦＬＮ（国民解放戦線）とイスラム原理主義者の過激派グループであるＦＩＳとの対立が先鋭化し、アルジェリアでは治安の悪化とともに政治が混迷していた。そうした状況にあっても、アルジェリアは国際通貨基金[*11]（ＩＭＦ）、世銀の支援のもとに構造調整プログラムを進め、悪化したインフレの沈静化に成功したため、経済の運営面では大きな前進がみられた。

しかし、一九九一年一二月に行われた独立後、最初の国民議会選挙の一回目の投票で、新たに設立されたＦＩＳが圧勝したため、シャドリ政権は選挙を無効と宣言。そのような状況下で九二年一月、軍は大統領を辞任に追い込み、新しい軍事政権を成立させた。その長に就いたのは、亡命先のモロッコから呼び戻されたブディアフ氏である。同氏は、アルジェリア独立戦争の和平交渉の担当者の一人だったが、ＦＩＳを非合法化したことが各地でのテロ行為や暴動を激化させ、同年五月に暗殺された。

一九九五年一一月、複数政党制を認めた新憲法の下で初の大統領選挙が行われたが、非合法化されたままのＦＩＳは候補を出すことが認められなかった。当選したのは、国防大臣を務めていた軍人出身のゼルーアル氏だった。次の大統領選挙は九九年の四月に予定されていたが、ゼルーアル大統領は立候補しないことを宣言した。さらに当初は七人の候補者がいたが、そのうちの六人は民主的な選挙が行われる見通しがないとして立候補を取り消した。従って、元ＦＬＮの指導者の一人で、軍の支持も得ていたアブデルアジズ・ブーテフリカ氏が候補者として残り、競争相手なしの選挙で大統領に選ばれた。

ブーテフリカ大統領にとっての最大の課題は、国民の和解を図ることだった。その過程で、イスラム原理主義者の中でもアルカイダグループと関係があると言われる過激派に対しては厳しくしながらも、イスラム原理主義者の穏健派に対しては和解を呼

11　国際通貨基金（ＩＭＦ）
(International Monetary Fund)
為替相場の安定と自由化、国際収支の均衡を図ることを目的に、ブレトンウッズ協定に基づき一九四五年設立された国際金融機関。本部はアメリカのワシントンに置かれている。日本は一九五二年に加盟。

びかけ、政治犯の釈放などを行った。

五．ブーテフリカ大統領との交流

ブーテフリカ大統領に初めてお会いしたのは、二〇〇〇年九月、ニューヨークの国連総会のときだった。同氏が大統領に就任して一年あまり経っていた。

実はその翌年が、「文明間の対話の国連年」と決められたので、コフィ・アナン[*12]国連事務総長と協力し合い、国連総会の機会に小規模のサミットを企画したのである。一〇人前後の主要国の大統領および首相を招いたところ、この国連年のイニシアチブをとったイランのハタミ[*13]大統領と共に、ブーテフリカ大統領も参加された。この時に、アナン事務総長が主催した昼食会で、わたしの席はちょうどハタミ、ブーテフリカ両大統領の間だった。ブーテフリカ大統領がイランとの関係回復に努力していることが窺えた。

その際、ブーテフリカ大統領が薦めている国民和解の努力に対し敬意を表し、ユネスコとしても協力の用意がある、たとえば、その関連で教育制度の再建は有益であろう旨を述べた。これに対し、ブーテフリカ大統領から「教育制度の再建は重要である。ぜひユネスコの協力を得たいので、できるだけ早くアルジェリアを訪問してほしい」という招待を受けた。

それを受けて二〇〇一年二月にアルジェリアを訪問した。前にも書いたようにタッシリ国立公園を訪れてから首都アルジェに赴き、大統領と会談した。いろいろと話が弾み昼食にも招かれたのだが、ちょうどその時に、アフガニスタンのタリバン政権がバーミヤン渓谷[*14]の二大仏像を破壊する声明を発表したとのニュースが耳に飛び込んできた。緊急事態である。「急いでパリに戻らなければ」と伝えると、大統領は「昼食後に大統領専用機でパリまで送りますから」と提案されたので、昼食の招待を受けた。

12　コフィ・アナン
（一九三八～）
第七代国際連合事務総長。ガーナ共和国出身。一九六二年に国連入りし、国連の専門機関、世界保健機構（ＷＨＯ）行政・予算担当官となる。九七年、国連職員に選ばれた最初の事務総長となり、二〇〇六年まで二期一〇年を務めた。〇一年、「国連に新しい生命を吹き込み、卓越した功績を残した」として、国際連合と共にノーベル平和賞受賞。

13　ハタミ
（一九四三～）
一九九七年からイラン・イスラム共和国大統領。文化・イスラム指導相、大統領文化担当顧問、国立図書館長など歴任。

14　バーミヤン渓谷
古代に誕生した都市バーミヤン近郊の渓谷。標高二五〇〇メートルほど。一世紀から石窟仏教寺院が造られ始め、石窟の数は一〇〇〇以上に上る。五～六世紀には高さ五五メートルの仏像など多くの巨大仏像が造られた。世界遺産。

そんな訳で、昼食をともにしながら、アルジェリアの教育制度再建に向けて話し合った。大統領は、ユネスコが全面的に協力する姿勢を非常に評価され、具体的な進め方についても意見交換した。また、アルジェリアの独立から一年八カ月後に、日本から派遣された最初の経済使節団の一員としてアルジェリアを訪れたことも話したところ、身を乗り出してきた。というのも、大統領は当時、ベンベラ政権で外務大臣を務めていた、というのである。さらに、同じ一九三七年生まれだとわかって意気投合した。ブーマザー経済大臣の消息を尋ねると、同氏は国民議会の議長を務めていると聞いたが、時間の都合上、お会いできなかった。

初訪問の六四年三月の時点でわたしは二六歳だったから、同い年の大統領が当時、外務大臣の要職に就いていたことには驚嘆する。考えてみれば、同氏は一九歳でFLNに参加し、アルジェリア独立の時点でFLNの幹部の一人になっていた。ベンベラ政権が、全体として若い人たちで構成されていたことを裏付けるものだ。ブーテフリカ氏はその後、ベンベラ政権に続くブーメディエンヌ政権においても外務大臣を務めたが、シャドリ政権成立とともに政権を離れ、政界からも引退していた。しかし、八〇年代の終わりに政界に復帰、FLNの中央委員会のメンバーになり、九九年四月の大統領選挙では軍に推されて立候補したのだった。長年、外務大臣を務めただけあって、もとは独立戦争時のFLNの闘士だったことを感じさせない、物腰の柔らかい方である。

二〇〇二年五月には国民議会（下院）の総選挙が行われ、与党を構成する三党、FLN（軍が支持）、国民民衆集会（企業が支持）、および平和社会党（穏健なイスラム原理主義者の集まり）が、国民議会で主要政党として多数を占めた。こうして政治的にはブーテフリカ大統領の基盤が一層固められ、〇四年四月の大統領選挙では、同氏が八五パーセントの支持を得て再選を果たした。〇七年の五月の国民議会選挙でも、

ブーテフリカ大統領と会談　© UNESCO

政府与党の三党が圧勝した。

もっとも、イスラム原理主義者の過激派で構成されるＦＩＳは禁止されたままである。そのためＦＩＳ、さらに広く言えばイスラム原理主義者の中でもアルカイダ一派と関係のある過激派が時々テロ行為に走り、犠牲者が出ているのは大変残念なことである。ただ全体としては、国民和解の方向にしっかり動いていると言えるだろう。

アフリカで、最も多く訪問した国はアルジェリアで、五回訪れている。その度にブーテフリカ大統領と会談したり食事をいっしょにしたりしている。また、アフリカ連合とのサミットやニューヨークの国連総会等の機会にも頻繁に会っている。

二〇〇五年四月、ユネスコ本部で文明間対話をテーマにイランのハタミ大統領をお招きした折には、ブーテフリカ大統領にも声をかけたところ、参加を快諾いただいた。

そんな次第でブーテフリカ大統領とは、これまでに一〇回ほど会っているが、二〇〇六年一月にアディスアベバで開かれたアフリカ連合サミットに大統領は出席されず、首相が代理出席していた。その前に病で倒れられたと聞いていたので心配していたが、同年一一月、五回目の訪問をした際には昼食に招いてくださり、想像よりもはるかに元気な姿であったので安心した。もっとも、病気のことはいわばタブーで、直接尋ねることはできなかった。

六．アルジェリアの課題

アルジェリアの憲法上は、大統領の任期は一期五年、二期までで三選禁止だった。しかし、二〇〇九年四月の大統領選挙を睨むと、ブーテフリカ大統領以外に国民和解を進めていける人物がいない、というのが通説になり、〇八年一〇月、憲法改正によって大統領が三期まで続投できるようになった。この改正を、国内では一般的に歓迎する傾向が強かったが、イスラム原理主義の過激派を中心として厳しく批判する動きもあった。

〇九年四月の大統領選挙には五人の候補者が出馬したが、ブーテフリカ大統領が九〇・二パーセントの圧倒的な支持率で当選した。投票率も七四・五パーセントと発表された。これに対して、イスラム原理主義の過激派を中心に「投票率がそれほど高くなかったため、民意が選挙に反映されていない」という批判も一部にはあったが、総じて選挙は民主的に行われたと言えよう（イスラム過激派が作るＦＩＳは引き続き禁止）。

ブーテフリカ大統領の下で、イスラム原理主義者の中でも穏健派は恭順の意を表し、武器を捨ててテロ行為をやめている。そして大統領が、かつて逮捕したイスラム原理主義者のうち、穏健な人たちを相次いで釈放していることを国民は歓迎している。時折、アルカイダと関係があると目されるイスラム原理主義過激派によるテロ行為が行われていても、九〇年代と比べれば治安ははるかに改善され（九〇年代は、テロ行為で二〇万人以上のアルジェリア人が殺されたと言われる）、国民和解も進んだ。

今後の大統領の第三期を見通すと、何と言っても最重要課題は国民和解を引き続いて進め、イスラム原理主義の穏健派をしっかりと取り込むことだろう。二番目に重要なことは、原油価格がかなり高水準で推移していることに鑑み、アルジェリア政府の豊富な収入を有効活用することである。具体的には、経済インフラの整備拡充と同時に、経済の多角化を進め、できるだけ産業を興していくことだと考える。エネルギー産業は労働力需要が少ないため、失業率は抜本的には改善されていない（二〇〇八年、一一・八パーセント）。特に若い人たちの失業率は二五パーセントを超えると言われているので、新たな雇用を創出していく必要がある。ブーテフリカ大統領には健康に注意しつつ、これらの課題を地道に解決していってもらいたいと願っている。

七．ベジャウイ前外務大臣との交流

アルジェリアでブーテフリカ大統領と並んで、あるいはそれ以上に親しくしている政治家にモハメッド・ベジャウイ氏がいる。同氏とは、わたしがユネスコ事務局長になってから知り合ったが、その時はアルジェリアの最高裁長官で、その後に外務大臣に任命された。最高裁に入る前は長年、ハーグの国際司法裁判所[*15]の裁判官（一時は長官）を務めていた。国際司法裁判所は定年がないので、留まることもできたがアルジェリアに戻ったのである。独立時点ではブーテフリカ大統領と同様、ベジャウイ氏もFLNの幹部の一人だったが、その前はフランスのグルノーブル大学で法学博士号を取った後にグーメディエンヌ政権で法務大臣を務めていた。

ベジャウイ氏に目を付けたのは二〇〇一年一一月、ユネスコ総会で無形文化遺産について条約草案を作る準備をしていた時だ。一連の作業の中心人物に誰を据えるかと考えた時に、二、三の人から当時のアルジェリアの最高裁長官になっていたベジャウイ氏を推薦されたのである。そこで同氏に、まず無形文化遺産の条約草案作りの専門家会議における議長をお願いしたところ快諾してくれた。

草案ができた後、政府間交渉に移ることになった。その時の政府間会議の議長は最終的にはメンバー国が選ぶのであるが、わたしがベジャウイ氏を推したところ、メン

15　国際司法裁判所
オランダ・ハーグに置かれる国際連合の主要な司法機関。国連の総会および安全保障理事会によって選ばれた一五人の裁判官によって構成。国際間の法的紛争の裁判などを行う。

バー国も一致して支持した。そんな次第で、通常であれば四年かかってもおかしくない条約交渉を専門家会議でまとめ、次いで政府間会議でも意見集約するという作業を、同氏はわずか二年でやってくれた。法律家であるベジャウイ氏の、政治家さらに外交官としての手腕に感服させられた。

無形文化遺産保護条約[*16]は二〇〇六年四月に発効したので、同年六月にパリ本部で第一回の締約国会議を開催し、秋には新しく設置した無形文化遺産委員会の第一回会合を予定していた。ベジャウイ氏は、その委員会をぜひアルジェで開きたいと希望したのでわたしも支持し、二〇〇六年一一月に実現した。無形文化遺産条約というと当初、欧州諸国などが反対する中でわたしが強力に推したことから、ユネスコのメンバー国はわたしを第一の功績者として挙げる。しかし、ベジャウイ氏の尽力なしには、とてもこんなスピードで、いい条約はできなかった。同氏はその後、外務大臣をやめ、現在は八〇歳になるが（一九二九年生まれ）、ユネスコ事務局長選挙にカンボジアの推挙で立候補した。

同選挙は、二〇〇九年の九月から一〇月にかけて、まず執行委員会で、次いで総会で行われる。これまで事務局長を出していない中東欧諸国とアラブ諸国、また、中南米諸国も第二回の事務局長（トーレス・ボーデ氏　メキシコ）から六〇年近く経っていることもあって、次期の事務局長を出すのは自分たちのグループからだと権利を主張している。もっとも、ユネスコでは事務局長の地域ローテーションが確立していないため西欧グループ、及びアフリカグループからも立候補者があり、全部で九名が立候補した。

エジプトのホスニ文化大臣と並んで、アラブグループから立候補したベジャウイ前外務大臣の唯一の難点は八〇歳という年齢だが、前述したような経歴が示すように頭脳明晰、かつ非常に健康でおられる。エジプトの候補者が、アラブ連盟の首脳会議で

16　無形文化遺産保護条約
世界各国の無形の伝統文化財（口承文学、音楽、舞踏、儀式など）を保存するための条約。遺跡や歴史的な建造物を保護するための世界遺産条約と対を成す。一九九八年、ユネスコは「人類の口承および無形文化財の傑作の宣言（傑作宣言）」を採択した。

アラブの統一候補になっていたので、苦肉の策でカンボジアの推挙となったが、同氏は結局、辞退に追い込まれた。同氏がどれだけ支持を得ることができたかどうか別として、残念な展開と言わざるを得ない。

Kingdom of Morocco

モロッコ王国

モロッコ王国（Kingdom of Morocco）

面積	44万6000平方キロメートル（日本の約1.2倍　西サハラを除く）
人口	3,122万人
首都	ラバト
自然	モロッコは、広漠たる砂漠、真っ青な地中海と大西洋、また緑の繁茂する高原、地平線まで続く農村地帯、砂漠とナツメヤシの木々が茂るオアシス地帯、アトラス杉やレバノン杉の森、アトラス山脈の山岳風景など、変化に富んだ豊かな自然に恵まれている。
産業	主要な産業は、農業（麦類、ジャガイモ、トマト、オリーブ、柑橘類、メロン）、水産業（タコ、イカ、鰯）、鉱業（燐鉱石）、工業（繊維・皮革製品・食品加工）、観光業
民族グループ	アラブ人（65%）　ベルベル人（30%）
言語	アラビア語（公用語）、フランス語
宗教	イスラム教スンニ派がほとんど

＊　＊　＊

世界遺産の宝庫ともいえるモロッコの自然と景観、温暖な気候に魅せられる観光客は多い。主な邦人旅行者は、団体ツアー客及び若者の個人旅行者であるが、冬季を中心に欧州在住の邦人観光客も増えている。モロッコと日本の交流は、毎年の国費留学生の受け入れの他、文化人招聘及び派遣、スポーツ交流等を実施。モハメッド5世大学には日本語講座が開かれており、日本から日本語教育専門家を派遣。2006年には、日本との外交関係樹立50周年の慶節を迎え、両国において様々な記念事業が開催された。

一・独立までの歴史

モロッコはアフリカ大陸の北西部に位置し、大西洋に面している（ここでわたしがモロッコという時は、西サハラを除く）。面積は日本の約一・二倍で人口は三一二二万人（二〇〇八年）。中央部を横切るアトラス山脈の南はサハラ砂漠だが、北は農耕に適した土地で、基本的には農業国だ。大西洋における漁業も盛んである。燐鉱石の世界最大の生産国で、世界全体の三分の二を供給している。同国は立憲君主国で、国王の権力は非常に強い。近年、民主化が進み、三二五名からなる下院は全て直接選挙によって選ばれるようになっているが、首相以下、閣僚全員の任命権は国王にある。さらに国王は立法府を解散する権利を有し、軍隊の総司令官でもある。

北アフリカのマグレブ地方（モロッコ、アルジェリア、チュニジア）では旧石器時代の遺跡が発見されており、歴史は五〇万年前まで遡る。新石器時代に入ると、地中海沿岸ルートを利用して古代ギリシャ人がリビア人と呼んだ住民（現在のベルベル人と目されている）が移動してきた。紀元前七、八世紀頃からフェニキア人がモロッコの海岸地帯に拠点作りをはじめた。大西洋に面しているエサウィラも、もともとはフェニキア人が作った港町（世界遺産）である。その後カルタゴ人が続き、紀元後になってからはローマ人、ゲルマン民族、ビザンチン帝国が支配権を伸ばしていった。やがて七世紀に入ると、アラブ人がモロッコに侵入し、回教をもたらした。

最初にアラブ人が興した王朝はイドリス王朝[*1]で八世紀から一〇世紀にかけて栄えた。初代の国王イドリス一世は預言者マホメットの娘ファティマの血を引いていると言われる。イドリス一世の死後、息子のイドリス二世が後を継ぎ、フェス[*2]を首都とした。フェスはモロッコに最初に誕生した王国の首都であり、イドリス王朝の後にもアラブ人やベルベル人による王朝が相次いで興亡を繰り返すが、常にフェスに首都が置かれた。その意味でも、現在のモロッコ国民にとっても、フェスはモロッコ文化のいわば原点

---

1 イドリス王朝
アラビア半島から来たイドリス一世は、七八八年、ベルベル人の協力により、イスラム王朝であるイドリス朝を開いた。モロッコ史上初のイスラム王朝である。首都は、九世紀初めにフェスに遷都。イドリス二世は、世界初の大学をフェスに創設している。

2 フェス
モロッコ最初のイスラム王朝、イドリス朝の都として栄えた都市。世界遺産に指定されている「フェス・エル・バリ」は、世界最大規模の旧市街として知られている。イドリス一世の廟がある聖地として多くの観光客が訪れている。旧市街では、世界一複雑な迷路の中に商店がひしめきあっている。坂が多く狭い道が多いため、今も輸送手段はロバや馬である。

を成す。

そんな次第で、フェスの旧市街は、モロッコにおける世界遺産の第一号として一九八一年に登録された。二〇〇六年一二月に同地で開催された世界遺産登録二五周年行事に、ユネスコ事務局長として出席した。サハラ砂漠と地中海を結ぶ交易上の重要な拠点でもあったフェスの街は頑丈な城壁に囲まれ、その中に作られたモスクの中には昔の雰囲気を伝えるものもあった。

イドリス王朝の崩壊後、この地にはアラブ人やベルベル人[*3]によって様々な王朝が興されるが（その中でも注目されるのは、一一世紀にベルベル人が作ったモラービ王朝）、一三世紀に入るとヨーロッパ諸国が交易のためにモロッコに進出してきた。西アフリカからサハラ砂漠を越えてモロッコに持ち込まれていた金を求めてのことだった。まず、ジブラルタル海峡を挟んだ対岸にあるスペイン、続いてポルトガル、さらにはイギリス、フランス、ドイツなどが進出してきた。その後、ポルトガルは西アフリカの金を直接入手すべく、海路を開拓していくことになる。

そういう中で一六世紀に至り、サアディ王朝が形成された。支配者は預言者モハメッドの血を引いていると言われ、現在のモロッコ王国にまで続いている。同王朝は一七世紀から一八世紀にかけて五五年間王位にあったアーメド・アル・マンスール王の下で最も栄え、その首都だったメクネス[*4]も世界遺産である。二〇〇六年一二月、世界遺産登録一〇周年の行事に参加するため同市を訪れた。一七五五年の大地震（リスボン沖で発生し、地震と津波でリスボン市は壊滅的な打撃を受ける）によって、メクネス中核の主要な建物が倒壊したが、市の城門と、市を取り囲む城壁群は残っており、一七世紀から一八世紀に栄えたアラウィト王朝[*5]の面影を留めている。また、街の中の建物も再建され、全体として、当時の雰囲気をうまく伝えている。

モロッコに進出してきたヨーロッパ諸国の中ではフランスが着実に支配を確立し、

---

3 ベルベル人
北アフリカの広い地域に古くから住み、アフロ・アジア語族のベルベル諸語を母語とする人々の総称。北アフリカ諸国でアラブ人が多数を占めるようになった現在も一定の人口をもち、文化的な独自性を維持する先住民族である。イスラム教を信仰する。

4 メクネス
一一世紀に軍事的な拠点として造られ、一七世紀後半〜一八世紀前半には首都にもなった古都。一七世紀のイスラム文化を今に伝え、マンスール門は北アフリカで最も美しい門ともいわれる。

5 アラウィト王朝
一六六四年、現在モロッコを治めているアラウィット王朝が、ムーレイ・イスマイル王により、メクネスに創設された。

一九一二年にはフェス条約によりモロッコはフランスの植民地となった。当時、この地域の勢力範囲をフランスと二分していたスペインはこれを認め、その代りフランスもモロッコの南に位置する西サハラをスペイン領として認めた。

わたしは若い頃、第二次大戦前の名作「モロッコ」[*6]を観たときの感動が忘れられない。主演のゲイリー・クーパー扮する外人部隊の兵士トムと、マルレーネ・ディートリッヒ演ずる酒場の歌手アミーとの恋愛物語だ。しかし、その背景にはフランスから派遣された外人部隊とモロッコ各地の残存ゲリラ部隊との闘いがあり、ゲイリー・クーパーが所属する外人部隊の活躍に感心して見入った。考えてみれば、これらのゲリラ部隊は、フランスの植民地支配を受け入れなかった地方のモロッコ人たちの抵抗勢力である。ハリウッドで制作された当時の映画は、明らかに植民地支配者側から撮られたもので、現地のモロッコ人の視点が全く欠けていた部分はやむを得ないであろう。映画では話を面白くするためだろうか、モロッコ人を文化程度の低い国民のように表していたが、前述したように実際は、高度な文化を育んできた歴史があるのである。

第二次大戦中の一九四〇年、連合国側だったフランスはドイツに降伏し、ドイツの意向に従うヴィシー政権を成立させたため、フランスの植民地だったモロッコもドイツの影響下に入ることになった。この時代のモロッコを舞台に描かれた名作「カサブランカ」[*7]をみても、当時はドイツ軍、連合国側のドゴール派、ナチスから逃れてきていた亡命者などが入り混じっていた街の様子が伺える。

四二年、連合軍がついに上陸作戦を開始、モロッコに侵入して支配権を確立した。それがまたモロッコの独立運動に火をつけることになり、モロッコの独立運動家たちが最初の保守系政党イスティクラール（独立）党を形成した。同政党と当時のスルタン、モハメッド・ベン・ユセフ（後のモハメッド五世）が手を結んで独立運動を進め、モハメッド・ベン・ユセフは一時期、フランス政府の手によりマダガスカルに幽閉され

---

6 「モロッコ」
一九三〇年のアメリカ映画。ベノ・ヴィグニーの舞台劇が原作。日本では、初めて日本語字幕が付された作品としても知られている。主演はマレーネ・ディートリッヒとゲイリー・クーパー。ジョセフ・スタンバーグ監督。

7 「カサブランカ」
一九四二年製作のアメリカ映画。主演はハンフリー・ボガートとイングリッド・バーグマン。

るが、五五年にモハメッド・ベン・ユセフはモロッコへの帰国を認められ、翌五六年三月にはフランスもモロッコの独立を認めた。モハメッド・ベン・ユセフは国王モハメッド五世となり、軍隊・警察・行政府を掌握する巨大な権力を持つようになったが六一年に急死し、その息子がハッサン二世[*8]となり王位を継承した。ハッサン二世は六二年の一二月に新しい憲法を国民投票にかけ、立憲君主制を成立させた。

その後のハッサン二世は、政治の民主化の推進、経済的には農業・鉱業（燐鉱石）および観光を中心とした経済開発の進展に努めた結果、国民の生活水準が向上し、国王の権威は国内的にしっかり確立した。従って、その後はクーデターの企ては行われていない。モロッコにおいては、農業および鉱業の進展と合わせて観光業の進展は目覚ましいものがある。前述したようにフェスおよびメクネスを含めて世界遺産が八つある（いずれも文化遺産）。駐仏大使であった一九九六年、春休みを利用して、家内と一緒にモロッコの主要世界遺産を訪れる一週間の旅に参加した。その時にはマラケシュ[*9]、フェス、メクネス、ラバトおよびカサブランカの五都市を訪れた（マラケシュも世界遺産）。

二．モロッコ王国への訪問

モロッコを初めて訪問したのは一九六四年三月、ちょうどハッサン二世国王が就任し、新憲法が制定されて一年あまり経っていた。若い国王の下でモロッコが新しい国造りに乗り出しており、エネルギーに満ち満ちている感じがした。

六〇年代、日本国内では所得倍増計画で燃えている時であり、対外的には経済外交の花盛りだった。民間経済界のトップクラスの人を団長とする経済ミッションが世界各地に派遣されていた一環で、わたしは小泉幸久氏（古河電工会長）を団長とする北アフリカ六か国視察の経済使節団に加わったのである。使節団は関係大臣に会ったが、

8　ハッサン二世
（一九二九〜九九）
一九六一年より国王に在位。首都ラバトの帝国大学で高等教育を受け、フランスのボルドー大学で法学の学位を受ける。保守的な治世はアラウィー朝での統治を一層強固なものにしたが、政党や封建官僚との権力協力を拒否していたため政治的な抗議が強かった。一九七〇年代初期には、二度の暗殺未遂事件が起こった。

9　マラケシュ
モロッコ中部の商業都市。一一世紀にモラービ朝の首都として造られた。中世イスラム世界の中心都市のひとつ。

モロッコ側はすでに日本の工業水準に注目し始めており、経済面での日本との協力推進に大きな期待をかけていたことがうかがえた。

しかし、その時点では日本の対モロッコ輸出は繊維製品と緑茶が中心で、輸入は主に燐鉱石という状況だったから、モロッコへの企業進出はもちろんゼロであった。モロッコ側の期待に、日本の民間側は応えうる体制ができておらず、後から考えてみても噛み合った意見交換ができなかったと思っている。それでも、日本がモロッコとの経済関係促進に力を入れようとしている姿勢は、先方にも十分伝わったという実感がある。

ハッサン二世は三八年間国王の地位にあり、その間、何度か憲法改正を行いながら着実にモロッコの民主化を進めた。しかし、ハッサン二世は一九七一年と七二年に暗殺の企てにあっている。特に二回目の七二年は、外国から戻る国王の搭乗機をモロッコ空軍が攻撃するという事件で、黒幕には当時の国防大臣オフキール将軍がいたと言われている。モロッコ人の二、三の知りあいから聞いた話を総合すると、ハッサン二世は飛行機パイロットとしても優れ、軍用機の操縦訓練をきちんと積んでいたので、空軍のジェットが攻撃して来るのを見ると自ら操縦桿を握り、空軍機の攻撃をかわして首都ラバトへ無事帰ってきた、という。大した武勇伝である。

一九九九年七月、ハッサン二世が亡くなり、その子息であるモハメッド六世[10]が国王に就任した。モハメッド六世はハッサン二世が着手した民主化を着実に進め、三二五名からなる下院議員は全て直接選挙で選ばれるようになった。モロッコにおいてもイスラム過激派の台頭が心配されたが、二〇〇七年九月に行われた選挙の結果は、第一党は政府与党のイスティクラール党が占めた。イスラム原理主義の政党の中では穏健派である「公正と発展党」（ＰＪＤ）は、第二党になった。モロッコではイスラム過激派のテロ行為が時折あるが、イスラム原理主義の穏健派政党は、かなり国民の根強

10　モハメッド六世
現国王。二〇〇二年ララ・サルマ妃殿下と結婚、二児をもうけている。ララ・サルマ妃殿下はモロッコ史上初めて公に紹介された王妃で、かつ尊称を持って呼ばれている。また王族初の一般女性との結婚となり、一夫一妻制を維持している。

い支持を得ているといえよう。しかし、モロッコの国王は民主化を進めているものの行政権を握り、預言者マホメットの血を引いているという宗教的な権威も持っている。モハメッド六世も預言者の子孫として国民から崇拝されている。それがモロッコ政治の安定の根本を成していると言えよう。

三．モハメッド六世との出会い

ユネスコの事務局長に就任の直後、最初に訪問した国はモロッコだった。一九九九年一一月の末、マラケシュで開かれた世界遺産委員会に出席し、オープニングのスピーチを行ったのだ。前年の九八年に、世界遺産委員会が京都で開かれた時に同委員会の議長に選出され、その後一年間、ユネスコ事務局長になるまで議長を務めた経験がある。

スピーチの後、モハメッド六世が用意してくれた国王専用機でラバトに赴いた。モハメッド六世も四カ月前に国王に即位されたばかりで、三六歳の若さであった。わたしもユネスコの事務局長に就任したてで、これから進めてゆく主な改革などについて話し合うなかで、モロッコとの協力関係も推進していきたいと述べた。モハメッド六世は、自分も国王に就任したばかりであるが、父ハッサン二世の路線を引き継いで安定した政治を行っていきたいと言われ、互いに所信表明を交わし合った。

その後、モハメッド六世の姉君に当たられるララ・メリエム王女をユネスコ親善大使[*11]に任命したらどうかという提案を受け、二〇〇一年一月、国王臨席の下で行う任命式のために再度、モロッコを訪問した。当時、王女は離婚しておられ、モハメッド六世も独身だったので、公的行事では国王のパートナーの役割を務めていた。しかし、二〇〇二年七月にモハメッド六世が結婚されたことで、メリアム王女は国王のパートナー役からは解放されて、前より一層ユネスコの親善大使として様々な活動に参加してくれるようになった。現在、ユネスコ親善大使は約四〇人いるが、王女は毎年五月に開

---

11 ユネスコ親善大使 ユネスコの理念や理想を広く伝える役割を担う親善大使。法制上の外交官である大使ではない。各界の著名人らが務めている。日本からは日本画家の平山郁夫氏が任命されている。

2007年10月29日のユネスコ総会時にララ・サルマ妃殿下が訪問　©UNESCO／Michel Ravassard

かれる年次会議には必ず出席され、ユネスコ親善大使としての一年間の活動を振り返って報告してくれている。

　モロッコは地理的にも地中海を挟んでフランスの対岸に位置しており、文化を大事にする国でもあることから、様々な文化的行事に際してわたしはこれまでに六回、公式訪問している。モハメッド六世にも三回お会いしている。ぜひユネスコ総会に国王を招待しようと計画し、二〇〇七年一〇月のユネスコ総会にお招きしたところ快諾してくれた。しかし、直前に急な公的行事が入ったため、国王は王妃であるララ・サルマ妃殿下を派遣してくれた。同妃殿下は、絵に描いたような大変な美人だが、同時にかなりのインテリでICT（情報通信技術）の学位を有する技術者でもある。〇三年には皇太子が誕生し、すでに一子の母親でもあった。モロッコはアラブ人、ベルベル人および両者の混血の三者から構成されているが、国王は伝統的にベルベル系の女性と結婚することになっているらしい。が、ララ・サルマ妃殿下はアラブ系で、モロッコ最初の首都フェスの出身だ。わたしはフェスを二度訪問していたので、食事の際にフェスについてひとしきりお話しすると大変、喜んでくださった。

　モロッコでは、行政権は建前として国王に属すが、実際には国王が任命した首相が行使している。モハメッド六世は当初、父ハッサン二世が任命したユスフィ首相をそのまま引き継いでいたが、〇二年九月の総選挙後の組閣ではジェットゥ氏を首相に任命した。そして〇七年九月に行われた総選挙後には、エル・ファシ首相を任命した。これらの三人の首相にお会いしているが、いずれもモハメッド六世の方針を汲んで、国内的には地道な経済開発の推進、貧困の除去、教育の一層の普及、治安対策の推進、対外的にはアラブ連盟の一員としてアラブ諸国と協調することを基本にしながらも、親欧米路線を取っている。

四．西サハラ問題

そうした中でモロッコにとって一番頭の痛い問題は、西サハラ問題である。西サハラはもともとスペインの植民地だったが、スペインは一九七六年に自治を与え、北三分の二をモロッコに、残りの三分の一をモーリタニアに分与した。西サハラの住民サラウイ人は遊牧民で、同地域で独立を求めるポリサリオ戦線[*12]が形成されると、モロッコやモーリタニアの拠点を攻撃してはすぐ撤退するゲリラ戦を展開し始めた。モーリタニアは南の三分の一の領有を放棄したが（モーリタニアの項参照）、モロッコは西サハラがモロッコ領であったことを主張し続け、ポリサリオ戦線との戦いは決着をみない。ポリサリオ戦線はアルジェリアからの支援を受けて「サハラ・アラブ民主共和国」[*13]を樹立したため、モロッコとアルジェリアの間は緊張した関係が続いている。「同共和国」は八〇年にアフリカ統一機構（OAU）への参加が認められることになり、モロッコは抗議の意味でOAUを脱退した。

国連の仲介で一九九一年、ようやくモロッコ政府とポリサリオ戦線の間で休戦協定が成立した。国連は西サハラ住民投票監視団を派遣して、停戦監視を行っていない。国連の提案では西サハラの領有を問う住民投票を行うことになっているが、投票に参加する有権者の認定手続きをめぐってモロッコとポリサリオ戦線は対立したままで、いまだに住民投票は行われていない。ポリサリオ戦線側は「西サハラの帰属を問う住

---

12 ポリサリオ戦線
西サハラにおける独立国家建設を目指す武装組織。同地域を実効支配するモロッコと対立。アルジェリアの支援を受ける。構成メンバーは約一万人と見積もられる。西サハラの領有権をスペインが一九七〇年放棄すると、モーリタニアとモロッコが分割統治を開始した。七三年に、独立を志向する現地住民のなかから、ポリサリオ戦線が結成された。

13 サハラ・アラブ民主共和国
一九七六年、アルジェリアおよびリビアの支援の下に、ポリサリオ戦線が樹立を宣言。

民投票には、もともと西サハラに住んでいるサラウイ人のみが参加すべきである」と主張しているのに対し、モロッコ側は「西サハラに住んでいる人全てが有権者であるべきだ」として主張が平行線を辿ったままになっているからだ。二〇〇七年四月、国連安全保障理事会はモロッコとポリサリオ戦線の間で、前提条件なしで住民投票を行う交渉に入るよう要請する決議を全会一致で採択した。同年六月には国連事務総長の仲介の下、両当事者（モロッコ、ポリサリオ戦線）に加えて近隣諸国（アルジェリア、モーリタニア）も参加して交渉が開始されたが、その後、中断状態である。

そういう状況で、モロッコと西サハラの国境近くにあるタンタンと呼ばれる場所で開かれる「ムッセム」[*14]の祭りに出席してほしいと、モロッコ政府から招待がきた。「ムッセム」では、サハラ砂漠の様々な遊牧民族の部族が一同に会し、食料品などの商品の売買や交換、駱駝や馬の品評会、さらには音楽演奏や遊戯や詩のコンテストが行われる。まさにサハラ砂漠の遊牧民族にとっての無形文化を継承するという意味で重要な祭りだが、先のような政治的な理由で、このところ開催できない状態が続いていたという。

2004年9月、「ムッセム」の祭りで駱駝に乗る　© UNESCO ／ Michel Ravassard

モロッコ政府は、ムッセム祭りを二〇〇四年秋に行うことを目標に掲げ、こちらの日程に合わせて開催時期を決める、国王専用機を回すのでパリからタン

14　ムッセム
モロッコ南部の三〇以上の種族とその他の北西アフリカの遊牧民を一つに結び付けているお祭り。ムッセムは、農業と牧畜の暦の一部で、食料品などの商品を売買あるいは交換したり、ラクダや馬のブリーディングコンテストを開催したり、結婚を祝ったり、薬草医の診察を受けたりする場である。音楽の演奏や詩のコンテストなどの様々なお祝いごと、ハッサン族の口承伝統や遊びも行なわれていた。一九六三年タンタンで最初のムッセムが開かれて以来、こうした集まりは、伝統を守りたいと願う遊牧民たちにとって大切な交流の場となっている。

タンまで直行で来てほしい、と申し入れてきた。その裏には政治的な狙い（ユネスコの無形文化遺産宣言への登録）があることも承知の上で、私は〇四年九月にタンタンを訪れ、モハメッド六世の弟のラシッド殿下といっしょに「ムッセム」の祭りを見学した。その際に、駱駝に乗り手を振っている写真は、モロッコ各地の新聞だけでなく、フランスの新聞や雑誌でも大きく取り上げられた。「ムッセム」は、私がユネスコで力を入れてきた無形文化遺産の第二回の宣言（二〇〇五年）で採択され、モロッコ政府は大変喜んだ。と言うのは、「ムッセム」は、モロッコと西サハラ共通の遊牧民の文化を代表するものであるからである。

西サハラ問題は、モロッコにとってはアキレス腱と言える。しかし、ポリサリオ戦線側が地元の西サハラ住民が求める独立を断念することはありえず、モロッコ側も、植民地時代に現在のモロッコがフランス領に、西サハラがスペイン領にと分割されたものの、本来は一つの国であるという主張をやめることはしないだろう。したがって国連事務総長にとっても、西サハラ問題はまだ先行きの見えない大きい課題として残っているのである。

Islamic Republic of Mauritania

モーリタニア・イスラム共和国

モーリタニア・イスラム共和国
(Islamic Republic of Mauritania)

面積	103万平方キロメートル（日本の約2.7倍）
人口	320万人
首都	ヌアクショット
自然	世界遺産でもある渡り鳥の飛来地アルガン国立公園や、小島を含む海と陸のコントラストが美しいバン・ダルガン国立公園、大西洋に面した長い海岸線や、湿地、古代都市遺跡、また表情をかえる砂漠地帯など、観光資源は豊富。サハラ砂漠から砂の飛来を防ぐため、防風林、防砂林の植樹が欠かせない。
産業	主要産業は農牧業（ソルガム、粟、米、牛、羊）
民族	アラブ人、モール人、アフリカ系
言語	アラビア語（公用語）、フランス語
宗教	イスラム教（国教）

＊　＊　＊

日本は1960年11月29日、モーリタニアを承認。日本は在セネガル大使館が兼轄しており、2009年1月に在モーリタニア大使館の新規開設を予定していたが、08年8月のクーデター発生により当面開設を見合わせている。モーリタニアは1989年7月、在京大使館を開設している。日本からは自動車やタイヤを輸入、モーリタニアからは軟体動物（イカ・タコ等）や冷凍魚等を輸出。文化面では、ヌアクショット国立博物館に文化遺産保護・展示体制強化のため機材供与（文化無償）している。自動車レースのパリ・ダカールの通過国だが、2008年は同国の政情不安を理由に開催できなかった経緯がある。

一・独立とモクタール・ダダ初代大統領

モーリタニアはアフリカ北西部に位置し、大西洋に面している。日本の面積の約二・七倍もある国土を抱えているが、人口はわずかに三二〇万人（二〇〇八年）で、一平方キロあたりに三人という人口密度の低さである。しかし、国土の大半はすでに砂漠化し、太平洋に面している首都ヌアクショットにも迫る勢いで進行している。

[*1]人種構成は、白いムーア人（ベルベル人とアラブ人の混血）、黒いムーア人（ムーア人とアフリカ人の混血）およびアフリカ人から成り、その三人種間のバランス保持が、モーリタニアの大きな政治的課題だ。各人種が人口のほぼ三分の一ずつを占めていることこそが、同国の歴史を物語っていると言えるだろう。つまり、もともと同地域にはアフリカ人が住んでいたが、北からベルベル人が入っていき、さらに一六世紀になってアラブ人が侵入して現在の人種構成が次第に構成されていったのである。

西アフリカで最初の組織的な王国を築いたのは八世紀から一一世紀にわたって栄えたガーナ帝国である。同帝国が首都としていたモーリタニア南西部にあるクンビ・サレーは、一一世紀にモロッコ（ムラービト朝）の侵入によって陥落し、イスラム教が現在のモーリタニアに入り、その後さらに南下していった。ガーナ帝国自体は一三世紀までなんとかもちこたえた。その間、各地に興った都市国家が、ウワダン、シンゲッティ、ティシットおよびウワラタであり、北アフリカと西アフリカの間を行き来する隊商が訪れるオアシスを中心とした交易都市として、一一世紀から一三世紀にわたって建設された。ウワラタはすでに廃墟になっているが、残りの三都市は引き続き交易都市としての地位を維持しており、これらの四都市はいずれもユネスコの世界遺産になっている。

二〇〇七年一月に、ユネスコ事務局長としてモーリタニアを二度目に訪れた時、四都市の一つティシットへ行った。石造りの家が建ち並び、美しい街並みが保存された

1 国民の四〇パーセントがムーア人（アラブ人とベルベル人の混血）と黒人の混血、あとの三〇パーセントずつがムーア人と黒人である。黒人諸民族は、人口の七パーセントを占める。ウォロフ人のほか、トゥクロール人、サラホレ人、プル人などが居住する。多年のムーア人支配の影響で、社会の上層部はムーア人が占める。アラブ人には遊牧生活を営むベドウィンも存在する。

ティシットは一二世紀に建設された交易都市で、現在もサハラ砂漠を横断する西アフリカからの隊商が訪れる。また、郊外には岩塩を掘るところがあり、ティシットの町の女性たちは西アフリカの手芸品などと交換に、塩を求めてやってくる隊商に塩の塊を渡すという、昔から脈々と続いてきた光景を見ることができた。

ガーナ帝国の首都だったクンビ・サレーには時間的な都合で立ち寄れなかったが、後で首都ヌアクショットの博物館に展示された写真で見た限りでは、まだまだ発掘が十分進んでおらず、当時の状況は十分把握されていないようだった。

話を歴史に戻すと、一三世紀にガーナ帝国崩壊の後、マリ帝国が起こる。現在のマリを中心に今のモーリタニアの大半も支配下に置かれ、歴代の国王はイスラム教徒だった。しかし、モーリタニアのイスラム化が本格化するのは、一六世紀に入りアラブ人が移住してきてからであり、そうして前述の三人種で構成される国ができあがっていった。

二〇世紀に入るとセネガルを植民地化したフランスが北上し、モーリタニアも占領して仏領西アフリカの一部に繰り入れた。しかし第二次大戦後、アフリカ大陸における他のフランス植民地と同じく一九五八年には「フランス共同体」の一員として自治権が与えられ、正式名称をモーリタニア・イスラム共和国と改め、六〇年には完全な独立を果たした。

初代大統領に就任したのはモクタール・ダダ氏[*2]であった。一九六一年八月の選挙で大統領に選ばれた後、九月にダダ大統領は国民統一政府を作り、反対党も取りこんだ。そして一二月には反対党も取りこんだモーリタニア人民党（ＰＰＭ）を結成、唯一の政党となった。ダダ大統領は三つの人種グループに対して配慮したので、当初は評判がよかった。しかし、他のアフリカの大統領と同様、次第に独裁傾向を強めて六四年には憲法改正によって一党体制を確立した。また、「西欧式の多数党に基づく民主主義

2　モクタール・ダダ
（一九二四〜二〇〇三）
一九六〇年、モーリタニア・イスラム共和国が建国されたとき、国民議会から選ばれた政府審議委員によって国家副代表に任命された。一九七八年まで在職した初代大統領。

はモーリタニアには適さない」と公言。新しい憲法の下で、大統領は六六年、七一年、七六年と三回にわたり無競争で選ばれ、いわば独裁体制を敷いた。

その間、一九六〇年代後半から七〇年代にかけて厳しい旱魃が続き、農業・牧畜に依存していたモーリタニア経済は直撃を受けた。また、唯一の鉱産物である鉄鉱石の価格が下がったことも大きかった。政治的には七五年、モロッコと組んで西サハラを分割し、西サハラの南三分の一をモーリタニアの国土に編入した結果、西サハラで結成された西サハラ人からなるポリサリオ戦線との間で戦争が始まった（詳細は、モロッコの項を参照）。アルジェリアの支援を受けたポリサリオ戦線の軍隊にモーリタニアの軍隊は押されがちであり、一時は首都ヌアクショットまでポリサリオ戦線の軍隊に占拠されるような状況であった。

二．タヤ大統領の誕生と同大統領との交流

以上のような状態を背景に一九七八年に軍事クーデターが起こり、ダダ政権は転覆した。樹立した軍事政権の下でモーリタニアは西サハラの南の三分の一を放棄し、ポリサリオ戦線との戦争に終止符を打った。しかし、国内政治は安定せず、軍事政権に対する軍事クーデターも度々試みられ、八四年、参謀総長のマウヤ・タヤ大佐[*3]による軍事クーデターで新しい軍事政権が成立した。

それでも一九九〇年代に入るとモーリタニアにも民主化の圧力がかかるようになり、九一年にタヤ軍事政権は新憲法を国民投票にかけて制定、それに基づいて翌年一月に大統領選挙が行われた。タヤ氏は新しく形成された民主社会共和党の候補者として選挙に臨み、六三パーセントの支持を得て当選した。しかし、野党側は不公正な選挙であるとして結果を認めなかった。九七年の大統領選挙でも野党側のボイコットにより、タヤ氏は九〇パーセントの支持を得て再選された。そのような経緯で、野党側はもと

3　マウヤ・タヤ
（一九四一〜）

一九九二年、普通選挙、国民議会選挙で大統領に選出。九七年、大統領に再選。二〇〇三年も再選、三度目の任期についた。〇五年、タヤ氏が不在時、軍部によるクーデターが勃発し、同氏は国外追放となった。

もと選挙の不正を理由にタヤ政権に対決姿勢を取っていたが、大統領が国内でイスラム原理主義者の動きを強権的に弾圧する政策を取った結果、国民の間で激しい反発が起きるようになった。さらに九九年に至っては、モーリタニアがイスラエルと外交関係を樹立。これが、野党側をさらに刺激することになった。

タヤ大統領に最初にお会いしたのは二〇〇二年春のことである。同大統領がパリ訪問中に面会を希望されていたので、宿泊先のホテルに大統領を訪ねていろいろ話をした。わたしとしては「これまでモーリタニアをカバーするユネスコの地方事務所が明確でなかったが、新しい地方事務所体制の一環でモロッコにあるユネスコ事務所にモーリタニアを管轄させ、ユネスコの活動を強化していきたい」と述べたところ喜んでくれた。

軍事クーデターによって前政権を転覆させたという大統領の経歴からは想像もできないほど小柄で物腰の柔らかい方であったので驚いた。わたしとタヤ大統領の間の仲介の労を取ってくれたのはユネスコの事務局でウーフェ・ボワニ平和賞[*4]を担当しているアリウン・トウラレ部長（モーリタニア人）だった。

タヤ大統領との面会時に「なるべく早い時期にわが国を訪れてほしい」と招待されていたので、翌二〇〇三年三月、モーリタニアをはじめとして西アフリカ五カ国を訪問する計画を立てた。その時期は、ちょうどタヤ大統領の外国出張時と重なるとは聞いていたが、わたしの出発の直前にパリを再び訪問されていた大統領をホテルに訪ねたところ、こう言われた。

「わたしが直接歓迎できないのがとても残念であるが、万全準備をしているので安心してほしい。その一つが、モーリタニアにおける識字率の普及のために始めたプロジェクト『万人のための読書』だ。首都ヌアクショットをはじめとしてモーリタニアの各都市に図書館を設け、そこで子供のみならず読み書きのできない成人も対象に教育プログラムを組んでいるので、ぜひユネスコの協力を得たい」

4　ウーフェ・ボワニ平和賞
アフリカのコートジボワール共和国大統領であったウーフェ・ボワニ氏の提案で創設された、教育、科学、文化を通して平和を推進することに貢献した組織と人に贈られる賞。

趣旨から言っても大賛成だったので、わたしは協力を約束し、二〇〇三年三月にモーリタニアを訪問した際には、首都の郊外に同プログラムの一環で作られた図書館のオープニングにも参加した。

しかし、わたしの訪問から三カ月後、軍事クーデターが起こった。一時は、軍事クーデターが成功したような報道もあったが、結局、大統領の軍隊が反乱軍を抑えこむことに成功した。同年一一月にはまた大統領選挙が行われ、タヤ大統領が六七パーセントの支持を受けて当選したものの、野党側は選挙が不正に行われたとして厳しく批判した。その後、何度か起きたクーデター未遂事件で、大統領側がクーデター首謀者たちを逮捕したことは、政治の不安定化が加速する原因ともなった。

〇五年四月、ユネスコ本部で「モーリタニアの文化遺産」が開催された。世銀およびユネスコが協力して進めてきた、ティシットをはじめとするサハラ砂漠に点在する交易都市の修復プロジェクトの完成を記念しての展示会である。これら四都市の修復前、修復後を写真で如実に示したもので、オープニングはタヤ大統領をお迎えして、盛大に祝った。まさか、その四カ月後に軍事クーデターが起きるとは予想もしていなかった。

三、軍事政権の成立

二〇〇五年八月、タヤ大統領がサウジアラビアのファハド国王の国葬に参加している間に軍事クーデターが起こり、タヤ政権は倒された。クーデターを推進したのは国家警察庁長官のヴァル大佐と大統領の親衛隊長のアブレル・アジズ大佐の二人だった。肩書からもわかるように、二人はもともとタヤ氏の側近である。軍事政権の長にはヴァル大佐が就き、二年以内に民政移管することを公約した。国際社会は当初、軍事クーデターには批判的だったが、新軍事政権が民政移管を公約に掲げたので態度は次第に変わっていった。しかしアフリカ連合は、建前としてモーリタニアのメンバーシップを停止した。

同軍事政権からわたしは、たびたび招待を受けた。民政移管を約束してから、国際社会から好意的な反応を得られるようになったものの、まだ国際機関の長などが訪問する状況にはなかったため、ユネスコ事務局長を盛大に迎えることで国際社会との関係修復に役立てたいと考えたのであろう。わたしは、同政権が〇七年三月に民主的な形で大統領選挙を実施するという約束を確認した上で、同年一月に訪問した。

トップのヴァル大佐との対談では、まずこう申し入れた。「ユネスコとしては教育および文化遺産関係について関係を強化してきたが、その協力を一層進めるためには民主的な選挙による政権成立が必要不可欠である。三月の選挙において軍事政権側は介入せず、民主的な形で選挙が行われるような体制を整備してほしい」。その上で、今後のユネスコの具体的な教育支援について、行政担当のブバカール首相と話し合いを行った。

モーリタニアでは二一世紀に入ってから石油および天然ガスの埋蔵量が確認され、二〇〇六年から石油生産が始まっていた。それまでの経済は主に一次産品に頼っていたが、石油の輸出が始まるにつれて経済は活気を帯びてきていた。こういう時にこそ民主的な政権が必要であることを、わたしはヴァル大佐に改めて強調したかったのである。軍事政権の公約どおり、〇七年三月には民主的な形で大統領選挙が行われ、シディ・アブダライ氏[*5]が当選した。同氏はダダ政権、さらにはタヤ政権においても経済閣僚のポストを歴任したベテラン政治家である。わたしは軍事政権側が二年以内に民政移管するという約束が果たされたことを嬉しく思った。

二〇〇七年一〇月のユネスコ総会（二年に一回開催）の会期中に、アブダライ大統領より総会でスピーチしたいという依頼を受けた。すでにスピーチのメンバーは決まっていたが、モーリタニアで民主的に選ばれた大統領からの依頼でもあり、お願いする

---

5 シディ・アブダライ
（一九三八〜）

二〇〇七年、選挙により大統領に選出された。二〇〇八年、軍事クーデターにより拘束された。

ことにした。アブダライ大統領はスピーチの中で、ユネスコがモーリタニアの教育と文化遺産の面で協力を強化していることに感謝を表明するとともに、「これから文明間の対話が重要である。ぜひ、その促進にも力を入れてもらいたい」と強調された。

四．民主政権誕生と再・軍事クーデター

実は、アブダライ大統領はタヤ大統領を倒したクーデターの首謀者の一人アブデル・アジズ大佐を大統領警護隊長に任命し、同大佐はさらに将軍に昇格した。しかし、二〇〇八年の夏に両者の関係に歪が生じたため、大統領はアジズ将軍を大統領警護隊長から外そうとした。その動きを察知した将軍は同年八月にクーデターを起こし、アブダライの政権を倒し、大統領は官邸に幽閉された。これに対して国際社会は猛反発し、アフリカ連合は再びモーリタニアのメンバーシップを凍結した。

こうした状況を憂いた前述のユネスコ事務局のトラウレ部長は同年一〇月、わたしのところへやってきて「このままでは、モーリタニアが国際社会から疎外されたままになるだろう。何とか解決策を探す必要がある。幸い軍事政権のアジズ将軍もアブダライ大統領もよく知っているので、両者に会いにヌアクショットに行きたい」と、出張を願いでてきたのである。同部長が話に行ったからといって、すぐに解決策が見いだせるとは思わなかったが、どういう状況か知りたいので申し出を許可した。

一一月にパリに戻ってきたトラウレ部長は、こう報告してくれた。まずアジズ将軍に会いに行ったが、いくら自分が将軍を個人的によく知っていると言っても取り巻きがなかなか承諾せず、一苦労した。しかし、将軍本人は顔見知りのトラウレ氏を気持ちよく迎え入れ、トラウレ部長が「アブダライ大統領に会っていろいろ話をしたい。やはり軍事政権と大統領が手を握ることが重要である」と訴えると、将軍から大統領に会う許可が出たという。

その足で、トラウレ部長が大統領官邸に幽閉中のアブダライ大統領に会いに行くと、大統領は意気軒昂として「わたしは引き続き大統領である」と言って軍事政権に対して一歩も引かない姿勢を示した。しかし、このまま閉じ込められた生活では窮屈だろうから、出身の村に帰ってはどうかと部長が勧めると「軍事政権側がそれを認めるならば」と大統領も応じたので、再度、アジズ将軍に掛け合い、大統領を村に連れて行く許可を取り付けた。そして、大統領に付き添って村まで行き、「あなたはここで静かにしていなさい」と伝えてパリに戻った、というのである。

しかし部長によれば、アジズ将軍は非常に強気で、とてもアブダライ大統領の復活を認めるような了見はなく、他方、大統領も大統領で自分が大統領であることを主張して一歩も引く姿勢を示していないので、両者の間の妥協をどうにも見つけることができなかった、ということだった。その推測どおり、アブダライ氏は自分の村に引っこんでいるのはどうも居心地が悪かったようだ。首都ヌアクショットの官邸に戻ろうと試みたそうだが、また村に押し戻されたという。

わたしが二〇〇九年二月にリビアを訪れ、カダフィ指導者と会談した際に、モーリタニアから帰ってきたばかりの側近から話を聞くチャンスにめぐまれた。その側近は、アフリカ連合（AU）[*6]サミット議長を務めるカダフィ氏の命で派遣され、アブダライ大統領とアジズ将軍との間で妥協点を探る努力をしたが、和解の方向性を見出すことができなかったようである。その後、隣国セネガルのワッド大統領が介入し、アフリカ連合、アラブ連盟及び国連の代表からなるグループが仲介の労をとった結果、ようやく両者間に以下のシナリオで合意（ダカール合意）が成立した。

アブダライ大統領は自発的に辞任する。

次いで、上院議長が暫定的に大統領になる。

全ての勢力の代表が参加する暫定内閣を形成する。

---

6 アフリカ連合（AU）
アフリカ統一機構が、発展改組して発足した。本部はエチオピアのアディスアベバ。アフリカの一層高度な政治的経済的統合の実現及び紛争の予防解決への取組強化のための地域統合体である。アフリカ諸国と諸国民間の一層の統一性及び連帯性の強化、アフリカの政治的経済的社会的統合の加速化、アフリカの平和と域内紛争や独裁政治の根絶、安全保障及び安定の促進、民主主義原則と国民参加統治の促進、持続可能な開発の促進、教育及び科学等での協力、グローバリゼーション時代におけるアフリカ諸国の国際的な地位向上、等を目指している。

その上で大統領選挙を七月に行い、第一回の選挙でいずれかの候補者が過半数を獲得しない場合は、八月に決戦投票を行う。

わたしは是非、このダカール合意に基づいて民主的な形で大統領が選ばれ、モーリタニアが国際社会に復帰してほしいと思っている。しかし、同国の政治を丁寧にフォローしてきただけに、そう簡単には安定しないのではないかという一抹の不安があるのも本音だ。わたしの不安が杞憂で終わればよいと願っている。二〇〇九年七月初め、パリのユネスコ本部でウーフェ・ボワニ平和賞の授賞式（受賞者はブラジルのルーラ[*7]大統領）の際、ワッド大統領が出席してくれたので、同大統領の仲介の労を労ったところ、同大統領はダカール合意に達するまでの道のりは大変だったが、これからも気を許せないので、その実施をしっかり見守るつもりであると強調していた。

7 ルーラ
（一九四五〜）二〇〇三年からブラジル大統領。労働組合委員長を務め、一九八〇年に労働者党を結成、総裁に。連邦下院議員ののち四回目の挑戦で大統領初当選。

Republic of Ghana

ガーナ共和国

ガーナ（Republic of Ghana）

面積	23万8537平方キロメートル（日本の約3分の2）
人口	2,335万人
首都	アクラ
自然	ヴォルタ川が支流を集めて南下、ベナン湾に注ぐ。南部の海岸線から、熱帯雨林、サバンナと内陸に向かうにつれ自然の景観は変化する。クワフ高原はカカオの栽培が盛ん。
産業	カカオが主。根茎類、トウモロコシ、オレンジ等も。漁業はアンチョビー（カタクチイワシの仲間）漁が盛ん。工業はセメント、製粉など。ボーキサイト等の地下資源に恵まれている。
民族グループ	アカン族、ガ族、エベ族、ダゴンバ族、マンプルシ族他
言語	英語（公用語）
宗教	国民の約半数がキリスト教、イスラム教。約15%がその他伝統的宗教

＊　＊　＊

日本はガーナの独立とともに承認（1957年)、大使館をガーナに開設（59年）して半世紀になる。医学者の野口英世は1927年（昭和2）に黄熱病の研究のためアフリカに渡り、翌年、首都アクラで感染のため没した。ガーナの名はその名を冠したチョコレートの発売（1964年）により、一躍、知れ渡った。日本からの主な輸出は、自動車、タイヤ・チューブ、原動機など。ガーナからの主な輸入は、カカオ豆、マンガン鉱、イカ・タコなど。

一．第二次大戦後、アフリカ（サハラ以南）で最初の独立国

ガーナは第二次大戦後にアフリカで最初に独立したサハラ以南の国である。英国の植民地時代には金が採掘されていたため、ゴールド・コースト「黄金海岸」と呼ばれていた。一度も植民地にならず独立を保ってきたエチオピアと、一九世紀に独立を果たしたリベリアに続いて、サハラ以南のアフリカとしては三番目の独立国だ。しかし、一度は植民地となりながらも国民の独立運動によって生まれたアフリカ初の国である点は、ユニークな特徴と言えるだろう。

ガーナ独立運動の中核的な指導者は、クワメ・エンクルマ[*1]氏である。一九五七年の独立後に首相、六〇年のガーナ共和国制移行に伴って大統領に就任した。エンクルマ氏は米国で教育を受けた後、ガーナの宗主国・英国で政治活動を行っていたが、第二次大戦後の四七年にガーナに帰国、独立運動を始めた。四九年には会議人民党ＣＰＰ（Convention People's Party）を結成して党首の座に就き、五七年に英国から独立を勝ち取ったのである。

国名は、エンクルマ氏の希望で、かつて西アフリカで栄えた「ガーナ帝国」の名前を取ってガーナと定められた。西アフリカにおいて、紀元後八世紀から一七世紀にかけて台頭したガーナ、マリ、ソンガイの三大帝国[*2]のうち、ガーナは最初の帝国だった。しかし、当時のガーナ帝国の首都は現在のモーリタニアにあり、今のガーナとは地理的にもかけ離れている。

わたしは一九六一年九月からちょうど二年間、在ガーナ大使館（館員六人）で三等書記官（現地での呼称、ローカル・ランク）を務めた。中川進大使、大城斉敏大使の下で、主にガーナを含めた西アフリカの一〇カ国（英・仏語圏併せて）の政治情勢を東京に報告していた。また広報文化も担当した関係で、イギリス人秘書の協力を得てガーナでの広報活動に力を入れたが、仏語圏の国の指導者たち宛てに日本紹介レター

1　クワメ・エンクルマ
（一九〇九～七二）ガーナ初代大統領。ガーナの独立運動を指揮し、アフリカの「独立運動の父」といわれる。英領ゴールド・コースト生まれ。アメリカ合衆国に留学。一九三五年、イタリアのエチオピア侵攻を機に植民地制度の打倒を志す。イギリスに渡り、宗主国で優遇されるアフリカ出身のエリートの説得に奔走。第二次世界大戦後、帰国、四九年、会議人民党を結成、五一年の選挙で第一党となった。五七年、ゴールド・コーストはトーゴランドとともにガーナとしてイギリスから独立、初代首相に就任した。五八年、全アフリカ人民会議を開催。六〇年、共和制を採用し初代大統領に。アフリカ統一機構（ＯＡＵ）の発足（六三年）に尽力したが、独裁体制の強化が反発を買い、六六年のクーデターにより失脚。七二年、チャウシェスク政権下のルーマニアで病死した。

2　ガーナ、マリ、ソンガイの三大帝国
西スーダンに栄えた帝国。「スーダン」はサハラ砂漠以南、コンゴ盆地以北の地域のこと。「西

を定期的に発送することも始め、外務本省の配慮でフランス人秘書を増員してもらった。
サハラ以南のアフリカで当時、日本が大使館を開設していた国はエチオピア、コンゴ共和国（現コンゴ民主共和国）、ナイジェリアおよびガーナの四カ国のみだった。総領事館や領事館は南アフリカ、ローデシア（現在のジンバブエ）、ケニア等に置かれていた。ナイジェリアはその国土の広さから、担当は当該国一カ国のみだった。

在ガーナの日本大使館がガーナ以外に正式に管轄していたのはリベリア、ギニア、マリ、シエラレオネの四カ国だったが、西アフリカのその他の国々、すなわち象牙海岸、上ヴォルタ（現ブルキナファソ）、ニジェール、トーゴ及びダホメ（現ベナン）の五カ国も事実上担当していた。当時、西アフリカに独立国は一二カ国あったが、ナイジェリアには日本の大使館があり、セネガルにも開設が予定されていたため、ガーナの大使館が残る一〇カ国を担当していたわけである。ちなみに当時はまだ植民地として、英国の植民地ガンビア、ポルトガルの植民地ギニアビサウとカーボベルデが残っていた。

赴任当時、すでに四年間政権の座にあったエンクルマ大統領の内政的な基盤はかなり揺らいできていた。独立直後は、独立への最大の貢献者として圧倒的な人気を得ていたものの、次第に独裁的な傾向に流れ始め、言論の自由の制限、反対党の首脳の弾圧から始まって、さらには一党（CPP）独裁体制を築いて、自分の政党の同志であっても絶対服従を誓わない者は切り捨てるようになったのである。その結果、反対党は地下に潜んで、テロ行為に走った。ガーナ駐在中にもしばしばテロ事件は起こり、なかには「大統領が襲撃されて死亡」といった噂まで流れた。また外交政策でも、西欧の植民地主義を糾弾した結果、東側の国々（特にソ連、中国）と提携する政策に走った。当初、エンクルマ大統領はこれら東側諸国からの経済協力に期待をかけていた節があるが、成果が挙がってこないことは次第に分かってきたようだった。

当時、エンクルマ大統領の三部作といわれた『自伝』、『反植民地主義』、『アフリカ

スーダン」は現在のモーリタニア、マリの辺りをいう。サハラの通商（北アフリカ産の塩と南の金の交換）がもたらした富が帝国の礎となった。ガーナ帝国は一〇世紀の半ばに全盛を迎えたが、モロッコのベルベル人の侵略により一一世紀中期、没落した。マリ王国の都市トンブクツは、一四世紀の初め、文化と学問の中心として栄えた。王国はその後、一時、属国でもあったソンガイ王国等に侵略され、一七世紀には小国となった。ソンガイ帝国はニジェール川中流〜上流域を支配し、アスキア・モハメッド王（在位一四九三〜一五二八）時代に最盛期を迎えた。しかし、一六世紀末、鉄砲、火薬を携えたモロッコ軍により滅ぼされた。

は統一しなければならない』を愛読した。『自伝』にはガーナの独立運動の過程が詳しく書かれ、『反植民地主義』はガーナの独立は他のアフリカ諸国の独立なくしては意味がないと主張し、これらの国々も植民地主義と戦って早急に独立すべきだと力強く説いたものである。

実際に、ガーナは独立後、アフリカ大陸のなかでもナミビアなど、まだ独立を達成していない国の独立運動や南アフリカの反アパルトヘイト運動を支援していた。例えば、地下に潜っている指導者たちを支援し、またそういった指導者たちが迫害を受け、外国へ逃げる場合は手助けをし、一時的にガーナへ受け入れた。まだ植民地を抱えていた西欧の国々から見れば、ガーナは煙たい存在であっただろう。

他方、西アフリカの現状を見ただけでも、夫々の国が独立後、独自の政策方針を貫いてきていたために、大統領が「アフリカ全体が統一されなければならない」と主張し出したのには驚いた。当時ヨーロッパですらフランス、ドイツ、イタリア、ベネルクス三カ国[*3]の計六カ国が「欧州経済共同体」を発足させたばかりの頃の話である。「汎アフリカ」という狙いは素晴らしいが、その当時、アフリカで早急にそういう方向に動き出すのはとても無理な話だと思っていた。それだけに一九六三年五月、エンクルマ大統領を中心とする当時のアフリカ大陸の指導者達が統一構想の第一歩として「アフリカ統一機構」（ＯＡＵ）を発足させたのには感服させられた。

二．エンクルマ大統領との会談

大統領に関する思い出の中で一番印象に残っているのは、かつての宗主国である英国のエリザベス女王（一九五七～六〇年の間はガーナの国家元首でもあった）を迎えた折に、エンクルマ大統領が迎賓館で開いた園遊会である。同女王がガーナを訪問されたのは、ガーナ独立後まだ四年しか経っていない一九六一年一〇月。わたしがガー

3 ベネルスク三カ国
ベルギー、オランダ、ルクセンブルクの三カ国の総称。一九四四年に関税同盟を結んだ。

ナに赴任したちょうどひと月後のことだった。大統領は、英国の女王のガーナ訪問をなんとしても成功裡に終わらせなければならないと願っていたに違いない。当時の外交、内政的な理由から非常に深い意味があったからである。

女王の様々な公式行事の最後に催された大園遊会、宴たけなわになってダンスパーティーが始まると、大統領は女王の手を取り迎賓館二階のテラスでガーナの伝統的なダンス「ハイライフ」を踊り出した。ハイライフはジルバにも似ているがテンポはゆっくりだ。やがて二人は中庭に下りて来られ、覚えたてのハイライフを楽しんでいたわたしのすぐ横でダンスを続けていた。後日、アパルトヘイト最盛期の南アフリカの新聞が、「今世紀最大のスキャンダル」と報道したほど、その時のエンクルマ大統領の顔は喜びにあふれていた。

イギリスのエリザベス女王のガーナ訪問は、エンクルマ大統領の期待通り大成功に終わったが、ガーナのその後の対外路線になんらの影響も与えなかった。すなわち、エンクルマ大統領は引き続きアフリカ大陸における反植民地主義を糾弾する先頭に立ち、西側諸国との関係はとかくぎくしゃくしがちであった。

元英国植民地だったアフリカの国々では、「イギリスは嫌いだが尊敬している」といった感想が聞かれるという。エンクルマ大統領も、大学教育を受けたのは米国であり、英国だった。心の底では、こうした国々への尊敬が大きいのではないか。あの晩の表情にそんなことを思った。

自身に関して言えば、大統領のスピーチを聞いたり、拝顔したり、握手を交わす程度の機会はあったが、本人と直接話しをするチャンスはなかった。しかし、その思い出深い園遊会から半年ほど経って機会が到来した。大統領から要請を受け、急きょ官邸（フラッグスタッフ）に赴くことになったのである。中川大使は不在で、臨時代理大使を務めていた椋本伊三郎一等書記官に同行したところ、大統領は補佐官などの同席者なしに、わたしたちを前に一時間近く熱弁を振るった。

「ガーナは現時点ではソ連や中国など東側の国とのみ協力関係を強化しているように言われるが、わたしの意図は決してそうではない。ガーナの今後のことを考えれば、ガーナの対外関係はもっと多角化しなければいけないと思う」

当時のエンクルマ大統領の対日アプローチを分析してみると、大統領は一九六二年の時点で既にソ連、東欧諸国及び中国といった東側諸国の経済面での協力が、当初期待していたような成果を上げていないと感じだしていたようだ。これらの国々は大きな約束をするが、なかなかその約束が実施されていないというのが現状であった。しかし、エンクルマ大統領は既にアフリカにおける反植民地主義の最大の指導者になっており、従って、政治的に見れば、反植民地主義のリーダーとして西側諸国と政治的な関係を深めるわけには行かず、従って東側諸国との関係強化という政治的看板を下ろすことができない。そこで、大統領は、日本に目を向けたのではなかったか。なぜなら、日本も正確には西側諸国の一員ではあるが、アフリカ諸国の指導者から見れば、日本は西側諸国の一員ではなかったからだ。また、第二次大戦で国土の大半を破壊されたにも関わらず、急速な経済回復を遂げた実績も魅力だったはずだ。

大統領が「ぜひ訪日の機会を得て、わが国との協力関係を築くために日本の首相との話し合いを持ちたいと切望している」と力を込めると、椋本臨時代理大使は、「早速、東京に伝え、返事があり次第ご連絡する」と話して会談を終えた。

会談の途中、エンクルマ大統領は同席していた若い者たちにも注意を向けてくれ、あなたはガーナに来てどれくらいになるのかといった質問をしてくれた。大統領はなかなか配慮の行き届く人だと感じた。

わたしは大使館に戻るとすぐ、椋本臨時代理大使の名前で、東京に宛てて会見の内容を報告するとともに、訪日を是非実現させてほしいと意見具申した。もっとも、当時の日本からすればアフリカ、特に西アフリカは非常に遠い存在であり、エンクルマ大統領の訪日を受け入れることは到底考えられなかった。しかし、椋本氏と一緒に大統領とじっくり話す機会を持てたことで、独裁者というイメージとは裏腹の、思慮深い、温かみのある人柄に触れることができたからだ。

予想通り、東京からはエンクルマ大統領の訪日を受け入れることはできないという、冷たい返事だった。従って、その旨をガーナの外務省に事務的に伝え、大統領官邸への伝達を依頼した。

余談になるが、赴任していた当時、ガーナは世界全体で消費するカカオ豆[*4]の約半分以上を生産し、すべてを欧米に向けて輸出していた。ガーナのカカオ豆は苦味が強い点が特徴だ。ヨーロッパではダーク・チョコレートへの嗜好が強いことも、ガーナのカカオ豆への需要を高める要因となった。一方、日本では甘みのあるチョコレートが好まれるが、やはり欧米を経由してチョコレートを輸入していた時代があった。しかし、ガーナはその後、日本との協力関係を推し進め、日本はガーナから直接輸入したカカオ豆でチョコレートの生産を始めるようになった。それがまさに「ガーナ・チョコレート」の名で親しまれているものである。

三．アフリカ大陸での評価

一九六〇年代、政治的に独裁傾向を強めていたエンクルマ大統領の評価はガーナ国内では落ちていく一方だったが、ガーナに独立をもたらしただけでなくアフリカ全体の独立運動を盛り上げた政治家という点で、わたしは高く評価している。また経済的にも、一次産品のココアに圧倒的に依存していたガーナの産業構造の多角化のため、西側企業の参加を得て経済インフラ（テマ港とヴォルタダム発電所）[*5]の建設を進め、その後の経済近代化への基盤を作った立役者である。

4　カカオ豆　カカオの種子を発酵させたもの。カカオの原産地は南アメリカの熱帯地方。

5　テマ港とヴォルタダム発電所　テマ港はガーナの輸入貨物の約

大統領が他のアフリカ諸国の独立運動に与えた影響を具体的に認識するようになったのは二〇〇〇年以降、ユネスコ事務局長としてアフリカを訪問するたびに、独立運動や反アパルトヘイト運動を進めていた指導者たちから実態を聞かされてからである。例えば、二〇〇一年五月のナミビア訪問では、ヌヨマ大統領（一九九〇年のナミビア独立の一番の功労者）が「エンクルマ大統領はアフリカの独立運動の最大の指導者である」と力説した。その後、ユネスコで再会した同大統領からいただいた自伝『他の者が動揺した時に』を読むと、一九六〇年四月にヌヨマ氏がガーナに政治亡命した際、エンクルマ大統領が氏を暖かく迎えたことが書いてある。

ガーナ離任後の一九六六年、エンクルマ大統領は独裁体制を強めて国民の反発を買い、外遊中に軍事クーデターが起こって、アンカラ将軍を長とする軍事政権が成立した。

当時、ガーナ国民の大半は歓迎したのではないかと思う。大統領はギニアに亡命を余儀なくされた後、チャウシェスク独裁政権下のルーマニアを頼って住処を得たが七二年に亡くなった。

一方、一九六九年に新憲法下で行われた議会選挙では、エンクルマ時代に海外亡命していたブシア氏（当時、同氏は長く海外亡命しており、わたしは会っていない）が率いる進歩党（ＰＤ）が勝利した。同氏は首相に就任し内閣を築いたが、その間、形の上では国家元首の大統領がおかれたものの実権は持たなかった。しかし、国内経済の混乱を背景に七二年、再び軍事クーデターによって、ブシア政権は倒され、軍事政権が成立した。さらに、七九年と八一年にも軍事クーデターがあり、中心人物のローリングス[*6]大佐が八一年、政権の座に就いた。六六年、エンクルマ政権がクーデターで倒されて以来、一五年間、ガーナでは政権の政治的基盤が全く安定せず、クーデターも現に何度も起こった。八一年にローリングス政権が成立してようやく政権の基盤が安定化の方向に進んだ。

八割を扱う商業港。首都アクラの東に一九六二年に開港した。ヴォルタダムはヴォルタ川を堰きとめて造った水力発電ダムで、アコソンボダムのこと。一九六六年、イギリス、アメリカなどの支援で完成した。ダムの人造湖（ヴォルタ湖）は世界でも最大規模を誇る。ここでつくられる電力は、国民生活の向上、工業発展に大きな役割をはたしてきた。

6 ローリングス（一九四七〜）ジェリー・ローリングス。空軍大尉だった一九七九年、軍事クーデターを起こした。八一年、再度のクーデターで政権の座に。九三年には大統領に就任。国営企業の民営化を推進する一方、金や農産物の輸出振興、国外からの資本導入等に積極的に取り組んだ。そのカリスマ性から圧倒的な支持を得た。二〇〇〇年にクフォー現大統領に選挙で敗れた。

一九七〇年代に入ってから、ココア豆の国際価格が下落した。政治的混乱が経済政策にも暗い影を投げ、ガーナ経済は非常に困難な状態に陥っていた。ローリングス政権になってから、世銀、ＩＭＦの支援を得て、経済体制の自由化を進めた。以上のような実績を背景として、九〇年末にはローリングス政権は民政移管の具体的な方針を打ち出し、九二年四月には新憲法が国民投票で承認された。そして、同憲法に基づいて、同年一二月に複数の立候補者の下で行われた大統領選挙に、ローリングス氏が結成した新しい政党、国民民主会議（ＮＤＣ）の候補者として自ら立候補し、当選、翌九三年一月に大統領に就任した。実は七九年の軍事クーデターの後に民政移管が行われ、リマン氏が大統領に就任したものの二年後の軍事クーデターで失脚している。従ってローリングス氏をガーナの第三代大統領であると言っていいと考えている。氏は九六年一二月に再選されたが、任期は一期四年、二期までと定められているので、二期目が終わった二〇〇六年一月に大統領の座を辞した。

一九九九年四月、ユネスコ事務局長選挙運動の一環でローリングス大統領に会うためガーナを訪問したところ、ブラック・スター広場[*7]にある博物館ではエンクルマ大統領を「独立の父」として業績を評価する展示があった。当時に比べ、大統領への評価が好転しているように感じられた。

四．第三代大統領ローリングス氏との出会い

ローリングス大統領は大柄で、元空軍大佐だけあって物腰がきびきびとしており、もともとはクーデターで政権を奪取しているが、民主的な大統領選で二度も大統領に選ばれている。なかなか魅力的な政治家である。

初めてお目にかかったのは一九九三年、東京で開催された第一回アフリカ開発会議（ＴＩＣＡＤ Ｉ）にアフリカの大統領の四人のうちのひとりとして出席された折だった。

---

7 ブラック・スター広場
独立を記念して設立された広場。国旗の中央にあるのが、ブラック・スターで、アフリカをリードしてゆく意気込みを表す。

ＴＩＣＡＤ Ⅰでわたしは外務審議官として事務局長にあたる役と同時に、細川護熙総理[8]の補佐役を務めていた関係で面会したが、ゆっくり話をする機会はなかった。

二度目にローリングス大統領にお会いしたのは、九八年一〇月に東京で開かれたＴＩＣＡＤ Ⅱの時である。当時わたしは駐仏大使だったが、小渕恵三総理[9]の配慮で会議に出席することになったのである。というのも日本政府は九月に、わたしがユネスコ事務局長選挙に立候補したことを発表しており、選挙運動の一環としてアフリカ首脳が集まるＴＩＣＡＤ Ⅱの席で、総理が各国に支持を働きかけるためだった。さらに大統領との会談でも、総理は直接、支持を大統領に要請してくれた。

三度目は一九九九年四月、ユネスコ事務局長選挙の只中で、アフリカの国々を巡っていたときだ。当時のガーナは、ユネスコ執行委員会のメンバー五八カ国に入っていたのである。植民地時代、英国人総督の住んでいたクリスチャンボーク城にある大統領官邸でローリングス氏は、日本とガーナの関係の進展、特に対ガーナへの日本の経済協力を高く評価していることを話された。わたしは、在ガーナ大使館での活動、外務省でもガーナへの経済協力を推し進めてきたこと、ガーナ大学に野口英世記念研究所を無償援助で作る旗振り役を務めたことなど述べさせてもらった。しかし、アフリカ統一機構のサミットはエジプトのセラゲルディン氏をアフリカの統一候補者として承認していた事情があり、大統領の反応は好意的ではあったものの、明確な形でわたしへの支持を表明しなかった。

翌五月には、橋本龍太郎[10]前総理が小渕総理の外交最高顧問としてガーナへ赴いた。ローリングス大統領は、橋本外交顧問が支持要請を口にする前に「アフリカ統一機構の決議は尊重せざるを得ないが、日本とガーナの友好関係に鑑み、真剣に検討する」と発言したという。大統領はアフリカ統一機構サミットの決議と、日本との友好関係を十分認識していただけに、辛い立場にあったことは想像に難くない。ユネスコ執行

8　細川護熙
（一九三八〜）
元首相。朝日新聞記者から参院議員に。熊本県知事をつとめたのち、再び参院議員、さらに衆院議員に。八党派連立により、一九九三年、第七九代内閣総理大臣就任。

9　小渕恵三
（一九三七〜二〇〇〇）
元首相。官房長官、自民党幹事長、外務大臣等を歴任後の一九九八年、第八四代内閣総理大臣に就任。在任中に脳梗塞に倒れた。

10　橋本龍太郎
（一九三七〜二〇〇六）
元首相。運輸大臣、自民党幹事長、大蔵大臣歴任後、自社さ連立政権の村山内閣で通産大臣に。一九九六〜九八年、内閣総理大臣（第八二、八三代）を務めた。

委員会で行われる選挙（一九九九年一〇月）は無記名投票なので、ガーナの最終的な投票態度は明らかではない。しかし、第一回目の投票ではエジプト候補に投票、第二回と第三回はわたしに投票してくれたのではないかと思っている。

五．第四代クフォー大統領との交流

二〇〇〇年一二月、野党新愛国党（NPP）の候補のジョン・クフォー[11]氏が大統領選挙を勝ち取り、二〇〇一年一月、ガーナの第四代大統領に就任した。この選挙でローリングス大統領は、与党NDCの候補者で同大統領の下で副大統領を務めたジョン・アタ・ミルズ氏を推していたが、接戦の末、野党のクフォー氏が勝利を収めた。軍隊に対し依然として絶大な影響力を持っていたローリングス大統領の出方を心配する向きもあったが、同大統領は民主的な選挙の結果を受け入れた。かくして、ガーナにおいて民主的なかたちで政権交代が行われたのである。ようやくガーナで本格的に、民主主義が定着したと言える。

同大統領とは二〇〇四年一月、ユネスコ事務局長としてガーナを訪れた際にクリスチャンボーグ城で再会した。晩には城の中庭で歓迎レセプションが開かれ、政界、経済界、文化界、学界から招かれた人々の前で、わたしはガーナ最高の勲章を授与された。またクフォー大統領とじっくり話し合えたことが収穫となった。というのも、実は少数部族（コートジボワールとの国境近くに住むニジマ族）出身のエンクルマ大統領は政権の座にあったとき、「部族間の対立を終わらせたい」という考えの下、クフォー大統領が属するガーナ最大の部族アシャンティ地方のアカン族を押さえ込んでいたのである。そのためクフォー大統領の「エンクルマ観」を懸念していたが、大統領はエンクルマ大統領に対しても尊敬の念を持っておられることがわかって、非常に嬉しかった。

ユネスコでは二年に一度、総会が開かれるが、その都度、各国の大統領ないし首相

---

11 ジョン・クフォー
二〇〇一年、大統領に。前年一二月の選挙は自由・公正に行われ、クフォー政権の誕生は、五七年のガーナ独立以来、初めて選挙によって与野党間の政権交代が実現したものとして、同国の民主化の成熟度を国内外に印象づけることになった。

数名を招いて演説をしてもらっている。二〇〇五年一〇月の総会にはクフォー大統領に来ていただいた。同大統領はスピーチの冒頭で「ガーナは松浦事務局長と特別な繋がりがある」と言及され、わたしが四〇年前に外交官としてのキャリアをガーナで始めたこと、これまでのアフリカとの関係を説明した上で「常に理解ある態度、その手腕を誇りに思う」と、嬉しい言葉をかけてくれた。

二〇〇七年一月にアディスアベバ（エチオピア）で開かれた第八回アフリカ連合サミットの難問のひとつは、次期議長の選定だった。議長は通常一年任期だが、ナイジェリアのオバサンジョ大統領がずっと議長を務めていたのである。前年の〇六年一月のサミットはスーダンのハルツームで開かれた。本来は主催国スーダンのバシール大統領が議長を務める予定だったが、スーダンはダルフール問題[*12]（スーダンを支配しているアラブ民族と、西部に住むアフリカ民族間の問題。スーダンの項を参照）で隣国チャドと対立しているのみならず、国際的にも厳しく批判されていた。多くのアフリカ諸国がスーダンには難色を示したため、コンゴ共和国のサス・ンゲソ大統領が議長を務めることとなった。

もっともその時は、一年後にはダルフール問題も改善されると踏んで、バシール大統領が次の議長を務めるというのが暗黙の了解だったのだが、残念ながらダルフール問題は改善するどころか悪化した。その結果、舞台裏で揉めに揉めたのである。しかし〇七年七月のサミットはガーナの首都アクラで開催されることになったため、バシール大統領は辞退することで面目を保ち、ガーナのクフォー大統領が全会一致で議長に選ばれた。

クフォー大統領は、議長就任挨拶でこう発言した。

「アクラでアフリカ連合サミットが開催できることは、ガーナにとって大変光栄だ。

二〇〇七年はちょうどガーナ独立五〇周年記念の年にあたる。その記念行事は、ガー

12 ダルフール問題
アフリカ系の民族が、アラブ系で固められた中央政府に反発して起こったもの。中央政府の反乱軍への弾圧はエスカレート、死者は数十万人に上る。

ナを独立に導いた初代大統領エンクルマ氏の業績を称える機会にもしたい。エンクルマ大統領はなんと言っても、戦後アフリカ諸国に大きな影響を与え『アフリカ統一機構』を創ることにも多大な貢献をした人物である」

会場から大きな拍手が沸きあがった。

エンクルマ大統領がガーナのみならず、アフリカ全体にとっても、重要な第一世代の指導者という認識が広まっていることを改めて確認できたことは喜ばしい。さらに約二週間後、わたしは再びガーナを訪れた。クフォー大統領は急きょ開催が決まった仏アフリカ首脳会議出席のためフランスを訪問中だったが、副大統領以下の閣僚その他の人たちからも、国民の間でエンクルマ大統領を「ガーナ独立の父」として評価する動きが一層強まっていると聞かされた。

ガーナ独立五〇周年記念行事は二〇〇七年三月六日に行われた。様々な予定が詰まっていたため、クフォー大統領からの招待をお断りせざるを得なかったが、国連専門機関の長として同僚である食糧農業機関[13]（ＦＡＯ）のジャック・デュウフ事務局長（セネガル人）が出席した。聞いてみると、アフリカ各国から大勢の大統領が出席し、エンクルマ大統領の偉業を称え、盛大に行われたという。ガーナの歴史、さらにはアフリカ大陸の歴史のうえで、エンクルマ大統領が偉大な指導者として不動の地位を確立したことは紛れもない。

二〇〇七年一月からアフリカ連合の議長を務めていたクフォー大統領は、その座を翌年一月にタンザニアのキクウエテ大統領に引き継いだ。クフォー大統領の任期は二〇〇八年一二月で終わり、同一二月には大統領選挙が行われる。政権交代が順調に進むことがまだ困難なアフリカにあって、ガーナで確固とした民主主義が確立されていることは、エンクルマ氏への評価をさらに高めているようにも思う。

---

13 食糧農業機関（ＦＡＯ）
国連食糧農業機関。第二次世界大戦の終戦直後に設立。各国国民の栄養水準、生活水準の向上などを通じて世界経済の発展、飢餓からの解放をめざす。本部はローマ。

六、ガーナと野口英世

もうひとつ、クフォー大統領との思い出で忘れられないことがある。二〇〇八年五月のＴＩＣＡＤ Ⅳで来日中、小泉純一郎首相時代に設けられた野口英世賞[14]の第一回の授与式が天皇陛下ご臨席の下、晩餐会の形で行われたことだ。

野口英世博士は黄熱病の研究のため、一九二七年一〇月から半年あまり、ロックフェラー財団からガーナへ派遣された。その間に、野口博士はアフリカ黄熱病の病原体である細菌を発見したと考えたが、実は黄熱病の病原体の正体は細菌ではなくウイルスだった。しかし、まだ電子顕微鏡が開発される前のこと、当時の最高度の顕微鏡をもってしてもウイルスを発見することはできなかったわけである。野口博士は顕微鏡でつきとめた細菌を黄熱病の病原体と主張、それに対する反論もあって世界の学会が割れるなかで二八年五月、博士自身が黄熱病にかかって亡くなった。

ガーナ初代の日本大使として一九五九年一〇月に着任した大隈信幸氏は、大隈重信[15]の孫にあたる。大隈大使は、野口博士の研究所がガーナに残っているにも拘らず（現在はもう存在しないが）、博士を記念するものが何もないことを残念に思い、コーレ・ブ病院の敷地内に日本庭園を造って野口英世の胸像を設置しようと考えた。日本での募金だけを資金に、彫刻家の田畑一作氏が野口英世のブロンズ胸像を制作、六二年九月から一一月にかけてアクラで現地労働者の協力を得て日本庭園を完成させた。

そのオープニング・セレモニーは中川大使主催で行われ、わたしはその式典の進行役を務めた。当時の建設大臣ベンサー氏も招いている。その後、アクラを訪れるたびに、庭園がきちんと管理されているのを嬉しく思っていただけに、二〇〇八年に天皇皇后陛下も臨席の晩餐会が福田康夫前総理（当時）の主催の下で開かれ、クフォー大統領と一緒に出席できたのは、感無量だったのである。

---

14 野口英世賞
野口英世アフリカ賞のこと。二〇〇七年、アフリカでの感染症など疾病対策の推進、また、人類の繁栄・世界の平和への貢献を目的に設けられた。

15 大隈重信
（一八三八～一九二二）政治家。立憲改進党を組織。外相ののち、一八九八年、初めての政党内閣を組織。一九一四年に再度、首相となり第一次大戦への参戦を決めた。東京専門学校（早稲田大学の前身）を創設した。

七．第五代アッタ・ミルズ大統領の誕生

クフォー大統領は早々と、自分は大統領の任期二期合わせて八年を終えた後は引退する旨宣言していた。従って、二〇〇八年一二月に行われた選挙は八年前の二〇〇〇年一二月と同様、国際的にも大変注目された。

第一ラウンドは二〇〇八年一二月七日、八人の候補者の中で戦われた。その結果、与党NPPの候補者クフォー・アド氏と野党NDCの候補者であるアッタ・ミルズ氏が一位及び二位を占めた。クフォー・アド氏は、クフォー政権の下で法務大臣や外務大臣など重要な閣僚ポストを占めた人である。他方、アッタ・ミルズ氏はローリングス政権で副大統領を務め、ローリングス元大統領の支援を受けて、二〇〇〇年及び二〇〇四年の大統領選挙でクフォー氏に挑戦したが、いずれも敗れた経歴を持つ。

第一ラウンドでの一位はクフォー・アド氏で、四九・三パーセントの支持を得た。他方、アッタ・ミルズ氏は四七・七パーセントの支持率であり、一位と二位は僅差だった。

第二ラウンドは一位二位の決戦ということで、一二月二八日に行われた。その結果、第一ラウンドで二位のアッタ・ミルズ氏が五〇・二パーセントで当選した。第一ラウンドでは一位だったクフォー・アド氏は四九・八パーセントで、両者の差は僅か〇・四パーセントであった。誰もが、選挙は民主的に行われたことを認め、敗れたクフォー・アド氏はただちに選挙結果を受け入れる旨発表した。これで、ガーナにおいて二度目の政権交代が、民主的な形で行われることになる。

アフリカ（サハラ以南[*16]）は、全体としては民主化の傾向が着実に進んでいるが、軍事クーデターが時折起こった。独裁政権が続いたりしている国もある。そのため、とかくアフリカ（サハラ以南）の国民全体が非民主的な政権下に置かれているような印象を与えている中で、民主的に行われた二度目のガーナ政権交代は、アフリカ全体にとって大変良いニュースだった。

16　サハラ以南
サハラ砂漠より南の地域をさす呼称。かつてのヨーロッパ人は、この地域を「未開の地」であるとして「暗黒大陸」と呼んだ。「ブラックアフリカ」「サブサハラ」とも呼ばれる。

アッタ・ミルズ第五代大統領は二〇〇九年一月七日に大統領に就任した。その就任式典には小泉純一郎元総理も出席した。その直後に、わたしはナイジェリアを訪れヤラドゥア大統領と歓談した。同大統領はミルズ氏の大統領就任式典から戻ったばかりであったので感想を聞いたところ、盛大で感動的だったと言っていた。

アフリカ大陸にある五三カ国のうちで未だに一番愛着を感じるのは、何と言っても若き外交官として最初に赴任した国ガーナである。そのガーナにおいて、二度にわたり民主的な選挙を通じて政権交代が行われ、アフリカで最も民主主義が定着している国のひとつと言えるようになっていることは、大変嬉しいことである。

Federal Republic of Nigeria

ナイジェリア連邦共和国

ナイジェリア連邦共和国
(Federal Republic of Nigeria)

面積	92万3773平方キロメートル（日本の約2.5倍）
人口	1億5,131万人
首都	アブジャ （1991年12月ラゴスより遷都）
自然	南部のニジェール・デルタと熱帯雨林地帯、さらに内陸とサハラ砂漠の一部である北部にはサバナ地帯があり、自然は変化に富んでいる。雨季は４～９月。
産業	原油は、総歳入の約80%、総輸出額の約99%を占める。カカオ、コーヒー、落花生なども栽培するが、近年は食糧輸入国に転じている。
民族グループ	ハウサ族、ヨルバ族、イボ族（民族数は250以上と推定）
言語	英語（公用語）、各民族語
宗教	北部中心にイスラム教、南東部中心にキリスト教。その他全域に、伝統的宗教

＊　＊　＊

日本とナイジェリアの関係は、経済及び経済協力関係を中心に基本的に良好で人的交流はアバチャ政権成立頃まで増加傾向にあった。2002年7月には「日・ナイジェリア・スペシャル・パートナーシップ・フォーラム」が発足。第１回の会合を東京で行って以来、両国の主要都市にて交互に会合が行われ、二国間関係、開発問題における協力など、幅広い議題について協議をしている。また、互いの文化交流を通じ、近年日本に対する関心が高まりつつある。

一．諸文化が栄えた独立までの歴史

ナイジェリアは、サハラ以南のアフリカでは南アフリカと並ぶ大国である。国土面積は日本の約二・五倍（約九二万四〇〇〇平方キロ）で南アフリカよりも若干小さいが、人口は一億五一三一万（二〇〇八年）で南アフリカの三倍を数え、大陸全体で最も人口が多い。また、アフリカ一の石油産出国であり、輸出の九九パーセントを占める石油の収入が、国家収入の八〇パーセントに上っている。しかし、長年にわたる軍事政権下での放漫な経済運営や汚職の蔓延の結果、膨大な石油収入は国内のインフラ整備の拡充や貧困の解消、産業の発展及び貧困撲滅に十分には活用されてこなかった。

一九九九年に民主的な選挙でオバサンジョ[*1]大統領が誕生し、初めて、潤沢な石油収入を国内の経済建設に充てる方向に動き出したとはいえ、経済力では南アフリカの三分の一にとどまっており、まだまだ成すべきことは多い。しかし、オバサンジョ大統領がアフリカ大陸におけるカリスマ性のある政治家として活躍しはじめたことで、ナイジェリアはアフリカの大きな安定勢力に成長を遂げた。

アフリカ連合や国連が、アフリカ大陸における紛争を終結するために派遣する平和維持軍でも、ナイジェリア軍は重要な役割を果たしている。また、旧イギリス領、旧フランス領、旧スペイン領の国々によって構成され、一九七五年に発足した「西アフリカ諸国経済共同体」[*2]（ＥＣＯＷＡＳ）の事務局はナイジェリアの首都アブジャに置かれた。ＥＣＯＷＡＳは経済共同体ではあるものの、政治問題についても発言権を増してきており、なかでもナイジェリアは大きな発言権を保持している。

ナイジェリアは、いくつかの文化が栄えたことで知られている。国の中部にあるジョス高原においては、紀元前五世紀から紀元後二世紀にかけてノク文化[*3]が繁栄した。一〇世紀から一五世紀にかけて、南西部において栄えたイフェ文化[*4]の素朴な青銅製の彫刻は、世界的に有名だ。一四世紀から一八世紀にかけては、南東部でベニン王国[*5]が

1　オバサンジョ
（一九三七〜）
オルシェグン・オバサンジョ。第五代および第一二代ナイジェリア大統領。軍人出身で、九〇年代のアバチャ軍事政権時代に民主化の遅れを批判して三年間投獄された後、一九九九年に大統領に就任。一六年に及ぶ軍事独裁からの民政移管を成し遂げ、経済改革や汚職の追放に力を注いだ。二〇〇三年再選。ナイジェリア南西部のオグン州アベオクタ生まれ。西アフリカ最大の民族集団の一つ、ヨルバ出身。

2　西アフリカ諸国経済共同体（ＥＣＯＷＡＳ）
（Economic Community of West African States）
通称エコワス。西アフリカの域内経済統合を推進する準地域機関として一九七五年に設立。その後、「防衛相互援助に関する議定書」の調印（八一年）、「紛争予防・管理・解決・平和維持・安全保障メカニズム」規約採択（九八年）などを経て防衛・紛争解決機能を備え、安全保障機能の本格的整備にも着手。現在の加盟国は西アフリカの一五カ国（ベナン、ブルキナファソ、

繁栄した。同王国でも精巧な青銅製の彫刻が作られている。こうしたナイジェリア諸文化の彫刻は、二〇世紀のヨーロッパの芸術（なかんずくフォービズム[*6]、キュービズム[*7]）に多大な影響を与えたといわれる。

一九六四年一〇月、東京から西アフリカに出張した際に、ナイジェリアの当時の首都ラゴスに立ち寄った。イフェ王国時代の彫刻を展示した博物館がイフェにあるので車で訪れた。それまでは写真で見ていた一連のイフェ文化の彫刻の前に立って、これだけ芸術性の高い彫像を、西欧では「暗黒大陸」と形容された一〇世紀から一五世紀にかけてのアフリカが生み出していたことに、とても感激したのを覚えている。

回教徒のハウサ族が各地でいろいろな都市国家を建設していた一九世紀、北部の都市ソコトのスルタン[*8]は北部一帯を制圧し、ソコト・カリフ国を建国した。しかし、こうしたさまざまな王国は一九世紀末までにイギリスに滅ぼされ、ナイジェリア全体がイギリスの植民地になった。

第二次大戦後、ナイジェリアにおいても独立運動が高まり、一九六〇年、三つの地域から成る連邦国家として独立した（ただし国家元首はイギリス女王）。ガーナの独立から三年後のことだ。

三つの地域とは、ニジェールとチャドに国境を接している北部（回教徒が中心）、ギニア湾に面した東部、西部（いずれもキリスト教徒が中心）を指す。ちなみに石油が産出されるのは、東部のニジェール河がギニア湾に注ぎこむニジェールデルタ地帯が中心となっている。

二．相次いだ軍事クーデター

独立から三年後の一九六三年、新しい憲法が制定されてナイジェリア連邦共和国となり、大統領制に移行した。

カーボヴェルデ、コートジボワール、ガンビア、ガーナ、ギニア、ギニアビサウ、リベリア、マリ、ニジェール、ナイジェリア、セネガル、シエラレオネ、トーゴ）。原加盟国のうちモーリタニアが二〇〇〇年に脱退。

3　ノク文化
ナイジェリア中央部、ニジェール川流域北部のジョス高原を中心に栄えた、初期鉄器文化。一九二八年、イギリスの鉱山技師によってサルの頭をかたどった素焼きの像が発見され、以降の収集・観察などの調査を経て、イギリス人考古学者・バーナード＝ファッグによって「ノク文化」と命名された。名前の由来は、土偶が発見された鉱山の近くにあったカドルナ州ノク村による。

4　イフェ文化
ノク彫刻を継承したとされる、リアリスティックで洗練された意匠で知られるイフェ彫刻を中心とした文化。イフェは、ナイジェリアの西部・イバダンの東方およそ七二キロメートル地点にある都市。一一〜一九世紀、ヨルバ族の最初の王国の都として栄え、創造神・オニの王宮が

初代大統領には、ンナムディ・アジキウェ[*9]氏（北部出身）が就任した。同氏は、一九六〇年にイギリス政府からナイジェリア総督に任命されていたが、共和国への移行に伴って大統領に就任した格好だ。しかし、行政権を握っていたのはバレワ[*10]首相（北部出身）であった。

ガーナ勤務時代の一九六二年、車でトーゴ及びダホメ（現在のベナン）を横断してナイジェリアの首都ラゴスを訪れ、当時の粕谷孝夫大使の公邸に泊めていただいた。日本はナイジェリアの重要性に鑑み、西アフリカではガーナに続いて大使館を設けた。同大使館は、ナイジェリアのみをカバーしていた。

前述のように、ナイジェリアは西部、東部（いずれもキリスト教徒）及び北部（回教徒）の三つの地域で構成されており、ヨルバ族（西部）、イボ族（東部）及びハウサ族（北部）の三大部族を中心に二五〇以上の部族から成る複雑な国だが、粕谷大使からは「潜在的にはいろいろな問題を抱えつつも、アジキウェ&バレワ体制の下で着実に国造りが進んでいる」と説明されたことをよく覚えている。

オバサンジョ大統領とヨルバ酋長たちと
© UNESCO

アジキウェ&バレワ政権は、ガーナのエンクルマ大統領と異なり、対外的には西欧諸国と手を結ぶ穏健路線を取っていた。しかし、その体制も一九六六年の軍事クーデターによって倒され、アジキウェ大統領は殺傷を免れたが、バレワ首相は殺害された。

クーデターは東部のイボ族出身の若手将校を中心としたものだったが、それに反発した北部のハウサ族出身の若手将校は、あらたな軍事

ある聖地として知られる。

5 ベニン王国
現在のナイジェリア南部、ニジェール川西岸に存在したエド族の王国。文化的には近隣のヨルバ族の影響を強く受け、なかでも青銅彫刻は有名。一五世紀になるとヨーロッパ人との交易によって象牙や胡椒、奴隷などを取引して繁栄した。

6 フォービズム
二〇世紀の初頭、フランスを中心に起こった絵画の流派。原色を対比させた荒々しい筆致、大胆な構図で描かれているのが特徴。代表的な画家はマチス、デュフィ、ブラマンク、ドランら。彼らの作品を美術評論家のルイ・ボークセルが、「野獣（フォーブ）」と形容したことが名称の由来。

7 キュービズム
フォービズムに続いて、ピカソとブラックが始めた革新的な美術表現。ルネサンス以来の一点透視図法を否定し、複数の角度から見た像を平面上に表現しようとした。やはり美術評論家ルイ・ボークセルが「幾何学的な図式や立方体（キューブ）に還

クーデターを起こしてイボ族の若手将校を一掃した。そこで、軍事政権の長として担ぎ出されたのが中部の高原地帯出身のゴウオン将軍[11]であった。

しかし、引き続き軍のイボ族出身の将校が多数殺害されたことに加え、各地にいたイボ族の政治家等も殺害され始め、これが一九六七年のビアフラ戦争[12]の勃発につながった。つまり、イボ族出身者の大量殺害を見て、東部の指導者達が独立を宣言し、そこに東部軍と西部・北部連合軍の内戦が始まったのが、いわゆるビアフラ戦争なのである。戦いは三年後に西部・北部連合軍の勝利に終わり、東部は引き続きナイジェリア連邦国家にとどまることになった。この戦争において、西部・北部連合軍を率いて活躍したのが若きオバサンジョ大佐（西部出身）であった。

一九七〇年代に入ってビアフラ戦争は終わり、石油価格の高騰を受けてナイジェリアの国家収入は大幅に伸びた。しかし、ゴウオン軍事政権は石油収入を国家建設に有効に活用しなかったため、国民の間にゴウオン政権への不満が高まっていった。そのような状況を背景に、七五年七月、将軍がウガンダで開かれたアフリカ統一機構（OAU）サミットに出席するためナイジェリアを離れていたときに、ムルタラ・モハメッド[13]准将の率いる軍事クーデターが起こり、ゴウオン政権は倒された。

ビアフラ戦争で活躍したオバサンジョ氏は、このクーデターには参加していなかったが、モハメッド准将に乞われて軍の参謀総長に就任し、軍事政権のナンバーツーのポジションについた。一九七六年二月には、さらに若手将校による軍事クーデターの企てがあり、モハメッド准将は殺害されたが、オバサンジョ氏は殺害を免れた。オバサンジョ参謀総長はただちにクーデターを企てた若手将校たちを倒し、新しい軍事政権を樹立した。しかし、オバサンジョ氏はできるだけ早く民政移管することを公約し、七九年に新憲法を制定して大統領選挙を実施した。

元する」と称したことによる。

8　スルタン
イスラム王朝の君主の称号のひとつ。アラビア語で「権力（者）」「権威（者）」を意味し、「国王」「皇帝」などとも訳される。一一世紀のセルジューク朝に始まるとされる。イスラム世界の精神的権威であるカリフから、その庇護者として世俗政治をつかさどることを認められた者が称号を授かった。

9　ンナムディ・アジキウェ
（一九〇四〜九六）
ナイジェリア第三代総督から共和制移行後、初代大統領に就任した。当時イギリスの植民地であったナイジェリア西部、ナイジャール州ズンゲル生まれのイボ族。高校卒業後に渡米して大学を卒業、ガーナで日刊紙編集長をつとめた後、帰国。ナイジェリアでも新聞を創刊し民族運動を推進した。一九四四年にナイジェリア・カメルーン国民会議が結成されると入党し、政界へ転じた。

10　バレワ
ヨルバ、イボと並ぶナイジェリアの三大民族・ハウサの出身。

三、シャガリ政権と同氏との出会い

一九七九年の大統領選挙では、北部出身のシェフ・シャガリ[*14]氏が大統領に選ばれた。同氏は、もともと教員だったが早くから政治活動を始め、ナイジェリアの独立後、バレワ内閣で、さらにゴウオン軍事政権下で複数の大臣ポストを務めた。同氏は、民主的に選ばれた二代目の大統領である。

オープン・ユニバーシティの卒業式で名誉博士号を受ける。左からナイジェリアのジョナサン元副大統領、シャガリ前大統領、著者
© UNESCO

シャガリ氏は四年間、大統領を務めた。しかし、必ずしも十分な成果を上げることはできなかった。ビアフラ戦争の後遺症、長年続いた軍事政権の後始末、そのうえ第二次オイルショックの後をうけた石油価格の急落に伴う輸出の減少等の中で、ナイジェリアの国造りを思うように進められなかった。また、政府内の腐敗も蔓延ったままだった。一九八三年の大統領選挙でシャガリ氏は大統領に再選されたが、同政権への国民の不満を背景として八三年暮れには、またまた軍事クーデターが勃発。シャガリ政権は二期目に入る前に倒された。

二〇〇九年一月、ナイジェリア

一九六〇年のナイジェリア独立後にハウサが結成した北部人民会議（NPC）に属し、NPCが選挙に勝利したのち初代連邦首相に就任。しかし六六年、ハウサに反発するイボの将校によるクーデターによって殺害された。

11 ゴウオン ビアフラ戦争鎮圧後、新しい軍事政権の国家元首・軍最高司令官に就任した。当時、北部出身の陸軍参謀長中佐。

12 ビアフラ戦争 一九六七～七〇年にわたるナイジェリアの内戦。イボを主体とした旧東部の州がビアフラ共和国を名乗り、ハウサが中核を占める連邦政権に分離・独立を宣言したことにより勃発。多数の戦死者や餓死者を出した末、鎮圧された。

13 ムルタラ・モハメッド （一九三八～七六）一九七五年の軍事クーデターによってゴウオン国家主席を失脚させたのち、政権を掌握。国内体制の立て直しをはかり積極的に施策を進めていたが、七六年のクーデター未遂事件によってを訪問した。ユネスコ事務局長として四度目（外務省時代の二回を入れると六度目）だった。主要なスケジュールのひとつは、ラゴスのオープン・ユニバーシティの卒業式に出席し、シャガリ元大統領、連邦上院議長とともに名誉博士号を受けることだった。シャガリ氏は一九二五年二月生まれなので、日本的に表現すれば、わたしよりちょうど一回り年上で、その時点で八三歳だった。北部のソコト市に住んでいたが、名誉博士号を受け取るためにラゴスに出てきていた。

オープン・ユニバーシティは一九八二年にシャガリ大統領が創立したもので、その後、軍事政権の下で解散させられていた。しかし、オバサンジョ政権になってユネスコが支援して再開された。したがって、同大学を設立したシャガリ元大統領と、それを支援したユネスコの事務局長が名誉博士号を受けることになった次第である。

シャガリ元大統領のタイトルは、ナイジェリアにおける最初の「行政大統領」（First Executive President）となっていた。その理由は、初代のアジキウェ大統領の時代には行政権はバレワ首相が握り、その後の軍事政権下で作成された憲法で初めて大統領に行政権が任されたからだ。そのような意味で、シャガリ氏が行政府の長としての「初代」大統領になるとのことだった。シャガリ氏は高齢にもかかわらずお元気で、オープン・ユニバーシティが着実に発展していることを大変喜んでおられた。

シャガリ政権が軍事クーデターによって倒された一九八四年から一五年間にわたり、ブハリ、ババンギダ、アバチャ、そして、アブバカールと軍事政権が続いた。最後のアブバカール軍事政権は、九八年九月にアバチャ将軍が急死したのを受けて成立した軍事政権だったが、アブバカール将軍は、早い時期に民政移管するという公約を実施に移した。九九年には久しぶりに大統領選挙が行われ、オバサンジョ氏が六二・六パーセントの支持を得て当選した。

射殺された。

14 シェフ・シャガリ
（一九二五〜）
一九七九年の大統領選挙に当選。文民の政治家が軍隊を統制する「文民統制」を行った。

四　オバサンジョ大統領の誕生と同大統領との交流

オバサンジョ氏は一九七九年に民政移管を終えた後、軍服を脱いで故郷の西部にあるアベオクタ市（昔の首都ラゴスから北に車で二時間）に引退していた。しかし、同氏いわく「農業に従事していたところ、九〇年代半ばに突然、アバチャ政権時代の軍人がやってきて、反政府軍事クーデターに関与した疑いで逮捕、投獄されてしまった」という。同氏は、実際には大規模な養鶏場などの農業運営に当たっていた。

二〇〇九年一月にアベオクタに赴いたとき、オバサンジョ氏はアメリカの大統領が退任するときにゆかりの地に大統領図書館を建設するように、ナイジェリア連邦政府の支援を得て大統領図書館を建設中だった。その一角に、オバサンジョ氏が大統領時代に贈られた記念品を収集する建物があり、同氏が監獄で使用していたベッドや衣服も陳列されていた。まさに三年三カ月三日間の期間、収監されていたオバサンジョ氏は、アバチャ元首の急死の後、アブバカール軍事政権が成立してから釈放された。同氏は、監獄にいる間に結党された国民民主党（ＰＤＰ）の大統領候補として立候補して当選、九九年五月にナイジェリアの第三代大統領に就任した。

オバサンジョ大統領に初めてお会いしたのは、ユネスコ事務局長の就任から間もない二〇〇〇年二月、同大統領がパリに立ち寄られたときだった。

「長年にわたった軍事政権の結果、ナイジェリアでは教育制度が壊滅的な状況にある。その再建を自分の大きな使命と捉えているので、ぜひユネスコの支援を得たい」

以上のような大統領からのメッセージを受けて、事前に調印文書を用意した。

オバサンジョ氏とわたしは同じ一九三七年生まれで、同氏の方が六カ月先輩になるという話もして打ち解けた。軍人出身とはとても思えないほど柔和で、国際的な感覚もある人だった。というのも、一九八〇年代、元大統領としてさまざまな国際会議にも出席していたからであろう（福田赳夫元総理[*15]のイニシアティブでできた、元大統領

15　福田赳夫
（一九〇五〜九五）
第六七代内閣総理大臣。大蔵省に入省し、在英日本大使館や自民党幹事長、農林大臣などを経て一九七六年に総理に就任。世界の大統領、首相経験者らが諸問題の解決へ向けた提言を行う場として、ＯＢサミットを設立（八二年）するなど、「世直し改革」を訴えた。後の総理大臣の森喜朗や小泉純一郎も彼の教えを受けた。第九一代内閣総理大臣となった福田康夫は同氏の長男。

や元首相から成る「OBサミット」のメンバーでもあった)。それ以来、オバサンジョ大統領とはアフリカ連合(AU)サミット(アディスアベバ)、国連総会(ニューヨーク)、ユネスコ本部(パリ)、そして、ナイジェリアの首都アブジャで、あわせて一〇回以上はお会いしている。

二〇〇三年の大統領選挙でも、オバサンジョ氏は六一・八パーセントの高支持率で再選を果たした。ナイジェリアに対する教育分野におけるユネスコの支援も着々と進んでいった。ユネスコの勧告を受け、〇四年、同国では初等教育を義務化する法律も新たに成立した。さらに、オバサンジョ大統領の意向を踏まえて、ユネスコの協力を教育から自然科学、さらに文化へも拡大していった。大統領二期目の四年もだんだん終わりに近づいてきた〇七年一月、アフリカ連合サミット(スーダンの首都ハルツーム)に特別ゲストとして出席した。この場で大統領は「これから自分は、農業に戻って静かな余生を送りたいと考えている」と引退演説を行い、満場の拍手を受けた。

五. ユネスコ事務局長再選への支持

オバサンジョ氏は公的な協力のパートナーとしてのみならず、個人的な友人としても接してくれた。忘れがたいエピソードを紹介したい。

アフリカ連合(AU)サミットに特別ゲストとして初めて出席したのは二〇〇四年七月のことだ。通常、国連諸機関の事務局長はAUサミットにオブザーバーとして招かれる。しかし、オブザーバーは開会式のみに出席を許され、その他の会場には出席を認められないだけではなく、発言権も与えられないので、単に開会式で式辞を傍聴するだけにとどまる。したがって、ぜひAUサミットに出席したいと思ってはいたが、オブザーバーとしてではなく、発言の機会が与えられ、かつ開会式のみならず、全体会合にも常に出席が認められる特別ゲストとして参加したい旨をAU委員会に伝えていたところ、同議長を務めていたオバサンジョ大統領の特別な配慮で、ようやく希望が認められたのであった。

　わたしの直接の目的は、AUが採択したNEPAD[16]（アフリカ開発のためのパートナーシップ）というプログラムに参加することにあった。同プログラムの目的は、アフリカ諸国自身の責任において、アフリカにおける貧困撲滅、持続可能な成長などを促そうというものである。しかし、これについては、もともと南アフリカが提唱したものであることからNEPAD事務局は南アフリカに設けられた。そしてまた、NEPAD運営委員会もアフリカの首脳たち二〇人により構成されることになっていた。したがって、形としてはAUサミットの下に、同事務局としてのアフリカ連合委員会とNEPAD事務局が設けられるという「二本柱」の体制をとっていた。

　ちなみに、このような体制には批判もあり、いずれNEPAD事務局はアディスアベバ（エチオピア）にあるAU委員会に吸収されることになっている。いずれにせよ、NEPADはユネスコをその目的の達成のための重要なパートナーであると考えており、AU議長とNEPAD運営委員会議長を兼務しているオバサンジョ大統領から、ユネスコの対NEPAD協力についてAU委員会でスピーチしてほしいという依頼があり、AUサミットそのものに対しても特別ゲストとして出席することになった次第だ。

　出席したのは、形としてはNEPAD運営委員会の会合ではあったが、事実上はAUサミット全体会議だった。そこでユネスコの対NEPAD協力についてスピーチしたところ、セネガルのワッド大統領がただちに発言した。

「ユネスコ事務局長が、ユネスコとアフリカの協力関係の推進に力を注いでくれていることは大いに評価している。しかし、事務局長の一期目の任期は来年（二〇〇五年）の秋で切れてしまう。AUサミットとして、再選支持の決議をすべきだ」

　会場から拍手が起きた。議長のオバサンジョ大統領は「決議を事務局に準備しても

16　NEPAD
（The New Partnership for Africa's Development）
二〇〇一年七月のアフリカ連合（AU）サミットにおいて採択された（採択時は「新アフリカ・イニシアティブ」）。当初、南アフリカのムベキ大統領が提唱し、九九年頃より南アフリカ、ナイジェリア、アルジェリアを中心に策定、その後エジプト、セネガルが共同提案国に加えられた。NEPADの目的は、国際社会の援助に頼ることなく、アフリカ自らの責任においてアフリカの貧困を撲滅し、永続的な成長と開発を行って世界経済へ統合すること。国際社会においては、アフリカの自助努力を補完する形での支援（パートナーシップ）を求める。

2005年5月25日のアフリカ・デーにユネスコ本部を訪れた当時ナイジェリアのオバサンジョ大統領（左）　© UNESCO／Michel Ravassard

らったうえで採択しよう」と取りまとめてくれた。

　その時点で、わたしはまだ再選への立候補宣言はしていなかった。再選については、一期目の実績を考慮のうえメンバー国に判断してもらいたいと考えていた。白状すれば、メンバー国は実績を評価してくれているのではないかという手応えは感じていたのだ。他の国連機関の例をみると、事務局長の再選に当たっては、対立候補国が出てくる可能性もあるので、再選出馬宣言のタイミングをどうすべきかに腐心していた。

　二〇〇五年四月のユネスコ執行委員会で、事務局長選出に向けてのスケジュールが決まった。同年九月の執行委員会で次期事務局長の候補者を推薦し、一〇月の総会で決定するという日程である。

　アフリカ統一機構[*17]（OAU）が一九六三年五月二五日に設立されたことから、ユネスコではこの日を「アフリカ・デー」とし、アフリカに関連する多彩な行事を行うことにしている。わたしは二〇〇五年のアフリカ・デーには、AU議長であるオバサンジョ大統領を主賓にお招きして、一連の行事を実施したいと考えた。その際に事務局長再

17　アフリカ統一機構（OAU）
かつて存在した国際組織。国連憲章と世界人権宣言を尊重。アフリカ諸国の統一と連帯を促進し、人民の生活向上のための相互協力・調整、国家の主権と領土を守り、独立の擁護、新植民地主義と闘うことが目的で一九六三年に発足。二〇〇二年にアフリカ連合へ発展した。

選への立候補宣言を行うという段取りである。

その意向を内々に大統領へ伝えたところ、「とても良いタイミングだ。昨年のAUサミットの決議があるので、AUの名でわたしがあなたを支持する旨のスピーチを行う」と返事があった。

アフリカ・デー当日、わたしはオバサンジョ氏をナイジェリアの大統領、AU議長としての業績を通じて紹介した。そのあと、わたしは、再立候補を決意した旨を表明した。演壇に登ったオバサンジョ氏の発言は心強いものとなった。

「アフリカへの協力を力強く進めている点を踏まえ、ナイジェリアとして、また、アフリカ連合として、再選を支持する」

二〇〇九年一月、オバサンジョ氏の故郷で、引退先であるアベオクタを訪れた。かねてから、自分の農場を訪ねてくれと誘われていた。

アベオクタ訪問の一番の目的は、ナイジェリア連邦政府がオバサンジョ前大統領図書館の敷地内に、アフリカ文化及び国際理解についての研究所を設立することになっており、研究所のオープニングを、オバサンジョ前大統領と行うことであった。研究所の設立はオバサンジョ前大統領が推進し、ナイジェリア連邦政府が後押ししている。連邦政府が予算をつけて、連邦政府の責任の下で運営するものだ。ユネスコの役割はこれを後援することにある。

研究所の設立にあたっては、ナイジェリア国内でもリベラルなインテリから反対の声が少なくなかった。その先頭に立ったのが、一九八六年にアフリカ人として初めてノーベル賞（文学）を受賞したショインカ氏[*18]だ。

同氏はユネスコの親善大使でもあるので、かねてから親しくしていた。同氏は、アベオクタの出身だ。一九六〇年代のゴウオン時代に投獄された経験がある。以来、ナイジェリアの軍事政権に対し厳しい批判の目を向けており、海外で長く亡命生活を送っ

18 ショインカ
（一九三四〜）
ウォーレ・ショインカ。詩人、劇作家。ナイジェリア南西部のアベオクタ出身のヨルバ族。一九八六年、アフリカ人として初めてノーベル文学賞を受賞。代表作は『死と王の先導者』。

た人だ。したがって、オバサンジョ前大統領が軍人出身であり、七〇年代に軍事政権を樹立したことを許していない。九〇年代にはオバサンジョ前大統領自身も軍事政権の下で投獄された経験があり、その後、民主的に大統領となったのだが、ショインカ氏のオバサンジョ観は変わっていない。ショインカ氏は、ユネスコが研究所を後援することに厳しい反対運動を起こした。

そのような背景もあって、オバサンジョ氏はわたしが研究所のオープニングに参加したことを心から喜んでくれた。パリが大雪で飛行機の出発が遅れ、ラゴス空港に到着したのは深夜になっていた。それから二時間かけてアベオクタに到着した。時計の針は既に午前二時を指していたが、オバサンジョ氏は出迎えてくれた。その日はオバサンジョ邸に宿泊した。

翌日、オバサンジョ氏の案内で、大統領図書館の建物自体はまだ完成していなかったが、その外にあるいろいろな建物を見学した。そのうえで、アフリカ文化研究所のオープニングに臨んだのであった。

アベオクタ訪問は、大成功だった。しかし、後で大きな代償を支払うことになった。ショインカ氏は、オバサンジョ氏とともにわたしが研究所のオープニングを行ったことを不満とし、二〇〇九年四月、ユネスコ本部を訪れ、親善大使を辞任すると申し出たのだ。そのとき同氏は、「殊に、あなたがオバサンジョ邸に宿泊したことが許せない。どうして、うちに泊まらなかったのか」とわたしに抗議した。そこで、「オバサンジョ氏からは、かねてそのような招待を受けていた。しかし、あなたは招いてはくれなかったではないか。招待を受けていれば、喜んで泊まった」と反論したところ、ショインカ氏は「あなたがアベオクタに来ることは知らなかった。だから招待できなかった」と言った。わたしはわたしで、「事前に招待してくれなかったあなたが悪い」と主張し、最後はふたりで笑い合った。しかし、ショインカ氏は親善大使の辞任を撤回することはなかった。

六．ヤラドゥア大統領の誕生

憲法上の規定に従い、オバサンジョ大統領が二期目満了後に引退することになると、国民の関心は、誰が次の大統領になるのか、大統領が率いる与党国民民主党（ＰＤＰ）の大統領候補には誰が選ばれるかに向けられた。オバサンジョ大統領は西部出身であるので、次の大統領は、当然、北部出身者でなければならないというのが一般的なコンセンサスであった。したがって、北部の指導者のなかから、オバサンジョ大統領が誰を後継者として選ぶのかが焦点となった。

二〇〇六年一二月、与党ＰＤＰの候補として圧倒的多数の支持を得たウマル・ムサ・ヤラドゥア氏[*19]が選ばれた。オバサンジョ大統領がヤラドゥア氏を支持したからだと言われている。

ヤラドゥア氏は北部のカツィナ州の知事を一九九九年から務め、その手腕は高い評価を得ていた。また、非常にクリーンな政治家として知られていた。しかし、ナイジェリア全体で見れば必ずしも知名度が高いわけではなかった。では、なぜ、オバサンジョ大統領がヤラドゥア知事を自分の後任として推したのか。

理由はふたつあったと言われる。ひとつは、次の政権の第一の課題は腐敗の追放にあると言われていたので、その役割にはクリーンなヤラドゥア知事が最適だろうとオバサンジョ氏が判断したと考えられること。もうひとつは、七〇年代にオバサンジョ氏が軍事政権の長としてナイジェリアを治めていたとき、オバサンジョ氏の片腕を務めたのがヤラドゥア知事の兄であったこと。つまり、オバサンジョ氏とヤラドゥア知事の間には個人的な関係があったとみられている。

二〇〇七年四月に行われた大統領選で、ヤラドゥア候補は七〇パーセントの圧倒的

19 ウマル・ムサ・ヤラドゥア（一九五一～）

二〇〇六年、オバサンジョ前大統領の後継指名を受け、〇七年、ナイジェリア大統領に就任。カツィナのフラニ族の有力家系に生まれ、分析化学の修士号も持つ。教職や企業の役員などを経て政治家に転身、大統領就任の前職はカツィナ州知事。オバサンジョ軍政時代の副官、シェフ・ムサ・ヤラドゥア少将の弟。

支持を得て大統領に当選、五月に大統領に就任し、野党の一部を取り込んだ国民和解内閣を組閣した。そして、クリーンな政治家のイメージに沿って、ただちに自分と夫人の資産を公表した。これはナイジェリアの大統領として初めてのことだった。

内政的には着実に、地味ではありながらも、北部、西部、東部間の調和を図りつつ政策を進めた。同大統領は、一般的には内政指向であり、外交にはあまり積極的でないと言われているが、実際はダボス会議[20]やG8など世界的な課題を取り扱う行事には率先して出席している。また、英米などの大国や中国、ロシア、インドなど新興国とのバランスを保っており、巧みな外交センスが窺われる。オバサンジョ前大統領の傀儡とまで評されたほどだが、徐々に実力と独自色を発揮しつつある。しかし、同大統領には健康問題という不安材料がある。

ヤラドゥア大統領にできるだけ早い機会にお会いしたいと思っていたところ、二〇〇九年一月、ナイジェリアを公式訪問することになった。前にも書いたが、オバサンジョ時代に三度公式訪問しているので、これで四度目である。

首都アブジャに赴いて、まずヤラドゥア大統領にお会いすることを考えていた。しかし、パリが大雪に見舞われて飛行機が欠航、訪問を一日延ばした。変更に伴い、当初の予定を変えて、ラゴス経由でアベオクタに赴きオバサンジョ前大統領を訪問、また、ラゴスでオープン・ユニバーシティの卒業式とナイジェリア一の歴史を誇るキングス・カレッジ（中高を併せたようなもの）の設立一〇〇周年行事に出席した後、首都アブジャに赴くことになった。

余談になるが、アブジャを首都に定めたのはシャガリ大統領時代であり、その準備はオバサンジョ軍事政権時代に始まった。ナイジェリアが西部、東部、北部の三つの地帯から成る三つの連邦国家であるからには、首都は西部の中心地であるラゴスではなく、ナイジェリア全体のほぼ中央に位置するアブジャに移すべきであると考えたか

20　ダボス会議
毎年一月、通常はスイス東部の保養地であるダボスで開催される、世界経済フォーラムの年次総会。世界中の巨大企業の経営者、政治指導者、選ばれた知識人やジャーナリストが参加する。同フォーラムは、スイスの実業家であるクラウス・シュワブの提唱により、一九七一年に発足。各国の競争力を指数化して発表し、地球上で起こる社会的・経済的諸問題について対話や議論を行う場とされている。

らだったという。正式にアブジャに首都が移転したのは一九九一年のことである。

最初にアブジャを訪れたのは二〇〇〇年四月で、ユネスコ事務局長に就任して半年あまり経った頃だった。アブジャの町並みは、まだまだ未完成で、外交団もラゴスからアブジャに移転しつつあった。日本の大使館もアブジャに開設されたばかりであった。しかし、〇九年一月に訪れたときには、完全に首都としての体裁を整えていた。

大統領官邸での初会談でヤラドゥア大統領は、ユネスコ事務局長としてこの九年あまり進めてきたユネスコ改革への賛辞を寄せてくれた。また、ナイジェリアに対するユネスコの、教育、科学及び文化における積極的な協力に感謝の意を表してくれた。

わたしは、一九六〇年代前半、ガーナに勤務していた頃、独立直後のナイジェリアを訪れて以来、その動きを注意深く見守ってきた。軍事政権が長く続いたことには心配したが、ようやく民主主義が定着してきたことを非常に嬉しく思っていること、そして、七〇年代に民主的に選ばれたシャガリ元大統領とともに、オープン大学から名誉博士号を得たことなどについて触れた。さらに、任期は残り一年であるが、引き続きナイジェリア、さらにアフリカとの協力強化に努力したいと伝えた。

ヤラドゥア大統領は、ガーナの新大統領ジョン・ミルズ氏の大統領就任式典に出席してきたところだが、ガーナでも民主主義が定着しており嬉しく思っているので、アフリカ全体において民主主義がもっとしっかりした形で定着するように、アフリカの政治指導者たちは一層、努力しなければならないと思うと述べた。次いで、わたしにとって最後のユネスコ総会が二〇〇九年一〇月に開かれる際には、ぜひ出席して、スピーチを――と依頼したところ快諾してくれた。

ヤラドゥア大統領との会談は成功裡に進んだが、大統領周辺には、かなりの不満もあったようだ。つまり、大雪のために予定を変更し、アブジャを訪れる前にアベオクタでオバサンジョ前大統領に会ったことが不愉快だったのではないかと思われる。しかし、ヤラドゥア大統領は、その点には一切、触れなかった。

　大統領との出会いがうまくいったことに、わたしは満足だった。大統領には、健康に留意し、石油収入を基に国内の経済建設をしっかり進めて欲しいと願っている。

Republic of Cote d'Ivoire

コートジボワール共和国

コートジボワール共和国
(Republic of Cote d'Ivoire)

面積	32万2436平方キロメートル（日本の約0.9倍）
人口	2,059万人
首都	ヤムスクロ　(実質的首都機能はアビジャン)
自然	コモエ川、バンダマ川、ササンドラ川の、３つの川が多くの支流を集めて南流し、ギニア湾に注ぐ。ギニア海岸部と南部は熱帯雨林が広がる。北部は乾燥したサバンナ台地を有する。西部国境には国内最高峰のニンバ山（標高1,752メートル）がそびえる。雨季は５～10月頃。
産業	コーヒー、ココアなどの農業が主。農業に従事する人口は全体の80%を占める。また、1993年より石油生産が開始され、近年、石油輸出額は農業の輸出額と並び、主要貿易品目となっている。
民族グループ	セヌフォ族、バウレ族、グロ族、グン族、アチェ族、ベテ族、ゲレ族
言語	フランス語（公用語)、各部族語
宗教	イスラム教30%、キリスト教10%、伝統宗教60%

＊　＊　＊

かつての「象牙海岸」。日本は、コートジボワールの独立と同時に同国を承認。以来、友好的な関係にある。故ウーフェ・ボワニ大統領は機会あるごとに、日本を国家建設の模範としてあげ、1999年6月、ベディエ大統領が同国元首として初めて日本への公式訪問を果たした。毎年、現地において、柔道大会等が開催されており、日本文化に対する関心は高い。

一・ウーフェ・ボワニ初代大統領の誕生

コートジボワールとはフランス語で「象牙海岸」を意味する。かつては日本でも象牙海岸という国名で呼ばれていた。一五世紀にヨーロッパ人が来航するようになった最大の理由は、象牙[*1]と奴隷の売買であり、なかでも象牙に注目していたことから象牙海岸と呼ばれるようになったのである。

ギニア湾に面した同国の東隣はガーナ、西隣はリベリアとギニア、北隣はマリとブルキナファソである。海岸に面した最大の都市アビジャンが以前は首都だったが、一九八三年にウーフェ・ボワニ[*2]大統領が自身の出身地である内陸のヤムスクロに首都を移転した。しかし、実質的には現在もアビジャンが首都機能を果たしている。

人口は二〇五九万人（二〇〇八年）。西アフリカでは、アフリカ一の人口を誇るナイジェリアを別にすれば、ガーナに次ぐ規模である。六〇以上の部族を抱え、南部はキリスト教、北部は回教徒が力を持っている。これが後に述べるようにコートジボワールの政治を非常に複雑にしてきた。

リベリアとの国境近くの海岸地帯は高温多湿の熱帯性気候で、熱帯雨林が広がっている。この地域の原生林は、一九六〇年の独立以降の開墾や伐採によって大部分が失われたが、わずかに残った原生林がタイ国立公園と呼ばれて保護されている。世界的にも研究の対象とされているチンパンジー等のサルのほか、カバ、豹、水牛など七〇〇種の野生動物や二〇〇種を超える鳥類が確認されていることからも分かるように、多様な動植物の宝庫で、その希少性から八二年、ユネスコの世界遺産（自然遺産）に登録された。

内陸部には豊かな農耕地が広がり、ココア及びコーヒーを中心とする農業が経済の中核を占めている。農業従事者は全体の人口の八〇パーセントに及ぶ。しかし、コーヒー等の一次産品の国際価格が低迷すれば、同国の経済は直ちに打撃を受ける。それ

---

1 象牙
ゾウの上顎門歯が、発達して口の外まで長く伸びたもの。アフリカゾウでは長さ三メートル、重さ九〇キログラムにも及ぶ。幼時には先端がエナメル質で包まれているが、次第に摩滅して象牙質のみになる。色は淡黄白色でほどよい硬さを持ち、飾りや細工物、印材などとして珍重されたことから、ゾウの乱獲や密漁をもたらしている。

2 ウーフェ・ボワニ
（一九〇五〜九三）
コートジボワールの政治家。一九〇五年、酋長の息子として生まれた。セネガル・ダカールで医学を修めた。その後、四四年に政治家となり、母国とアフリカの平和のために尽くした。同国の「独立の父」と呼ばれる。ユネスコには、その名を冠した平和賞が創設されている。

でも全体として経済は順調に伸びてきており、一人当たりの国民総所得（GNI）は九八〇ドル（二〇〇八年）で、隣国ガーナの六七〇ドル（同年）を大きく上回っている。

コートジボワールも他の旧フランス領アフリカ諸国と同じように、一九五八年、フランス共同体の一員として自治権を獲得した。しかし、フランス政府の政策変更を受け、六〇年に各国が次々と独立したように、同年八月に独立を果たし、一一月の大統領選挙でウーフェ・ボワニ氏が初代大統領に選出された。同氏は一九〇五年生まれであり、当時、既に五五歳を迎えていた。

ウーフェ・ボワニ大統領は、市場経済体制を敷き、対外的には親西欧路線、なかんずく親仏路線をとり、徹底した反共産主義陣営を築いた。それとは正反対の道を選択したのが隣国ガーナのエンクルマ大統領だ。氏は社会主義陣営の一員として対外的には反西欧路線、親共産主義路線をとっていた。

したがって、一九六〇年代前半、ガーナに勤務していた頃、西欧ではコートジボワールのウーフェ・ボワニ路線を大歓迎し、エンクルマ路線を批判する声が強かった。しかし、独立後のアフリカ諸国の国のあり方としては、多様なタイプがありうるので、西欧だけの物指しで全てを判断するのは正しくないと感じていた。

ガーナの項でも書いたように、エンクルマ大統領の政治路線には強い反発を感じたが、その経済路線の目標はテマ港やボルタダムの発電所建設を始めとする長期計画に基づいた基盤づくりであり、正しい判断だと思っていた。また、親共産主義路線の行き詰りは目にみえており、反西欧路線に関して言えば、アフリカに植民地が残っている限り、反植民地主義の闘士であるエンクルマ大統領にとってそれ以外の選択はなかった。したがって、アフリカで全ての国が独立した後には、東西冷戦の継続を前提として、これらの国も西欧社会と手を結ぶ日がいずれ来るだろうと思ったのを鮮明に覚えている。

遡れば、ボワニ氏は第二次大戦後から政治運動に関わっていた。一九四六年にコートジボワール民主党（ＰＤＣＩ）を立ち上げ、共産主義者のダルブシェ氏[3]と組んで旧フランス領の全ての国を網羅した政治運動の組織アフリカ民主同盟（ＲＤＡ）も設立、ボワニ氏はその長に収まった。ＰＤＣＩは、ＲＤＡのコートジボワール支部という位置づけだった。

また、フランス政府は、アフリカ植民地からのフランス議会議員の選出を認めていたため、コートジボワールからはボワニ氏が選ばれた。ボワニ氏はフランスの議会でも当初は共産党と手を結んだが、その後、説得されて、社会党と協力するようになった。一九五六年には大臣ポストを得、コートジボワールの独立までフランス政府の閣僚を務めていたのである。

ド・ゴール[4]大統領が一九五八年にフランス共同体[5]という構想を打ち出したときには、ボワニ氏は先頭に立って賛成運動を行った。その構想がフランス植民地で国民投票に付された際は、ドゴール大統領の提案に沿って独立よりも共同体の一員になる道を選んだ。逆に、フランス共同体に加わらず独立の道を選んだのは、セク・トーレ氏に率いられたギニアのみだった。

フランス共同体という概念は、やがて行き詰まりを見せ始めた。一九六〇年に入ってから、フランスは自国の植民地を独立させる方向に動き始めたのであった。

コートジボワールの大統領の任期は五年で、多選禁止の規定はない。ボワニ大統領は一九六〇年に初選出されて以降、当選を重ね、九〇年には七選を遂げた。九三年に病死するまでの三三年間、大統領の座にあり、当時のアフリカでは大統領在職期間の最長記録を残した。その後、ガボンのボンゴ大統領がその記録を破った。

一九六〇年代前半、ガーナに在勤中は正式な兼任発令は受けていなかったが、事実上、コートジボワールも担当していた。ガーナの隣国でもあったので、在任中に五回ほどコートジボワールに出張する機会に恵まれた。

3 ダルブシェ
（一九〇八〜）
セネガルの政治家。一九四六年、アフリカ民主同盟（ＲＤＡ）創設。六〇〜六二年法務相。

4 ド・ゴール
（一八九〇〜一九七〇）
シャルル・アンドレ・ジョゼフ・ピエール＝マリ・ド・ゴール。フランス第五共和制初代大統領。一九四〇年、フランスがドイツに降伏したあと、ロンドンに自由フランス政府を樹立して対独抵抗運動を指導。解放後、共和国臨時政府の主席に就任。一時は引退したものの、五八年のアルジェリア戦争（フランスの支配に対するアルジェリアの独立戦争）で危機に陥った際、第五共和制を発足させて初代大統領に就任した。米ソの国際関係のなかで、フランス独自の外交路線を追求した。

5 フランス共同体
一九五八年一〇月に公布された第五共和国憲法によって創設された、フランス本国と旧仏領植民地、海外領土とのあいだに設けられた組織。それまでのフランス連合に代わり、対等関係に基づく。共同体の代表はフラン

当時のアビジャンの街は、ガーナの首都アクラよりも遥かに近代的で、街中にレストランがいくつもあり、なかには中国料理屋も何軒かあった。余談になるが、当時の西アフリカでは中国料理屋は大変珍しく、料理はとてもおいしかった。目を惹いたのは、さまざまな部族の彫像とマスクだ。なかでもセヌフォ族（北部）とバウレ族（中部）の彫像にはすっかり魅せられ、気にいった彫刻を露天で買い集めたものだった。

二．ボワニ時代のコートジボワールと日本との関係

一九六二年、日本政府は旧フランス領諸国を中心に一二カ国を訪問するアフリカ経済調査団[*6]を派遣した。

同ミッションは、マダガスカルから始まり、両コンゴ、カメルーンを訪れた後、二手に分かれた。岡島美行（ニチメン会長）団長の率いるミッションは、ニジェール及び上ヴォルタ（現在のブルキナファソ）を、副団長の大貫朝治氏（日東紡常務取締役）が率いるミッションはダホメ（現在のベナン）及びトーゴを訪れ、コートジボワールのアビジャンで合流した。

わたしは、副団長のミッションに同行してコートジボワールまで行った。岡島団長のウーフェ・ボワニ大統領との会談には、外務省経済局中近東課首席事務官（課長に次ぐポスト）の山本学氏が同席されることになった。当時はボワニ大統領の全盛時代だった。残念ながらわたしは大統領とお会いする機会を逸してしまったが、大統領は自信に満ちた態度で団長以下を迎えたという。

ミッションの目的は、旧フランス領のアフリカ諸国が「関税と貿易に関する一般協定」（GATT）[*7]三五条（対日差別関税。通常の三倍の関税を課した）を適用し、事実上、日本製品をシャットアウトしている状況を何とか打開することにあったが、それに対しては明確な回答を得られなかったようだ。

ス大統領で、参加地域の外交、国防、通貨などについては共同体の権限とされた。

6 アフリカ経済調査団 日本政府は、市場としてそれまでほとんど知られていなかった旧仏領、旧ベルギー領などのアフリカ諸国との貿易を拡大するため、一九六二年一二月から翌六三年一月までの四六日間にわたり、アフリカ諸国訪問貿易使節団を派遣。団長の日綿実業会長の岡島美行氏以下八名の団員が訪れたのは、マダガスカル、ブラザビル（コンゴ）、レオポルドヴィル（同）、カメルーン、トーゴ、ダホメ、上ヴォルタ、ニジェール、コートジボワール、リベリア、ギニアおよびセネガルの諸国。

7 GATT (General Agreement on Tariffs and Trade) 一九三〇年代の世界恐慌とそれ

旧フランス領西アフリカ諸国から成る「西アフリカ関税同盟」[*8]のリーダー格は、コートジボワールだ。したがって、まず同国の対日貿易政策を改めさせる必要がある、というのがわたしたちの認識だった。一九六四年九月に国際通貨基金（IMF）総会が東京で開かれた際に、コートジボワールのサベール財政経済企画大臣（フランス人）が来日したので、貿易取り決めの締結を申し入れた。中核は、GATT三五条撤廃であった。同大臣は直ちに同意することはなかったが、真剣に検討するという態度を見せてくれた。

東京でIMF総会が開催された直後の一九六四年一〇月、コートジボワールを訪れた。外務省も、同国への在外公館の早期開設の必要性を認識し、同年二月には大使館を設立し、藤健一氏が臨時代理大使を務めていた。わたしはサベール大臣とのアポイントを取りたいと申し入れてもらっていた。会談が叶ったのは三、四日経ってからのことだ。大臣は東京での返事と同様、「真剣に検討する」と約束してくれた。フランス人であるだけにフランスに対しても発言権があるのではないかと期待した。大臣はその後、しばらくして辞任するが、のちにコートジボワールが三五条を撤回する地盤を作ってくれたと思っている。

一九六〇年代は、日本政府が民間企業と手を組み、世界各地に向けて積極的に経済ミッションを派遣した時代だった。わたしも経済局中近東課の総務班長として音頭をとり、六五年八月から九月にかけ、「繊維相場の神様」と称せられた伊藤忠の越後正一社長を団長とする経済ミッションをアフリカ六カ国に派遣することにした。中核は、やはりコートジボワールであった。残念ながら、一カ月も東京を空けるわけにいかず、中近東課の山岡洋君に同行してもらった。

越後団長との会談で、ボワニ大統領は「日本との関係を進めたいと考えており、その一環として貿易関係の正常化も真剣に考えていく」と発言したという。これは

に伴う保護貿易主義の台頭が第二次大戦の一因となったことを反省し、自由貿易の推進と国際貿易の拡大を目指して多国間の協定締結によって一九四七年一〇月に調印、翌四八年に発足した国際条約。IMF（国際通貨基金）、世界銀行と共に、戦後の国際経済を支える重要な柱としてその役割を担ってきた。日本は、五五年にGATTへの正式加盟が認められたが、加盟に当たってはイギリスやフランスなど多くの国から三五条（特定契約国間における協定の不適用）対象国とされた。六〇年代に入ってほとんどの国が対日三五条の適用を撤回したが、その代わりに輸入数量制限などの差別措置が日本に対して実施された。

8 西アフリカ関税同盟 西アフリカ通貨経済同盟（UEMOA）。加盟国はセネガル、マリ、ニジェール、ギニアビサウ、コートジボワール、ブルキナファソ、トーゴ、ベナンの西アフリカ八カ国で、通貨は西アフリカ諸国中央銀行（本部はセネガルのダカール）が発行するCFAフラン。

一九六二年の岡島ミッションのときの態度よりも大きな前進だったので、非常に元気づけられた。以上の経緯を踏まえて、日本とコートジボワールの貿易取り決めは七〇年にようやく締結され、コートジボワールは対日三五条の撤回に至った。

三. GATT対日三五条

当時、コートジボワールのGATT対日三五条撤回交渉に、なぜそれだけの力を入れたのか、その背景を説明しておきたい。

日本は一九五〇年代にサンフランシスコ平和条約[*9]を締結して国際社会への復帰を遂げた。しかし、六〇年代に入っても欧州諸国を中心として貿易上の対日差別が続いていた。最恵国待遇[*10]の相互付与を原則とするGATTに、日本も五五年、ようやく加盟を果たすことができたものの、GATT三五条には「特定契約国間における協定の不適用」という抜け穴が規定されていた。日本製品に対して警戒心を緩めていなかったイギリスやフランス、イタリア等は、GATT三五条を援用していた。

一九六〇年代の日本の経済外交の大きな目的のひとつは、それらの国に対しGATT三五条の援用を撤回させることだった。六二年に入り、日本はイギリスとの間で通商航海条約を締結、イギリスは直ちに三五条を撤回し、フランスもそれに続いた。しかし、イギリスやフランスが対日三五条を撤回する以前に独立したアフリカの旧イギリス領、旧フランス領植民地だった国々は、引き続き対日GATT三五条を援用した形になっていた。旧イギリス領の国々では伝統的に対日差別は残っていなかったとはいえ、これらの国々が対日差別を援用する権利を留保しており、日本政府はこれを撤回させることを大きな外交目標として掲げた。他方、旧フランス領においては、実質的にも対日差別が存在し、通常の三倍の関税が日本の製品に課せられていた。

ガーナ勤務時代の中川進大使も東京からの訓令で、ガーナのGATT対日三五条の

---

9 サンフランシスコ平和条約 第二次世界大戦を終結させるために、日本と連合国との間で結ばれた条約。一九五一年九月、アメリカ・サンフランシスコにおいて、ソ連・ポーランド・チェコスロバキアの三カ国を除く連合国四八カ国と日本によって調印された。規定された内容は、アメリカによる信託統治、海外領土の放棄など。サンフランシスコ講話条約、対日講話条約なども。

10 最恵国待遇 通商、関税、航海などをめぐる二国間条約において、当事国が対象となる国に対して、別の第三国に対して与えているか、あるいは将来与える優遇処置と同様の処置を供することを、現在および将来において約束すること。

撤回交渉に非常に力をいれた。もっとも、同国は実質的には対日差別関税を課していなかった。そのため、日本の繊維製品及び雑貨は、かなりの規模でガーナ市場にあふれていた。

ガーナとの交渉では、最終的に、日本が繊維産業訓練センターを建設することを条件に、ガーナは最恵国待遇を約束した。繊維産業の発展を望んでいるガーナの意に適っている、また、日本にとっては経済技術協力の対象をアジア中心から拡大できる――といった観点から、ガーナとの合意の意味合いは大きいと感じたことを覚えている。

一方、同じ西アフリカでも、旧フランス領に日本の製品は全く入っていない状況であり、対日差別の撤回が必要だと強く感じていた。前述したように、そのなかでも、リーダー格はコートジボワールだったため、同国との交渉に重点を置いたのである。

現時点でこれらの交渉を省みてみると、具体的な対日差別撤回が、貿易上、それほど大きい実質的な意味を持っていたとは思えない。しかし、交渉の過程で、日本とこれらの国の間で真剣な対話がもたれるようになったという歴史的な意味はあった。すなわち、単なる貿易促進の時代から、経済協力大国としてアフリカの国々に対し、きめの細やかな技術協力を実施する時代を日本は迎えていくわけだが、差別撤回交渉にむけての真剣な対話の積み重ねは、日本とアフリカが新しい関係を築くうえでの下地となったと言えるのである。

四．ベディエ第二代大統領の誕生と政治の不安定化

コートジボワールの主要産品であるココアとコーヒーの国際価格が一九六〇年代、七〇年代は高水準に推移し、同国は「コートジボワールの奇跡」と呼ばれる経済成長を遂げた。ボワニ大統領の下で政治も安定していった。しかし、七八年以降、ココアとコーヒーの国際価格が急速に下落し始めたときから、コートジボワールの不幸は始

まった。経済は次第に低迷し、同時に政治も不安定化の兆しが宿り始めたのである。

一九八〇年代に入ると、その傾向は一層、顕著になり、コートジボワールは構造的不況に陥り、膨大な対外債務を抱え込むこととなった。債務返済は困難となり、八七年には債務返済の停止を求めるに至った。八九年からＩＭＦ[*11]と世界銀行のもとで構造調整計画を開始。アビジャンを中心に反ウーフェ・ボワニのデモも行われるようになった。

一九九〇年一〇月の大統領選挙では、初めてボワニ氏に対抗馬が現れた。コートジボワール人民党（ＦＰＩ）を設立した党首ローラン・バグボ[*12]氏だ。同氏は一時フランスに亡命していたが、その後、帰国、大統領選に打って出たのである。その結果、一八パーセントの得票を獲得した。「建国の父」であるボワニ大統領を相手にかなりの国民の支持を得たといえよう。

ボワニ大統領は一九九三年一二月に亡くなられた。憲法の規定に従い、国会議長を務めていたアンリ・コナン・ベディエ[*13]氏が大統領に就任した。ベディエ氏は、一九六〇年代から七〇年代にかけてボワニ大統領の下で枢要な閣僚のポストを歴任、八〇年から国会議長を務めていた。

しかし、ベディエ氏が大統領に昇格すると、ボワニ政権下で首相を務めていたアラサヌ・ワタラ[*14]氏が辞任した。同氏は一九九〇年、ボワニ大統領の依頼を受けて首相に就任するまでは、長年、ＩＭＦで重要なポストにあった。辞任後はＩＭＦに戻り、副専務理事のポストを九四年から九九年まで五年間、務めた。

実は、ボワニ大統領もベディエ氏もコートジボワールの南部出身であるが、ワタラ氏は北部出身だ。一九八〇年代に入って経済が悪化し、政治も不安定化の兆しを見せてきたとはいうものの、ボワニ政権下ではキリスト教徒が中心の南部と回教徒が中心の北部は、全体としてまとまっていた。しかし、大統領の死後、ベディエ氏、同じく

---

11 ＩＭＦ
（International Monetary Fund）国際通貨基金。為替相場の安定と自由化、国際収支の均衡を図ることを目的に、ブレトンウッズ協定に基づき一九四五年設立された国際金融機関。本部はアメリカのワシントンに置かれている。日本は一九五二年に加盟。

12 ローラン・バグボ
（一九四五〜）

第四代大統領。ローラン・バボとも。コートジボワールのガノア生まれ。政治家になるまえは大学で歴史を教えていた経歴を持つ。一九八二年にイボワール人民戦線（ＦＰＩ）を設立。八五年、フランスに亡命し、八八年帰国。二〇〇〇年一〇月の大統領選の際、軍事政権によって当選が発表されたロベール・ゲイが逃亡したため、立候補していたバグボが大統領に就任した。

13 アンリ・コナン・ベディエ
（一九三四〜）

第二代大統領。前任である「建国の父」ウーフェ・ボワニが在任中に死去したのを受け、憲法の規定に従い国民会議（国会）議長から暫定で大統領に就任。

南部出身のローラン・バグボ氏、そして北部出身のワタラ氏という三者間の権力闘争に発展していくことになった。

一九九五年の大統領選を控えて、ベディエ大統領は立候補資格を再検討し、両親がコートジボワール人であること、選挙の前の五年間はコートジボワールに在住していたこと――の二つの条件を満たさなければならないという法律を成立させた。両親がブルキナファソ出身と言われるワタラ氏を大統領選挙から除外することを、明らかに狙ったものだった。

与党のコートジボワール民主党（PDCI）から分離し、設立された共和主義者連合（RDR）は、ワタラ氏を大統領選挙の党候補者に任命した。しかし、ベディエ大統領が可決させた法律があったため、ワタラ氏は候補を辞退した。RDRも、さらにはローラン・バグボ氏のFPIも一九九五年一〇月の大統領選挙をボイコットした結果、ベディエ氏は悠々と大統領に当選した。しかし、南北対立が、宗教および部族の対立に及んで一層、激化し、同国の政治情勢は緊迫していった。

そのような状況を把握のうえで、ユネスコ事務局長選の活動の一環として一九九九年四月、コートジボワールを訪れた。同国は、ユネスコの執行委員会のメンバーであった。ベディエ大統領には会えなかったが、ダンカン首相をはじめ外務大臣、教育大臣等とは会談した。その時点では明確な支持の約束は得られなかったが、プラスの印象を与えることはできたのではないかという実感があった。一九九九年六月に来日したベディエ大統領に対し、小渕恵三[*15]首相がわたしへの支持を要請すると、大統領は支持を約束してくれた。その後、大統領はパリ経由でコートジボワールに帰られるというので、パリの飛行場に赴き、直接、お礼を申し上げることができた。

半年後の一二月、若手兵士による軍事クーデターが勃発し、ベディエ政権は倒された。コートジボワール軍の参謀総長を務めていたロベール・ゲイ[*16]氏が若手兵士に担ぎ出され、

しかし、ボワニのような求心力はなく、経済の停滞と政府の統治能力低下を招いた。在任は一九九三～九九年。

14 アラサヌ・ワタラ
（一九四二～）
元IMF副専務理事、共和連合（RDR）党首で、ボワニ政権下では首相をつとめる。二〇〇二年のロベール・ゲイによるクーデターの際には、大統領選に出馬されると見られていた。それまではブルキナファソ国籍と見なされ、大統領選などへの立候補を拒否されていた。

15 小渕恵三
（一九三七～二〇〇〇）
元首相。官房長官、自民党幹事長、外務大臣等を歴任後の一九九八年、第八四代内閣総理大臣に就任。在任中に脳梗塞に倒れた。

16 ロベール・ゲイ
（一九四一～二〇〇二）
第三代大統領。一九九九年、軍の参謀総長をしていた時にクーデターを強行し、二〇〇〇年大統領に就任。同年、人民党のローラン・バグボ候補の支持者が選挙の不正を理由とした再投票を

軍事政権を樹立したのだった。ゲイ元参謀総長はベディエ大統領と意見が合わなくなり、引退させられていた。

ユネスコ事務局長選挙は、ベディエ大統領時代の一九九九年九月に実施済みだった。同大統領は、約束をしっかり守ってくれた。

五．バグボ第三代大統領の誕生と政治の一層の不安定化

二〇〇〇年一〇月に実施された大統領選挙では、軍事政権の長を務めるゲイ氏とバグボ氏の対決となった。開票が進むにつれて情勢不利が判明してきたゲイ氏だったが、それを無視して勝者であると宣言した。これに対して、大規模なデモが起こり、結局、ゲイ氏は選挙結果を受け入れて政権の座を去り、バグボ氏が大統領に就任した。

このときの選挙でもベディエ時代につくられた大統領資格についての法律が維持されていたので、ワタラ氏は立候補することができず、同氏を支持するＲＤＲは選挙をボイコットした。大統領に就任したバグボ氏は、ＦＰＩに加えてベディエ氏の率いるＰＤＣＩのメンバーも取りこんで内閣を形成した。

しかしながら、南部と北部の亀裂は一層深まり、南北間で戦闘も行われるようになった。バグボ政権は南部のみを統治する政権となってしまった。そのような展開を危惧したフランス政府はイニシアティブを取り、与党ＦＰＩ及びＰＤＣＩに加えて、野党ＲＤＲの三党の関係者をパリ郊外のマルクーシに集めて会議を開いた。

そのときに成立した「マルクーシ合意」は、バグボ大統領は大統領の地位にとどまるものの、三党が合意する新しい首相を任命し、その首相の下で与野党のみならず反乱軍の代表も入れた新政府をつくり、行政権を政府に委譲するというものだった。その合意に基づき、北部出身のセイドゥ・ディアラ氏[*17]が首相に就任、南部出身のバグボ大統領とコンビを組むが、実質的には首相が行政権を掌握し、反乱軍を含めた内閣を

要求して起こした抗議行動を受けて逃亡した。二〇〇二年、国外に逃亡していたゲイは愛国党軍を編成、反乱を起こすが戦闘中に戦死した。

17 セイドゥ・ディアラ
（一九三三〜）
コートジボワールの内戦停止と和解を実現に導いた二〇〇三年締結のマルクシ和平協定に基づき、バグボ大統領に任命されて首相に就任。〇五年一二月まで在任。

つくり、反乱軍の武装解除を進めることになった。

ユネスコ事務局長に就任後、できるだけ早い機会にコートジボワールを訪問したいと思っていた。しかし、政情がなかなか落ち着かなかったため、延び延びになっていた。マルクーシ合意に基づいてディアラ内閣が成立したことによって、事態はいい方向に動き出したと考え、二〇〇四年一月に訪問した。

バグボ大統領に対しては、近年、ないがしろにされているコートジボワールの教育システムの再構築に向け、ユネスコとして協力する用意があると伝えた。

世界遺産候補のグラン・バッサム　© UNESCO／Tabet Youmna

一方、大統領からは、以下のような要望があった。

「コートジボワールには、ユネスコの世界遺産が三つあるが、いずれも自然遺産だ。しかし、フランス植民地時代に首都だったグラン・バッサム[*18]は、その時代の面影をとどめており、文化遺産としての資格を持っていると考えている。家内に案内させるから、ぜひ訪れて欲しい」

ちなみに、同国の三つの自然遺産とは、前述の「タイ国立公園」に加えて、北部の「コモエ国立公園」と国境を越えてギニアへと広がる「ニンバ山自然保護区」だ。

18　グラン・バッサム
コートジボワール南部の都市。エブリエ潟をはさんで南のアンシャン・バッサム（古バッサム）と北のヌーヴォ・バッサム（新バッサム）に分かれる。首都のアビジャンから東へおよそ五〇キロメートル離れたギニア湾岸に位置する。一八九三〜九六年まではフランス領コートジボワールの首都だったが、黄熱病の流行、蔓延により首都はバンジェルヴィルへ遷された。

大統領の言葉に甘え、バグボ夫人にご案内いただき、グラン・バッサムを視察した。そこには、フランス時代の建物がいい形で残っていた。同国の政治はその後も安定には向かっていないものの、グラン・バッサムの世界遺産登録に向けての準備は進み、二〇〇九年の世界遺産委員会で審議されるところまできている。

一方、ディアラ首相とは、もっぱらコートジボワール全体の教育システムの再構築について話し合いを進めた。また、自分は北部出身で、南部出身のバグボ大統領と手を携えて南北の和解を成し遂げることが最も大きな課題であると、率直に語ってくれた。しかし、この会談から一〇カ月後の二〇〇四年一一月、政府軍と反乱軍の間で新たな戦いが始まり、休戦は崩壊してしまった。

二〇〇五年に入り、政府と反乱軍との間で「プレトリア合意」が成立、休戦がもたらされた。同年一二月に北部出身のバニー[19]氏が首相に就任し、南北双方の代表を含めた新しい内閣を成立させた。出来るだけ早く大統領選挙を実施することを取り決めたプレトリア合意に基づき、〇六年一〇月末までに選挙の実施が予定されたが、準備が間に合わず、一年延期（二〇〇七年一〇月末まで）された。

その間、バニー首相がパリを訪れたので、ユネスコ本部にお招きして、コートジボワールの政情の見通しについて尋ねる機会に恵まれた。同首相は、「大統領選挙まで、まだ紆余曲折は考えられるものの、南北は手を結ぶ用意があるので、必ず国民の理解を得られるだろう」と、楽観的な見通しを述べてくれた。

しかし、状況は改善されなかった。北部出身のバニー氏は、必ずしも北部全体を掌握しているわけではなかった。南部の勢力についても、バグボ大統領とベディエ氏が完全に手を握っているわけではなく、互いに次の大統領選挙をにらんで対立関係にあった。

そのような状況のなかで、コートジボワールの北部に対し強い影響力を持つ隣国ブルキナファソのコンパオレ大統領が乗り出した。北部で勢力を拡大している「新勢力」

19 バニー
（一九四二〜）
シャルル・コナン・バニー。二〇〇五年一二月、西アフリカ諸国中央銀行（BCEAO）総裁時にセイドゥ・ディアラ首相に代わって指名を受け、挙国一致内閣を組閣。

と政府の代表をブルキナファソの首都ワガドゥグに招いて、二〇〇七年、「ワガドゥグ合意」を成立させたのである。

合意に基き、バグボ大統領と対立していた北部の「新勢力」の代表であるソロ[*20]事務局長が首相に就任、ソロ内閣が誕生した。南北の融合は図られることになったが、二〇〇八年一一月までに実施される予定だった大統領選挙は、さらに〇九年一〇月末までに延期された。その表向きの理由は、選挙人名簿の作成が遅れているということだが、裏の理由としては、選挙をすれば勝ち目がないと考えたバグボ大統領が、いろいろと理由をつけているからと言われている。

実際に大統領選挙が実施されると一九九〇年代から続いているバグボ、ベディエ、ワタラの三氏の戦いになるだろう。その場合はもちろん、九〇年代に成立したワタラ氏を排除する法律が撤回されて、同氏が立候補できることが前提になる。その三者に加えて、北部「新勢力」の事務局長でもあるソロ首相が立候補する可能性もある。新しい選挙人名簿はほぼ確定しつつあり、国連を中心とする国際社会からも早く大統領選挙を行うようバグボ大統領にプレッシャーがかかっている。大統領も、〇九年一〇月末まではともかく〇九年中には選挙を行わざるを得ないと覚悟を決めていると思っている。

話は変わるが、最近、コートジボワールのかつての宗主国フランスの人気が落ちているという。一方で、地道な援助をしてきた日本が高く評価され、世論調査では「最も尊敬する国」として、日本がトップに挙げられた。首都アビジャンにおける治安悪化を受け、日本は一時、大使館を閉鎖していたが、二〇〇七年九月に再開すると現地では大歓迎を受けた。

フランスが現地で人気を落とした理由のひとつに、周辺にスラムが広がるアビジャンに暮らすフランス人保護のために派遣されてきたフランス軍の存在がある。一九六〇年、

---

20 ソロ
（一九七二〜）
キバフォリ・ギヨーム・ソロ。二〇〇七年三月、シャルル・コナン・バニー首相の後任としてバグボ大統領より指名を受け、首相に就任。

七〇年代には、旧フランス領アフリカにおいて、フランス軍が在留フランス人の保護や特定の現地勢力支持のために介入してくることが、それほど不自然でなかった。一時は、一八〇〇人に上る兵力が投入されたこともある。しかし、近年、フランス国民は、かつての植民地であったアフリカ諸国に対して露骨に軍事的介をすることは、たとえ、現地政府の要請という形を取るにせよ、好ましくないと考えるようになってきている。

そのような状況のなか、国連は二〇〇四年四月からコートジボワールに国連平和維持軍（PKF）を派遣した。また、フランスでは、サルコジ政権が成立してから伝統的な対アフリカ政策の見直しが始まった。その一環として、コートジボワール駐留フランス軍の兵員削減も実施されることになった。

六．ユネスコにおけるウーフェ・ボワニ平和賞の設立

一九八〇年代後半、ウーフェ・ボワニ大統領からユネスコに対し平和賞を設けてはどうかという提案とともに、一〇〇〇万ドルに近い寄付が寄せられた。その結果、八九年のユネスコ総会で、同大統領の名前を冠した平和賞の設立が決まった。審査委員会のメンバー選考については、ボワニ大統領が直接、アメリカ国務長官を務めノーベル平和賞の受賞者でもあるヘンリー・キッシンジャー[*21]博士に依頼した。その結果、審査委員には、ポルトガルのソアレス[*22]元首相など世界的な著名人が加わった。

一九九一年、第一回のウーフェ・ボワニ平和賞は、アパルトヘイト撤廃に多大な功績があった南アフリカのネルソン・マンデラ氏とデクラーク大統領（当時）に与えられた。両氏とも、その後、ノーベル平和賞を受賞した。ボワニ平和賞の特徴は、単独で賞を与えることもあるが、第一回の受賞者のように、紛争の解決に当たった両当事者に与えられることも少なくないことだ。同賞は二〇〇九年、誕生からちょうど二〇周年を迎える。

21　ヘンリー・キッシンジャー（一九二三〜）
国際政治学者。ドイツ・ヴァイマール共和国のフュルト生まれ。一九三八年に一家でアメリカに移住し後に帰化した。アメリカのニクソン政権およびフォード政権期に国家安全保障問題担当大統領補佐官、国務長官をつとめる。

22　ソアレス（一九二四〜）
マリオ・ソアレス。ポルトガルの第四代大統領（在任一九八六〜九六）。大学教員や弁護士を経てポルトガルの社会党に入党した。

二〇〇八年九月には、フィンランドのアハティサーリ[23]元大統領に差し上げたところ（ナミビアの項参照）、同氏は翌月、ノーベル平和賞を受賞した。ウーフェ・ボワニ平和賞も国際的に認められているが、受賞後、さらにノーベル平和賞を受けるケースが多いことから、ウーフェ・ボワニ平和賞の候補者として毎年、個人や団体から二〇人以上の推薦が上がってくる。ウーフェ・ボワニ大統領、そして、その後を継いだベディエ元大統領と親しくしていたセネガルのアブドゥル・ディウフ前大統領は、この賞の保護者として、毎年、積極的に支えてくれている。

ユネスコ事務局長主催で行う授賞式には、両氏のほか、ワタラ氏もよく出席する。バグボ大統領にも毎年、招待状を出しているが、大統領自身はなかなか出席できず、代理として主要閣僚を送ってくる。いずれは大統領自身にもぜひ出席してもらいたいと考えている。そうなれば、次期コートジボワール大統領の座をめぐり選挙を戦うと見られるバグボ氏、ベディエ氏、そして、一九九三年に制定された大統領選への立候補資格を定めた法律がもはや適用されないという前提ではあるが、ワタラ氏の三氏が顔をそろえることになる。平和賞の設立者であるボワニ大統領は、おそらく予想もしていなかっただろうが、その光景は、まさしく同平和賞の精神のあらわれと言えるだろう。

コートジボワールは一九六〇年代、七〇年代と二〇年間にわたって政治が安定し、たとえば、政治犯としての逮捕者は一人もいなかったように民主主義も定着していた。経済も順調に伸びて、アフリカの成功物語のひとつに数えられた。

しかし、ウーフェ・ボワニ大統領が一九九三年に亡くなってからの一六年間、政情は不安定であり未だに大統領選挙は実施されていない。バグボ現大統領も、二〇〇九年一〇月まではともかく〇九年中には選挙を行わざるを得ないと覚悟を決めたようで、二〇〇九年一一月一九日に大統領選の第一回投票が行われる旨、発表された。今度こそは、

---

23 アハティサーリ
（一九三七～）
マルッティ・アハティサーリ。フィンランド第一〇代大統領（在任一九九四～二〇〇〇年）。現在のロシア領ビープリ生まれ。大学卒業後、外務省に入省し、外交官としてアフリカからバルカン諸国などで職務を歴任。国連ナミビア事務総長特別代表などもつとめた。一九九三年にフィンランド社会民主党の党首となり、翌九四年に大統領に当選。退任後は国連大使として世界の紛争解決に尽力、二〇〇八年に、インドネシア・アチェ和平合意やコソボなどの和平交渉を仲介した功績によってノーベル平和賞を受賞した。

民主的な選挙によって、南北の人々がともに参加する形で新しい大統領が選ばれることを、切に願っている。

Republic of Senegal

セネガル共和国

セネガル共和国（Republic of Senegal）

面積	19万7161平方キロメートル（日本の約半分）
人口	1,221万人
首都	ダカール
自然	南部から北部に、熱帯雨林帯・サバンナ・ステップとつづく。国境をセネガル川（北）、カザマンス川（南）が流れる。国土の大部分は標高100m以下と平坦。雨季は7～10月。
産業	落花生の栽培など農業が中心。魚介類（マグロ、カツオ、エビ、タコなど）・缶詰類、石油製品の輸出、観光業も成長。工業は、セメント、肥料、石鹸、製粉など。
民族グループ	ウォロフ族44%、プル族23%、セレール族15%他
言語	フランス語（公用語）、ウォロフ語など各民族語
宗教	イスラム教95%、キリスト教5%、伝統的宗教

＊　＊　＊

日本との関係は緊密だ。セネガルでは俳句普及活動はじめ、日本文化の紹介事業が行われている。日本は、セネガルより報道関係者、文化人を招待。2002年6月のサッカーW杯では、セネガルのナショナル・チームはキャンプ地の静岡県藤枝市に滞在し、市民との交流を通じ、友好関係は一層、深まった。パリ・ダカール・ラリーでは、三菱自動車が総合優勝6連覇（2001～06年）を果たすなど日本車の活躍が目覚しい。

一. 初代大統領サンゴール氏

セネガルはアフリカの他の旧フランス植民地と同じように、一九六〇年、フランスとの合意に基づいて独立した。初代大統領に就任したのは社会党のレオポール・セダー・サンゴール氏である。[*1]

同大統領は、セネガル独立後から一九八〇年に引退するまで、二〇年間にわたって大統領職（常に選挙で選出）にあった。また、詩人としても有名で、アフリカの出身者として初めてフランス語およびフランス文学の殿堂「アカデミー・フランセーズ」の会員に選ばれた。

サンゴール大統領の夫人がフランス人であったこともあり、引退後はフランスに住んでいた。一九九九年一一月、ユネスコ事務局長に就任した折には、お祝いの手紙を頂戴した。そこには、次のように綴られていた。

「日本は、古い伝統と近代性を両立させることに成功した。その国からユネスコ事務局長が誕生したことは非常に喜ばしい」

一度お目にかかりたいと思っていたが、二〇〇一年一二月、九五歳で亡くなられ、望みは叶わなかった。

ユネスコは、三月二一日を「世界詩の日」[*2]に定めている。二〇〇六年のこの日、サンゴール大統領生誕一〇〇周年を祝う行事が本部で開催された。同大統領と面識のあった五〇人が、故人の業績を称えて寄稿した『サンゴールの回想』（Memoire Senghor）もユネスコから出版された。わたしも序文を書いた。

サンゴール大統領は、対外的には親西欧路線（なかんずく旧宗主国フランスとの友好関係）を進めることで、国内の経済基盤に寄与する堅実な政策をとった。具体的には、それまで特定の一次産品（なかでも落花生）に依存していた国内経済の多角化を進めるとともに工業化も推進した。政治的には民主的な路線を貫いた。

---

1 レオポール・セダー・サンゴール
（一九〇六～二〇〇一）
詩人、セネガル初代大統領。詩「黒い女」で「黒さ」の美をうたい、黒人文化創造運動を推進。パリ大学で文学を学び、アフリカ人として初の教授資格を得た。詩集に『影の歌』など。

2 世界詩の日
（World Poetry Day）
一九九九年、ユネスコは毎年三月二一日を「世界詩の日」と定めた。世界各国で詩と詩人に関する行事などを催している。

その後、同じ社会党からディウフ大統領、次いで民主党から初の大統領ワッド大統領が誕生したが、サンゴール大統領によって培われた民主主義の基盤や基本政策は彼らに継承された。大統領の座を去り三〇年の歳月が流れた。しかし、いまなお同大統領の業績は国民に高く評価されている。

セネガルのように、これまで大規模な内戦や軍事クーデター等を経験していない国は、アフリカでは珍しい。ただ、「大規模な」としているのは、規模の小さな内戦は発生しているからである。たとえば、ガンビア川を挟む南部のカザマンス地方では、一九八〇年代から二〇年以上にわたって分離独立運動派（カザマンス民主勢力運動）と政府側との衝突、そして和平交渉が続いてきた。二〇〇四年一二月には第三代大統領ワッドの下、ようやく交渉はまとまったものの、その結果は依然、完全には実施されていない。

セネガルの地勢的な特色のひとつは、ガンビア川流域を中心とした独立国ガンビアによって、南北に分断されていることにある。地図を広げると、一見、奇異に映るが、これは植民地時代の遺物だ。つまり、セネガルはフランスの植民地だったが、ガンビアはガンビア川を中心にイギリスによって設立された植民地だったのだ。

二．第二代大統領ディウフ氏との交流

サンゴール大統領は一九八〇年に引退した。翌年一月、第二代大統領に就任したのはアブドゥ・ディウフ氏である。彼はサンゴール大統領の下で六三年から働き、官房長官、そして、七九年からは首相を務めた。

ディウフ大統領に初めて会ったのは一九九八年一二月だった。ユネスコ事務局長選の活動の一環として首都ダカールを訪れたのだ。セネガルはユネスコ執行委員会のメンバーだった。ディウフ大統領は身長二メートル近い偉丈夫だった。その体躯に、わ

3　ディウフ
（一九三五〜）
アブドゥ・ディウフ。ダカールで法学を学んだ後、パリのフランス海外領国立学校に学んだ。サンゴール大統領の下で計画・産業大臣を務め、一九七九年、首相に任命された。サンゴール大統領勇退の後、第二代大統領に就任（一九八一年）し、八三年、八八年、九三年にも大統領に当選した。二〇〇〇年、大統領選の決選投票でワッドに敗れて引退、妻とともにフランス在住。

4　ワッド
（一九二六〜）
アブドゥライ・ワッド。第三代大統領ダカール大学の法経学部長などを経て、一九七四年、政界入り。野党として政治活動を続けた。二〇〇〇年、決選投票の末に大統領に選出された。

たしは、マリの初代大統領モディボ・ケイタ氏を思い出した。ダカールを訪れたのは二度目だった。最初の訪問は六三年三月、ガーナ在勤中のことである。日本は六二年一月にセネガルに大使館を開設していたが、まだ大使は着任しておらず、臨時代理大使を中心とした、こぢんまりした大使館だった。

セネガル初訪問の理由は、フランスに反抗し、フランスと縁を切る形で独立を果したギニアのセクトーレ大統領の国づくりと、同じ宗主国との協調路線を選択したサンゴール大統領の国づくりを比較してみたいと思ったからだ。当時、ギニアは在ガーナ日本大使館の担当だった。

北部に位置する首都ダカールはフランスの植民地時代につくられた街であり、「西アフリカのパリ」と呼ばれていた。政治的安定とそれに伴う経済的発展・生活水準において、当時、既にセネガルとギニアの間には格差が生じつつあることを、街の活気を通じて強く感じた。サンゴール大統領の親仏路線は成果を上げつつあった。

二度目の訪問時、日本大使館からの情報によれば、セネガルはわたしのユネスコ事務局長への立候補を支持すると明確に約束していた。そのため、ディウフ大統領との会談では確約をもらえるものと思っていた。しかし、期待は外れた。理由はこうだ。

「あなたを支持する約束をしましたが、その後、サウジアラビア政府より、サウジアラビアの候補を推すよう強い申し入れがありました。同じ回教徒の政府としては、抗うことがむずかしく、セネガルはサウジアラビアの候補を支持することになりました。従って、残念ですが、あなたを支持することはできません」

わたしは、驚き、落胆した。しかし、大統領の正直な発言には、誠意が感じられた。わたしの気持は、トーゴのエヤデマ大統領を介してディウフ大統領に伝わり、後に同氏とは腹を割って話せる間柄となった。

ディウフ大統領は二〇〇〇年三月の大統領選挙で民主党のアブドゥライ・ワッド党

首に敗れた。そして、〇三年一月、パリに本部を置く仏語圏国際機関[*5]（ＯＩＦ）の事務総長に就任した。同機関は、フランス語圏における発展途上国の暮らしや社会へのさまざまな援助を目的とし、政治的活動や相互協力を図っている。フランスのイニシアティブで設置されたＯＩＦのメンバー国は現在五三カ国にのぼり、二年に一度、サミットが開催されている。初代の事務総長をエジプトのＢ・ブトロス・ガリ元国連総長が務め、ディウフ氏はその後任となったのだ。

ＯＩＦとユネスコは密接な協力関係にある。同機関のトップに就任したディウフ氏とは年に何度か顔をあわせる。年齢的にも同氏は二年先輩と同じ時代を生きてきた。さらに前述のように、ユネスコ事務局長選での一件から友人関係にある。二〇〇六年九月、ルーマニアの首都ブカレストで開かれたＯＩＦサミットのテーマには、ユネスコが推進する「文化の多様性」が選ばれ、わたしも開会式でスピーチした。

ディウフ氏について、第三代大統領となった民主党ワッド氏は、二〇〇三年春、パリでお会いした時にこう語っていた。

「社会党とは長年、対立関係にある。ディウフ大統領とは選挙戦を何度も戦った。しかし、なかなかの人物だ。ＯＩＦの事務総長にと強力に推したのは、わたしです」

このエピソードは、セネガルにおける民主主義の定着を物語るものだ。

三、第三代大統領のアブドゥライ・ワッド氏との交流

セネガルの指導層にはフランス留学経験者が多い。植民地時代からフランス本土の議会に代表が派遣されていた歴史もある。したがって、一般的にサンゴール大統領はじめ知識階級は政治家をめざす。ワッド氏も例外ではない。フランスで法学・経済学の博士号を取得した後、独立前のセネガルに帰国し、ダカール大学で教鞭を執るかたわら弁護士としてキャリアを築いた。

5　仏語圏国際機関（ＯＩＦ）（Organisation Internationale de la Francophonie）
フランコフォニー国際組織。一九六〇年代、旧フランス領アフリカ諸国の指導者、サンゴールらにより設立された。二年に一度、加盟国のいずれかの国で「フランコフォニー・サミット」を開催。組織の基本方針を決定する。加盟国数は、オブザーバーを含め六八カ国（二〇〇七年）。セネガル・ダカールでは第三回サミット（一九八九年）が開催された。初代事務総長はエジプトのガリ前国連事務総長（一九九七～二〇〇二年）。現在は、二代目のアブドゥ・ディウフ元セネガル大統領。

しかし、学生時代から関心を持ちつづけてきた政治への思いを断ち切れず、一九七四年、新しい政党の民主党を旗揚げして政治家への道を歩みだした。

一九七八年からは国民議会議員に選出されてきた。大統領選に打って出たのは七八年。サンゴール大統領に対抗したが惨敗。その後もディウフ大統領を相手に八三年、八八年、九三年と戦い、いずれも敗れた。もっともチャレンジのたびに得票率は上昇した。そして、五度目の挑戦となった二〇〇〇年三月の選挙では過半数を得て現職ディウフ大統領を破った。まさに不屈の精神で選出された大統領だ。

ディウフ大統領はサンゴール大統領の政策を踏襲した。しかし、ワッド大統領の選挙キャンペーンのスローガンは「変革」だった。国民の変化を求める機運に加え、二度の投獄を経験して、なおも政治活動を継続したワッド大統領のカリスマ性も有利に働いたように思われる。

ワッド大統領に初めてお目にかかったのは、大統領就任後わずか一カ月後の二〇〇〇年四月、ダカールで開かれた「第二回世界万人のための教育会議」だった。「世界万人のための教育会議」は、ユネスコを中心にＵＮＤＰ[*6]、ＵＮＩＣＥＦ[*7]、ＵＮＦＰＡ[*8]および世界銀行の五機関が共催している。「会議」のネーミングは、英語のEducation For Allを直訳したものであるが、具体的には基礎教育、日本でいえば小学校プラス中学校教育の九年間を指す。一回目は一九九〇年、タイのジョムチアンで開かれた。

ダカールでの「会議」には一六〇カ国以上の閣僚が参加した。ワッド大統領は七四歳になろうとしていたが、基調演説において、基礎教育の拡充、具体的には世界のすべての児童が小学校を卒業することの重要性、とりわけアフリカにおける基礎教育の拡充が急務課題だと力説する姿は、すぐ隣に座っていたわたしには、少しもその年齢を感じさせることはなかった。そして最後には、すぐれたユーモアのセンスを披露して、

6 UNDP 国際連合開発計画（United Nations Development Programme）。一九六五年に設立された、世界の開発とそれに対する援助のための国際連合総会の補助機関。本部はニューヨーク。開発途上国の経済・社会的発展のためのプロジェクトを行っている。

7 UNICEF 国際連合児童基金（United Nations Children's Fund）。一九四六年に設立された、国際連合総会の補助機関。本部はニューヨーク。開発途上国や、戦争の被害に遭っている子どもの支援活動を行う。八九年に採択された「子どもの権利条約」の普及活動にも努めている。

8 UNFPA （United Nations Population Fund）国連人口基金。発展途上国の人口抑制のための家族計画の普及等への援助を行う国連常設補助機関。

こう結んだ。

「アフリカ人は議論が好きで長ながと議論する。しかし、アジア人はわれわれが議論している間に、直ちに行動を起こしている。われわれはアジア人を見習わなければいけない」

この発言には、隣にいたアジア人へのサービス精神も加えられていたように思える。以来、ダカール、パリ、ニューヨーク、ダボス（スイス）などで、これまでに二〇回以上もお会いし、電話でも頻繁に意見を交わす関係にある。

二〇〇四年七月に特別ゲストとして出席したアフリカ連合サミット「アフリカ開発のためのパートナーシップ（NEPAD）[*9]協力委員会」での、ワッド大統領の行動には驚いた。

ユネスコとの協力関係について、わたしがスピーチすると、大統領は立ち上がり、参加している各国の大統領にこう呼びかけたのだ。

「ユネスコ事務局長は、ユネスコとアフリカの協力関係の推進に力を注いでくれている。われわれは、これを高く評価すべきだと考える。事務局長の任期は明年二〇〇五年の秋までだが、二期目を務めてもらいたい。アフリカ連合サミットは、事務局長の再選を支持する決議を採択すべきだ」

議長を務めていたナイジェリアのオバサンジョ大統領は、決議案を事務局で準備してもらい採択することとする、と取りまとめた。そして、同サミットで、「事務局長としての再選を支持する決議」は採択された。アフリカ連合が、アフリカ以外の地域からの候補者を支持することは稀だった。

さらにワッド大統領は、ユネスコ執行委員会メンバー五八カ国の大統領はじめ首脳に、アフリカ連合サミットの決議を引用して、再選を支持するよう手紙を書いてくれた。彼の行動力、説得力、リーダーシップは、氏を〝アフリカ一のカリスマ性の持ち主〟

---

9 NEPAD
（The New Partnership for Africa's Development）
二〇〇一年七月のアフリカ連合（AU）サミットにおいて採択された（採択時は「新アフリカ・イニシアティブ」）。当初、南アフリカのムベキ大統領が提唱し、九九年頃より南アフリカ、ナイジェリア、アルジェリアを中心に策定、その後エジプト、セネガルが共同提案国に加えられた。NEPADの目的は、国際社会の援助に頼ることなく、アフリカ自らの責任においてアフリカの貧困を撲滅し、永続的な成長と開発を行って世界経済へ統合すること。国際社会においては、アフリカの自助努力を補完する形での支援（パートナーシップ）を求める。

と広く認めさせる根源になっているものと思われる。

その反面、すべてを自分でやらなければ気のすまない性分は、ワッド氏の弱点ともなった。

サンゴール大統領は温厚で悠々と構えるたちだった。大局的な方向性は決定したが、細部は腹心デュウフ氏に任せていた。一方のワッド氏は、能力に劣る人間は容赦なく切り捨てる強硬路線を貫いたため頼れる部下は育たなかった。首相だったイドリッサ・セック氏でさえワッド氏のもとを離れてしまった。

セック氏は、二〇〇七年二月の大統領選挙に立候補した。しかし、ワッド氏は一回目の投票で再選された。祝電を送ると、「これからも協力し合いましょう」という返事があった。

半年後の九月下旬、ニューヨークで国連総会の前に開かれた「気候変動に関するハイレベル・フォーラム」の開会式でも、ワッド大統領は力強いスピーチをし、開会式の司会も引き受けてくれた。二〇〇八年五月に開催された横浜のアフリカ開発会議[*10]（TICAD）の際にも、意見交換した。お会いするたびに、常に励ましの言葉をいただいている。

八三歳のワッド大統領は、世界の指導者のなかでも最年長の一人といえる。しかも、国際的に認められたアフリカの有力な政治家だ。アフリカ大陸では、特に、サハラ以南[*11]において地域紛争が絶えないが、ワッド大統領はさまざまな国連平和維持活動に参加するとともに、二〇〇二年のマダガスカルの政治危機で調停役を務めたりスーダンのダルフール問題などの紛争解決に飛び回ったりと、国際社会と歩調をあわせ積極的に平和実現のために貢献している。

アフリカ大陸全体の人道援助活動や政治的問題の解決に尽力してきたワッド大統領に対し、ユネスコは二〇〇四年五月、ウーフェ・ボワニ[*12]平和賞を贈った。

---

10 アフリカ開発会議（TICAD）
アフリカの開発をテーマとする国際会議。一九九三年以降、日本政府が主導し、国連や国連開発計画（UNDP）及び世界銀行などと共同で開催している。五年に一度の首脳級会合に加え、閣僚級会合なども開催し、二〇〇八年五月には横浜で四回目となるTICAD Ⅳ（第四回アフリカ開発会議）が開催された。通称は日アフリカサミット。

11 サハラ以南
サハラ砂漠より南の地域をさす呼称。かつてのヨーロッパ人は、この地域を「未開の地」であるとして「暗黒大陸」と呼んだ。「ブラックアフリカ」「サブサハラ」とも呼ばれる。

12 ウーフェ・ボワニ
（一九〇五〜九三）
コートジボワールの政治家。一九〇五年、酋長の息子として生まれた。セネガル・ダカールで医学を修めた。その後、四四年に政治家となり、母国とアフリカの平和のために尽くした。同国の「独立の父」と呼ばれる。ユネスコには、その名を冠した平和賞が創設されている。

2008年12月15日、ユネスコ本部（パリ）にて開かれたラビ（ユダヤ教指導者）とイマーム（イスラム教指導者）を集めた国際会議に、ワッド大統領夫妻を迎えて　© UNESCO／Danica Bijeljac

同賞はコートジボワールの初代大統領ウーフェ・ボワニ氏が設立した賞だ。審査委員長はアメリカ元国務長官ヘンリー・キッシンジャー氏が務め、第一回は一九九一年、南アフリカのデクラーク首相（当時）とのちの大統領マンデラ氏に与えられた。受賞者からはノーベル平和賞受賞者が何人も出ている。ちなみに、ボワニ氏は、サンゴール大統領と同様、親西欧路線をとり、国づくりを進めた。

　サハラ以南のアフリカ大陸における有力な政治指導者だったナイジェリアのオバサンジョ大統領、南アフリカのムベキ大統領が引退してから、サハラ以南にカリスマ性をもった政治家が少なくなっているのは残念だ。

　ワッド大統領に、八〇歳代で精力的に活躍されている秘訣は何かと尋ねたことがある。大統領はこう言って目尻を下げた。

「女房が食事に配慮してくれているのでね」

二〇歳ほど年下のフランス人夫人との間に一男一女。周囲には強面で知られる大統領にとり、家族はやはり心の拠り所なのだろう。

　セネガルの大統領任期は七年。その職を終える八八歳まで元気で活躍されると信じている。

Republic of Guinea

ギニア共和国

ギニア共和国（Republic of Guinea）

面積	24万5857平方キロメートル（本州とほぼ同じ）
人口	983万人
首都	コナクリ
自然	全長4,180キロメートルのニジェール川やセネガル川の源流がある。また、ギニアとコートジボワールにまたがるニンバ山厳正自然保護区は、世界自然遺産に登録されており、ダイカー（小型のレイヨウ）、胎生のカエルなど、特有の動植物が生息する。
産業	米、キャッサバなどの農業、ボーキサイド、アルミナ、金、ダイヤモンドなどの鉱業が中心。特に、アルミニウムの原料となるボーキサイトは世界の3分の1の埋蔵量を有する。
民族グループ	マリンケ族、プル族、スースー族等、20あまり
言語	フランス語、各民族語（マリンケ、プル、スースー等）
宗教	イスラム教、伝統的宗教、キリスト教

＊　＊　＊

日本は1958年11月14日、ギニア共和国を承認。1976年1月、コナクリに日本大使館を開設した。日本への輸出は、主に水産物や打楽器等。日本からは、自動車や鉄鋼板を輸入している。また、西アフリカ民族の伝統打楽器「ジャンベ」の達人たちは、日本を含めた諸外国でワークショップやコンサートを開き、普及活動を行っている。世界の若者が、ジャンベを通じてこの国に興味を持つ場合もある。日本でタレント等として活躍するオスマン・サンコン氏は、ギニア・ボッファ県出身。

一・フランスに反旗を翻して独立

一九世紀の終わりにフランスの植民地になったギニアは、一九五八年一〇月、サハラ以南においてはガーナに次いで二番目に独立を果たした。

一九五八年五月、フランスではシャルル・ド・ゴール[*1]氏が大統領に就任した。新政権（第五共和制）は、植民地に対し自主的な国内統治を認めたうえで「フランス共同体」の一員になることを提案。それぞれの植民地で国民投票が行われることになった。しかし、ギニアの政治指導者（首都コナクリの市長でフランス議会の議員を兼職）アーメド・セク・トーレ[*2]氏は、「豊かさの中の隷属よりも貧しさの中の自由を選ぶ」のスローガンの下に、完全な独立を求めた。同年八月、アフリカを歴訪したド・ゴール大統領は、ギニアに立ち寄った際に独立を求める民衆の声に圧倒され、コナクリを去る時に「アデュー、ギニア」と語ったという。アデューとはフランス語で、永遠の別れを伝えるときに用いる。

一九五九年九月、フランス第五共和国憲法の是非を問う国民投票では、ギニア国民の九五パーセントが「ノン」と、否決票を投じ、「フランス共同体」構想を推進したド・ゴール大統領を激怒させた。フランスは直ちにギニアと断交し、ギニアに持ち込んだもの一切合財を引き揚げた。フランスの軍人や官僚は勿論のこと、教師や医師までが退去したため、ギニア政府は人材確保に困難を極めることになる。

独立後、セク・トーレ氏は初代大統領に就任し、一九八四年に亡くなる迄の二六年間、その地位にあり続けた。大統領は国内に向けては社会主義を強要し、対外的には反仏・反西欧、親ソ連・親東欧路線を貫いたが、結果的に、経済的には前者はギニアに大きなマイナスをもたらし、後者は全くメリットをもたらさなかった。大統領は、ガーナのエンクルマ大統領以上の独裁ぶりを発揮、反対勢力を弾圧、投獄する恐怖政治を敷くようになった。

---

1 シャルル・ド・ゴール
（一八九〇～一九七〇）シャルル・アンドレ・ジョゼフ・ピエール＝マリ・ド・ゴール。フランス第五共和制初代大統領。一九四〇年、フランスがドイツに降伏したあと、ロンドンに自由フランス政府を樹立して対独抵抗運動を指導。解放後、共和国臨時政府の主席に就任。一時は引退したものの、五八年のアルジェリア戦争（フランスの支配に対するアルジェリアの独立戦争）で危機に陥った際、第五共和制を発足させて初代大統領に就任した。米ソの国際関係のなかで、フランス独自の外交路線を追求した。

2 アーメド・セク・トーレ
（一九二二～八四）
ギニア共和国初代大統領。ギニアがフランスから独立を果たした一九五八年に就任。植民地支配に抵抗した国民的英雄サモリ・トーレの孫（曾孫という説も）。ファラナ生まれ。一九五二年、ギニア民主党（PDG）書記長に就任、一九五六年にフランス国民議会議員に選出された。セク・トゥーレとも表記する。

ギニアは鉱物資源が豊富だ。アルミニウムの主原料であるボーキサイトの産出量は世界第二位（二〇〇七年）で、世界の埋蔵量の三分の一が眠っていると予測される。農耕可能な土地も少なくないが、残念ながらセク・トーレ時代には、全く活用されることはなかった。ソ連、東欧の協力を得て工業開発を進めようとしたものの、これも結実しなかった。国の経済基盤は、結局、それまでの農業生産（米、キャッサバ、バナナ等）に頼るほかなかった。そのため、ほどなくして国内経済は疲弊した。

ユネスコ事務局長一期目の任期中、ユネスコ教育局には基礎教育部長から教育事務局長補代行を務めたアイシャ・バー・ディアロ女史[*3]がいた。教育局に勤務する以前は、ギニアで教育大臣を務め（二代大統領コンテ政権時代。一九八〇年代の終わりから九〇年代にかけて）、アフリカでは教育者としてよく知られた人物だ。ディアロ女史の夫君はセク・トーレ政権時代の外務大臣だったが、その忠誠心を疑われて、七一年、他の一五人の政府関係者とともに突然、逮捕されてしまった。うち一二人は直ちに処刑され、同氏を含む三人は、長年、いつ処刑されるかもしれない恐怖にさらされながら獄中生活を送った。

一九八一年になって突然、釈放されたものの、セク・トーレ大統領から引き続き疑いをかけられていると感じ、二年後にはアイシャ・バー夫人とともに密かにセネガルへ脱出し、スイスへ、次いでフランスへと亡命したのである。

二．セク・トーレ初代大統領との出会い

一九六二年九月、初代在ギニア大使（兼任）として信任状奉呈をすることになった中川進大使のお供として、ギニアへ赴いた。

首都コナクリの空港に着いた時、ガーナ駐在のギニア大使がわれわれに約束していてくれたにも関わらず、ギニア外務省の儀典からの出迎えがなかった。わたしたちは

3 アイシャ・バー・ディアロ（一九四二〜）ユネスコ基礎教育部長を経て教育事務局長補代行。夫はセク・トーレ大統領時代に外務大臣を務めたアルファ・アブドゥライ・エ・ディアロ氏。

タクシーを捕まえると、当時、外国人の宿泊が許されていた唯一のホテル「オテル・ド・フランス」へ向かった。同ホテルは、その後、大改装され「ホテル・ノヴォテル」と名前は変わっているものの、引き続きコナクリでの最高のホテルとして機能している。

ホテルに到着してみると、やはりギニア大使を通じて予約されているべき部屋が確認されておらず、呆然とした。

オテル・ド・フランスの部屋が予約されていなかったのは、それが初めてではなかった。この半年ほど前の三月、マリの首都バマコでモディボ・ケイタ大統領に対し信任状を奉呈する際、やはり中川大使のお供をした。奉呈の後、わたしは単身、バマコからギニアの首都コナクリに向かった。この時、同ホテルに宿泊の予約をしていたのだが、予約はとれてはいなかったのだ。しかも、ホテルは満室で、立ち往生する羽目になった。

途方に暮れ、とりあえず外国人が宿泊できるホテルまで連れて行ってくれるようタクシーの運転手に頼んでみたが、首を横に振るだけだった。そこで、地元の人が宿泊する通常のホテルに、どこでも良いから案内してくれと頼み込んだ。

案内されたところは、とてもホテルと思えない普通の建物だった。その二階の一室を与えられ、安堵の溜息を漏らしたのも束の間、予想もしなかった問題が起こった。部屋の中に無数の蚊が飛び交っていたのである。蚊に刺されることは勿論、不愉快だったのだが、それ以上に羽音に悩まされ、睡眠を妨害された。当時は、若気の至りで、蚊取り線香を持って歩くことや蚊をよせつけない薬を身体に塗って保護する等の対策を一切、考えていなかった。

アフリカで「蚊」からすぐに連想されるのは「マラリア」[*4]である。唯一、対策を講じていたことは、マラリアの経口予防薬を服用することであった。マラリアは、ハマダラカという種類の蚊がマラリア原虫を媒介することにより発病する。これに対するワクチンは存在しないので、抗マラリア薬の服用は必須なのだった。そのお蔭か、ガー

4　マラリア
熱帯性伝染病。マラリア病原虫が赤血球に寄生して起こる。ハマダラカの媒介によって感染。主症状は、高熱、寒気など。

ナ在勤の二年間、他の職員が相次いでマラリアに罹るなか、わたしは無事だった。

ガーナに戻ってから、「ギニア出張報告書」を纏め、提出した。ギニア滞在中にコナクリの外交団の人々から直接、聞いた話やさまざまな資料を基に、独裁者として対外的には反西欧、親ソ、親東欧路線に徹したセク・トーレ大統領による統治が、ギニアの国状にどのような影響を及ぼしているかをレポートしたものだ。

当時、外務省のアフリカ課長だった吉田長雄氏がこの報告書を大変評価してくれ、わざわざ印刷して本省幹部と在外公館に配ってくれた。タイトルは「ギニア出張報告―在ガーナ大使館外交官補松浦晃一郎」。わたしは、対外的には三等書記官だったが、外務省では「外交官補」であった。この報告書は、わたしにとり、外交官として初めて書いた長文の分析的な報告書となった。そのコピーは今も手元に、大切に保管してあり、記念すべき報告書として大変誇りに思っている。

話は一九六二年九月に戻る。

ホテルに交渉し、なんとか二つの部屋を確保したとはいえ、ギニア外務省の手配の悪さに中川大使は立腹した。大使は直ちにギニア外務省の外務次官に会いに行きたいと希望した。わたしは、ディアロ氏という外務次官とのアポイントを取りつけることができた。同外務次官は前述のとおり、後年、ユネスコに勤務したアイシャ・バー氏の夫となる。当時、アイシャ・バー氏はアメリカの大学に留学中でまだ結婚前だった。

次官はわれわれを丁寧に迎えてくれた。実はこの時、セク・トーレ大統領は首都コナクリではなく、内陸にあるギニア第二の都市カンカンに滞在中だった。しかし、ディアロ次官の親切な手配のお蔭で翌日の国内航空でカンカンへ赴くことができた。遠回りをすることになったとはいえ、これでようやく中川大使はセク・トーレ大統領に対し信任状の奉呈を行うことができたのだった。

カンカン市の中央を水量の豊かな河が流れている。アフリカ三大河川のひとつ、ニジェール川の支流だ。ニジェール川は全長四一八〇キロ、ギニアの山岳地帯に源を発してマリを貫き、ニジェールを通って、ナイジェリアを最後にギニア湾に注いでいる。そのニジェール河の支流のほとりにある別荘のような建物の中庭で、セク・トーレ大統領は全閣僚を集め、ちょうど閣議を開いていた。日本の大使が到着したとの連絡を受けて、閣議は中断、同じ中庭で信任状奉呈式を行った。

大統領は笑顔ひとつ見せず、中川大使から信任状を受け取った。庭にある椅子に座って短時間の会談を行ったが、にこりともしなかった。当時、ガーナで既に独裁傾向にあったエンクルマ大統領には人間的な温かみが感じられたものだが、セク・トーレ大統領には全く感じなかった。個人的な見解をあえて述べさせてもらうなら、とても冷たい指導者であるという印象を持った。

後年、一九七〇年代半ばに外務省経済協力局開発協力課長をつとめていた当時、ギニア政府から技術協力を要請する案件が二件提出された。一件は、ギニアには自国の精密な地形図がまだ存在しないので、日本の技術で基本的な地形図を作成してほしいというものだった。もう一件は、ソ連及び東欧諸国にさまざまな工場を建設してもらったが、うまく機能していない、立て直しのための青写真を作って欲しいというものだった。

地形図に関しては、ギニア独立に際し、フランスが全ての地形図を持ち去ったと聞いていたので、国際協力事業団[*5]（ＪＩＣＡ）を通じてその要望に応えることにした。工場についての新しい青写真作りについては、作成したとして、はたして本当に活用してくれるかどうか疑問を抱いたが、結局、これもＪＩＣＡを通じて実施することにした。地形図については、ギニアの国土基本図として役に立っていると思うが、工場の青写真については、現状分析という面では有用だったと理解しているものの、それを活用して具体的なアクションを起してくれるとは思えなかった。

ディアロ氏の話に戻るが、同氏はフランスに亡命後、『大臣の真実（LA VERITE

5　国際協力事業団（ＪＩＣＡ）
（Japan International Cooperation Agency）
外務省が所管する独立行政法人のひとつで、開発途上国に向けての政府支援（ＯＤＡ）や技術協力業務、開発資金援助などのほか、発展途上国からの研修員の受け入れ、専門家の派遣、青年海外協力隊などの事業を行う。一九七四年、特殊法人国際協力事業団として設置、二〇〇三年に独立行政法人国際協力機構となる。

DU MINISTRE)』という本を書き、その中で厳しい獄中生活やアイシャ・バー夫人と一緒にギニアから逃亡した経緯について詳しく記している。同氏は、その後、ギニアに戻り弁護士事務所を開いているが、時々パリを訪れる。一度、会いに来たので昔話に花を咲かせた際に、著書『大臣の真実』を頂戴した。

三．軍事クーデターとコンテ第二代大統領の誕生

一九八四年にセク・トーレ大統領が亡くなると軍事クーデターが起こり、ランサナ・コンテ大佐[*6]が政権を掌握した。コンテ政権は、従来のセク・トーレ路線を大きく改めて、社会主義体制から自由主義体制へ移行し、世界銀行からの支援を得て経済体制の再建を果たした。複数政党制の導入も定めた。そのうえで、九三年には大統領選挙が実施され、既に政権を握っていたコンテ氏が大統領の座に就いた。さらに九八年一二月、二〇〇三年の大統領選挙でも、再選、三選された。その間、若手将校によるクーデターの企てが幾度かあったものの、ギニア軍幹部の支持を得ていたコンテ大統領は、反乱の撃退に成功した。しかし、コンテ政権も次第に独裁化の傾向を強めていった。

一九九九年四月、ユネスコ事務局長選の運動との関連で久しぶりにギニアを訪れた。事前に日本政府からの働きかけもあったため、コンテ大統領の歓迎を受けた。大統領は、その場で支持を言明するとともに、支持を公表することまで承認してくれた。当時、執行委員会のメンバーだったアフリカ諸国は、エジプト、サウジアラビアおよび日本の三カ国から、それぞれの国の候補者の支持を要請され、苦しい判断を迫られていた。そのうえ、アフリカ統一機構（ＯＡＵ）サミットがエジプトの候補者を推す決議をしたにも拘らず、コンテ大統領が支持を快諾してくれたことは今でも感謝している。

その後、コンテ大統領は病に倒れた。同国の政治は一層、不安定になり、経済は停滞してしまった。

---

6 ランサナ・コンテ
（一九三四～二〇〇八）
一九五五年、フランス軍に入隊、ギニア独立後に新設されたギニア国軍に入隊、大佐まで昇進する。八四年四月、セク・トーレ大統領の死亡後、国軍に擁立されて政権を握り、国家政権軍事委員会議長、国軍総司令官に就任。九三年、大統領選挙によって初の民選大統領に就任。九八年再選される。

世界遺産のニンバ山厳正自然保護区
© UNESCO ／ Guy Debonnet

2004 年 11 月の訪問時に受けた歓迎のダンス　© UNESCO

2004 年 11 月にコンテ大統領（当時）と面会　© UNESCO

四　ユネスコ事務局長としてのギニア訪問

コンテ大統領にお会いしたとき、大統領から「かねてより日本に深い尊敬の念を抱いており、ぜひ一度、訪問したい」という要望あった。早速、その意向を日本政府に伝えたところ、正式に招待される運びになったのだが、二〇〇二年一二月、日本に向けて出発の直後、体調を崩し、帰国した経緯がある。

二〇〇四年一一月にも、ユネスコ事務局長としてギニアを公式訪問した。コンテ大統領は病状が回復しないまま大統領官邸に籠もっており、海外からの訪問客にも一切、会わないとのことだった。大統領との面会は、半ば、あきらめていた。

ところが、コンテ大統領は病を押して執務室での面会に応じ、笑顔で歓迎してくれた。そして、大統領の下でかつて教育大臣を務めたアイシャ・バー・ディアロ女史が同行していることを発見すると、大変嬉しそうだった。また、大統領から、ユネスコ事務局長として、ユネスコとギニアのみならず、ユネスコとアフリカのより緊密な関係の構築をめざし駆け回っていることに対して謝辞を頂戴した。

わたしが、今回は時間がなくギニア唯一の世界遺産「ニンバ山厳正自然保護区」を見に行けなくて残念であると述べたところ、大統領は、次の機会にはぜひ訪れて欲しいと応じた。

同保護区は、コートジボワールとの共通の自然遺産だ。熱帯雨林が茂るニンバ山の山麓には動植物の固有種二〇〇種が生息するが、残念ながらギニア政府の鉄鉱山開発などによって環境が悪化し、一九九二年に危機遺産に指定された。

ユネスコが採択した無形文化遺産傑作宣言[*7]の一つに、二〇〇一年、楽器ソソバラ[*8]によって叙事詩などを語り継いできたギニアの「ソソバラの文化的空間」が選ばれたことについても、コンテ大統領はとても喜んでいた。

7　無形文化遺産傑作宣言
一九九九年、無形文化遺産保護のためにユネスコ執行委員会で正式決定された「人類の口承および無形遺産の傑作宣言」（通称・無形文化遺産）。伝統芸能や音楽のほか、言語、舞踏、演劇、風習、祭礼、儀礼など多岐にわたる無形文化遺産を認定対象とし、二〇〇一年、第一回の宣言が行われた。

8　ソソバラ
西アフリカに広く分布している民族楽器・バラフォン（木枠の上に木片を並べ、その下に共鳴

コウイチロウ・マツウラ小学校を訪問　© UNESCO

今回の訪問にあたって、ぜひ、どこか学校を訪問したいと要望しておいたところ、コナクリ市郊外の小学校に案内された。五〇〇～六〇〇人ほどの学童達たちが大歓迎してくれた。

驚いたのは、わたしがその小学校を訪れるというので、学校は急遽、校名を変えて「コウイチロウ・マツウラ小学校」と命名したことだ。大きな看板も掲げられており、大変、感激するとともに、ちょっと恥ずかしいような気もした。ユネスコ事務局長として、大学から名誉博士号を贈られたり名誉教授に就任したりしているが、姓名を用いられた学校ができたのは初めてだ。そんな次第で、ギニア訪問は一層、印象深いものとなった。

その後も児童たちから、また学校を訪問して欲しいという要望が届いた。残念ながら、ギニア再訪は実現できていない。そこで、二〇〇八年一〇月、ギニアを管轄するマリのユネスコ事務所から、シャバニ所長を同校に派遣した。そのとき寄贈したコンピューターと図書は子供たちに大変喜んでもらっていると聞く。

五．コンテ大統領の死

首都コナクリの全体としての街並みは、一九六〇年代前半に訪れた時とさして変わっていなかった。強いて挙げれば、外交団を中心とする外国人が住む新しい住宅街ができたことぐらいである。

用のひょうたんをぶら下げた木琴のような楽器）の一種。ソソバラは、旧マリ王国の地域に住んでいたマンダァングマンダァング族の自由と団結を象徴する聖なる楽器とされ、幅一・二四メートル、一本ずつ長さの異なる二〇枚の細い木片から成る。ユネスコの無形文化遺産に選ばれた「ソソバラの文化的空間」は、ギアナのニアガッソラ村に住むドゥカラ族の居住地域と一致し、ドゥガラ一族の長であるバラティギのみがソソバラの管理者として祭りや儀式の際に演奏することを許されている。

ギニアは本来、他の西アフリカ諸国より経済発展できる条件を備えていたが、独裁政権下の社会主義体制によって経済は低迷した。次に民主的に選ばれたコンテ大統領の下でも独裁傾向が進んだことで、政治情勢は不安定だった。したがって、経済も低迷したままである。

こうして初代及び第二代大統領の政治手腕の不手際が、国民を極端な貧困に追いやったまま独立後半世紀が経過した状態は、大いに同情されるべきだ。ギニアを訪問した二〇〇四年以降も政治に安定化の兆しは見えず、むしろ悪化の一途を辿っている。〇六年からは政府と労組の対立が悪化して、首都コナクリを中心に大規模なデモが行われるようになり、〇七年一～二月のデモ隊と治安部隊の衝突では二〇〇人以上の死者が出た。同年三月に入り、労組及び市民団体側が推薦したクヤテ氏がコンテ大統領から首相に任命されると、事態は一時的に沈静化した。しかし、そのクヤテ氏も〇八年五月、首相の座を去った。首相として国民の期待に応えることができなかったようである。

コンテ大統領は、クヤテ首相の後任としてアフメド・チジャニ・スアレ氏を任命した。コンテ大統領の病状はさらに悪化したとみられ、首都コナクリの大統領官邸を離れて近郊に位置する自身の出身村ワワに閉じこもっておられた。スアレ首相は重要な事項については、常にコンテ大統領の了承を得ていたようだった。

二〇〇八年一〇月、独立五〇周年の式典がコナクリで盛大に行われた。他の旧フランス領植民地は一九六〇年に独立しているので、他に二年、先駆ける格好となった。

近隣のセネガル、リベリア、コートジボワール等の大統領が出席したが、コンテ大統領は姿を現さず、事前に録画されたビデオメッセージが放映された。近隣諸国の首脳陣が一堂に会した歴史的な式典を欠席せざるを得ない状況から、大統領のお身体はかなり悪いのではないかと想像された。

二〇〇八年一二月、前述のアイシャ・バー氏がパリのユネスコ本部を訪れてくれた。ギニアの状況についていろいろ聞いたなかで、コンテ大統領については、いつ亡くなってもおかしくないということだった。同氏は、「病気とはいえ、コンテ大統領が健在なうちはギニア軍の将校も動かない。亡くなられた後が案じられる」と懸念していた。大統領が逝去されたのは、直後の一二月二二日のことである。

六．ムッサ・カマラ大尉による軍事政権

アイシャ・バー氏の予測通り、コンテ大統領の死去が発表されると同時に、軍の若手将校が動き出した。これに対し、ギニア軍の総司令官ディアラ・カマラ将軍は、憲法に則って国会議長を臨時大統領に据え、大統領選挙を行うことを支持すると発表した。しかし、若手将校のグループは一二月二三日、憲法停止を発表、スアレ首相以下に投降を勧告した。事態の推移から、若手将校のグループがギニア軍全体を押さえていることが次第に判明した。その指導者として、対外的に登場してきたのはムッサ・カマラ大尉だった。[*9]

これに対し、アフリカ連合（AU）委員会のジャン・ピン委員長は、[*10]若手将校軍のクーデターの企てを厳しく非難する声明を出し、AUはギニアのメンバーシップを停止すると発表した。西アフリカ諸国経済共同体（ECOWAS）[*11]も同様の発表を行った。AUもECOWASも、近年、軍事クーデターが民主的に選ばれた政権を倒す事態が生じた場合は、これを糾弾する姿勢をみせている。

しかし、ギニア国内ではスアレ首相以下の全閣僚が、カマラ大尉を中心とする軍事評議会に政権の座を渡した。カマラ大尉が率いる軍事政権は首都コナクリを軍事的にも完全に制圧した。さらにディアラ・カマラ総司令官以下の最高幹部を強制的に退役させ、ギニア軍を抑え込んだ。

9　ムッサ・カマラ
（一九六四〜）

二〇〇八年一二月のコンテ大統領の死去後、軍の一部勢力がクーデターを起こした際、陸軍・燃料補給部隊長だったムッサ大尉が「民主主義及び発展のための国民評議会」（CNDD）の設立と、憲法停止、政府の解散を宣言した。

10　ジャン・ピン
（一九四二〜）

ガボンの政治家。ユネスコ・ガボン政府代表部勤務などを経て大臣、政府要職を歴任。一九九九年から二〇〇八年まで外相。

11　西アフリカ諸国経済共同体（ECOWAS）
（Economic Community of West African States）

通称エコワス。西アフリカの域内経済統合を推進する準地域機関として一九七五年に設立。その後、「防衛相互援助に関する議定書」の調印（八一年）、「紛争予防・管理・解決・平和維持・安全保障メカニズム」規約採択（九八年）などを経て防衛・紛争解決機能を備え、安全保障機能の本格的整備にも着手。現在

従来から反コンテ政権の中核を成してきた労組も、とりあえずは軍事評議会に対して恭順の意を示し、その出方を見ようという態度を取っている。労組は早期の民政移管を求めており、カマラ大尉は当初、二年後の二〇一〇年の終わりまでに自由で公正な選挙を行うとの声明を発表したが、西アフリカ近隣諸国の首脳達はさらに時期を早めるよう求めている。

二〇〇九年一月初めにナイジェリアを訪問しヤラドゥラ大統領にお会いした。そのとき大統領は、ECOWAS議長として特使をギニアに派遣し、民政移管のタイミングを一年繰り上げて〇九年の終わりまでに行うべきであると、カマラ大尉の軍事政権にプレッシャーをかけていると伝えてくれた。わたしも、ギニアとの関係をかいつまんで話したうえで、大統領の意向に同感の意を表明した。

パリで発行された「ジュンヌ・アフリカ誌」(二〇〇九年一月発行)誌上に、今回のクーデターの首謀者カマラ大尉の長いインタビューが掲載された。大尉のメッセージは、以下のような内容に集約される。

――ギニアは天然資源や農耕地に恵まれながら、二代続いた独裁政権のために経済が疲弊し、国民は引き続き貧困のなかで苦しんでいる。したがって、堅実な政治を行うことが鍵であり、われわれ若手将校はそのために立ち上がったのである。とりあえず、政治、経済の立て直しをわれわれの手だけで実行していくが、二年後には民政移管したい――

カマラ大尉が述べるギニアの現状については、同感する人も少なくないと思われる。しかし、軍事クーデターという手段に訴えたことに対しては、国際的にも、アフリカ大陸においても批判が集まった。

この記事に先立って、二〇〇八年一二月三〇日、カマラ大尉は経済畑出身のカビネ・コマラ氏[12]を首相に指名した。カイロに拠点を置くアフリカ輸出入銀行[13]の幹部だった同

の加盟国は西アフリカの一五カ国(ベナン、ブルキナファソ、カーボヴェルデ、コートジボワール、ガンビア、ガーナ、ギニア、ギニアビサウ、リベリア、マリ、ニジェール、ナイジェリア、セネガル、シエラレオネ、トーゴ)。原加盟国のうちモーリタニアが二〇〇〇年に脱退。

12 カビネ・コマラ
(一九五〇~)
二〇〇八年一二月三〇日、ギニアで発足した暫定軍事政権によって首相に任命された、アフリカ輸出入銀行幹部。

氏は、〇九年一月、国防大臣等のポストは軍事評議会側の意向に沿いながらも、全体としてはテクノクラートを中心に二七名から成る内閣を組織した。そのなかのひとり、アイシャ・バー氏の教育大臣（正式な役職名は初等中等技術職業公民教育大臣）への任命には、びっくりした。同氏から経緯について必ず説明があるだろうと思っていたところ、一〇日あまりしてパリのユネスコ本部にわたしを尋ねてくれた。

「教育大臣への任命おめでとう」と声をかけたところ、アイシャ・バー氏はこう話した。「教育大臣の任命は辞退しました。しかし、以前からよく知っているコマラ首相に、ぜひ教育関係で支援してほしいと懇願されたので、教育担当の特別顧問を引き受けました。これからはギニアの教育制度の近代化に向け、真剣に、最大限の努力をしたいので、ユネスコの協力を得たいと思っています」。彼女の熱意に対し、直ちに協力を約束した。

もっともわたしは、軍事クーデター後のギニアが、AU及びECOWASからメンバーシップの停止を受け、アフリカ大陸においても完全に孤立している状況であることを理解していた。国際社会から認められていない軍事政権を支援するような印象を与えるのは好ましくないことは十分、承知していたが、教育は国づくりの根本を成すものである。今後の国づくりに向け、若いギニア人の教育を着実に進めることは必要不可欠な条件であると確信していたので、アイシャ・バー氏の要請に応じたのである。早速、ギニアを担当する隣国マリのユネスコ事務所のシャバニ所長に、アイシャ・バー氏に対して具体的にどう支援するかを検討するよう指示した。

その後、軍事評議会は、AUさらには近隣諸国からの圧力を受けて、民政移管のタイミングを一年繰り上げる約束をした。二〇〇九年三月、ユネスコ本部にAU委員会のジャン・ピン委員長を招き、ユネスコ・AU混合委員会を開いた。委員長と一対一で会談した際に、AUおよびECOWASのギニア軍事政権に対する厳しい態度は重々承知しつつも、今回なぜユネスコがコマラ内閣の教育制度の改革を助けることにした

---

13 アフリカ輸出入銀行（African Export-Import Bank）一九九三年、アフリカ諸国の貿易促進を目的に設立された。加盟国はアフリカ諸国三三の国と、一二の域外国・国際機関。主な業務内容は、アフリカ諸国の輸出企業に対する直接信用供与、アフリカ諸国の輸出入企業における短中期融資に対する信用供与のほか、アフリカ貿易の拡大を目的とした市場調査のアドバイザリーサービスなども行っている。

か詳細に経緯を説明した。これに対して委員長は、こう述べた。

「軍事クーデターはいかなる形でも容認することはできず、ギニアの軍事政権に対しても厳しい態度を取っている。しかし、ここ二カ月あまりの軍事政権の対応を見ていると、今までの方向を変えようとしており、個人的には歓迎している。一例を挙げると、近年、コロンビアからヨーロッパへの麻薬の輸送拠点となっていたギニアの軍幹部は多額のコミッションを得ていたが、軍事政権は取り締まりを強化し、軍幹部を相当数逮捕した。その中には、コンテ前大統領の長男も入っている。麻薬中継地になることを阻止する動きは歓迎すべきことである。そうした中で、ユネスコがコマラ内閣の教育再建に協力するのは良いと思う」

委員長の反応に安堵し、ちょうどユネスコ本部を訪ねていたアイシャ・バー氏には、ジャン・ピン委員長によく説明するように言っておいた。

豊富な鉱物資源と農耕地に恵まれながら、独立以後の政治に問題があったギニアは、一人当たりの国民総所得（GNI）は三九〇ドル（二〇〇八年）と、アフリカ大陸のなかでも最も貧しい国のひとつである。最大の責任は、独立後二六年もの間、独裁に明け暮れ、国内の経済を破綻させたセク・トーレ大統領にあるだろう。しかしながら、その跡を継いだコンテ大統領も、経済面では、当初、世銀の助言を受け、構造調整政策を通じ経済の立て直しに努力したものの、健康問題もあって、政治情勢は一層、不安定化してしまった。

一方、資源にはあまり恵まれていないモーリシャスは、民主的な政治路線が敷かれ、質の高い政治家に恵まれたことにより、アフリカ大陸（サハラ以南）[*14]の国々のなかで、GNIはトップクラスの六四〇〇ドル（二〇〇八年）とギニアの一六倍以上にもなる豊かな国となっている。国家が発展するための鍵は、全てにおいて政治が握っているという良い例であろう。

14　サハラ以南
サハラ砂漠より南の地域をさす呼称。かつてのヨーロッパ人は、この地域を「未開の地」であるとして「暗黒大陸」と呼んだ。「ブラックアフリカ」「サブサハラ」とも呼ばれる。

軍事クーデターを契機として、カマラ大尉の公言どおり、ギニアで二〇〇九年の年末までに民主的な形で大統領が選出され、その下で政府が構成されると期待している。と同時に、新しい政権が国際社会から認知され、支援を得て、ギニアの経済再建が着実に進んでいくことを心から希望している。

Republic of Mali

マリ共和国

マリ共和国（Republic of Mali）

面積	124万平方キロメートル（日本の約3.3倍）
人口	1,271万人
首都	バマコ
自然	国土の約80%がサハラ砂漠を中心とした砂漠地帯。南西部から中央部にかけてニジェール川が東流し、西部はセネガル川が流れる。気候は、北部が砂漠気候、南部が熱帯気候とふたつに分けられる。6～10月頃が雨季となる。
産業	金・ダイヤモンドを産するが、農業と牧畜が中心。綿花、綿織物、セメント、タバコ、製糖、食品加工業などがある。ニジェール川とセネガル川での漁業も盛んだが、最貧国のひとつに数えられ、外国の経済援助に依存する。
民族グループ	バンバラ族、プル族、マリンケ族、トゥアレグ族等23以上
言語	フランス語（公用語）、バンバラ語等
宗教	イスラム教80%、伝統的宗教、キリスト教

＊　＊　＊

日本からの輸出は、タイヤ、モーターサイクル等。マリからの輸入は打楽器、コバルト製品等がある。1988年、マリ出身のスレイマン・シセ監督の初来日とともに、同監督のカンヌ国際映画祭の審査員賞作品『ひかり』（原題 Yeelen・1987年受賞）が上映された。1992年2月にはバマコで「日本映画の夕べ」が開催され、以来、マリ共和国では日本を紹介する活動も広く行われている。

一 マリの独立

マリ共和国は西アフリカの内陸部に位置する。北部地域にはサハラ砂漠が広がる一方、南部は熱帯性気候のため年間降雨量が七〇〇ミリを超え、北部の乾燥した気候と好対照をなしている。ナイル川、コンゴ川に次ぐアフリカの大河ニジェール川[*1]が国の東西を走り、比較的穏やかな気候のためか、流域には主要都市が集中している。

地政学上、栽培できる作物は綿花や落花生などに限られている。大干ばつにもしばしば見舞われ、世界で最も貧しい国のひとつに数えられている。（二〇〇六年の国連開発計画「人間開発指数」は、一七七カ国中一七四位）

マリ、セネガル、モーリタニアの国境が接する、かつての西アフリカ周辺には、ガーナ帝国[*2]（八～一一世紀頃）、マリ帝国[*3]（一三世紀頃～一七世紀）、ソンガイ帝国[*4]（一四～一七世紀）が栄えた。マリの国名は、マリ帝国に由来している。独立以前、フランス植民地時代には「フランス領西スーダン」と呼ばれていた。ちなみに、現在のガーナ共和国もガーナ帝国に因んでいるが、その位置は、帝国が栄えたエリアとは異なっている。

マリ帝国、その後のソンガイ帝国時代に繁栄したジェンネ、トンブクトゥ、ガオの三つの都市は、北アフリカと西アフリカの重要な交易拠点として栄えた。殊にトンブクトゥは、ニジェール川上流域で産出された金によって「黄金の都」と呼ばれた。サハラ砂漠を越えてやって来たラクダ隊商たちの岩塩や織物は、トンブクトゥの金に姿を変えた。マンサ・ムーサ王[*5]は、一三二四年、ラクダ一〇〇頭に黄金を積んでメッカ巡礼に出立したとして伝説になっている。一四世紀にトンブクトゥを訪れたモロッコの大旅行家イブン・バトゥータ[*6]によって、「黄金の都」の存在は西洋諸国に広く知られるようになった。

アフリカの世界遺産は「自然遺産」が中心だが、ジェンネ、トンブクトゥ、ガオの

---

1 ニジェール川
西アフリカを流れ、ギニア湾に注ぐ河川。ギニア山地からマリ共和国、ニジェール、ナイジェリアが河川流域。全長は四一八〇キロメートル、流域面積は二〇九万二〇〇〇平方キロメートル。

2 ガーナ帝国
紀元数世紀頃に、サハラ砂漠の南、現在のマリ北西部にあったとされる帝国。アラブとの金の交易によって栄えたとされ、一一世紀中頃に滅亡したと推測されている。現在のガーナ共和国の名前はこの帝国から取られた。当時、金を求めてやってきたアラブ人が残した記録に「黄金の国」としてその名前が記されているが、地域の先住民ソニンケ人の伝承では、ワガドゥという帝国の存在が言われている。

3 マリ帝国
一二三〇年代から一六四五年に栄えたマンディンカ族国家。場所は現在のマリ共和国周辺領域で、首都はニジェール川上流にあったとされる。創始者は伝説的英雄と名高いスンジャータ。

三都市にはそれぞれ世界遺産条約に基づく「文化遺産」（ジェンネ旧市街、トンブクトゥ、ソンガイ王国皇帝アスキア・モハメドの墓）がある。さらに、「複合遺産」の「バンディアガラの断崖（ドゴン人の地。標高差五〇〇メートルにつくられたドゴン人の要塞ともいえる集落）」を加えると、マリの文化遺産は四つになる。それは、西アフリカの歴史において、マリが重要な役割を果たしてきたことを物語っている。

世界遺産のトンブクトゥ　© UNESCO／Francesco Bandarin

マリはアフリカの他のフランス植民地同様、一九五八年、フランス共同体内の共和国となり、六〇年にフランスの協力を得て独立した。初代大統領に就任したのは、かねてより政治家としてパリで活躍し、フランス政府の大臣ポストを得たこともあるモ*7ディボ・ケイタ氏だった。

二．モディボ・ケイタ初代大統領との出会い

ガーナに在勤していた一九六〇年代前半、日本とガーナの間に外交関係が樹立し、在ガーナ大使館がマリを正式に担当することになった。中川進・マリ初代大使のお供をして六二年三月、マリの首都バマコを初めて訪れ、同市唯一の近代的なホテル「グランド・ホテル」に宿泊した。当時のマリは、西アフリカの他の独立したての国と同じように、貧しいながらも活気に満ちていた。民主的に選ばれた大統領の指導の下に、

サハラ砂漠を越えて北アフリカと金や塩、奴隷などの交易を行い一四世紀に最大の繁栄をきわめた。

4　ソンガイ帝国
一四六四年〜一五九〇年、ニジェール川を中心にスーダンのほぼ全域を事実上支配していた王国。一二世紀頃、ニジェール川上流のガオに首都を建設したことが起源とされている。一四世紀に樹立したスンニ王朝によって、ソンガイは大帝国になった。

5　マンサ・ムーサ王
マリ王国の王で、在位は一三一二年から三七年。マリ帝国の歴代王は早くからイスラム教を受け入れてきたとされ、マンサ・ムーサは伝説のメッカ巡礼（一三二四年）から戻ると、イスラム教とイスラム文化の普及につとめた。

6　イブン・バトゥータ
（一三〇四〜六八）

ジブラルタル海峡に面したモロッコの港町・タンジール生まれ。出身が法官の家系であったため自身も法官職をつとめたが、旅行家として知られる。一三二五年、二一歳のときに巡

着実に自分たちの国を造っていこうという気概が感じられた。

到着の翌日、中川大使に従ってバマコ市内の小高い丘の上にある大統領官邸に赴き、モディボ・ケイタ大統領に天皇陛下からの信任状を奉呈した。一メートル九〇センチを越える偉丈夫で、目鼻立ちのはっきりした精悍な面立ちの大統領は、大使とわたしを気持ちよく迎えてくれた。そして、自信に満ちた態度で、これからの国造りについて抱負を語った。

当時、日本と西アフリカの関係は希薄だった。ガーナとは貿易関係が構築されつつあったが、旧フランス領諸国は旧宗主国が対日貿易に採用したGATT（関税および貿易に関する一般協定）三五条（ガット締約国を平等に扱う義務から免除される法的権利）をそのまま継承していたため、日本製品の輸入関税は通常の三倍に達していた。従って、日本の製品をアフリカの庶民が手にできる状況には程遠かった。日本にしてもまた、一九六〇年代前半は、マリに対して経済技術協力を推し進められる状況にはなかった。しかし、第二次大戦後の荒廃から、経済再建に向けて急速に力をつけてきた日本に学ぼうという気運が西アフリカにも高まり始めていたのは事実である。

例えば、ガーナ経済のように、一次産品に依存していたとはいえ、それが国際競争力に恵まれたココアであったために、西アフリカ諸国のなかでは相対的に経済的に恵まれていたといえるのだが、マリの場合、限られた農耕地に落花生や砂糖が栽培されているにすぎなかった。これらの産物に、世界を舞台にした競争力を望むことはできなかった。

このような状況を背景に、ケイタ大統領は独裁傾向を強め、経済的には社会主義的な色彩を帯び、対外的には共産圏諸国との関係を深めていった。そして、同じような路線をとっていたガーナのエンクルマ大統領、ギニアのセク・トーレ大統領と手を結ぶようになった。ついには、エンクルマ大統領の音頭の下、「ガーナ・ギニア・マリ国

礼のため足を運んだメッカとメディナから世界旅行に出発し、足かけ三〇年をかけて訪れたのはアラビア半島全域、東西アフリカ、バルカン半島、南ロシアを経て中央アジア、インド、スマトラ、ジャワを通って中国まで、現在のほぼ五〇カ国にも及ぶ。帰国後、マリーン朝君主の名によってバトゥータ本人が口述し、一三五五年に完成した旅行記『諸都市の新奇さと旅の驚異に関する観察者たちへの贈り物』（通称『イブン＝バトゥータの大旅行記』）は一九世紀になってから各国語に訳されて広く読まれた。

7　モディボ・ケイタ
（一九一五〜七七）

マリ共和国初代大統領。在位は一九六〇年六月から一九六八年一一月。一九六〇年、隣国セネガルと共に植民地支配を受けていたフランスから独立した際に大統領就任、その後、マリ共和国と国名を改め社会主義政策を進めた。一九六八年、クーデターによって失脚。

家連合」が誕生するのであるが、しかし、「連合」は実態を伴ったものではなかった。

一方、西アフリカの近隣諸国では、セネガルがサンゴール大統領の、コートジボワールがウーフェ・ボワニ大統領の下で、西欧、なかんずくフランスとの協力を構築していく。また、国内的には民主主義、市場経済体制の路線を推進していた。

マリのその後の実態をこの目で確認したいと思い、中川初代大使に同行した翌年の一九六三年五月、マリへ出張させてもらった。そして同国の政治、経済状況を詳しく調べ、詳細な報告書を外務省へ送った。

その中でわたしは「マリはモディボ・ケイタ大統領の下、まさに心配している方向に進んでいる」と感じたままを記した。

東京の外務本省は、報告書にそれほど関心を持ってはくれないだろうと予測していた。しかし、一九六三年秋に帰国すると、当時の吉田長雄アフリカ課長から「西アフリカに関する一連の政治情報は参考になった。特に、五月のマリ出張報告は非常に良かった」とお褒めの言葉をいただいた。

一九六八年一一月、他の多くの西アフリカの国と同じように、マリでも軍事クーデターが起こった。当時、アフリカには軍事政権がいくつもあったが、アフリカ統一機構（OAU）は軍事政権に対して何ら厳しい対応を取ろうとしなかった。

ケイタ大統領は、政治的に独裁化の傾向を強めつつあった。また、社会主義路線による経済開発は行きづまりを見せていた。フランスのフラン圏から距離を置くため、独立当初に導入した通貨マリ・フランはどんどん価値を下げていた。

軍事クーデターの中核にいたムーサ・トラオレ中尉は、国家解放軍事委員会のトップの座につき国家元首の役割も果たすようになった。

クーデター後、ケイタ大統領政権下の全閣僚が逮捕された。ダカール（セネガル）のユネスコ・アフリカ地域教育事務所長を務めていたマリ人のララ・ベンバルカ氏（現在はエチオピアにあるアフリカ経済委員会の事務次長）の父親は、ケイタ政権で財務大臣を務めていた。彼女によれば、その後、釈放された父親は、大統領が狭い牢獄につながれ、長身の身体がはみ出すような小さなベッドに寝かされていたと話していたという。

ケイタ前大統領は、一九七七年五月に獄死した。六二歳であった。

三．コナレ第二代大統領との交流

ムーサ・トラオレ軍事政権は、一九九一年三月、新たな軍事クーデターによって倒されるまで二三年間、政権を維持した。その間、政党の結成を認めたり、後に大統領に就任したアルファ・ウマル・コナレ氏を文化大臣として政府に取り込むなどの民主主義的な装いを凝らした。しかし、実態は、やはり圧政に違いなかった。

トラオレ政権を倒したクーデターの中心人物は、パラシュート部隊長を務めていたアマドゥ・トゥマニ・トゥーレ氏[*8]だった。

トゥーレ氏は暫定政権によって新憲法を制定した。一九九二年四月には、二〇数年ぶりに民主的な手続きを踏んだ大統領選挙と議会選挙を復活させた。そして、その後、自らは軍に戻った。

大統領に選出されたのは、アルファ・ウマル・コナレ氏[*9]。まさに、モディボ・ケイタ大統領に次ぐマリ第二代大統領といっていいだろう。

コナレ氏は多彩な経歴の持ち主だ。首都バマコとポーランドのワルシャワ大学で歴史を専攻、アフリカ史の専門家としてマリの研究所や高校などで教えていた。一九七八年にはムーサ・トラオレ政権のスポーツ文化大臣に就任。しかし、軍事政権に仕えることを潔しとせず、八〇年に辞職した。

その後は、文化雑誌やマリ初の独立系新聞「レゼコ」を創刊、ユネスコが力を入れ

---

8 アマドゥ・トゥマニ・トゥーレ（一九四八～）第三代大統領。軍の空挺部隊中佐だった一九九一年にクーデターを起こし、ムーサ・トラオレ政権を倒して元首となった。公約によって翌九二年にはアルファ・ウマル・コナレに政権を譲ったが、二〇〇二年の大統領選挙で当選し、就任した。国民的人気に支えられ安定した内政運営を行い、二〇〇七年の大統領選挙においても約七割の得票によって再選された。

9 アルファ・ウマル・コナレ（一九四六～）第二代大統領。ムーサ・トラオレ政権においてスポーツ文化相に任命されるが、政権を批判したことで解任され、反体制派に転じた。マリ民主同盟（ADEMA）党首時代の一九九二年に、アマドゥ・トゥマニ・トゥーレより政権移譲を受け大統領に就任し、二〇〇二年までの任期をつとめた。その後二〇〇三年、アフリカ連合（AU）首脳会議においてAU委員会委員長に選出され、二〇〇八年二月まで務めた。

ていた「アフリカの歴史」の編纂にも加わった。一九九〇年には結成されたばかりの「マリ民主主義連合」に参画、同党の候補者として九二年に大統領選挙に出馬し、当選したのである。

新政権の最大の課題は、二三年間にわたった軍事政権後の内政の立て直し、疲弊した経済の再建、そして、対外イメージの抜本的な改善――にあった。結果的に、大統領はこれら三つの課題の解決にいずれも成功した。

コナレ氏自身は国民に人気があったが、新憲法によって大統領の任期は一期五年、二期までと決められ三選は禁止されたため、一九九七年の再選を経て二〇〇二年四月まで二期一〇年の任期をまっとうして退き、大統領の座を民主的に交代する体制を守った。

国の財政は決して豊かではなかったが、コナレ大統領により民主主義が確立されたことが評価され、国際社会はマリに経済援助の手を差し伸べた。一方、大統領は、IMF（国際通貨基金）、世銀の指導の下に作成された貧困削減戦略をしっかり推進した。

コナレ大統領に初めてお会いしたのは一九九八年一〇月、東京で開かれた第二回アフリカ開発会議[*10]（TICADⅡ）だった。会場でのスピーチに、強いカリスマ性を感じ、できるだけ早くマリに大統領を訪問したいと思った。

願いが叶ったのは、二〇〇〇年一一月だった。教育問題、殊に基礎教育問題について議論する「サヘル諸国（サハラ砂漠の周辺の国々）サミット」をコナレ大統領が主催することになり、ユネスコ事務局長として基調演説の依頼を受けたのである。

大統領官邸の夕食に招かれ、大統領、そしてやはり歴史家で作家のコナレ夫人とテーブルを囲んだ。官邸は変わることなくバマコ市の小高い丘の上にあった。一九六三年三月、日本初代のマリ大使の信任状奉呈に伴ってモディボ・ケイタ大統領にこの官邸でお会いしたことを伝えたところ、コナレ大統領は懐かしそうにわたしの話に耳を傾

10 アフリカ開発会議（TICAD）
アフリカの開発をテーマとする国際会議。一九九三年以降、日本政府が主導し、国連や国連開発計画（UNDP）及び世界銀行などと共同で開催している。五年に一度の首脳級会合に加え、閣僚級会合なども開催し、二〇〇八年五月には横浜で四回目となるTICAD Ⅳ（第四回アフリカ開発会議）が開催された。通称は日アフリカサミット。

けてくれた。

コナレ大統領は、ケイタ初代大統領の任期後半の独裁政治に批判的であったものの、政治家、大統領としてケイタ氏を評価し、総体的に強い尊敬の念を寄せていた。コナレ氏自身、ケイタ氏の名誉回復を図っていたのではないかと思う。また、二三年にもわたり軍事政権を続け、死刑判決を受けたムーサ・トラオレ氏とその妻を恩赦によって終身刑に減刑。大統領退任を前にした二〇〇二年には国民和解のために釈放した。この結果、依然として国内に勢力を保っていたトラオレ氏は、コナレ氏のマリ民主主義連合に加わることになった。

四 アフリカ連合委員長としてのコナレ氏

二〇〇一年、コナレ氏はユネスコ本部を訪れた。わたしは昼食にお招きし、ふたりだけでゆっくりと話をした。

大統領を辞めた後の予定をたずねたところ、いろいろな申し出があるとのことだった。たとえば、アフリカ史の教職への復帰。これはコナレ氏が最も希望していることだった。また、アフリカ統一機構事務局長（後のアフリカ連合委員長）への就任を望む声もあった。しかし、コナレ氏は、当時、まだ決心がついていないようだった。

その後、コナレ氏はアフリカ諸国の圧倒的な後押しによって、アフリカ連合の委員長に就任した。二〇〇三年四月のことだ。以来、ユネスコ本部とアディスアベバ（エチオピア）のアフリカ連合本部へ、互いに幾度も訪ねあう関係になった。

二〇〇四年以降、三度にわたり特別ゲストとしてアフリカ連合サミットに参加したが、なかでも初めて招かれたサミットは忘れられないものになった。なぜなら、わたしのユネスコ事務局長再選を支持する決議が、満場一致で採択されたからである。

二〇〇五年五月のユネスコ本部「アフリカ・デー」[11]にコナレ委員長を主賓として招

---

11 アフリカ・デー
現在のアフリカ連合の前身であるアフリカ統一機構（ＯＡＵ）が一九六三年五月二五日に設立した記念日。アフリカ各地でレセプションのほかシンポジウムが開催され、アフリカ各国による統合への団結を再確認する機会でもある。

いたところ、委員長は「アフリカ諸国は『アフリカ合衆国』を作らなければいけない」と力強いスピーチをした。それを聞いて一九六〇年代に読んだガーナ・エンクルマ大統領の『アフリカは統合すべし』という本を思い出し、まさにコナレ氏こそが、エンクルマ大統領が提示したアフリカ統合という夢を受け継ぎ、より具体的に推進している指導者だと確信した。コナレ氏は、その後、情熱をもってアフリカ連合の予算を大幅に増やし、役割を強化していった。

しかし、コナレ氏の胸のうちは複雑だった。つまり、アフリカ各国のリーダーたちは保守的で、自分が考えているようなテンポでのアフリカ統合への意欲を持っていない、統合には必ずしも積極的に賛成してくれない、というのだ。そこでわたしは、辛抱強くアフリカ統合、さらに、アフリカ合衆国の誕生に向けて努力して欲しいと伝えた。だが、コナレ氏の失望は大きかった。「自分からアフリカ連合委員長の再選を求めるようなことはない」と公の場で発言するようになった。

そのような状況ではあったものの、コナレ氏の後任は容易には決まらなかった。結局、コナレ氏は二〇〇八年一月までの五年間にわたりアフリカ連合の委員長を務めた。後任には、ガボンの外務・協力・仏語圏大臣を務めていたジャン・ピン氏が就任した。ガボンはアフリカ中西部、ギニア湾に面した国だ。

五．トゥーレ第三代大統領との交流

コナレ大統領の後を継いで第三代大統領に就任したのは、アマドゥ・トゥマニ・トゥーレ氏。前述のように、トゥーレ氏は一九九一年、ムーサ・トラオレ軍事政権を倒したクーデターの指導者だった。しかし、民主的な憲法を制定すると直ちに身を引き、国民の尊敬を集めた軍人だった。

トゥーレ氏は二〇〇一年、軍を離れ、政治家としての活動を開始、翌年五月の大統

領選挙で当選した。第一回投票で獲得した票は二八・七パーセントに過ぎなかったが、第二回投票で六四・四パーセントの票を獲得、マリ民主主義連合の対立候補を破って当選した。トゥーレ氏はどの政党にも籍を置いていなかったが、大統領当選後、すべての政党を含んだ国民統合の政権をつくった。

トゥーレ大統領に初めてお目にかかったのは、二〇〇六年一月、ハルツーム（スーダン）で開かれたアフリカ連合サミットに特別ゲストとして参加したときだった。控え室で各国の大統領と談笑していた折、トゥーレ大統領とユネスコのアフリカ担当事務次長チジャーニ・セルポス氏とのやりとりが背後から聞こえてきた。大統領が「松浦事務局長にマリを訪問してもらいたいと思っているが、あなたから頼んでもらえないか」と依頼すると、事務次長は「松浦事務局長ならそこにおります。直接、希望をお伝えになってはいかがでしょう」と答えたのだ。わたしは、すかさず振り返って、即座に「喜んでお受けします」と答えた。大統領も驚かれたに違いない。

二〇〇六年五月、セネガルへの出張後、バマコを訪れ、大統領官邸でトゥーレ氏とじっくり話した。

トゥーレ氏は、軍事クーデターを率いた軍人とは思えないほど腰が低く、明朗な人物だった。ユネスコは教育関係を中心にマリとの協力関係を推進しているが、より一層、関係を強めたいと伝えると、大統領は「教育はまさに力を入れている分野なので、ユネスコの協力を高く評価する」と同調し、意気投合した。二〇〇四年、ソンガイ帝国の最盛期を築いたアスキア[*12]王の墓があらたに世界遺産登録されたことについても評価していただいた。

二〇〇七年五月、トゥーレ大統領は一回目の投票で七一・二パーセントを獲得し、大統領選に圧勝した。四年間の実績を国民は高く評価したのだ。大統領もまた、一二年までの任期をしっかり務められると思う。

---

12 アスキア
アスキア・ムハンマド一世。ソンガイ帝国の最盛期を築いた王。在位は一四九三年～一五二八年。二〇〇四年に世界遺産登録されたアスキア王の墓はマリ共和国ガオ地区にある遺跡で、ピラミッド状の墓、二つのモスク、墓地とその周辺を含む。高さ約一七メートルあるピラミッド状の墓はイスラム建築様式で、植民地化される以前の建造物としては最大級規模のもの。

二〇〇七年九月、ふたたびマリを訪問した。バマコで開催されたアフリカ地域の識字率向上のための会議に出席するためだった。同会議は、アメリカのブッシュJr大統領夫人の呼びかけにユネスコが協力し、〇六年に四〇カ国以上の大統領夫人と教育大臣を招いて開催された世界会議の一環として開かれた。

トゥーレ大統領は、基調演説で「アフリカ開発の行方は、国民の教育水準の向上と密接に関わっている。なかでも、識字率を引き上げることは最重要課題だ」と言明した。

大統領夫人も教育問題には関心が高く、識字率向上のための世界会議に〇六年から出席している。二〇〇八年九月の会議では、ランチを主催したブッシュ大統領夫人とわたしの間の席についた。その結果、幸運にも次のような話を聞くことができた。

「かつては三大帝国によって栄えたマリの文化水準は、独立後の、長期にわたる軍事政権によって、アフリカの中でも遅れに遅れてしまいました。これからの立て直しが急務の課題と位置づけている夫を支え、わたくしも女性の識字率向上を中心に訴えていきたいと思っています」

2009年5月、ユネスコ本部で開かれたアフリカ週間でマリのトゥーレ大統領と　© UNESCO／Michel Ravassard

余談になるかもしれないが、その折、わたしの反対側の隣に座ったのが、フランスのサルコジ*13大統領が再婚したばかりのカーラ・ブルニ夫人だった。大統領よりも堪能な英語で周囲と溶け込んでいたのが印象的だった。「アフリカへはまだ行ったことはないのだけれど」と話す夫人に、わたしは「世

13　サルコジ（一九五五〜）フランス大統領。共和国連合に入党。市長、下院議員、内相、財務相など歴任。父親はハンガリー移民、母親はギリシア移民。フランス初の第二次世界大戦後生まれの大統領。

界遺産の宝庫であるマリがイチオシですよ」と耳打ちした。

親日家のトゥーレ大統領は、二〇〇三年九月の第三回アフリカ開発会議（TICAD Ⅲ、東京）、〇八年五月の第四回アフリカ開発会議（TICAD Ⅳ、横浜）に出席した。

日本は一九九〇年代からマリへの政府開発援助（ODA）に力を入れており、砂漠化防止、食糧、井戸の掘削などの分野で支援してきた。これも余談になるが、九八年のTICAD Ⅱ（東京）の会場で、日本語が堪能なマリ人の女性に会って驚いたことがある。聞けば、井戸を掘るためにマリを訪れていた日本人の技術者と結婚して、北海道で生活しているという。同会議に出席中のコナレ氏にその話を紹介したところ、「日本とマリの友好関係がそこまで進んでいるとは」とうれしそうだった。

マリが「黄金の都」を有していたことは冒頭に触れた。一方の日本は、一二世紀、ヴェネチア出身のマルコ・ポーロの著作『東方見聞録』[*14]によって「黄金の国」と紹介された。「黄金」の縁で結ばれたマリと日本だが、時を経て経済状態には大きな開きが生まれた。かつての「黄金の国」の開発援助によって、「黄金の都」を有したマリに誇りを取り戻してもらいたい。

14　東方見聞録
イタリアの旅行家マルコポーロ（一二五四～一三二四）の旅行記。一二七一年から九五年にかけ、中央アジア、中国を旅し、その体験談を物語作者のルスティケロが聞き取り、書いてまとめた。

Republic of Togo

トーゴ共和国

トーゴ共和国（Republic of Togo）

面積	5万6785平方キロメートル
人口	645万人
首都	ロメ
自然	国土は南北に細くのびる。中央部をトーゴ山地（標高500～600m）が占める。ギニア湾沿岸に湖や沼地が多く、熱帯雨林が広がる。雨季は5～6月。
産業	労働人口の8割以上が農業に従事し、コーヒーや茶、カカオ、スパイスなどを生産している。輸出の半分はリン酸肥料。
民族グループ	エヴェ族（約35%）をはじめ約40の部族からなる
言語	フランス語（公用語）、エヴェ語、カブレ語他
宗教	伝統的宗教67%、カトリック18%、イスラム教10%、プロテスタント5%

＊　＊　＊

日本はトーゴの独立（1960）直後、これを承認。内政の正常化とともに同国の再建に向けて経済・技術協力を再開した（96年）が、援助額は76万ドル（2005年）にとどまっている。日本は主に合成繊維類、セメント、二輪自動車などを輸出（約15億6000万円）、トーゴから綿花、魚介類を輸入（約1600万円）している（いずれも2006年貿易統計）。日本は在コートジボワール大使館が兼轄、トーゴは在中国大使館が兼轄している。

一・サハラ以南アフリカ初のクーデター　オリンピオ初代大統領の暗殺

トーゴはギニア湾に面し、ガーナとベナンに挟まれた南北に細長い国だ。ドイツの植民地だったが、第一次世界大戦でのドイツ敗北の結果、フランスの植民地となった。もっとも形式的には、第一次世界大戦後に設けられた国際連盟の下で委任統治に、第二次大戦後は国際連合の下で信託統治になったのだが、実質的にはフランスの植民地だった。

一九六三年一月一三日、トーゴの初代大統領[*1]シルヴァヌス・オリンピオ大統領が暗殺された。

そのニュースを、赴任地のガーナで聞いたわたしは耳を疑った。というのも、その三週間前、日本政府が西アフリカの仏語圏諸国を対象に派遣した経済使節団の通訳として、クリスマス直前に行われた同大統領との会談の席に臨んだばかりだったからである。当然、フランス語で通訳しなくてはならないのだろうと緊張したが、大統領は「英語でも結構ですよ」と、話しかけてくれた。大統領はドイツ語、ポルトガル語にも堪能だったらしい。会談中も終始にこやかで自信に満ちた立ち居振る舞いが、鮮明に記憶に残っている。

オリンピオ氏は第二次世界大戦後、トーゴの独立運動を推進して一九五八年、首相に選出された。その後、他のアフリカのフランス系植民地と同様に六〇年に完全な独立を果たし、初代大統領に就任したのである。

大統領は当初、内政的には民主的な政治を行っていた。しかし、次第に独裁的な傾向を強め、一党独裁体制を築いて他党を弾圧した。外交的には親西欧政策を掲げ、反西欧路線をとったガーナのエンクルマ大統領と比較すれば、西欧では評判の良い西アフリカの大統領だった。

暗殺に関しての当時の報道によると、オリンピオ大統領は官邸の壁を乗り越え、隣

1　シルヴァヌス・オリンピオ（一九〇二～六三）トーゴの初代大統領。南部のエウェ族を基盤として、反仏運動を展開した。一九五八年、自治政府首相に。六〇年四月の独立後、初代大統領となった。反対派への弾圧を強化したものの、ガーナとの対立から国境を閉鎖、経済混乱を招くなど政権への不満は高まった。六三年、後に大統領として独裁政権を樹立するエヤデマ軍曹が加わった軍事クーデターで殺害された。

接のアメリカ大使館へ逃れようとした際に背後から撃たれたとのことだった。しかし、その後のさまざまな証言によれば、トーゴ軍兵士がアメリカ大使館の敷地内の駐車場に隠れていた大統領を発見、殺害したという。

暗殺の背景には、経済力を持つ南部の部族と、経済的には貧しいが軍を掌握している北部の部族との対立があった。大統領は南部の出身だった。

既に内乱が勃発していたコンゴには望めないまでも、一九五〇年代後半から六〇年代にかけて独立を果たしたアフリカ諸国には、民主主義が根づき、民主的に大統領が選ばれるように願っていただけに、トーゴの血生臭い軍事クーデターには悪い予感がした。その予感は不幸にもあたってしまった。その後、サハラ以南のアフリカ諸国では軍事クーデターが相次いだ。トーゴは、いわばその発火点となった。

一九六三年一〇月に帰国したわたしは、外務省経済局中近東課（実際の守備範囲は、中近東のほかアフリカの英領だった国々以外）で西アフリカの旧仏領の国々を担当していた。

一九六〇年代前半の日本の経済外交の大きな柱は先進国の仲間入りを果すことであり、具体的には経済協力開発機構（ＯＥＣＤ）への加盟とＧＡＴＴ[*2]（関税と貿易に関する多国間協定）三五条に基づいて貿易上の対日差別撤回を求めることだった。

アフリカでは旧宗主国が対日ＧＡＴＴ三五条を撤回する前に諸国が独立を実現した経緯から、特に旧仏領の国々は、対日貿易に対し通常の三倍もの関税をかけていたのである。たとえば、品質に優れた日本の繊維製品はアフリカの女性にも人気は高かったが、高額な輸入関税のため旧仏領の国々の市場へ売りこむ余地はまったくなかった。他方、ガーナのような旧英領ではＧＡＴＴ三五条に則って対日差別を行使せず、貿易関税は通常に据え置かれていたため、日本の繊維製品は広く流通していた。

このような問題を抱えていた一九六四年の春、トーゴの貿易大臣が訪日した。実は、

2　ＧＡＴＴ
(General Agreement on Tariffs and Trade)
一九三〇年代の世界恐慌とそれに伴う保護貿易主義の台頭が第二次大戦の一因となったことを反省し、自由貿易の推進と国際貿易の拡大を目指して多国間の協定締結によって一九四七年一〇月に調印、翌四八年に発足した国際条約。ＩＭＦ（国際通貨基金）、世界銀行と共に、戦後の国際経済を支える重要な柱としてその役割を担ってきた。日本は、五五年にＧＡＴＴへの正式加盟が認められたが、加盟に当たってはイギリスやフランスなど多くの国から三五条（特定契約国間における協定の不適用）対象国とされた。六〇年代に入ってほとんどの国が対日三五条の適用を撤回したが、その代わりに輸入数量制限などの差別措置が日本に対して実施された。

トーゴはアフリカの旧仏領で唯一、貿易上の対日差別を実施していない国だった。ただ、それを継続させるための法的な裏づけはなかった。そこで日本は、貿易大臣に対日差別撤廃の貿易協定調印を提案したのである。

しかし、その後、トーゴからの返答がなかったため、同年一〇月、アフリカ出張の折にトーゴを訪問した。貿易大臣に直接会って質したところ「閣議での了承が得られないため貿易協定を発効させることはできない」という返答だった。

この不本意で苦い経験は、すでに独立国として自由貿易を実施しているとはいえ、旧宗主国の影響がまだ根強いことを物語っていた。

当時は、六三年一月の軍事クーデター後に亡命先のパリから呼び戻された南部出身のグルニッキー[*3]氏が第二代大統領に就任していたが、お会いする機会はなかった。

二、エヤデマ第三代大統領との交流

一九六七年、トーゴに再び軍事クーデターが勃発した。中心人物は、北部出身のエヤデマ中佐だった。五年後の七二年、エヤデマ[*4]氏は大統領に選出された。さらに、七九年、八六年と再選されたものの、九〇年代に入ると民主化の動きが高まり、反政府団体による大規模なデモが発生した。軍はデモを弾圧、多数の死傷者を出して政局は一気に不安定化した。

その後、国民議会選挙では野党が多数を占め内閣を形成。しかし、大統領選挙ではエヤデマ氏が九三年、九八年にも選出され五選を数える長期政権となった。エヤデマ氏の五選を巡って与野党間の緊張は高まっていったが、幸いにも与野党間の合意が成立し、政局は一応、安定した。そして二〇〇三年六月の大統領選挙でエヤデマ氏は六選を果した。

そのような政治状況のなか、一九九九年八月、わたしはユネスコ事務局長選の一環

---

3 グルニッキー
(一九一三~六九)
ニコラ・グルニッキー。一九五六年、トーゴ自治政府の初代首相に就任。六三年、亡命先から帰国し、第二代大統領に。

4 エヤデマ
(一九三七~二〇〇五)
第三代大統領。一九六七年の軍事クーデターで陸軍参謀長だったエヤデマは大統領に就任。三八年間にわたり政権を維持した。

として三五年ぶりにトーゴを訪れた。

エヤデマ大統領は笑顔で迎えてくれた。そして、アフリカ連合（AU）サミットの決議には言及することなく、わたしへの支持を明言した。事前の日本政府の働きかけが効を奏したのだと思う。

事務局長就任後には、トーゴ政府から「他のアフリカ諸国に先駆けて支持を表明したわが国を、アフリカでは真っ先に訪問してほしい」と要請があった。それに応えるべく二〇〇〇年四月、ダカール（セネガルの首都）で開かれた「万人のための教育世界会議」の後にトーゴを訪れた。エヤデマ大統領出身の北部カラ市に赴いたところ、大統領はわたしの当選を心から祝ってくれた。以来、エヤデマ大統領とはパリその他で何度もお会いする機会を得た。

ユネスコは、国民に直接、役に立つ教育および文化面でトーゴへの協力を推進した。EUを中心にドナー諸国が援助を凍結していることもあって、小規模とはいえ、トーゴ政府はユネスコからの援助を評価してくれた。しかし、残念なことに、元気そうに見えたエヤデマ大統領は二〇〇五年二月、心臓発作で急死した。六九歳だった。

三．ニャシンベ第四代大統領の誕生

エヤデマ大統領の子息ニャシンベ[*5]設備・鉱山・郵政大臣は二〇〇五年四月、軍に担がれて大統領選に出馬、当選した。民主的な選挙ではなかったと国際的にもさまざまな批判を浴びたが、大統領は南部を拠点とする複数の野党との和解を進めた。その結果、二〇〇六年九月、全閣僚の半数を野党から選出した北部、南部双方の出身者による挙国一致内閣を成立させた。

二〇〇七年二月、ベナン訪問の直後に車でトーゴに入ると、国境でアボイボ首相（最大野党の党首）らから出迎えを受けた。

5　ニャシンベ
（一九六六～）
父エヤデマの跡を継ぎ、大統領に。テクノクラートから国会議員となり、入閣。

翌日、首都ロメから北へ四二〇キロの地点に位置するカラ市へ向かいニャシンベ大統領とお会いしたときは、迎賓館の前に集まった地元の一〇〇〇人を超える人たちが伝統的な音楽と踊りで歓迎してくれた。

その後、車でさらに北へ進み、二〇〇四年にトーゴで初めて成立した世界遺産、「クタマク、バタマリバ人の土地」[*6]があるクタマク地域を訪れた。そこに居住するバタマリバ人は、タキヤンタと呼ばれる泥でできた塔のような独特な形をした家に住んでいる。住まいにしているばかりではなく、いろいろな儀式も催している。その中央広場で、バタマリバの人々の伝統的な踊りを見せてもらった。これまで脚光を浴びることがなかったトーゴの北部地帯に世界遺産が生まれ、地元民にとっても誇りとなっているのは、エヤデマ大統領の功績だと感じた。

2007年2月、世界遺産「クタマク、バタマリバ人の土地」の碑の除幕式で地元青年たちとともに撮影 © UNESCO

2007年2月、1000人以上の市民による歓迎式典を受けたカラ市で、ニャシンベ大統領と © UNESCO

6 **クタマク、バタマリバ人の土地**

二〇〇四年に登録されたトーゴ唯一（〇九年現在）の世界遺産（文化遺産）。泥を用いたバタマリバ人独特のかたちの家は、ドアは口、窓は目など、建物の造りと人体に照応関係があり、彼らの宗教観を表している。

世界遺産だけではない。エヤデマ大統領が北部の開発を進めるにあたって中心的な事業に位置づけたのが、カラ市への大学建設だった。トーゴには一九七〇年に設立されたロメ大学しかなかった。

二〇〇〇年四月の訪問時に広大な建設用地を見せてもらい、ユネスコもトーゴ政府と協力して大学建設のための資金集めに奔走した。しかし、トーゴのイメージも反映されドナー諸国からの資金集めは困難を極めた。それでもニャシンベ政権下で四年前から本格的な準備がはじまり、〇七年二月に名誉博士号を授与された折には、ICT[*7]教育におけるユネスコ講座を設けることを大統領に約束した。

晴れてカラ大学が開校したのは二〇〇九年一月である。ロメ大学では六〇〇〇〇人の学生数枠を大幅に超えた一万四〇〇〇人が学んでいると聞いている。ユネスコの調べ（〇六年）ではトーゴの一五歳以上の国民の識字率は五三パーセントだったが、エヤデマ大統領の念願だったカラ大学の誕生が国民の教育レベルを、一層、押し上げ、トーゴに明るい未来をもたらすことを願ってやまない。

ところで、エヤデマ大統領はニャシンベ・エヤデマという名前だったが、通常、エヤデマ大統領と呼ばれていた。他方、ニャシンベ大統領はフォール・ニャシンベという名を用いており、エヤデマという姓は使用していない。エヤデマ大統領の息子であることは周知の事実ではあるが、できるだけその事実を表に出さないようにしている。それは、息子でありながらも父の独裁的な傾向を廃し、北部と南部のさまざまな部族間の融和を図ろうとする決意のあらわれといえる。現にニャシンベ大統領は与野党からなる国民和解内閣を設置し、全国的な規模で国民の一体化を推し進めているのである。

故エヤデマ氏には複数の妻がいたと言われている。ニャシンベ大統領の母親は南部出身である。北部出身の父親と南部出身の母親の間に生まれたニャシンベ氏は、南北の融和を図るに相応しい大統領といえるであろう。そうした期待を息子にかけ、故エ

---

7 ICT
(Information and Communication Technology)
教育　情報、通信技術への教育

ヤデマ氏は早くからニャシンベ大統領を自らの後継者と考えて育ててきたのではないか。

父エヤデマ氏の遺志を継いだ国内の南北融和策は評価され、フランスのサルコジ大統領は二〇〇八年一一月、ニャシンベ大統領と面会した。その前日、パリ市内のホテルで大統領に会ったが、晴れがましい笑顔をしていた。旧宗主国との関係改善がアフリカの国々にもたらす効果の大きさを、改めて認識させられた。

Republic of Benin

ベナン共和国

ベナン共和国（Republic of Benin）

面積	11万2622平方キロメートル（日本の約3分の1）
人口	866万人
首都	ポルトノボ
自然	ギニア湾に面した南北にのびる細長い国。ベナン湾一帯は高温多湿の熱帯雨林気候で、雨期は4～6月と9月下旬～10月下旬の年2回。中部はサバナ気候、北部は乾燥気候。
産業	農業が中心。労働人口の約5割が綿花生産に携わっているといわれる。そのほかパームオイルなど。地下資源は少ない。
民族グループ	フォン族、ヨルバ族（南部）、アジャ族（モノ、クフォ川流域）、バリタ族、プール族（北部）、ソンバ族（アタコラ山地、トーゴ間）等46部族
言語	フランス語（公用語）
宗教	伝統的宗教65%、キリスト教20%、イスラム教15%

＊　＊　＊

日本側は、在コートジボワール大使館が兼轄。ベナンは2002年、在京大使館を開設した。二国間の関係は良好で、経済協力も進展をみせている。ボニ・ヤイ大統領は2006年7月にアフリカを除く初の海外公式訪問として訪日。また2008年5月のアフリカ開発会議（TICAD）IVにも参加する等、日本への関心を寄せている。

一．独立と軍事クーデターの頻発による政治の不安定化

ベナンはナイジェリアとトーゴに挟まれたギニア湾に面した国である。トーゴ同様、南北に細長く、面積は日本の約三分の一（約一一万三〇〇〇平方キロ）で人口は八六六万人（二〇〇八年）。他の旧フランス領植民地と同じように一九五八年にフランス共同体の一員として自治権を得、六〇年八月に独立を達成した。

当初は「ダホメ共和国」と名乗っていた。かつて、現在のベナンの中部に位置するアボメに首都を置くダホメ王国という国が、広大な地域を支配していたからである。一七世紀からフランスに滅ぼされる一九世紀の終わりまで王国は栄えた。

ギニア湾に面する他の国々と同じように、ベナンにも一五世紀にまずポルトガル人が渡来し、一七世紀にはヴォルタ川からニジェール川デルタ地帯にかけてを「奴隷海岸」と呼んだように、ダホメ王国との間で奴隷貿易が積極的に展開された。一八〜一九世紀には、ガーナ周辺の「ゴールドコースト」を拠点に商業活動を展開していたイギリス人やデンマーク人も訪れた。一九世紀の半ばには、奴隷貿易の抑圧を目的に、イギリスは一時期、拠点を築いた。しかし、普仏戦争[*1]で敗北を喫したフランスが帝国植民地の拡大で国力の巻き返しを図ろうと奴隷海岸に進出、一九世紀末の激しい戦いでダホメ王国を滅し、一八九四年にフランスの植民地とした。

ガーナに在勤していた一九六〇年代前半、日本大使館はダホメを正式には管轄していなかったが、三、四度、訪れる機会があり、政情に注意しながらフォローしていた。

同国の経済は、綿花の輸出に頼る典型的なモノカルチャー構造だったが、初代マガ大統領の下で政治はそれなりに安定しているという印象を持った。しかし、トーゴの項で書いたように、一九六三年一月にトーゴで起こった軍事クーデターを見て、これが他の西アフリカ諸国に広がっていくのではないかと懸念した。まさしく、ガーナを離れた六三年九月の一カ月後にダホメで軍事クーデターが勃発し、マガ政権が倒され

1　普仏戦争
一八七〇年七月から翌七一年五月、ドイツ統一を目指すプロイセン王国（後のドイツ帝国）と、これを阻もうとする第二帝政期のフランスとの間で行われた戦争。一八六八年に空位となったスペイン王位継承問題をめぐり、プロイセンとフランスに齟齬が生じたのが発端。フランス側が開戦したがプロイセンが圧勝し、ドイツ帝国の成立を宣言した。敗れたフランスは、アルザス-ロレーヌを割譲、第二帝政は崩壊して第三共和制が成立した。

たという知らせを聞いた時、予感が的中したことを残念に思ったのをよく覚えている。

その後、ダホメでは五回にわたって軍事クーデターが起こり、一九七二年には六度目のクーデターがあった。指揮したのは、マチュー・ケレク[2]司令官であった。同氏がクーデター直後に樹立した軍事政権は、その後、一九年間、続いた。

ケレク政権はマルクス・レーニン主義を志向し、国名をダホメ共和国からベナン人民共和国に変えた。経済面では国有化を進めたものの、結局、国営化路線は行き詰まった。一九八〇年代の後半から世界銀行（世銀）や国際通貨基金[3]（ＩＭＦ）と手を結んで構造調整政策をはじめた。その間、ケレク政権に対しも何度か軍事クーデターが企てられたが、いずれも失敗した。ケレク氏は国民議会により二度にわたり大統領に選出されているが、国民議会自体が民主的に選ばれた議員から成り立っているわけではなかった。

二．ソグロ大統領とＴＩＣＡＤ

構造調整政策のもとでの厳しい経済運営やケレク政権の独裁的な傾向に対し、国民の間では一九八〇年代後半から不満が高まった。そして、ついにベナンの中心都市コトヌーにあるカトリック教会のデスーザ大司教が乗り出した。九〇年二月に国民会議が開かれ、世銀とＩＭＦでエコノミストとして働いていた経験を持つニセフォーレ・ソグロ[4]氏を首相とする臨時政権が誕生したが、大司教はその陰の立役者だった。

余談になるが、同国のカトリック教会は、アフリカでは最も高い地位についたベルナダン・ガンタン[5]枢機卿（教皇に次ぐ位）を輩出したことでも知られる。ローマ教皇のヨハネ・パウロ一世の逝去（七八年）に伴う後継者選びでは、名前が挙がるほどの実力者だった。

二〇〇七年二月、ユネスコ事務局長として二度目の同国公式訪問の折、ガンタン枢

2　マチュー・ケレク
（一九三三〜）

一九七二年のクーデターによって、大統領に就任。一度は民主大統領選挙に敗れ下野したが、一九九六年、二〇〇一年に再選され、二〇〇六年まで任期を務めた。就任当初は軍事独裁色を強く出していたが、再選以降はベナンの市場経済化をすすめ、アフリカ諸国にも平和維持部隊を派遣するなどした。

3　国際通貨基金（ＩＭＦ）
(International Monetary Fund)

為替相場の安定と自由化、国際収支の均衡を図ることを目的に、ブレトンウッズ協定に基づき一九四五年設立された国際金融機関。本部はアメリカのワシントンに置かれている。日本は一九五二年に加盟。

4　ニセフォーレ・ソグロ
（一九三四〜）

一九九〇年から翌九一年までベナン首相を務め、一九九一年から九六年までは大統領職に就いた。二〇〇三年からコトヌー市長。生まれはトーゴで、パリ大学を卒業後、叔父であるクリストファ・ソグロ大統領の下で働く。ケレクによるクーデターの

機卿を表敬訪問した。ご高齢で椅子から立ち上がるのにも苦労されるというご様子であったが、デスーザ大司教が中心となって民主主義を定着させる国民会議開催のきっかけをつくったことに敬意を表したところ、大変、喜ばれた。しかし、その一年三カ月後に八六歳で亡くなられた。

一九九〇年一二月、複数政党制を盛り込んだ新しい憲法が国民投票により圧倒的多数で認められた。それを受けて九一年三月、大統領選挙が実施された。第一ラウンドでは、臨時政権で首相を務めていたソグロ氏が三六・三パーセントの支持を得て一位になった。しかし、過半数に達しなかった。そのため、二位のケレク氏との間で第二ラウンドの決選投票が行われた。その結果、ソグロ氏が六七・七パーセントの支持を獲得、ケレク氏を破り、四月、大統領に就任した。

アフリカ諸国では一九六〇年代から八〇年代にかけ、繰り返されるクーデターによって次々と軍事政権が樹立されたが、ベナンでは以上のような経過をたどり、アフリカでは初めて民主的な大統領選挙によって大統領が選ばれた。しかも、ソグロ氏が打ち負かした相手は、一九年間にわたって軍事政権を敷いたケレク氏だった。南アフリカでは、マンデラ氏の釈放およびアパルトヘイト政策の終わりに向けての動きが出てきた時でもあり、ベナンにおける民主的な大統領の誕生は、九〇年代に入ってからアフリカで始まった「民主化の波」の嚆矢となった。

日本の対アフリカ外交としては画期的な試みであった、アフリカ開発会議[*6]（TICAD）の第一回会合は一九九三年一〇月、東京で開かれた。

当時、外務省の外務審議官であったため、TICADの事務局長的な役割を担うと同時に、細川護熙[*7]総理の補佐も務めていた。

TICADにはアフリカから五人の大統領が出席したが、民主的に選ばれたのはソグロ大統領とマシーレ大統領（ボツワナ）の二人だった。なかでも、ベナンで臨時政

際は出国し、国際通貨基金、世界銀行に勤務した。

5　ベルナダン・ガンタン
（一九二二〜二〇〇八）
カトリック教会枢機卿。一九八八年に、ルフェーブル大司教以下六名の司教が行った司教聖別（神聖な用にあてるために、一般的・世俗的使用から区別すること）を離教行為であるとし、カトリック教会法一三八二条による「自動破門」に当たると宣言したことで知られている。

6　アフリカ開発会議（TICAD）
アフリカの開発をテーマとする国際会議。一九九三年以降、日本政府が主導し、国連や国連開発計画（UNDP）及び世界銀行などと共同で開催している。五年に一度の首脳級会合に加え、閣僚級会合なども開催し、二〇〇八年五月には横浜で四回目となるTICAD Ⅳ（第四回アフリカ開発会議）が開催された。通称は日アフリカサミット。

7　細川護熙
（一九三八〜）
元首相。朝日新聞記者から参院議員に。熊本県知事を務めたの

権の首相に担ぎ出されるまでは、世銀とIMFでエコノミストとして働いていたソグロ大統領のスピーチには注目が集まった。期待に違うことのない印象深い内容だったので、要約して紹介しておきたい。

「アフリカ諸国が民主主義を確立するためには、手堅い経済運営が求められている。そのためには、それぞれの国が抱えている問題を、まず自らの手で解決する努力が必要だ。しかし、アフリカは、さまざまな経済的困難を抱えており、先進国の援助が非常に重要だ。なかでも、日本には大きな期待を寄せている」

第一回TICADで採択された東京宣言には、大きな柱の一つとして、アフリカ諸国が各々抱えている問題解決のための自助努力の必要性（民主主義の確立、しっかりした経済運営の確立）が盛り込まれることになった。それは、なんと言っても、ソグロ大統領がスピーチで強調したからに他ならない。

東京宣言では他に、東西冷戦の終結後の国際社会においてアフリカに対する関心が薄れ、特に西側諸国の対アフリカ経済支援が減少傾向にある一方で、アフリカでは民主化の波が渦巻き、各国は真剣に経済運営に取り組もうとしていた。そのような状況に鑑み、アフリカ支援の重要性が広く強調された。

TICADは、まさにグッド・タイミングで開かれ、かつ画期的な会議だった。アフリカ諸国が、自助努力に対する国際社会の援助を求めている状況において、日本が外交的イニシアティブをとったこの会議には、アフリカ四八カ国、五人の大統領のほか、首相や閣僚など約二〇〇人が集まった。

一九九六年三月の大統領選挙は、再びソグロ氏とケレク氏の対決になった。第一回投票ではソグロ大統領がケレク氏を上回ったが、過半数に達していなかったため決選投票にもちこまれた。その結果、二位・三位連合を実現させたケレク氏が五二・五パーセントの支持を得てソグロ大統領を破った。二〇〇一年三月の大統領選挙でも、三た

ち、再び参院議員、さらに衆院議員に。八党派連立により、一九九三年、第七九代内閣総理大臣就任。

びソグロ・ケレク対決になった。現職のケレク大統領が第一回ラウンドで一位を占めたが五〇パーセントに達しなかったため、二位のソグロ氏と第二回ラウンドに進む予定だった。しかし、ソグロ氏は、民主的に投票が行われる保証はないとしてボイコットしたため、ケレク氏はやすやすと当選を果たした。

もっともソグロ氏は政治から身を引いたわけではなかった。二〇〇三年二月、同国の最大都市コトヌー市の市長選に打って出て、当選したのである。憲法上の首都はポルトノヴォだが、コトヌー[*8]市は人口が最も多く、経済の中心であり、国会や最高裁判所も置かれ、いわば首都機能を備えている。ソグロ氏は、二〇〇八年にも市長に再選された。

ソグロ氏はコトヌー市長として二〇〇九年三月、ユネスコ本部を訪れた。久し振りの再会だった。わたしは改めて「一九九三年の第一回ＴＩＣＡＤでのスピーチは、いまだに忘れられない」と伝えたところ、ソグロ氏から嬉しい言葉をいただいた。

「自分にとっても第一回ＴＩＣＡＤへの出席はとても重要な思い出になっている。最近、アフリカでも大統領のＯＢ会があって、ボツワナのマシーレ氏にもよく会うが、今もわれわれは、あの会議をこう振り返るのです。東西冷戦の終焉とともに東側も西側もアフリカから目を離しつつあった時期に、日本はアフリカに注目し、国際社会全体を引っ張ってくれたことをアフリカは決して忘れないだろう、と」

ソグロ氏が訪ねてきた直接の理由は、かつて奴隷貿易の拠点となっていたコトヌー市郊外のウイダ[*9]海岸を世界遺産に登録したい、という相談だった。何十万というアフリカ人奴隷が、当初は北米大陸に向け、ついでカリブ海諸国、南米（なかんずくブラジル）に向け送り出されたウイダ海岸には、大きな記念碑が建てられている。しかし、残念なことに、当時の建物やモニュメントが一切ない。世界遺産に認定されるためには、たとえば、ガーナのように、奴隷を送り出した古いお城などのようなものが必要なのだ。

8　コトヌー
ベナン共和国の事実上の首都（憲法上の首都は約二五キロメートル北東に位置するポルトノボ）で、人口は約七六万人（二〇〇六年）。ベナンの代表的な国際港湾都市で、物資の集散地としての役割を果たしている。国会や最高裁判所などの首都機能のほか、国立ベナン大学も置かれ政治・経済・文化の中心を担う。

9　ウイダ海岸
ベナンの事実上の首都であるコトヌーにあり、ベナン湾に面している。一九九二年にベナンの国教となったヴォドゥン（ヴードゥー教）の信仰の中心地であると同時に、周辺地域の人々が奴隷として送り出された奴隷海岸としての歴史的経緯も持つ。

それでも、ベナンの人々にとっては、忘れがたい歴史のひとこまを象徴する場所なのだ。ソグロ氏もそこにある小さな博物館を拡充したいと考え、ユネスコの協力を要請してきた。二〇〇二年一一月にユネスコ事務局長としてベナンを訪問した折、ウイダ海岸に出向いたことがある。ソグロ氏の願いがよく分かったので直ちに協力を約束した。

現在、ユネスコでアフリカ担当事務局長補を務め、わたしと二人三脚でユネスコの対アフリカ協力関係の推進にあたっているのが、ベナン出身のチジャーニ・セルポス氏である。同氏は一九九〇年代の前半、ソグロ政権時代に大統領補佐官を務め、その後、ベナンのユネスコ大使、さらにユネスコ執行委員会の議長も務めた。一九九九年一一月、ユネスコ事務局長に就任した時には既にアフリカ担当事務局長補のポストにあったが、政治的なポストでもあり、様子をみてからという意味で一年間の契約更新にとどめた。しかし、その後、わたしには欠かせないスタッフとなり、この一〇年間、同じポストで一緒に仕事をしてもらっている。

三、ケレク第三代大統領とダホメ国王との出会い

ケレク大統領に初めてお目にかかったのは、一九九八年一〇月、東京で開かれた第二回ＴＩＣＡＤの時だった。しかし、正直に言って、ユネスコ事務局長選を控えていたため、ユネスコ執行委員会のメンバー国ではなかったベナンの優先順位は、わたしにとっては高いものではなかった。大統領とは単に挨拶を交わしたに過ぎなかった。

その後、大統領と実質的な会談を持ったのは、ユネスコ事務局長としてベナンを公式訪問した二〇〇二年一一月のことである。実は、この会見は、最初から険悪な雰囲気の下で開かれた。というのも、ユネスコで進めていた新しい分権化政策の一環として、ベナンにあったユネスコの一人事務所を閉鎖し、ガーナの在外事務所に吸収させ

ることを決めたからだった。開発途上国での活動を強化するためにも、一人事務所を合併した拠点を設けることで効率化を図る意味合いがあったのだが、ベナンから見れば、設立したばかりの事務所を閉鎖することになり、大統領は不満だったのである。

　大統領との会談に先立ち、ユネスコの意図するところを理解してもらおうと、前述のセルポス事務局長補をベナンに派遣したが、大統領は一週間以上、同氏との面会を拒否、ようやく面会が叶っても、説明に全く耳を貸さなかったという。

　さすがのケレク大統領も、わたしとの会談では話を聞いてくれた。

「形だけの事務所を存在させるよりも、ユネスコは教育や文化の分野でしっかり協力したいと考えている。たとえば、具体的には、アボメイ[10]に残っているダホメ王国時代の王宮の復旧事業を取り上げる。また、教育についても協力する用意がある」

世界遺産「アボメイの王宮群」 © UNESCO ／ Jean O'Sullivan

　このように伝えたものの、大統領は終始、険しい表情を変えることはなかった。そして、「事務所の閉鎖はユネスコのプレゼンスの解消を意味する」との主張を続けた。

　軍人出身で堂々たる体格の大統領は、会見の間中、いわば睨みつけるような表情でわたしを見据えたままだった。どう説明しても納得してもらえず、今から考えても、アフリカにかぎらずメンバー国の首脳との会談のなかでは、この九年間で最も厳しい会談であった。

　しかし、ベナン訪問では楽しい局面もあった。日本の信託基金によってユネスコが復

10　アボメイ
かつてのダホメ王国の首都。フォン族によって一七世紀の半ばから一九世紀後半に建てられたとされる王宮群が残る。一九八五年、世界遺産に登録。

旧事業を始めることで基本的に合意した、ダホメ王国のかつての王宮があったアボメイを訪れたときである。元警官だったという〝ダホメ国王〟が、伝統的な王の衣装で大歓迎してくれ、「国王」である大酋長から、わたしは酋長に任命してもらったのである。ダホメ王国を形成していたフォン族の大酋長が、現在、象徴的な意味合いでの「国王」も兼ねているのだ。

ちなみに、その後、わたしはコートジボワール、リベリア、ガーナなどでさまざまな部族から酋長に任命された。

大酋長は、常に一二～三人の女性に囲まれていた。かなり年配の婦人から、二〇代初めと思われるような若い女性も交じっている。どう見ても一〇代の幼さが残る少女がいたので「こちらは、あなたのお嬢さんですか」と尋ねてみると、大酋長はにこりとして「いや、ここにいるのはみな、わたしの妻ですよ」と自慢げに答え、さらに提案をもちかけられた。「あなたもダホメ王国の酋長になったのですから、アボメイに居を構えることになれば、若い妻を何人も娶ることができますよ」。とっさに言葉が出なかったが、「残念ながら、ユネスコ事務局長という重責にあり、ダホメ王国にとどまるわけにはいかないので」と丁重にお断りした次第である。

ベナンの大統領選挙は、二〇〇六年三月に行われることになっていた。憲法上、大統領の三選は禁止されており、候補資格者は七〇歳未満という条件も設けられていた。ケレク大統領は一九三三年九月の生まれで既に七〇歳を越えていたにも関わらず、憲法改正によって、この二つの制約を取り除こうと根回しを図ったものの、強い反対を受けて断念したという。

もう一度、ケレク大統領に会い、ベナンにおけるユネスコのその後の活動について説明したいと思っていたが、その機会には恵まれなかった。

四　ボニ・ヤイ第四代大統領との交流

このような経緯から、二〇〇六年三月の大統領選挙にケレク氏は参加しなかった。選挙戦は、二六人の候補者で戦われた。第一ラウンドで三二パーセントの支持率を得てトップになったのはボニ・ヤイ氏[*11]であった。同氏はベナンおよびセネガルで教育を受けた後、フランスに留学しパリ大学で経済学の博士号を取った経済通である。その後、ソグロ大統領の下で金融担当の補佐官、西アフリカ開発銀行[*12]の総裁などを歴任した。ヤイ氏は、第二回の決選投票で七五パーセントの高支持を得て当選、四月にベナン第四代大統領に就任した。

ボニ・ヤイ大統領が最初の海外訪問先に選んだのはフランスだった。二〇〇六年六月、その機会を利用してユネスコ本部にもおいでになったので、今後のユネスコの対ベナン協力について十分、時間をかけて話し合った。大統領が最も力を入れて話されたのは教育問題だった。

「これまではケレク氏の下で教育はないがしろにされていたが、わたしは教育が国づくりの基礎だと考える。天然資源に全く恵まれていないベナンにとって、唯一の資源といえるのは、人的資源である。そういう意味では、日本の近代化の過程に学んで、ベナンも教育投資をしっかり進めていくことが最重要課題だと考えている。教育改革をしっかりと進めるうえで、ぜひユネスコの協力を得たい」

大統領の申し出にわたしは賛同し、互いにすっかり意気投合した。ボニ・ヤイ氏が大統領になったのを心から嬉しく思った。

ベナン経済の中核は農業生産、なかんずく綿花栽培である。したがって、綿花の国際価格の動向によってベナン経済は大きな影響を受ける。もう一つの大きな収入源はコトヌー港の港湾サービス料である。コトヌー港は、ベナンのみならず、北の隣国ニジェールにとっても重要な海への玄関口になっている。ベナンの一人当たりの国民総

11　ボニ・ヤイ
（一九五二〜）
第四代大統領。一九八〇年から八八年まで、ベナン中央銀行で働き、その功績によって一九九四年、西アフリカ開発銀行（西アフリカ諸国中央銀行）の社長に就任。二〇〇六年の大統領選挙で当選。

12　西アフリカ開発銀行
一九六二年に設立された、西アフリカ経済通貨同盟（UEMOA）八カ国によって構成される中央銀行。発行通貨はCFAフラン。本部はセネガル共和国の首都・ダカール。

所得（GNI）は、六九〇ドル（二〇〇八年）で、ガーナの六七〇ドル（同年）とほぼ同じレベルであるが、ガーナに比べれば経済基盤はとても脆弱である。にも拘らず、教育への投資をしっかり進めることを国家政策の大きな柱に据えたヤイ大統領の覚悟は、たいしたものである。

言葉だけにとどまらず、ヤイ大統領はすぐに実行に移った。初等教育の充実を図るために小学校及び幼稚園の授業料を無料にする処置を取ったのだ。世界全体でみると、初等教育で授業料を徴収している国はまだ七〇カ国以上もあり、ユネスコはこれらの国々に無料化を提唱している。しかし、財政上の理由からすぐには応じられないという状況である。そういうなかで、ベナンが先陣を切ったことは大きな評価に値することだった。わたしは、直ちに大統領に電話をかけ、その勇断を称えた。

ヤイ大統領とは、その後、ニューヨーク（国連総会）、アディスアベバ（アフリカ連合サミット）[*13]等でお会いした。また、ベナンを訪問して欲しいと申し出ていただいたので二〇〇八年二月に出向き、大統領の肝煎りで開催された国内の教育指導者を集めた教育会議に出席、大統領に続いてわたしもスピーチした。

さらに二〇〇八年五月に横浜（TICAD Ⅳ）、同年九月にニューヨーク（国連総会）でもお会いしたが、〇九年二月にリビアの首都トリポリでユネスコが開いた会議には、サハラ砂漠周辺諸国で構成している経済機構「サヘル・サハラ諸国共同体（CEN—SAD）」[*14]（拠点はトリポリ）の議長として出席していただいた。同会議は、アフリカから八つの地域経済機関の事務局長とアフリカ連合委員会の委員、リビアのカダフィ指導者（アフリカ連合議長）を集めたものだった。

二〇〇九年四月のユネスコ執行委員会は、教育を重点的に議論することになっていたので、ヤイ大統領にスピーチをお願いしたところ、その後の進展を明かしてくれた。

「わが国では幼稚園教育と初等教育の授業料を廃止した結果、小学校については生徒

13　アフリカ連合
アフリカ統一機構が、発展改組して発足した。本部はエチオピアのアディスアベバ。アフリカの一層高度な政治的経済的統合の実現及び紛争の予防解決への取組強化のための地域統合体である。アフリカ諸国と諸国民間の一層の統一性及び連帯性の強化、アフリカの政治的経済的社会的統合の加速化、アフリカの平和と域内紛争や独裁政治の根絶、安全保障及び安定の促進、民主主義原則と国民参加統治の促進、持続可能な開発の促進、教育及び科学等での協力、グローバリゼーション時代におけるアフリカ諸国の国際的な地位向上、等を目指している。

14　サヘル・サハラ諸国共同体（CEN—SAD）
かつてのアラブ民族運動の中心人物であるリビアのムアンマル・カダフィ大佐の呼びかけによって一九九八年に設立された、地域協力の推進を目的とする共同体。加盟国は、サヘル（サハラ砂漠南縁部、主に西アフリカ）およびサハラ地域二三カ国。

数が一気に二、三割増加し、教室や教師が不足するという状況が続いており、その対応に追われています。また、中学校と高校教育の授業料も廃止しました」

アフリカも経済危機の煽りを受けているだけに、予想以上のスピード改革に驚いた。前述のように、ベナンは苦しい経済状況から海外援助に頼らざるを得ないが、教育に関してはユネスコの助言を得て改革を着実に進め、具体的なプロジェクト実施にあたっては、諸外国の支援を有効に充てている。まさに、国際協力を活用した国づくりが結実しているケースだろう。

ユネスコ執行委員会でスピーチをお願いした折には、ヤイ大統領と一対一で長い時間、意見を交わす機会に恵まれた。大統領はこんな苦い経験も明かしてくれた。それは、汚職対策についてであった。

2009年4月のユネスコ執行委員会でボニ・ヤイ大統領の訪問を受けた　© UNESCO ／ Andrew Wheeler

「アフリカにおいて、よき統治（Good Governance）を確立する必要があるが、残念ながら、大統領に就任したときにはベナンでも汚職がはびこっていた。汚職は一つ一つ退治してきたが、その結果として、汚職を頼りにしてきた国会議員や役人達を敵に回すことになってしまった。したがって、来年の大統領選挙には出馬するつもりではいるが、かなり反動が出るかもしれない」

わたしは「汚職対策を進めることは非常に重要なことで、ベナンの国民がそれをしっかり評価し、ぜひ来年、あなたを再選させて欲しいと願っている」と伝えた。また、この三年間の大統領の教育への多大な尽力に敬意を表すと、大統領から「ユネスコの協力に、とても感謝している」と述べていただいた。

ボニ・ヤイ大統領は、フランスの大学で経済学の博士号を取得しているだけあって経済問題に強く、また、非常に実務的な政治家である。決してカリスマ性を備えたタイプではないが、同大統領のような手堅い指導者を、多くのアフリカの国々は必要としている。

Burkina Faso

ブルキナファソ

ブルキナファソ（Burkina Faso）

面積	27万4200平方キロメートル（日本の約0.7倍）
人口	1,520万人
首都	ワガドゥグー
自然	標高400メートルほどの高原が中央部に位置する地形。北部はニジェール水系の半砂漠、南部はボルタ水系のサバナ気候に分かれる。雨季は、南部が４～10月、北部が６～９月。
産業	農業と牧畜が主な産業。農業は、綿花、ゴマ、キビ、モロコシ、マメなど。石鹸や化粧品などに使用されるシアバターの実も生産される。牧畜は、ヒツジ、ラクダ、ヤギなど。近年は砂漠化の進行と旱ばつにより不振が続いている。
民族グループ	モシ族、グルマンチェ族、ヤルセ族、グルーシ族、ボボ族等
言語	フランス語（公用語）、モシ語、ディウラ語、グルマンチェ語
宗教	伝統的宗教57%、イスラム教31%、キリスト教12%

＊　＊　＊

日本との関係は極めて良好。1962年、仏語圏アフリカ諸国のなかで、最初に東京に大使館を設置。一時期閉館はあったものの、1994年より再び大使館を置く。日本は、在ブルキナファソ大使館を2009年1月に設置したばかり。日本からの輸出はダンプカー、再輸出品等。ブルキナファソからの輸入は主に採油用種（ゴマ）。日本は過去に、視聴覚機材や柔道器材なども供与している。

一．上ヴォルタ初代大統領の大きすぎた対日期待

現在のブルキナファソは、ガーナに在勤していた当時、「上ヴォルタ」と呼ばれていた。その国名は、ガーナを通ってギニア湾に流れこむヴォルタ川の上流に位置することに由来する。南はガーナ（そのほかコートジボワール、トーゴおよびベナンとも国境を接する）、北東はマリ、北西はニジェールと、ぐるりと六カ国に囲まれている。

国土の面積はガーナよりも若干広い（約二七万四〇〇〇平方キロ）が、大半がいわゆるサバンナ地帯で、農耕には適さず、灌木が点在する地帯だ。天然資源にも恵まれていないため、主たる産業は農業と牧畜である。農産物としては、落花生、綿花、さとうきび等を生産している。

ブルキナファソは、アフリカでも最も貧しい国のひとつで、一人当たりの国民総所得（ＧＮＩ）は四八〇ドル（二〇〇八年）である。人口はガーナの五分の三の約一五二〇万人（同年）。より豊かで、ブルキナファソ同様、フランス語を公用語とする隣国コートジボワールに、多くの国民が出稼ぎに赴いている。

上ヴォルタは一九六〇年、アフリカにおける他のフランス領植民地とともに、フランスとの合意の下に独立を宣言した。その二年前の五八年の時点では、フランスはまだこれらの国が完全に独立することには賛成しておらず、強引に独立宣言をしたギニアを冷たく突き放した経緯があった。しかしながら、アフリカ・ナショナリズムが高まるなかでフランス共同体は行き詰まり、こうした国々が完全に独立することを認めないわけにはいかないと判断し、六〇年に一斉に独立宣言を承認したのである。故に、六〇年は「アフリカの年」[*1]として知られている。さらに翌年、独立を果たした各国は早くも国連に加盟した。

上ヴォルタの独立記念式典は一九六一年一二月に行われ、上司の中川進大使が外務本省からの指示で式典に出席した。ガーナに着任してまだ日の浅かったわたしは、同

1　アフリカの年
アフリカ大陸で多くの国が独立した一九六〇年のこと。このとき誕生した独立国は、ソマリランド（のちソマリアに統合）、ソマリア、モーリタニア、チャド、ニジェール、マリ連邦（のちマリとセネガルに分裂）、コートジボワール、上ヴォルタ（現在のブルキナファソ）、トーゴ、ダホメ（現在のベナン）、ナイジェリア、カメルーン、中央アフリカ、コンゴ（現在のコンゴ民主共和国及びコンゴ共和国）、ガボン、マダガスカル。

大使の記念式典出席についての長い報告書を興味深く読んだのをよく覚えている。

最も印象に残ったのはガーナとの比較だった。ガーナでは、赴任した一九六一年九月の時点では法務大臣はまだイギリス人だったが、しばらくして離任し、ガーナ人が同ポストに就任した。ガーナ政府の要職をイギリス人が占めるようなことは全くなかった。他方、上ヴォルタでは、政府、さらには軍の枢要なポジションはフランス人が握り、政府および軍を取り仕切っているという印象を持った、と記されていた。

最近、外務省の外交史料館でこの報告書を入手することができた。二九ページに及ぶ詳しい報告書で、あらためて目を通してみると、当時の独立記念式典の様子が、いろいろなエピソードを交えて詳しく書かれてあり、懐かしかった。中川大使は、ガーナとの比較において、上ヴォルタにはフランス人（タイトルとしては技術顧問）が二五〇〇人（家族を含む）もいることに驚かれている。

その後、わたしが訪れたギニアでは、フランスのド・ゴール大統領が掲げた「共同体」構想に猛反発して独立したという経緯からフランス人の技術顧問がいなかったのは当然であり、形だけフランスと合意して独立したマリでも技術者はあまり目立たなかった。しかし、ギニアおよびマリを除けば、上ヴォルタで中川大使が見たような状況は、西アフリカの旧フランス領においては、どこでも見られた。

上ヴォルタの情勢は在ガーナ大使館がフォローしていたが、正式には兼轄しているわけではなかった。一九六二年三月、マリに中川大使の信任状奉呈に同行したとき、ガーナのアクラから出発した飛行機（ソ連製のイリューシン14）はタマレ（ガーナの北部）、ワガドゥグー（上ヴォルタの首都）、ガオ（マリ）、バマコ（マリの首都）へ立ち寄った。

一五世紀から栄えたモシ王国[*2]の王宮やモスクが建っているワガドゥグーに降り立った時は、ちょうど昼時だった。われわれ一行は、数少ない近代的な建物のひとつで、唯一、外国人が泊まれるホテルに案内され、そこで昼食をとった。ワガドゥグーは、ガーナ

2 モシ王国
ブルキナファソを中心とするサバナ地帯に居住するモシ人が、一五世紀中頃（一一世紀という説もあり）に建国した王国。強大な騎馬軍を有し、当時勢力をふるっていたソンガイ帝国からも独立を守ったとされている。やがて、現在のブルキナファソの首都・ワガドゥグーを都とする中部モシのほか南北モシの三国に分かれる。一九世紀後半、フランスによる植民地支配を受けるが、間接統治により王の権力は残された。

の田舎の一集落のような感じだった。残念ながら、上ヴォルタを訪れたのはその時だけである。

中川大使の報告書にも記載されているが、当時、上ヴォルタ初代大統領のモーリス・ヤメオゴ[*3]氏は日本との協力推進に大きな期待をかけていた。大統領の考えを踏まえ、上ヴォルタは一九六二年、フランス語圏アフリカ諸国として初めて東京に大使館を開設した。日本は英語圏のアフリカ諸国、特に東アフリカのケニア、タンザニア、ウガンダとの経済関係を先行し、フランス語圏アフリカ諸国の関係はまだ疎遠だったため、上ヴォルタが先頭を切って大使館を開いたことは、日本の外務省にとって予期せぬ展開であったに違いない。

いずれにせよ、大統領の期待に日本政府がどこまで応じることができるのか、わたしはかなり懸念していた。

具体的には、技術協力および資金協力を得て、さらに可能であれば日本との文化交流も進めたいと大統領は表明しており、翌一九六二年早々に、東京に大使館を開くことを、はっきり中川大使に伝えている。

しかし、一九六六年、同国に軍事政権が成立し、緊急財政措置が取られることになった。そして、せっかく開設された在京大使館は四年で閉館せざるを得なくなった。しかしながら、実際のところ、閉館の本当の原因は、当時の日本側が上ヴォルタ側の期待に応えなかったことにあるのは明らかだった。

日本に強い期待を抱く一方で、コートジボワールのウーフェ・ボワニ氏と親しかったヤメオゴ大統領は、親フランス政策をとった。独立記念式典における大統領の一連の発言を見ると、独立を認めてくれたフランス政府およびド・ゴール将軍に対し、繰り返し感謝の意を表明。フランスとの協力関係の継続が、同国の対外関係の中核を成していくことを強調している。

---

3 モーリス・ヤメオゴ（一九二一～九三）上ヴォルタ（現ブルキナファソ）初代大統領。フランス領西アフリカ評議会議員、農相などを経て、一九五八年自治共和国成立とともに首相になり、独立後の六〇年一二月に大統領に就任する。六六年、クーデターにより失脚。

ヤメオゴ大統領が日本との協力関係の推進に期待をかけたということは、上ヴォルタの外交の基本をフランスとの関係に置くことを当然視しながらも、なんらかの形で外交の多角化を図りたいとする見地から、日本との関係推進にも力を入れたのではないかと考える。しかし、一九六〇年当時、戦後復興をようやく成し遂げたばかりの日本は、遠いアフリカの国の期待に応える力を持ち合わせてはいなかったし、また、その頃の日本と上ヴォルタの関係はゼロに等しかったことを考えると、日本が上ヴォルタの期待を真剣に検討する余地は全くなかった。ヤメオゴ大統領の、全くの「片思い」であったと言えよう。

二、ブルキナファソへの改名

アフリカで軍事クーデターが起こる背景には、地域的な対立、さらに部族対立があった。ガーナでは、エンクルマ大統領が少数部族出身であったことから「部族」の存在をできる限り後方に追いやり、ガーナの国民としての意識を確立させるためにも、大統領自ら部族対立の回避に努力していた。しかし、残念ながら、アフリカ大陸の多くの国では部族間の対立を消滅させることは不可能であり、現時点でも依然として、政治的な対立の背景に部族間問題が存在している国が少なくない。逆説的にいえば、各部族の存在を意識し、各部族の文化を理解することなくアフリカの文化を語ることはできないのである。

ガーナ駐在時代を通して、わたしは次第にアフリカの文化に惹かれるようになった。まず、西アフリカに存在するさまざまな部族の文化について、独自に勉強し始めたのである。

一九六二年一二月、現在の日本におけるアフリカ文化研究の第一人者である川田順造氏[*4]に、アクラで初めてお目にかかった。エンクルマ大統領が音頭をとった「国際ア

4 川田順造
（一九三四〜）
東京生まれ。東京大学教養学科（文化人類学）卒業、パリ第五大学民族学博士。一九六二年、西アフリカのモシ王国を訪れ、以降四〇年間のうち約九年半におよぶアフリカ滞在によって、アフリカ文化研究に功績を残す。『曠野から―アフリカで考える』（第二二回日本エッセイスト・クラブ賞）、『無文字社会の歴史』（日本民族学振興会第八回渋沢敬三賞）、『口頭伝承論』（第四六回毎日出版文科賞）などの著書のほか、訳書、共同研究報告書など多数。

5 ラミナザ
（一九一六〜二〇〇五）
アブバカル・サングレ・ラミ

フリカニスト会議」が開かれることになり、わたしと同世代の川田氏が日本から出席されたときのことだ。

川田氏とは、西アフリカの多様な部族の文化について意見を交わすことができ、意気投合した。その後、同氏が象牙海岸の首都アビジャンから上ヴォルタの首都ワガドゥグーまで汽車で行かれると伺い、そのような機会に恵まれた同氏をとても羨ましく思ったものである。同氏は、上ヴォルタの主要な部族であるモシ族が一五世紀に形成し、一九世紀を待つまで続いた旧モシ王国に通算九年半滞在され、いろいろな形で研究発表されている。今日、その研究は日本だけでなく国際的にも高い評価を受けている。

アフリカの多くの国々は、一九五七年のガーナを皮切りに独立し、当初は民主的に大統領を選出してきたため、アフリカの大地に民主主義が根付くかのように見受けられたのだが、残念ながら、それは一時的な幻想に過ぎなかった。当時、民主的に選ばれた政治指導者も、次第に独裁傾向を強め、国民の反発を買うようになった。それが軍事的クーデターを引き起こそうとする勢力に、口実を与えることにもなったのだ。

上ヴォルタでもヤメオゴ大統領の独裁的な傾向は強まり、学生のデモ等が行われるようになった。一九六六年一月には、ついに軍事クーデターが勃発。大統領は辞任に追い込まれ、その後、無血クーデターによってラミナザ将軍[5]が軍事政権を樹立した。

一九七七年、新しい憲法が制定された。翌年には民主的な大統領選挙が行われ、ラミナザ氏が第二代大統領に就任した。民主的に生まれた政権ではあったが、八〇年に軍事クーデターが起こり、倒された。その二年後、さらに軍事クーデターが発生、八三年にも、またまた軍事クーデターが発生した。

一九八四年、サンカラ[6]軍事政権は国名を「ブルキナファソ」に変更した。ブルキナファソとは、モシ語とジュラ語の合成語で「高潔な（奴隷ではない自由な、という解釈もある）人々の祖国」という意味らしい。八七年には、当時、法務大臣を務めていたブレーズ・[7]

ナザ。上ヴォルタ（現ブルキナファソ）第二代大統領。一一月。一九六六年に陸軍参謀総長のときにクーデターを起こし、モーリス・ヤメオゴ大統領を追放して自ら大統領に就任。議会の解散、全政党の禁止などにより軍の指導権を強化し、七七年には新憲法を制定した。八〇年、クーデターによって失脚。

6　サンカラ
（一九四九～八七）
トーマス・サンカラ。上ヴォルタ（現ブルキナファソ）大統領。空軍大尉を経て、首相就任。後に側近となるブレーズ・コンパオレによるクーデター後の八三年、三三歳の若さで大統領に就任し、貧困と腐敗を一掃し教育・社会保障制度の整備などを積極的に行った。国名をブルキナファソに改名。

7　ブレーズ・コンパオレ
（一九五一～）
ブルキナファソ大統領。サンカラ政権時には法務大臣をつとめた。一九八七年に自ら企てたクーデターでサンカラを殺害、大統領に就任した。その後、一九九一年、九八年、二〇〇五年の大統領選で当選。

コンパオレ大尉が、かつて同志だったサンカラ氏は独裁的であり、行き過ぎた社会主義路線を取っているとして、サンカラ政権を打倒。新たな軍事政権が誕生した。

三．第三代コンパオレ大統領との交流

軍事クーデターが続発したアフリカ大陸にも、一九九〇年代に入ると民主化の動きが出てきた。その流れに乗って、ブルキナファソでもコンパオレ大統領の下で制定された新憲法が九一年六月、国民投票によって採択された。次いで一二月には新憲法の下で大統領選挙が行われ、コンパオレ氏が大統領に選ばれた。ラミナザ大統領に次ぐブルキナファソの三代目の大統領と言っていいであろう。

コンパオレ大統領は一九九八年一一月の大統領選で再選された。クーデターによって軍事政権を作りながらも、一定の期間を置いて民主的な憲法を採用し、その下で民主的に大統領に選ばれたという点では、同大統領はガーナのローリングス氏と同じ道を歩んでいると言える。ただし、ローリングス氏との相違点は、ガーナの新憲法では大統領の三選が禁止されているのに対し、ブルキナファソでは三選禁止の制限がないことだ。したがって、コンパオレ氏は二〇〇五年にも大統領に選ばれた。同氏は一九五一年の生まれだ。四〇歳の若さで初めて大統領に就任し、現在、まだ五八歳でとてもお元気だ。

再びブルキナファソとつながりをもったのは、ユネスコ事務局長選挙を通じてであった。一九九八年一〇月に東京で第二回アフリカ開発会議（ＴＩＣＡＤ）が開催された。駐仏大使を務めていたわたしは、直接、この会議には関わりはなかったものの、当時の小渕恵三首相とアフリカ首脳たちとの一連の会談に同席を許され、総理から支持獲得の後押しをしていただいたのだ。

コンパオレ大統領も、その会議に出席した首脳の一人だった。大統領は握手を交わ

しながら、終始にこやかな態度を崩すことなく、好意的な態度で接してくれたが、明確に支持を表明することもなかった。

ブルキナファソはユネスコ執行委員会のメンバーではなかったが、コンパオレ大統領に対する働き掛けが重要であるという考えに至るには、一つの背景があった。九八年六月にブルキナファソで開かれたアフリカ統一機構（OAU）サミットの席で、エジプトの提案に基づき、OAUが一致して当時の世界銀行副総裁セラゲルディン氏[*8]（エジプト）をユネスコ事務局長に推薦するという決議が成立していたからである。

その後、ブルキナファソはセラゲルディン候補を正式に推薦する文書をユネスコに提出したと知って、とても驚いた。しかし、アラブ・グループは統一候補としてサウジアラビアのアルゴザイビ氏を選出したため、同グループに属するエジプトは、サウジアラビアからの政治的なプレッシャーを受けていたのである。したがって、自らの候補者セラゲルディン氏を推せなくなったエジプトが、ブルキナファソに依頼して推薦させたのではないかと推測した。執行委員会のメンバーではないブルキナファソの行動は不思議だったが、選挙戦での実害はなかった。

ただ、ブルキナファソ側は、小渕総理から大統領に対して支持の依頼があったにも関わらず、セラゲルディン候補を推薦したことについて、わたしの当選後も気にしていたようである。

四．ユネスコ事務局長としてブルキナファソ訪問

そのような経緯があったため、ユネスコ事務局長に就任後、できるだけ早くコンパオレ大統領との関係を修復したいと考えていた。そこで、二〇〇二年秋にナイジェリアのアブジャで開催された「第二回万人のための教育[*9]（Education for All）世界会議」のフォローアップとしてのハイレベル会議に大統領をお招きし、オバサンジョ大統領

8 **セラゲルディン**
（一九四四〜）
イスマイル・セラゲルディン。エジプト国立アレクサンドリア図書館長

9 **万人のための教育世界会議**
「読み・書き・そろばん（計算）」といった基礎教育を受けられない立場にある世界の人たちが、国連ミレニアム開発目標に基づき二〇一五年までに初等教育を受けられるようになり、識字環境が整備されることを目指す取り組み。ユネスコが中心となり、ユニセフや世界銀行などの国際機関、各国政府、NGOなどが協力して行っている。一九九〇年、タイのジョムティエンにおいて「EFA世界会議」が開催され、「万人のための教育宣言」などが決議された。

とともにオープニングのスピーチをお願いした。

コンパオレ大統領もわたしと同様の気持だったようだ。「できるだけ早い機会に、ブルキナファソにおいでいただきたい」との要請を受けた。同国を公式訪問することになったのは、二〇〇三年三月のことだ。

コンパオレ大統領は温かく迎えてくださった。長時間の会談に加え、大統領主催の晩餐会も開かれた。大統領から伝言を預かっているというウエオドラオゴ外務大臣から「ぜひ、一対一でお話ししたい」という申し出があったのでお会いした。

「ユネスコ事務局長選の際に、エジプトのムバラク[*10]大統領からコンパオレ大統領に直接、依頼がありました。サウジアラビアの政治的圧力を受けて自国のセラゲルディン候補を推薦することができないので、ぜひ、推薦人になって欲しいと頼まれたので引き受けた次第です」

コンパオレ大統領は、その依頼を受けた後にわたしの立候補を知り、日本とブルキナファソの良好な関係を保ちたいと考えていただけに、大変、悩まれたという。外務大臣はさらに、こう説明を加えた。

「ムバラク大統領の依頼を、いったん引き受けた以上、それを反故にするわけにはいかなかったのです。本来であれば、あなたを支持したかったのです、そういった経緯があったことをわかっていただきたい」

わたしは、大臣の率直さに感激した。そして、「『過去のことは水に流す』という日本の格言のとおりにしたい」と伝えた。そのうえで、ユネスコとブルキナファソとの協力関係の推進にさらに力を入れたいと思っている旨を、大統領への伝言として託した。

その後も、ニューヨークの国連総会を始めさまざまな会議でコンパオレ大統領とは、しばしばお会いし、話し合う機会を得た。二〇〇八年五月に横浜で開かれた第四回TICADにも大統領は出席された。そして、「四〇人以上のアフリカ各国の首脳が出席

10 ムバラク
（一九二八〜）エジプトの大統領。一九七三年の第四次中東戦争では空軍司令官として指揮を執った。八一年、サダト大統領の暗殺にともない大統領に。

していた。が、第一回から全て出席しているのは、わたしだけだ」と誇らしそうに語っていた。

コンパオレ大統領が四回のTICAD全てに出席していることが象徴するように、大統領はブルキナファソにおける日本の協力を高く評価しているだけでなく、アフリカ大陸における日本の良き理解者であった。このままいけば、二〇一三年に日本で開かれる第五回TICADにコンパオレ大統領は出席することになるのではなかろうか。一九六〇年代に初代のヤメオゴ大統領が抱いていた日本に対する期待に、九〇年代に入ってからの日本は応えられるようになったと言えるだろう。

二〇〇八年九月、ブルキナファソのユネスコ大使を一〇年務めた後に文化大臣に就任したサヴァドゴ氏が、ユネスコ本部に訪ねてきた。コンパオレ大統領から「日本がブルキナファソに大使館を開設することになり非常に喜んでいる」と言付かったという。最近、日本がアフリカの各地に大使館を設けるようになっていることをとても嬉しく思っていたから、同国に日本の大使館が開設されることは大きな朗報だと感じた。ちなみに、ブルキナファソは、一九六七年に閉鎖した在京の大使館を、九四年一〇月に再び設置している。

サヴァドゴ文化大臣との面会の翌月、今度は大統領の指示でゾンゴ首相が外務大臣、教育大臣、文化大臣を伴ってユネスコ本部を訪れた。そして、「ブルキナファソは今後、教育と文化の両面で、ユネスコからの一層の協力を期待している」という大統領のメッセージを伝えてくれた。なかでも、世界遺産、無形文化遺産[*11]について協力を仰いできた。ブルキナファソには、まだ世界遺産が一件もなく、無形文化遺産に関してもまだリストに計上されていない。

わたしは、世界遺産の第一号が誕生するよう、これまで以上に協力を強化したいと約束した。無形文化遺産についても、ブルキナファソからは一回も代表リスト計上に

11 無形文化遺産
一九九九年、無形文化遺産保護のためにユネスコ執行委員会で正式決定された「人類の口承および無形遺産の傑作宣言」(通称・無形文化遺産)。伝統芸能や音楽のほか、言語、舞踏、演劇、風習、祭礼、儀礼などが認定対象とされる。

候補が出されていないので、具体的な提案ができるように力を貸したい、と話した。というのも、この地域にはフランス勢力が侵攻してくる前にモシ王国が存在し、先の川田順造氏によれば「太鼓言葉」によるモシ王朝の伝承があるというのだ。文献記録があまりないだけに、こうして語り継がれてきた伝承が歴史を復元する手掛かりにもなっている。

植民地となる以前に存在していたアフリカ固有の文化が、こうした国際的な取り組みによって認知されることは、ブルキナファソの国民の誇りにも繋がるだろう。経済改革、民主化への努力が世銀やＩＭＦからも評価されているが、コンパオレ大統領には、ぜひ、文化的な取り組みにも力を注いでもらいたいと願っている。

Republic of Niger

ニジェール共和国

ニジェール共和国（Republic of Niger）

面積	126万7000平方キロメートル
人口	1,466万人
首都	ニアメ
自然	国土の大半が砂漠を占める西アフリカの内陸国。国の中央部にあるアイル山塊の地域には最高峰のバグザヌ山（2,022メートル）がそびえる。半乾燥の土地で、樹木も少なくステップ気候。反面、南部は、肥沃で樹木の多い地域。特に南西部は、ニジェール川の恵みで潤う。
産業	南部ではニジェール川流域で穀物や落花生、綿花が育てられている。北部では、牧畜が中心。鉱業は、ウランが主だがスズや金も有する。
民族グループ	ハウサ族、ジェルマ・ソンガイ族、カヌウリ族、トゥアレグ族、トゥープー族、プール族等
言語	フランス語（公用語）、ハウサ語等
宗教	イスラム教約75%　その他はキリスト教、原始宗教

＊　＊　＊

ニジェールの独立時より日本との関係は良好。現在も経済協力を中心に、関係を築く。日本からの主な輸出は、自動車、建設用機械等。ニジェールからの輸入は主にウラン等。日本は、文化関係面で過去に視聴覚機材（青年の家）、スポーツ機材（国立青年スポーツ学院）、放送機材（国営ラジオ・テレビ局）などを供与している。

一．独立とディオリ初代大統領

ニジェールは西アフリカの内陸国だ。面積は日本の三・四倍（一二六万七〇〇〇平方キロ）もあるが、その大半はサハラ砂漠が占めている。世界最大規模の砂漠であるサハラ砂漠は、ニジェールのほか、アルジェリア、モーリタニア、マリ、リビアの計五カ国にまたがっており、さらに拡大しつつある。同国にとって救いとなっているのは、ギニアに源を発し、マリを横断してナイジェリアを流れ、ギニア湾に注ぎ込むニジェール川が国の南端を横切っていることだ。首都のニアメもニジェール川の河畔にある。

人口は隣国のブルキナファソとほぼ同じ規模の一四六六万人（二〇〇八年）だが、一人当たりの国民総所得（ＧＮＩ）は、やはり最貧国のひとつであるブルキナファソの四八〇ドル（二〇〇八年）よりさらに低い三三〇ドル（同年）である。

ブルキナファソ同様、元来、落花生や綿花等の栽培、および牧畜に頼る農業国であったが、砂漠からウラン鉱脈が発見されて開発が進み、ウラン採掘が主産業となった。確認埋蔵量は世界第三位といわれている。しかし、農作地帯はしばしば旱魃に見舞われ、度重なる飢饉から諸外国の食糧援助に頼らざるを得ない状態が続いている。加えて独立以降、一九九〇年代の末ごろまで四〇年の長きにわたって続いた政情不安が経済を破綻させてしまうなど困難を極めた。

一九六〇年代前半にガーナで勤務していた当時、西アフリカ一〇カ国を担当していた。その一つがニジェールだった。同国は、元フランス植民地だった他の西アフリカの国々と同じように（ギニアをのぞく）、五八年にフランス連合の一員として自治権を獲得した後、六〇年八月に共和国として独立。アマニ・ディオリ[*1]氏が初代大統領に就任した。

記念式典は、独立から一年四カ月後に開かれ、中川進大使が出席した。大使自ら筆をとった「独立記念式典参列報告書」には、当時のニジェールの政治経済情勢が明解に書かれている。同報告書を外務省外交史料館で入手して読んでみると、大使の印象

1　アマニ・ディオリ　（一九一六～八九）ニジェール初代大統領。在位一九六〇年一一月から一九七四年四月。クーデターにより失脚。

ではニジェールはブルキナファソよりもさらに貧しい国だと記してある。両国の共通点は、フランス人技術顧問が政府の随所に配置されており、大臣はニジェール人であっても実際にはフランス人技術顧問が行政を動かしていることだ、とも書かれている。

当時の人口は二五〇万人とあるので、以来、ニジェールの人口は五倍以上に膨らんだことになる。ちなみに、他のアフリカ諸国の人口は、六〇年代と比べて平均二・五倍から三倍増だ。五倍以上も増えたケースは珍しい。現在も年三・六パーセントの人口増加率で、女性一人当たりの子供の数は平均八人にも上る。このままの割合で増え続ければ、二〇五〇年には五〇〇〇万人に達すると推定され、貧困と飢餓がさらに進むことが心配される。

ガーナ在勤時代にニジェールを訪れる機会はなかったが、デイオリ大統領が一九六三年にガーナを公式訪問された際に、一度、お目にかかったことがある。当時のガーナの慣行では、外交団が飛行場まで出迎えることになっており、わたしは大使代理として赴いた。飛行機のタラップの下には、三〇人を超える各国の大使や臨時代理大使がずらっと並び、臨時代理大使の身分で参列したわたしは、序列では最後だった。しかし、少々、気後れしながら「日本の臨時代理大使です」と自己紹介すると、厳しい顔をした大統領は若干笑みをのぞかせ、手を差し出してくれたのが今も記憶に残っている。

二、クンチェ参謀総長によるクーデターと日本の経済協力調査団派遣

一九六〇年代から七〇年代にかけて幾度かクーデターの企てがあったが、いずれも成功せず、デイオリ大統領は六五年に再選、さらに七〇年に三選された。同国は、六九年から七四年まで続いた厳しい旱魃によって深刻な食糧不足に見舞われ、重要な輸出品目である落花生の価格も急落した。さらに、国際的な援助食糧の管理をめぐって

政府内で汚職がはびこるようになり、七三年には学生ストが頻発した。

国民の不満を背景に、一九七四年四月、セイニ・クンチェ参謀総長[*2]が軍事クーデターによってデイオリ政権を倒し、軍事政権を樹立した。クンチェ氏は、デイオリ氏と同じジェルマ族の出身だ。ニジェールの最大部族はハウサ族で、ジェルマ族がそれに続く。両部族で人口の約八〇パーセントを占めている。

クンチェ軍事政権は憲法を停止すると同時に議会を解散、政党を非合法化し、デイオリ政権の下で海外に亡命していた政治活動家の帰国を認めた。経済を再建するにあたっては、最も重要なフランスとの関係は維持しつつも、対外関係の多角化に力を入れ、アラブ諸国にアプローチした。ウラン資源の開発にあたっては、スペインや日本に接近し、一九七四年一一月にはムンケイラ外務協力担当国務大臣を日本に派遣、次のような主張を伝えてきた。

「日本企業をウラン開発に参画させているニジェールは、今後、日本の原子力発電にとって非常に重要なウラン供給国となるにもかかわらず、日本はニジェールに対しなんら協力の手を差し伸べていないことは納得できない。ニジェールに対して、ぜひとも経済技術協力すべきだ」

外務省にとっては、藪から棒の申し入れであった。中近東アフリカ局と経済協力局の幹部は対応に苦労した。

当時、わたしは経済協力局開発協力課長のポストにあり、ニジェールを直接、訪れたことはなかったものの、いわば土地勘はあった。そこで、ただちに経済協力調査団を派遣して、どのような形で日本がニジェールの経済発展に役立てるかを調査したうえで協力する、との方針を進言し、ムンケイラ外務協力担当国務大臣と話し合いを進めた。先方は当初、日本側の対応を非常に不満だとしたが、調査団を派遣するという約束に納得して帰国した。

2 セイニ・クンチェ
（一九三一～八七）

一九七四年、陸軍参謀長のときにクーデターを起こし、軍事政権「最高軍事評議会」を樹立、議長に就任した。一九八七年、アリー・サイブ（セブ）による軍事クーデターにより失脚。

経済協力調査団の派遣が決まると「だれが団長になるか」が問題になった。そこで、わたしは自ら手を上げた。こうして、一九七六年五月から六月にかけて、わたしを団長とする一行九名（外務省、通産省、国際協力事業団、海外経済協力機構の専門家から構成）は、ニジェールに約一週間、滞在することになった。

日本でお目にかかったムンケイラ氏は、その後、ウラン開発担当の鉱山水利担当大臣に昇格していた。同氏を含めて閣僚八名（当時のニジェール政府の閣僚は計一三人）と面会し、日本の対ニジェール経済技術協力の進め方について多岐にわたって議論した。クンチェ将軍にもお目にかかりたいと思っていたが、残念ながら叶わなかった。

余談になるが、ニジェールでは特別な日には羊の料理を振る舞うのだという。一行も滞在中、ジェルマコーエ外務大臣に野外パーティーに招かれ、羊の丸焼きを出していただいた。ニジェール方式に従い、みんな肉を手でむしるようにして食べたことが、よき思い出になっている。

帰国後、対ニジェール経済技術協力のパッケージを提言し、その推進につとめた。具体的には、同国の経済にとって最も重要な輸送路確保のために、首都ニアメから当時のダホメ（現在はベナン）のコトノ港を結ぶトラックの無償提供、青年協力隊の派遣などである。この提言を契機に、日本はニジェールに対して小規模ながら経済技術協力を着実に進めていくことになった。

一九七〇年代半ばから急成長したウラン開発は、ニジェールの中央部に位置するアイール山脈で行われている。ウラン鉱脈は六〇年に発見され、六九年に採掘が始まった。日本はフランスの開発会社に資本参加しているため、ニジェール産のウラン鉱石はフランスで濃縮ウランに加工された。そのうえで日本に運ばれ、電力会社に供給される仕組みだ。したがって、日本の貿易統計上は、フランスから輸入された濃縮ウランと書かれており、日本で使用されているウランの大本がニジェール産であることは、あまり知られていない。これがニジェール側には不満だったわけだが、先に述べたような経緯で調査団の提言が生かされ、日本が経済技術協力を開始したことを評価してくれた。

調査団団長としてニジェールを訪れた一九七六年にはアイール山脈まで足を延ばすことはできなかった。しかし、ユネスコ事務局長就任後の二〇〇四年一一月にニジェールを訪問した際には、同国政府の提案で、中央部に位置するアガドスという町を訪れた。アイール山脈は、この時、アドガスへ向かう飛行機の窓から望むことができた。

世界遺産「アイールとテネレの自然保護区群」
© UNESCO／IUCN

ニジェール政府は、アガドスにある土でつくられた回教寺院を中心に世界遺産登録を目指している、とのことだった。わたしは、なかなか良い候補案件だと思った。この町は、サハラ砂漠の南端に位置し、砂漠を往来する人たちにとって重要な拠点となっている。ちなみに、ニジェールには、「アイールとテネレの自然保護区群」[*3]「W国立公園」[*4]の二つの自然世界遺産があるが、文化遺産はまだない。

三．タンジャ大統領

ニジェールの政治に話を戻そう。

クンチェ軍事政権に対しては、同参謀長が軍を押さえているにもかかわらず軍事クー

3　アイールとテネレの自然保護区群
ニジェールの中部、サハラ砂漠南部のアイール山地とテネレ砂漠にまたがる一帯で、一九九一年、世界遺産（自然遺産）に登録された面積七万七三六〇平方キロメートルにおよぶアフリカ最大規模の自然保護区。四千年以上前の居住跡や集落のほか、動物や人間などが描かれた岩絵が多数残されている。また動植物も豊かで、三五〇種以上の植物のほか、ダチョウなど一六五種の鳥類、四〇種を超えるホ乳類も確認されている。翌九二年、保護区内に居住する遊牧民族・トゥアレグ族が独立を求めて起こした内戦の舞台になったため、危機遺産リストに登録された。

4　W国立公園（ドゥブルヴェ国立公園）
ニジェール、ブルキナファソ、ベナンにまたがる面積一万平方キロメートルにおよぶ国立公園。園内をニジェール川がW字のように流れることが名前の由来。成立は一九五四年。公園のうち、ニジェール国内の一部にあたる二二〇〇平方キロメートルが一九九六年、ユネスコの世

デターの企てが幾度かあり、政局は必ずしも安定していなかった。追い討ちをかけるように、度重なる旱魃で厳しい食糧危機が起こり、経済の再建は思うように進まなかった。そうしたなかで、クンチェ将軍は病に倒れ、一九八七年一一月に亡くなった。

後を継いだのはアリ・サイブ将軍[*5]だ。サイブ将軍は軍事政権を継続することにともなうマイナス効果を十分に意識しており、民政への移管を決意した。

一九八九年に国民投票によって承認された新憲法の下で大統領選挙が行われ、サイブ将軍が大統領に選出された。選挙に先立って、将軍は社会発展国民運動（ＭＮＳＤ）という政党を結成し、党首に就任していた。

大統領選では対立候補もなく、デイオリ大統領に次いで民主的に選ばれた二人目の大統領になったのだが、一九九〇年代に入ると学生の反政府運動に加え、北部では遊牧民トゥアレグ族の反乱なども起こり、政治は安定しなかった。

一九九〇年には複数政党制が導入され、改めて採択された新憲法の下、九三年、大統領選挙および議会選挙が実施された。与党ＭＮＳＤはサイブ大統領を見限り、大統領と対立していたママドゥー・タンジャ[*6]氏をＭＮＳＤ党首に、次いで大統領候補に選んだ。タンジャ氏は軍人出身だった。七四年のクンチェ参謀長のクーデターに参加し、クンチェ政権さらにはサイブ政権でもさまざまな閣僚ポストを務めて頭角を現してきた人物である。九三年の大統領選挙では、第一ラウンドでは一位だったが、第二ラウンドの決選投票で、既存の野党連合「変革政府同盟」（ＡＦＣ）が推すウスマン大統領候補に敗れた。タンジャ氏は、潔く選挙結果を受け入れた。

しかしながら、ニジェールの内政はその後もなかなか安定せず、一九九六年一月にはマイナサラ[*7]参謀長によるクーデターによってウスマン政権は倒された。直ちに民政移管が行われることになり、新憲法に基づいて九六年七月にふたたび大統領選挙が実施された。

界遺産に登録された。四五〇種以上の植物、七〇種以上のホ乳類、三五〇種以上の鳥類が生息している。

5　アリ・サイブ
（一九四〇〜）
第二代大統領。一九八七年に軍事クーデターを起こし、セイニ・クンチェ政権を失脚させる。一九八九年の選挙によって大統領に選出された。軍事政権トップから国家元首になり、民政移管後に大統領に就任した。

6　ママドゥー・タンジャ
（一九三八〜）
ニジェール大統領。少数民族カヌリの出身で、ニジェール軍幹部を経て、軍事政権「最高軍事評議会」評議員もつとめた。一九九三、九六年の大統領選には落選したが、一九九九年に当選、二〇〇四年に再選を果たしている。

7　マイナサラ
（一九四九〜九九）
イブライム・バレ・マイナサラ。ニジェール大統領。在位一九九六年一月から一九九九年四月。一九九六年、クーデターによって軍事政権を樹立。軍事政権救

その結果、マイナサラ参謀長が大統領に選出された。しかし、選挙ではさまざまな不正が行われたと見られており、ニジェールの内政は安定しなかった。一九九九年四月には、またまた軍事クーデターが起こり、マイナサラ大統領が殺害される事態となった。

そして、一九九九年一〇月から一一月にかけて実施された大統領選挙では、前回は惜しくも決選投票で敗退したMNSD党首タンジャ候補が選ばれた。タンジャ候補は第一ラウンドではトップで三二パーセント、そして、第二ラウンドでは六〇パーセントの支持率で当選した。また、MNSDは議会選挙で過半数を制した。これらは民主的な選挙であったとみられており、タンジャ大統領の誕生によって、不安定な政治にようやく終止符が打たれることになった。それまでの大統領は、ニジェールの二つの主要部族であるハウサ族とジェルマ族の出身者で占められていたが、タンジャ大統領はフラニ族の出身である。

もっとも、タンジャ大統領の第一期は決してスムーズでなかった。二〇〇二年一一月には内閣改造が行われた。経済の再建にあたっては、援助国との交渉の結果、債務の削減を実現させたが、引き続き海外援助には大きく頼っている。ニジェールの新しい憲法によれば、大統領の任期は五年、再選可能で二期一〇年までとなっており三選は禁止されている。タンジャ大統領は二〇〇四年の一一月に再選された。

初当選直後の二〇〇〇年一月、大統領はパリを訪れた。ユネスコ事務局長に就任して、わたしはまだ二カ月しか経っていなかったが、大統領が面会を望んでいると聞き、宿泊先のクリヨンホテルへ出向いた。

会談では大統領から「四〇年以上にわたる不安定な内政と旱魃による食糧難等で、わが国の経済状況は危機に瀕している。ぜひとも国際社会の協力を得て国を復興したい。関連して、教育、文化の面でユネスコの協力を得たい」との要望が寄せられたので、「最

国委員会を発足させ委員長に就任、同年の大統領選で当選、就任した。新内閣を任命し民政移管を完了させた後は、自らの支持基盤として与党独立民主復興国民連合（UNIRD）の設立などを行うが、一九九九年四月、首都・ニアメのアマニ・ディオリ国際空港から外遊へ出発しようとしていたところを銃で撃たれ暗殺された。

タンジャ大統領と　© UNESCO

ニジェールの踊りで歓迎を受ける　© UNESCO

大限の努力をしたい」とわたしは返答した。また、一九七六年に日本派遣の経済協力調査団の団長としてニジェールに赴いた経緯などを伝えると、「それがきっかけとなって日本の経済協力が進んだのですね」と感謝された。

その後も大統領からはニジェール訪問を何度も促された。その機会がようやく訪れたのは二〇〇四年一一月末のことだった。

訪問した一一月二三、二四日は、大統領選挙の第一ラウンドと第二ラウンドの間に当たった。六人の立候補者が臨んだ同月一六日の第一ラウンドでは、現職タンジャ大統領が四一パーセントを獲得して第一位となり、一二月四日の第二ラウンドを控えていたが、大統領は官邸に気持ちよく迎え入れてくれた。

会談では「第二ラウンドでも当然、あなたが勝利するでしょうから、ユネスコとしても引き続き教育・文化を中心に協力を進める」と約束した。その予想通り、第二ラウンドではタンジャ大統領が六六パーセントの支持を得て再選された。

タンジャ氏が大統領に就任したからといって、ニジェールの政治が完全に安定したわけではないが、それまでの四〇年に比べれば大幅に改善された。国土の大半が砂漠であるという特殊な環境のなかで、大統領が経済再建に多大な努力を払っていることを援助供与国は評価している。また、外貨収益の柱となっているウランの開発が進み、ウラン価格の上昇が続いたという好条件が重なった。次期大統領の下でも、一層の政治の安定と経済発展が図られることを望んでいる。

ところで、一九七五年に経済協力調査団長として訪れた際に歓迎してくれたクンチェ軍事政権時代の外務大臣ジェルマコーエ氏は、八八年から駐米ニジェール大使を務め、九一年に帰国し、MNSD党首選挙に出馬したがタンジャ大統領に敗退した。その後、CAMAD（ムムニ・アダム・ジェルマコーエの友人クラブ）を設立した。後のニジェール民主進歩同盟（ANDP）である。

ジェルマコーエの名前が示すように、同氏は同国で二番目の勢力を誇るジェルマ族の出身である。大統領職を狙う政治的野心を持ち続け、一九九九年、二〇〇四年の大統領選挙にもANDPの候補として出馬したが、いずれも第一ラウンドで五位に終わり、二〇〇四年の選挙の第二ラウンドではタンジャ氏の応援に回った。

二〇〇四年のニジェール訪問時、個人的にはジェルマコーエ氏に会いたいという気持ちがあったが、政治状況を考慮し、面会は適切ではないと考え、お会いしなかった。その後も同氏は積極的に内政に関わってこられたが、〇九年六月一四日、心臓病で急逝された。翌一五日にはタンジャ大統領も参列して公式追悼式が行われた。一九七六年に初めて訪問したニジェールでお会いして以来、気になる政治家だっただけに残念である。

二〇〇九年には、次の大統領選挙が行われる。タンジャ大統領は一時、憲法を改正して三選を求めるのではないかという噂を否定したものの、その後、三選を目指す動きも見せており、現時点では情勢は不透明である。

タンジャ時代が続くのか、ポスト・タンジャ時代に移るのか見通しは立てにくいが、同大統領の敷いた安定路線が、ぜひ続いて欲しいものだと願っている。

Republic of Sierra Leone

シエラレオネ共和国

シエラレオネ共和国（Republic of Sierra Leone）

面積	7万1740平方キロメートル
人口	556万人
首都	フリータウン
自然	海岸地帯は、首都を除くほとんどが、マングローブの森に覆われた熱帯雨林気候。5～10月が雨季。年間降水量は多い場所で5000mmに達し、西アフリカ地域のなかでも降水量は多い。
産業	ダイヤモンドの輸出が主。ほかに金、鉄鉱石、ボーキサイトも産出する。農業では米、アブラヤシ、落花生、コーヒー、ココアなど。穀物は輸入に頼っている。
民族グループ	メンデ族、テムネ族、リンパ族、クレオール（黒人と白人との混血）
言語	英語（公用語）、メンデ語、テムネ語他
宗教	イスラム教60％、キリスト教10％、アニミズム信仰30％

＊　＊　＊

日本は、1961年独立と同時にシエラレオネを承認。日本側の公館は、1991年6月より在ガーナ大使館が兼轄。シエラレオネ側の公館は、在中国大使館が兼轄している。日本からの主な輸出は、自動車、貨物自動車等。シエラレオネからの輸入は、非金属鉱物製品等。内戦が長く続いたため、二国間の交流は希薄だが、今後は在フリータウン名誉総領事の助力を得て交流を図ることが期待されている。

一．独立と政情不安定

シエラレオネは、ギニアとリベリアに挟まれギニア湾に面した人口五五六万人（二〇〇八年）の国である。一五世紀半ばにポルトガル人が渡来したが、海洋国家として栄えたポルトガルの国力が衰えてからはイギリス、オランダ、フランスの三カ国がシエラレオネへの進出を争い、一八世紀の後半になってイギリスが支配権を確立した。

国名のシエラレオネは、「ライオンの山」を意味するポルトガル語がスペイン語に翻訳されたことに由来する。ライオンの姿に似た山があったからではなく、山から海へ吹き降ろす風の音が、ライオンの咆哮に似ていたのでその名がついたといわれる。

首都フリータウン（自由の町）の名は、一八世紀後半のアメリカ独立革命[*1]の際、イギリス側について自由の身となった奴隷たちがカナダ経由でシエラレオネに到着、町を建設したことに因む。国内での奴隷解放運動の高まりを受け、イギリス議会は一八〇七年、大西洋における奴隷貿易を禁止する法律を通した。同国海軍は西アフリカ沖で奴隷貿易の取り締まりに乗り出し、奴隷運搬船を捕らえると、奴隷たちをシエラレオネに入植させるようになった。アメリカは解放奴隷をリベリアへ送り込んで同国を独立させたが、イギリスは解放奴隷をシエラレオネのフリータウンに送り込んで支配地域の拡大を図ったのだ。

イギリスはまず海岸地帯を植民地化し、徐々に内陸部へと支配を広げていった。現地の部族はこれに抵抗したが、イギリスは当初、解放奴隷（ヨーロッパ人との混血が進んだクレオール人）の力を活かして抵抗を押えこんだ。しかし、解放奴隷は二〇世紀に入って次第に発言権を失っていった。そのため、イギリスは植民地政府を設け、直接、支配するようになった。従って、リベリアのように解放奴隷が支配階級となり、現地部族を押えて政府を作るようなことはなかった。

シエラレオネはもともと経済的に貧しい国だった。しかし、一九三一年にダイヤモ

---

1 アメリカ独立革命
一八世紀後半（一七七五～八三年）、アメリカ東部沿岸の一三のイギリス領植民地とイギリス本国（グレートブリテン王国）との間で起こった独立をめぐる紛争。後にフランスが独立諸植民地と同盟を組んで参戦し、植民地側が共和制国家アメリカ合衆国を設立した。アメリカ独立戦争とも。

ンド鉱が発見され、第二次大戦後にはダイヤモンド・ラッシュも始まった。一時期、採掘人は三万人を越えるほどだった。後に触れるが、これが「紛争ダイヤモンド」として同国の内戦を激化させる原因となるのだ。

シエラレオネで独立を求める気運が高まってきたのは第二次大戦後のことだ。一九四九年にはミルトン・マルガイ氏[2]がシアカ・スティーブンス氏[3]とともに、同国では初めての政党となるシエラレオネ人民党（ＳＬＰＰ）を結成した。六〇年代に入り、イギリスはシエラレオネに自治権を与えた。自治政府の首相にはマルガイ氏が選出された。六一年四月、シエラレオネはイギリス連邦の一員として独立を獲得し、翌六二年五月には最初の総選挙が行われてマルガイ氏率いるＳＬＰＰが大勝、同氏が初代首相に就任した。

マルガイ首相は、アフリカでもさほど知名度の高い政治家ではなかったが、シエラレオネの独立を勝ちとり、着々と国づくりを進めた政治家として西アフリカでは尊敬されていた。日本もシエラレオネの独立と同時に外交関係を結び、ガーナの中川進大使がシエラレオネも兼轄することになった。一九六二年の秋に中川大使はミルトン・マルガイ首相に対し信任状を奉呈するために首都フリータウンまで赴いた。大使には谷忠正一等書記官が同行したため、わたしは同首相にお会いする機会には恵まれなかった。

不幸にして、マルガイ首相は一九六四年四月に病気で亡くなった。六八歳だった。シエラレオネの国民は、「建国の父」としてミルトン・マルガイ首相をいまなお尊敬している。

マルガイ首相の後を継いだのは同氏の異母兄弟アルバート・マルガイ氏だった。しかし、それからのシエラレオネは四〇年以上にわたり政情の安定しない状況がつづいた。未遂事件も含めて軍事クーデターが多発し、さらには内戦が勃発、隣国リベリアの侵

2　ミルトン・マルガイ
（一八九五～一九六四）
シエラレオネ初代首相。一九五〇年、シエラレオネ人民党（ＳＬＰＰ）を結成し初代代表をつとめる。一九五八年の選挙で大勝し首相に就任、六一年にシエラレオネがイギリスから独立すると独立後初の首相にそのまま就任した。

3　シアカ・スティーブンス
（一九〇五～八八）
シエラレオネ初代大統領。一九五八年、ＳＬＰＰを脱退してマルガイ氏と袂を分かち、七一年にシエラレオネが共和制に移行すると大統領に就任した。

入もあって多数の死傷者を出し、シエラレオネの疲弊は深刻だった。また、ダイヤモンド鉱に恵まれていたことも仇となった。不法採鉱や反政府軍による密輸などが横行し、反政府勢力の資金源にもなった。この「紛争ダイヤモンド」が原因となって一〇年近く内戦がつづいた結果、シエラレオネの男性の平均寿命は低下、いまなお世界最下位のグループに属している（二〇〇七年、男性は四〇・四歳 国連人口基金）。

二．共和制移行とスティーブンス初代大統領の誕生

メンデ族に生まれたアルバート・マルガイ首相は、同じ部族の出身者を重用し、他の部族の不満を買った。汚職の噂も絶えなかった。一九六七年五月の総選挙はアルバート・マルガイ首相の率いるＳＬＰＰとシアカ・スティーブンス氏の率いる野党「全人民会議」（ＡＰＣ）の闘いになった。スティーブンス氏は、かつてはＳＬＰＰのメンバーだったが、ミルトン・マルガイ時代に脱退し、ＡＰＣを結成した。

選挙では僅かの差でスティーブンス氏が勝利し首相に就任した。しかし、数日後、軍事クーデターによってスティーブンス政権は倒された。クーデターは、アルバート・マルガイ氏に近い軍人によるものだった。これに対し、反アルバート・マルガイ派の軍人はすぐに巻き返しを図り、スティーブンス政権を復活させた。

新憲法が採択されてシエラレオネが共和制に移行したのは一九七一年のことだ。初代大統領にはスティーブンス氏が就任した。

新憲法の下で実施された一九七三年の議会選挙では、野党に転じていたＳＬＰＰが「選挙は不公正」と主張して、ボイコット。ＡＰＣが全議席を占める結果となった。七六年、スティーブンス氏は大統領に再選された。

不安定な政情の下で、大統領は一九七八年、一党体制を導入した。独裁化の傾向を強めつつあった大統領に対して、暗殺やクーデターが頻繁に企てられるようになった。

そして八五年、スティーブンス大統領はついに辞任に追い込まれた。

翌一九八六年、スティーブンス政権の下で軍を掌握してきたジョセフ・サイド・モモ少将が第二代大統領に就任し、経済の再建に取り組み始めた。モモ大統領は独裁者ではなかったが指導能力を発揮することがなく、力の弱い大統領となった。

シエラレオネの経済は悪化の一途をたどった。一九九〇年代に入って一党制を維持することができなくなり、モモ大統領のイニシアティブで九一年には多数政党制を認める新しい憲法が導入された。さらに同年、政府軍とフォディ・サンコーが率いる反乱軍「統一革命戦線」（ＲＵＦ）との間に内戦が勃発した。これに、ダイヤモンド鉱をねらう隣国リベリアのリベリア愛国戦線（ＮＰＦＬ）がチャールズ・テーラー大統領の差し金で参戦、ＲＵＦ側についてシエラレオネ政府軍を敵に回して闘った。

一九九二年四月、モモ政権は軍事クーデターによって倒され、大統領は隣国ギニアに亡命した。クーデターの首謀者ストラッサー大尉を議長とする軍事政権が成立したが、九六年一月にはビオ准将を中心として無血クーデターが起きた。

三　カバ第三代大統領の誕生と内戦の終了

クーデターを成功させたビオ准将は、一九九六年二月、議会選挙と大統領選挙を実施するにあたって、アフマド・テジャン・カバ氏[*4]をＳＬＰＰの大統領候補に担ぎ出した。カバ氏は二〇年以上にわたって勤務した国際機関（国連開発計画〈ＵＮＤＰ〉）を九〇年代初めに定年退職で辞めた後、シエラレオネに戻って引退生活を送っていた。

多数政党制の下でのこの議会選挙ではＳＬＰＰが勝利をおさめ、大統領選挙ではカバ氏が当選して第三代大統領に就任した。しかし、翌一九九七年五月には新たな軍事クーデターでカバ政権は倒され、大統領は隣国に逃れた。

このような状況の下で存在感を示したのが西アフリカ諸国経済共同体（ＥＣＯＷＡ

4　アフマド・テジャン・カバ（一九三二〜）公務員を経て一旦はイギリスに亡命して国連職員になるが、一九九六年の大統領選で当選。翌九七年には軍事クーデターにより在職のままギニアに亡命、さらに翌九八年にクーデター政権が崩壊すると、大統領に復権した。

S）だった。一九七五年に発足した同共同体は、内戦に終止符を打つべく、政治的な安定の確保をめざすとともにECOWAS軍を派遣することもできた。ECOWASの介入によりシエラレオネでも軍事政権は駆逐された。
カバ大統領は一九九八年三月、シエラレオネに戻り再び政権を担当することになった。国連およびイギリス政府の介入により、九一年から政府軍と反乱軍RUFの間で続いていた内戦も二〇〇〇年一一月に停戦が実現。かなりの時間を要したものの、反乱軍の武装解除は〇二年一月に完了した。

内戦終了後の〇二年五月に行われた大統領選挙と議会選挙では、カバ大統領が再選されるとともに大統領の率いるSLPPが圧倒的な支持を得た。

独立後のシエラレオネには国連のプレゼンスが大きい。一九九九年一〇月には国連の安全保障理事会で国連シエラレオネ・ミッション（UNAMSIL）の派遣が決定し、停戦の実施や武装解除の推進、元兵士の社会復帰、治安維持および軍、警察の体制確立、さらにグッド・ガバナンスの構築に当たった。UNAMSILは一時期、一万七〇〇〇名の兵力を展開した。その後、次第に縮小、二〇〇五年一二月に完全撤退した。国連のPKO[*5]として大きな成果をあげた例といえよう。

四．シエラレオネ訪問

ユネスコ事務局長としてシエラレオネを訪問したのは、内戦が終わって間もない二〇〇三年三月だった。カバ大統領との会談では、用意していた次の提案を行った。

「シエラレオネにとって最も重要なことは、長年の内戦によって荒廃した国を立て直すことだと思われる。ユネスコとしては、徹底的に破壊されてしまった教育制度の再建への協力を優先順位のトップに挙げたい」そして、ユネスコとして全面的に協力する用意があると述べたところ、大統領は感謝の意を表してくれたものの、逆に、こう

5　PKO
(United Nations Peacekeeping Operations)

国連平和維持活動。紛争当事者の停戦合意が成立した後、国連が安全保障理事会（または総会）の決議において停戦や軍の撤退を監視することで再度紛争が起こることを防ぎ、紛争解決が平和のうちに進められることを支援する活動。

諭されてしまった。

「ミスター・マツウラ、ユネスコは文化を担当しているではないか。長年の内戦で国土が破壊されただけではない。人々の心も荒廃している。このようなときに重要なのは、国民全体のアイデンティティを再確立すること。そのためには何といっても文化が重要だ。ぜひ、文化面での協力を得たい」

全くそのとおりである、と頷くしかなかった。大統領に指摘された点は、事務局長として他のアフリカ諸国の指導者によく語りかけることだった。さすがに国際機関で二〇年以上のキャリアを積み、アフリカ各地でUNDPの代表を務めてきた人物だ。シエラレオネの再建にあたって、文化が大事であることを真っ先に提唱してくれたことは、とても印象深かった。

大統領の発言を受けて、わたしは「そうであれば、ぜひ、早い段階に世界遺産条約を批准すべきだ」と進言した。これに応じ大統領は手続きを進め、二〇〇五年一月に「世界遺産条約を批准したので、世界遺産の第一号を誕生させるにあたって協力を得たい」と連絡があった。その夢を実現すべく世界遺産センターに協力を仰いだが、世界遺産条約で定義された、顕著な、普遍的な価値のある建物やモニュメントの存在を、同国内で確認することはむずかしく、残念ながら、未だに第一号案件の候補も特定できていない。カバ大統領との約束を果たせていないことに心は痛む。

二〇〇七年八月から九月にかけて、大統領選挙および議会選挙が行われた。憲法上、大統領は一期五年、二期までとなっている。カバ氏は大統領の座に二期あったので、SLPPは副大統領を務めていたソロモン・ベレワ氏を大統領候補に指名した。野党「全人民会議」(APC)は、党首のアーネスト・バイ・コロマ氏[*6]を対抗馬とした。八月の第一回投票では、どちらの候補者も過半数を得ることができなかったが、九月の第二回投票でコロマ氏が第四代大統領に当選した。

---

6 アーネスト・バイ・コロマ(一九五三〜)第四代大統領。保険会社の社員や教職を経て、二〇〇二年に政治活動を開始、全人民会議(APC)リーダーに就く。二〇〇七年の大統領選に出馬し、決戦投票の結果、大統領に選ばれた。

カバ大統領の任期満了に伴い、大統領選挙および議会選挙が民主的かつ平和裡に実施され、政権を取った野党への政権交代が行われたことで、長年にわたる不安定な政治と内戦に悩んできたシエラレオネも、ようやく再建に向けて本格的に歩み始めたといえるだろう。

シエラレオネはダイヤモンドの他にもボーキサイト[*7]や鉄鉱石といった地下資源に恵まれている。また、同国から南のリベリアにかけては熱帯雨林が広がり、豊かな自然が息づいている。わたしは、政治が安定すれば必ずや国を立て直すことができると信じている。

それにしても、カバ大統領と約束した文化面での協力が必ずしも順調に推移していないのが心残りである。世界遺産第一号の誕生が待ち遠しい。

7　ボーキサイト
アルミニウム鉱石。主成分は水酸化アルミニウム。「南フランスの産地ボー地方の石」の意。

Republic of The Gambia

ガンビア共和国

ガンビア共和国（Republic of The Gambia）

面積	1万1300平方キロメートル（ほぼ岐阜県の面積）
人口	166万人
首都	バンジュール
自然	国土の三方をセネガルに囲まれる、アフリカ大陸でも小さな面積の国。ガンビア川は国土の中心を流れる。河口部は、熱帯雨林気候でほかはサバナ気候。6～10月が雨季
産業	植民地時代より盛んな落花生栽培が主。ほかに、魚や再輸出品がある。食糧品は自給自足程度で輸入にも依存している。
民族グループ	マンディンゴ族、ウォロフ族、ジョラ族、セラフリ族
言語	英語（公用語）、マンディンゴ語、ウォロフ語等
宗教	イスラム教80%、キリスト教10%、伝統的宗教10%

＊　＊　＊

日本側の公館は、在セネガル大使館が兼轄するが、2カ国間の関係は良好。日本からの主な輸出は、自動車、船舶用エンジン。ガンビアからの輸入は、採油用種（ゴマ）、電気機械部品等。また、近年では高級な魚介類などもガンビアから輸出されている。

一・ガンビアの独立

ヨーロッパの植民地支配を反映して、アフリカ諸国の国境線は不自然な形に引かれているケースが珍しくない。なかでも、旧イギリス領ガンビアと旧フランス領セネガルの国境線は奇異に映る。

岐阜県ほどの広さのガンビアの国土（約一万一〇〇〇平方キロ）は、ガンビア川を中心に細長く伸びた楔形をし、大西洋に開かれた西側を除いて、他の三方はセネガルの手のひらによって包まれたような姿をしている。人口は一六六万人（二〇〇八年）だ。

ヨーロッパの他の国に先駆けて西アフリカに拠点を築いたのはポルトガルだ。まず、カーボ・ベルデ島（現在のカーボヴェルデ）に腰をすえ、その後、徐々に南下、一五世紀の半ば頃にはガンビア川の河口にある現在のジェームズ島を商業活動の足場とした。

しかし、一六世紀にはイギリスが進出、ジェームズ島を中心にガンビアを植民地化し、奴隷貿易の中心とした。同島の一帯は一九世紀の初頭まで、セネガルのゴレ島と並んで奴隷供給地としての役割を課せられた。アレックス・ヘイリー[*1]の自伝的小説『ルーツ』では、主人公のクンタ・キンテはジュフレ村で捕らえられ、アメリカに売り飛ばされる設定になっている。

ジェームズ島には、ポルトガルやイギリスの支配下にあった時代の砦や建物が残っており、二〇〇三年にガンビア初の世界遺産として登録された（正式には「ジェームズ島と関連遺跡群」[*2]）。また、ガンビアは西アフリカで四世紀から一七世紀に渡って栄えたガーナ、マリ、ソンガイの三大帝国の一部を成していたため、ガンビア川上流には帝国時代の墓標とされる無数の石標が存在している。石標はセネガルにも散在し、その数は一〇〇〇以上にも上る。大きく四つの環状列石群から成っており、二〇〇六年には「セネガンビアのストーン・サークル群」[*3]として国内では二例目の世界遺産となった。

1 アレックス・ヘイリー
（一九二一〜九二）
アフリカ系アメリカ人の作家。執筆に一二年を費やした自伝小説『ルーツ』の原作者として有名。『ルーツ』は、ガンビアでとらえられ、アメリカに奴隷として売られた主人公とその子孫たちの物語として、ベストセラーとなりピューリッァー賞を受賞、のちにテレビドラマ化された。

2 ジェームズ島と関連遺跡群
ユネスコの世界遺産登録物件。西アフリカにおける奴隷貿易の拠点となっていたことが評価された負の世界遺産のひとつ。ジェームズ川流域の数カ所に、当時の要塞や奴隷の宿泊施設などの遺構が残存している。

3 セネガンビアのストーン・サークル群
二〇〇六年に登録された世界遺産。ガンビア川中流のセネガルとの国境付近にある。円形状の約一メートルの石が草原に点在、墓石として確認されている。

ガンビアがガーナ同様、元首にエリザベス女王を据えた立憲君主国として独立したのは、一九六五年のことだ。イギリスは西アフリカに四つの植民地を抱えていた。独立運動が起こったのはガンビアが最も遅かった。そのため、独立はガーナ、ナイジェリアより五年遅れた。もうひとつの植民地だったシエラレオネは、六一年にイギリス連邦の一員として独立した。

一九六三年三月、ガーナ大使館に勤務していたわたしは、西アフリカでまだ訪れていなかった唯一の国、セネガルの首都ダカールへ向け、ガーナの首都アクラを飛び立った。搭乗したガーナ航空イリュージョン14（ソ連製の旧式の飛行機）は、途中、アフリカ各国の首都に各駅停車のように着陸した。

目的地も近づいた頃、アスファルトの舗装もない、土を固めただけの滑走路に下りた。まさか「西アフリカのパリ」と呼ばれるダカールではあるまいと思ったところ、スチュワーデスから、ガンビアの首都バサースト（七三年にバンジュールと改称）だと教えられた。街に出ることはなかったが、飛行機から見たかぎりでは近代的な建物も少なく、ガーナよりはるかに発展が遅れているなという印象だった。

ガンビアは一九六三年、自治権を獲得した。首相にはダウダ・ジャワラ氏[*4]が就任した。多数部族マンディンゴ族出身のジャワラ氏はスコットランドのグラスゴー大学で獣医学を学んだ。そして、母国に戻り、後に与党となる人民進歩党（ＰＰＰ）を結成、七〇年の国民投票で共和制移行が決定すると、ジャワラ氏は同国の初代大統領に就任した。

二、二回のクーデター

ジャワラ大統領の下でガンビアの政治基盤は安定度を増した。しかし、トーゴに端を発した西アフリカ諸国における相次ぐ軍事クーデターは、ついにガンビアを襲った。

4　ダウダ・ジャワラ
イギリスから自治権を獲得し共和国となったガンビア共和国の、初代大統領。クーデター未遂のあと、隣国セネガルと国家連合を形成するが、七年後に解体した。その後、大統領に再選され、長く政権を握っていたが一九九四年のクーデターで失脚、セネガルに亡命。

一九八一年七月末、ジャワラ大統領はチャールズ皇太子・ダイアナ王女の結婚式に出席するためロンドンに滞在していた。その間隙を突いて、左翼思想を信奉する反乱軍は首都バンジュールを制圧。閣僚などを人質にとってプロレタリア独裁を宣言した。しかし、ジャワラ大統領はすぐさまセネガルに飛び、ディウフ大統領に軍隊の出動を要請、セネガル軍はバンジュールで人質を解放し、八月六日には反乱軍の鎮圧に成功した。

クーデター未遂の後に帰国したジャワラ大統領は、従来から依存度が強かったセネガルとの連携をさらに強化すべきだと考え、一九八二年、セネガルと国家連合（セネガンビア国家連合）を形成した。しかし、国家連合は予想したようには機能しなかった。そして、七年後の八九年には解消された。

その間、ジャワラ氏は一九八七年の大統領選に当選、さらに九二年にも当選を重ねて二〇年以上におよぶ長期政権を維持した。しかし、九四年には軍事クーデターが勃発し、大統領はセネガルに亡命。クーデターを指導したヤヒヤ・ジャメ中尉[*5]を中心とする軍事政権が樹立された。

ジャメ氏は一九九六年、民主的な選挙によって大統領に当選した。翌年の国民議会選挙も同様に実施され、大統領率いる与党「再指針と構築のための愛国同盟」（ＡＰＲＣ）が圧勝。その後、二〇〇一年および〇六年の大統領選挙でもジャメ氏がその地位を守った。よって、同国の政治は一応、安定しているといえるが、同年には軍参謀総長によるクーデター未遂事件が発生するなど、いまだに不安定要素があることは否めない。

三、二度目のガンビア訪問

ユネスコ事務局長としてガンビアを訪れたのは二〇〇三年三月、ジャメ大統領が二期目の当選を果たしてから二年余り後のことだった。

5　ヤヒヤ・ジャメ
一九九四年、長期政権を維持してきたジャワラ大統領（当時）を無血クーデターで追放し、軍事政権を樹立。大統領に就任した。その後、民主化移行期間を経て、九六年の大統領選挙で当選、現在三期目をつとめている。

バンジュールの空港に降り立つと、当時の教育大臣兼ユネスコ国内委員会の委員長だったアン＝テレーズ・ンドン＝ジャッタ女史が、大勢の生徒たちとともに出迎えてくれた。空港からバンジュール市内に向かう道沿いでも、子どもたちがガンビアの国旗と国連旗を振って歓迎してくれた。

同国の教育制度は、同教育大臣の努力によって急速に改善している。ちなみに、教育大臣がユネスコ勤務に関心を持っていたことを知っていたので、公募中だったユネスコ本部教育セクター基礎教育部長のポストへの応募を勧めた。すると、三〇〇人以上もの応募者のなかから、幸いにも女史が選ばれた。さらに、二〇〇八年にはセネガルのダカールに置かれたアフリカ大陸全体（サハラ以南[*6]）の教育関係を統括する地域事務所の所長に抜擢され、現在も活躍している。

ジャメ大統領との会談でも、ユネスコは今後、教育面においてどのように協力を進めるべきかといった点などについて議論した。また、当時はまだ同国に世界遺産が存在しなかったため、大統領からは「ガンビアのいわば発祥の地であるジェームズ島を世界遺産として登録するための努力をしている。ユネスコにも協力をお願いしたい」と依頼を受けた。

実は、ジェームズ島の世界遺産登録への申請は一九九五年に出されていた。しかし、評価に当たったユネスコの諮問機関、国際記念物遺跡会議[*7]（ＩＣＯＭＯＳ）から登録延期の勧告が出され、決定が先送りになっていたのである。幸いなことに、再提出された申請書に対しＩＣＯＭＯＳは前向きな評価を下していたため、大統領との会見ではユネスコとして登録に協力する旨を伝えた。

登録が認められたのは、会見直後のことだった。大統領の喜びは、ひとしおだった。

ジャメ大統領は一九六五年生まれ。九六年に大統領に就任当時は弱冠三一歳だった。三選後の現在、まだ四四歳という若さだ。一般的に、アフリカ諸国の大統領には年配

---

6 サハラ以南
サハラ砂漠より南の地域をさす呼称。かつてのヨーロッパ人は、この地域を「未開の地」であるとして「暗黒大陸」と呼んだ。「ブラックアフリカ」「サブサハラ」とも呼ばれる。

7 国際記念物遺跡会議（ＩＣＯＭＯＳ）
文化遺産の保護に関わる国際的なＮＧＯ（非政府組織）。ユネスコのバックアップの下、一九六四年にベニスで開催された「歴史記念建造物関係建築家技術者国際会議」での「ベニス憲章」（記念物と遺跡の保存・修理に関する国際憲章）採択を受け、六五年に誕生。

者が多いため、四〇代は、まだ「ひよっこ」である。さらに軍人出身ではあるのだが、やり手の政治家という印象を受けた。

感心したのは、大統領の懐の深さだ。会談中に、当時のンドン＝ジャッタ教育大臣が教育問題に関し、たびたび口を挟んだ。ときに大統領の意見を問いただそうとチャレンジするような場面でも、大統領はにこやかに受け答えしていた。

多くの国では、往々にして閣僚は大統領に物が言えないのが当たり前になっている。が、ガンビアはそうではなかった。わたしには、新鮮な驚きだった。

Republic of Guinea-Bissau

ギニアビサウ共和国

ギニアビサウ共和国（Republic of Guinea-Bissau）

面積	3万6125平方キロメートル（九州とほぼ同じ）
人口	157万人
首都	ビサウ
自然	アフリカ大陸のなかでも最も小さな面積の国のひとつ。多くの入り江があり、国土の半分が低湿地となる。高温多湿の熱帯雨林気候で、6～11月が雨季。12～5月には、サハラ砂漠からのハルマッタンが吹く。
産業	国の80%が農民で、米の栽培や牧畜を行い自給国であったが、近年は輸入にも頼る。輸出は、落花生と油ヤシ、カシューナッツのほか、エビ、イカなどの漁業も盛ん。鉱業はボーキサイトなどが発見されているが、未開発。
民族グループ	バランタ族、フラ、マンジャカ、マンディンカ、パペウ等
言語	ポルトガル語（公用語）
宗教	原始宗教、イスラム教、キリスト教

＊　＊　＊

日本側の公館は在セネガル大使館が、ギニアビサウ側の公館は在北京大使館が兼轄している。日本からの主な輸出は、自動車、自動二輪車。ギニアビサウからの輸入は魚（冷凍）である。日本との関係は今のところ希薄。政治情勢は現在も不安定である。

一、ギニアビサウの独立運動

ギニアビサウは人口一五七万人（二〇〇八年）の小さな国だ。ギニアとセネガルに囲まれた沿岸地帯に位置し、面積は日本の九州ほど。大半がサバンナと呼ばれる乾燥地帯で農耕には適さない。これといった地下資源にも恵まれず、アフリカでも最も貧しい国のひとつだ。

隣国セネガルの首都ダカールに近いベルデ岬の西方、大西洋上に浮かぶ島々、カーボ・ヴェルデ島（現在のカーボヴェルデ）から一五世紀に南下してきたポルトガルによって、ギニアビサウは植民地化された。かつてのポルトガルの植民地で、現在、独立しているアフリカの国は、ギニアビサウはじめアンゴラ、モザンビーク、サントメ・プリンシペ、カーボヴェルデの五カ国だ。

ポルトガルは、イギリスやフランスのように植民地の独立を容易に認めようとはしなかった。一九五一年の憲法改正では、植民地を「海外州・県」と位置づけた。つまり、植民地を〝海外領土〟という形で内外に示し、独立運動を抑えようとしたのだ。そのため、殊にカーボヴェルデやアンゴラ、モザンビークでは血腥い独立闘争が展開された。

ギニアビサウでは、かねてから単発的な武装蜂起が起こっていた。組織的な独立運動が始まったのは、一九五二年にアミルカル・カブラル[*1]によってアフリカ独立党（PAI）が設立されてからだ。これを機に、運動の波は農村部へと広がっていった。

一九五九年に造船所で起こったストライキでは、鎮圧に出動したポルトガル軍が五〇人の労働者を殺害した。責任を問われてPAIは解散したが、カブラルは五六年に「ギニア・カーボヴェルデ独立アフリカ党」（PAIGC）を新たに結成、ソ連やキューバの軍事支援を受けてポルトガル軍と戦った。戦況は有利に展開し、七〇年代の初めには、独立を求めるPAIGCがギニアビサウのほぼ全土を掌握した。

アミルカル・カブラルは、ギニアビサウに生まれた。しかし、両親がカーボヴェル

---

1 アミルカル・カブラル（一九二四～七三）アフリカ独立党、ギニア・カーボヴェルデ独立アフリカ党を設立して独立と民族解放運動を指揮。ギニアビサウとカーボヴェルデをひとつの国としての独立を目指した。一九七三年ギニアの首都で暗殺される。

デ出身だったこともあり、ギニアビサウおよびカーボヴェルデ双方の独立運動を進めた。カブラルは、それぞれが別々の独立国家になるのではなく、ひとつの国として独立させたいという信念を持って運動を進めた。そういう意味では、カブラルは、ふたつの国から「独立の父」と呼ばれてもよさそうだが、両親の出身国が影響してか、カーボヴェルデのみで「独立の父」として今も尊敬されている。

二、ギニアビサウの独立とヴィエイラ大統領の執念

アミルカル・カブラルは、一九七三年一月、暗殺された。

ＰＡＩＧＣは同年九月までにギニアビサウの領土の大半を掌握し、ギニアビサウの独立を宣言した。同国は西アフリカで唯一、武装闘争によって独立を勝ちとった国といえる。

初代大統領には、カブラルの弟ルイス・カブラルが就任した。一一月には国連総会でギニアビサウの独立決議が通過したものの、ポルトガルはすぐには独立を認めなかった。しかし、ポルトガル国内では、七四年四月、反植民地主義を掲げた青年将校による無血軍事クーデター（市民が歓迎の花束を捧げたことから「カーネーション革命」と呼ばれている）によってカタエーノ政権[*2]は倒された。こうして、国家統一党による一党独裁政治を敷いたサラザール政権[*3]（一九三二～六八年）から四二年間にわたって続いたポルトガルの全体主義体制に、事実上、終止符が打たれることになった。

ポルトガル新政権は、ギニアビサウをはじめとするアフリカの植民地の独立をこれ以上、抑えることはできないと判断し、一九七四年九月、ギニアビサウの独立を正式に承認した。

ルイス・カブラル大統領は、独立闘争の過程で支援を受けた諸国との友好関係を維持しつつ国づくりを進めた。しかし、政治は安定せず、経済も停滞したままだった。

---

2 カタエーノ政権
ポルトガルに独裁体制を敷いたサラザールの後をうけ、その体制維持につとめたが、一九七四年、青年将校による無血クーデター（カーネーション革命）により崩壊した。

3 サラザール政権
経済学者だったサラザールが、一九三二年に首相に就任した直後から始まったポルトガルの独裁政権。第二次世界大戦では中立を維持し、戦争の影響の回避に成功したが、戦後、アフリカの植民地における独立運動を弾圧し、国民の言論活動を抑圧した。

そのうえ、兄アミルカル同様、カーボヴェルデ出身のレッテルを貼られ、ギニアビサウにおける国民の支持は定着しなかった。

一九八〇年一一月一〇日に採択された新憲法には、カーボヴェルデとの統一化を推進する条項も含まれていた。このため、双方の出身者の間で対立は激化し、採択から四日後、ジョアン・ヴィエイラ[4]首相が起こしたクーデターでカブラル政権は倒された。

ヴィエイラ氏は、アミルカル・カブラルが率いたＰＡＩＧＣではゲリラ戦に参画、軍指揮官としての指導力を発揮した後、政治活動も進め、一九七八年に三九歳の若さで首相に指名された。七三年、独立を目前にアミルカル・カブラルが暗殺されて以降、これまでの同国の重要人物を挙げるとすれば、真っ先に名前の出るのはヴィエイラ氏だろう。

独立当初、国民はカブラル率いるＰＡＩＧＣに全面的に従った。しかし、その後、未遂を含めて複数のクーデター事件が起こり、不安定な政治状況がつづいた。また、既に触れたように、国土の大半は農産物の栽培に適さないうえ、これといった天然資源もなく、国は貧しいままだ。それが政治不安の根底にもなってきたのである。

一九八四年に設置された国家評議会の議長に就任したヴィエイラ氏は、独立後の親東側路線から欧米先進国寄りの外交政策へと舵をきった。九一年には西アフリカで進展していた民主化の波がギニアビサウにもおよんだ。同年には憲法が改正され、複数政党制が認められた。そして九四年には、初の民主的な大統領選挙が実施され、ヴィエイラ氏は第二代大統領に当選した。

だが、政権は安定することがなかった。一九九八年のクーデター未遂事件後には激しい内戦が勃発、九九年五月、ヴィエイラ大統領はポルトガル大使館を経てポルトガルへ亡命する事態となった。これを受けて、ＰＡＩＧＣの党首を務めることになったマラム・バカイ・サーニャ氏が暫定国家元首に就任。同年一一月から二〇〇〇年一月

4 ジョアン・ヴィエイラ
（一九三九～二〇〇九）
一九八〇年のクーデターで全権を掌握した革命評議会を指揮、議長に就任した。九四年には大統領に就任したが、クーデターで亡命。二〇〇五年大統領に返り咲いた。アフリカ連合の代表権を回復したりポルトガル語諸国共同体サミットを開催するなど積極的に国際社会との協調路線を歩もうとしたが、二〇〇九年三月殺害された。

にかけて大統領選挙および国民議会選挙を実施した。

大統領選挙はサーニャ氏と社会革新党の党首クンバ・ヤラ氏の間で戦われ、ヤラ氏が当選した。同氏は一九九四年の大統領選挙ではＰＡＩＧＣ党首ヴィエイラ氏に敗れているが、元々はＰＡＩＧＣの一員だった。しかし、九〇年代に入って自ら社会革新党を結成した。

二〇〇〇年七月、モザンビークの首都マプトで開かれた「第三回ポルトガル語圏サミット」に、モザンビーク大統領のチサノ氏に招かれて出席した。

ポルトガルは、カーネーション革命まではアフリカの植民地における独立運動を容赦なく弾圧していたが、シサノ[*5]政権による新政府が発足してからは、逆にこれらの国々と友好関係を築くべく努力しはじめた。さらに、九〇年代に入ってからはポルトガル語圏共同体を形成（アフリカ五カ国に加え、南米のブラジル、アジアの東ティモールも参加）し、その一環として九六年から二年ごとに「サミット」も開催されてきた。

この時は、残念ながらヤラ大統領とじっくり話す機会はなかったが、次のような力強いスピーチをされた記憶がある。

「ポルトガルからの独立の過程で、われわれ元植民地の国々は一言では語れない過去を経験してきました。しかし、時代は変わりました。こうして同じ言語、文化圏を共有する仲間として絆を強め、ともに支え合い、協力しあっていけると確信しています」

二〇〇三年九月、再び軍事クーデターが起こり、ヤラ政権は倒された。次の大統領選挙までという条件つきでロサ臨時大統領を戴く暫定政権が発足した。

二〇〇五年五月、わたしはギニアビサウを訪問した。ロサ臨時大統領およびカルロス・ゴメス首相とそれぞれ面会し、今後のユネスコの対ギニアビサウ協力について話し合った。ロサ臨時大統領は、できるだけ早く政治危機を乗り越えたうえで、民主的に大統領選挙を実施したいという強い意向を示した。

5 シサノ
（一九三九〜）

ジョアキン・アルベルト・シサノ。モザンビークの政治家で第二代大統領。ポルトガルのリスボンに留学後、モザンビーク解放戦線に入党。一九八六年に大統領就任。

二〇〇五年六月に第一回投票の行われる大統領選は、ギニアビサウに帰還していたヴィエイラ氏、ヤラ氏、そして、サーニャ氏の三氏によって争われるだろうと思われた。だれが大統領になるか予想は全くつかなかった。

第一回投票の結果は、一位がサーニャ氏、二位がヴィエイラ氏、三位がヤラ氏だった。一位と二位で戦われる決選投票への出馬資格を失ったヤラ氏は、選挙の不正を訴え「本当は自分が得票数で一位だった」と主張した。

事態の収拾に乗り出したのは、セネガルのワッド大統領だった。後にわたしがワッド大統領から直接、聞いたところによれば、ダカールへ「仲介」を求めてやってきた三人のうちのヤラ氏に対して、大統領は「君は五三年生まれとまだ若いのだから、次のチャンスがある。今回は選挙結果を受け入れなさい」と説得した。ヤラ氏はそれを受け入れ、ヴィエイラ氏の支持に回った。

七月の第二回投票では、ヴィエイラ氏がサーニャ氏を破り、二〇〇五年一〇月、六年ぶりに大統領に返り咲いた。

二〇〇六年五月、パリのユネスコ本部でセネガルのワッド大統領にウーフェ・ボワニ平和賞[*6]が授与された。前年の大統領選挙で仲介役を務めたワッド大統領の受賞とあって、ヴィエイラ大統領はわたしの招きに応じてパリにやってきた。

大統領からは、ユネスコに対して「これまで長い間、ギニアビサウの政治は不安定で、教育制度は混乱したままになっている。政治の最優先課題は教育制度の立て直しにある。ぜひユネスコに力を貸していただきたい」という要望があった。わたしは全面的に協力する約束をした。

二〇〇八年五月、横浜で開かれたアフリカ開発会議[*7]（ＴＩＣＡＤ）Ⅳにはヴィエイラ大統領が自ら来日した。ＴＩＣＡＤにギニアビサウの大統領が出席したのは初めてだった。国の再建に向けて日本の協力を期待していることを、身をもって示されたの

6　ウーフェ・ボワニ平和賞
アフリカのコートジボワール共和国大統領であったウーフェ・ボワニ氏の提案で創設された、教育、科学、文化を通して平和を推進することに貢献した組織と人に贈られる賞。

7　アフリカ開発会議（ＴＩＣＡＤ）
アフリカの開発をテーマとする国際会議。一九九三年以降、日本政府が主導し、国連や国連開発計画（ＵＮＤＰ）及び世界銀行などと共同で開催している。五年に一度の首脳級会合に加え、閣僚級会合なども開催し、二〇〇八年五月には横浜で四回目となるＴＩＣＡＤ Ⅳ（第四回アフリカ開発会議）が開催された。通称は日アフリカサミット。

だと思った。

三．ヴィエイラ大統領の暗殺

二〇〇九年三月二日の早朝、ヴィエイラ大統領が大統領官邸で暗殺されたというニュースを、私はパリで聞いた。つい半年ほど前に横浜でお会いしたばかりだったので愕然としたが、前々から大統領と軍の対立関係が激化していることを知っていただけに、来るべきものが来た、というのが正直な気持ちだった。

実に〇八年一一月にも、軍の兵士達によって大統領官邸が襲撃され、大統領は危いところで難を逃れたのだった。また〇九年三月一日には、大統領と対立関係にあったナワイ国軍参謀長が殺害された。軍は、これは大統領の仕組んだものだと考え、その報復措置を行ったのであった。従って、軍はナワイ参謀長の殺害首謀者である大統領を殺害した旨を堂々と発表した。しかし、軍は軍事政権を作らず、憲法の規定に従ってペレイラ国会議長が暫定大統領に就任した。憲法上は、二カ月以内に大統領選挙を行うことになっていたが、実際には六月から七月にかけて選挙が行われた。一回目の投票では、ＰＡＩＧＣの候補サーニャ氏が得票率三七・五四パーセントで首位に立ち、社会革新党の候補エンバリョ氏は、二七・九〇パーセントで二位に。決選投票では、サーニャ氏が六三・三一パーセントを獲得して当選。九月に就任し、大統領として返り咲くことになった。

ヴィエイラ氏はアミルカル・カブラル氏の下でギニアビサウ独立闘争に参画し、一九七四年、ギニアビサウが独立以降は常に政治に参画していた。特に、二〇〇五年には民主的な選挙で大統領に選ばれてから、真剣にギニアビサウの国造りを進めてきた人物だった。ユネスコは〇八年一二月にはイタリアの支援を得て、大規模な教員養成計画（二年で一二〇万ドル）を始めた。これはギニアビサウの歴史上で初めて作成された一〇年計画の教育戦略[*8]（これにもユネスコは全面的に協力）を踏まえたものだった。これを受けて〇九年二月には同国の教育・文化・科学担当大臣ダ・シルバ氏がパリのユネスコ本部を訪れ、ヴィエイラ大統領からの言葉として「教育改革を進めるにあたってのユネスコの協力に感謝する」と伝えてくれていた。

考えてみれば、一九七四年にギニアビサウが長年の血なまぐさい独立闘争を経て独立を勝ち取ったものの、その後、三五年間、政治は安定していない。もともと貧しいところに加えた政情不安で、国民の三分の二が貧困層に属している。国連開発計画「UNDP」の人間開発指数[*9]を見ても、一七七国中一七六番目という状況である。

ヴィエイラ大統領の殺害に関してはアフリカ連合及びECOWASが厳しい批判の声明を発表した。三月中旬、ユネスコにAU（アフリカ連合）のジャン・ピン[*10]委員長を迎えて今後の見通しについて尋ねたところ、個人的にはギニアビサウの隣国ギニアに対して温かい気持ちを持っていることがわかった。しかし、軍事政権についてはAUが厳しい対応で臨み、特にギニアビサウ軍に対して非常に批判的な立場であることから、将来については悲観的な見方が色濃かった。

8　一〇年計画の教育戦略
ユネスコの教員養成計画。政治的不安定と武力紛争が原因で経済・社会開発が大幅に遅れているギニアビサウにおいて、教師育成及び基礎教育教員能力開発を行った。日本信託基金も二〇〇五年から三年間、この戦略に協力し、同国の教育水準の向上に貢献した。

9　人間開発指数
国連開発計画が毎年発表する人間開発報告書のなかで提示された人間の進歩の尺度。平均寿命、教育、一人当たりの所得を組み合わせ、算出する。低位国のほとんどはサハラ以南アフリカの国々。

10　ジャン・ピン
（一九四二〜）
ガボンの政治家。ユネスコ・ガボン政府代表部勤務などを経て大臣、政府要職を歴任。一九九九年から二〇〇八年まで外相。

Republic of Cape Verde

カーボヴェルデ共和国

カーボヴェルデ共和国（Republic of Cape Verde）

面積	4033平方キロメートル（日本の滋賀県程度）
人口	49万9,000人
首都	プライア
自然	大小の約15の島からなる。首都プライアのあるサンチアゴ島、フォゴ島、サル島、サントアンタン島、サンビセンテ島、ボアビスタ島などが主要な島。地形や風土など、それぞれの島に特徴がある。
産業	農業と漁業が中心。農業は、バナナ、サトウキビなど。漁業は、マグロ、ロブスターなどがある。資源は多くはないが、安定した政治の下、産業は順調に成長している。
民族グループ	ポルトガル人とアフリカ人の混血が約70%
言語	ポルトガル語（公用語）、クレオール語
宗教	キリスト教（カトリック）

＊　＊　＊

日本とカーボヴェルデはともに公館を開設していないが、日本の経済協力もあり、関係は良好に進んでいる。日本からの主な輸出は、自動車。カーボヴェルデからの輸入は革製履物がある。サンチャゴ島の北部はビーチが美しく、欧米から観光で訪れる人も多い。

一．独立

カーボヴェルデは、ポルトガル語で「緑の岬」を意味する。アフリカ大陸の最西端、セネガルの沖合い約六五〇キロに浮かぶ二つの諸島、バルラヴェント諸島とソタヴェント諸島で構成され、国旗に記された一〇個の星は諸島の主要な島の数を表している。面積は約四〇〇〇平方キロメートルと滋賀県とほぼ同じだ。

一五世紀半ばにポルトガル人の冒険家によって発見された当時は、無人島だった。一四六二年にポルトガル人が初めて住みつき、アフリカで最初のヨーロッパ人の拠点となるリベイラ・グランデ（現在のシダーデ・ヴェーリャ）を造った。同市は一六世紀から一七世紀にかけて奴隷貿易の基地として栄えた。その後、ポルトガルは、ギニアビサウをはじめとするアフリカ植民地を統括する拠点とした。

しかし、一五八五年にポルトガル居住地を襲ったイギリスのフランシス・ドレイク*1らの海賊の襲撃にたびたび見舞われ、建物の大部分が破壊された。そのため、ポルトガルは一八世紀、首都をリベイラ・グランデからプライアへ移した。奴隷貿易の時代にヨーロッパと南アフリカ、南アメリカを結ぶ中央大西洋航路の補給港だったサン・ヴィセンテ島のミンデロは、一九世紀には商業港として繁栄した。

ギニアビサウ生まれのカーボヴェルデ人、アミルカル・カブラルは、一九五六年、カーボヴェルデとギニアビサウの独立を目指すギニア・カーボヴェルデ独立アフリカ党（ＰＡＩＧＣ）を結成、本部をギニアビサウの隣国ギニアの首都コナクリに置いた。

ＰＡＩＧＣの目的は、カーボヴェルデおよびギニアビサウをひとつの国として独立させることだった。そこで、まずギニアビサウにおける武装蜂起を進めた。

カブラルは一九七三年、コナクリで暗殺された。代わって異母兄弟ルイス・カブラルがＰＡＩＧＣの指揮を執った。しかし、ギニアビサウ人のルイス・カブラルはカーボヴェルデでは受け入れられなかった。カーボヴェルデでは、ギニアビサウで繰り広

1　フランシス・ドレイク
一六世紀後半、イギリス人として初めて世界周航に成功。洋上では海賊として恐れられ、スペインの宝船などを襲撃しては略奪品を持ち帰り、母国に富をもたらした栄誉でサーの称号を受けた。スペイン船に襲撃されて九死に一生を得た経験から、スペインに復讐心を持ち、スペイン領への攻撃を指揮した。スペイン艦隊を壊滅させたことでも有名。

げられたような組織的な武装蜂起は展開されなかった。そして、一九七四年、PAIGCはカーネーション革命[2]によって成立したポルトガル左翼政権と独立に関する協定を結び、翌七五年には暫定政府を設置し独立を達成した。

カーボヴェルデは、当初、ギニアビサウとの統一実現の希望を捨てたわけではなかった。しかし、一九八〇年、軍事クーデターによってギニアビサウに誕生したヴィエイラ政権は、カーボヴェルデとの統一に反対だった。そのため、両国間の関係は一時緊張した。結局、カーボヴェルデ側もギニアビサウとの統一は不可能と判断した。八一年、PAIGCはカーボヴェルデ独立アフリカ党（PAICV）と名称を変更し、ギニアビサウとの統一を求めない方針を打ち出すことで両国関係は改善された。

二．民主的な政権交代

一九七五年、カーボヴェルデの初代大統領にアリスティダス・ペレイラ[3]氏が就任した。同氏はその後、カーボヴェルデ唯一の政党PAIGC、そして、PAICVをバックに九〇年まで大統領の座にあった。しかし、カーボヴェルデにも民主化の波はおよび、九〇年九月には憲法改正によって複数政党制へ移行、九一年二月には複数政党制の下で大統領選挙が行われた。

選挙戦は、PAICVと憲法改正に反対するグループにより結成された民主運動党（MPD）の戦いとなり、MPDの候補アントニオ・モンテイロ[4]氏が第二代大統領に当選した。カーボヴェルデの独立以来、初めての政権交代が平和裡に行われたのである。五年後の一九九六年の大統領選挙でもモンテイロ氏が再選された。

二〇〇〇年七月、モザンビークの首都マプトで開かれた第三回ポルトガル語圏諸国サミットに出席したが、モンテイロ大統領と会談の機会はなかった。大統領はスピーチで「同じ言語を話すこと、すなわち価値観や意識を共有しあえる文化圏の結束は、

2　カーネーション革命　ポルトガルの軍事クーデターで、別名「リスボンの春」とも呼ばれる。ポルトガルは二〇世紀で最も長い独裁体制が続いていたが、一九七四年、ほぼ無血革命で政権を交代することに成功した。銃口にさしたカーネーションが革命のシンボルだった。

3　アリスティダス・ペレイラ　（一九二三〜）初代大統領。一九七五年から九〇年まで大統領を務めた。

4　アントニオ・モンテイロ　（一九四四〜）第二代大統領。一九九一年より二〇〇一年まで大統領を務めた。

国境や肌の色を超えるものになるだろう」と訴えた。

二〇〇一年二月の大統領選挙では、PAICVの候補ペドロ・ピレス氏[*5]が、モンテイロ大統領の下で首相を務めていたMPDの候補カルロス・ヴェイガ氏を破って当選した。従って、またここでPAICVが民主的な選挙を経て政権に復帰したことになる。

島国のカーボヴェルデには海外への出稼ぎ者が多い。サブサハラ・アフリカでは一人当たりの国民総所得（GNI）が一〇〇〇ドルを超える国はわずかだが、カーボヴェルデでは一人当たり三一三〇ドル（二〇〇八年）となっている。二〇〇七年には、ついに後発開発途上国（LDC＝Least Developping Country）を卒業した。これも民主的に安定した政治があってこそだろう。経済発展という意味では、兄弟分ともいえたギニアビサウに大きく水をあけることになったのである。

世界遺産候補の「シダーデ・ヴェーリャ」 © UNESCO／Sébastien Moriset／CRATerre-ENSAG

三．ピレス第三代大統領との交流

二〇〇三年三月、ユネスコ事務局長としてカーボヴェルデを訪れ、第三代大統領ペドロ・ピレス氏と会談した。

大統領は「カーボヴェルデの最大の懸案は、教育制度を一層、近代化し、高レベルの教育を国民に提供することである」と明言、ユネスコは懸案の解消に協力すると約束した。また、大統領から、わが国には世界遺産が存在しないので、かつての首都シダーデ・ヴェーリャ（かつてのリベイラ・グランデ）の登録に協力してほしいと要請があった。

5　**ペドロ・ピレス**（一九三四～）二〇〇一年より第三代大統領。一九七五年から九一年まで首相。フォゴ島出身。

シダーデ・ヴェーリャは、ポルトガル語で「古い町」という意味だ。既に書いたように、シダーデ・ヴェーリャは、一六世紀、アフリカで植民地化を進めるポルトガルの拠点であり、奴隷貿易の中核をなした都市だった。その後、度重なる海賊の攻撃を受け、建物が破壊された。しかし、いくつかの遺跡は残っているという。残念ながら時間の関係でこの目で確認することはできなかったが、大統領には世界遺産の登録に必要な手続きを説明したうえで、世界遺産委員会に提案する書類作成に協力する旨を伝えた。

ピレス大統領は二〇〇六年二月に再選された。シダーデ・ヴェーリャの世界遺産候補としての書類作成は進捗し、〇八年一月には世界遺産センターに届けられた。ユネスコの諮問機関である国際記念物遺跡会議（ＩＣＯＭＯＳ）[*6]が審査したうえで、〇九年六月、スペインのセビリヤで開かれる世界遺産委員会で検討されることになる。

ピレス大統領は、二〇〇八年五月、ＴＩＣＡＤ（アフリカ開発会議）Ⅳに出席するため日本へ向かう途中、パリに立ち寄りユネスコ本部を訪問した。一番の目的は、シダーデ・ヴェーリャの世界遺産登録に向けて、ユネスコの一層の協力を求めることだった。わたしは「お国に世界遺産第一号が誕生することを願っています」と激励した。

6　国際記念物遺跡会議（ＩＣＯＭＯＳ）
文化遺産の保護に関わる国際的なＮＧＯ（非政府組織）。ユネスコのバックアップの下、一九六四年にベニスで開催された「歴史記念建造物関係建築家技術者国際会議」での「ベニス憲章」（記念物と遺跡の保存・修理に関する国際憲章）採択を受け、六五年に誕生。

Republic of Liberia

リベリア共和国

リベリア共和国（Republic of Liberia）

面積	11万1370平方キロメートル（日本の約3分の1）
人口	379万人
首都	モンロビア
自然	西部の首都郊外を含めた海岸線は、珊瑚礁やマングローブの森で覆われ、美しいビーチが続く場所もある。内陸部は、草原中心。気候は高温多湿の熱帯雨林気候。雨季の終わり頃には、東よりの貿易風・ハルマッタンが吹く。
産業	ダイヤモンドや鉄鉱の鉱業、天然ゴムや木材の農林業が盛ん。だが、内戦により、近年の経済は著しく低下していた。2007年からは少しずつ上昇している。
民族グループ	ゴラ族、クペレ族、クル族、バサ族等16部族
言語	英語（公用語）、その他各部族語
宗教	国民の90%が伝統宗教、その他にキリスト教とイスラム教

＊　＊　＊

日本は以前から、さまざまな経済協力を行ってきたが、内戦の激化に伴い1990年より停止状態に。しかし、2007年にワシントンDCで開催された支援国会合において、再び復活した。日本からの主な輸出は、船舶、一般機械等。リベリアからの輸入は石油製品等。また貿易は、対日輸出額が1,632万円であるのに対し、対日輸入額は、1,398億2,887万円にもなる（2007年　日本財務省貿易統計）。これは、リベリアがパナマやバハマと同様、便宜置船籍国によるもの。

一・アメリカからの独立

リベリアは一八四七年七月、サハラ以南のアフリカ諸国のトップを切って独立を達成した。その担い手の中心となったのは、かつてアフリカから奴隷としてアメリカ合衆国に送られものの、のちに解放され、ふるさとアフリカの大地にもどってきた人々だった。彼らの手によりアメリカ合衆国から独立したリベリアは、ヨーロッパの国々の植民地支配を受けなかった、ただひとつのアフリカの国だ。

一八六一年に勃発したアメリカ南北戦争[*1]は、六五年、最高司令官リンカーン大統領の率いる北軍の勝利によって終結した。内戦を引き起こした原因のひとつでもあった奴隷制度は、六二年の「奴隷解放宣言[*2]」で完全撤廃された。ただ、奴隷制を廃止する動きは、実はその半世紀も前からあった。

一八一六年には、すでに解放されていた黒人奴隷たちをアフリカに帰還させる「アメリカ植民協会」が白人たちによって発足。そして二〇年には、解放された奴隷たちの国を建設するために、現在の首都モンロビアのメスラド岬に八八人の解放奴隷を入植させた。一帯は、「胡椒海岸」に呼ばれた。「胡椒海岸」の名は、一四～一五世紀、フランスやイギリス、オランダの人々がコショウを求めてこの海岸に上陸したことによる。

その後、アメリカのメリーランド州やルイジアナ州などの植民協会は続々と解放奴隷を入植させた。そして、一八四七年には入植者の国民投票によってアメリカからの独立を宣言、初代大統領にはバージニア州出身の混血ロバートが就任した。アメリカで奴隷制が撤廃される一五年前のことだ。

ちなみに、リベリアの国名はLibertyに由来し、「解放された土地」という意味だ。首都モンロビアの名は、アメリカ第五代大統領モンロー[*3]にちなむ。星ひとつの星条旗が国旗に制定され、憲法はアメリカ合衆国憲法を基本に制定。プロテスタントを国教

---

1 アメリカ南北戦争
アメリカ合衆国に一八六一年に起こった内戦。奴隷制存続を主張する南部諸州が合衆国を脱退、合衆国にとどまった北部の州との間で戦争となった。一方、一八六〇年の大統領選挙では奴隷制が争点のひとつになり、奴隷制の拡大に反対していた共和党のエイブラハム・リンカーンが当選した。この時点では、リンカーン自身は奴隷制廃止を宣言していなかったが、一八六二年、奴隷解放宣言を発した。この後、リンカーンは、奴隷制に対する戦いを大義名分にするようになり、一八六五年、北軍の勝利によって終結した。

2 奴隷解放宣言
アメリカ合衆国大統領エイブラハム・リンカーンが、南北戦争終戦のおよそ二年半前に、南部連合が支配する地域の奴隷たちの解放を命じた宣言。

3 モンロー
（一七五八～一八三一）
ジェームズ・モンロー。アメリカ第五代大統領。アメリカ合衆国がヨーロッパ諸国に対して、相互不干渉を提唱し、アメリカ外交の基本方針となった「モン

とした。

共和国の政治および経済を支配したのは、海岸地帯を中心に拠点を築いたアメリカから戻った解放奴隷たちだった。彼らは自らを「アメリコ・ライベリアン」と称した。人口のわずか一パーセントを占めるに過ぎなかったが、アメリカの支持を後ろ盾に先住民（ゴラ族、クペレ族、クル族、バサ族等）を差別した。圧政の下に、先住民は一九三〇年代、スペイン領のアフリカ植民地に送り込まれたりした。リベリアは「奴隷貿易に等しい」と国際的な批難を浴びた。副大統領の関与も発覚し、当時の大統領と副大統領は引責辞任した。

二、タブマン大統領の功績

ウィリアム・タブマン[4]氏が大統領に就任したのは、第二次大戦が終了する直前の一九四四年だった。タブマン氏は、一九七一年に死亡するまでの二七年間、大統領の職にあった。アメリコ・ライベリアンから成る支配階級の出身だったが、先住民族との融和を図る統一化政策を宣言、四七年の憲法改正では納税義務を果たす国民すべてに選挙権を認めた。

対外的にはアメリカとの関係強化に力を入れた。一九四四年六月、タブマン大統領はフランクリン・D・ルーズベルト[5]大統領に招かれホワイトハウスで会談した。アフリカの国家元首が公的にホワイトハウスを訪れたのは初めてのことだった。

また、大統領は外資の導入を奨励して経済インフラ（道路、港湾等）を整備し、首都の名に恥じないモンロビアの街づくりをすすめた。その意味では、タブマン大統領は、近代リベリアとその首都モンロビアの創設者といえるだろう。

リベリアの名を世界に知らしめたのは、パナマと並ぶ便宜置籍船[6]の保有数である。同国の経済を潤してきた天然ゴムの輸出が、第二次大戦後に普及した合成ゴム

ロー主義」で知られる。

4 ウィリアム・タブマン
（一八九五〜一九七一）

一九四四年にリベリアの大統領に就任以来、七一年に死去するまで独裁的な政治運営をして国内を安定させた。アメリカから帰国したリベリア人と、先住民族との格差を緩和するための政策を行い、国家としての統一を目指した。

5 フランクリン・D・ルーズベルト
（一八八二〜一九四五）

アメリカ合衆国第三二代大統領。歴代の大統領のなかでもっとも長く在職し、任期中に世界恐慌と第二次世界大戦を経験した。貧困層対策に取り組み、経済的な成功を導いた大統領としてニューディール政策などが評価される一方、人種差別的観点から行われた失政は、アメリカにおける人種差別の解消を遅らせる要因となったといわれている。

6 便宜置籍船
税金や船員の労働条件などの面で有利な国に、船主が船籍を登録している船。リベリアのほか

に押されたことにより、船舶の登録料や運航規定などの面で他国の運航者に好都合の「名目上の船主」を積極的に引き受けはじめたのがきっかけだった。ちなみに現在、五〇〇〇万トンを超えると推測されるリベリア船籍のうち一割は日本の会社が運航している。日本との関係では、一九二六年から世界最大規模のゴム園を同国で経営していたアメリカのファイアストーン社が、八八年、日本のブリヂストン社に吸収されたことも挙げられる。

一九七一年に亡くなったタブマン氏の後任として大統領に就任したのは、長年、氏の下で副大統領を務めたウィリアム＝リチャード・トルバート氏[*7]だった。しかし、アフリカ諸国で相次いだ軍事クーデターが、八〇年、リベリアにも飛び火。先住民クラン族出身のサミュエル・ドー曹長[*8]によってトルバート大統領は暗殺され、一〇〇年以上も続いた少数派アメリコ・ライベリアンの支配は終止符を打った。

ドー曹長は、その後、大統領に選出されたが、一九八九年にチャールズ・テイラー[*9]氏率いるリベリア国民愛国戦線（ＮＰＦＬ）の蜂起によって生じた内戦のため、九一年、殺害された。

リベリアでは、その後も未遂をふくめて軍事クーデターが相次ぎ、不安定な国情が続いた。殊に、一九八九年に発生した第一次内戦や二〇〇二年に始まった第二次内戦では多数の死者と難民を出し、経済は著しく衰退した。

同国に平和が戻ったのは、〇三年八月に西アフリカ諸国経済共同体[*10]（ＥＣＯＷＡＳ）が内戦に介入してテイラー氏をナイジェリアへ亡命させ、政府側と反政府側の間に包括和平合意が成立、内戦が終結した後のことである。その年の一〇月には、国連安保理決議により派遣された「国連リベリア・ミッション」の下で、移行政府が発足した。

に、パナマ、バハマ、マルタなどの小国が同じような政策をとっている。

7 ウィリアム＝リチャード・トルバート
（一九一三〜八〇）
一九七一年タブマン大統領死去により、副大統領から大統領に就任。トルバート大統領はタブマンの跡を継ぎ、すべてのリベリア人の平等を表明、縁故主義的支配廃止などを進めたが暗殺される。

8 サミュエル・ドー
（一九五一〜九〇）
一九七九年、米の価格値上げ問題から暴動が発生、翌年、軍事クーデターを起こした。反乱軍はトルバート大統領と側近を殺害し、人民会議を主導。従来の憲法を停止し、全権を掌握した。八四年、米国などの圧力もあって政党の復活を認め、選挙で大統領に選任された。

9 チャールズ・テイラー
（一九四八〜）
一九八九年、リベリア愛国戦線の過激派を率いドー大統領を殺害した。一九九七年、国際監視団の立会いの下に選挙が行なわ

三．リベリア訪問

移行政府の発足直後、ユネスコは、リベリアを所轄するセネガルのユネスコ事務所の下に現地事務所を設け、教育を中心とした支援を開始した。二〇〇四年一一月、ユネスコ事務局長のわたしは現地視察のためリベリアを訪れた。

国連リベリア・ミッションの展開から一年が経過し治安は安定していたが、モンロビアの街全体には破壊の傷跡が生々しく残っていた。一九六二年五月、信任状を捧呈する中川進大使に同行して、わたしはモンロビアを訪れたことがあるが、宿泊したデュコア・パレスはとてもモダンなホテルだった。しかし、四〇年以上の時が流れ、内戦などの影響により建物の骨組みかつ露出するなど見る影もなかった。

移行行政府議長に就任していたジュード・ブライアント氏との会談場所は、ホテルからさほど離れていない昔の大統領官邸だった。この建物も内部は傷みがひどく応急処置が施されていたが、タブマン大統領の大きな肖像画をみつけて、思わず過去に引き戻された。

2004年に訪れた際には酋長に任命された
© UNESCO

お目にかかった一九六〇年代前半頃に描かれたものだろう。六〇代後半にして生気みなぎっていた大統領の面影をよく伝えていた。七一年、当時のアフリカでは大変な長寿である七六歳で亡くなられた大統領が、精力を傾けて整備した首都モンロビアのインフラが内戦によってことごとく破壊された現状を、もし目の当たりにしていたならば、

れ、タイラーが圧倒的な勝利を収めて大統領に選任された。

10　西アフリカ諸国経済共同体（ECOWAS）（Economic Community of West African States）
通称エコワス。西アフリカの域内経済統合を推進する準地域機関として一九七五年に設立。その後、「防衛相互援助に関する議定書」の調印（八一年）、「紛争予防・管理・解決・平和維持・安全保障メカニズム」規約採択（九八年）などを経て防衛・紛争解決機能を備え、安全保障機能の本格的整備にも着手。現在の加盟国は西アフリカの一五カ国（ベナン、ブルキナファソ、カーボヴェルデ、コートジボワール、ガンビア、ガーナ、ギニア、ギニアビサウ、リベリア、マリ、ニジェール、ナイジェリア、セネガル、シエラレオネ、トーゴ）。原加盟国のうちモーリタニアが二〇〇〇年に脱退。

どれほど落胆されたことだろうと嘆息を禁じえなかった。

先に触れたように、わたしは一九六二年、信任状を捧呈する中川大使に同行してモンロビアを訪れた。捧呈式は大統領官邸で行われた。タブマン大統領、トルバート副大統領および全閣僚のほか国会議長、最高裁判所所長も臨席、いわゆる三権の長全てが揃った中での捧呈式となった。

余談になるが、このとき、モーニングを持っていなかったわたしは、式典に先立ってリベリア外務省に問い合わせたところ「平服でもよい」との返事をもらっていた。ところが当日は、わたし以外は全員がモーニング着用という厳粛な雰囲気で、少々、ばつの悪い思いをしたことが記憶によみがえる。

四．アフリカ初の女性大統領誕生

訪問から一年後の二〇〇五年一〇月から一一月にかけて、リベリアでは国際的な注目を集めた大統領選挙が行われた。驚異的な身体能力で「リベリアの怪人」と呼ばれた世界的サッカー選手ジョージ・ウェア[*11]と、国際機関勤務の経験を持つエレン＝ジョンソン・サーリーフ[*12]氏が決選投票に臨んだのだ。その結果、〇六年一月にサーリーフ女史がアフリカ初の女性大統領に就任した。この選挙はまた、民主的に実施されたことによって、リベリアの新しい時代の幕開けを世界に印象づけることにもなった。

一方、僅差で敗れたウェア氏は二〇〇八年、福島県社会人リーグのサッカーチーム「バリエンテ郡山」の総監督に就任した。

サーリーフ氏は、一九七〇年代、トルバート大統領の下で大蔵大臣に就任した。しかし、トルバート政権は八〇年にドー曹長のクーデターによって倒された。後にドー氏が大統領に選ばれたとき、サーリーフ氏はドー軍事政権を批判していたために逮捕、投獄された。しかし、その後、脱出し、亡命した。

---

11 ジョージ・ウェア
（一九六六〜）
「リベリアの怪人」と呼ばれる世界的に有名なサッカー選手。現役引退後、内戦で傷ついた祖国リベリアのためにジョージ・ウェア基金を設立するなどしてリベリアのユニセフ親善大使も務めている。アメリカで暮らしていたが、二〇〇五年リベリアの大統領選挙出馬のため帰国。

12 エレン＝ジョンソン・サーリーフ
（一九三八〜）
アフリカ初の女性大統領。ハーバード大学出身、エコノミストとして、世界銀行、国連開発局などで活躍した後、一九七〇年代は財務大臣を務めた。しかし、ドー軍曹によるクーデターによって追放、その後、二度も投獄され、「鉄の女」の異名を取った。

世界銀行や国連開発計画（ＵＮＤＰ）で働いたサーリーフ氏は、一九九七年に帰国。大統領選挙に出馬してテイラー氏と戦い敗れたものの、内戦後の和平合意に至る時期を周到に待っていた。

「鉄の女」の異名を持つほどの勇敢な経歴を持つ政治家ではあるが、また、女性としての魅力に溢れる大統領でもある。

ユネスコは毎年三月八日の「国際女性の日」に、各界で活躍する女性を招いて会議を催している。二〇〇六年は「女性政治家」をテーマにサーリーフ大統領をお招きしたところ快諾して下さった。シンポジウムでは、女性が政治に積極的に参加していく必要があると強調された。

二〇〇八年九月にはニューヨークの国連総会でも同大統領の演説を聞く機会に恵まれた。リベリアは長く続いた内戦の結果、人口の八パーセントが殺され、四〇パーセントが難民化し、まだ未開発だった経済インフラが壊滅したという。その結果、国内総生産（ＧＤＰ）は一九八七年と比べ、内戦が終わった九五年には九〇パーセントも減少。劇的な経済的な危機を迎えたことを強調しつつ、現在もなお一万一〇〇〇人に上る「国連リベリア・ミッション」がリベリア国内で治安維持に当たっていることへの感謝の言葉を忘れなかった。

リベリアの建国の歴史には、独裁政権との長い戦いがあった。サーリーフ大統領の強力な政治力の下、同国は国際社会の支援を受けて再建を達成するものと信じている。

Federal Democratic Republic of Ethiopia

エチオピア連邦民主共和国

エチオピア連邦民主共和国
(Federal Democratic Republic of Ethiopia)

面積	109万7000平方キロメートル（日本の約3倍）
人口	8,071万人
首都	アディスアベバ
自然	国土の半分を占めるのは、標高の高いエチオピア高原。エチオピア高原は、北東部と南西部に分かれる。北部には国内最高峰のラスダッシェン山（セミエン国立公園内）標高4,620メートルがそびえる。自然景観は多彩だ。雨季は6月から9月まで。
産業	農業が雇用の約85%、国民総所得（GNI）の約45%を占める。主な農作物はコーヒー。そのほか、メイズ、テフ（穀類）、ソルガム（穀類）、大麦等がある。
民族グループ	オロモ族、アムハラ族、ティグライ族等約80の民族
言語	アムハラ語、英語
宗教	キリスト教、イスラム教他

＊　＊　＊

日本とは、1955年に国交回復。58年には双方の大使館が開館し、両国の関係は良好。日本からの主な輸出は自動車、バス、トラック。エチオピアからの輸入は、コーヒー、原皮、加工油脂、ロウ等。国際交流基金派遣の公演・展示事業が国内で定期的に開催されている。2006年には外交関係回復50周年事業の一環として首都アディスアベバの大統領宮殿内の日本庭園が修復されている。文化面でも日本でエチオピアの伝統舞踊グループによる公演が行われるなど、積極的な交流がみられる。

一・人類発祥の地

エチオピアの国土面積（約一〇九万七〇〇〇平方キロ）は日本の約三倍だ。人口は八〇七一万人（二〇〇八年）と、エジプトを若干上回り、アフリカではナイジェリアに次いで二番目に多い。しかし、長年にわたる内戦や繰り返す旱魃、さらに主要な輸出産品であるコーヒーをはじめとする一次産品の価格低迷などにより、同国はアフリカ諸国のなかでも最貧国のひとつに数えられる。一人当たりの国民総所得（ＧＮＩ）は、二八〇ドル（二〇〇八年）にすぎない。

あまり知られていないが、エチオピアには初期人類の遺跡が豊富に残っている。北部に位置する「アワッシュ川下流域」[*1]と、南部に位置する「オモ川下流域」[*2]の二件は世界遺産に登録されている。人類が類人猿と共通の祖先から分かれて誕生したのは約八〇〇万年前と見られ、その祖先が誕生した地は特定されていないが、アフリカであったことは間違いないと考えられている。

これまでに発見された最古の初期人類（猿人）の化石（頭蓋骨の一部）は、チャド湖周辺で見つかった約七〇〇万年前のトーマイ猿人のものである。初期人類の化石は、エチオピアやケニア、タンザニア、さらには南アフリカの多くの場所でも出土している。そのいずれかで、八〇〇万年前に人類と類人猿の共通の祖先から分離されたことは間違いないであろう。

初期人類の全身の骨の化石も発掘された。三二〇万年前に生息していたとされる「ルーシー」[*3]と名づけられたアファール猿人の女性で、世界遺産の「アワッシュ川下流域」で発見されたものだ。

ユネスコの事務局長に就任する半年余り前の一九九九年三月、わたしはエチオピアを訪れた。首都アディスアベバの国立博物館に保管されている「ルーシー」の実物を見ることが主な目的だった。ルーシーの骨は展示室内のガラスケースに展示されていた。

1　アワッシュ川下流域　一九七四年、エチオピアの北東部のジブチ国境近くを流れるアワッシュ川の下流域で三〇〇にものぼる化石人骨群が見つかり、一九八〇年にその一帯が世界遺産に登録された（文化遺産）。化石人骨のうち一体は若い女性と推定され、「ルーシー」と名付けられた。

2　オモ川下流域　ケニア、スーダンとの国境に近いエチオピア南西部の渓谷一帯。一九六七年、四〇〇万年前のアウストラロピテクス・エチオピクスの下顎骨が発見され、その後もホモ・サピエンスなど様々な時代の化石人骨が多数出土。人類最古とされる石斧などの石器も見つかっている。一九八〇年に世界遺産登録。

3　ルーシー　アワッシュ川下流域で発見された、三二〇万年以上前のアファール猿人（アウストラロピテクス・アファレンシス）の化石人骨。身長約一・二メートル、体重約三〇キロの若い女性と推定、脳容量はチンパンジー程度、二足歩行をしていたと考えられている。

しかし、案内してくれた館長は、それがレプリカであることを明かして、わたしを研究室へ案内してくれた。この時、わたしは「世界遺産委員会の議長」の肩書きで訪問していた。館長は、研究室の倉庫にしっかり保管されている実物の「ルーシー」をわたしに見せるために、わざわざテーブルの上に広げておいてくれたのだった。このようにして、門外不出の「ルーシー」との念願の対面が叶ったのである。

身長は一・二〇メートルぐらいだったと推測される小柄なルーシーが、六〇億人に膨らんだわれわれ人類の祖先であると考えると、胸が熱くなった。

また、エチオピアのもうひとつの世界遺産である「オモ川下流域」では、人類最古の石器も発見された。約二五〇〇万年前の初期人類のホモ・ハビルス（猿人の次に誕生した初期人類）が使用したものといわれている。

現在の人類ホモ・サピエンスは、DNA研究の結果、約二〇万年前にアフリカで誕生したことが証明された。また、ホモ・ハビルスは、ホモ・エレクトスを経てホモ・サピエンスに進化したと見られている。ホモ・サピエンスの一番古い化石もエチオピア（アワッシュ川中流域）で発見されているが、それは成人男性の完全に近い頭蓋骨で約一六万年前のものと推定される。

ホモ・サピエンスがアフリカのどこで誕生したのか、場所について特定できるような発見は、まだなされていない。しかし、以上のような複数の事実を総合的にとらえて考えると、人類はエチオピアやその周辺で誕生したのではないかと思われて仕方がない。

二、アクスム王国から独立まで

ホモ・サピエンスの誕生から二〇万年飛ばさせていただこう。現在のエチオピアの起源は、アクスム王国[*4]に遡る。同王国は、紀元前二〜一世紀頃にアラビア半島から移

4 アクスム王国
エチオピア北部に建国され、紅海貿易の中心地として繁栄した。四世紀、エザナ王の改宗によりキリスト教は国教化されアクスム王国の最盛期を迎えるが、周囲をイスラム教国に囲まれ紅海への出口を塞がれたことにより国力衰退が進み、一〇世紀頃に滅亡したとされる。

住してきたセム系の民族が開いたといわれる。同王国はアクスムを首都として一〇世紀以上にわたって栄えた。

アクスム王国は四世紀、キリスト教に改宗したエザナ王の治世下で全盛期を迎え、最盛期にはアラビア半島まで力を伸ばした。しかし、イスラム教が広がるにつれてキリスト教王国である同王国は次第に孤立していき、一〇世紀にはついに崩壊、群雄割拠の時代に入った。

アクスム王国の壮大さを偲ばせるのが、首都アクスムに残る巨大な古都の遺構である。一時期は一三〇基もの巨大なオベリスク（神殿などに建てられた記念碑）のような石柱が立っていたというが、そのままの状態でいまに伝えられてきたのは一基だけだった。近年、ユネスコの手によってもう一基再建された。アクスムの遺構は、ユネスコの世界遺産に登録されている。

伝説によれば、紀元前一〇世紀頃、シバの女王が古代イスラエルを統治していたソロモン王と親しくなり、その子孫が、のちにエチオピア帝国を築いたといわれている。そのため、シバの女王はエチオピアの女王（エチオピア名はマケダ）と呼ばれているが、実際に統治していた「シバ」は、現在のスーダンに当たるところだったと見られており、アクスム王国とはなんら関係がないようである。[*5]

さて、アクスム王国が滅亡すると、アクスムの南に位置するロハを中心に、もう一つの王国が開かれた。ザグウェ朝である。同王国はキリスト教国で、かつての首都ロハは現在ラリベラと呼ばれている。一二～一三世紀の最盛期には、ラリベラ王が神のお告げに従って「新たなエルサレム」を築こうと、一一もの岩窟教会[*6]を建てた。ラリベラは現在もエチオピア正教の聖地だ。

現地を訪れた二〇〇一年一月は、エチオピア暦のクリスマス大祭に当たったこともあり、各地から大勢の巡礼者が岩窟教会に集まってきていた。

---

5 他方、「シバ王国」はイエメンであったという説が有力とされる。

6 岩窟教会
エチオピア北部ウォロ州ラリベラにある、岩盤をくり抜いてつくられた聖堂群。敬虔なキリスト教徒であったザグウェ朝ラリベラ王の「この地を第二のエルサレムに」という命により一二世紀から一三世紀にかけて築かれた。巡礼地として現在も多くの信者が訪れる。一九七八年「ラリベラの岩窟教会群」として世界遺産登録。

ザグウェ朝も長続きはせず、一二七〇年にはソロモン朝[*7]が誕生する。同朝は一五世紀までは続いた。しかし、一六世紀に入ると衰え、一九世紀半ばまでつづく群雄割拠の時代に入った。

群雄割拠の時代は、ヨーロッパ諸国がアフリカへの進出に乗り出した時期と一致しており、エチオピアにもポルトガル人、ついでイギリス人らがやってきたが、エチオピアは植民地になることはなかった。この時代に勢力を拡大し、一九世紀の半ばにエチオピアの統一を図ったのが皇帝テオドロス二世[*8]である。

一九世紀後半に入るとヨーロッパ列強国によるアフリカ進出がいよいよ活発化し、エチオピアへもイギリス、フランス、イタリアなどが入植を試みた。エチオピアの植民地化を防いだ最大の功績者は、メネリク二世[*9]だ。巧みな外交によって、ヨーロッパ列強のいずれの国にも偏ることなく、等距離外交を進めることに成功したのだ。エチオピアの植民地化に殊に熱心だったイタリアは軍隊を派遣したものの、メネリク二世に撃退された（一八九六年の第一次エチオピア戦争）。アフリカの国が独力でヨーロッパ列強の軍事的な征服を阻むという出来事は、歴史的にも画期的だ。しかし、一九三五年、イタリアのムッソリーニはエチオピアへ再度の侵攻を試み成功した（第二次エチオピア戦争）。

エチオピア、エリトリア及びソマリランドを併合したムッソリーニは、五年間にわたり軍事的に占領、植民地化を図った。その後、第二次世界大戦でイギリス軍はイタリア軍の手からエチオピアを解放。エチオピアは四一年、独立を回復した。そして四五年、第二次大戦後に設立された国際連合の結成メンバー国の一員となった。

三. セラシェ皇帝

エチオピアを率いたのはメネリク二世の息子で、一九三〇年に皇帝に即位したハイレ・

---

7 ソロモン朝 ソロモン朝は、ソロモン王とシバの女王の血を引くメネリク一世の血統を自らの正当性としており、一九七四年にメンギスツにより革命が起こり、ハイレ・セラシェ皇帝が倒されるまで継続した。しかし、実際には一六世紀以降、その統治力は衰え、一九世紀半ば（メネリク二世による統治の時代）までは群雄割拠の時代であった。

8 テオドロス二世 （一八一八〜六八）一八五五年から六八年に在位したエチオピア帝国皇帝。エチオピア北部の豪族に生まれ、数々の戦闘をへて北部州を制圧、下剋上によって皇帝に即位した。戦乱の世であった諸公侯時代を終結させた、エチオピア中興の祖とされる。

9 メネリク二世 （一八四四〜一九一三）ショアの王であったが、ヨハンス四世の後を受け継ぎ一八八九年から一九一三年にエチオピア帝国皇帝に在位。第一次エチオピア戦争でイタリアに勝利し、当時のアフリカ諸王国で唯一、列強国に独立を承認させた。

セラシェ皇帝であった。同皇帝は、第二次エチオピア戦争でイタリアに占拠された際にイギリスに逃れ、イギリス軍の手で解放されると直ちにエチオピアに戻ったのである。

一九五〇年代および六〇年代を通じて、サハラ以南の政治指導者で最も著名だったのはセラシェ皇帝だろう。サハラ以南のイギリスおよびフランスの植民地が、五〇～六〇年代、相次いで独立を達成したなかで、セラシェ皇帝は指導者として最も長い政治歴を持つとともに、一八九〇年生まれと最年長者だった。それだけにとどまらない。ヨーロッパの植民地主義と闘った経歴もある。イタリア軍によって一時は植民地化されながらも、英軍の支援を受けてイタリア軍を追い出し独立を取り戻したのだ。

そのような次第で、六〇年代前半にガーナで勤務していた当時、アフリカの政治指導者たちはみなセラシェ皇帝に一目置いていたことは記憶に刻まれている。

ガーナのエンクルマ大統領、ケニアのケニヤッタ大統領をはじめとする新興独立国の指導者たちの提唱で設立が決まったアフリカ統一機構（OAU）の第一回サミットは、一九六三年五月、セラシェ皇帝の主催の下、アディスアベバで開かれた。当時、アフリカ各地の新聞トップに掲載されたのは、セラシェ皇帝を中心として勢ぞろいしたアフリカ諸国の指導者たちの記念写真だ。そのころがセラシェ皇帝の最盛期だった。

一九六〇年のローマ・オリンピックのマラソンには、セラシェ皇帝の親衛隊員を務めるアベベ[*10]選手が出場、走路の途中から裸足で走って優勝し、観客を大いに沸かせた。六四年の東京オリンピックのマラソンでも優勝を飾り、オリンピック二連覇を成し遂げて世界中の喝采を浴びた。それがきっかけとなって、エチオピアとセラシェ皇帝の知名度は日本でも高まった。親日家だったセラシェ皇帝は七〇年、大阪万博を訪れて大歓迎を受けた。

一九六〇年代におけるセラシェ皇帝の国際的な活躍、人気は目を見張るばかりだった。

しかし、海外での人気とは裏腹に、国内では富の不均衡と政府内部の汚職の拡

---

10 アベベ
（一九三二～七三）
アベベ・ビキラ。エチオピア出身のマラソン選手。ローマ・オリンピック（一九六〇）、東京オリンピック（一九六四）で優勝し、世界最高記録を樹立した。

大、インフレの悪化と失業率の上昇、繰り返し発生する旱魃による食糧難等から、国民の皇帝への不満は募る一方だった。一九七四年二月には学生、労働者、そして軍人までが参加した皇帝の退位を要求するデモが行われ、ストライキも発生した。同年九月、メンギスツ[*11]大尉を中心とする軍人がクーデターを起こしてセラシェ皇帝を廃位させ、すぐさま軍事評議会を設置した。

一九七五年三月、王制は廃止され、エチオピアはエチオピア共和国となった。拘留中の皇帝は、その五カ月後に獄中で病死したと発表された。しかし、死因に関しては暗殺説も根強く残っている。一九三〇年から四四年間にもわたって王位に就いていたセラシェ皇帝の逝去は、いまも謎に包まれたままだ。

四．メレス政権

一九七四年のクーデターから九五年に現在のメレス[*12]政権が樹立されるまでの二〇年あまりは、エチオピアにとって外交上いろいろな問題が相次いで起こった時期であった。

第二次大戦前はイタリアの植民地だったエリトリアは、戦後の一九五二年にエチオピアと連邦国家を形成するが、六二年にはエチオピアのひとつの州として併合される。しかし、回教徒を中心とするエリトリアとキリスト教徒を中心とするエチオピアは、人種的にも宗教的にも相容れない関係にあり、エリトリア解放戦線（ＥＰＬＦ）はゲリラ闘争を開始した。同様のゲリラ闘争は、六〇年代のハイレ・セラシェ皇帝時代から始まっていたが、七〇年代から八〇年代にかけて激しさを増していったのである。その結果、九三年五月、エリトリアはエチオピアから分離独立したが、国境線が明確でない地帯もあって、その後も両国の間に紛争の火種を残した。（エリトリアの項参照）

エチオピアは、南の隣国ソマリアともオガデン地域をめぐって緊張関係が続いていた。同地域にはソマリア族が住んでいるが、エチオピア内に組み入れられている。ソ

11　メンギスツ
（一九三七〜）
メンギスツ・ハイレ・マリアム。エチオピア南部カッファ州出身の軍人。エチオピア初代大統領。一九七四年、臨時軍事行政評議会（ＰＭＡＣ）の第一副議長となり、その後、ＰＭＡＣ議長に就任、社会主義軍事独裁政権を樹立した。八七年、初代大統領に選出されたが、九一年に政権は崩壊しジンバブエに亡命した。数十万人もの粛清を行い、また戦争や飢餓拡大により一〇〇万人の難民を出したとして、二〇〇八年、エチオピア最高裁で死刑判決が下ったが現在もジンバブエ政府の庇護下にある。

12　メレス
（一九五五〜）
メレス・ゼナウィ。エチオピア現首相。一九七五年に反政府勢力ティグレ人民解放戦線（ＴＲＬＦ）を、八九年にエチオピア人民革命民主戦線（ＥＰＲＤＦ）を結成し党首に就任。九一年、初代大統領メンギスツ独裁政権を倒し、暫定大統領となる。九五年より首相。

マリアは、イギリスの植民地だった北部のソマリランドと、第二次大戦後にイタリア信託統治領とされた南部（大戦前はイタリアの植民地、大戦中は英国の施政下に置かれていた）が合体して六〇年に独立したが、エチオピアとの間で国境問題が残っていたのである。しかし、ソマリアがエチオピアのオガデン地域[*13]の領有を認める形で、一九八八年、ようやく両国間で決着をみた。

そのような状況下で、メンギスツ軍事政権はソ連およびキューバから軍事支援を受け、社会主義綱領を抱えるエチオピア労働者党（ＷＰＯ）を設立、メンギスツ氏は同党の書記長となった。一九八七年、エチオピアはエチオピア人民民主主義共和国と改名、新しい憲法の下で実施された国民議会選挙ではＷＰＯが勝利し、メンギスツ氏が国民議会で大統領に選ばれた。

しかし、一九八〇年代には度重なる旱魃で多数の犠牲者を出し、経済が疲弊した。メンギスツ政権に対する国民の反感が高まる中で、同政権に反対する野党連合、エチオピア人民革命民主戦線（ＥＰＲＤＦ）が形成された。ＥＰＲＤＦの指揮の下で組織された反乱軍は政府軍との交戦を始め、次第に支配地域を拡大した。九一年五月には反乱軍は首都アディスアベバに侵攻して政府軍を駆逐、首都を占拠し、メンギスツ政権を倒した。

暫定政府は一九九四年一二月に制定された新憲法に基づいて翌年五月に議会選挙を実施、ＥＰＲＤＦが勝利を収めた。新議会で、国名はエチオピア連邦民主共和国と改められ、首相にはメレス氏が選ばれた。学生時代から秀才だった同氏は、早くから野党勢力に身を投じ、八九年にＥＰＲＤＦの党首に就任した。エチオピア新憲法の下では、行政権は首相にある。大統領は下院によって選ばれる国家元首だが、実質的な権限は持っていない。

その後、二〇〇〇年五月、さらに〇五年五月に行われた議会選挙でも、引き続き与

13　オガデン地域
エチオピア南東部の地方。ソマリアと国境を接し、鉱山資源に恵まれている。エチオピア国内のソマリ人が分離・独立を求め、それを後押しするソマリア軍が軍事介入し、一九六三年、紛争が勃発した。

党ＥＰＲＤＦが勝利をおさめ、第二次メレス政権、第三次メレス政権が成立している。

五. メレス首相との出会い

ユネスコ事務局長として二〇〇一年一月にエチオピアを訪れた時は、メレス首相が海外訪問中だったため教育大臣や文化大臣と面会し、大臣たちに、既に紹介したラリベラとアクスムを案内された。いずれもエチオピア北部の街であり、ラリベラの「岩窟教会群」とアクスムの「考古遺跡群」は世界遺産となっている。

その後も、年二回のアフリカ連合（ＡＵ）サミットのうち、一回はＡＵ委員会本部が所在するエチオピアの首都アディスアベバで開催されたため、二〇〇四年七月と〇七年一月のＡＵサミットでメレス首相にお会いした。

最も重点を置いて話し合ったのはアクスムにあったオベリスク[14]をエチオピアに取り戻すことだった。このオベリスクは、一九三〇年代にエチオピアに侵攻したイタリアが本国に持ち帰り、ローマの広場に建てたままになっていたものだ。「ぜひ早く返還を実現してほしい」というメレス首相の要請に対し、わたしは、「返還の実現にはユネスコも非常に力を入れて取り組んでいる。必ず実現させる」と繰り返し述べた。

イタリア政府は最終的にオベリスクをエチオピアに返還することを約束し、諸経費も全て同政府が負担する形で、ユネスコに返還の作業を委嘱した。二〇〇七年一月にメレス首相にお会いした時には大体の目途がついていたので、「〇八年九月までには、返還の儀式を行えるだろう」と伝えたところ、喜んでくれた。

ユネスコは移築作業を予定のタイミングで成功裏に終え、〇八年九月の初めに盛大な祭典をアクスムで執り行い返還を祝った。残念ながら、都合がつかず式典には参加できなかったが、アクスムに復活した巨大オベリスクをぜひこの目で見たいと思っている。

14 オベリスク
古代に造られた、神殿などに建てられた記念碑。多くは高く長い直立の石柱。王の威を示す役割もあった。

ローマの広場に建っている全長三〇メートルを超えるオベリスクを解体し、エチオピアのアクスムに搬送して、そこでまた再建するという大変な作業であった。それはユネスコが二一世紀に行った文化財返還の取り組みのなかでも、大変、意義深い記念的事業だったといえる。

エチオピア経済は一九九五年の第一次メレス政権以降、回復基調にある。とはいえ、コーヒー価格の世界的な低迷や旱魃による農業生産の落ち込みで、大きなマイナスの影響を受けていた。それが二〇〇〇年に第二次メレス政権が発足してからは、着実な高度経済成長を遂げ、好天候にも恵まれて農産物の収穫が増加している。

二〇〇五年の選挙では、メレス首相が総裁を務める与党EPRDFが多数を占めたものの、野党が大躍進し、その議席数をわずか一二議席から一七議席まで伸ばした。第三次メレス政権は「民主的開発主義」の旗印を掲げて高度経済成長を続け、その成果を国民に広く浸透させることに重点を置いている。政府にとっても与党にとっても、次の二〇一〇年の議会選挙に向けての準備に余念がない。

その中にあって、最大の懸案はエリトリアとの国境紛争が未だに解決されていないことである。国連が派遣した平和監視団（UNMEE）もお手上げで、最終的には撤退してしまったため（二〇〇八年一二月撤退完了）、エチオピア軍とエリトリア軍が直接対峙する形になっている。メレス政権にとっては、エリトリアとの国境紛争を解決することが最重要課題になってくるだろう。

State of Eritrea

エリトリア国

エリトリア国（State of Eritrea）

面積	11万7600平方キロメートル（北海道と九州とを合わせた広さとほぼ同じ）
人口	499万人
首都	アスマラ
自然	北岸は、アラビア半島との間に紅海が広がる。首都がある高原地帯の雨季は７～８月。南東部には、グレート・リフト・バレーの一部である低地が広がっており、東部は火山地帯。
産業	根菜類、ソルガム、豆類、大麦、小麦などの農業が主であるが、自給率は低く７割を輸入や援助に頼る。そのほか金や大理石の鉱業がある。
民族グループ	ティグライ、アファール族など９民族
言語	ティグリニャ語、アラビア語、諸民族語
宗教	キリスト教、イスラム教他

＊　＊　＊

エリトリア国は、アフリカで一番独立が新しい国。イタリア統治時代の名残が感じられる美しい町並みも残っている。日本は独立とともに承認。1993年には外交関係が樹立している。日本からの主な輸出は自動車、バス、トラック。エリトリアからの輸入は自動車の部々品等。2005年12月、「日本・エリトリア技術協力協定」も結ばれた。日本は、無償資金協力や技術協力で同国への援助を行っている。

一．三〇年にわたる独立闘争

エリトリアの面積は北海道と九州を合わせたほど（一一万七六〇〇平方キロ）だ。人口は四九九万人（二〇〇七年）とかなり多い。四二万人が住む首都アスマラは別格として、他のどの都市も四万人に満たない。国名がギリシャ語の「赤」を語源とするように紅海に臨んでいる。「アフリカの角」と呼ばれる地政学上の要衝に位置し、ジブチ（東）、スーダン（西）、エチオピア（南）に接している。国土は沿岸部の平地と内陸部の台地からなる。

エリトリアには、これといった天然資源はない。経済は生産性の低い農業および牧畜に依存している。一人当たりの国民総所得（ＧＮＩ）は三〇〇ドル（二〇〇八年）と低くアフリカの中でも最も貧しい国の一つである。海外で働くエリトリア出身者からの送金が国家の主要な収入となっているのが現実だ。加えてアフリカ大陸を見渡して見ると、最も国内情勢が不安定なのはソマリアであり、隣国と最も深刻な未解決の国境問題を抱え、両国の軍隊が対峙したまま緊張関係にあるのはエチオピアとエリトリアであり、一時も目が離せない状況だ。エチオピア、エリトリア、ジブチが位置する「アフリカの角」が、政治的に、非常に不安定な状態にあるとされる所以だ。

戦争や旱魃で疲弊し、報道や信教の自由が存在しないなかで、エリトリアが世界に誇りうるものが一つある。それは、アフリカのみならず、世界でもまれな言語政策である。エリトリア憲法は公用語を定めず、数多い現地語は全て平等であることを謳い、その使用を奨励している。現時点では、貧困によって未就学者が多いため、この現地語尊重の原則が豊かな実りをもたらすまでには至っていないとはいえ、将来、教育が普及した暁には、ひとつの国家での民族の共存が平和の要となる二一世紀において、母国語の異なる人々が共存し一致する国のモデルとなりうる。ぜひ、今後も保持してもらいたい貴重な財産だ。

エリトリアは一九九三年五月にエチオピアから独立するまで、常に他国の支配下にあった。歴史を遡れば、四世紀からアクスムを首都としたエチオピアのアクスム王国の一部を成していた。一六世紀にはオスマン帝国[*1]の侵略を受け、軍門に下った。一九世紀の後半、オスマン帝国が衰退に向かった間隙を縫ってイタリアが侵入。一八九〇年にイタリアの植民地となった。イタリアは、ポルトガル、さらにはイギリス、フランスよりも遅れてアフリカ大陸への進出を図ったため、植民地化が可能な国は限られていた。エリトリアは、その数少ないイタリアの植民地の一つだった。

エリトリアは第二次大戦中、エチオピアとともにイギリス軍によってイタリアの占領から解放されたが、エリトリアは引き続きイギリスの植民地となった。海への出口を持たないエチオピアはエリトリアの吸収を望んだ。しかし、エリトリア国民の希望は「独立」だった。エチオピアの中核を成す部族はアムハラ族であり、エリトリアの中核を成すのはティグライ族であり、文化は異なる。しかし、一九五二年、国連の決定によりエチオピアとエリトリアは連邦を形成する。その後、ハイレ・セラシェ皇帝の下で力を得たエチオピアはエリトリアを軍事的に抑え込み、六二年には連邦を解消、エリトリアをエチオピアの一地方に組み込んでしまった。

これに対し、一九五〇年代の終わりごろからエリトリア国民は軍事的にエチオピアに対抗して独立を獲得するしかないと考え、エリトリア解放戦線（ＥＬＦ）を形成し、六〇年代に入ってから軍事闘争を始めた。

一九七〇年代に入ると両国は飢饉に繰り返し襲われた。それに加え、武力闘争によってエリトリアの経済インフラは破壊された。もともと食糧は輸入に頼っていたエリトリア国民は苦しい食糧事情に直面し、多くの難民が発生した。ＥＬＦから分裂した組織「エリトリア人民解放戦線」（ＥＰＬＦ）は、エリトリアを制圧していたエチオピア軍への強力な抵抗勢力となった。一方、エチオピアでは、一九七四年のクーデターに

1 オスマン帝国 一二九九年から一九二二年までの六〇〇年以上の期間、現在のトルコを中心として領土を拡大しながら繁栄した大帝国。トルコ系の皇室オスマン家を皇帝とする多民族帝国で、現在のトルコの都市イスタンブールを首都とし、東西はアゼルバイジャンからモロッコに至り、南北はイエメンからウクライナに至る広大な領域に及んだ。

よりハイレ・セラシェ皇帝が退位させられ、軍事政権が樹立した。社会主義を推進するエチオピア政府に抵抗するエリトリアの武装集団として、EPLFは七〇年代後半から指導的な地位を占めるようになり、激しい武力闘争を繰り広げた。

八〇年代、EPLFは軍事的にも次第にエチオピア軍に対し優勢になり、エリトリアの国土の大半を支配した。一九九〇年には紅海に面した港町マサワを手に入れた。翌年には首都アスマラも占拠し、九一年五月、EPLFはエリトリア臨時政府を樹立した。そして、エチオピアの反政府勢力であるエチオピア人民解放民主戦線（EPRDF）と手を結び、エチオピアのメンギスツ政権打倒に向けて軍事攻勢をかけた。EPRDFがエチオピアの首都アディスアベバに攻め入った時には、EPLFもそれに加わった。

エチオピアにEPRDFによる新政権ができると、エチオピア側は一九九三年五月、エリトリアの独立を承認した。エリトリアはただちに国連に加盟した。

当初、エリトリアはエチオピアの新政府と友好関係にあった。メンギスツ政権打倒に当たってエリトリアのEPLFも協力したからだ。エリトリアの独立に伴って、EPLFは解散し、「民主主義と正義のための人民戦線」（PFDJ）という政党に改組された。EPLF時代から同勢力を率いて軍事闘争を進めたのはイサイアス・アフェルキ[*2]氏であり、同氏がPFDJの書記長となり、独立に伴い大統領に就任した。

エリトリアとエチオピアの蜜月関係は長続きしなかった。一九九八年五月、国境画定問題をめぐってエリトリア軍とエチオピア軍が武力衝突したためだ。国境沿いにあるバドメ市[*3]の領有をめぐって戦火を交えることになったのだ。両国間で包括的和平合意が締結されたのは二〇〇〇年一二月。アフリカ統一機構（OAU）の調停によってだった。国連は和平合意が遵守されているかどうかを監視するため国連エチオピア・エリトリア・ミッション[*4]（UNMEE）を派遣した。兵士四二〇〇人、監視員二〇〇人の

2　イサイアス・アフェルキ
（一九四六〜）
首都アスマラ出身のエリトリア国初代大統領。一九八七年に民主主義と正義のための人民戦線（PFDJ）書記長となり、九三年、エリトリア独立により大統領就任。大統領任期は五年と憲法規定されているが、憲法自体が未施行のため、事実上、選挙は無期延期のままイサイアス政権の統治が続いている。

3　バドメ市
エチオピアとエリトリアの国境地帯の都市。エリトリア独立の際に国境が不明確だったため、一九九八年にバドメ市の領有権をめぐって両国の武力衝突が勃発した。

4　国連エチオピア・エリトリア・ミッション（UNMEE）
国連の平和維持活動の一環。両国の国境紛争の停戦合意を受けて、二〇〇〇年七月、活動を開始。停戦監視などの任に当たった。

大規模なミッションである。

　和平合意に基づいて二〇〇二年四月に設置された国境画定委員会は、国境画定にかかる裁定を下した。〇三年三月には、同裁定では帰属を明確にしなかった懸案のバドメ市の帰属に関し、同市はエリトリアに帰属すると表明した。しかし、エチオピア側はこれを受け入れなかった。また、国境の画定について、エリトリア側もいくつかの点で受け入れなかった。こうして、結局のところ国境画定委員会の裁定は実施されないままになった。そして、〇七年一一月になって、国境画定委員会は一方的に解散してしまった。さらに、国連UNMEEも〇八年二月、停戦監視活動から手を引くことになった（〇八年一二月、完全に撤退）。その結果、エリトリア軍とエチオピア軍が直接対峙する緊張状態が生じた。もちろん両国とも戦争はなるべく避けたいという意思は持っている。しかし、何らかの拍子に武力衝突が起こる可能性を排除できない状況がつづいている。

　エリトリアは西北部で国境を接するスーダンとも緊張関係にある。エリトリアの国民は半分が回教徒で半分がキリスト教徒だが、エリトリア側は独立直後の一九九四年、スーダンは過激派のテロリストを自国内に送りこんできたと批判し、スーダンとの外交関係を断絶。以来、両国の外交関係は途絶えたままになっている（最近は改善の兆しも見えている）。また、南で国境を接するジブチとも、エチオピアとの関係ほど深刻ではないものの国境問題を抱えている（ジブチの項参照）。

　そればかりではない。エリトリアは紅海を挟んで対岸にあるイエメンとの間にも国境問題を抱えている。エリトリアは一九九四年一二月、当時はイエメンが管理していた紅海に浮かぶハニーシュ群島を侵略し、占拠した。しかしながら、両国は同島の帰属について仲裁裁定を仰ぐことにした。九八年、仲裁裁定のパネル（それぞれの国が二名の法律家を任命し、合わせて四名より構成）がハニーシュ群島はイエメンの一部という裁定を下した。エリトリアもそれを受け入れてハニーシュ群島から引き揚げ、イエメンとの間では国境問題解決に成功した。

二、ユネスコ事務局長としてのエリトリア訪問

かねてより、ユネスコ事務局長としてエリトリア訪問を考えていた。エリトリアはユネスコに民間出身の大使（女性）を送っていた。同大使はブリュッセルに拠点を置き、三、四か月に一度の割でパリを訪れては、その都度、わたしと会談した。

同大使は「エリトリアにとっての大きな課題の一つは教育システムの再建であるのでぜひユネスコの力を借りたい」と繰り返し力説した。わたしは、そのためにはまずエリトリアを訪れ、イサイアス大統領をはじめとする関係者と会ってよく話をする必要があると思った。

エリトリア・エチオピア間の和平協定もきちんと実施されているようであるし、国境画定委員会も二〇〇三年四月には裁定を下したので、そろそろ訪問してもいいタイミングと考え、同年一二月にジブチと併せてエリトリアを訪問することにした。

エリトリア政府からは、わたしが提案した日程はイサイアス大統領にとってどうしても都合の悪い時期なので翌〇四年一月に訪問してくれないか、との打診があった。しかし、一月の日程はいっぱいだったため、予定通り〇三年一二月に訪れた。イサイアス大統領にはそんな次第で残念ながらお会いできなかったが、教育大臣以下、関係閣僚と会談し、エリトリアの教育システム再建への支援を含めて、対エリトリア協力についての方向性を打ち出すことはできた。

その折、イサイアス大統領からの伝言を受け取った。

「アフリカにおけるユネスコのプレゼンス、活動の強化は歓迎するが、エチオピアのユネスコ事務所がエリトリアを管轄しているのは何といっても不都合で、ぜひケニア

の首都ナイロビにあるユネスコの事務所からエリトリアをみるように指導してほしい」

エチオピアは、物理的に、エリトリアの隣国であるし、両国間の和平合意成立後は両国間の関係が、より一層、進展するものと期待していたが、現実にそうはならなかった。そこで、確かにイサイアス大統領の申し出の通りだと納得し、ただちに合意したところ、エリトリア政府はとても喜んでくれた。

その後、イサイアス大統領からは、あらためてエリトリアを訪問してほしいと、たびたび伝言を受けた。また、二〇〇六年一月、アディスアベバで開かれたアフリカ連合サミット[5]に特別ゲストとして参加した際に、イサイアス大統領と廊下ですれちがい、挨拶をしたところ、「ぜひ早期にエリトリアを再訪問してほしい」と声をかけられた。しかし、その後もエリトリア訪問が実現しないままに推移しており残念に思っている。

イサイアス大統領は長年、軍事闘争の指揮官を務めた人だけに、小柄であるが精悍な面持ちであり、きびきびした態度で好感がもてた。

エリトリアは独立後、一九九七年に制憲議会を開き新しい憲法を制定した。しかし、新憲法は未だに施行されていない。同憲法によれば、大統領は国民議会により選出され、任期は五年となっている。国民議会は、イサイアス大統領の率いるＰＦＤＪ（民主主義と正義のための人民戦線）が圧倒的多数を占める。憲法が施行され、国民議会による選挙が実施されれば同氏が大統領に選ばれることは間違いない。エチオピアとの国境紛争を中心とする周辺国との緊張関係を前に、新しい憲法が施行されないのは残念だ。できるだけ早期に憲法が施行され、その手続きに従ってイサイアス氏が大統領に選出されることを願っている。

---

5 アフリカ連合
アフリカ統一機構が、発展改組して発足した。本部はエチオピアのアディスアベバ。アフリカの一層高度な政治的経済的統合の実現及び紛争の予防解決への取組強化のための地域統合体である。アフリカ諸国と諸国民間の一層の統一性及び連帯性の強化、アフリカの政治的経済的社会的統合の加速化、アフリカの平和と域内紛争や独裁政治の根絶、安全保障及び安定の促進、民主主義原則と国民参加統治の促進、持続可能な開発の促進、教育及び科学等での協力、グローバリゼーション時代におけるアフリカ諸国の国際的な地位向上、等を目指している。

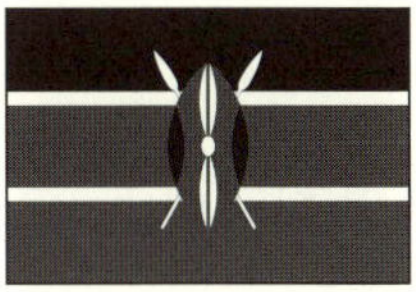

Republic of Kenya

ケニア共和国

ケニア共和国
(Republic of Kenya)

面積	58万3000平方キロメートル(日本の約1.5倍)
人口	3,853万人
首都	ナイロビ
自然	赤道直下の国。インド洋やヴィクトリア湖沿岸は、熱帯性気候。残り国土の大部分は、標高1,100～1,800メートルの高原にあり、乾燥した高原サバンナ地帯となっている。
産業	ソーダ灰、ほたる石などの鉱業、食品加工、ビール、タバコ、セメント、石油製品、砂糖などの工業が盛んだが、主はコーヒー、紅茶、園芸作物、サイザル麻、綿花、とうもろこし、除虫菊などの農業。
民族グループ	キクユ族、ルヒヤ族、カレンジン族、ルオ族等
言語	スワヒリ語、英語
宗教	伝統宗教、キリスト教、イスラム教

＊　＊　＊

1963年の同国の独立と同時に日本は承認。64年6月には駐ケニア大使館を開設した。79年には、駐日ケニア大使館が置かれた。経済協力を中心に、日本とは蜜な関係がある。日本からの主な輸出は自動車、機械、鉄鋼板。ケニアからの輸入は魚切身、切り花、コーヒー、ナッツ類、紅茶。また、2008年8月開催の北京オリンピックでは、日本に留学するケニア出身のワンジル氏が男子マラソンで五輪新記録の金メダルを獲得し、話題を呼んだ。

一・独立とジョモ・ケニヤッタ初代大統領

アフリカ大陸の東に位置するケニアの国土の大半は高原地帯だ。面積は日本の約一・五倍の約五八万平方キロ、人口は三八五三万を超える。ケニアは、東アフリカ、また、サハラ以南[*1]のアフリカ大陸における大国といえる。一九世紀、ヨーロッパ列強がアフリカの植民地化を競って押し進めていた当時、イギリスとドイツはケニアを争い、ケニアはイギリスの植民地となった（ドイツは隣のタンガニーカを植民地とした）。

しかし遡れば、アラブ人のケニア沿岸地帯への進出は、七、八世紀に始まっている。ケニアの大陸部からそう遠くないラム島の旧市街[*2]はアラブ人がつくった街だ。イギリスがケニアを領有した後もアラブ人はラム島に居を構え、ケニア人との混血が進んだが、今なお住民の大半にアラブ人の面影は濃い。イスラム圏と土着の文化圏が混じり合ったスワヒリ文化独自の建造物が多く残されたラムの町は一四世紀ごろにつくられたもので、同国では唯一の文化遺産として世界遺産に登録されている。同国には他に、自然遺産のケニア山国立公園[*3]とトゥルカナ湖国立公園群[*4]がある。

世界遺産「ラム旧市街」 © UNESCO／National Museums of Kenya

ケニアは穏やかな気候、風土に恵まれた国だ。また、多くの英国人が入植して農場経営に携わっていたことから、イギリスは容易にケニアの独立を認めなかった。その結果、一九五二年以降、血なまぐさい独立闘争を招いた。ケニア人側からすれば、自分たちの土地を奪ったイギリスからの入植者が多数、居座っていたことにな

---

1 サハラ以南
サハラ砂漠より南の地域をさす呼称。かつてのヨーロッパ人は、この地域を「未開の地」であるとして「暗黒大陸」と呼んだ。「ブラックアフリカ」「サブサハラ」とも呼ばれる。

2 ラム島の旧市街
ラム島は、ケニア最大の港湾都市モンバサから北東へ約二五〇キロメートルの海岸近くに浮かぶ小島。ケニア南東部のコースト州に属する。一二世紀から一九世紀にかけて渡航してきたイスラム商人の文化と土着の東アフリカ文化が融合し、独自のスワヒリ文化が生まれた。二〇〇一年に「ラム旧市街」として世界遺産登録。

3 ケニア山国立公園
首都ナイロビの北方約一五〇キロメートルに位置する。自然林を含むケニア山一帯が、一九九七年に世界遺産登録された。主峰バティアン山は、タンザニアのキリマンジャロに次ぐアフリカ第二位の高峰（標高五一九九メートル）。山岳地帯にはアフリカ固有の高山植物が群生している。

る。そして、入植者たちの虐殺を開始した。なかでも「マウ・マウ団」[*5]は独立闘争と連動する形で暗躍した。死者は、白人の入植者九五人、マウ・マウ側一万一五〇〇人に上った。イギリス軍はこの闘争に巨額の出費を強いられた。戦いは、一九六三年のケニア独立につながった。わたしは同年九月にガーナから帰国したのち外務省経済局中近東課（英語名では中近東アフリカ課）に三年間、在籍した。後半の二年間は首席事務官（課長の次のポスト）として、中近東諸国に加え、アフリカの旧英領諸国以外の国々を担当。旧英領ケニアは担当外だったが、六四年一〇月、アフリカ出張の機会に立ち寄ることができた。初めて足を踏み入れる東アフリカの国だった。

独立からまだ一年余りしか経過していなかった。そのためもあってか、首都ナイロビを歩いているだけで、国民が独立を喜び、独立を誇りに思っていることが強く感じられた。共和制への移行準備も進んでいた。ただ、ガーナとは異なり、国内には英国人入植者がかなり残留していたし、政府関係者の中にも英国人はいた。

日本大使館が開設されたのは、独立から約半年後の一九六四年六月だ。わたしが訪問した同年一〇月の時点ではまだ大使は赴任しておらず、臨時代理大使の林知彦氏（林貞行元外務次官の父上）にお会いした。

当時、サハラ以南のアフリカの大国のなかで日本の最大の輸出国は、便宜置籍船制度もあって、リベリアだった。船籍を同国に登録すれば、税金も安く、法的規制も受けなかったのだ。しかし、実際に最も交流の進んでいた国は、ケニアだった。ただ、日本から繊維製品を中心とした輸出はかなりの量に上っていたものの、ケニアからの輸入はほとんどなかった。

このような片貿易を是正するため、一九六六年、日本はケニアそしてタンザニア、ウガンダに対し、アフリカ諸国としては初めての円借款を提供することになった。円借款は、通常、経済インフラ（道路、空港、港湾等）整備拡充のために供与されるも

4　トゥルカナ湖国立公園群
ケニア北部に位置するトゥルカナ湖は、南北二五〇キロメートルの細長い湖。国立公園群は、東岸のシビロイ、火山島のセントラル・アイランドとサウス・アイランドの三公園からなる。ナイルワニや多種鳥類の生息地として知られるほか、人類の祖先の化石人骨の発見でも注目された。二〇〇一年に世界遺産登録。

5　マウ・マウ団
独立と民族解放を目指して結成されたケニア土地自由軍。「マウマウ」はイギリス側の称呼。ケニア最大の部族キクユ族を中心に結成され、白人入植者、親英派ケニア人に対するゲリラ闘争を行った。

のだが、ケニアへの二〇億円の円借款には、空港整備の他にナイロン繊維工場等の工場への機械供与も含まれていた。さらにソフトローン[*6]付きだったため、決済には時間的な余裕もあった。そのため、この東アフリカ三か国への円借款は各国の経済発展に大きく貢献したといえる。

ケニアが独立を果たして共和国となったのは、わたしが訪問した直後の一九六四年一二月のことだった。大統領には、首相だったジョモ・ケニヤッタ氏が就任した。同氏は、七八年に八四歳で亡くなるまでの一四年間、その地位にあった。

ケニヤッタ氏の生涯は、波乱に富むが、ここでは簡単に紹介しておこう。

初等教育を受けただけのケニヤッタ氏は大工の見習い、商店の事務員、水道局の検針係など職を転々とした。しかし、裁判所の通訳を頼まれるなど知識は豊かだった。

ケニア最大の部族キクユ族[*7]の政治活動に関わったのが縁で、土地問題を植民地省に訴えるため一九二九年と三一年にイギリスに渡った。出国命令に耳を貸さず新聞への寄稿や街頭演説を通じてケニアの独立を訴えた。また、ロンドンの大学でキクユ族の伝統文化を研究、その成果を名著『ケニア山をのぞんで』(三九年刊行)にまとめた。アフリカ人による欧米での出版は、初めてのことだった。

農場勤務、映画出演、イギリス陸軍のアフリカ問題顧問など数々の経験を経て、一九四六年、ケニアに帰国。しかし、独立闘争の過程でキクユ族が中心となって結成された、現代風にいえばテロリスト集団である「マウ・マウ団」との関係を疑われて五二年に逮捕された。そして、六一年に釈放されるまで七年間にわたって重労働に服した。釈放後は、既に結成されていたケニア・アフリカ人国民同盟(KANU)の党首となった。

ちなみにケニヤッタは本名ではない。対英独立運動に身を投じるにあたって自ら「ケニアの光」を名乗ったのである。

長年の闘争を経てケニアに独立をもたらした指導者として、当初は国民から尊敬さ

---

6 ソフトローン
国際開発協会(IDA)から発展途上国に貸し出される条件の緩やかな借款。

7 キクユ族
ケニア国民の五分の一以上を占める国内最大部族。

れていたケニヤッタ氏だったが、ガーナでエンクルマ大統領が議会人民党（ＣＰＰ）の一党独裁制を確立したように、一九八二年、ＫＡＮＵの一党独裁制を確立した。

一九六〇年代前半にガーナに駐在していた当時、サハラ以南のアフリカにおける独立運動に成功した大統領として、西アフリカのガーナ・エンクルマ大統領、東アフリカのケニア・ケニヤッタ大統領の二人はアフリカ全域で有名だった。

互いに頻繁に交流する仲だったが、ケニヤッタ大統領はエンクルマ大統領と異なり、外交面では親西欧圏政策、反共産圏政策を掲げていた。

二．モイ第二代大統領の誕生

ムゼー（おじいちゃん）の愛称で親しまれたケニヤッタ大統領が世を去った後、二代大統領に就任したのはダニエル・アラップ・モイ氏[*8]だった。同氏は、ケニヤッタ大統領のもとで長年にわたり副大統領を務めていた。大統領に就任したのは、ケニヤッタ氏の信頼と支持を得て後継者に推されていたからである。

ケニヤッタ大統領はキクユ族の出身だ。同氏が党首を務めてきたＫＡＮＵは、キクユ族と、それに続く大部族ルオ族（米国の新大統領バラック・オバマ氏の亡き父親は、ルオ族出身）中心の政党だった。これに対し、少数部族カレンジン族出身のモイ氏は、一九六〇年、ＫＡＮＵに対抗して少数部族を中心にしたケニア・アフリカ民主連合（ＫＡＤＵ）を結成した。

しかし、ケニヤッタ大統領は独立を達成したのちモイ氏を説得しＫＡＮＵとＫＡＤＵの合併に成功、一九六七年にはモイ氏を副大統領に任命した。従って、ケニヤッタ政権、モイ政権は、ケニアの二大部族であるキクユ族およびルオ族にとどまらず、少数部族も含めた、いわばケニア全体の政権だったといえる。

一九九〇年代に入ると、アフリカ全体で民主化の波が起こった。ケニアでもＫＡＮ

8　ダニエル・アラップ・モイ（一九二四〜）第二代大統領。一九七八年、ケニヤッタ大統領の死去に伴い大統領に就任し、二〇〇二年に政界を引退するまで二四年にわたる長期政権を担った。

U一党独裁体制への反発は強まり、九一年には複数政党制が導入された。翌年には大統領選挙が実施され、モイ氏はふたたび大統領に選ばれた。そして、九七年には三選された。少数部族の出身でありながら、二大部族への対応手腕が評価された結果だった。しかし、モイ政権は国際社会から人権蹂躙問題、さらには汚職問題で批判にさらされるようになった。

初めてモイ大統領に会ったのは、二〇〇二年二月、ユネスコ事務局長としてケニアを訪問した時だった。執務室で事務局長就任を祝ってくれた大統領に、わたしは感謝の言葉を述べた。一九九八年六月のアフリカ統一機構[*9]（OAU）サミットではエジプトの事務局長候補セラゲルディン氏の推薦が決議されたとはいえ、英語圏の国々では意見が分かれていた。そのような状況のなかで、当時、執行委員会のメンバーだったモイ大統領は早い段階からわたしへの支持を打ち出してくれた経緯があったからだ。

また、外務省勤務時代にジョモ・ケニヤッタ農工大学の支援に係わった経験を話すと同大学の学長も兼ねていたモイ大統領は大変喜ばれ、二〇〇二年四月の卒業式で、わたしに名誉博士号を直々に授けてくださった。同大学は一九八〇年代の初めに日本の技術協力センターとして設立され、その後、ケニア政府が大学に昇格させた。国内有数の大学として国の内外から高い評価を得ているうえ、近隣の国々からも留学生を受け入れている。二〇〇七年五月のケニア再訪の折には、初代大統領ケニヤッタ氏の姪にあたる教育副大臣ムゴ氏が常に同行してくれた。ケニヤッタ時代やモイ時代の話は、ケニアの歴史を理解するうえでとても参考になった。ムゴ氏の父上はケニヤッタ氏の歳の離れた弟だ。

二〇〇五年からケニアのユネスコ大使を務めているキムル氏（女性）の父上も、かつてケニヤッタ氏を支えた独立運動の同志だ。ケニヤッタ氏の投獄中にはモイ氏とともに独立闘争を進めた、いわば「七人の侍」の一人だという。父上はケニヤッタ時代、

---

9 アフリカ統一機構（OAU） かつて存在した国際組織。国連憲章と世界人権宣言を尊重。アフリカ諸国の統一と連帯を促進し、人民の生活向上のための相互協力・調整、国家の主権と領土を守り、独立の擁護、新植民地主義と闘うことが目的で一九六三年に発足。二〇〇二年にアフリカ連合へ発展した。

さらにモイ時代にもさまざまな閣僚ポストを務められた。残念ながら二〇〇八年に八八歳で亡くなられた。

ケニヤッタ氏を筆頭に、ケニアの政治家には長寿が多い。二〇〇二年一二月に政界を引退したモイ氏とは、〇七年五月の訪問時に会えなかったものの、いまなお八四歳でお元気だという。

三．キバキ第三代大統領の誕生

二〇〇七年五月、ユネスコは国際生命倫理委員会をケニアで開いた。一九九七年の「ヒトゲノムと人権に関する宣言」などユネスコが採択した生命倫理に関する三つの宣言に基づいて、サハラ以南のアフリカでも専門家を育てることを主眼としたものだった。

モイ大統領は既に引退し、当時七七歳のムワイ・キバキ氏[*10]が三代大統領に就任していた。同氏は、一九六〇年、ケニヤッタ氏がKANU設立時に同党に参加し、ケニヤッタ政権下では多くの閣僚ポストを経験した。

一九七八年にモイ大統領が誕生すると副大統領に抜擢された。キバキ氏は最大部族キクユ族の出身だったため、少数部族出身のモイ氏と良いコンビのはずだった。しかし、次第に意見が合わなくなり、キバキ氏は九一年にKANUを離党して民主党を設立した。九二年と九八年には大統領選でモイ氏に挑戦したが敗退。二〇〇二年一二月の大統領選では、他の野党と連合を組み、モイ氏が次期大統領候補に指名したケニヤッタ元大統領の息子ウフル・ケニヤッタ氏（KANU候補）を破って当選を果たした。

同氏は選挙運動の終盤、一命を落としかねない自動車事故に遭遇した。しかし、国際生命倫理委員会の際にお目にかかった限りでは元気そうだった。

キバキ大統領は二〇〇七年一二月の大統領選挙でも野党のオディンガ氏を破って再選された。オディンガ氏は元KANUの一員だったが、二〇〇二年の大統領選挙の際

10　ムワイ・キバキ
（一九三一〜）
第三代大統領。一九七八年から約一〇年間、副大統領を務めた他、豊富な閣僚経験を持つ。七四年には『タイム』誌「未来の指導者一〇〇人」に選ばれた。二〇〇二年の大統領選に勝利し、ケニア独立以来、初の政権交代が行われた。二〇〇七年に再選され、現在二期目。

にモイ氏がウフル・ケニヤッタ氏を後継者に指名したことに反対してKANUを脱退、キバキ氏が党首を務める野党連合に加わったひとりだ。

オディンガ氏は、ケニアの二大部族のひとつルオ族の出身である。そのオディンガ氏が、キクユ族出身のキバキ大統領に挑戦したということは、ケニア独立に際し政治的安定のために提携したキクユ族とルオ族が対立する形となったといえる。

さらに事前の世論調査ではオディンガ氏がキバキ大統領を上回る支持を得ていたため、キバキ大統領の再選が発表されるやオディンガ氏をはじめ野党側は集計に不正があったのではないかと指摘、選挙のやり直しを主張した。しかし、政府はこれを拒否。キクユ族とルオ族の衝突を軸にケニア各地で暴動が発生し、一五〇〇人以上の死者が出る結果を招いた。

アフリカ連合の依頼を受けたコフィ・アナン[11]前国連事務総長は、事態収拾のためケニアを訪れ、キバキ大統領とオディンガ氏の対話を促した。その結果、両者は二〇〇八年四月、連立政権の樹立に合意。野党党首のオディンガ氏が首相に就任して与野党の連合政権が成立した。

ケニアは東アフリカの大国であり、豊かな自然にも恵まれている。しかし、歴代の大統領は部族間問題を抱えて国内政治の安定に力を注ぐ傾向が強く、アフリカ全土に影響力をおよぼすような力を持った政治家を輩出していない。

初代大統領のケニヤッタ氏は、一九六〇年代、サハラ以南のアフリカ大陸において独立運動の祖として有名ではあったが、ガーナのエンクルマ大統領のような影響を与えた政治家ではなかった。ただ、ケニヤッタ氏がタンザニアのニエレレ大統領、ウガンダのオボテ大統領との提携をすすめ、東アフリカの「中核」を形成するために力を注いだことは、評価できるだろう。

アフリカでは、アフリカの五三カ国すべてが加わるアフリカ連合を強化する動きが

11 コフィ・アナン（一九三八〜）第七代国際連合事務総長。ガーナ共和国出身。一九六二年に国連入りし、国連の専門機関、世界保健機構（WHO）行政・予算担当官となる。九七年、国連職員に選ばれた最初の事務総長となり、二〇〇六年まで二期一〇年を務めた。〇一年、「国連に新しい生命を吹き込み、卓越した功績を残した」として、国際連合と共にノーベル平和賞受賞。

あるとともに、「地域協力化」の推進も活発だ。そのトップランナーともいえるのが、東アフリカ三カ国の経済提携である。ヨーロッパ各国の経済協力に比べれば、まだ初歩の段階だが、ケニア、タンザニア、ウガンダの指導者たちは経済統合の推進に熱心に取り組んでいる。さらに最近は、旧ベルギー領ウガンダおよびブルンジも関心を示している。

東アフリカにおける経済統合は順調に進むかどうか。それは、他のアフリカ地域における今後の協力関係を占ううえでも大きな指標となろう。

United Republic of Tanzania

タンザニア連合共和国

タンザニア連合共和国
(United Republic of Tanzania)

面積	94万5000万平方キロメートル（日本の約2.5倍）
人口	4,248万人
首都	ドドマ
自然	ンゴロンゴロ自然保護区やセレンゲティ国立公園など、世界自然遺産が3ケ所ある自然豊かな国。アフリカ大陸で最高峰を誇るキリマンジャロを背景に、野生動物たちが生息する。
産業	国内総生産（GDP）の約45%を占める農業が中心。特にコーヒー豆が主。特にタンザニア産のキリマンジャロコーヒーは世界中で愛好されている。鉱業では、金、ダイヤモンドのほか、タンザナイトと、宝石を産出する。サイザル麻・タバコ等、農産物加工などの工業も盛ん。
民族グループ	スクマ族、マコンデ族、チャガ族、ハヤ族等（約130）
言語	スワヒリ語（国語）、英語（公用語）
宗教	イスラム教約40%、キリスト教約40%、伝統宗教約20%

＊　＊　＊

1966年には駐タンザニア日本大使館が、70年には駐日タンザニア大使館がそれぞれ開設された。日本からの主な輸出は自動車等輸送機械、機械製品。タンザニアからの輸入はコーヒー、貴金属、ゴマ、魚。日本・タンザニア協会（78年9月28日設立）、日本タンザニア友好協会（2006年4月18日設立）もあり、両国は友好関係を築いている。

一．連合共和国の成立

タンザニアの正式な国名は、タンザニア連合共和国という。大陸部を占めていたタンガニーカと、単独に独立を達成していたザンジバルが一九六四年四月に合併し、連合共和国に生まれ変わったのである。ザンジバルは、海峡を挟んで大陸と向き合うインド洋上のザンジバル島などから成っていた。

タンガニーカはトーゴと同様、ドイツの植民地だった。しかし、第一次世界大戦でドイツは敗北、イギリスの委任統治領となった。独立したのは一九六一年。首相のニエレレ氏は、連合共和国の誕生後、大統領に就任した。

同氏は一九五四年、独立をめざしてタンガニーカアフリカ民族同盟（TANU）を結成した。タンガニーカは、大規模プランテーション向きの土地が少なく、英国政府が英国人入植者の流入を最小限に抑えていたため、幸いなことにケニアに生じたような血なまぐさい闘争を経ることなく独立を果たすことができた。

ザンジバルがイギリスから独立したのは一九六三年だった。タンガニーカとの合併当初はタンガニーカ・ザンジバル連合共和国と称していたが、ザンジバルは八世紀ごろアザニア（アラビア語で「黒人」の意）とも呼ばれていたことから、タンガニーカとアザニアの名前の一部をそれぞれとってタンザニア連合共和国と改名、通称タンザニアと呼ばれるようになった。このような独立の経緯から、ザンジバルはタンザニア連合共和国の一部ではあっても、内政上、大きな自治権を持っている。

ザンジバルといえばヨーロッパ人なら誰もが夢に描く「南の楽園」だ。香料貿易で栄え、アラビアやインドの商人たちが活躍した島であり、イスラムの王であるスルタンが支配したこともある。

土着のアフリカ音楽のリズムを土台に、まったく性質の異なる洗練されたアラビアの宮廷音楽、さらにインド音楽の影響も受けて生まれた「ターラブ」[*1]は、一風変わっ

1 ターラブ
インド洋に浮かぶタンザニア・ザンジバル島に受け継がれるスワヒリ語の大衆音楽。アフリカ音楽に、アラブ、インドなどの音楽文化が融合して生まれたもので、伝統的なターラブのスタイルは、四〇人ほどのオーケストラをバックに歌手が歌うショー。

た味わいで世界の音楽ファンを惹きつけている。フランス二〇世紀の人気作曲家プーランク[2]は、ザンジバルを舞台にオペラ「ティレジアスの乳房」をつくった。台本を手がけたフランスの詩人ギヨーム・アポリネール[3]も、このエキゾチックな島でなければ、自分の乳房を放り出し男になってしまう女性を主人公とするなどといった物語は書けなかっただろう。

二、ニエレレ大統領の誕生

タンザニア連合共和国の初代大統領ニエレレ氏は就任当初、アフリカ大陸（サハラ以南）での知名度も高く、ガーナのエンクルマ大統領とともにアフリカ統一機構（OAU）の設立を推進したアフリカのリーダーのひとりだった。また、ザンビアのカウンダ大統領と協力し、当時はまだ植民地だった南部アフリカのモザンビーク（ポルトガル領）、南ローデシア（イギリス領、後のジンバブエ）の独立運動や南アフリカの反アパルトヘイトの活動家らを支援した。このような対外的な取り組みは歴史的には大きな意味のあるものだったとはいえ、しかし、反面、内政をおろそかにした観は否めない。

実際に、国内で進めた社会主義経済政策は失敗した。一九七八年には隣国ウガンダのアミン大統領がタンザニア領に軍隊を送って不法に占拠し、古くからの国境紛争が再燃してしまった。翌年にはタンザニアに亡命中のウガンダ人らとともにウガンダに侵攻してアミン政権を覆したものの、五億ドルを超す出費を招き、国家財政を悪化させた。

経済政策の破綻は一九八三年の軍によるクーデター計画によって表面化し、ニエレレ大統領は八五年、辞任した。首相時代を含めれば六一年から二四年間、政権の座にあった同氏だが自らの失敗を潔く認めて引退した点は評価したい。

---

2 プーランク
（一八九九〜一九六三）フランシス・プーランク。パリ出身の作曲家。一九一七年、『黒人狂詩曲』で作曲家デビュー。オーリック、ミヨー、タイユフェール、デュレー、オネゲルと共に「フランスの六人組」と呼ばれた。

3 ギヨーム・アポリネール
（一八八〇〜一九一八）ローマ生まれのポーランド人。詩人、小説家、評論家。マリー・ローランサンとの恋を綴った代表作『ミラボー橋』は、シャンソンの名曲とされる。一九一六年にフランスに帰化したが、二年後、当時、大流行したスペイン風邪に罹り、三八歳で急逝した。

三、ムカパ第三代大統領との出会い

ニエレレ氏の引退後、同氏が推薦したTANUの同志ハリ・ハッサン・ムウィニ氏[*4]が一九八五年、第二代大統領に就任した。同氏は九〇年に再選されて九五年まで大統領を務めた。八四年の憲法改正によって大統領の任期は一期五年、再選までとされ、三選は禁止されていた。

ムウィニ大統領は、ニエレレ大統領時代の社会主義体制を放棄し、国際通貨基金（IMF）と世界銀行の協力を得るとともに経済の自由化を進め、国の立て直しを図った。また、一九九二年には複数政党制に移行するなど改革を進めた。

複数政党制の下で初めて行われた一九九四年の大統領選挙では、ニエレレ政権下で報道官や外務大臣をはじめとする閣僚を務めた同氏の側近ベンジャミン・ムカパ氏[*5]が第三代大統領に当選した。

タンザニアでムカパ大統領に会ったのは、一九九九年三月、ユネスコ事務局長選の運動の一環として、ユネスコ執行委員会のメンバー国である東アフリカのタンザニア、ケニア、ウガンダを訪れた時だった。六四年にケニアを訪問して以来、実に三五年ぶりの東アフリカであり、タンザニアは初めてだった。

タンザニアでお会いする前年の一二月、来日したムカパ大統領は事務局長選に出馬するわたしへの支持を、アフリカ諸国のなかで初めて明らかにしていた。タンザニアでの会談でも、翌日の現地の新聞に支持表明のコメントを寄せてくれた。もちろん、その背景には、六〇年代から日本が経済支援してきたタンザニア、ケニア、ウガンダのなかでも、政治的に安定しているタンザニアへの援助が最も大きかったという経緯もあったと思われる。

ムカパ大統領は二〇〇〇年の大統領選挙でも再選された。世銀およびIMFの支援を得た政策が成果を上げ、世銀の指導の下で銀行の削減も行われた。多数の国営企業

---

4 ハリ・ハッサン・ムウィニ（一九二五〜）第二代大統領。ザンジバル出身。ニエレレ初代大統領の下、副大統領や閣僚を務めた。一九八五年にニエレレ氏が引退すると大統領に就任し、政策の見直しや経済の自由化を進めた。九五年まで二期一〇年を務めた。

5 ベンジャミン・ムカパ（一九三八〜）第三代大統領。タンガニーカ出身。ムウィニ大統領の下、閣僚を歴任。一九九五年から二〇〇五年まで二期一〇年務めた。

を民営化し、外国資本の投資を積極的に受け入れた結果、タンザニア経済は順調に成長するようになった。また、複数政党制の下で民主的な選挙が実施されていることも評価され、経済的にも政治的にも〝アフリカの模範生〟としてドナーからは財政面を含め多くの援助が得られるようになった。

それを端的に表すエピソードがある。

二〇〇五年に開かれた世界経済フォーラムの年次総会「ダボス会議」[*6]でのことだ。壇上でスピーチしたムカパ大統領が政府開発援助（ODA）の増額を主張したところ、傍聴席にいたアメリカの人気女優シャロン・ストーンが「一万ドルを寄付します」と立ち上がった。それに呼応するかのように、一〇分足らずで一〇〇万ドルが集まったという。

決して雄弁ではないのだが、確かな学識に基づいて紡がれる一言ひとことに重みがあるムカパ大統領の言葉自体にカリスマ性があるといっても言い過ぎではないだろう。二〇〇二年二月にユネスコが音頭をとってタンザニアで開いたアフリカ全体の教育大臣会議では、教育はアフリカにとって将来を占う国づくりの基盤であり、人もカネも最大限に投じる覚悟が必要なのだとする説得力のある基調講演を行った。

四．キクウェテ第四代大統領との交流

ムカパ大統領は二〇〇五年に引退した。代わって大統領に選出されたのは、ムカパ内閣で外務国際協力大臣を長年務め、「新しい情熱、パワー、迅速」をスローガンに掲げていたキクウェテ氏[*7]だった。

一九五四年にニエレレ氏らによって結成されたTANUは、その後、タンザニア革命党（CCM）と党名を変えたが、初代ニエレレ氏から、二代ムウィニ氏、三代ムカパ氏、そして四代キクウェテ氏までの歴代大統領は、いずれもCCMのメンバーである。

6　ダボス会議
非営利財団・世界経済フォーラム（WEF）が、年一度、スイスのダボスで行う総会の通称。

7　キクウェテ
（一九五〇〜）
ジャカヤ・キクウェテ。第四代大統領。大蔵大臣、外務大臣等の要職を歴任し、二〇〇五年、大統領に就任。

その他の政党（複数）も存在するが、まだ政治的な力を持つにいたっていない。従って、タンザニアでは複数政党制の下で、民主的な形で大統領選挙が行われているとはいえ、常にＣＣＭの大統領候補が当選してきたのである。

一九九五年のＣＣＭの党大会でキクウェテ氏は大統領候補となるべくムカパ氏と争った。しかし、「建国の父」として大きな力を持っていたニエレレ氏が、「君はまだ若いのだから、ムカパの後の大統領になればよい。今回はムカパに譲るべし」とキクウェテ氏を説得したといわれている。ムカパ氏は三八年生まれ。九五年の時点で既に五七歳であり、一方のキクウェテ氏は五〇年生まれの四五歳だった。

キクウェテ大統領と初めて会ったのは二〇〇六年五月、ユネスコ本部で行われたセネガルのワッド大統領へのウーフェ・ボワニ賞授与式だった。翌年の一月にもエチオピアのアディスアベバで開催されたアフリカ連合サミットで再会した。

ムカパ氏は重厚さを感じさせる政治家だったが、キクウェテ氏は頭脳明晰で雄弁、てきぱきと采配をふるっていくタイプの政治家だ。周辺への配慮にも怠りなく、タンザニアにとどまらず、アフリカ大陸、さらには国際社会でも活躍する政治指導者になるだろうとお会いして確信した。二〇〇八年一月のアフリカ連合サミットでは予想どおり、ガーナのクフォー大統領の後任として連合の議長に就任した。

〇七年一〇月のユネスコ総会にキクウェテ大統領をお招きしたときには、スピーチでユネスコ改革を強く支持すると表明。事務局長に就任以来、改革へむけて心血を注いできたわたしへの力強いエールとなった。

五．タンザニアとユネスコ

二〇〇八年の第六〇回国連総会で宣言された「国際地球惑星年[*8]」で、タンザニアは世界のイニシアティブをとった。その背景には、同国の北部にそびえるアフリカ大陸

8　国際地球惑星年
「社会のための地球科学」をテーマに、地球と人類の持続可能な未来に向けて社会が理解を深めるためのプログラム。二〇〇八年を中心とする三年間。国際地質科学連合とユネスコが主体となって推進する。

「白い山」を意味するキリマンジャロ　© UNESCO ／ Evergreen

の最高峰キリマンジャロの存在が関係していた。

赤道直下に位置しながら標高五、八九五メートルのキリマンジャロ山頂部は、万年雪で覆われている。「キリマンジャロ」はマサイ語で「白い山」の意味だ。しかし、温暖化の影響で山頂の雪が溶けてなくなるのではないかという説もある。キクウェテ大統領は、ヘミングウェイ[*9]も小説のタイトルに謳った「キリマンジャロの雪」が危機に瀕していることを世界にアピールするとともに、地球全体が抱えている諸問題を話し合う場を設けようと提唱したのである。

キリマンジャロはまた、タンザニアの独立直後にニエレレ大統領が「絶望あるところに希望を、憎悪のあるところに尊厳を……」と刻んだ石盤を山頂に掲げた、アフリカ諸国にとっては独立を象徴する記念碑的な高峰でもあったのだ。

「国際地球惑星年」では、ユネスコもまた中心的な役割を担うことになった。〇八年

9　ヘミングウェイ
（一八九九〜一九六一）アーネスト・ヘミングウェイ。二〇世紀のアメリカを代表する小説家。シカゴ出身。『日はまた昇る』『武器よさらば』『誰がために鐘は鳴る』『老人と海』など多数の名作を生みだし、一九五四年にはノーベル文学賞を受賞した。晩年は極度の神経衰弱を患い、猟銃自殺を図り六一歳でこの世を去った。

二月にはパリのユネスコ本部で盛大なオープニング・セレモニーを開催。直後の五月にはキクウェテ大統領の要請を受け、ケニアとの国境に近い、キリマンジャロを望む町、アルーシャで式典を行った。アフリカ連合の議長でもあるキクウェテ大統領が開幕を宣言し、アフリカの国々が一丸となって温暖化をはじめとする地球環境問題に取り組む必要性を訴えた。

ユネスコとの関係でもうひとつエピソードを紹介したい。

タンザニアには世界遺産に登録された自然公園が四つある。そのうちのンゴロンゴロ自然保護区[*10]とセレンゲティ国立公園へは、アルーシャからもアクセス可能だった。どちらも多彩な動物を目にすることはできるが、わたしは三〇〇万年以上前の猿人の足跡が残っているというンゴロンゴロ自然保護区に興味をそそられた。車で片道三時間半以上かかるとのことだったが、あえて訪ねてみることにした。

道案内を買って出てくれたのは、タンザニアの教育大臣（女性）だった。

途中、ケニヤとの国境付近一帯に暮らし、狩猟民族として誇り高い先住民マサイ族の居住地区を横切ると、ある村を指さして説明してくれた。

「あの村には、一人の男性とその八一人の妻と約二〇〇人の子供が暮らしています。一夫多妻制のマサイ族のなかでも、わたしの知る限り妻と子の数は最高記録だと思います」

七〇代で元気だという家長である男性の要請を受け、国は彼の子供たちのための学校までつくったという。ギネスブック級のたくさんの妻と子どもを持つ男性の話もさることながら、子どもたちのために学校までつくった政府の対応にも驚くとともに感心した。多数の部族間の調整を図りながら政治的な安定を築くためには、こうした草の根レベルでの〝文化の多様性の尊重〟があったのだと思う。

ンゴロンゴロとは、マサイ語で「巨大な穴」という意味だ。標高一五〇〇〜三六〇〇

10 ンゴロンゴロ自然保護区 中生代後期のカルデラが残る外輪南北約一六キロ、東西一九キロの平野。クレーターの中央には、湖が存在する。カルデラ内部の平野より外輪の標高が高いため、周囲と隔離された生態系が残る。一九七九年に「ンゴロンゴロ保全地域」として世界遺産に登録された。

世界遺産のンゴロンゴロ自然保護区　Ⓒ UNESCO ／ Thorsell,J ／ IUCN

メートルの高地に広がる直径一六～一九キロメートルの火山口の北西には、三〇〇万年以上前の初期人類の化石が発見されたオルドヴァイ渓谷がある。初期人類は、エチオピアで発見された「ルーシー」と同じアファール猿人と見なされている。

　ようやく現地にたどりついたものの、初期人類の足跡の遺跡は保護のために石で覆われていて見ることはできなかった。ただ、車でさらに三〇分ほどのところで、はるか昔のサルや鳥、ヒョウなどの動物の足跡が見学できた。ンゴロンゴロ自然保護区一帯は火山地帯であることが幸いして、噴火後の、温度はさがったもののまだ柔らかかった岩石の上を歩いた動物の足跡が残ったわけである。自然の驚異に感嘆させられ、しばしタイムトリップに浸った。

　その後、キクウェテ大統領にンゴロンゴロ自然保護区で動物の足跡を見たと話したところ、「わたしもまだ見ていないのに」と目を丸くした。アルーシャから往復七時間近くをかけて現地まで赴く外国人は、考古学の研究者や専門家か、よっぽどの物好きらしいのだ。わたしの話に「ぜひ行ってみたい」と身を乗り出した大統領のエネルギッシュで好奇心に満ちた表情は若々しかった。

大統領は〇八年五月に横浜で開かれたアフリカ開発会議[11]（ＴＩＣＡＤ）Ⅳに、アフリカ連合の議長として他のアフリカの首脳陣とともに訪日した。たくさんのサイドイベントからも声がかかって、大変な人気だった。

六．スワヒリ語の普及がもたらした政治的安定

キクウェテ大統領は二〇一〇年の選挙で再選されれば一四年までの計一〇年間、大統領を務めることになる。そしてまた、次の大統領はＣＣＭから選出されることになるだろう。このように、タンザニアで民主的な政権交代が行われるようになったのは、引責辞任した初代大統領のニエレレ氏が、その後も大統領選が民主的に実施されるかどうか目を光らせていたためともいえる。

また、他のアフリカ諸国と同じように複数の部族から構成されているにもかかわらず、部族対立による政治不安を招いていない。タンザニアが政治的に安定している理由は何か――。以前から抱いていた疑問を、現在、国連の事務副総長を務めているミギロ氏に、同じ国連仲間のよしみで尋ねてみた。彼女は、キクウェテ大統領の下で外務大臣を務めていた。

彼女は、政治的安定をもたらした功績は、なんといってもニエレレ氏にあるという。なかでも、部族間対立を見越してスワヒリ語[12]を公用語として採用し、スワヒリ語の普及に力を入れたことが大きいと説明してくれた。つまり、国民はだれでもスワヒリ語を話し、それぞれの部族の一員であるばかりではなく、タンザニアという国の一員であるという意識を持つようになったというのだ。

11　アフリカ開発会議（ＴＩＣＡＤ）
アフリカの開発をテーマとする国際会議。一九九三年以降、日本政府が主導し、国連や国連開発計画（ＵＮＤＰ）及び世界銀行などと共同で開催している。五年に一度の首脳級会合に加え、閣僚級会合なども開催し、二〇〇八年五月には横浜で第四回アフリカ開発会議（ＴＩＣＡＤ Ⅳ）が開催された。通称は日アフリカサミット。

12　スワヒリ語
アフリカ東部、中部で広く使われているバントゥー語派言語のひとつ。タンザニア、ケニアの公用語。

さらに、部族間の交流を図るため、大統領は異なる部族の学校に通うことを奨励したという。学生時代から他の部族と交流し、人間関係を育むことが部族間の対立をなくすことに寄与すると考えたのだ。

この説明を聞いて、ニエレレ氏はまさに「建国の父」であると、あらためて認識した。

Republic of Uganda

ウガンダ共和国

ウガンダ共和国（Republic of Uganda）

面積	24万1000平方キロメートル（ほぼ日本の本州大）
人口	3,165万人
首都	カンパラ
自然	赤道直下の内陸国だが、平均標高1,300メートルの高原に位置するため、気候は比較的温暖である。南部に位置するヴィクトリア湖のほか、湖は多く、総面積の約15%が湖や沼沢。雨季は3～5月と9～11月。
産業	農・漁業では鮮魚、コーヒー、紅茶、綿花など。鉱業では銅、燐鉱石、タングステン。工業は繊維、タバコ、セメントなどがある。経済成長率は7.9%（2007年、世銀）と高い。
民族グループ	バガンダ族、ランゴ族、アチョリ族等
言語	英語、スワヒリ語、ルガンダ語
宗教	キリスト教60%、伝統宗教30%、イスラム教10%

＊　＊　＊

日本との関係は1990年代に入り、より進展。94年には財政事情により閉鎖されていた在京ウガンダ大使館が再開。97年には、日本側も在ウガンダ日本大使館を設置。日本からの主な輸出は自動車、金属製品。ウガンダからの輸入はゴマ、コバルト、魚介類、コーヒー。そのほか、日本は文化無償協力として、印刷機材や体育機材などの供与も積極的に行っている。

一．独立と初代大統領ムテサ二世

降水量に恵まれ緑豊かなウガンダは、一般的な日本人がアフリカの国に抱くイメージから、かけ離れた国だ。ナイル川の主流のひとつ白ナイル[*1]の源でありアフリカ最大の湖であるヴィクトリア湖[*2]を抱えるように広がり、「アフリカのスイス」と呼ばれることもある。面積は約二四万平方キロと日本の本州とほぼ同じ。人口は三一六五万人（二〇〇八年）と、アフリカでは人口の多い国のひとつといえる。首都カンパラは赤道直下に位置しているが、標高一三〇〇メートルの高地に広がっており、年間を通して温暖な気候に恵まれている。

ウガンダは隣国のケニアやタンザニアと同様、イギリスの植民地だったが、一九六二年に独立した。ケニアやガーナと同じように、当初はエリザベス女王を元首とし、「ウガンダ人民会議」のオボテ党首が首相として行政の実務を担当した。六三年には共和制に移行し、国内に鼎立していた王国のひとつブガンダ王国[*3]のムテサ二世[*4]が大統領の座についた。

ムテサ二世は一九三九年にブガンダ王国の国王になった。しかし、王国の統治権が宗主国によって縮小されるのではないかと懸念して態度を硬化したため、一時はイギリスに睨まれて国外に追放されたが、国内では逆に反植民地運動の象徴として人気を集めることになった。

一九六三年、大統領に就任したムサテ二世の下で首相となったのは、かねてより独立運動を進め、ムサテ二世とは提携関係にあったミルトン・オボテ氏[*5]だった。ムテサ二世は国家元首ではあったが権限は名目的なものに留まり、行政権はオボテ首相が握ることになった。

1　白ナイル
アフリカ北東部を流れるナイル川上流部の名称で、ナイル川の主要な支流のひとつ。

2　ヴィクトリア湖
ケニア、ウガンダ、タンザニアに囲まれた淡水の古代湖。アフリカ最大、世界第三位の湖水面積は約六万九〇〇〇平方キロメートル、最大水深は八二メートルで、ナイル川の水源になっている。

3　ブガンダ王国
ブガンダは「ガンダ族の国」を意味する。一八九四年、イギリスの保護領となったが、間接統治政策により国内の各王国は存続された。一九六二年にイギリスから独立、六七年には新憲法の下、王制を廃止して共和国体制となった。

4　ムテサ二世
（一九二四〜六九）
父ダウディ・クワニ世の死後、一九三九年にブガンダ国王即位。ウガンダ独立後の六三年には初代大統領に就任するが、実権のない儀礼的なものだった。六六年にオボテ首相が全権を掌握しブガンダ王宮を襲うよう指

二．オボテ第二代大統領の誕生

ムテサ二世は大統領であると同時に、依然としてブガンダ王国の国王の座にあった。王国はかなりの自治を認められていた。しかし、オボテ首相は、ブガンダ王国をはじめとして国内に存在する王国の権限を縮小する政策を進めた。そのため、大統領との間に齟齬が生じるようになり、両者の連携関係は崩壊に向かう。

一九六六年、オボテ首相はクーデターを起こした。ムテサ二世を追放、すべての王国を完全にウガンダ共和国へ吸収した。大統領となったオボテ氏は、二度にわたって憲法を改正。国家元首であるばかりではなく、大統領を行政の長とした。

オボテ大統領は一九七一年のクーデターで失脚するまで五年間、活躍した。その間、経済は順調に成長した。反対党の政治家が投獄されることはあったものの、ウガンダの政治はおおよそ安定していた。

オボテ氏が大統領に就任した一九六六年、日本はウガンダに対し一〇億円の円借款を供与した。これにより、ウガンダは主にテレビ網の充実をはかった。また、円借款には、ウガンダ在住の日本人の経営するシャツ製造工場向けの機械が含まれていたと思われる。その後、このメーカーは、のちに大統領となるムセベニ氏の信頼を得て、同国で最も大きい衣料品メーカーとして経済発展に貢献した。

この時代の日本は、たとえば、ガーナに対し繊維技術訓練センターを設けることを約束、専門家と訓練用の繊維機械を同国に送り込んだように、技術協力に加えて円借款をアジアからアフリカへ拡大するようになっていた。まずその対象となったのは、片貿易問題で摩擦を起こしていたケニア、タンザニア、そして、ウガンダの東アフリカ三カ国だった。

しかし、オボテ大統領は、反資本主義の性格を強め、外国企業の国有化政策などに乗り出していく。そして、次第に国民の支持を失った。こうして一九七一年、イディ・[*6]

示したため、ムサテ二世はイギリスに亡命。六九年にイギリスで死去した。

5　ミルトン・オボテ

（一九二四〜二〇〇五）

一九六〇年、ウガンダ人民会議を結成して総裁になり、六二年のウガンダ独立時に初代首相となった。六六年には国王を追放して大統領に就任し、社会主義体制を確立した。八五年に反政府軍によるクーデターでタンザニアに亡命。その後、ザンビアに移り、二〇〇五年、アフリカのヨハネスバーグで死去した。

6　イディ・アミン

（一九二五〜二〇〇三）

軍人出身で、ウガンダ独立後はオボテ政権の軍参謀総長となるが、一九七一年、オボテ外遊中に軍事クーデターを起こし大統領に就任、アミン独裁政権が始まった。七八年、タンザニア侵攻に失敗し、翌年には反体制のウガンダ民族解放戦線により政権失脚。サウジアラビアへ亡命し、二〇〇三年、同地で客死した。

アミン少将によるクーデターが発生、軍事政権が誕生した。

身長二メートルを超すボクシング元ヘビー級チャンピオンであり、白人のラグビー・クラブで、唯一の黒人選手として活躍したアミン少将は、エピソードに事欠かない庶民のカリスマ的ヒーローだった。

しかし、アミン大統領はオボテ氏を支持してきたアチョリ族やランゴ族の兵士たちを直ちに処刑するなど弾圧政治を開始。商業および中小企業の担い手だったインド人を中心に約八万人のアジア人を国外へ追放した。こうして、失脚する一九七九年までの八年間に、アムネスティ・インターナショナルの報告によれば、三〇万人を虐殺するなど、数々の人権蹂躙政策を実行に移した。

アミン大統領は、アフリカに政治的混乱を招いた象徴として国際社会に悪名をとどろかせた独裁者だった。しかし、その軍事政権も七九年にはタンザニアのニエレレ大統領の軍事介入によって倒された。

一九八〇年の議会選挙ではオボテ氏率いるウガンダ人民党（UPC）が多数を獲得、第二次オボテ政権が成立した。しかし、野党側は、不正選挙だったとして結果を受け入れず、ムセベニ氏[*7]の率いるウガンダ愛国運動（UPM）とウガンダ軍の一部がゲリラ活動を開始し、内戦が始まった。

一九八五年にはオケロ将軍によるクーデターでオボテ政権が倒され、新たな軍事政権が成立した。これに対し、ムセベニ氏率いる軍が総攻撃をしかけ、八六年に首都カンパラは陥落。ムセベニ氏が大統領に就任した。

三．ムセベニ大統領の功績

国民和解政権を樹立させたムセベニ政権の下でウガンダのほぼ全土が制圧され、ようやく内政は安定に向かった。ただ、狂信的指導者が反政府組織を率いて子どもを誘拐、

---

7 ムセベニ
（一九四四〜）
ヨウェリ・ムセベニ。一九八六年に首都カンパラを制圧し政権を掌握、大統領に就任する。二〇〇六年、大統領三選禁止の規定を撤廃し、三選を果たした。

兵士に仕立てて戦力にするといった残虐なゲリラ活動が北部の一部ではつづいた。停戦合意によって内戦に完全な終止符が打たれたのは二〇〇六年八月のことだった。

ムセベニ大統領は、経済面ではそれまでの社会主義体制を捨てて国際通貨基金（IMF）と世界銀行の構造調整政策を受け入れた。公企業の民営化や私企業の成長を促進するための規制緩和を実施、外国資本の投資の受け入れを促進するなどして、経済の立て直しに成功した。

同大統領は一九九六年五月の大統領選挙で対立候補に圧勝した。内外の選挙監視団も、選挙が民主的に行われたと認めた。そして、国際的にも民主的に選ばれた大統領として広く知られるようになった。ブッシュJr前アメリカ大統領[*8]、ブレア前イギリス首相[*9]とも厚い親交を結んだ。それは、歯に衣着せぬ進言者でもあるからだ。かつての植民地政策について旧宗主国に対して辛辣な批判を口にできる「話せるアフリカの指導者」として、先進国首脳の間でも一定の評価を得ているのだ。

一九六二年に独立を果たして以来、二〇年以上にもわたり軍事クーデターによって政権交代が繰り返されてきたウガンダは、ムセベニ大統領によって新しい歴史のページをスタートさせたといえる。二〇〇五年七月には国民投票により複数政党制が導入され、また、憲法で禁止されていた大統領の三選は、猛烈な野党の反対を押し切り、可能となった。これを受け、〇六年二月、ムセベニ大統領は三選を果たした。

ムセベニ大統領に初めて会ったのは一九九三年一〇月、東京で開かれた第一回アフリカ開発会議（TICAD I）のときだった。東西の冷戦時代は終わり、それまで政治的見地からアフリカに関心をもっていた先進諸国は、当時、〝アフリカ離れ〟の傾向にあった。同会議に出席した四人のアフリカの大統領のひとりとして、長身のムセベニ大統領は「こうした時期にTICADが開催された意義は大きい」と前置きしたうえで、アフリカの将来を議論する国際会議の場を提供した日本を「高く評価する」と、

---

8 ブッシュJr
（一九四六～）
ジョージ・W・ブッシュ。第四三代アメリカ合衆国大統領。第四一代大統領ジョージ・H・W・ブッシュの長男。テキサス州知事を経て二〇〇一年大統領に就任、二〇〇九年までの二期八年を務めた。就任九カ月目に同時多発テロが発生。アフガニスタン侵攻、イラク戦争を指揮した。

9 ブレア
（一九五三～）
トニー・ブレア。第七三代イギリス首相。スコットランド出身。一九九四年に労働党党首となり、九七年、首相就任。その後、労働党史上初の三期連続政権となったが、テロ対策法案の否決や労働党議席数の大幅減など政権の求心力低下により、二〇〇七年、退陣。

説得力あるスピーチをした。

だが、一九九九年のユネスコの事務局長選に際しては、日本政府が当時の執行委員会メンバー国だったウガンダに、繰り返し働きかけても反応はよくなかった。というのは、前述したようにウガンダは世界銀行の構造調整政策を成功のうちに推進した国であり、それを高く評価していた世銀の副総裁が、わたしと事務局長の座を競っていたエジプトのセラゲルディン候補だったからである。現地紙にムセベニ大統領が副総裁と会い、意見交換したことが報道されるなど、ライバルに先手を打たれたという思いにとらわれたこともあった。

実際の執行委員会での投票では、三回目の投票でわたしは三四カ国の支持を得た。セラゲルディン氏支持は三票あった。うち一票はウガンダだったのではないかと思っている。

四．風穴あけたウガンダ訪問

そのような経緯もあって、事務局長就任後もウガンダとの関係はいくぶん疎遠だった。その状況を打開するため、二〇〇四年七月、ウガンダを公式訪問した。ムセベニ大統領は〇一年三月の大統領選挙で再選され、その地位をさらに固めていた。

会談は友好的な雰囲気の中で進められた。事務局長選には互いに触れることなく、教育と文化面においてウガンダとユネスコとの協力をいかに進めていくか話し合った。

会談では、エイズもテーマとなった。大統領の功績のひとつには、国内のエイズ感染者数の大幅な減少に成功したこともあった。一九九〇年代には成人男女の一五パーセントに達していた感染率は、会談に臨んだ二〇〇四年には七パーセントまで低減していた。世界保健機構（ＷＨＯ）やＮＧＯと連携しながら、国を挙げてエイズ撲滅キャンペーンに乗り出した成果だった。そして、現在では五パーセントにまで減っている。

大統領は、エイズ対策のポイントをこう強調した。

「わたしは若者に『禁欲』の重要性も教えました。禁欲が鍵です」

大統領はエイズ撲滅キャンペーンの標語に「ABC」を掲げた。つまり、Abstinence（禁欲）、Be faithful（貞節）、Condome（コンドーム）の頭文字をとったのだ。カトリック国のウガンダでは、コンドームの配給に抵抗があったという。大統領が力説した「禁欲」には、広い意味で「性のモラル」、すなわち「貞節」も含まれていたのだろう。

ウガンダの画期的な施策を評価しつつ、わたしもユネスコのエイズへの取り組みを「感染を防ぐための教育施策のガイドラインを作成し、国連システム全体のなかで、『治療』と『新たな患者の削減』を教育の二本の柱にしています」と説明した。大統領は、大きく頷いていた。ちなみに、ウガンダでは、アミン政権時代の一九七〇年代、若い軍人たちが死んでゆく奇病が多発、やせ細ってゆく症状から「スリム病」といわれた。その正体がエイズだと判明したのは八〇年代後半、友好関係にあったキューバから「ウガンダ軍幹部の四人に一人はエイズ感染者」と指摘されたからだった。

ムセベニ大統領との初めての会談で、わたしはユネスコとウガンダの協力関係を軌道に乗せることができた。

五．有数の親日国

ユネスコ事務局長に就任後、わたしが特に力を入れてきたことのひとつに、「アフリカの貴重な無形文化遺産保護のための条約」の作成がある。その第一歩は、一九九九年のユネスコ総会で決まった「傑作宣言」[*10]を着実に進めることだと考え、一八人から成る審査委員会を発足させた。そして、その委員長に、ブガンダ王国の国王ムテビ二世に就任していただいた。ブガンダ王国は、実質的な行政権は失っていたものの、カバカ（王の意味）は尊敬を集める存在であり、同国王は無形文化遺産について高い見

10　傑作宣言
一九九九年、無形文化遺産保護のためにユネスコ執行委員会で正式決定された「人類の口承および無形遺産の傑作宣言」（通称・無形文化遺産）。伝統芸能や音楽のほか、言語、舞踊、演劇、風習、祭礼、儀礼など多岐にわたる無形文化遺産を認定対象とし、二〇〇一年、第一回の宣言が行われた。

世界遺産「ブガンダ王国の歴代国王の墓」 © UNESCO／Sebastien Moriset

識をお持ちだった。

　二〇〇四年七月にウガンダを公式訪問した折、二〇〇一年、世界遺産に登録されたブガンダ王国の歴代国王の墓[*11]を訪れ、ムテサ二世のお墓にお参りすることができた。ブガンダ王国の三五代国王だったムテサ二世は一九六六年のクーデターで失脚、イギリスに追放された後、六九年、アルコール中毒で亡くなったとされる。

　現在のカバカであるムテビ二世はムテサ二世の息子で、父と一緒にイギリスに亡命しイギリス式のエリート教育を受けた。ムセベニ体制の確立後に帰国し、一九九八年にブガンダ王国の三六代国王に就任した。

　ウガンダ南部に位置する旧ブガンダ王国に暮らすバガンダの人々による樹皮布の製作は、二〇〇八年、正式に無形文化遺産の代表リストに登録された。織物が発明される以前の人類最古の技術で、綿布の普及によって一時は消滅の危機に瀕したが、最近では文化的伝統を代表するものとしてブガンダ領内で製作が奨励されていると聞く。

　王国としての実体はないものの、こうした伝統を守り育んできた王室は国民に広く

11　ブガンダ王国の歴代国王の墓
一九世紀後半からのブガンダ王国の歴代国王、四名が眠る墓所。二〇〇一年、「カスビのブガンダ王国歴代国王の墓」として世界遺産に登録された。

慕われ、その社会的影響力は今でも無視できないものがある。ウガンダは、同様の背景をもつ日本の皇室に対して深い敬意を払ってきた。同国は、アフリカ諸国のなかでも有数の親日国のひとつといえるだろう。

Republic of Burundi

ブルンジ共和国

ブルンジ共和国（Republic of Burundi）

面積	2万7800平方キロメートル
人口	807万人
首都	ブジュンブラ
自然	西部にはタンガニーカ湖等が位置する。国土の多くが標高2,000メートル程度の高原で、気候は熱帯に属するが、比較的冷涼。3〜5月が雨季。6〜9月は乾季。
産業	人口の約9割が農業。コーヒー、綿花、茶、砂糖、皮革など。内戦の影響が尾を引き、食料品や資材などは援助・輸入に依存している。
民族グループ	フツ（85%）、ツチ（14%）、その他（1%）
言語	フランス語（公用語）、キルンジ語（公用語）
宗教	カトリック65%、プロテスタント10%、伝統的宗教23%

*　*　*

1989年に駐日ブルンジ大使館が開設。だが97年4月閉鎖された。現在は在中国ブルンジ大使館が兼轄している。日本公館は在ケニア大使館が兼轄している。日本からの主な輸出は自動車、トラック、バス。ブルンジからの輸入はコーヒー、茶。1992年に青年海外協力隊派遣取極が行われたが、文化面での交流は稀薄で、今後の進展が期待されている。

一．ルワンダと足並みをそろえて独立

ブルンジはウガンダやルワンダと同様、アフリカ中央部の大湖地方に位置する内陸国だ。北の隣国ルワンダと類似点が多く「ルワンダの双子国」と呼ばれることもある。面積もほぼ同じ（約二万八〇〇〇平方キロ。従って、東の隣国コンゴ（民）の約一〇〇分の一）。人口はルワンダより若干少ない八〇七万人（二〇〇八年）で、人口密度は一平方キロ当たり三三九人とアフリカ諸国のなかではかなり高い。

自然環境もルワンダと似通って、国土の大半は丘陵および山岳地帯であり、コーヒーや茶の生産に適した農業国だ。西アフリカのマリやブルキナファソ、ニジェールのように大部分を砂漠に覆われた国と比べれば遥かに恵まれていると言えよう。

ブルンジは、ルワンダ以上にツチ族[1]とフツ族[2]の対立が激しく、独立時から数えて四〇年以上も不安定な政治情勢、さらには内戦が続いてきた。後に述べるように、ブルンジ全土を支配する政権がようやく誕生したのは二〇〇六年九月のことだ。長期にわたる内戦等により、国民のエネルギーは経済建設に向けられることはなかった。その結果、一人当たりの国民総所得（GNI）は、わずかに一四〇ドル（二〇〇八年）と世界でも最低の貧困を招いた。ちなみにGNIが一〇〇ドル台の国は、ブルンジのほかにはリベリア（一七〇ドル）とコンゴ（民）（一五〇ドル）だけだ。

民族構成、歴史的経緯もルワンダと同様だ。フツ族が八五パーセント、ツチ族が一四パーセント、そして、残りの一パーセントがトゥワ族だ。先住民で狩猟採集民族のトゥワ族が暮らしていた地域に、紀元後一世紀頃にバンツー系のフツ族が東のコンゴ盆地から侵入、さらに紀元後一〇世紀頃に牧畜民族で鉄器を持ったツチ族が北から入ってきて支配階級を形成した。しかし、ツチ族とフツ族の支配者、非支配者の関係は、ルワンダほど硬直したものではなかった（ルワンダの項参照）。たとえば、ルワンダでは全く見られなかったツチ族とフツ族間の結婚も、ブルンジでは少なくなかった。

1　ツチ族
主にルワンダ、ブルンジに居住するハム語系牧畜民族。少数派だが同族のフツ族との不和が生じ、一九九四年には一〇〇万人以上ともいわれるフツ族による大虐殺が起こった。

2　フツ族
アフリカ中部のルワンダとブルンジの八割以上を占めるバンツー族系農耕民族。

国家の形成過程は少々、異なっている。ルワンダ王国は、各地に存在していた小さな地域社会がツチ族の侵入に伴って複数の王国に発展し、それが早いテンポで合体して中央集権的な仕組みができた。一方、ブルンジでは小さな王国が長期間にわたっていくつも存在し、一八世紀末になって初めて中央集権的なブルンジ王国ができたのである。

ブルンジに最初にやってきた外国人はイギリス人だった（一九世紀中頃）が、結局、次いで入ってきたドイツ人が支配下に置き、ルワンダと同じように一八八九年にドイツ領の東アフリカに組み入れられた。その後はベルギーが、第一次大戦後は国際連盟下で委任統治領とし、第二次大戦後は国際連合下で信託統治領としたが、ルワンダ同様、ブルンジ王国を支配するツチ族を通じての間接統治だった。

一九五〇年代後半、アフリカ各地に巻き起こったナショナリズムはブルンジ国内でも独立を求める声を高めた。その結果、ルワンダと同じ六二年七月一日、ブルンジ王国として独立、ヌワミ・ヌワンブーツァ四世[*3]下で立憲君主国となった。

ルワンダでは独立前からツチ族の支配に対してフツ族が反旗を翻し、ツチ族を虐殺し始めた。一方のブルンジでは、権力を握っていたツチ族がルワンダの状況を知ってフツ族に先制攻撃を仕掛けたため、フツ族はルワンダ等に逃れた。このような情勢を背景にして一九六六年七月、ミコロンベ大佐[*4]（ツチ族）が軍事クーデターに成功し、ブルンジは王制を廃止して共和国となった。

ミコロンベ軍事政権の下で引き続きフツ族は弾圧され、一〇万人以上が殺害されたと見られている。これに対し、一九七六年、参謀副総長のバガサ大佐（ツチ族）が軍事クーデターを起こしミコロンベ政権を転覆させた。バガサ政権は「ツチ族対フツ族」の対決関係に終止符を打つべく努力したが、両者の関係は引き続き不安定なままであった。八七年には再度軍事クーデターが起こり、バガサ政権が倒された。クーデターの

---

3 ヌワミ・ヌワンブーツァ四世
（一九一五〜六六）
一九六二年、ベルギーから独立したブルンジ王国（一九六二〜六六）の初代元首。「ヌワミ」は伝統的な君主号。

4 ミコロンベ
ミシェル・ミコロンベ。ツチ族。一九六六年にクーデターを起こして大統領に就任、王制を廃止し共和制宣言をした。七六年にはバティスト・バガザ大尉のクーデターにより政権奪取された。

主役は、ピエール・ブヨヤ大佐[5]（ツチ族）であった。ブヨヤ軍事政権は、ツチ族とフツ族の対決を終焉させる方向で努力し、フツ族出身者を首相に任命したり、フツ族の閣僚を軍事政権に取り込んだりした。

二．相次いだクーデターと暗殺

一九九二年には多数政党制を取り入れた新憲法が制定された。それに基づいて九三年六月には、独立以来、初めて民主的な形で大統領選挙が実施された。その結果、フツ族のベルチオール・ンダダイエ氏[6]が六〇パーセントの支持を得て当選、大統領に就任した。ブルンジ独立後の初代大統領と言っていいであろう。一方、ブヨヤ氏は民政移管に伴い軍から引退したが、政治活動は続けていた。

しかし、民主的なンダダイエ大統領の誕生からわずか四カ月後の一〇月、リビアに亡命中だったバガサ元大佐に近いツチ族の将校達によって大統領は暗殺された。これが引き金となってフツ族とツチ族の対立は激化し、内戦が始まった。ブヨヤ軍事政権の下で始まった両者の和解プロセスは、これで消え去ってしまったのである。

ンダダイエ大統領の下で首相だったキニギ氏（ツチ族）が、暫定大統領に就任したが、全国でフツ族が立ち上がり、ツチ族との武力衝突が各地で発生した。一九九四年一月、国民議会はヌタリャミラ氏[7]（フツ族）を新大統領として選出した。しかし、同年四月、タンザニアのアルーシャでルワンダのハビャリマナ大統領との会談を終えたヌタリャミラ大統領は、ルワンダの首都キガリの空港に着陸する直前、ミサイル攻撃を受けてハビャリマナ大統領とともに亡くなった（ルワンダの項参照）。こうしてブルンジは、再び大統領を失った。

一九九四年九月、国民議会でシルヴェストル・ンティバントゥンガニャ氏[8]（フツ族）が大統領に選出された。しかし、フツ族とツチ族の武力衝突は全土に広がり、北部に

---

5 ピエール・ブヨヤ
（一九四九〜）
ツチ族。一九八七年、無血クーデターによりバガザ独裁政権を失脚させ大統領に就任。激しく対立していたフツ・ツチ族の融和政策や民主化に着手した。九三年に引退したが、政変による内戦を収拾するため、九六年に再びクーデターを起こして政権奪取。二〇〇三年まで第七代大統領を務めた。

6 ベルチオール・ンダダイエ
（一九五三〜九三）
一九九三年六月、複数政党下での初めての大統領選挙で、ブルンジ初のフツ族の大統領となったが、同年一〇月にツチ族の強硬派に暗殺され、その後も両族間の根深い報復合戦が繰り返されることになる。

7 ヌタリャミラ
（一九五六〜九四）
シプリアン・ヌタリャミラ。フツ族。イダダイエ政権下では農業相をつとめた。一九九四年二月、大統領に就任。二カ月後、ルワンダのハビャリマナ大統領と同乗していた航空機が追撃され死亡した。

はルワンダからの難民が流れ込んできた。同時に、ブルンジの難民はタンザニアとコンゴ（民）へ流出した。これらの難民に国連がいかに苦労しながら対応したかについては、九〇年代に国連難民高等弁務官を務められた緒方貞子[*9]氏の回想録『紛争と難民』（第三章「アフリカ大湖地域における危機」）に詳しく書かれてある。

前述のブヨヤ氏は退役軍人の身ではありながら軍をしっかり掌握し、一九九六年にクーデターを企ててンティバントゥンガニャ氏を倒し、軍事政権を樹立した。ブヨヤ氏はツチ族とフツ族の双方に配慮した政府を誕生させる必要性を十分に認識しており、ナンバーツーにはフツ族のヌダイゼイエ氏を任命、内閣にもツチ族とフツ族双方の代表を取り込んだ。

こうしてブヨヤ軍事政権とフツ族の反政府軍武装勢力（複数）との間で暫定的な政権が成立し、二〇〇〇年八月には南アフリカのマンデラ前大統領の仲介の下で「アルーシャ[*10]和平合意」が調印された。その内容は、〇一年一一月に、三年間の期間限定で暫定政権を成立させ、前半はツチ族のブヨヤ氏を大統領、フツ族のヌダイゼイエ氏を副大統領に就任させ、後半には副大統領のヌダイゼイエ氏を大統領に昇格させるというものであった。問題は、フツ族最大の反政府武装勢力（ＣＮＤＤ―ＦＤＤ）がこの交渉に参加しなかったことである。

三．ブルンジ訪問

二〇〇〇年八月のアルーシャ和平合意の成立前と、〇一年一一月のアルーシャ和平合意に基づく暫定政権の成立後にユネスコ本部を訪ねてくれたブヨヤ大統領は、次のように申し入れてきた。

「四〇年以上にわたり対立を続けてきたツチ族とフツ族の和解を進めることが、今後のブルンジには必要不可欠であると考えている。国民和解を進めるにあたってもっと

8　シルヴェストル・ンティバントゥンガニャ
（一九五六～）
第六代ブルンジ大統領。フツ族。イタリャミラ前大統領の死亡当時、国民議会議長を務めており、一九九四年一〇月に大統領に就任した。しかし強硬派のツチ族系国軍を抑えることができず、九六年七月、元大統領ブヨヤによるクーデターで政権は崩壊する。

9　緒方貞子
（一九二七～）
国際協力機構（ＪＩＣＡ）理事長。東京都出身。国連公使、国連児童基金執行理事会議長、国連人権委員会日本政府代表などを歴任。一九九九年、第八代国連難民高等弁務官に就任し、その後、三期（一〇年）務めた。九六年ユネスコ平和賞受賞、二〇〇一年文化功労者、〇三年文化勲章受章。

10　アルーシャ
タンザニアの都市。アルーシャ州の州都。いくつもの国際会議がこの地で開催され、調停役のタンザニアとともに会談、協定の地として知られる。二〇〇六年にはアフリカ連合（ＡＵ）に

も重要なのは、国民に対する教育である。しかし、長年の不安定な政治と内戦によって、ブルンジの教育制度は徹底的に破壊されたままになっている。ついては、その再建にぜひともユネスコの協力を得たい」

大統領は真剣にツチ族とフツ族の和解を進めようとしている。わたしには、そう感じられた。そこで直ちに、ユネスコとして全面的に協力することを約束し、アルーシャ和平合意の成立に祝意を表し、合意内容の実施が重要であることを強調した。

大統領から「ブルンジの現実を、あなたの目でぜひ見ていただきたい。この機会にわが国を訪問して欲しい」と要請されたわたしは、二〇〇二年一二月、ブルンジを訪問した。

ブヨヤ大統領、ヌダイゼイエ副大統領との会談のなかで、両者から繰り返し要望されたのは、教育制度の再建についてだった。ただ、その過程では、アルーシャ和平合意をボイコットしたCNDD―FDDと政府軍の戦いが続いており、訪問した二、三日前にも、首都ブジュンブラの近郊では激しい衝突があったばかりだった。

ユネスコは新しい分権化政策の一環として、小さい国別の事務所は統合合併し、いくつかの国を管轄する地域事務所を設けることにしていた。そのため、わたしはブルンジとルワンダの事務所も閉鎖して、ケニアの首都ナイロビにあるユネスコ事務所に統合したいと考えていた。しかし、ブルンジを実際に訪れ、自分の目で確認し、同国には引き続き国別事務所が必要であると判断した。従って、ブルンジ政府の求める協力を、同国の事務所を通じてさらに強化することにしたのである。ベルギー等のドナーより援助を受けて、教育制度の再建に向けて多様なプロジェクトが動き始めた。

アルーシャ和平合意に従って、ブヨヤ暫定政権大統領は三年の暫定期間の前期一年半が経過した二〇〇三年五月に大統領の職を退き、副大統領のヌダイゼイエ氏が暫定政権後期の大統領に就任した。かくして、フツ族出身の大統領が誕生した。そして同

より アフリカ人権裁判所が設置された。

年一一月、ヌダイゼイエ暫定政権の下で、フツ族の最大武装勢力CNDD―FDDとの停戦合意がようやく成立し、同武装勢力の代表であるンクルンジザ氏[*11]が入閣した。同氏の担当は「グッド・ガバナンス（良き統治）」であった。

二〇〇五年二月には新しい憲法が国民投票で採択され、同憲法に基づいて八月には大統領選挙が実施された。大統領選挙に先立つ一連の選挙（中央議会選挙、議会選挙）で勝利を収めたCNDD―FDDは、大統領選挙でも同勢力から代表として立候補したンクルンジザ氏が選出された。かつての反乱軍代表が大統領に就任したのである。

実は、CNDD―FDDとの間で和平合意ができたとはいえ、完全に平和が訪れたわけではなかった。フツ族の反政府勢力は、かなりの数に分散されていたが、その中の一派は戦いを放棄していなかったためだ。だが、ンクルンジザ大統領は、二〇〇六年九月、この一派とも本格的な停戦合意を結ぶことに成功し、ここに一〇年以上に及んだ内戦に終止符が打たれることになった。

四、ンクルンジザ大統領との面会

二〇〇六年一一月、ユネスコ本部を訪れたンクルンジザ大統領と会談した。大統領は、開口一番、ユネスコには二〇〇〇年以降、ブルンジ国民の和解と和平実現に向けて重要な支援をしていただいた――と謝辞を述べた。なかでも、教育制度の再構築との関連で、首都ブジュンブラにあるユネスコ事務所が大きな役割を果たしたことに言及した。

大統領の就任以前に遡って、ユネスコの対ブルンジ教育協力を把握していたことに、わたしは感激した。そして、大統領就任に対する祝辞と一二年にもわたった内戦に、完全に終止符が打たれたことにお祝いの言葉を述べた。さらに、ユネスコとして引き続き、国民和解が達成されるよう積極的に協力する旨を伝えたところ、大統領はとても喜んでくれた。

---

11 ンクルンジザ
（一九六三〜）
ピエール・ンクルンジザ。フツ族。二〇〇三年から閣僚として暫定政府に加わり、二〇〇五年の選挙で大統領に選出された。

ンクルンジザ大統領は、内戦が勃発するまではブルンジ大学で教鞭を執っていた。一九九三年にフツ族のンダダイエ大統領が暗殺されたことでツチ族の兵士たちがブルンジ大学を襲撃、学生二〇〇人を殺害した。さらに教授陣にも銃口は向けられたが、同氏はギリギリのところで難を逃れたという。武力に対してはやはり武力で立ち向かわなければならないと決意を固めたンクルンジザ氏は、反政府勢力CNDD－FDDに兵士として入隊。その後、頭角を現し、CNDD－FDDが和平合意を結んだ後は、同党の代表として暫定政権に入閣したのだった。

経歴からも分かるように、教育者である同氏は教育を通じての協力を中心にブルンジへの支援を進めるユネスコをよく理解しており、わたしたちは意気投合した。

大統領の任期は五年であり、二〇一〇年には再度大統領選挙が行われることになっている。ンクルンジザ大統領は、CNDD－FDDの代表として立候補する予定であり、暫定政権時代の大統領だったヌダイゼイエ氏も出馬するものと見られている。他にも候補者はいるが、いずれにせよフツ族出身の候補者同士の戦いとなるだろう。有力視されているンクルンジザ大統領が再選されれば、ブルンジはさらに国民和解に向けて進んでいくことになるものと思われる。ルワンダよりもブルンジの国民和解に向けての道は険しかったし、これからもまだまだ紆余曲折が心配されるが、同大統領の手腕に期待したい。

似たもの同士でスタートしたルワンダとブルンジだったが、経済的な面ではルワンダが先んじている。その大きな理由は、同国では一九九〇年代にツチ族とフツ族の対決に終止符が打たれ、二一世紀に入ってからはカガメ大統領の下で国民和解が実現、諸外国からの積極的な援助を受けて経済建設が進んでいることにある。これに対してブルンジでは、長引いた内戦に終止符を打つことに最大の重点が置かれたうえ、治安が悪いことから諸外国の援助も進まなかった。アルーシャ和平合意の締結後も、まだまだ大規模な援助に至っていなかった。

しかし、ンクルンジザ大統領の就任以降は、旧宗主国ベルギーや欧州連合（ＥＵ）を中心とした諸外国もブルンジに対して積極的な援助を開始した。当面の同国の課題は、国民和解を進めて政治の安定を図るとともに諸外国からの援助を受け入れて経済再建を進めていくことだろう。

教育者であり、初入閣の際には「グッド・ガバナンス」を担当した大統領ならではの手堅い政策に、ブルンジが世界最貧国を脱することができるか否かの命運がかかっている。

Republic of Rwanda

ルワンダ共和国

ルワンダ共和国（Republic of Rwanda）

面積	2万6300平方キロメートル
人口	972万人
首都	キガリ
自然	赤道直下に位置し、熱帯サバナ気候であるが、平均的に標高約1,600メートルの高原にあるため、年間を通じて過ごしやすい。「千の丘の国」と称えられるほど起伏が多い自然豊かな内陸国。高原部は半乾燥性のサバナ気候、山岳部は冷涼な山岳気候。3～5月と10～12月が雨季。
産業	生産年齢人口の約9割が農業に関わる。コーヒー、茶が主。農業中心ではあるが、生産量が多いのはスズやタングステンなどの鉱業資源。
民族グループ	フツ族（85%）、ツチ族（14%）、トゥワ族（1%）
言語	フランス語、キニアルワンダ語、英語
宗教	カトリック57%、プロテスタント26%、アドヴェンティスト11%、イスラム教4.6%等

＊　＊　＊

二国間援助が本格的に再開されたこともあり、親日的。2005年1月には技術協力協定が結ばれ、今後、一層、良好な関係が期待される。日本からの主な輸出は自動車、二輪自動車、自動車部品等。ルワンダからの輸入はコーヒー、茶等。

一．独立と部族対立の背景

ルワンダが位置するアフリカの中央地域は、東をヴィクトリア湖、西をキヴ湖、南をタンガニーカ湖に囲まれ、「大湖地域」と呼ばれる。

ルワンダは、東西の国境をタンザニアとコンゴ民主共和国（民）、南北の国境をブルンジとウガンダと接している。面積は日本の四国の一・五倍ほど（約二万六〇〇〇平方キロ）で、たとえば、西の隣国コンゴ（民）の一〇〇分の一だ。しかし、人口は一〇〇〇万人弱（九七二万人、二〇〇八年）とコンゴ（民）の約六分の一相当を抱えている。一平方キロ当たりの人口密度は四〇八人に上りアフリカ一の高さだ。国名の「ルワンダ」が「千の丘の国」を意味する言葉に由来するように、国土の大半は丘陵地帯で住みやすく、人口密度が高い理由のひとつともいえるだろう。

農業国で主な生産物はコーヒーと紅茶だ。いずれも国際価格の動向に左右されやすい産品とあって、経済的には脆弱だ。加えて、後に述べるように、多数民族フツ族[*1]（人口の八五パーセント）と少数民族ツチ族[*2]（一四パーセント）の対立が独立以前から存在し、独立後は対立が激化、政治は不安定だ（他にトゥワ族が一パーセントを占める）。その結果、一人当たりの国民総所得（ＧＮＩ）は四一〇ドル（二〇〇八年）と、アフリカでも貧しい国の一つである。

民族間の紛争を理解するには、ルワンダ王国の歴史的な背景を知る必要がある。

もともとルワンダ一帯には、南部アフリカに今も暮らすサン族系統の狩猟採集民族トゥワ族が住んでいた。そこに、西のコンゴ盆地から流入してきたのがバンツー系のフツ族だ。紀元後一世紀すぎのことである。

農耕民族のフツ族は農業に適した高地に住みついたが、組織化された社会を形成することはなかった。一〇世紀に入ると、北から牧畜民族で鉄器を使用するツチ族がやってきて、先住民のフツ族を支配した。当初は、緩やかな主従関係だったが、一五世紀

1　フツ族
アフリカ中部のルワンダとブルンジの八割以上を占めるバンツー族系農耕民族。

2　ツチ族
主にルワンダ、ブルンジに居住するハム語系牧畜民族。少数派だが同族のフツ族との不和が生じ、一九九四年には一〇〇万人以上ともいわれるフツ族による大虐殺が起こった。

までには各地にツチ族を支配階級、フツ族を非支配階級とする複数の小王国が誕生した。それらの小さな王国が合体してできたのが、ルワンダ王国である。

王国は、牧畜を営むツチ族が、多数派を占め農業を営むフツ族を支配する形をとった。そして、次第にフツ族の社会的地位はおとしめられ、奴隷のような境遇へとなっていく。

そのような状況下で、一九世紀の半ばにドイツ人がルワンダに進出、一八八九年にルワンダと南の隣国ブルンジを合わせてドイツ領東アフリカに組み入れた。しかし、ドイツが第一次大戦で敗北した結果、ルワンダとブルンジは国際連盟の下で委任統治されることになった。その采配を任されたのがベルギーだった。

第二次大戦後には、国際連合の下での信託統治地域に指定された。ベルギーは直接統治するのではなく、ルワンダ王国の支配階級ツチ族を通じて統治を進めた。この時代に発行された身分証明書には出身部族名が記載されており、互いの溝を深める原因となった。

大戦後、ナショナリズムの高揚とともに、国民の八五パーセントを占める被支配階級のフツ族が、ツチ族の支配に対して不満を持つようになり、一九五九年、ツチ族とフツ族の衝突が起こった。ツチ族の国王は国外に逃れ、約二〇万人のツチ族もルワンダを去った。そこでベルギーはルワンダ王国を廃止し、六一年一月にルワンダ共和国を建国した。同年九月に行われた議会選挙で圧倒的多数を占めたフツ族の政党は、ルワンダの完全独立を求めた。同国は共和国とはいえ、ベルギーの信託統治の下にあったからである。国連の圧力もあり、ベルギーは六六年七月に独立を認めた。

初代の大統領に選出されたのは、フツ族が構成する民主共和運動（ＮＤＲ）の党首グレゴワール・カイバンダ氏[*3]だった。

その間に、国外に逃れていたツチ族の一部がルワンダに戻り、反乱軍としてフツ族の政府に戦いを仕掛けた。これに対して政府軍はルワンダに残っていた一般のツチ族

3　グレゴワール・カイバンダ
（一九二四〜七六）
フツ族。ツチ族による王制に反対し政治家となった。一九六一年に大統領に選出されたが、七三年、国防大臣のクーデターにより失脚し政界を引退。

出身者を虐殺した。他方、南のブルンジでは、引き続きツチ族の支配が及んでおり、虐待を受けたフツ族が、ルワンダに難民として流入するようになった。

一九七三年五月、カイバンダ内閣の国防大臣を務めていたハビヤリマナ少将[*4]がクーデターを起こし、カイバンダ政権を倒した。ハビヤリマナ少将はフツ族ではあるが北部出身であり、南部の出身で地元のフツ族を優遇する大統領に大きな不満を抱いていたのだ。七八年に制定された新憲法に基づいて、ハビヤリマナ氏は大統領に選出され、八三年、八八年にも当選を重ねた。

前後するが、一九五九年にツチ族とフツ族の対決が生じた際に、北のウガンダに逃れたツチ族は、同国のムセベニ大統領の支援を得てルワンダ愛国戦線（ＲＰＦ）を形成していた。九〇年、ＲＰＦはルワンダに侵入。ハビヤリマナ大統領の要請を受けたフランスとコンゴ（民）は軍隊を送り、ハビヤリマナ政権を支援した。この内戦は九三年、ツチ族とフツ族の間で和平協定が締結されて収拾した。

一方、一九九〇年代にアフリカで起こった民主化の波はルワンダにも押し寄せ、多数政党制に基づく民主主義を確立する動きが強まった。九一年には同趣旨を盛った憲法が制定され、九四年に選挙が実施されることになった。

二．ルワンダ大虐殺

一九九四年四月、タンザニアを訪れていたハビヤリマナ大統領を乗せた飛行機がルワンダの首都キガリの空港に着陸しようとした際、ミサイルによって撃墜され大統領は死亡した（同乗していたブルンジのヌタリヤミラ大統領も死亡）。

ミサイルを発射した犯人はだれなのか、いまだに判明していないが、フツ族側はツチ族の反乱軍ＲＰＦが発射した、と主張。フツ族によるツチ族殺害が、ルワンダ全土に瞬く間に広がった（ルワンダ大虐殺）。その後、二、三カ月の間に、五〇万から

4　ハビヤリマナ
（一九三七～九四）
ジュベナール・ハビヤリマナ。フツ族。一九六五年、カイバンダ政権の国防大臣に。七三年、クーデターにより政権を奪取し、七三年に大統領に就任した。九四年、搭乗した航空機の墜落により死亡した。

一〇〇万人のルワンダ人が殺害されたと見られている。大半はツチ族であるが、ツチ族に協力していたと見られる穏健派フツ族も若干、含まれていた。大虐殺の結果、九三年に締結された和平協定は、ただちに反故にされた。

その間、RPFはフツ族によって構成される政府軍を破り、首都キガリに向け進軍、ついに首都キガリを陥落させた。その結果、ツチ族がキガリを攻略すると、今度は逆にツチ族の軍隊がフツ族の殺害を開始。フツ族は難民となって西のコンゴ（民）に流れ込んだ。ツチ族の軍隊は、短期間でルワンダ全土を完全に制圧し、一九九四年七月にはRPFが新しい政党を結成した。大統領に就任したのはフツ族のビジムング氏である。同氏はフツ族の中でも穏健派に属し、九〇年にルワンダ政府軍で大佐を務めていた兄が暗殺されたのを契機に、RPFに入ったという。RPF側も、多数派フツ族の出身者を大統領にすることが必要と考えて同氏を大統領に選んだ。

しかし、実権を握ったのは副大統領に就任したツチ族出身ポール・カガメ氏だ。[5]同氏は一九五九年のフツ族とツチ族の部族間衝突の直後に家族とウガンダに逃れ、そこで教育を受けた。その後、ウガンダのムセベニ氏の率いる反乱軍に参加し、当時のオボテ政権の軍隊と闘った経緯がある。そのため、オボテ政権が倒された後（ウガンダの項参照）、大統領に就任したムセベニ大統領に近い存在となり、大統領の支援を受けてRPFを設立し、そのリーダーとなったのである。

二〇〇〇年三月、RPF副党首だったビジムング大統領は、RPFとの意見が対立するようになって辞任に追い込まれ、副大統領のカガメ氏が大統領に昇格した。

三．ルワンダ訪問

二〇〇一年にパリで会談したブルンジのブヨヤ大統領から、できるだけ早く自国を訪問してほしい旨の依頼を受けた（ブルンジの項参照）。わたしは、ブルンジを訪問す

5　ポール・カガメ
（一九五七〜）
ツチ族。一九九八年、ルワンダ愛国戦線（RPF）最高指導者となる。ビジムング政権下で副大統領兼国防相に就任し、二〇〇〇年、暫定政権大統領となった。その後、大統領選により正式に大統領に就任。

るからには、ルワンダへも行くべきだと考えていた。本来ならば、ルワンダでの〇三年八月の大統領選挙後に訪問したかったが、それではブルンジとの約束には遅すぎる。そこで、〇二年一二月、カガメ大統領は外国訪問中で面会できないことは承知のうえでブルンジに次いでルワンダを訪れた。

ルワンダでは、マクザ[*6]首相と会談した。教育制度の改革について、ユネスコは積極的に協力する用意があると述べたところ、首相からは次のような要望があった。

「今後のルワンダにとって、教育制度の改革はとても重要なことだと考えているので、よろしくお願いしたい。また、国民のアイデンティティとなるような世界遺産が欲しい。一九九四年の大量虐殺（ジェノサイド）に関連したものが候補になれば、なによりありがたい」

そこで、大量殺戮が行われた町のひとつムランビを訪れた。地元の学校で約五万人が殺戮されたという。いくつもの教室に複数の机が並べられ、その上にミイラ化した死体が何百と重なって置かれていた。凄まじい光景は、目を覆うばかりだった。

ルワンダ政府は、ユネスコの協力を得てミイラ化した死体をきちんと保存する措置をとり、そのうえで学校全体を世界遺産に登録したい、という希望だった。

ナチ・ドイツがユダヤ人を大量殺害したアウシュビッツ強制収容所（ポーランド）を訪れたことがある。同収容所はユネスコの「負の世界遺産[*7]」と位置付けられ、ナチ・ドイツのユダヤ人大量殺戮の象徴的な存在となっている。そこには、ガス・チェンバー、遺体焼却炉、ユダヤ人の遺品である大量の靴、洋服等、身の回り品が陳列されている。さらに髪の毛まであるが、遺体は一切、置かれていない。

ルワンダ政府が一九九四年の大量虐殺を、後世のために何らかの象徴的な形で世界遺産として残したいという気持ちは分かるが、ユネスコはミイラ化された遺体を保存する技術を持ち合わせていないこと、また、ミイラを含めた形で世界遺産とするには

---

6 マクザ
（一九六一～）
ベルナール・マクザ。フツ族。在ブルンジ・ルワンダ大使、在ドイツ・ルワンダ大使などを歴任した。二〇〇〇年にルワンダ共和国首相に就任し、〇八年三月、新政府首相に就任した。

7 負の世界遺産
人類が犯した惨禍など、忘れてはならないという戒めも込めて登録された世界遺産。「原爆ドーム」「アウシュヴィッツ強制収容所」「バーミヤンの古代遺跡群」など。

大きな困難があると説明した。他方、政府の願いも理解できるので、何を世界遺産とするか、ユネスコの専門家とよく話し合って欲しいと伝えた。

四．カガメ大統領

カガメ大統領は、フツ族とツチ族の融和に努め、国民和解を進めた。その結果、二〇〇三年八月に実施された大統領選挙では九四パーセントの支持を得て、圧倒的勝利を収めた。この選挙結果は、ツチ族の同大統領がフツ族からも支持されていることを示している。

二〇〇四年七月、アディスアベバで開かれたアフリカ連合サミット[*8]に特別ゲストとして出席した際に、カガメ大統領とお会いする機会を得た。就任のお祝いを申し上げるとともに、ルワンダに対するユネスコとしての協力などについて説明したところ、「引き続き、よろしくお願いします」と握手を求められた。力強い握手だった。

同大統領は透明性を重視した援助受け入れを進めており、世界銀行などから「グッド・ガバナンス」の模範国と見られている。また、西のコンゴ（民）にルワンダ軍を派遣し、ツチ族の率いる反乱軍（指導者はムコンバ将軍）を軍事的に支援していたが、コンゴ（民）のカビラ大統領に説得されて手を引いた。さらに、キガリに逃れていたムコンバ将軍をルワンダ軍に逮捕させることまでした。かつてはルワンダがコンゴ（民）の東部地域の混乱要素となっていたが、現在はカビラ大統領がカガメ大統領と手を組み、安定化に向けて協力しあう関係にある。もっとも、東部情勢はそう簡単には治まりそうにないが、問題解決に向けて少しずつ前進していると言えるだろう。

カビラ大統領にとって最大の課題は、一九九四年の大虐殺における責任問題である。一九九四年のルワンダ内戦では、ツチ族の率いるＲＰＦがフツ族を大虐殺したが、その前後にもツチ族によるフツ族の虐殺は複数回行われた。その指導者はカガメ氏であるので、

8 アフリカ連合
アフリカ統一機構が、発展改組して発足した。本部はエチオピアのアディスアベバ。アフリカの一層高度な政治的経済的統合の実現及び紛争の予防解決への取組強化のための地域統合体である。アフリカ諸国と諸国民間の一層の統一性及び連帯性の強化、アフリカの政治的経済的社会的統合の加速化、アフリカの平和と域内紛争や独裁政治の根絶、安全保障及び安定の促進、民主主義原則と国民参加統治の促進、持続可能な開発の促進、教育及び科学等での協力、グローバリゼーション時代におけるアフリカ諸国の国際的な地位向上、等を目指している。

同氏とこれらの一連の大虐殺との関わりが、国際的に問われ始めたのである。

それでも南のブルンジに比べれば、ルワンダでのフツ族とツチ族の融和は進みつつあり、政治の安定化が進んでいる。既に書いたように、汚職対策や援助受け入れに必要な「グッド・ガバナンス」としての評価も高く、経済は再建に向かっている。それはひとえにカガメ大統領の功績といえるだろう。

Republic of Djibouti

ジブチ共和国

ジブチ共和国（Republic of Djibouti）

面積	2万3200平方キロメートル
人口	84万人
首都	ジブチ
自然	国土の大半は砂漠または半砂漠。6～9月には高温になる。10～5月の涼季も降雨は少なく、海岸部では年間150～200mmほどしか降らない。
産業	イエメン、UAE、エチオピアなど他国の輸出を担う運輸産業が中心。近年は、ソマリアの海賊による被害が出ている。食糧は輸入に依存する。
民族グループ	ソマリア系イッサ族（50%）、エチオピア系アファール族（37%）
言語	アラビア語、フランス語
宗教	イスラム教（94%）

＊　＊　＊

両国間の関係は、1986年に南イエメン（当時）内乱から在留邦人38名がジブチに脱出した事を契機に近づく。また、1994年5月に同様に脱出した邦人を同国経由で帰国させた。阪神・淡路大震災の際に、グーレド大統領（当時）は個人的に日赤及び兵庫県に計1万ドルの義援金を供与したこともある。日本からの主な輸出は自動車、タイヤ。ジブチからの輸入は再輸出品。

一・ジブチの遅れた独立

旧仏領ジブチの人口は八四万人（二〇〇八年）。日本の四国の一・二倍ほどの国土の大半は農業には不向きな不毛の土地であり、地下資源にも恵まれていない。アフリカでも最も貧しい国のひとつである。

ジブチ経済にとって最大の収入源は、ジブチ港の湾岸使用料や中継貿易の収益などだ。紅海やインド洋への窓口ともいえるジブチ港は、アフリカでも重要な港のひとつである。

そもそも一九世紀後半にフランスがジブチを植民地にしたのは、スエズ運河へのアプローチとなっている紅海の玄関口に当たる一角を占めるジブチが軍事戦略上の拠点になりうると評価したからだ。独立から三〇年以上たった今もなお、フランス軍はジブチに常時駐留している。近年になってアメリカもまたジブチの戦略的位置に着目し、軍を置いている。駐留によってもたらされる収入は、ジブチにとって重要な財源になっている。

また、四方を陸に囲まれた隣国エチオピアにとって、ジブチ港は唯一の港だ。首都アディスアベバとジブチ港は鉄路によって直結されている。

第二次大戦後、アフリカ各国の独立は進んだ。しかし、旧仏領ジブチの独立は一九七七年と遅れた。

ジブチは、人口の五〇パーセントを占めるイッサ族（ソマリア系）と三七パーセントを数えるアファール族（エチオピア系）の二大部族によって主に構成されている。しかし、ふたつの部族は古くから対立関係にあり、国はなかなかひとつにまとまらなかった。両者の対立が背景にあるため、独立を果たすことによって国内情勢が不安定化するよりフランスの植民地のままでいる方が平和が保てるとする世論が強かった。事実、一九六七年に行われた国民投票で、国民はフランス領としてとどまることを選択した。なお、フランスは、実質的には植民地だが、形としては同国の海外県とジブチを位置づけていた。

アフリカの他のフランス植民地が一九六〇年代初めに軒並み独立を達成したにもかかわらず、ジブチだけがフランス領として残った背景には、このような経緯があった。

しかし、後に大統領となるハッサン・グーレド氏[*1]の下で、独立運動の機運は次第に高まった。グーレド氏は五〇年代後半から六〇年代にかけてジブチで政治活動を行っただけではなく海外県を代表してフランス議会にも議席を持つようになっていた。植民地時代、自治権を得てからはジブチの首相を務め、七七年に独立すると初代大統領に就任した。以来、九九年に勇退するまで二二年間、常に選挙で選出され大統領をつとめた。

グーレド大統領にとって内政上の一番の難題は、やはりイッサ族とアファール族の部族間対立だった。大統領はイッサ族の出身だったが、両部族の間に立って融和を図り、国の統一を保つことに精力を傾けた。

一九九一年、アファール族の一部から構成される反政府軍と政府軍が衝突。和平合意にいたるまで内戦は三年あまり続いたが、その間も大統領は民主化を進めた。九二年には複数政党制を確立し、新しい憲法を国民投票により採択した。

さらに、「アフリカの角」と呼ばれ、紅海の西南部に連なり、アラビア海にサイの角のように突き出した、ジブチ、エチオピア、エリトリア、スーダン、ソマリアが互いに手を結ぶ必要性を訴え、地域協力の推進に尽力した。

二、グーレド初代大統領との交流

一九九四年九月から五年余り、わたしは駐仏大使を務めた。その間、ジブチの大使も兼任した。というのは、アフリカでフランスの植民地が独立しても、すぐには当該国あるいは近くの国に大使館を設けることができなかったからだ。そこで駐仏大使が

1 ハッサン・グーレド
(一九一六〜二〇〇六)
初代ジブチ大統領。フランス領ソマリランド出身。イッサ族。一九七七年、フランス領アファール・イッサから共和制国家として独立し、初代大統領に就任した。独立後もアファール族とイッサ族の対立は深まり、一九九一年内戦状態に。国内情勢の安定化を図るべく、脱部族政策や直接選挙制の導入などに尽力した。一九九九年、大統領退任と同時に政界から引退。

旧仏領国の大使を兼任するシステムになっていた。とはいえ、歴代の駐仏大使が必ずしもジブチを重視していたとはいえない。大半の大使は、大統領に信任状奉呈をするために着任の際にジブチに赴いた。しかし、再び同地を訪れるのは離任の挨拶をするときぐらいだ。なかには、それさえ行わない大使もいたほどだ。

わたしの場合、外務省経済協力局長を務めていた一九八九年にジブチが在京大使館を開設、初代のファラー大使は大統領の側近で、後に在京の外交団長として手腕を発揮するようになる程の外交官だったため、ジブチとの関係には少なからず注意を払っていた。

一九九五年四月、大使としての信任状を奉呈するためジブチに赴き、グーレド大統領と対面した。当時は、政府と反政府軍の間の和平合意が成った直後だったため、大統領は「本物の平和が確立できた」と上機嫌だった。

その後も年に一度はジブチを訪問して大統領とお会いするようになり、私邸にも何度か食事に招待された。また、フランスの国会議員をやめた際の退職金で購入した、スイスとの国境に近いフランスの町の別荘にも招いていただいたため、五年余りの駐仏大使時代に一〇回以上、お会いした計算になる。

大統領は直接、内政について触れることはなかった。しかし、側近たちの話から、反政府軍との和平合意は成立したものの、依然、一部軍師は合意を受け入れず、北部では、いまだゲリラ活動が続いていることは想像できた。

それでも最終的には、反政府軍により結成された新しい政党が一九九七年一二月の和平合意後初の国民議会選挙に参加、その後に誕生した内閣にも同党から閣僚二名が参加することでジブチ全土に和平が確立されたのである。わたしは、後にグーレド大統領に心からお祝いの言葉を申し上げた。

グーレド大統領は一九九〇年九月に非公式に初来日した。同年一一月には、天皇陛下の即位の礼に参列するため再度日本を訪れた。その後、三度目の訪日を希望していた大統領のために駐ジブチ大使として外務本省に掛け合ったところ、九五年九月に非公式ながら訪日が実現した。

離日の日、大統領は成田空港で「このたびの訪日のハイライトは、天皇陛下に再び拝謁できたことでした。天皇陛下のご立派な態度に改めて感銘を受けました」と感想を漏らした。世界的にも例がない長い歴史を誇る日本の皇室が、第二次大戦後、著しい近代化と協調しながら存続してきた伝統にも感じ入っているようだった。アフリカも各部族の伝統継承と独立後の近代化との折り合いが必要となっている状況をふまえて、「日本をモデルにしたい」とも語った。

その後、グーレド大統領は一九九八年の八月（非公式）と一〇月の第二回アフリカ[*2]開発会議（ＴＩＣＡＤ）出席のため重ねて訪日している。一〇年間に五度も日本を訪れたアフリカ首脳は、他にいないのではないか。

アフリカを代表する親日家、知日家であった大統領は、わたしのユネスコ事務局長選挙への立候補を「ジブチ政府として支持する」と、ためらいもなく明言してくれた。残念ながら、ジブチはユネスコ執行委員会のメンバーではなかったため票にはカウントできなかったが、グーレド大統領は、わたしに激励のエールをおくってくれたアフリカ初の大統領だった。ジブチは小さな国だが、わたしにとっては縁が深い国なのである。

日本とジブチの関係に触れておくと、日本政府が一九九六年に首都ジブチ市内に無償資金協力でフクザワ中学校を建設している。ジブチにとって、教育の近代化を成し遂げた日本はあこがれの的であり、その先駆者だった福沢諭吉[*3]にちなんで「フクザワ」と命名した自慢の学校だ。このほか、教育や医療、水の供給、運輸等、インフラ整備の面でも、小規模ながら目に見える形で成果を上げ、ジブチ国民から好意をもって迎

---

2 アフリカ開発会議（ＴＩＣＡＤ）
アフリカの開発をテーマとする国際会議。一九九三年以降、日本政府が主導し、国連や国連開発計画（ＵＮＤＰ）及び世界銀行などと共同で開催している。五年に一度の首脳級会合に加え、閣僚級会合なども開催し、二〇〇八年五月には横浜で四回目となるＴＩＣＡＤ Ⅳ（第四回アフリカ開発会議）が開催された。通称は日アフリカサミット。

3 福沢諭吉
（一八三五〜一九〇一）
思想家、教育家。慶応義塾創始者。豊前中津藩士。一八五五年、蘭学を学ぶため上坂し緒方洪庵に師事。五八年には、江戸に慶応義塾の前身となる蘭学塾を開く。その後、幕府の使節団に随行して欧米への三度の渡航を経験し、帰国後は教育活動に専念した。『西洋事情』『学問のすゝめ』など多数の著作がある。

えられている。
その礎を築いたアフリカ一の親日家グーレド大統領の功績は大きい。

グーレド大統領は、一九九九年二月、引退声明を出した。八三歳という年齢もあるが、内戦に終止符を打ち、反政府軍が結成した政党からも閣僚を起用するという離れ業をやってのけ、ジブチのアキレス腱だったイッサ族とアファール族の対立に一区切りついたと考えてのことだろう。しかし、正確にいえば、ジブチ北部でゲリラ戦を続けていたアファール族の一部の反政府軍と最終的な和平合意に達したのは、次のゲレ大統領になってからのことである。

パリ滞在中のわたしの元にグーレド前大統領の訃報が届いたのは二〇〇六年一一月のことだった。三年前の二〇〇三年一二月にジブチを訪問したときは、まだ元気な様子だっただけに驚いた。享年九〇歳だった。

ジブチの平均寿命は約四五歳であり、前大統領はその倍を生きたことになる。その生涯は、アフリカ全土に大きな影響を及ぼすことはなかったものの、ジブチ建国に大きな役割を果した。

三．第二代ゲレ大統領の誕生

一九九九年四月に行われた大統領選挙ではグーレド大統領の甥にあたるゲレ氏[*4]が野党統一候補を破って選出され、翌五月に第二代大統領に就任した。ゲレ氏はグーレド政権下で長年、官房長官の職にあった。

ジブチ大使時代にはジブチを頻繁に訪れていたし、一九九五年九月のグーレド大統領訪日の際にはゲレ氏が随行メンバーに加わっていたので、二〇〇三年一二月にユネスコ事務局長としてジブチを訪問した折には大歓迎してくれた。グーレド大統領の下では秘密警察の長を務めたこともあるらしいが、その経歴からは想像もつかないほど

4 ゲレ
（一九四七〜）
イスマエル・オマル・ゲレ。一九九九年、おじハッサン・グーレド初代大統領の後を受けて第二代大統領に。二〇〇五年の大統領選挙では、単独候補者として無投票当選。一党独裁制による統治を非難する声もあるが、二〇〇一年には内戦が終結し、立憲国家として安定した国政を維持している。

底抜けに明るい大統領である。

ジブチの新憲法では、大統領の任期は一期六年で、三選は禁止されている。ゲレ氏は二〇〇五年四月の大統領選挙で、対立候補もなく無投票当選した。ゲレ氏の一期目の成果が国民に広く支持された証だろう。再選は、わがことのようにうれしく、ただちに祝電を送った。

ゲレ大統領には、二〇〇七年一月、アディスアベバで開催された第八回アフリカ連合[*5]サミットでお会いする機会があったので、グーレド前大統領の逝去に対し、改めてお悔やみの言葉を述べるとともに、前大統領に随行して訪日されたときのこと等を懐かしく話し合った。大統領の依頼を受けて、令嬢をユネスコ本部で短期間、研修生としてお預かりしたこともある。

ジブチは、冒頭にも記したように、資源に恵まれない国だ。加えて、エチオピア系とソマリア系の部族対立が根強く続いてきた。グーレド時代に基本的には両部族は和解し、ゲレ大統領が平和の均衡を保ってはいるが、予断は許さない。ジブチが位置する地域「アフリカの角」は、アフリカでも政治的に不安定な地域だからだ。南に位置するソマリアに暫定政府はできているものの、ソマリア全土を掌握するまでには至っておらず、首都モガディシュを中心にテロ活動が各地に広まっている。西に位置するエチオピアとは伝統的に友好関係にあるが、北のエリトリアとは政治的に微妙だ。国境紛争問題をめぐって、エチオピアとエリトリアが緊張関係にあるため、その影響をジブチはどうしても受けるのである。

ゲレ大統領の任期は二〇一一年まで。これまで同様の舵取りを期待する。

---

5 アフリカ連合
アフリカ統一機構が、発展改組して発足した。本部はエチオピアのアディスアベバ。アフリカの一層高度な政治的経済的統合の実現及び紛争の予防解決への取組強化のための地域統合体である。アフリカ諸国と諸国民間の一層の統一性及び連帯性の強化、アフリカの政治的経済的社会的統合の加速化、アフリカの平和と域内紛争や独裁政治の根絶、安全保障及び安定の促進、民主主義原則と国民参加統治の促進、持続可能な開発の促進、教育及び科学等での協力、グローバリゼーション時代におけるアフリカ諸国の国際的な地位向上、等を目指している。

Somali Democratic Republic

ソマリア民主共和国

ソマリア民主共和国
(Somali Democratic Republic)

面積	63万8000平方キロメートル（日本の約1.8倍）
人口	895万人
首都	モガディシュ
自然	北部のアデン湾沿岸部は高温多湿。ほか国土の大部分は、砂漠気候。年間の総雨量は、約320～500mmと極めて少ない。4～11月が雨季と12～3月が乾季。
産業	ラクダ、ヒツジ、ヤギなどの畜産業が中心。ほか、バナナの輸出も盛んだが、石油製品、おもな食糧品は輸入に頼る。石油、ボーキサイトも有するが未開発。
民族グループ	ソマリ族（多数氏族あり）
言語	ソマリ語（公用語）、英語、イタリア語、アラビア語
宗教	イスラム教 (95%)

＊　＊　＊

不安定な国情のため日本政府は未承認。日本公館は在ケニア大使館が兼轄している。ソマリアは1982年に在日ソマリア大使館を開いたが、1990年7月に閉館。二国間の関係は薄い。世界最貧国のひとつで、内戦により大勢の難民が出ている。

一．複雑な歴史

最近、ソマリアの海賊問題が世界中のマスコミを賑わわせている。ソマリア沖に出没する海賊から民間船舶を護るために、世界の主要国は海軍を派遣せざるを得なくなった。日本からも海上自衛隊の艦船が派遣され、日本の民間船舶の護衛に当たっている。武器を手に、身代金を要求するような海賊行為を働いているのは、実は失職した貧しい漁師達だ。その背景には、一九九一年以来、ソマリアには一八年間にもわたって国を統治する政府が存在しないという根本的な問題がある。したがって、海賊対策だけでは〝対症療法〟を施すに過ぎない。ソマリアが統治機能を備えた政府をいかにして回復するのか、この重要な課題にこそ国際社会は目を向けるべきだろう。

アフリカ大陸東端に位置する「アフリカの角」[*1]と呼ばれる地域には政治的に不安定な国が含まれることで知られるが、ソマリアはその最たるものである。ソマリアというと小国のイメージがあるかもしれないが、その国土は日本の約一・八倍の広さ（約六三万八〇〇〇平方キロ）、人口は八九五万人（二〇〇八年）と、それなりの規模である。しかし、無政府状態が続いている結果、一人当たりの国民総所得（ＧＮＩ）など、統計的なデータが一切存在しない。基本的に畜産業と農業に依存する経済ではあるが、長年にわたる内戦や頻繁に発生する旱魃によって食糧危機にしばしば見舞われ、外国からの食糧援助に頼らざるを得ない。アフリカのなかでも最も貧しい国のひとつと言えるだろう。

紀元前二世紀にエチオピアで誕生したアクスム王国[*2]は、紀元後、次第に勢力を拡大し、現在のソマリアもその勢力下に治めた。しかし、七世紀に入り、アデン湾を挟んで対岸のイエメン側からアラブ民族が移動してくるようになり、アクスム王国の勢力が衰えるに従って、アラブ人は自分たちを中心とする首長国をいまのソマリア北部に建国した。次いで、現在のソマリア族に当たる人々が、九世紀以降、イエメンからソマリ

1　アフリカの角
アフリカ東部海岸側のエリトリア、ジブチ、エチオピア、ソマリアからなる地域。サイの角のように突きだした形から名付けられた。

2　アクスム王国
エチオピア北部に建国され、紅海貿易の中心地として繁栄した。四世紀、エザナ王の改宗によりキリスト教は国教化されアクスム王国の最盛期を迎えるが、周囲をイスラム教国に囲まれ紅海への出口を塞がれたことにより国力衰退が進み、一〇世紀頃に滅亡したとされる。

アに移住するようになると首長国は次第に崩壊し、ソマリア各地に酋長が支配する小さな地域社会が形成されるようになったのである。

一九世紀に入るとヨーロッパの勢力が進出してきた。まず、イギリスがイエメン・アデン港をインド航路への中継港として重要視し支配下に置いた。さらに、ソマリアへも進出を始めたが、その間、エジプトもソマリアの一部を支配した。一八六九年、スエズ運河が開通すると、イギリスはアデンへの食糧供給地としてソマリアを支配下に置くことが重要になり、八六年には現在のソマリア北部にあたるアデン湾に面する領地をソマリランド*3として植民地化した。当初はアデンの植民地の一部と位置付けていた。

他方、イタリアも同時期にソマリアの対岸に目をつけた。そして、特にイギリスが植民地化していないインド洋に面した沿岸を支配しだした。イギリスは、英領ソマリランドの奥地への進出を試みたが、現地人の抵抗にあって断念した。しかし、イタリアはインド洋の沿岸から内陸に進出、一九世紀後半にはエリトリアとエチオピアを占領、さらに一九〇八年までにソマリア南部をイタリア領ソマリランドとした。

第二次世界大戦の初期には、イタリアがイギリスを英領ソマリランドから一時的に追放したが、イギリスは英領ソマリランドの支配権を大戦中に奪還した。一方、イタリアは同大戦における敗戦の結果、アフリカの全ての植民地を放棄することになった。イタリア領ソマリランドについては、国連の下でイタリアに信託統治が任されたが、国連はいずれ独立させることを決議した。

二、独立後の混乱

一九六〇年六月二六日、イギリス領ソマリランドはソマリランドとして独立。その五日後に国連決議により独立を果したイタリア領と合併し、単一国家としてのソマリ

3　ソマリランド
ソマリランド共和国の通称。アフリカ大陸東部ソマリア半島に位置し、旧イギリス領ソマリランドを領土とする。現時点では国際的に国家として認められていない。

4　オスマン・ダール
（一九〇八〜二〇〇七）
初代ソマリア大統領。ソマリア独立の一九六〇年に大統領に選出し、六七年に再出馬するがアリ・シエルマルケに敗れる。

アが誕生した。

独立後の最初の大統領に選出されたオスマン・ダール氏[*4]は、南北統一されたソマリアに加えて、他の地域に住むソマリ人にも集結を呼び掛けるナショナリズム「大ソマリア主義」を煽った。一九六七年の大統領選では、オスマン・ダール氏の再選はならなかった。当時、首相を務めていたアリ・シエルマルケ氏[*5]が二代目の大統領に就任した。しかし、二年後の六九年の軍事クーデターで暗殺され、シアド・バレ将軍[*6]が政権を取った。バレ軍事政権は、その後、二二年間続いたが、政治は決して安定したものではなかった。さらに七〇年代、八〇年代にたびたび見舞われた旱魃によって深刻な食糧不足となり、海外から大規模な食糧援助を受けるようになったものの、多数の餓死者を出した。

国内改革に失敗し、経済も疲弊していたソマリア国民の関心を外に向けるための一つの策としてバレ政権が声高に提唱した「大ソマリア主義」の結果、隣国エチオピアに取り込まれていたオガデン地方[*7]に住むソマリ族は、一九七七年、西ソマリ解放戦線を名乗り武装蜂起した。この反乱軍を支援するためにソマリア軍はオガデン地方に侵攻、広範囲を支配したが、エチオピア軍はキューバとロシアからの援軍を得、ソマリア軍をオガデン地方から追い出すことに成功した。その結果、二〇〇万人を超えるエチオピアのソマリ難民がソマリアに流れ込んだのである。

一九八八年のエチオピアとの和平協定により、一〇年以上に及んだエチオピアとの戦闘には終止符が打たれたが、今度はソマリ族内での戦いが始まった。八二年ごろからバレ軍事政権に冷遇されていた部族が反乱軍を形成し、それが政府軍との戦闘に発展し、激化していったのである。政府軍は戦線を次第に縮小せざる得なくなって南部に退却、支配地域は北部の主要都市ハルゲイサだけとなった。九〇年一月、バレ軍事政権は完全に崩壊した。それとともに、ソマリアは無政府状態に陥り、国全体が内戦状態に突入した。


九〇年、バレ政権時代に内戦状態に陥らせた政府を批判した罪で逮捕された。釈放後、南部で農業に従事している。

5 アリ・シエルマルケ
（一九一九〜六九）

一九六〇年、初代大統領オスマン・ダールより首相に任命される。六七年、大統領選挙で初代大統領を抑えて勝利した。六九年、地方視察の最中、暗殺された。

6 シアド・バレ
（一九一九〜九五）

一九六九年、クーデターにより最高革命評議会（SRC）を設立。大統領に就任、科学的社会主義路線に転換した。九一年、反政府勢力の統一ソマリア会議（USC）に政権を奪われナイジェリアに亡命し、九五年客死する。

7 オガデン地方
エチオピア南東部の地方。ソマリアと国境を接し、鉱山資源に恵まれている。エチオピア国内のソマリ人が分離・独立を求め、それを後押しするソマリア軍が軍事介入し、一九六三年、紛争が勃発した。

一九九二年になってアメリカを中心とする多国籍軍がソマリアに派遣されたが全く功を奏せず、九五年には完全撤退を余儀なくされた。二〇〇〇年に北の隣国ジブチの努力によってソマリアの各勢力の指導者がジブチに集まり、ようやく新しい中央政府を暫定的に設置することになった。しかし、暫定政府もまたソマリア全体を統括することができないまま、三年後の〇三年に暫定期間を終了した。

その後、再びジブチのイニシアティブによって、「アフリカの角」に形成された政府間開発機構（ＩＧＡＤ）が二〇〇四年、ソマリア暫定議会をケニアの首都ナイロビに設置することを決めた。同議会によって選出されたアブドゥラヒ・ユスフ氏[8]が大統領に就任、〇五年一月、ナイロビに暫定政権が樹立された。

暫定政権の最大の課題は、ソマリア全土に支配権を確立することにあった。ソマリア南部は、前述のように各地に乱立した部族勢力間の戦いが絶えず、一九九七年には、北部でソマリランド、北東部でプントランド[9]という「国」が、それぞれ手前勝手に独立宣言を発していたからだ。従って、各地をしっかり統合していくことが暫定政権最大の目標だった。

三．ユスフ暫定政府大統領との面会

暫定政府のユスフ大統領と初めて会ったのは、二〇〇六年一月、スーダンの首都ハルツームで開かれたアフリカ連合[10]（ＡＵ）サミットのときだ。同大統領は北東部のプントランド出身で、一見、穏やかそうだが、長年にわたり内戦を乗り越えてきた軍人だけあって並々ならぬ闘志を内に秘めているように見えた。

ユスフ大統領からは、暫定政府の最大の課題はソマリア全土において支配権を確立することであるが、内戦及びエチオピアとの戦争、さらに旱魃などで経済基盤が破壊され、国造りの根底となる教育制度も完全に崩壊したという説明があった。そのうえ

8　アブドゥラヒ・ユスフ
（一九三四〜）
ソマリア暫定政府大統領。一九九八年、ソマリア北東部のプントランド自治政府大統領に就任。二〇〇四年一〇月、暫定大統領選挙を経て大統領に任命された。しかし、首相との対立などにより〇八年末に辞任した。

9　プントランド
ソマリア北東部に位置し、ガローウェを首都とする自治政府プントランド共和国。ソマリランドと異なり、ソマリアとの連邦制による再統合に賛成している。

10　アフリカ連合
アフリカ統一機構が、発展改組して発足した。本部はエチオピアのアディスアベバ。アフリカの一層高度な政治的経済的統合の実現及び紛争の予防解決への取組強化のための地域統合体である。アフリカ諸国と諸国民間の一層の統一性及び連帯性の強化、アフリカの政治的経済的社会的統合の加速化、アフリカの平和と域内紛争や独裁政治の根絶、安全保障及び安定の促進、民主主義原則と国民参加統治の

で大統領は「ユネスコには、ぜひとも教育制度の再建に協力して欲しい」と語った。これに対し、わたしは、ユネスコは、ソマリアを支援する態勢を整えているナイロビ事務所を通じて、教育制度の再建に協力する旨を約束した。また、大統領から、「ぜひソマリアを訪問してほしい」と要請され、「必ず、訪問します」と伝えた。

大統領から依頼を受けて以来、ユネスコはソマリアにおける教育制度の再建についてユニセフ[*11]（国連児童基金）とも協力し、EU等から資金援助を得て積極的に対応してきた。しかし、北部のソマリランドやプントランドではそれなりの成果を得ることはできたものの、南部ソマリアについては、治安上の問題から思うように活動が進展していないのが実情だ。

というのは、大統領との会談後、イスラム原理主義者によって構成されるイスラム法廷連合（UIC）が南部ソマリアで急速に力を伸ばしてきたからだ。暫定政府は、一時、ナイロビからソマリア南部のモガディシュ（本来の首都）に移っていたが、UICにモガディシュを支配されたため、同じ南部の主要都市バイドアに移転した。その間、暫定政府はUICに対抗するためエチオピア政府に派兵を要請、エチオピア軍がソマリアに侵攻してUICをかなり押さえ込むことができた。また、二〇〇七年一月、アフリカ連合は平和維持部隊をソマリアへ派遣することになった。

その四ヶ月後、ナイロビを訪れた際に、国連事務総長のソマリア担当特別代表および国連のソマリアチームのメンバーと会った。ソマリア情勢について意見交換し、同国に対して国連全体としてどう支援していくかについて議論した。国連のソマリアチームは、本来であればソマリアの首都モガディシュに滞在すべきだったが、治安上の理由でそうすることができなかったのだ。

ナイロビでの国連関係者との会合の締めくくりにあたって、わたしは次のように述べた。「アフリカの五三の独立国のうち五二カ国を訪問しているが、ソマリアの土だけ

促進、持続可能な開発の促進、教育及び科学等での協力、グローバリゼーション時代におけるアフリカ諸国の国際的な地位向上、等を目指している。

11 ユニセフ
国連児童基金（UNICEF）。一九四六年に設立された、国際連合総会の補助機関。本部はニューヨーク。開発途上国や、戦争の被害に遭っている子どもの支援活動を行う。八九年に採択された「子どもの権利条約」の普及活動にも努めている。

は踏んだことがない。ユスフ大統領からもぜひ訪問して欲しいと要請されている。事務局長としての二期目の任期中に、どうあってもソマリアを訪問したいと思っている。次回はみなさんとソマリアでお会いしたい」

期せずして、会場からは拍手が起こった。国連のソマリアチームの代表からも「ぜひソマリアでお会いしましょう」と挨拶された。

四．叶わぬ訪問の夢

その後、ソマリアの治安情勢を丁寧にフォローしていたが、なかなか訪問できるようなチャンスは巡ってこなかった。

二〇〇八年二月、ソマリア暫定政府のハッサン・フセイン[12]首相がパリのユネスコ本部を訪ねて来た。ユネスコがソマリアで進めている教育を中心とした協力について全般的なレビューを行ったところ、首相は教育制度の再建に向けたユネスコの取り組みを高く評価してくれた。わたしからも、南部においては治安上の理由から必ずしも十分な進展が見られていないことを説明し、暫定政府が南部でも支配を確立するようになれば、ユネスコとしても、もっと力を入れることができると伝えた。さらに、首相から文化の復活にあたってもユネスコの協力を得たいとの申し出があり、検討を約束した。別れ際に「ぜひソマリアを訪問してほしい」と改めて要請された。

半年後の二〇〇八年八月、暫定政府とソマリア再解放連盟（イスラム法廷連合が〇六年に分裂、穏健派グループによって結成された組織）との間で和平合意が成立し、一〇月には内容についても合意に達した。

和平合意の骨子は、国際社会及び国連の支援を得て、できるだけ早くソマリアに統一政府を作ることにあった。具体的には、①暫定政府軍とソマリア再解放連盟の軍隊の交戦を停止する。②二万人に上るエチオピア軍を暫時、ソマリアから撤退させる。

---

12 ハッサン・フセイン
二〇〇七年、ソマリア暫定政府首相に就任。人事問題を巡りユスフ大統領と対立し、〇八年一二月、全閣僚とともに解任された。〇九年一月、暫定政府大統領選に出馬したがシェイク・シャリフに敗れた。

③その後の治安状態に関しては、アフリカ連合が派遣する平和維持部隊が担当することに対し、暫定政府とソマリア再解放連盟が協議する——というものだった。

わたしも、この合意がしっかり形成されればソマリア訪問が叶うだろうと考え、エチオピア軍がまだ残留している二〇〇八年一二月末に、暫定政府が設立されているバイドアを訪れる予定を組んだ。前述したように、ソマリア再解放連盟は、かつてのイスラム法廷連合の穏健派グループが形成したものだが、そこから分かれた過激派グループの動きが大きな焦点だった。過激派グループはアルカイダ[*13]との繋がりがあり、支援を得ているとも言われていた。したがって、過激派グループをどう取り込んでいくかが重要なポイントだったのである。

ソマリア訪問については、治安状態についてニューヨークの治安担当者から最終的な合意を得る必要があった。ニューヨークからは「しばらく待って欲しい」と言われて待機していたところ、暫定政府の運営にあたってユスフ大統領とフセイン首相の間で意見の相違が生じ、二〇〇八年一二月半ばに大統領は首相を罷免した。これに対してアフリカ諸国から批判の声があがり、大統領が辞任に追い込まれるような事態に発展していった。そのような状況では治安情勢も確かなものとはいえず、ニューヨークからも合意が得られないままだった。大統領の辞任によって政治空白が生じることは避けられないと危惧されたため、最終的に訪問を見送った。予想した通り、同年一二月末、ユスフ大統領は辞任した。

二〇〇九年一月、暫定連邦議会によってソマリア再解放連盟の指導者シェイク・シャリフ[*14]氏が大統領に選出された。かくして、穏健派とは言え、イスラム原理主義者が大統領の座に就いたのである。

シャリフ新大統領は、暫定政府の拠点をモガディシュに置いた。しかし、一月にエチオピア軍がソマリアからの撤退を完了すると、イスラム原理主義者の過激派グループ、

---

13 アルカイダ
ウサマ・ビン・ラディンを指導者とするイスラム原理主義過激派の国際武装テロ組織。

14 シェイク・シャリフ
二〇〇九年、暫定政府大統領に就任。イスラム法廷会議（ICU）の元メンバー。

シャバーブ（アルカイダの支援を得ていると言われている）が、かつて暫定政府のあったバイドアをたちまち占拠し、ソマリア南部の各地に勢力を伸ばしていった。そして、モガディシュにおいても、暫定政府と対峙するようになった。

それにも関わらず二〇〇九年一一月半ばに任期を終えるわたしは、五月初めにはソマリア訪問を実現させたいと考えた。モガディシュを訪れてシャリフ大統領と会い、今後のユネスコの対ソマリア協力について話をしたいと思ったのである。

訪問実現を願ったもうひとつのきっかけは、二〇〇八年一一月に国連総会で国際司法裁判所[*15]（ＩＣＪ）判事に選出された元ユネスコ法律顧問のアブドゥル・ユスフ氏とともに、彼の祖国ソマリアを訪れたいと考えたからだ。同氏は二〇〇〇年からユネスコで法律顧問を務め、ＩＣＪ判事に選出されるまで、選挙中も含めて、わたしを全面的に支援してくれた。ちなみに、ユスフ大統領と同姓だが、同じ東部のソマリランド出身ではあるが、親戚関係にはないという。

ユスフ氏は判事選に臨むにあたっては、夫人とふたりだけで選挙運動を展開せざるを得なかった。というのも、ソマリア暫定政府は国の全土を統治しているわけではなかっただけでなく、国際的にも影の薄い存在だったからだ。ユネスコでのユスフ法律顧問の実績を高く評価していたが、事務局長という立場上、表立っては応援できなかった。しかし、できるだけ氏の力になりたいと思っていた。二〇〇八年一月のアフリカ連合サミットで、ユスフ氏がＡＵの統一候補となった際にも、陰からさまざまな働きかけを行った。その後、アフリカの他の国から有力候補が二人現われ、激戦が案じられたが、最終的には国連総会でユスフ氏が選ばれたのである。わたしの喜びも一入だった。

ユスフ氏によれば、ここ三〇年以上、ソマリア国民にとって良いニュースはなく、悪いニュースの連続だった。それだけに、ユスフ氏の当選は近年にない朗報として本

15　国際司法裁判所
オランダ・ハーグに本部を置く、国際連合の主要な国際司法機関。国家間紛争の解決や、また国際的な法律的問題に意見を表明するなどの役割がある。

国で祝福されただけではなく、世界各地のソマリア人社会に喜んでもらえた、と話してくれた。わたしもユスフ氏の〝凱旋帰国〟のチャンスに伴ってソマリアを訪れたいと思ったので、暫定政権の置かれたモガディシュだけでなく、ユスフ氏の出身地プントランドへも赴きたいと考えていた。

しかし、モガディシュの治安情勢は急速に悪化していった。そして、最終的にニューヨークの治安担当者から、五月初めの訪問は絶対に控えて欲しいという回答があった。その理由は、ソマリアを訪れるということは、間違いなくイスラム原理主義者の過激派グループの攻撃対象になる、護衛のために国連の治安担当者は全力を尽くすが、それでもかなりの犠牲者が出る可能性がとても高い、というものだった。

残念ではあったが、わたしは五月初めのソマリア訪問を断念することにした。後になってみると、ニューヨークの治安担当者の判断は非常に正しかったと言わざるを得ない。訪問を考えていた五月初めから、モガディシュでは暫定政府とイスラム原理主義者の過激派武装勢力、特にシャバーブとの間で激しい戦闘が始まったからである。五月末までに二〇〇人以上の死者、六万人以上の負傷者が出たと伝えられた。そのような状況が続くなか、いつソマリアを訪問できるか分からないままである。

五．最後のアフリカ訪問国

二〇〇九年六月に入り、マリの元大統領アルファ・ウマル・コナレ氏（前アフリカ連合委員会委員長）が、ユネスコにわたしを訪ねてくれた。元大統領に、わたしは自らの感慨をつぶさに伝えた。

「アフリカで訪れていない国はソマリアだけだったので〇八年一二月と〇九年五月初めに訪問を計画したが、どうしても実現できなかった。このままでは事務局長在任中に、五三カ国のすべてを訪問するという記録を立てることは難しい状況で、それが残念でならない」

それに対してコナレ氏は「アフリカ人でも、あなたのように五二カ国を訪問したという人に今まで会ったことがない。恐らく、世界でもそういう人はいないのではないか」と慰めてくれた。さらに、同氏から「以前、あなたがソマリアを訪れるときは、ご一緒しましょう、と言ったことを覚えていますか」と尋ねられたので、頷き「残念ながらそのチャンスを逸した」と言った。そして、ユネスコのユスフ前法律顧問がICJ判事に選出された後に、同氏とソマリア訪問を計画したものの、〇八年秋以降のソマリア情勢が思わしくないため、断念せざるを得なかった事情なども説明したところ、「ユネスコ事務局長をやめても、あなたがソマリアを訪問する日は必ず来ると確信している」と、勇気づけてくれた。

二〇〇九年七月、AUのジャン・ピン[*16]委員長の配慮で、シルト（リビア）で開かれたAUサミットに、再度、特別ゲストとして招かれた（今回で四度目）。一〇年間にわたってアフリカのためを思い、微力ながら残してきた足跡を報告するのが主目的だった。

同サミットではシェイク・シャリフ大統領にお会いした。夏にソマリアを訪問したいと思っていると伝えたところ、「いつでもいらっしゃい」と温かく答えてくれた。しかし、実際には、任期中に訪問することは、ほぼ不可能であろうと覚悟している。

思えばアフリカに最初に足を踏み入れたのは一九六一年、二三歳の若さだった。外務省勤務時代に駆け出しの三等書記官として最初の赴任先、在ガーナ大使館へ派遣され、西アフリカの一〇カ国を担当したのがきっかけだった。帰国後も、対アフリカ開発援助を長く担当したことに加え、ユネスコ事務局長に就任した一九九九年以来、頻繁にアフリカ大陸を訪れる機会に恵まれてきた。この四八年間に、アフリカの五二カ国についていては、複数回、足を運んだ国も少なくない。

独立を得た後のアフリカ各国の国民は、それぞれに、半世紀にわたって独裁や紛

16 ジャン・ピン
（一九四二〜）

ガボンの政治家。ユネスコ・ガボン政府代表部勤務などを経て大臣、政府要職を歴任。一九九九年から二〇〇八年まで外相。

争、飢餓に苦しめられてきた。ようやく近年になって、多くのアフリカ諸国で民主主義が定着してきているが、今もなおソマリアでは政府すら機能していない。したがって、唯一、足を踏み入れていないソマリアを訪れるということは、「アフリカ全五三カ国訪問」の記録を達成したいとする自己満足からだけではない。ソマリアの大地に立てるようになったとき、本当の意味でアフリカは新しい歴史の一ページを加えたと言えるだろう。

Union of Comoros

コモロ連合

コモロ連合（Union of Comoros）

面積	2236平方キロメートル（ほぼ東京都と同じ。仏領マイヨット島を除くと1862平方キロメートル）
人口	64万人
首都	モロニ
自然	ンジャジジャ島（旧グランドコモロ）、ンズワニ島（旧アンジュアン、ムワリ島（旧モヘリ）の３島で構成されている。美しい海が広がるが、火山島のため黒砂と溶岩の磯に覆われているところが多い。11～4月が雨季。高温多湿の熱帯モンスーン気候。
産業	バニラ、クローブ、そのほか香料の原料となるイラン・イランなど。火山噴火により国内産業が不足しているため、多くは輸入に依存する。
民族グループ	バントゥ系黒人を主流にアラブ人、マダガスカル人、インド人等
言語	フランス語・アラビア語（公用語）、コモロ語（スワヒリ語に近い）
宗教	イスラム教

＊　＊　＊

日本は独立とともに、コモロを承認。在マダガスカル大使館が兼轄している。コモロの公館は、日本にはない。日本からの主な輸出は貨物自動車、乗用自動車、自動車部品。コモロからの輸入は精油。文化面では、日本の民間調査隊がコモロ政府の協力によりシーラカンスの標本を５体持ち帰ることができた。また、1986年にはシーラカンスの水中撮影にも成功している。

一・独立

コモロは正式には「コモロ連合」といい、グランドコモロ島、アンジュアン島、モヘリ島の三島によって構成されている。大陸のモザンビークとインド洋に浮かぶマダガスカルの間に位置し、シーラカンス[*1]の生息地として知られる美しい海に囲まれている。

面積は東京都とほぼ同じ（約二二四〇平方キロ）で、人口は六四万人（二〇〇八年）。人口密度は日本と同程度であり、アフリカ諸国で最も高いモーリシャスに次ぐ。主な産業は、バニラやクローブ、香油の原料イラン・イランなど香りに関係する農作物のみで、一人当たりの国民総所得（ＧＮＩ）は七五〇ドル（二〇〇八年）と、アフリカでも最貧国のひとつに数えられる。

一七世紀にはアラブ国家が成立していた。首都モロニの旧市街の細い路地は、イスラム文化独特の白壁に美しく彩られ、古い建物も残されている。しかし、残念ながら世界遺産に登録された史跡等はない。

フランスが植民地化に乗り出したのは一九世紀の半ばからで、同世紀の終わりまでにはコモロ諸島全体を植民地化した。アフリカ大陸のフランス植民地は一九六〇年代に続々と独立したが、コモロでは必ずしも独立運動は起こらず、最終的に独立したのは一九七五年である。アフリカにおけるフランスの植民地で独立がもっとも遅れたのはジブチで七七年だった。コモロの独立は、その二年前ということになる。

コモロ諸島には、もうひとつの島、マイヨット島が残されているが、未だにフランス領のままである。これは同島の住民がフランスの一部であることに大きなメリットを感じているためで、彼らはコモロ連合への参加を望んでいない。しかし、コモロ連合側は、マイヨット島もコモロ諸島のひとつであるとして同連合への参加を主張している。

政治情勢が不安定なアフリカの国は少なくなっているが、コモロは独立以来、「クー

---

1 シーラカンス
学名コエラカントゥス。古生代デボ紀から中世ジュラ紀まで生きた古代魚の一種。生きている化石として有名なのは、ラティメリア属。

デターの島」という異名をつけられるほど、政情が不安定だ。その理由は、首都モロニがコモロ諸島の中心を成しているグランドコモロ島にあるものの、アンジュアン島およびモヘリ島では、それぞれ独立を求める気運が残っており、この三島をまとめて統治することが難しい状況にあるためだ。しかし、これらの島に居住しているのはアフリカ人、アラブ人とその混血であって、それぞれの島に異なる部族が居住していることによって生起するような部族間の対立が根底にあるわけではない。国教はイスラム教でスンニ派が主流を占め、最近ではイランとの経済交流が進んでシーア派も増えてきているとはいえ、宗教対立が島々の間に存在するというわけでもない。ちなみにコモロは、アフリカ連合のメンバーであると同時に、アラブ連盟[*2]のメンバーでもある。

　一九七五年にフランスから独立を達成したときにはコモロ共和国を名乗った。大統領にはアーメド・アブダラ[*3]氏が就任した。しかし、翌年のクーデターで失脚、七八年に再度のクーデターによって大統領に復帰したものの、八九年に暗殺された。

　一九九〇年、選挙によってジョハール[*4]大統領が就任した。しかし、九二年と九五年のクーデター未遂によって、大統領はフランス領レユニオン島へ亡命。九六年の大統領選挙でモハメッド・タキ[*5]氏が第三代大統領に就任すると、翌年、アンジュアン島とモヘリ島が独立を宣言して、グランドコモロ島にある中央政府との間に武力衝突が発生した。最終的にはコモロ連合として三島がまとまることで治まったものの、九九年、クーデターを起こした軍参謀本部長アザリ[*6]大佐が政権を掌握した。しかし、アフリカ統一機構（OAU）の仲介で三島間の合意ができ、二〇〇一年一二月に新憲法を採択、国名を現在のコモロ連合に改めた。また、同憲法に基づいて〇二年四月に大統領選挙が実施され、九九年のクーデターの中心人物だったアザリ大佐が選出された。

2　アラブ連盟
アラブ諸国の政治的な地域協力機構。一九四五年三月に創設、本部はエジプトのカイロにある。コモロは九三年に加盟。原加盟国はエジプト、シリアなど七カ国、追加加盟国は、リビア、スーダン、コモロなどを含む一五カ国。

3　アーメド・アブダラ
（一九一九〜八九）アンジュアン島出身。一九六一年にコモロ独立連合を結成し、コモロ自治政府の首班となる。七五年にコモロが独立し初代大統領に就任したが一か月足らずでクーデターが発生。故郷のアンジュアン島に一時身を寄せた。七八年、再び大統領に就任。再就任後のアブダラ政権は次第に独裁傾向が強まり、一九八九年、クーデターによって殺害された。

4　ジョハール
（一九一八〜二〇〇六）一九九〇年に大統領就任したが、九五年のクーデター未遂によりフランス領レユニオン島に亡命。

二．ユネスコ事務局長の初めてのコモロ訪問

アザリ氏が大統領に就任してから二年あまり後の二〇〇四年七月、ユネスコ事務局長として首都モロニを訪れ、大統領と会談した。同国を訪問した初めてのユネスコ事務局長だったこともあって大歓迎を受け、その晩は、樹木がうっそうと繁る大統領官邸の中庭で歓迎レセプションを開いてくれた。

中央アジアや南太平洋、およびカリブ海の国々のなかには、初めてのユネスコ事務局長として訪問する国はかなりの数に上ったが、アフリカにおいて歴代のユネスコ事務局長が一度も訪れていない国はとても珍しい。それどころか、首都モロニにある国連チームの代表によれば、ユネスコ事務局長にかぎらず、国連システム全体を含めても機関の長がコモロの土を踏むのは、これが最初ではないかという。その通りなら大変名誉なことだった。

アザリ大統領は「この機会を待ち望んでいました。おいでいただいたこと自体に大きな意味があります。本当にありがたい」と、心から喜んでくれた。カンビ・モハメッド副大統領が主催した全閣僚出席の会議では、ユネスコとコモロが教育と文化の両面で十分に協力を進めることを真剣に議論し、わたしは、タンザニアのユネスコ事務所にコモロを担当させることを約束した。

実は、コモロ連合を構成する三つの島には、それぞれに大統領が存在し、その下に強い自治権をもつ政府が置かれている。中央政府の権限は、外交、国防、通貨に限られ、内政面では地方分権化が進んでいるのである。そのため、ユネスコの活動領域である教育や文化については各島の自治政府と協議する必要があり、わたしはグランドコモロ島の大統領、教育大臣と具体レベルで会談したが、アンジュアン島、モヘリ島へは時間の関係で立ち寄ることはできなかった。

アザリ大統領は、初代大統領のアーメド・アブダラ氏の下で軍人として頭角を現し

5　モハメッド・タキ
（一九三六〜九八）
一九九六年、大統領選挙に勝利し大統領に。九八年、大統領の急死によりタジディン共和国最高評議会委員長が大統領代理に就任した。

6　アザリ
（一九五九〜）
アザリ・アスマニ。グランドコモロ島出身。一九九八年、コモロ軍参謀本部長。アンジュアン島とモヘリ島が一方的に独立を宣言した問題について政府が適切な施策を行わなかったとして、九九年、軍事クーデターを起こし政権を掌握、大統領に就任した。二〇〇二年四月、国民投票によって採択された新憲法による大統領選に当選、正式に大統領就任となった。

た。憲法上、大統領は三島が持ち回りで選出することになっており、二〇〇六年五月に開かれた大統領選挙ではアンジュアン島出身のサンビ氏[7]が大統領となった。アザリ氏が推す候補者も立候補したが、サンビ氏はこれを破って当選した。同大統領には二〇〇七年一月アフリカ連合サミット（アディスアベバ）の際にお会いする機会があり、当選おめでとうと申し上げた。

最近のアフリカ大陸における傾向として、アフリカ連合（AU）、さらに各地域にある地域経済機構が、アフリカにおける政治の安定化や内戦の終焉、クーデターの阻止などに力を入れ始めている。コモロでも二〇〇〇年からOAU（AUの前身）が介入したことで〇一年に新憲法が採択され、それに基づいて民主的な選挙が行われるようになった。とはいえ、三島から成るコモロ連合は、先にも触れたように内政面は各自治政府に任されているためコンセンサスが獲得しにくく、基盤は固まっているとはいえない。

国際的な次元では必ずしも注目されている国とはいえないが、アフリカ大陸における政治の安定という観点からすれば、コモロの動きからは目が離せないだろう。

---

7 サンビ（一九五八〜）アンジュアン島出身。二〇〇六年の大統領選挙に無所属で出馬し、アザリ大統領が支援する候補者を破った。

Republic of Seychelles

セーシェル共和国

セーシェル共和国（Republic of Seychelles）

面積	460平方キロメートル（ほぼ種子島と同じ）
人口	8万人
首都	ビクトリア（マヘ島）
自然	アフリカ大陸から最も離れたインド洋に浮かぶ島。約100の島から成る。赤道直下に位置するが、年間を通じて温暖な過ごしやすい海洋性気候。12～5月が雨季。ゾウガメや椰子の実などの固有種も多い。
産業	美しいビーチを有するため観光業が主。漁業はマグロ、ほか加工業、ココナッツやシナモン、バニラなどの農業も盛ん
民族グループ	クレオール（ヨーロッパ人とアフリカ人の混血）が多数
言語	英語、フランス語、クレオール語
宗教	キリスト教（約90%）

＊　＊　＊

日本は1976年の独立と同時に承認。セーシェル共和国も84年に駐日セーシェル大使を任命するが、2003年の財政難より、日本を兼轄していた在マレーシア・セーシェル大使館を閉鎖。07年には日本を兼轄する在中国・セーシェル大使館を開設した。現在、1人当たり国民総所得（GNI）はトップレベルで、発達が目覚しい。近年はアジアを含めた諸外国との外交関係の強化を図っている。

一．独立と一党独裁制の樹立

セーシェルは、ケニアの東方一三〇〇キロのインド洋に浮かぶ島国だ。一〇〇ほどの島々から成り、総面積は四六〇平方キロ。種子島（鹿児島県）とほぼ同じでアフリカ五三カ国のなかで最も小さい。人口は八万人（二〇〇八年）を数える。

世界史の舞台にデビューするのは、一五〇二年、ポルトガルの航海者バスコ・ダ・ガマ[*1]の寄港によってだ。ガマは二回目の東インド往路航海でセーシェルに立ち寄った。七、八世紀ごろには既に島に船を乗り入れていたといわれるアラブ人の活動の様子を、ガマは航海記に綴っている。

フランスがセーシェルを植民地化したのは一八世紀半ば。イギリスも一九世紀の初めにモーリシャスの一部と見なして領有を主張したため、両国はセーシェルをめぐって争った。最終的には一八一五年のパリ条約によってイギリスの領有権が確立し、セーシェルは英領植民地となった。

モーリシャスから分離されたのは二〇世紀初頭のことだ。フランスの植民地時代にはマダガスカルからアフリカ人が、イギリス植民地時代になってからはインド人が送られたため、現在のセーシェルはヨーロッパ人とアフリカ人の血が混じったクレオール人、インドやアラブの血が混じった人々によって成り立っている。言語も英語、フランス語、クレオール語が飛び交う。

セーシェルが独立したのは一九七六年六月。アフリカの他の旧英領植民地に比べ大きく遅れた。独立を推進したジェームス・マンカム[*2]氏とアルベール・ルネ[*3]氏は、独立後、それぞれ大統領と首相に就任した。いわば、マンカム・ルネ連合政権の誕生だった。しかし、「連合」は長続きしなかった。七七年、ルネ首相が無血クーデターによって実権を掌握し、二代目大統領に就任したのだ。

一九六四年に社会主義政党であるセーシェル人民統一党（ＳＰＵＰ）を結党したル

1　バスコ・ダ・ガマ
（一四六九頃～一五二四）
ポルトガルの航海者。ポルトガル王マヌエル一世の命で、一四九七年七月、リスボンを出航。喜望峰を回航してインドのカリカットに到達し東洋行路を発見した。一五二四年、ポルトガル領インド総督となったが病死した。

2　ジェームス・マンカム
一九七六年、セーシェルの独立と同時に初代大統領に就任。七七年、アルベール・ルネによる無血クーデターで失脚し、イギリスに亡命した。

3　アルベール・ルネ
（一九七七～二〇〇四）
一九六四年、セーシェル人民進歩戦線を結成。七七年、無血クーデターによって第二代大統領に。

ネ大統領は、社会主義的な考えに基づいて憲法を改正、七八年にＳＰＵＰをセーシェル人民進歩党（ＳＰＰＦ）と改称して一党独裁による社会主義政権を樹立した。
ルネ氏はその後も、一九七九年、八四年、八九年と大統領に選ばれた。

二．複数政党制の導入

一九九〇年代に入ってアフリカに押し寄せた民主化の波はセーシェルにもおよんだ。九一年には憲法が改正され、複数政党制が導入された。新憲法に基づいた九三年の大統領選挙では、再びルネ氏が当選した。

セーシェルの政治は、それまで必ずしも安定したものではなかった。クーデターで大統領の座を追われたマンカム氏はイギリスに亡命していたが、ルネ大統領の方針に反対する勢力が国外の勢力と手を結んで海外からの傭兵導入を図ったため、一九八〇年代には軍事クーデター未遂が四回も発生している。

マンカム氏は、複数政党制が導入された後に故国に戻った。そして一九九三年の大統領選ではルネ氏に挑戦したが次点に終わった。

複数政党制の下での大統領選で、ルネ氏がマンカム氏ら他の候補者を破った背景には、経済発展があった。それまでＳＰＰＦによる独裁体制ではあったものの、観光業が盛んになり、経済成長率は順調な伸びを示していた。また、ルネ政権は観光収入を、教育、保健の予算に比重を置いて充てたため、国民の教育水準が著しく向上するとともに保健・衛生体制も確立された。それが国民に評価され、ルネ氏の勝利につながったものと思われる。

ルネ大統領の国づくりの方向性がぶれることはなかった。複数政党制の導入以降も従来の方針を強化し経済繁栄をもたらしたからこそ、さらに九八年、二〇〇一年の大統領選で勝利をおさめることができたと言えよう。

ちなみに、人口の少ないことも有利に働いてはいるが、セーシェルの国民一人当たりの国民総所得（ＧＮＩ）は一万二九〇ドル（二〇〇八年）とここ数年、八〇〇〇ドル以上をキープしており、二〇〇七年からの統計では赤道ギニアとリビアに追い越されたが、街並みや住居などの生活水準という観点からみればアフリカでトップレベルを誇っている。

三．ルネ大統領との出会い

二〇〇四 年二月、セーシェルでルネ大統領と会談した。大統領の指導の下に堅実に国造りが進められ、教育水準を大いに高めたことが国の発展の基盤をなしている点に敬意を表したところ、小柄だが頑強な体躯のルネ大統領は「わが意を得たり」とばかり嬉しそうに微笑んだ。

大統領との会談で「セーシェルには二つの世界遺産（自然遺産）があり嬉しく思っている」と述べたところ、「ぜひ見ていってほしい」と勧められた。

一九八二年に登録された「アルダブラ環礁[4]」はセーシェルの最も西に位置する。「インド洋のガラパゴス」とも呼ばれ、独自の生態系が保たれたサンゴ礁として世界的に知られる。また八三年に世界遺産になった「メイ渓谷自然保護区[5]」は、首都ビクトリアのあるセーシェル最大の島マヘ島に次ぐ大きさのプララン島にあった。こちらは交通の便にも恵まれているので訪れてみることにした。

ビクトリアと同様、プララン島の町もきれいだった。さすがにアフリカでトップの国民所得を誇る国だと感じさせられた。メイ渓谷自然保護区には、「ヤシの女王」とも称されるフタゴヤシが四～五〇〇〇本自生している。なかには樹齢八〇〇年を超えるものもあるらしい。オスとメスの木があり、オスは周辺の木々を見下ろして樹高三〇メートルほどにも生長、メスは大きなもので直径五〇センチ、重さ約一〇キロにもな

4　アルダブラ環礁
セーシェル最西の環礁。陸地部分にはマングローブと砂浜が広がり、一五万頭ものアルダブラゾウガメが生息する。長い間、無人島だったため動植物たちの貴重な生態系が守られている。一九八二年、世界遺産登録。

5　メイ渓谷自然保護区
セーシェル諸島北東部プララン島東部。「巨人の谷」という名の渓谷には、直径五〇センチにもなるセーシェル固有のフタゴヤシ「ヤシの女王」が自生している。豊かな原生林には、セーシェルタイヨウチョウなど世界的にも珍しい生物が数多く生息している。一九八三年、世界遺産登録。

世界遺産のメイ渓谷自然保護区
Ⓒ UNESCO ／ Palmyre Julian

る実をつける。

訪れた折、記念にヤシの実をひとついただいた。現在では採取は禁止されており、記念の品は、わが家の宝になっている。

世界遺産の探訪を勧めてくれたルネ大統領は、実はこの時点で、任期をまだ二年残しながら退任の意向を固めていた。退任の発表は、わたしが訪問した直後のことだった。一九七六年以来、首相時代を含め、一八年もの長きにわたり政権の座にあったとはいえ、三五年生まれの大統領は当時六八歳であり退任にはまだ早いように思われた。

四　ミッシェル第三代大統領の誕生

二〇〇四年二月の訪問では、ジェームズ・ミッシェル[*6]副大統領とも会談した。ミッシェル氏は、独立前からルネ大統領と力を合わせてＳＰＵＰ（ＳＰＰＦの前身）を結成。ルネ政権にあっては常に枢要な閣僚ポストを占め、一九九六年から副大統領を務めてきた。〇四年四月のルネ大統領の退任時には、憲法の規定に従い自動的に第三代大統領に就任した。〇六年七月の大統領選挙では得票率五三・七三パーセントで辛勝し、任期五年を続投することになった。

ミッシェル大統領と再会したのは、二〇〇八年五月、横浜で開催されたアフリカ開発会議（ＴＩＣＡＤ）Ⅳだった。大勢の首脳陣や関係者でごったがえす会場で、ミッシェ

6　ジェームズ・ミッシェル（一九四四〜）
一九七六年、アルベール・ルネ率いるセーシェル人民統一党に入党。ルネの側近として党や国家の要職を歴任した。複数政党制が導入された後も副大統領としてルネを支え続けた。

ル大統領はわたしを見つけ「二〇〇四年にあなたがわが国に来られた時には副大統領でしたが、その後、大統領に就任しましたのでよろしく」と話しかけてきた。わたしは「二〇〇六年の大統領選挙を見事に勝ち抜かれて、おめでとうございます。ぜひパリのユネスコ本部にお招きしたい」と応じたところ、とても喜んでくれた。後に外交ルートを通じ、二〇〇九年一〇月のユネスコ総会でスピーチしたいとの申し出を受け、お招きすることにした。

アルベール・ルネ路線を引き継いだミッシェル大統領は、経済の立て直しに尽力した。財政事情から、一時、脱退していた南部アフリカ開発共同体（ＳＡＤＣ）[*7]にも二〇〇八年八月、再加盟を果した。今後も観光収入をてこに、同国の経済発展を着実に進めていくものと思う。

二〇〇八年から世界中の国々を震撼させている国際的な金融危機および不況が観光産業にも大きな影響を与え始めていると伝えられるが、日本人観光客にも人気が高いセーシェルの大統領として、ミッシェル氏にはなんとかこの難局を乗り切ってもらいたいと願っている。

二〇〇九年一〇月のユネスコ総会（わたしにとっては最後の総会）での再会を楽しみにしている。

---

7 南部アフリカ開発共同体（ＳＡＤＣ）
一九八〇年、南部アフリカ開発調整会議（ＳＡＤＣＣ）として発足。南アフリカの民主化の進展とともに、九二年に現在の名称に。九四年には南アフリカも加わり、経済統合などを掲げるとともに、紛争の解決・予防等にも取り組んでいる。加盟一四カ国。

Democratic Republic of the Congo

コンゴ民主共和国

コンゴ民主共和国
(Democratic Republic of the Congo)

面積	234万5000平方キロメートル
人口	6,420万人
首都	キンシャサ
自然	中央部はコンゴ盆地が広がる。この地を蛇行しながら流れるのがコンゴ川(ザイール川)。全長は約4,400キロメートルと、アフリカ大陸でも2位を誇る。東部のヴィビルンガ国立公園（世界自然遺産）には、絶滅危惧種に指定されているマウンテンゴリラが生息している。盆地は、高温多雨帯だが、北部と南部はサバナ気候。5つの世界自然遺産がある。
産業	工業用ダイヤモンドとコバルトは世界一の産出量を誇る。亜鉛、スズ、鉄鉱石、金、マンガンなども豊富で輸出の90%を鉄鉱資源が占める。そのほかは、パーム油、綿花、コーヒーなど。
民族グループ	バンツー系、ナイル系等
言語	フランス語（公用語)、キコンゴ語、チルバ語、リンガラ語、スワヒリ語
宗教	カトリックを中心としたキリスト教85%、イスラム教10%、その他伝統宗教5%

＊　＊　＊

旧ザイール共和国。1997年に国名を現在の名に再び戻した。その翌年、コンゴ紛争が勃発し、国の経済は不安定な状態であったが、近年は周辺諸国との友好関係強化に重点を置き、国家再建に励んでいる。日本は、1960年6月同国独立以来、友好な関係を保っている。日本へ輸出されるのは、木材、タバコ、希少金属等。日本からは自動車、二輪、合成繊維等を輸入している。

一・キリスト教の布教活動と奴隷調達

コンゴ民主共和国はアフリカ大陸の中央に位置し、面積は日本の六・五倍（二三四万五〇〇〇平方キロ）、人口は六四二〇万人（二〇〇八年）を数える。国土の大半は熱帯雨林に覆われ、貴重な動物であるマウンテンゴリラ[*1]や白サイ[*2]等が生息する。また、銅、コバルト、ダイヤモンド等をはじめとする天然資源が豊富だ。アフリカの三大河川のひとつコンゴ川[*3]（全長約四四〇〇キロ）は、本流と多数の支流とで国全土を覆い、下流ではコンゴ共和国とアンゴラ国境に沿って流れ、大西洋に注ぐ。この項では、コンゴ共和国（首都ブラザビル）と区別するため、コンゴ（民）と表記することにする。

コンゴ（民）がベルギーから独立したのは、一九六〇年六月のこと。独立からほぼ半世紀が経過したが、未だに政治は安定しない。アフリカ諸国のなかでも、長期間にわたって政情が不安定な国の一つで、内戦も何度か起こっている。その理由として次の五つを挙げることができるだろう。

①国土が広すぎるうえに、人口の八〇パーセントを占めるバンツー系の民族のほか、部族単位で見れば二五〇という非常に多くの部族から成っていること。一般に、部族社会は、部族を優先する社会であり、国家意識は薄いこと。

②豊かな天然資源を求める近隣国を含む諸外国の介入。同国は九カ国と国境を接していること。

③東西冷戦時代には両陣営、或いはいずれかの陣営の支持を得て、近隣の国々（また各国の諸勢力）が、政治的な思惑から軍事的にも介入したこと。その傾向が、冷戦終了後も続いていること。

④国連が部隊を派遣して事態の収拾を図る努力をしているが、国連軍も決定的な力を発揮できないでいること。

---

1 マウンテンゴリラ
サル目ヒト科ゴリラ属に属するホ乳類。体長は一・二〜一・八メートル、体重は一三五〜二二〇キログラムほど。野生のマウンテンゴリラは、ルワンダ、ウガンダ、コンゴ民主共和国の森林に六五〇頭ほどしか生息しておらず、絶滅危惧種になっている。多くの自然保護団体が保護活動を行っている。

2 白サイ
陸地では、ゾウに次ぐ大型のホ乳類。体長三三〇〜四二〇センチメートル、体重はオスで二〇〇〇〜三六〇〇キログラムほど。サイのなかでも白サイは最大とされる。角は工芸品などに重宝され、乱獲により生息数は減少。絶滅のおそれのある野生動植物の種の国際取引に関する、ワシントン条約のリストにあげられる。

3 コンゴ川
中部アフリカのコンゴ盆地を蛇行しながら流れ、大西洋に注ぐ川。全長四四〇〇キロメートルを誇り、アフリカ大陸二位。一九七一〜九七年まではザイール川と呼ばれていた。

⑤二五〇の部族から成る同国を統一して統治できる政治家が育っていないこと。

コンゴ河を南北に挟んだ、現在のコンゴ（民）、ガボン、アンゴラ、コンゴ共和国の四カ国一帯には、紀元前四世紀頃、西部のバンツー系アフリカ人が住み着いたが、紀元後二世紀から東部のバンツー系アフリカ人も移住してきたと見られている。彼らはいずれも農耕民族だ。

当初は、さまざまな地域社会を形成しただけだったが、次第に中央集権的な王国を作る動きが出てきて、一五世紀頃には三つの王国——コンゴ川が大西洋に注ぐ北側、現在のガボンを中心とする地域にロワンゴ王国[*4]、南側の現在のアンゴラ及びコンゴ（民）にコンゴ王国[*5]、コンゴ川をさらに遡った上流の北部地域、現在のコンゴ共和国にティオ王国[*6]——が形成された。なかでもコンゴ王国は、次第に内陸（現在のコンゴ（民））に勢力を拡大していった。

コンゴ王国は一五世紀から一六世紀にかけて広大な地域を支配し、最盛期を迎えた。中央集権的な社会で、王の親族は各地の酋長に任命され、その頂点には王が立った。軍隊は二万人近くで構成され、戦いによって他の部族を降伏させると、その人々を奴隷とし、若い男性は軍隊の主力に取り込んで利用した。

一五世紀末から一六世紀の初めにかけて最初にコンゴ（民）に到着したヨーロッパ人は、金を求めてやってきたポルトガル人だった。当初、コンゴ王国と文化的にも経済的にも友好関係を結んだ。一六世紀、王国最盛期の国王となったアフォンソ一世[*7]は、即位前にキリスト教に改宗、息子二人を教皇の下に派遣し、各地に教会をつくるなどしてキリスト教の教えをコンゴ王国の中核に据えた。一七世紀の半ばを過ぎると、内戦が起こって勢力が衰え、中央集権的な体制は崩壊に向かうが、キリスト教の教えは継続して残っていくのである。また、ポルトガルは、金だけではなく奴隷に目をつけるようになり、コンゴ王国はポルトガルにとって重要な奴隷供給国となった。

---

4 ロワンゴ王国
一五世紀初頭にバンツー系バテケ族が建国した一種の連邦国家で一九世紀まで存続した。最盛期の一七世紀にはコンゴ南西部のマヨンベからコンゴ川の河口まで広がる勢力を誇った。

5 コンゴ王国
一四〇〇～一九一四年まで中部アフリカ太平洋岸に繁栄した王国。現在のコンゴ共和国、コンゴ民主共和国、アンゴラ北部周辺の地域を支配していた。一七世紀のポルトガルの侵攻により国だけは存続したが、一九世紀末よりベルギーとポルトガルの植民地に二分され、完全に消滅した。

6 ティオ王国
一五世紀初頭、コンゴ王国との北東部の国境に位置する銅の鉱山を支配するかたちで王国を形成。この鉱山と領土をめぐって一七世紀までコンゴ王国と戦いが絶えなかった。

7 アフォンソ一世
（一四五六～一五四二または四三）
本名はンジンガ・ンベンバ。第六代コンゴ王国の国王。キリス

他方、コンゴ王国は、最盛期においても現在のコンゴ（民）の東部までは力を及ぼすことができなかった。その一帯には、酋長が支配する部族社会がいくつも存在した。そのため、東海岸からはザンジバル王国がアフリカ人奴隷を求めて内陸に勢力を広げ、タンガニアから現在のコンゴ（民）の東南部に侵入してきた。ザンジバル王国は、アラブ系で、現在のタンザニアのザンジバルを本拠としていた。一八世紀末までに、七万人近いアフリカ人奴隷が、ザンジバル王国経由でアラブ地域に連れて行かれたと見られている。

ポルトガル以外の西欧諸国も、現在のコンゴ（民）の地域に次第に進出を開始する。一九世紀には、中部および南部アフリカにかけて、ヨーロッパから多くのキリスト教宣教師が送り込まれた。宣教師たちは、「野蛮な」生活をしているアフリカ人に対してキリスト教という近代的な宗教を教え、彼らの生活の向上を図ることを目的としていた。しかし、歴史全体の流れのなかで捉えれば、宣教師たちが乗り込んだことによって、アフリカの伝統的な文化は破壊されることになったのも事実だ。さらに、宣教師たちが意図したことではなかろうが、布教活動と表裏一体となって、金や象牙、胡椒、ゴムなど西欧社会にとっての貴重な品々を求めたことが、ヨーロッパ諸国によるアフリカ諸国の植民地化を促したことは否めない。

とはいえ、布教のためにアフリカ奥地にまで入り込んでいた宣教師たちが、アフリカにおける奴隷の過酷な現状を西欧社会に知らせる役割を担ったのも事実である。したがって、西アフリカではポルトガル人によって、また、東アフリカではアラブ人によって活発に行われていた奴隷貿易の禁止を求める世論を、西欧で巻き起こすことにもつながった。ちなみに、イギリス、フランス等においては、一九世紀前半に奴隷貿易に携わることが禁止された。

宣教師たちのなかで最も有名になったのは、ロンドンの教会から派遣されていたス

ト教に改宗し、ポルトガル国王マヌエル一世と条約を結んでポルトガルと外交と通商関係を結んだ。ポルトガル人の奴隷貿易が拡大すると、ポルトガル国王に親書を送り、禁止するよう訴えたが黙殺された。

コットランドの宣教師リビングストーン[*8]である。同氏は、布教のためにアフリカに乗り込み、その探検の過程で行方不明になった。そこで、イギリス人の新聞記者スタンレー[*9]がアメリカの新聞社から派遣され、タンガニーカ湖の近くの村でリビングストーンを発見し、英雄になった。

その後、コンゴ川を三年かけて下り、大西洋に達する冒険をしたスタンレーは、後に、イギリス政府に対してコンゴ（民）の植民地化を強く勧めたが、イギリス政府は賛成しなかった。そこで、ベルギー国王レオポルド二世が乗り出し、スタンレーに、ベルギーの拠点を各地に作らせた。コンゴ（民）が独立したときに首都となったレオポルドヴィル（「レオポルドの町」の意。現在のキンシャサ）は、そのひとつである。

列強一四カ国が参加してアフリカ分割のルールを取り決めたベルリン列国会議[*10]（一八八四〜八五年）で、レオポルド二世[*11]はコンゴ盆地の支配権を獲得、私的植民地としてコンゴ自由国をつくった。自由国とはいいながら、そこではコンゴ人を奴隷並みに扱い、象牙やゴムの採集などの強制労働にあたらせた。そして、多くの死者を出した。この暴政は国際的に非難を浴びることになった。

一九〇八年、コンゴ自由国はベルギー政府の植民地となった。その結果、コンゴ人を奴隷のように使う慣習は廃止されたものの、コンゴ人に教育の機会を与えることはなかった。ベルギー政府は、その必要性を認めなかったのである。その結果、一九六〇年、コンゴ独立時には、大学の卒業者は全国に七人しかいなかったと言われている。

二、独立からコンゴ動乱へ

第二次大戦後、ベルギー政府は、次第にコンゴ（民）に自治権を与える必要性を認識するようになった。フランス領アフリカ諸国が一九五八年ごろから次々と自治共和国を宣言するなど、アフリカにおける独立の波がコンゴにも押し寄せてきたためだ。

---

8 リビングストーン
（一八一三〜七三）
デイヴィッド・リビングストーン。ヴィクトリア朝期のスコットランドの宣教師、また欧州人で初めてアフリカ大陸を横断した探検家として有名。一八五五年、ヨーロッパ人として初めてザンベジ川にある巨大な滝を発見し、当時のイギリス女王ヴィクトリアにちなみ、ヴィクトリアの滝と名づけた。ザンビアには彼の名がついた地名がある。アフリカでの奴隷解放へ向けて尽力した人物としても知られる。

9 スタンレー
（一八四一〜一九〇四）
ヘンリー・モートン・スタンレー。ウェールズ出身のジャーナリストで探検家。ベルギー王レオポルド二世の私的団体であった国際アフリカ協会（Association Internationale Africaine）の支援のもと、コンゴ川流路を確認。築いた道路は、後に奴隷貿易に利用され、後半生は諸外国、世論から非難を浴びることとなった。

10 ベルリン列国会議
一八八四年、アフリカ分割の原

コンゴ（民）の国民の間にも独立を求める機運は盛り上がった。

そのような状況を背景に、二人の指導者が生まれた。ひとりは[*12]パトリス・ルムンバ氏、もうひとりは[*13]ジョゼフ・カサブブ氏である。一九六〇年五月の独立を控えて行われた議会選挙には四〇にも上る政党が参加。ルムンバ氏の率いるコンゴ国民運動（ＭＮＣ）が第一党となった。カサブブ氏をリーダーとするバコンゴ連合運動（ＡＢＡＫＯ）がこれに続いた。

翌六月にコンゴ共和国として独立を果たすと、カサブブ氏は元首の地位を占める大統領に、ルムンバ氏は行政権を持つ首相に就任した。弱冠三五歳で首相となったルムンバ氏は、独立前、ベルギー官憲の手により何度も逮捕されたことがあった。加えてガーナのエンクルマ大統領の影響を受けて、過激な反植民地主義者になっていった。それに対し、カサブブ大統領は穏健な道を歩もうとしていた。

独立からひと月も経たず、銅の資源などが豊富なカタンガ州は、主要政党のひとつカタンガ部族集団の[*14]チョンベ党首の下、ベルギーの支持を得て独立を宣言。チョンベ氏が首相に就任した。

ルムンバ首相は国連に対し、平和維持軍を送って欲しい、カタンガの分離独立を阻止して欲しい――と依頼した。これを受け、国連軍はカタンガ州に入った。しかし、国連軍では分離、独立の阻止は難しいと見たルムンバ首相は、ソ連に対し軍の派遣を要請した。これに対し、東西冷戦の最中にソ連がコンゴ（民）に勢力を伸ばすことを警戒していた西側諸国は、ルムンバ首相を危険視するようになった。

カサブブ大統領は、西側諸国と手を結んでルムンバ首相と対決し、一九六〇年九月、両者は衝突した。そして互いに相手を罷免した。そこで、[*15]モブツ大佐が軍事クーデターを起こして政権を倒した。

そのような状況下で、ルムンバ内閣で副首相だったアントワンヌ・ギゼンガ氏がコ

則を決めるために、ドイツのビスマルクが開催した会議。アフリカ分割競争をさらに激化させることになった。

11 レオポルド二世（一八三五～一九〇九）ベルギー王国の第二代国王。一八六五年、三〇歳で即位し、ヘンリー・スタンレーを支援してコンゴ地方を探検させた。一八八四年、アフリカ分割を前提としたベルリン列国会議に出席し、翌年に欧州列強の承認のもと、コンゴ自由国を建設した。

12 パトリス・ルムンバ（一九二五～六一）コンゴ民主共和国の政治家で、独立期の指導者。一九六〇年に同国の初代首相となる。同日に、大統領に就任したジョゼフ・カサブブ氏とは次第に関係が悪化。同年一二月には大統領の命令で逮捕され、翌年一月にチョンベ氏の兵と白人傭兵によりキサンガニ空港で殺害された。

13 ジョゼフ・カサブブ（一九一〇〔一三、一五、一七年の説もある〕～六九）バコンゴ連合運動（ＡＢＡＫＯ）のリーダーであった同氏は、

ンゴ東部の主要都市スタンレーヴィル（現在のキサンガニ）に新しい政権を作っていたため、ルムンバ氏は同地に赴こうとしたが途中で逮捕されてしまった。結局、同氏はカタンガに送り込まれ、チョンベ氏が率いるカタンガ軍に殺害されるという事態に発展した。六一年一月のことである。

ルムンバ氏の首相在任はわずかに三カ月間だったが、コンゴ（民）独立の英雄として、また独立後も動乱期のコンゴ（民）の統一を守ろうとした殉教者として、永遠に歴史に名前を残すことになった。

ルムンバ氏殺害に関し、国際社会は黙っていなかった。ニューヨークやパリ、ロンドンなど西側各地で抗議デモが行われ、国連本部にはソ連やアジア、アフリカからも抗議文書が寄せられた。

六一年二月、国連安保理はコンゴ問題に関する決議を採択した。その内容は、内戦防止のためには、武力行使も認めるものだった。というのも、カタンガはチョンベ氏の下で独立を保持したものの、中央政府軍との間に内戦が絶えなかったからである。しかし、事態の収拾に乗り込んだ国連軍とカタンガ軍の間で軍事衝突が起こり、六一年九月、国連事務総長のハマーショルド氏[*16]は休戦交渉のためにコンゴ（民）に赴くことになったが、北ローデシア（現在のザンビア）との国境近くで飛行機が墜落、亡くなった。

こうして、独立から三カ月目の一九六〇年九月から一年のうちに、ルムンバ首相の殺害、ハマーショルド氏の事故死という大きな犠牲を伴うコンゴ動乱が起こったのである。当面の課題は、いかにしてカタンガ独立を阻止し、コンゴ（民）全体の統一を取り戻すかであったが、長い目で見れば二五〇の部族から成る国全体を支えうる政府をどう作っていくか、ということだった。

わたしがガーナに赴任したのは一九六一年九月の初めであった。現地の新聞は、コ

一九六〇年のコンゴ民主共和国の独立とともに同国の初代大統領に就任。以後五年間にわたり政権を担った。

14 チョンベ
（一九一九～六九）
モイーズ・チョンベ。ベルギー領コンゴの政治家。一九五八年、カタンガ全部族の連合政党であるコナカ党を結成。コンゴ民主共和国が独立すると、ベルギーをはじめとした西側諸国の支援を得て、独立を宣言。首相に就任した。一九六四年、コンゴ民主共和国の政府と和解後はカサブブ大統領の元で首相に就任するが、カサブブ氏との関係が再び悪化し、スペインへ亡命する。

15 モブツ
（一九三〇～九七）
モブツ・セセ・セコ。コンゴ動乱のなかカサブブ大統領と手を結び、ルムンバ首相を逮捕。一九六五年のクーデターで大統領に就任し、コンゴ民主共和国からザイール共和国に国名を改名するなど、ザイール化政策を進めた。また、西側先進国からの支援金などをすべて個人資産とし、独裁政権を維持。一九九七年、健康上の理由で次

ンゴ動乱の状況を既に大きく取り上げた後だった。殺害されたルムンバ氏は英雄視されていた。赴任直後に起こったハマーショルド国連事務総長の事故も、格好の新聞ネタだった。

事務総長の死因は何だったのか、コンゴ動乱がどう発展していくのか——。アフリカ大陸の中央部を占める豊かなコンゴ（民）が、今後、一つの国としてまとまっていくのか、という点に、わたしは大きな関心を持った。

日本は一九六〇年六月のコンゴ（民）の独立と同時に、従来からあった総領事館を大使館に昇格させた。しかし、大使はまだ派遣されておらず、先輩の谷田正躬氏が臨時代理大使を務めていた。当時、外務省は、アフリカ情勢に関心を払っていたので、谷田臨時代理大使によるコンゴ動乱の報告は至急情報として各大使館に常に送られていた。わたしも大きな関心を寄せて読んだのを覚えている。しかし、コンゴ動乱の行方は全く見えなかった。

一九六三年九月、東京に戻り、外務省経済局中近東課（実質的に中近東アフリカ課）へ配属された。六四年一〇月、アフリカに出張する機会を利用してコンゴ（民）の首都レオポルドヴィルに立ち寄った。杉浦徳大使の着任直前だったが公邸に泊めていただき、同国の情勢を館員たちに尋ねた。コンゴ動乱の行く末に楽観的な見通しを持っている者はいなかったが、その割には街中の人々の表情が明るかったのには感心した。

治安も悪くなかった。わたしが立ち寄る直前の八月にカタンガ州はコンゴ（民）に再統一され、カタンガ分離政府のチョンベ首相が首都レオポルドヴィルに乗り込んで、コンゴ（民）の首相（大統領は引き続きカサブブ氏）に就任していたことに関係していたのだろう。

期大統領選挙の不出馬を表明。同年、亡命先のモロッコで没した。

16 ハマーショルド
（一九〇五〜六一）
ダグ・ハマーショルド。スウェーデン出身の外交官。一九五三年から六一年まで国連事務総長を務める。国連の活動としてPKO（国際連合平和維持活動）を軌道に乗せ、高い評価を得た。一九六一年、コンゴ動乱の停戦調停へ赴く途中、搭乗機が墜落。没年、ノーベル平和賞。

三、モブツ政権の成立と崩壊

一九六〇年のクーデターでルムンバ内閣を倒したモブツ大佐は、六五年一一月にも再びクーデターを起こしてカサブブ政権を倒し、ここにモブツ軍事政権を成立させた。以来、九七年までの三二年間にわたりモブツ政権は続くことになった。

一九六六年には、首都の名前をレオポルドヴィルからキンシャサに、翌六七年には国名もコンゴ民主共和国に変更した。七〇年に至るとモブツ氏は政党「革命民主運動」（ＭＰＲ）を設立、同国唯一の合法政党と定め、同党代表として大統領に選ばれた。翌七一年には、国名をさらにザイール共和国と改めた。

一九七〇年代には銅の国際価格が下がり、コンゴ（民）の輸出収入が大幅に減った。モブツ政権は独裁体制の下、反対勢力を激しく弾圧したが、軍事政権の内部では汚職が広がり、大統領自身も莫大な個人財産を蓄積したと言われている。しかし、東西冷戦時代にあって西側諸国は、アフリカ大陸の中央部への東側諸国の浸透を食い止める砦として、モブツ政権を支持する姿勢を取った。

一九八〇年代に入ると膨大な対外債務を抱えた同国は、国際通貨基金[*17]（ＩＭＦ）へ支援を求めた。しかし、ＩＭＦが要求した改革を進めなかったこともあって見放された。八〇年代後半、外務省経済協力局長として、日本の対コンゴ（民）援助を議論するためにＩＭＦの派遣ミッションの作成した長い報告文書を読んだ。そのなかには、モブツ大統領自身が中央銀行に対して、ヨーロッパに開いた同氏の個人口座に数百万ドルを移すよう指示したという記載があり、驚愕した。このような大統領が政権の座についている国に対しては、どこの国も援助する気になれないだろうと思った。モブツ政権内の汚職のひどさに加えて、東西冷戦が終わったことも大きな要因の一つとなって、西側諸国は援助を打ち切るようになっていった。

一九九〇年代に入って独裁体制のままではとても国家が持たなくなり、モブツ大統

17　国際通貨基金（ＩＭＦ）
(International Monetary Fund) 為替相場の安定と自由化、国際収支の均衡を図ることを目的に、ブレトンウッズ協定に基づき一九四五年設立された国際金融機関。本部はアメリカのワシントンに置かれている。日本は一九五二年に加盟。

領も一旦は、複数政党制を導入する憲法を作成することに同意した。しかし、実施に移そうとはしなかった。そのような状況のなか、首都キンシャサでは反モブツ勢力によっていくつもの騒乱が発生した。さらに、隣国ルワンダのツチ族[18]とフツ族[19]による対立がコンゴ（民）にも影響を及ぼすようになった。それまでにフツ族によって弾圧され、多くの犠牲者を出したツチ族が九四年、政権の座を得たことで、仕返しを恐れたフツ族の難民一〇〇万人以上がコンゴ東部に流れ込んできたのである（ルワンダの項参照）。しかし、同地域に長年にわたり暮らしてきたツチ族との間で衝突が起こったため、ツチ族によって構成されたルワンダ軍がコンゴ（民）東部に侵入し、フツ族と戦うようになった。

コンゴ（民）内では、故ルムンバ氏を尊敬するローラン・デジレ・カビラ氏[20]が率いる反乱軍が、ルワンダ軍の支援も得、反モブツ軍として勢力を拡大していった。ウガンダ、ブルンディ、アンゴラもモブツ政権に反発していたので、カビラ軍に支援の手を差し伸べるようになった。九七年五月、カビラ氏に率いられた反乱軍はキンシャサに侵攻。その時点で、モブツ大統領はすでにキンシャサ脱出を図り、故郷のバドリテからモロッコに亡命していたが、同年九月、ガンで亡くなった。

反乱軍はモブツ大統領が姿を消した後のキンシャサを、抵抗を受けることもなく制覇することができた。そして、カビラ氏自身が大統領就任を宣言、国名を元のコンゴ民主共和国に戻した。

カビラ政権はモブツ政権を倒すに当たり、当初、ともに闘ったルワンダ軍幹部（ツチ族）を政権の中心に据えていた。しかし、国民はこれに強く反発、カビラ大統領はツチ族の友人を政府および軍から追放せざるを得なかった。政権を追われた軍幹部らは東部に逃れ、もともと住んでいたツチ族と反政府軍を形成し、ルワンダの支援を得て各地を占領するに至った。これにウガンダ軍も合流したため、カビラ政権は近隣の

18　ツチ族
主にルワンダ、ブルンジに居住するハム語系牧畜民族。少数派だが同族のフツ族との不和が生じ、一九九四年には一〇〇万人以上ともいわれるフツ族による大虐殺が起こった。

19　フツ族
アフリカ中部のルワンダとブルンジの八割以上を占めるバンツー族系農耕民族。

20　ローラン・デジレ・カビラ
（一九三九～二〇〇一）
一九九六年に始まる第一次コンゴ戦争では、独裁政権であったモブツ氏をルワンダ軍の支援のもと打倒し、国名を再びコンゴ民主共和国に改めた。しかし、大統領就任後の翌年一九九八年には、ルワンダ、ウガンダ軍とコンゴ新政権に不和が生じ、闘争が再発。二〇〇二年の平和協定が結ばれる前に、暗殺された。

アンゴラやジンバブエ、ナミビア、チャド、スーダン等から軍事支援を得て、反政府軍との戦いを進めた。こうして、新たな内戦が始まったのである。

事態の解決に向けて、一九九九年、国連は平和維持軍(コンゴ民主共和国における国連オブザーバーミッション〈MONUC〉)をコンゴ(民)に派遣した。MONUCは、当初、軍事オブザーバーの九〇名のみだったが、次第に拡大され、二〇〇四年には東(北)部を中心に一七〇〇〇人から成る大規模な平和維持軍が形成された。

一九九八年から一〇年余りにわたるコンゴ(民)内戦の死者は五四〇万以上とみられ、多大な人的犠牲を出す結果となった。

四. ジョゼフ・カビラ政権の誕生と同大統領との接触

二〇〇一年一月、ローラン・デジレ・カビラ大統領は部下に暗殺され、息子のジョゼフ・カビラ氏[*21]が暫定的に大統領に就任した。弱冠二九歳であった。ジョセフ・カビラ氏は父親よりも真剣に和平を求めて努力し、その一環としてルワンダ等の外国軍のコンゴ(民)国内からの撤退に向けて交渉、成功した。そして、〇二年一二月に国内の全勢力が参加する形で包括和平合意を成立させ、内戦に終止符を打った。また〇三年七月には反乱軍の代表、主要野党および市民社会の代表を含めた暫定政権を、二年間を期限として樹立させた。

コンゴ(民)を訪問するタイミングを窺っていたわたしは、暫定政権が成立した直後の二〇〇三年八月の初め、キンシャサへ赴いた。同政権の成立後に初めて訪問した国連機関の長だったため、カビラ暫定大統領はじめたくさんの人々の歓迎を受けた。

暫定大統領は、タンザニアやウガンダで教育や軍事訓練を受けたと言われており、その後、参加した父親の反乱軍では、勢力拡大にあたって軍事的に大きな役割を演じている。父親が政権を取ってからは、コンゴ軍の副参謀総長に任命され、次いで参謀

---

21 ジョゼフ・カビラ
(一九七一〜)
ローラン・デジレ・カビラの息子。カビラ氏の暗殺により、二九歳のころ、暫定大統領に就任。内戦終結を図った。二〇〇六年に行われた国内初の普通選挙で信任され、現在も大統領の座にある。

総長に昇格していた。お会いした時は、三二歳になったばかりだったが、精悍な面持ちで、フランス語による会談でもしっかりと受け答えしてくれた。

ユネスコとして、教育、文化、科学等を通じて暫定政権との間で強固な協力関係を作っていきたいと伝えると、カビラ暫定大統領はとても喜ばれ、会談の内容を盛った共同コミュニケに署名するに至った。

五年間の内戦を終わらせ、かつ和平を実現するための内閣であるとカビラ暫定大統領が自負するだけあって、国内の複数勢力を取り入れた結果、副大統領は四人となった。閣僚も四〇人近くいた。そして、それぞれの大臣の下に副大臣を二人ずつ置く体制を敷いた。大臣を含めた三人は、いずれも異なる勢力の代表が各ポストに任命されていた。

副大統領のなかに、教育、科学、文化を担当するザヒリ・ンゴマ氏がいた。同氏は市民社会の代表として副大統領のポストに就いた。ユネスコ事務局で働いていた経験もあったので、とても話がしやすく、教育関係のユネスコの会議にもよく出席してもらった。同氏は二〇〇六年七月の大統領選挙に出馬したものの、わずかな票しか獲得することができなかった。

ンゴマ氏のほかにユネスコの事業に関係する閣僚がさらに一五人いた。わたしは、教育大臣、正確には、初等及び中等教育担当大臣であり、ユネスコ国内委員会委員長も兼務する女性大臣の司会の下に、一五人の全ての大臣と会談した。これまでの訪問でも大勢の大臣と一堂に会して会談することは少なくなかったが、一五人の大臣との合同会議は、後にも先にも初めてだった。わたしは概ね、ユネスコとして今後、教育、科学、文化等を通じて支援していきたいと思っていること、キンシャサのユネスコ事務所を強化し、同事務所を通じてこれらの活動を実施するつもりでいることを伝えた。

その後、新しい憲法が国民議会で採択され、二〇〇五年一二月に国民投票で認められ正式に制定された。大統領選挙は当初、暫定政権発足から二年目に行われる予定だったが、新憲法制定や選挙人登録の作業が遅れたこともあって三年目にあたる〇六年七月に第一回投票、一〇月に第二回投票が実施された。大統領選挙には三二人が立候補し、コンゴ（民）国民は独立以来、初めて複数の候補者の中から民主的な形で大統領を選ぶことができた。

一回目の投票ではカビラ氏が四五パーセントの支持率を獲得して第一位だった。二位は副大統領のひとりジャン・ピエール・ベンバ氏[22]で二〇パーセントの支持を得た。二回目の投票では、カビラ氏が五八パーセントの高支持率で当選を果たした。しかし、ベンバ氏は選挙結果を必ずしも受け入れず、八月と一一月に首都で大規模な武力衝突が起こった。

しかしながら、国際的には民主的な選挙であったと認められ、ジョゼフ・カビラ氏は二〇〇六年一二月、大統領に就任した。正当な政権がようやく樹立され、同国の和平プロセスもこれで一段落した。

しかし、コンゴ（民）の政治は、その後も安定したとは言い難い。

理由のひとつは、カビラ氏に負けたことを認めていないベンバ氏にある。同氏は逮捕を恐れ、ポルトガルに家族とともに脱出した。しかし、ベンバ氏の支持者は首都圏を含む西部に多く、何かにつけ東部出身のカビラ大統領に楯突く形で騒擾事件が起こっているのだ。

ふたつ目の理由は、一九六〇年代のルムンバ時代に副首相を務めたアントワンヌ・ギゼンガ氏及びその支持者の動向である。

ギゼンガ氏は二〇〇六年四月の大統領選挙に出馬したものの三位に終わった。しかし、カビラ氏と同盟を結び、決選投票ではカビラ氏を支持する代わりに、カビラ氏が当選の暁には首相の地位に就き、カビラ・ギゼンガ連合政権を誕生させることで話がついていた。約束どおり、カビラ政権の発足に伴ってギゼンガ氏は首相の座に就いた。し

22　ジャン・ピエール・ベンバ（一九六二〜）二〇〇三〜二〇〇六年の暫定政府で副大統領に就任。二〇〇六年の初の大統領選挙ではカビラ氏に次ぐ票を集めたが、選挙結果について最高裁に異議を申し立てたが却下された。そのため私兵が最高裁を襲撃するなど不安定な状態に陥った。国際刑事裁判所は六つの罪で同氏の身柄を求めていたが、二〇〇八年五月、ベルギーの首都ブリュッセル近郊で拘束された。

かし、〇八年九月、同氏は高齢を理由に辞任した。八三歳だった。ところが、ギゼンガ氏の支持者らは、本当の理由は高齢にあるのではなく、カビラ大統領がギゼンガ首相の言葉に耳を傾けなかったからであると主張した。ギゼンガ氏は、同じ政党に属する仲間のムジト氏を後任として任命したが、ギゼンガ氏の支持者は必ずしも納得していない。

三番目の理由は、大湖地域問題と呼ばれるコンゴ（民）だけで解決のつかない東部情勢である。つまり、ルワンダ、ウガンダの反乱勢力に加え、国内の武装勢力も入り乱れた結果、一四〇万人の国内避難民を抱える状況だ。さらに南北キブ州（東部）では、ルワンダのフツ族系とツチ族系の武装勢力の対立が続いている。ツチ族が形成する反政府軍（指導者はヌクンダ将軍）は、ツチ族を守るという名目で南北キブ州の一部を占拠し、フツ族を殺害。これに対してコンゴ政府軍が介入し、政府軍と反政府軍との間で戦闘が行われてきた。

この反政府軍を背後から支援していのはルワンダ軍だったので、カビラ大統領はルワンダのカガメ大統領（ツチ族）と交渉、軍の撤退を約束させた。その過程で仲介役を果たしたのが、国連事務総長の特使を務めたナイジェリアのオバサンジョ[*23]前大統領だった。

二〇〇九年一月、反政府軍のヌクンダ氏はルワンダ滞在中にルワンダ軍に逮捕された。その後、コンゴ（民）政府軍とルワンダ軍は、合同でフツ族系反乱軍の掃討作戦を実施したこともカビラ大統領の外交上の勝利であると言われている。

しかし、東部におけるルワンダ政権（ツチ族）を脅かすフツ族反乱軍の勢力はあまり衰えておらず、基本的には解決されていない。その不安定な状態がコンゴ（民）の政治全体に暗い影を投げかけている。ちなみに、東部情勢に対応するため、一万八〇〇〇人の国連軍は二万二〇〇〇人まで増強が決まっており、撤収スケジュー

---

23 オバサンジョ（一九三七〜）オルシェグン・オバサンジョ。第五代および第一二代ナイジェリア大統領。軍人出身で、九〇年代のアバチャ軍事政権時代に民主化の遅れを批判して三年間投獄された後、一九九九年に大統領に就任。一六年に及ぶ軍事独裁からの民政移管を成し遂げ、経済改革や汚職の追放に力を注いだ。二〇〇三年再選。ナイジェリア南西部のオグン州アベオクタ生まれ。西アフリカ最大の民族集団の一つ、ヨルバ出身。

ルのめども当分つきそうにない。

そのような状況にあってユネスコは、二〇〇三年八月にカビラ大統領と合意した共同声明のラインに従って、教育制度の拡充及び改善、熱帯雨林の保護、いずれもユネスコの世界遺産である五つの国立公園における、マウンテンゴリラや白サイなどの貴重な動物の保護等を柱とした協力を進めてきた。

しかし、共同声明から五年以上の歳月が経過しているので、ユネスコのコンゴ（民）に対するこれからの協力をどのように進めるかについては大統領と討議する必要があると考えてきた。実際にキンシャサ訪問を何度か計画し、二〇〇八年五月の時点では訪問のスケジュールまで決めていたのだが、コンゴ（民）政府から治安悪化を理由に、直前になって延期の申し出があり、断念した。

ユネスコは、民主的な選挙によって選ばれたカビラ大統領には協力を惜しまないつもりだけに、同政権が一日も早くコンゴ（民）の政治的安定をもたらすことを希望してやまない。

Republic of Cameroon

カメルーン共和国

カメルーン共和国（Republic of Cameroon）

面積	47万5440平方キロメートル（日本の1.26倍）
人口	1,889万人
首都	ヤウンデ
自然	北部は、ナイジェリア、ニジェール、チャドにまたがるチャド湖まで低地が続く。南部は、コンゴ盆地まで広がる高原地帯。西部は国内最高峰のカメルーン山（標高4,095メートル）がそびえる。南部と沿岸部は熱帯雨林、中部はサバナ、北部はステップ。アフリカのなかでもとりわけ地形と気候の変化に富んだ国である。
産業	大理石、スズ、アルミニウムの原料であるボーキサイトの資源を有する。また、近年はアルミニウム精錬工業が発達している。ほかに、カカオ、コーヒー、綿花、木材を輸出する。
民族グループ	ドゥアラ族、バミレケ族、バムン族、フルベ族他
言語	フランス語、英語（共に公用語）、その他各部族語
宗教	カトリック、プロテスタント、イスラム教、その他伝統宗教

＊　＊　＊

1960年のカメルーン独立とともに日本は承認。カメルーンは88年に日本に大使館を開設。日本は91年に駐日大使館を設置した。両国の関係は、日本による無償中心の経済協力で良好な状態が続いている。体育機材、L.L.機材、放送用ソフト、大学病院への電子顕微鏡など、文化面での供与も行っている。日本からの主な輸出は自動車、機械機器。カメルーンからの輸入は木材、コルク、実綿、コーヒー豆等。

一．独立とアヒジョ初代大統領の誕生

カメルーンはフランスの植民地だった国々によって組織される「中部アフリカ諸国経済共同体」[1]の中心国だ。面積は約四七万五〇〇〇平方キロと日本の一・三倍ほど、人口は一八八九万人（二〇〇八年）を数える。同共同体のメンバー（カメルーンのほかに、ガボン、コンゴ共和国、中央アフリカ、チャド、そして、旧スペイン領赤道アフリカの計六カ国）のなかでは最も大きい国だ。

一九世紀後半にヨーロッパで台頭したドイツが植民地にしたが、第一次大戦後のベルサイユ条約[2]（一九一九年）によって、フランス委任統治領の東カメルーン、イギリス委任統治領の西カメルーンに分割された。第二次大戦後は、国連の下でそれぞれ信託統治となった。その後、東カメルーンは他のアフリカのフランス植民地と同様、一九六〇年にカメルーンとして独立、北部出身のイスラム教徒アマドゥ・アヒジョ氏[3]が大統領に就任した。

他方、西カメルーンでは北部と南部で別々に住民投票が行われた。その結果、北部はナイジェリアと合併することになり、南部は一九六一年にカメルーンと連邦を形成することになった。その後、連邦制が廃止されて「カメルーン連合共和国」と称し、最終的には「カメルーン共和国」となって今日に至った。フランス領だった地域とイギリス領がひとつの国になったため、カメルーンの公用語はフランス語と英語である。フランスが中心になって形成するフランス語圏サミットと、イギリスが中心になっている英語圏サミットの双方にカメルーンは属している。

ちなみにカメルーンとは、ポルトガル語で「小エビ」という意味だ。大航海時代の一五世紀後半に、ポルトガル船がその沿岸でエビの大群を発見したことに由来するといわれる。しかし、ポルトガルは植民地支配のための拠点をカメルーンに築かなかった。そのため、ドイツが植民地化する以前の一九世紀初頭にはイスラム系の王国によって

---

1 中部アフリカ諸国経済共同体
一九八一年に中部アフリカ諸国を中心に作られた共同体（ECCAS）。加盟国は、赤道ギニア、ガボン、カメルーン、コンゴ、コンゴ（民）、サントメ・プリンシペ、アンゴラ、チャド、中央アフリカ、ブルンジ、ルワンダの一一カ国。域内の紛争の予防・解決の組織として中央アフリカ平和安全保障委員会（COPAX）が設置される。

2 ベルサイユ条約
第一次世界大戦後の一九一九年、フランスのベルサイユで、敗戦国のドイツと連合国との間で調印された講和条約。ドイツは軍備縮小と莫大な賠償金が課せられた。これら厳しい条件が、後のナチス台頭と第二次世界大戦の一因となったといわれている。

3 アマドゥ・アヒジョ
（一九二四〜八九）
カメルーン共和国の初代大統領。一九六〇年の独立時より大統領として当選を重ね、カメルーンをアフリカで最も安定した国のひとつとした。辞任の翌年一九八三年より第二代大統領

一帯は統治されていた。

独立後初の大統領となったアヒジョ氏は一九六五年に再選され、さらに七〇年、七五年、八〇年にも当選を重ね、五選された。七〇年の三選後には憲法を改正して連邦制を廃止、かつての英領西カメルーンに与えていた自治権を取り上げて「カメルーン連合共和国」を誕生させた。同大統領の「政治手腕」によりカメルーンの政治は安定してきた。

二、ポール・ビヤ第二代大統領の誕生

イスラム教徒のアヒジョ大統領が政治上のパートナーとしたのは、元フランス領東カメルーン南部の出身でキリスト教徒のポール・ビヤ氏*4だった。カメルーンには二〇〇以上の部族が存在する。そのため北部のイスラム教徒部族と南部のキリスト教徒部族との融和が、元仏領の東カメルーンと元英領の西カメルーンの統一のために必要不可欠であることに鑑みた配慮だったと思われる。

フランスで学位を修めたビヤ氏は公務員の出身だ。アヒジョ大統領に認められ、同政権下で一九六八年一月に大統領府長官に就任した。その後、さまざまな閣僚ポストを体験し、七五年六月には首相に就任。アヒジョ、ビヤ両氏の提携関係は深まった。

ところが、一九八二年一一月、アヒジョ大統領は健康上の理由で突然、辞意を表明。憲法の規定に従って首相のビヤ氏が大統領に就任した。しかし、当時まだ五八歳だったアヒジョ氏が辞任に至ったのは、フランス人医師が虚偽の診察書を書いたため――などといった憶測を呼び、その真相はいまだに明らかにされていない。

アヒジョ氏からビヤ氏への政権交代後、両者の関係には亀裂が入った。大統領になったビヤ氏は、自らの立場を強化するためにアヒジョ氏の支持者を政府の重要ポストから次第に外した。アヒジョ氏もまた公にビヤ大統領を批判するようになった。


のポール・ビヤとの関係が悪化。亡命先のセネガルで八九年死去した。

4 ポール・ビヤ
(一九三三〜)

一九七五年に首相に。八二年にアヒジョ大統領が辞任すると二日後に大統領に就任した。二〇〇四年に行われた選挙で再選され、現在、七年間の任期を務めている。

一九八三年にはアヒジョ氏が関与したとみられるクーデター計画が発覚、アヒジョ派の二人の軍人が逮捕されたばかりか首相および国防相も罷免された。

翌一九八四年一月の大統領選で、ビヤ氏は九九・九八パーセントの得票率で再選を果した。そして国名を「カメルーン共和国」とした。翌月には前年のクーデター未遂事件の首謀者である二人の軍人とフランスに逃亡中のアヒジョ氏に死刑判決が下された。その後、終身刑に減刑されたアヒジョ氏だったが、同年四月に起こったビヤ大統領に対する新たなクーデターの主犯格とみられている。その後、同氏はフランスとセネガルで亡命生活を続けたが、八九年一一月、セネガルで亡くなった。

アヒジョ氏は一九六六年に「カメルーン国家連合」（CNU）を結党、長年、委員長を務めてきた。八三年にはビヤ大統領がCNU委員長に就任し、八五年にCNUは「カメルーン人民民主連盟」（RDPC）と改称された。

一九九〇年代に入ってアフリカ大陸（サハラ以南）[*5]各地に押し寄せた民主化の波はカメルーンにも変革をもたらした。九〇年には憲法改正によって複数政党制が導入された。複数政党制の下、九二年三月には国民議会選挙が、次いで一〇月には大統領選挙が実施された。大統領選挙では八八年にも当選したビヤ大統領が四〇パーセントの支持を得て三選を果した。野党「社会民主戦線」（SDF）のフルンディ候補の得票率は三六パーセントだった。

一九九六年には再度、憲法が改正された。翌年五月の国民議会選挙では与党RDPCが過半数の議席を獲得した。しかし、一〇月の大統領選挙では全野党が選挙をボイコット、ビヤ氏が唯一の大統領候補として四度目の当選を果した。先の憲法改正で大統領の任期は四年から七年に延長されていたので、その次の大統領選挙は二〇〇四年一〇月に行われ、ここでもビヤ氏は当選し五選を果たした（新しい憲法上では二期目となる）。

---

5 サハラ以南
サハラ砂漠より南の地域をさす呼称。かつてのヨーロッパ人は、この地域を「未開の地」であるとして「暗黒大陸」と呼んだ。「ブラックアフリカ」「サブサハラ」とも呼ばれる。

大統領は新内閣にできるだけ野党の代表を取り込もうとした。しかし、野党第一党のＳＤＦとの折衝に失敗。しかし、ＳＤＦに次ぐ有力野党「民主主義と進歩のための国家連合」（ＵＮＤＰ）との組閣には成功した。

一九九六年の憲法改正では、既に触れたように大統領の任期は四年から七年に延長された。一方、任期は二期までとなり、三選は禁止された。しかしながら、二〇〇八年四月、さらに憲法の改正が行われ、任期の制限が撤廃された。このため、理論上は二〇一一年に再びビヤ大統領の立候補が可能となった。これに対し、野党は厳しく批判している。

三. ビヤ大統領との交流

ガーナに在勤していた一九六〇年代前半、担当していた一〇カ国以外にナイジェリアとセネガルは訪問したが、中部アフリカの国々を訪れる機会はなかった。初代大統領アヒジョ氏にも、残念ながらお目にかかれなかった。

初めてカメルーンの地を踏んだのは一九九九年八月のこと。二カ月後にユネスコ事務局長選挙を控えていた。執行委員会のメンバーだったカメルーンは、どの国の候補者を支持するのか態度を明らかにしていなかった。そこで支持獲得のため訪問することにしたのである。

しかし、訪れてみるとカメルーン政府の態度ははっきりしていた。サウジアラビア政府の要請を受けて、同国のアル・ゴサイビ候補を支持することに決定したというのだ。従って、ビヤ大統領に申し込んでいた面会も叶わず、大統領府の長官らにお会いするにとどまった。実は、その時点で、既に選挙戦はわたしに有利な方向に動いていると感じていたので、カメルーンの一票が確保できないのは残念だったとはいえ大きな失望はなかった。

ユネスコ事務局長に当選すると、どうしたことかカメルーン政府、さらにビヤ大統領から「できるだけ早くカメルーンを訪問してほしい」という要請を幾度となく受けた。選挙戦の経緯もさることながら各国訪問の日程が立て込んでいてなかなか要請にこたえることができなかった。

チャンスが訪れたのは二〇〇四年一月のことだ。カメルーンで開催される中部アフリカ経済共同体の初めての「教育大臣会議」のオープニングに招待されたのだ。同共同体が推進する教育問題についての地域間協力をユネスコとしてもバックアップしていく必要性を感じていたため、カメルーンに出向くことにしたのである。

しかし、面会が予定されていたビヤ大統領は地元に帰省中に健康を害し、首都ヤウンデに戻ってこられないという連絡を受けた。従って、ふたたびビヤ大統領に会いそびれてしまった。

それから一年半以上経った二〇〇五年九月、ニューヨークで開かれた国連総会で、二〇一五年に向けてのミレニアム開発目標*6の中間レビュー会議が首脳レベルで開かれた。コフィ・アナン*7国連事務総長の音頭とりによる開催だった。

その会場でわたしに気づいたビヤ大統領は、自ら近寄ってきて健康を害してカメルーンで会えなかったことを詫び、償いのために大歓迎したいので、ぜひまたカメルーンを訪ねてほしいとお誘いを受けた。

しかし、大統領との再会はカメルーンではなく、二〇〇七年一月、エチオピアの首都アディスアベバで開催された「アフリカ連合サミット*8」の折に会談という形で実現した。大統領は、まず、こう語った。

「あなたが進めている抜本的なユネスコ改革の進展にとても共感を覚えます。引き続き改革の推進を望んでいます。その一環として進められている地方事務所の強化にも大賛成です。カメルーンにおけるユネスコのプレゼンスが、教育、文化を中心に一層、

6 ミレニアム開発目標
国連が二〇一五年を達成期限として設定した世界の青写真。「極度の貧困・飢餓の撲滅」「普遍的な初等教育の達成」「ジェンダーの平等の推進と女性の地位向上」「幼児死亡率の引き下げ」など八目標を掲げている。

7 コフィ・アナン
（一九三八〜）
第七代国際連合事務総長。ガーナ共和国出身。一九六二年に国連入りし、国連の専門機関、世界保健機構（WHO）行政・予算担当官となる。九七年、国連職員に選ばれた最初の事務総長となり、二〇〇六年まで二期一〇年を務めた。〇一年、「国連に新しい生命を吹き込み、卓越した功績を残した」として、国際連合と共にノーベル平和賞受賞。

8 アフリカ連合
アフリカ統一機構が、発展改組して発足した。本部はエチオピアのアディスアベバ。アフリカの一層高度な政治的経済的統合の実現及び紛争の予防解決への取組強化のための地域統合体である。アフリカ諸国と諸国民間の一層の統一性及び連帯性の強化、アフリカの政治的経済的社

確固たるものとなっていることを評価しています」

大統領が指摘した地方事務所とは、事務局長に就任後、ユネスコのメンバー国で展開されていた地方事務所のシステムの見直し実施に鑑みたものだ。一六〇カ国におよぶ途上国と移行国のすべてに事務所を置くわけにはいかない。そこで主要途上国に、近隣三、四カ国を含めて担当する拠点事務所を置くことにしたのである。中部アフリカにはふたつの拠点を設けた。うちひとつはカメルーンの首都ヤウンデに置いてカメルーンのほかチャドと中央アフリカを、もうひとつはガボンの首都リーブルビルに置いてガボンのほかに赤道ギニア、サントメ・プリンシペを管轄していた。

大統領はさらに「カメルーンの土をぜひ踏んでほしい」とあらためて強調したので、任期中には必ず訪問すると約束したうえで、二〇〇七年一〇月のユネスコ総会の開催時期にユネスコ本部への招待を申し出たところ快諾していただいた。ユネスコ総会は二年に一度、一〇月に約三週間にわたって開かれる閣僚レベルの会議で、一〇名前後の各国首脳を特別ゲストとして招待することになっている。そのうちの一人としてお招きしたのだ。そして、二〇〇七年一〇月のその日、ビヤ大統領はユネスコ本部で「二〇〇以上の部族を抱えるカメルーンにはいろいろと難しい問題もあるが、ユネスコが教育、文化の面でしっかりと協力してくれているので大変ありがたい」とスピーチし、わたしの推進するユネスコ改革に声援を送ってくれた。

四．シャンタル・ビヤ大統領夫人とユネスコ

二〇〇七年一〇月、ビヤ大統領はユネスコ本部にシャンタル夫人を同伴した。フランス人（父親）とカメルーン人（母親）を両親に持つ背の高い美しい女性である。ビヤ大統領は前妻を亡くしている。再婚した夫人との間に、子どもがふたりいる。

夫人は社会活動に大きな関心を寄せている。教育分野では識字率の向上、なかでも

会的統合の加速化、アフリカの平和と域内紛争や独裁政治の根絶、安全保障及び安定の促進、民主主義原則と国民参加統治の促進、持続可能な開発の促進、教育及び科学等での協力、グローバリゼーション時代におけるアフリカ諸国の国際的な地位向上、等を目指している。

女性の識字率向上に熱心だ。また、首都ヤウンデには、エイズ・ウイルスの発見で二〇〇八年のノーベル医学生理学賞を受けたフランスのモンタニエ博士[9]と協力してエイズ研究センターを設立した。カメルーンにおける成人のエイズ感染率は全国平均で五・五パーセントだが、南部の感染率はそれを大きく上回っている。エイズ対策は重要課題であり、夫人は特に女性に向けた取り組みに力を入れている。

以上の経緯を聞いていたので、その後、カメルーン政府より「ビヤ夫人をぜひユネ[10]スコ親善大使に任命して欲しい」と依頼されたときに、わたしは快諾した。任命式は二〇〇八年一一月、ユネスコ本部に夫人と子どもたちを迎えて行われた。大統領は残念ながら参加できなかった。

2009年1月カメルーンのビヤ大統領官邸を訪れ、夕食会で大統領夫妻の歓迎を受ける　© UNESCO

その二カ月後の二〇〇九年一月、ビヤ大統領からの再三のお誘いに応じるべく、カメルーンを訪問した。大統領は会談後、全閣僚および全外交団を招き、公邸で盛大な夕食会を開いてくれた。ビヤ夫人の案内で、同夫人がモンタニエ博士と設立したエイズ研究所も訪れた。

ビヤ大統領の功績に対しての国際的な評価は分かれる。カメルーンは南部のキリスト教徒と北部の回教徒の間に伝統的な対立がある。一九八三年、八四年にビヤ大統領に対して企てられたクーデターは、北部の回教徒が中心となって仕組んだものだった。また、旧英領カメルーン（西カメルーン）との伝統的な対立もある。旧仏領カメルーン側が主流を占め、少数派である旧英領カメルーン側には自分たちの声が国政

9　モンタニエ
（一九三二〜）
リュック・モンタニエ。世界エイズ研究予防財団理事長。パリのパスツール研究所でエイズ・ウイルスを発見した功績により、二〇〇八年、共同研究者とともにノーベル賞を受賞。

10　ユネスコ親善大使
ユネスコの理念や理想を広く伝える役割を担う親善大使。法制上の外交官である大使ではない。各界の著名人らが務めている。日本からはこれまで日本画家の平山郁夫氏が任命されている。

に反映されていないという不満がある。そのため、ビヤ大統領に対して常に厳しい批判が向けられているのである。

そのような状況のなかでビヤ大統領は国の統一を守り、全体として安定した政治を進めていることは評価に値すると思う。いずれにせよ、国際社会がビヤ大統領の業績を正しく評価できるようになるには、まだ時間が必要だろう。

わたしは、ビヤ大統領のとても率直なところが好きだ。大統領の方から「お会いできなくて申し訳なかった」という発言があったことは既に書いたが、一国の大統領が簡単に口にできることではない。また、側近や閣僚らの大統領に接する態度を見ていると、たとえば、赤道ギニアではオビアン・ンゲマ大統領に対してだれも何も言えないような状況であったが、ビヤ大統領にはだれもがそれほど物怖じしている様子は見られなかった。

現在もっとも心配なのは大統領の健康である。元気そうではあるが、一九三三年生まれであり、すでに七六歳だ。アフリカの大統領は皆かなり長生きだが、ビヤ大統領もその仲間に入っている。

カメルーンにとっての朗報は、かつては農業国（ココア、コーヒー、材木等）だったが、いまでは農業と並ぶ大きな産業として石油産業が育っていることだ。石油の埋蔵量が膨大であることは確認されており、近年になって産出量も増えている。現在は輸出の五〇パーセント以上が石油で、カメルーンの国家財政は、いまや石油収入によって支えられ、一人当たりの国民総所得（ＧＮＩ）は二五〇〇ドル（二〇〇八年）と、年々、わずかながらも伸びを見せている。

Gabonese Republic

ガボン共和国

ガボン共和国（Gabonese Republic）

面積	26万7667平方キロメートル（日本の約3分の2）
人口	144万人
首都	リーブルビル
自然	熱帯気候で高温多湿。75%が森林に覆われている。内陸高原はサバナ高原。世界遺産登録を含む13の国立公園があり、サル、ゴリラ、チンパンジー、アンテロープなど、多種の動物が生息する。
産業	原油、マンガン、ウラン、金と豊かな地下資源を有する。木材、ヤシ油、キャッサバ、トウモロコシ、コーヒー、カカオなどの農林業も盛んだが、食糧の半分は輸入に頼っている。
民族グループ	バンツー系（全体の3分の2）、ファン系（全体の3分の1）
言語	フランス語（公用語）
宗教	キリスト教66%、伝統的宗教33%、イスラム教1%

＊　＊　＊

同国独立とともに日本は承認。日本とは良好な関係が継続しており、近年は、日本を含めた中国、韓国等のアジア諸国とも関係強化に努めている。日本からの主な輸出は自動車、工業用車輪、機械機器。ガボンからの輸入は石油、原油、マンガン鉱、木材。文化無償協力として教育機材、視聴覚機材、印刷機材、柔道機材等とともに医学研究機材の供与も行っている。日本からは2006年杉浦法務大臣が閣僚として初めて訪問。ガボンでは日本大使杯柔道大会が毎年実施されている。

一．独立とレオン・ムバ初代大統領

大西洋に面し赤道直下に位置するガボンの国土面積は日本の三分の二ほど（約二六万八〇〇〇平方キロ）。その八割を森林地帯が占めている。人口は一四四万人（二〇〇八年）だ。

ガボンの国の名を世界に知らしめた人物といえば、ノーベル平和賞を受賞したアルザス出身（ドイツ国籍）のアルベルト・シュバイツァー博士[*1]が、まず挙げられるだろう。神学家、哲学者、オルガン奏者として知られながら医学の道に進み、第一次大戦勃発前の一九一三年、当時、仏領コンゴの密林地帯だったランバレネで医療と伝道活動に取り組んだ。現在、ランバレネは首都リーブルビルから南東へ、車で三時間ほどの距離だ。

一〇年後には同地に病院を建て、亡くなる九〇歳まで医療活動に貢献した。現在もシュバイツァー病院は、医療ボランティアなどが世界から集まる場となっている。

ガボンを含む旧仏領赤道アフリカ四カ国（ほかにチャド、中央アフリカ、コンゴ共和国）は、他のアフリカのフランス植民地と同様、一九五八年、「フランス共同体」内で自治権を持つ国となった。完全に独立を達成したのは六〇年だった。「フランス共同体」の一員として自治権を確立した時点で首相に就任したレオン・ムバ[*2]氏は、完全独立に伴い初代大統領となった。

ガーナに勤務していた一九六〇年代の初め、ムバ大統領はセネガルのサンゴール大統領、コートジボワールのウーフェ・ボワニ大統領と並んで親仏的な大統領として知られていた。対外路線は穏健派であり、緊密な対仏関係を外交の柱としていた。

当時のアフリカでは、一九六二年一月のトーゴを手始めに、軍事クーデターが各地で起きるようになっていた。ガボンもその例外ではなかった。六四年二月一七日夜から一八日の朝にかけて若手将校らが決起し、ムバ政権は倒された。しかし、フランス

---

1 アルベルト・シュバイツァー
（一八七五～一九六五）
ドイツ出身のアルザス人。神学者、哲学者、医者、オルガニスト、音楽学者。三八歳の時に医学博士を取得し、ガボンのランバレネにおいて、当地の住民への医療などに生涯を捧げ、一九五二年ノーベル平和賞を受賞した。

2 レオン・ムバ
（一九〇二～六七）
ガボン民主党（PDG）の前身であるガボン民主連合（BDG）を創設した。フランス領赤道アフリカのひとつであった一九五七年にガボン自治共和国の初代首相に就任。六〇年のガボンの独立でそのまま首相を兼任しながら大統領職に。六四年のクーデターにより失脚するが二日後に復帰。しかし同年に死去した。

が軍事介入し、クーデターから二日後にムバ政権は復活した。

一九六三年九月にガーナから帰国したわたしは、この事件を東京で知った。手に汗握る思いで、刻一刻と変わるガボンの政情を伝えるニュースに聞き入ったことを覚えている。

フランス軍のクーデター介入には、石油採掘にかかわる利権が絡んでいた。フランスの石油会社は一九五七年からガボンで石油の採掘を進め、六〇年代に入ってからはオフショア（海洋）で有力な油田も見つかった。生産された石油は全てフランスに輸出できるようになって、ガボンはフランスにとって重要な石油供給国となった。従って、軍事政権の樹立によって石油の採掘権が脅かされることを懸念した石油会社が、当時のド・ゴール大統領に働きかけてフランスの軍事介入を実現させたとされる。

二．ボンゴ第二代大統領の誕生

失脚から復活を果したムバ大統領は、次第に健康を害するようになった。権力の座から退くことはなかったものの、後継者問題に関心を寄せるようになっていた。当時、政界でめきめき頭角をあらわしつつあったのがアルベール・ベルナール・ボンゴ氏[*3]だ。同氏は、大統領の官房ポストを振り出しに官房長官に昇進していた。ムバ大統領は、ボンゴ氏を副大統領に抜擢した。一九六六年一一月のことだ。

翌一九六七年三月の大統領選に、ムバ大統領は病を抱えながらボンゴ副大統領とコンビを組んで立候補した。強力な対立候補もいないままにムバ大統領は圧倒的多数を得て再選された。しかし、大統領宣誓式から間もない一一月、ムバ大統領は入院先のパリの病院で亡くなった。その結果、ボンゴ副大統領は三一歳の若さで大統領の座に着くことになった。

新大統領は就任後間もなくガボン民主党（ＰＤＦ）を結成し、部族間の対立を防ぎ、

---

3 アルベール・ベルナール・ボンゴ
（一九三五〜二〇〇九）

一九六七年、初代大統領のレオン・ムバの死去を受け副大統領から大統領に。四〇年以上にわたって政権を維持した。名は、一九七三年にイスラム教へ改宗しエル・ハジ・オマル・ボンゴと名乗るように。二〇〇三年には父親の名を姓に付ける法律が決定したのに伴い、エル・ハジ・オマル・ボンゴ・オンディンバとなった。二〇〇九年六月にスペインで死去。

国家の一体化をめざすべく、「対話・寛容・平和」を掲げて国のリーダーとしての道を歩みはじめた。

その後、ボンゴ大統領は当選を重ねた。そして、二〇〇五年一一月には七選を果たした。大統領の任期は七年であり、二〇一二年まで大統領を務める。一九三五年の生まれで、現在七四歳のボンゴ氏は、五〇年近くにわたり大統領の座を占めることになるが、異例なことだ。サハラ以南のアフリカの国のなかでは、もっとも息の長い大統領だ。

一九九〇年代に入りアフリカ各地では民主化の動きが起こった。それまで一党独裁体制が敷かれていたガボンにも複数政党制が導入されることになった。大統領選挙もそれに基づいて実施されてきたが、常にボンゴ大統領が当選を果たしてきた。議会でも大統領が率いるPDFが圧倒的多数を占めている。野党の勢力はいずれも小さい。野党が政治的な力を持っていないことも、ボンゴ大統領の強さの理由のひとつになっているといえよう。

ボンゴ大統領は、内政の一層の安定を実現するためには野党からの入閣が必要と考え、二〇〇二年一月に発足した新内閣に野党四党の代表を入閣させた。

ガボンは仏領赤道アフリカの国々のなかで唯一、政治的な安定と石油収入を土台とした経済繁栄に支えられて国造りを進めてきたといえる。かつての同国の経済は、木材やカカオなどの一次産品に全面的に依存していた。しかし、油田の発見は、一人当たりの国民総所得(GNI)を押し上げ、七二四〇ドル(二〇〇八年)と、アフリカでは赤道ギニア、リビア、セーシェルに次ぐレベルに高めた。しかし、石油収入のメリットが必ずしも国民全体に行き渡っていないという批判もある。また、石油生産量は、今後、新たな油田が発見されない限り、横ばいから減少に転じるのではないかという見方もされている。

三 ボンゴ大統領との交流

ボンゴ大統領に最初にお会いしたのは、一九九九年四月、ユネスコ事務局長選の関係でギニアを訪問したときのことである。

日本政府からの事前の働きかけも手伝って、アフリカ統一機構（ＯＡＵサミット）[*4]の決議にも拘らずガボンの感触は良好と思われた。現に、ボンゴ大統領は「あなたを支持する」と明言してくれた。さらに、会談後には教育大臣から「大統領の中部アフリカにおける影響力を活用して、各国大統領にあなたへの支持を働きかけてもらってはどうか」という提案があった。

助言に従い、後日、ボンゴ大統領にパリで再会した際に、中部アフリカの指導者への働きかけをお願いした。もっとも、中部アフリカにおけるユネスコ執行委員会のメンバーは、当時、ガボンとカメルーンだった。カメルーンは、ボンゴ大統領がたとえ声をかけたとしても、わたしの支持に回るとは思えなかった（カメルーンの項参照）。とはいえ、たとえ執行委員会のメンバー国ではなくてもアフリカに支持の輪が広がるのは心強いことだった。

事務局長就任後、ボンゴ大統領から「局長選で支持したこともある。事務局長にはできるだけ速やかにわが国においで願いたい」との要請を幾度も受けた。しかし、日程の都合から容易には訪問できず、二〇〇三年八月に中部アフリカを訪れることが、やっと決まった。

ボンゴ大統領の熱意に応えるべく、真っ先にガボンの土を踏んだところ、政財界、学界の主要な人物を招いて昼食会を催してくれた。

昼食会の前に、大統領からは二つの要請があった。

ひとつ目は、ガボンは多様な自然環境の保護に力を注いでおり、世界遺産登録を実現したいので、ぜひ力を拝借したいということ。そして二つ目は、地域組織シシバ（Ｃ

---

4 アフリカ統一機構（ＯＡＵ） かつて存在した国際組織。国連憲章と世界人権宣言を尊重。アフリカ諸国の統一と連帯を促進し、人民の生活向上のための相互協力・調整、国家の主権と領土を守り、独立の擁護、新植民地主義と闘うことが目的で一九六三年に発足。二〇〇二年にアフリカ連合へ発展した。

ICIBA）の再興に協力して欲しい、ということだった。この組織は大統領のイニシアティブによって設立されたもので、中南部アフリカの農耕社会に広まる特徴的な彫刻などバンツー文化の保護研究にあたることを目的にしていたが、上手く機能していなかったのだ。

　ガボンの国土の八〇パーセントが森林であることは前に書いた。人口密度が低いことも手伝って豊かな自然が豊富に残されており、象、ゴリラなどの大型哺乳類が生息している。ボンゴ大統領はイニシアティブを発揮し、自然と動物の保護のために一三の国立公園を開設した。その広さを合わせると国土面積の一〇分の一にも相当する。

複合遺産として世界遺産に登録されたロペ・オカンダ国立公園
Ⓒ UNESCO ／ Chris Wilks

　そのひとつロペ・オカンダ国立公園[*5]は、自然環境と文化的景観の要素を兼ね備えていることから、二〇〇七年、複合遺産として世界遺産に登録された。ボンゴ大統領からは、ガボン初の世界遺産誕生の喜びの声が届いた。

　シシバ改革についてユネスコは専門家を何度か送り、検討を進めてきた。大統領との会談で、バンツー文化全体より「無形文化遺産」[*6]に焦点を当てた組織に切り替えてはどうかと提案したところ、大統領は直ちに賛成してくれ

5　ロペ・オカンダ国立公園
ガボン中央部に位置する国立公園。大部分が熱帯雨林であるが、北部には一万五〇〇〇年前の氷河期に形成されたサバナが残る。二〇〇七年に「ロペ＝オカンダの生態系と残存する文化的景観」として世界遺産に登録された。ガボン初の世界遺産。

6　無形文化遺産
一九九九年、無形文化遺産保護のためにユネスコ執行委員会で正式決定された「人類の口承および無形遺産の傑作宣言」（通称・無形文化遺産）。伝統芸能や音楽のほか、言語、舞踏、演劇、風習、祭礼、儀礼などが認定対象とされる。

た。ちなみに、ガボンの人口の三分の二を越える人々がバンツー系の部族である。

その後も、ユネスコは専門家を派遣してシシバの改革実現に尽力している。しかし、同組織はガボンを始めとする七、八カ国から成る地域国際機関である。そのため、〝全会一致〟をみないと改革の実施に至らない難しさがある。従って、無形文化遺産にポイントを絞るという点ひとつとっても、いまだに実現できていない。ボンゴ大統領との約束を果たせないままになっていることは残念だ。

四．ガボンと日本

ボンゴ大統領は、一九七五年には非公式に、八四年には国賓として来日した。サハラ以南のアフリカの国々のなかで最も日本に関心を持っている大統領の一人といえる。ただ、既に触れたように、一人当たりのGNIが高いレベルにあることもあって、日本は必ずしも大規模な経済協力を進めているとはいえない。技術協力と文化、水産、草の根・人間の安全保障等に小規模な無償資金援助をしているにすぎない。しかし、日本の協力に対するボンゴ大統領の評価は高い。それを反映して、一九六八年には在京の大使館が開設された。日本もまた七二年、ガボンに大使館を開いた。

古い話になるが、冒頭で紹介したシュバイツァー病院では高橋功医師[*7]が一九五八年から八年間、主にハンセン病の治療で奉仕活動を続け、シュバイツァー博士の最期も看取った。高橋医師は、赤痢菌の発見者である志賀潔博士[*8]の甥にあたる。現在も同病院の重症入院病棟には日本語で刻印された「日本病棟」のプレートが掛けられ、日本の医療ボランティアが活躍している。近年では、日本人の研究グループによる大型類人猿の長期野外研究プロジェクトも進行中だ。

ボンゴ大統領とは、東京で開催された二〇〇三年のアフリカ開発会議[*9]（TICAD）Ⅲ、〇八年五月のTICAD Ⅳの折にお会いした。一時、病に伏したように伺っていたが、

---

7 高橋功
（一九〇七～二〇〇三）
地元仙台で眼科を開業していた。一九五六年よりシュバイツァー病院に寄付金を送ったことから、シュバイツァー博士との交流がはじまった。五八年に共同治療の依頼を受け、ガボンへ。以後、八年間、現地で奉仕活動を行った。シュバイツァー博士の死去後も病院に残り、六六年に帰国。

8 志賀潔
（一八七一～一九五七）
医学者、細菌学者。大日本私立衛生会伝染病研究所に入所後、赤痢菌を発見。翌一八九八年に要約論文をドイツ語で発表し、世界的に認められた。

9 アフリカ開発会議（TICAD）
アフリカの開発をテーマとする国際会議。一九九三年以降、日本政府が主導し、国連や国連

だいぶお元気になられているようで安心した。大統領が、いつまで元気に職務を続けることができるかは、今後のガボンの政治を見ていくうえで大きな鍵となるだろう。

五．ジャン・ピン外務大臣のAU委員会会長就任

ガボンに関連してぜひ記しておきたいことがある。それは、アフリカ連合（AU）[*10]委員長だったアルファ・ウマル・コナレ氏の後任に、二〇〇八年一月、ガボンの外務大臣を長年務めたジャン・ピン[*11]氏が就任したことだ。同氏は、ボンゴ大統領の強い支持をバックに選挙を勝ち抜いた。

ピン氏は、中国人の父親とガボン人の母親の間に、ガボンで生まれた。ユネスコの事務局職員として働き、ユネスコのガボン代表を務めるようになった。ボンゴ大統領に気に入られて一九八四年から九九年まで官房長官をはじめ、さまざまな閣僚を歴任し、九九年には外務大臣に就任、二〇〇四～〇五年に国連総会議長を務めた。その実績をてこにAU委員長に選出されたのである。

ガボンが誇るピン氏のAU委員長としての手腕が、アフリカ大陸のみならず国際社会全体から注目されている。

六．ボンゴ大統領の突然の逝去

ボンゴ大統領は、東京で開催された二〇〇三年のアフリカ開発会議（TICAD）Ⅲと、二〇〇八年五月のTICAD Ⅳに出席しており、TICAD Ⅳでお会いした時、日本に対し、温かい気持ちをもっていた。一時、病に伏したようにうかがっていたが、だいぶお元気になられているようで安心した。大統領が、いつまで元気に職務を続けることができるかは、今後のガボンの政治を見ていくうえで大きな鍵となるだろうと見ていた。

開発計画（UNDP）及び世界銀行などと共同で開催している。五年に一度の首脳級会合に加え、閣僚級会合なども開催し、二〇〇八年五月には横浜で四回目となるTICAD Ⅳ（第四回アフリカ開発会議）が開催された。通称は日アフリカサミット。

10 アフリカ連合（AU） アフリカ統一機構が、発展改組して発足した。本部はエチオピアのアディスアベバ。アフリカの一層高度な政治的経済的統合の実現及び紛争の予防解決への取組強化のための地域統合体である。アフリカ諸国と諸国民間の一層の統一性及び連帯性の強化、アフリカの政治的経済的社会的統合の加速化、アフリカの平和と域内紛争や独裁政治の根絶、安全保障及び安定の促進、民主主義原則と国民参加統治の促進、持続可能な開発の促進、教育及び科学等での協力、グローバリゼーション時代におけるアフリカ諸国の国際的な地位向上、等を目指している。

11 ジャン・ピン （一九四二～） ガボンの政治家。ユネスコ・

2009 年 3 月 11 日ユネスコにて。左が AU 委員長のジャン・ピン氏
© UNESCO ／ Michel Ravassard

ところが、二〇〇九年五月の初めにボンゴ大統領が、スペインのバルセロナの病院に入院したという報道を見た。その後、どうしてパリの病院ではなく、バルセロナの病院に入院されたのか不思議に思っていたのが（バルセロナの病院に入院されて、パリを避けられたのは、思えばガボンとフランスの緊密な関係から、何かにつけてフランスのマスコミにボンゴ大統領の病状について、色々な憶測を書かれる事を避けたのであろうと想像した）、その後、特に報道も見られなかったところ、六月に入り、急に亡くなったという発表があったので吃驚した。直ちに在仏ガボン大使館を訪れ、弔意を表したところ、後でその状況がガボンのテレビで大きく放映された。

憲法の規定に従い、ロゴンベ上院議長が暫定大統領に就任し、四五日以内に大統領選挙が行われることになっている。しかしこれまで書いてきたように、ボンゴ氏が一九六七年に大統領に就任して以来、四二年間大統領職にあり、ガボンの政治を牛耳ってきただけに、生じた空白は余りにも大きい。

ガボン政府代表部勤務などを経て大臣、政府要職を歴任。一九九九年から二〇〇八年まで外相。

次の大統領選挙は二〇一二年に予定されていたが、ボンゴ大統領は予てより自分自身が二〇一二年の大統領選挙に立候補するつもりなので、現段階では自分の後継者を指名するつもりはないと公言していたのであった。しかし、前から言われていたように、ボンゴ大統領の健康状態が優れないと伝えられていたことは正しかったようだ。わたしが最後にお見かけした、約一年前の二〇〇八年五月のTICAD Ⅳの時には、一見元気そうであったが、実際には健康状態は良くなかったのであろう。ボンゴ氏は、もともと小柄で必ずしも、元気溌剌としている感じではなかったこともあり、病状が悪くなっても必ずしも外からは分からなかったとも言えるであろう。

ボンゴ氏は四二年間も大統領職にあったので、アフリカの大統領の中でも、一番シニアな大統領として尊敬されていた。そして、アフリカの各地(旧仏領アフリカの国)で、内紛や紛争があるときには静かに介入して、その解決に向けて仲介の労を取っていたのであった。しかし、ガボンの政治をボンゴ氏とその一族が牛耳ってきたということに対しては、ガボン国内でいろいろな批判が起こっていることは前述のとおりである。

今後の大統領選挙に誰が出馬するかということについては、早速様々な憶測が飛び交っている。有力な候補者が二人おり、一人はボンゴ氏の長男であるアリベン・ボンゴ氏である。同氏は、ガボンの政府与党「ガボン民主党」の副党首に就いている。もう一人は、ボンゴ氏の娘婿(長女の夫)で、現在の外務大臣である。ボンゴ氏の長女は父親と大変近しく、大統領府で官房長の地位にあった。ボンゴ大統領のもとで、長年外務大臣を務め、最後に外務担当副首相を務めた、アフリカ連合のジャン・ピン氏も候補者の一人であると言われている。ちなみに、ボンゴ氏の娘、パスカリーヌはジャン・ピン氏と結婚していたが、その後、離婚し、現在の外務大臣と再婚している。その他、野党(複数)側からも立候補者があるだろうといわれている。いずれにしても、憲法の規定に従い、きちんとした形で大統領選挙が行われ、ボンゴ氏の後任の大統領が誕生する事を期待している。しかしながら、はたしてそのとおりに行くかどうか、既にいろいろと疑問符が生じているが、ぜひ、憲法の規定に従って、物事が進む事を希望する。

Republic of Congo

コンゴ共和国

コンゴ共和国（Republic of Congo）

面積	34 万 2000 平方キロメートル（日本の約 0.9 倍）
人口	361 万人
首都	ブラザビル
自然	国土の半分以上が、標高 300 ～ 400 メートルの高原地帯。北東部は低地のコンゴ盆地が広がり、南西部の海岸地帯はクイル川流域平野で砂州が点在する。ガボンとの国境地帯および高原地帯はサバナで、気候は全体的に高温多湿。バイソンやゾウ、チンパンジー、ゴリラなどの野生動物も多い。雨季は 1 ～ 5 月。
産業	石油が輸出の 70 ～ 80％を占める。ほか、ダイヤモンド、鉄鉱石、ウラン、金、亜鉛などの鉱業が盛ん。そのほか木材加工業が行われている。
民族グループ	コンゴ族 45％、テケ族 20％、ブバンギ族 16％等
言語	フランス語（公用語）、リンガラ語、キトゥバ語
宗教	伝統的宗教 50％、キリスト教 50％

＊　＊　＊

日本の公館はガボン大使館で兼轄。同国の公館は、現在、北京大使館が兼轄する。日本からの主な輸出は掘削用機器の機材、電話器部品。コンゴからの輸入は木材、ニオブ鉱。コンゴでは先ごろ、アメリカの調査団により、12 万 5000 頭ものニシローランドゴリラが生息していると発表された。ニシローランドゴリラは、4 亜種に分類されるゴリラのひとつであり、いずれも絶滅危惧種に指定されている。

一・独立と政治の不安定

「コンゴ」といえば、キンシャサを首都とするアフリカ大陸中央部に位置する国を日本人は思い浮かべがちだ。しかし、それは「コンゴ民主共和国」である。ここで紹介する「コンゴ共和国」(首都ブラザビル)ではない。同国は、アフリカ三大河川の一つコンゴ川の西側を占めており、一方のコンゴ民主共和国はコンゴ川の東側一帯、さらに川の南北に広がっている。

一五世紀末、大西洋に流れ込むコンゴ川の河口にポルトガル人が初めて到達した当時、現在の二つのコンゴとその南の国アンゴラを合わせた地域には、コンゴ王国、ロワンゴ王国、ティオ王国の三つの王国が栄えていた。これら王国は、一〇世紀以前に北部から移ってきて住み着いたバンツー系諸部族によって、一三世紀から一四世紀にかけてつくられたと考えられている。

コンゴ王国がそれら王国の全域を支配していたかのような説を耳にするが、それは違う。正確には、コンゴ王国が三つの王国のなかで最も力を持っていたということだ。ちなみに、現在のコンゴ共和国の領土(約三四万二〇〇〇平方キロ)は、コンゴ川の河口付近につくられた連邦国家ロワンゴ王国の存在した地域にほぼ重なる。

これらの王国は、一七世紀以降、ポルトガル、さらに、ベルギー、フランスによって滅ぼされた。そして、一九世紀後半から二〇世紀にかけて、フランス領の赤道アフリカ(現在のコンゴ共和国ほかチャド、ガボン、中央アフリカの四カ国を含む)、ベルギー領コンゴ(現在のコンゴ民主共和国)、ポルトガル領アンゴラが形成された。赤道アフリカは一九五八年、フランス共同体の自治共和国となった。そして、六〇年、コンゴ共和国は他の三カ国と同様、独立を達成した。初代大統領に就任したのはフーベール・ユール氏だった。[*1]

ユール氏は子どものころカトリック教会で洗礼を受けたこともあって、いつも僧侶

---

1 フーベール・ユール
(一九一七~七二)
一九四〇年代後半にローマ・カトリック教会の司祭となるが、五六年に上層部の反対を押し切ってフランス議会選挙に出馬。聖職を剥奪されたもののローブを着続け、話題となる。六〇年、コンゴ共和国の独立とともに初代大統領に。六三年八月、辞任に追い込まれた。

の衣を身につけていた。一九六〇年代にガーナに勤務していた時代、新聞に掲載されたユール大統領の写真は常に僧侶姿だった。アフリカの首脳がずらりと並んだ写真でも、ユール氏はすぐ見分けがついた。ただ、カトリック教会は、僧侶でもないユール氏がそのような服装をすることに難色を示していたようだ。

ユール大統領は、フランス共同体を離脱することなく独立を果たしたコンゴ共和国の立場を生かし、親仏路線による国家建設をめざした。また、他の旧仏領との結びつきを強化するために一九六〇年一二月、穏健派一二カ国を集めてブラザビル会議[*2]も開催した。しかし、国防相と内相も兼任したように権力志向に加え、経済政策の失敗が民衆の不満を招いた。また、一九六三年四月、ユール政権が一党独裁をめざして野党の存在を認めない法案を通過させたことに国民は反発し、首都ブラザビルを中心に大規模なデモが全国各地で起こった。その結果、大統領は同年八月、退任に追い込まれた。

後任はユール氏の親仏路線を批判したアエロフランス・マサンバ＝デバ氏だった。科学的社会主義を提唱する政党「革命国民運動（ＭＮＲ）」を創設したが、一九六八年、軍部の政治介入によって解任された。

続く軍部主導型のヌグアビ[*3]政権は、一九六九年にコンゴ労働党（ＰＣＴ）を創設。国名をコンゴ人民共和国に改め、唯一の政党であるＰＣＴ党首が大統領に就任する規定を設けた。しかし、権力の集中化が進んだため、反発は絶えなかった。ヌグアビ大統領は、結局、七七年に同じ軍部内の将校に暗殺された。ユール氏の後任だったマサンバ＝デバ元大統領は、この暗殺計画に加わったとして処刑された。

ヌグアビ大統領の死後、ヨンビ＝オパンゴ氏がＰＣＴ党首および大統領の地位についてヌグアビ路線を踏襲した。だが、経済政策に失敗し、インフレ率は九〇パーセントにまで達した。

一九七九年、ヨンビ＝オパンゴ氏のライバルだったドゥニ・サス・ンゲソ[*4]大佐を中

---

2 ブラザビル会議
一九六〇年一二月に首都ブラザビルで開催。ユール大統領は経済自由化による恩恵を強調し、共産主義を非難した。

3 ヌグアビ
（一九三八〜七七）
マリアン・ヌグアビ。一九六九年、マルクス・レーニン主義を掲げるコンゴ労働党（ＰＣＴ）を設立。国名をコンゴ人民共和国に改称した。党への権力の集中、反対派への抑圧から反乱が相次ぎ、七七年に暗殺された。

4 ドゥニ・サス・ンゲソ
（一九四三〜）
一九七七年に国防相に。七九年、ヌグアビ政権を継承したヨンビ＝オパンゴ大統領が失脚すると、コンゴ労働党の党首および大統領に就任。九二年の選挙でリスバ氏に破れたが、九七年には大統領に返り咲き、〇二年の選挙でも当選した。

心とする若手将校たちによる軍事クーデターが成功。サス・ンゲソ氏は自らPCT党首として国家元首に就任し、八四、八九年にもPCT党首に再選、三選された。

一九九〇年代に入るとコンゴにも民主化の波が押し寄せた。九一年に制定された新憲法の下で複数政党制が導入され、国名も現在のコンゴ共和国となった。

一九九二年八月の大統領選挙では、野党「社会民主主義のための汎アフリカ連合」（UPADS）候補者[*5]パスカル・リスバ氏がサス・ンゲソ氏を破った。

リスバ氏は元公務員。ユール内閣では農業大臣を、マサンバ・デバ政権では首相を務めた。しかし、一九七九年のクーデター後、フランスに亡命していた。その間、ユネスコの事務局（自然科学部長等）で働いた経歴もある。複数政党制が導入されての大統領選挙に臨むため、九一年に帰国したのだ。

コンゴ共和国には、部族間の確執による「南北の対立」が存在する。隣国のカメルーンは、南部ではキリスト教徒が、北部ではイスラム教徒が優勢だが、キリスト教徒が大半を占めるコンゴ共和国では宗教的な対立はない。

一九九二年の大統領選挙では、南部出身のリスバ候補が六〇パーセントの支持を得て大統領に就任した。しかし、北部出身のサス・ンゲソ氏を支持する部族と対立、翌年には内戦が勃発した。アフリカ統一機構（OAU）が派遣した軍の介入によって大規模な内戦はおさまったのちも散発的な戦いは続いた。

二、サス・ンゲソ大統領の誕生と内戦の終了

一九九七年、リスバ大統領を支持する軍とサス・ンゲソ氏を支持する軍が衝突し、本格的な内戦に発展した。サス・ンゲソ氏はアンゴラからの軍の支援も得て、同年一〇月、首都ブラザビルを征服、リスバ大統領は国外に逃れた。

政権の座についたサス・ンゲソ氏は休戦協定を結んで反乱軍の武装解除を進めると

5　パスカル・リスバ
（一九三二〜）
マサンバ＝デバ政権で首相を務めたが、クーデターによりフランスへ亡命。九一年に帰国し、九二年の民主的選挙で大統領に当選。しかし、ドゥニ・サス・ンゲソ率いる野党と対立。両党を中心とした武力衝突が起こり、同氏はロンドンへ亡命した。

ともに、南部と北部の融和を図るため努力を重ねた。二〇〇二年一月には新憲法を採択。同年三月の大統領選ではサス・ンゲソ氏が当選し、コンゴ共和国の第三代大統領に就任した。

休戦協定の締結後も散発的な戦闘は続いたが、二〇〇三年三月には最終的な和平合意が成立した。そして、〇五年五月、反政府軍の全面的な武装解除によって、コンゴ共和国にようやく平和が訪れた。

サス・ンゲソ大統領に初めてお会いしたのは、二〇〇三年八月、同国を訪問したときだった。大統領には以前から「国民の和解を進めるために開いている『統一と国民和解に関するフォーラム』の開催に際して、わが国を訪問してほしい」と要請されていた。

大統領はガーナのローレンス元大統領同様、軍人出身だけあって、きびきびした物腰のうえ、なかなかのハンサムだった。「国民和解を推進するうえで重要な教育制度の改革にユネスコの力を拝借したい」との申し出を、わたしは即座にお受けした。そして、ユネスコ改革の推進のためにもアフリカでの活動の強化が一つの柱になることを伝えたうえで、経費削減のためにユネスコの規模の小さな事務所を統合する計画があり、首都ブラザビルの一人事務所はガボンのリーブルビルの一人事務所と統合し、リーブルビルを通じてコンゴへの教育支援を進めていきたいと理解を求めたところ、大統領は顔色を変え、「それは論理的におかしい」と大変な剣幕で反論してきた。事務所を閉鎖することとコンゴ共和国におけるユネスコの活動を強化することとは論理的に矛盾している、というのだ。

わたしは「趣意はわかったので考え直させてほしい」と、その場を辞した。そして、のちにブラザビルの事務所の継続を決めて大統領に伝えたところ、とても喜んでくれた。サス・ンゲソ大統領とは、二〇〇四年七月のアディスアベバ（エチオピア）、〇六年一月のハルツーム（スーダン）で開かれたアフリカ連合[*6]サミットでもお会いした。しかし、サミットの議長席には、本来、ホスト国の大統領が着くことになっていた。しかし、スーダンに関してはダルフール問題（スーダンの西部地域における少数民族への強圧問題）に絡んで多くの国々が、スーダン大統領の議長就任に難色を示したため、大統領は自発的に議長の席を譲ることになった。それに代わって、一年間、議長を務めることになったのがサス・ンゲソ大統領だった。

大統領はアフリカ連合サミット議長として、二〇〇六年七月にサンクトペテルブルグ（ロシア）で開かれたG8[*7]サミットの最終日に出席した。わたしは教育問題についての特別ゲストとして招かれていたので大統領とお会いした。

ブラザビルのユネスコ事務所の閉鎖問題で大議論した後に、当時は互いに意気投合する仲になっていただけに、アフリカの諸問題について率直な話し合いができた。この時の「アフリカ連合の議長としてユネスコ本部にお招きしたい」との申し出は、同年一〇月のユネスコ執行委員会で現実のものとなった。

大統領は、ユネスコがアフリカ各国において具体的な活動を通じて支援を進めていることに強い感謝の意を表明してくれた。さらに「ブラザビルのユネスコ事務所は教育改革への協力を通じ、コンゴ共和国の国民和解のプロセスにおいて重要な役割を果たしている」と評価してくれた。

サス・ンゲソ大統領の率いる与党連合は、二〇〇七年の国民議会選挙に続き〇八年六月の地方選挙でも圧勝した。そして、〇九年には大統領選挙が行われる。サス・ンゲソ氏は公式には立候補を表明していないが、選挙戦に向けての地歩を固めているといえよう。民主的な形で大統領選挙が行われることを希望している。

大西洋沖で産出される原油は、コンゴ共和国の国内総生産（GDP）の約五〇パーセント、輸出収入の約九四パーセント、国家予算の約四〇パーセントを占めるほど貴

---

6 アフリカ連合
アフリカ統一機構が、発展改組して発足した。本部はエチオピアのアディスアベバ。アフリカの一層高度な政治的経済的統合の実現及び紛争の予防解決への取組強化のための地域統合体である。アフリカ諸国と諸国民間の一層の統一性及び連帯性の強化、アフリカの政治的経済的社会的統合の加速化、アフリカの平和と域内紛争や独裁政治の根絶、安全保障及び安定の促進、民主主義原則と国民参加統治の促進、持続可能な開発の促進、教育及び科学等での協力、グローバリゼーション時代におけるアフリカ諸国の国際的な地位向上、等を目指している。

7 G8サミット
日本、アメリカ、イギリス、フランス、ドイツ、イタリア、カナダ、ロシアの八カ国の首脳、そして、EU委員長が参加し、毎年、開催されている。「G8」は「Group of Eight」を意味するとされる。

重な資源となり、重要な役割を果すまでになっている。

しかし、既に述べたような政治的な混乱や内戦等の結果、原油の採掘は妨げられ、経済インフラは破壊されてきた。その結果、同国の経済活動は全体的に停滞している。平和の樹立、国民の和解の進展にともなう原油による収益を活かした経済発展が期待される。

Republic of Chad

チャド共和国

チャド共和国（Republic of Chad）

面積	128万4000平方キロメートル（日本の約3.4倍）
人口	1,106万人
首都	ンジャメナ
自然	首都がある南西部はチャド湖に接する。そのほかの国土の80%は半砂漠または砂漠地帯。北部はサハラ砂漠が広がり、北東部はエネディ高原、北西部に国内最高峰のエミークシ山（標高3,415メートル）がそびえる。
産業	西南部で行われる農業と牧畜が主。輸出の30%以上を占めるのが綿花。ほかに皮革、肉類がある。工業は織物、精肉、水産加工業など。石油等の地下資源は近年開発が始まったばかり。
民族グループ	サラ族、チャド・アラブ族、マヨ・ケビ族、カネム・ボルヌ族、その他
言語	フランス語、アラビア語（公用語）
宗教	イスラム教54%、カトリック20%、プロテスタント14%他

＊　＊　＊

長期にわたる国内紛争で日本との関係は希薄であったが、2004年より日本は難民支援を実施。以降、本格的な経済協力を開始した。しかし、情勢悪化のために現在では中断状態にある。国内安定とともに、相互の関係が良くなることが期待されている。日本においての公館は現在、在カメルーン大使館が兼轄している。日本からの主な輸出は乗用自動車等。チャドからの輸入は石油等がある。

一．独立とトンバルバイ初代大統領の誕生

チャドは中央アフリカの北に位置する内陸国である。国土の約三分の二が砂漠地帯、三分の一がサバンナだ。近年のサハラ砂漠の拡大によって、砂漠地帯は、年々、徐々に広がっている。

アフリカの他のフランスの植民地と同様、一九五八年に「フランス共同体」の枠内で自治権を取得し、六〇年八月、完全に独立を達成した。しかし、独立以降、キリスト教徒である南部のアフリカ系部族と回教徒である北部のアラブ人を中心とする部族との抗争が絶えず、時には内戦状態になっている。さらに軍事クーデターが幾度も企てられ、何度かは成功するなど独立後五〇年余りの間、政治は不安定のままである。

同国の場合、南北対立に加え、北の隣国リビア、東の隣国スーダンからの軍事介入がしばしばあって、内乱が拡大する要素になっている。なかでも一九六六年に創設されたチャド民族解放戦線（ＦＲＯＬＩＮＡＴ）は、北部の不満を集約した組織的な反政府ゲリラ活動としては他を圧倒する勢力であり、水面下でリビアの支援を受けながら中央政府と対抗してきた。

近年はスーダンのダルフール問題[*1]の影響もあってチャドの内政は複雑化している。世界最悪の人道危機と言われるダルフールの紛争については、スーダンの項目で詳しく記しているが、ここではチャドとの関連で説明したい。

ダルフール問題の発端は、一九八三年まで遡る。

スーダン西部ダルフール地区に住むアフリカ系の部族は、北部出身者を中枢とする中央政府がイスラム原理主義を支持したのに対し反乱を起こした。このため、中央政府軍はアフリカ系部族を弾圧した。反乱の背後にはチャド政府が介入しているとスーダン政府は主張。一時は和平合意に達したものの、二〇〇三年にはアラブ系民兵によってアフリカ系集落が無差別襲撃されるなど、ここ数年で数十万人のダルフール難民が

1　ダルフール問題
アフリカ系の民族が、アラブ系で固められた中央政府に反発して起こったもの。中央政府の反乱軍への弾圧はエスカレート、死者は数十万人に上る。

チャドに流れ込み、大きな経済的負担になっている。

もともとチャドの自然環境は厳しい。それに加えて一九七〇年代、八〇年代には旱魃が起こり、綿花と畜産業が中心の経済は大きなダメージを受けた。さらに政治的な混乱が重なり、一人当たりの国民総所得（GNI）は五三〇ドル（二〇〇八年）にとどまっている。

チャドにとっての朗報は、世界銀行の融資で開発を進めた全長一〇〇〇キロ以上にわたる石油パイプラインが貫通し、二〇〇三年から石油生産が始まったことだ。パイプラインは、南の隣国カメルーンを横断して、同国のクリビ港[*2]へ延びている。以前、チャドの総輸出高の七割を綿花が占めていたが、現在では原油の輸出が総輸出高の八割を占めるまでになった。今後の課題は、国民全体が裨益する形で石油収入を使っていくことにある。

一九六〇年八月の独立時、大統領に就任したのはチャド進歩党（PPT）党首トンバルバイ[*3]氏だった。同氏は、チャドが自治政府を組織したときの首相でもあり、元々は労働組合運動の活動家だ。南部サラ族（南部で最大の部族）の出身でキリスト教徒であるが、北部の出身者も政府に取り込み、南北和解の政府を実現すべく努力した。

また、かつてのフランス植民地だった国々では独立後も重用されていた多数のフランス人技術顧問を排除する方向で、急速にアフリカ人による国づくりを進めた。しかし、その結果、行政手腕に優れたフランス人技術顧問をチャドから追い出すことになり、行政の能率が低下してしまったのは否めない。

トンバルバイ大統領は他のアフリカ諸国における政治指導者と同じように次第に独裁化傾向を強めていく。一九六二年には全野党を禁止し、PPTの一党体制に移行した。それでも六〇年代の終わりから七〇年代にかけて、一時期、民主化への動きを見せた。しかし、七一年八月に発覚したクーデター未遂を契機に、時計の針を後戻りさせ、再

---

2 クリビ港
カメルーンの西南部に位置する港。二〇〇三年、チャドとカメルーンを結ぶ石油パイプラインが開通し、クリビ港はチャドにとって新しい国家収益をもたらした。

3 トンバルバイ
（一九一八〜七五）
フランソワ・トンバルバイ。一九五九年にチャド進歩党の党首に。六〇年の同国独立とともに初代大統領に就任。七三年にはフランス人を排斥した国づくりに乗り出した。一九七四年に主要産業である綿花増産政策が打ち出されたが不作の影響で国民の不安は募り、翌年クーデターが発生、暗殺された。

び独裁傾向を強めていった。その過程で、PPTに替わり新政党「文化及び社会革命のための国民運動」（MNRCS）を設立。アフリカ化の一環として、フランスが付けた首都の名ポール・ラミをンジャメナに変えた。

チャドは、アフリカ（サハラ以南）においては現在も、赤道ギニアと並んで日本のプレゼンスがほとんどない国である。日本の援助も、国際機関経由の食糧援助等に限定されており、二国間援助としては見るべきものは行われていない。

二、政治の不安化と内戦の勃発

先にも書いたように、水面下でリビアの支援を受けた北部の反政府勢力チャド民族解放戦線（FROLINAT）は、反トンバルバイの動きを見せていた。一九七〇年代に入ると、サハラ砂漠周辺の国々を襲った旱魃がチャドでも深刻さを増し、南部の農業生産に大打撃を与えるとともに大統領に対する支持は減少していった。

そのような状況を背景に、一九七五年四月、軍事クーデターが起こった。トンバルバイ大統領は殺害され、獄中にいた元参謀総長フェリックス・マルーム将軍[*4]が国家元首に就任した。トンバルバイ氏は独裁化を進めた大統領だったが、在職中の一五年間は、それなりに安定した政治を行ったといえよう。しかし、七五年の軍事クーデターから九一年にデビー大統領が就任するまでの一六年間は、内戦が次々に勃発するなどチャドは常に政情不安定であり、一時期といえども国民が平穏に暮らせることはなかった。

南部出身のマルーム将軍は、南北融和を図る政治を進めようとした。その一環として、FROLINATの北部軍を一時率いていたイッセン・ハブレ氏[*5]を首相に任命、北部軍と政府軍の合体も取り決められた。しかし、必ずしも同国の南北対立が解消されたとはいえなかったため、連合政府は七カ月しか続かず、事実上、解体した。マルーム将軍は、一九七八年に国家元首の地位から自発的に降りるとともに政界から引退し、

4 フェリックス・マルーム
（一九三二〜二〇〇九）
参謀総長だったが、トンバルバイ初代大統領により投獄。大統領が暗殺されると、軍によって解放された。軍の支持を受け、最高軍事評議会議長および首相に。一九七八年には、反政府勢力の北部軍指導者イッセン・ハブレ氏を首相に任命し、自身は大統領に。だが、〝連合〟は継続せず、翌年大統領を辞任。ナイジェリアへ亡命した。

5 イッセン・ハブレ
（一九四二〜）
チャド民族解放戦線（FROLINAT）に加わっていたが、新たに北部軍を設立。両反政府組織は次第に対立し、内戦が勃発。一九八二年にはウェディ氏より首都を奪回し、大統領に就任した。その後、セネガルへ亡命していた。二〇〇八年の欠席裁判では「国民に対する犯罪」容疑で死刑判決が出された。

ナイジェリアに亡命した。

一九七九年、ハブレ元首相は、北部出身のグーグニ・ウェディ[6]氏を国家元首に据え、自らは国防大臣に就任した。両氏は、元々、FROLINATを支える大きな柱でありながら対立関係にあったこともあり、八〇年、ハブレ派の北部軍とウェディ派の人民軍のあいだで内戦に発展した。つまり、チャドでは南北対立に加え、ともに北部出身のハブレ氏とウェディ氏による「北北対立」も始まったと言える。

内戦の行方を左右したのはウェディ氏を支持するリビアの介入だった。ハブレ派は一九八二年六月のクーデターでウェディ氏を国家元首のポストから外し、ハブレ氏自身がその座に就いた。また、同将軍は北部に一部とどまっていたリビア軍との戦いを進める一方、反ハブレ派勢力を弾圧、四万人にも上る人々を殺害したともいわれる。

チャドにおけるリビアのプレゼンスは一九七五年四月に遡る。トンバルバイ大統領を殺害した軍事クーデターの後に、リビア軍が北からチャドに侵略し北部アオゾウ地域を占領していたからだ。リビアとの国境線に沿った同地域にはウラニウムやマンガンなどが豊富に埋蔵されていると考えられている。リビアは、予てより、同地域は自国領だと主張していた。

ウェディ派とハブレ派との内戦が膠着状態に陥るなか、一九八三年からフランスのミッテラン[7]政権、アメリカのレーガン[8]政権がリビアの南部進出を阻むため、ハブレ派を軍事援助した結果、ハブレの下でチャド軍はリビア軍を追い出すことに成功した。しかし、最終的にチャド全土からリビア軍を撤退させたのは八八年のことだ。

ハブレ政権は、最終的には勝利を収めたとはいえ一九八〇年代のリビア軍との戦い、そして、反ハブレ派勢力による弾圧によって次第に弱体化していった。その結果、九〇年一一月、ハブレ政権はイドリス・デビー[9]氏の率いる軍に倒された。

デビー氏は北部の出身。一九七〇年代から八〇年代にかけてハブレ氏の下で頭角

---

6 グーグニ・ウェディ
（一九四四〜）
チャド民族解放戦線（FROLINAT）のリーダー。マルーム政権失脚後の一九七九年に大統領の座に。国防大臣イッセン・ハブレ氏率いる反政府勢力の北部軍と対立。リビア軍の支援を受けたが、ハブレ政権にフランス、アメリカが肩入れしたため失脚。

7 ミッテラン
（一九一六〜九六）
フランソワ・ミッテラン。フランスの政治家。内相、社会党第一書記など歴任。一九八一年、大統領に就任。

8 レーガン
（一九一一〜二〇〇四）
ロナルド・レーガン。アメリカ合衆国四〇代大統領。共和党大統領として「強いアメリカ」の再生をめざした。ハリウッド俳優の経歴でも有名。

9 イドリス・デビー
（一九五二〜）
ハブレ氏のもとで参謀長を務めたが、同氏と対立。スーダンに亡命。リビアなどの支援により反政府組織「愛国救済運動」（M

を現した軍人だ。ハブレ氏が八二年にウェディ政権を倒したときは、参謀長としてチャド軍を率い、北部を占拠していたリビア軍を駆逐した。

しかし、次第に意見の対立が生じた。デビー氏はクーデターを企てているとハブレ氏が批判し始めたため、デビー氏はまずリビアへ、ついでスーダンへと逃れた。そして、両国の支援を受けて反乱軍を組織、九〇年一一月、首都ンジャメナを侵略、ハブレ政権を倒した。

前述したように、ハブレ氏はリビア軍との戦いにおいてはフランスやアメリカから支援を受けた。しかし、両国ともクーデターで政権を奪取した同氏が、一党独裁の下で行った少数民族への拷問や弾圧、政治粛清などの人権蹂躙行為に対して批判的だった。ハブレ氏は次第に両国の支持を失った。同氏は、デビー氏の率いる軍隊がンジャメナに侵入する前に脱出、カメルーン経由でセネガルに亡命した。

ハブレ氏は引き続きセネガルで亡命生活を続けている。しかし、同氏の八〇年代における残虐行為に対しては、国際的な批判が根強い。たとえば、ベルギーでは、犠牲者二一人が訴訟を起こし、二〇〇五年九月には同国の法律に基づいてハブレ氏に有罪判決が下されている。ベルギー政府はセネガル政府に対し、同氏の引き渡しを要求、しかし、セネガル政府は応じなかった。ところがアフリカ連合からも圧力がかかり、現在はセネガルでハブレ氏の犯罪を裁く方向に進んでいる。

チャドの法廷においても、二〇〇八年八月、ベルギー法廷と同様に、ハブレ氏は人権を著しく侵したとして、死刑宣告がなされた。

国際的には、一九九〇年代のルワンダにおける大虐殺の責任問題が注目を浴びているが、八〇年代に大量殺戮に手を染めたハブレ氏がどのように裁かれるか関心が寄せられている。今後、アフリカにおいて残虐行為を許さないためにも、同氏の裁判が厳正に行われることを期待したい。

PS）を結成。一九九〇年、帰国、暫定大統領に。九六年、〇一年、〇六年と当選を重ねた。

三、デビー第二代大統領の誕生

一九九〇年に政権をとったデビー氏は翌九一年に国家元首に就任した。同氏にとって幸いなことは、九四年に国際司法裁判所[*10]が「アオゾウ地域はチャド領」との裁定を下し、七五年以来のリビアとの領土紛争に終止符が打たれたことだ。

一九九六年三月、国民投票により新憲法が承認された。六月には複数の立候補者によって大統領選挙が行われた。デビー氏は第一ラウンドでは過半数に達しなかったが、七月に行われた第二ラウンドで六九パーセントの得票率を獲得し大統領に就任した。民主的に選ばれた大統領という意味では、同氏がチャドの第二代大統領といえるだろう。

デビー氏は二〇〇一年五月の大統領選挙でも第一ラウンドで六三パーセントの票を得て再選を果した。一九九六年制定の憲法では、大統領の任期は一期五年、二期までで三選禁止となっていたが、〇五年六月に三選禁止を外す憲法改正のための国民投票が行われ、承認された。したがって、〇六年五月の大統領選挙でデビー氏は三選を達成することができた。

大統領選挙については、不正があったと常に非難はあったものの、デビー大統領の下でようやく民主化のプロセスが進み、チャド内の反乱軍との和解の成立も進んでいる。北部の反政府勢力「チャド民主政治運動」とは二〇〇二年に和平の合意に達した。

しかしながら、スーダンのダルフール問題の影響を受け、二〇〇五年ごろからダルフールと国境を挟んでいるチャド東部において反政府武装勢力の活動が活発化し、〇六年四月には首都ンジャメナ近郊に侵攻して政府軍と戦った。そのような中で〇六年の大統領選挙が実施されたため、野党は選挙をボイコットした。〇八年二月にも東部地域を拠点にしている反政府軍が首都に進攻し、政府軍との間で激しい戦いが繰り広げられた。北部については、その後、情勢は安定化しているものの、東部についてはダルフール問題と関連して、引き続き目が離せない状況だ。

---

10 国際司法裁判所
オランダ・ハーグに置かれる国際連合の主要な司法機関。国連の総会および安全保障理事会によって選ばれた一五人の裁判官によって構成。国際間の法的紛争の裁判などを行う。

四．ンジャメナ博物館で最古の猿人と面会

二〇〇四年一一月、ユネスコ事務局長としてチャドを公式訪問したところ、デビー大統領は大いに歓迎してくれた。

大統領から、「長年の内乱で徹底的に破壊されてしまった教育制度の再建に重点を置いている。ユネスコからの支援を得たい」という要望があったので、ユネスコとして最大限の努力を約束した。

具体的には、チャドを管轄するカメルーンに置かれたユネスコ事務所の下で協力を進めること、また、首都ンジャメナにもユネスコのアンテナという形で一人、常駐させることを決めた。さらに、石油からの増収を経済建設に向けるだけではなく、特に教育や保健の社会セクター確立に充てる必要性を強調したところ、大統領はすぐに同意してくれた。

2004年11月の公式訪問でデビー大統領と会談
© UNESCO

チャド訪問には、隠れた目的があった。それは、約七〇〇万年前の猿人の骨を、この目に焼き付けることだった。

二〇〇二年七月にチャド湖[*11]の近辺で猿人の頭蓋骨の一部が発見されたというニュースがあった。約七〇〇万年前の猿人であることが確認され、トゥーマイ猿人と名づけられた。それまでは約六〇〇万年前の猿人の骨が最古だったので、それを一〇〇万年も遡る猿人の頭蓋骨発見のニュースは世界を騒がせた。

人類の祖先が、猿人という形で誕生した

---

11 チャド湖
チャドの西に位置する、ニジェール、ナイジェリア、カメルーンにまたがるアフリカ中央部の巨大な湖だが、近年は灌漑や気候変動により水量が低下し問題となっている。二〇〇二年には、湖周辺で約七〇〇万年前の猿人と推定される頭蓋骨が発見され、話題を呼んでいる。

トゥーマイ猿人の頭蓋骨（複製）を手にして　© UNESCO

のは八〇〇万年前と言われている。それ以前の類人猿から枝分かれして猿人が生まれたと考えられているが、人類の進化の歴史には、まだまだ解明できていないミッシング・リンク[*12]が少なくない。新たな発見によって、謎が明らかになっていく過程は、大変、喜ばしい。

　この頭蓋骨を見学するため、首都ンジャメナの国立博物館に足を運んだ。しかし、残念ながら、頭蓋骨は、発見者のフランスの考古学者が本国に持ち帰って研究していた。実物には触れられなかったが、本物そっくりの複製を手にしたことには感慨深いものがあり、忘れられない。

　チャドの政治に本当の意味での安定が訪れるためには、スーダンのダルフール問題が最終的に解決する必要がある。とはいえ、独立からデビー大統領が登場するまでの三〇年間は、内戦に次ぐ内戦、また、内戦に至らないまでも、北部と南部の対立を背景に、クーデター未遂事件は頻繁に起こっていた。そのような時期に比べれば、デビー氏が大統領に就任してからの二〇年は政治の安定化が図られてきた。

　デビー大統領の下で、今後ますます民主化を進めてもらいたい。かつ、南北合体を推進する方向で地域対立が解消されるような和解の政治を実現してほしいと思う。また、ダルフール問題がチャドにできるだけ飛び火しないようにと願っている。

12　ミッシング・リンク　生物の進化や系統を考えるうえで、化石生物の存在が推測されるのに発見されていない間隙のこと。「系統」を鎖に見立てた言葉。

Central African Republic

中央アフリカ共和国

中央アフリカ共和国（Central African Republic）

面積	62万3000平方キロメートル（日本の約1.7倍）
人口	442万人
首都	バンギ
自然	内陸の国。南はコンゴ盆地、北はチャド湖の低地に続く。中央東西は、標高600～900メートルのサバナ型の高原台地。北東部の半砂漠には、野生動物が多く生息し、国立公園で保護されている。雨季は、6～10月の間に2回ある。
産業	ウラン、金、石油、鉄鉱石の地下資源を有し、ダイヤモンドが輸出の50%を占める。ほかに木材、ゴム、コーヒー、綿花を輸出。工業は、木材加工、織物など。農業は、キャッサバ、ヤマイモ、バナナ、トウモロコシを栽培。
民族グループ	バンダ族、バヤ族、サラ族、ヤコマ族、サンゴ族、バカ族、ピグミー族他
言語	サンゴ語（公用語、国語）、フランス語（公用語）
宗教	カトリック25%、プロテスタント25%、伝統的宗教35%、イスラム教1%

＊　＊　＊

1968年、日本に中央アフリカ大使館が設置されるが、92年に閉館。一方、日本側も、74年に首都バンギに大使館を置くが、2005年に閉鎖。以来、在カメルーン大使館が兼轄している。日本からの主な輸出は乗用自動車、タイヤ、貨物自動車、自動車部品、鉄鋼板。中央アフリカからの輸入は木材、ダイヤモンド。

一・初代ダッコ大統領の誕生

中央アフリカは文字通りアフリカ大陸の中央部、コンゴ共和国の北に位置する内陸国である。赤道の若干、北に位置し、フランスの植民地時代は赤道アフリカの一員だった。国土は日本の約一・七倍（約六二万三〇〇〇平方キロ）。南部は熱帯雨林地帯、北部はサバンナ地帯である。人口は四四二万人（二〇〇八年）、首都はバンギに置かれている。

アフリカ大陸のほぼ中央に位置する「マノヴォ＝グンダ・サン・フローリス国立公園」[*1]はチャドとの国境地帯にあり、ユネスコの世界遺産（自然遺産）に登録されている。広さは一万七四〇〇平方キロ。三つの異なる環境――北部の広大な氾濫原、南部の砂岩質の険しいボンゴ山地、そして、その中間のサバンナ――に大別され、さまざまな生物が生息している。特に、オーク川に沿った地帯は、三二〇種類にも及ぶ鳥類の楽園として知られている。しかし、密猟や公園を管理する職員の銃殺事件などによって、一九九七年、危機遺産リストに登録された。現在も、観光は停止した状態だ。

中央アフリカは、基本的には農業国だが、ダイヤモンド等の鉱物資源にも恵まれている。しかし、一九六〇年の独立から五〇年近くたった現在も、政治は安定していない。さらに自然環境が厳しいため、経済も低迷したままで、一人当たりの国民総所得（GNI）は四一〇ドル（二〇〇八年）とアフリカでも最も貧しい国のひとつである。自然環境が厳しく、経済も低迷という意味では西アフリカのニジェールに似ている。しかし、同国は九九年以来、タンジェ大統領の下で政治は安定化の方向に向かいつつある。中央アフリカでは二〇〇五年にボジゼ[*2]第四代大統領が就任して政治はようやく落ち着きを見せ始めているが、まだまだ安定したとは言えない状況だ。

中央アフリカは中部や西アフリカに存在する他のフランス領植民地と同じように一九五八年にフランス共同体の枠内で自治権を獲得し、次いで六〇年八月に完全な独立を達成した。黒アフリカ社会発展運動（MESAN）の支持を得て、初代大統領に

1　マノヴォ＝グンダ・サン・フローリス国立公園
中央アフリカ共和国の北部に位置する国立公園。南のボンゴ高原、北のオーク川に挟まれる。氾濫原やサバンナ、ボンゴ山地など豊かな植生に恵まれており、一九八八年に自然遺産として世界遺産に登録された。九七年には危機遺産にも登録されている。

2　ボジゼ
（一九四六〜）
フランソワ・ボジゼ。出身はガボン共和国。青年期に中央アフリカの陸軍士官養成学校に通い、同国で少尉、中尉、大尉に昇進。以後も准将、防衛相、情報文化相を歴任した。二〇〇三年、パタセ政権にクーデターを起こし、第四代目の大統領に。

就任したのは、弱冠三〇歳のダヴィッド・ダッコ氏[3]だった。就任の直後から独裁的な傾向を強め、六一年一月には憲法を改正してMESANの一党体制を確立、大統領の任期も五年から七年に延期した。六四年一月の大統領選挙には唯一の候補者として立候補し、再選された。

ダッコ大統領は、当初、親フランス路線を敷いた。そのため、他の旧フランス領アフリカ諸国と同様、多くのフランス人技術顧問を置いていた。しかし、次第に彼らを追いやり、自国の人材の起用を進めるとともに公務員の数を大幅に増やした。その結果、財政破綻が生じ、公務員給与の支払いが滞ってフランスの補助金に頼る状況に陥った。その結果、ゼネストを引き起こすなど社会不満を招いた。

その頃、外務省経済局中近東課（英文名では中近東・アフリカ課）に勤務していた。一九六五年に遡るが、ある国内の紡績メーカーが、七〇〇万ドルに上る繊維機械を日本輸出入銀行の延べ払いで中央アフリカに輸出する契約が策定された、という報告を受けた。同国が綿花の生産国であり、また、ダッコ大統領の下で行政機関での自国の人材起用が急速に進んでいることを知っていたので、新しい実績をつくるうえで重要な案件だと思った。

というのも、当時、旧フランス領のアフリカ諸国は、対日貿易に通常の三倍の関税を課しており、事実上、日本製品はほとんど輸入禁止されていたからだ。そこで、この契約の説明に来た紡績メーカーの人たちを元気づけ、繊維機械の輸出成功を願ったが、フランス側から横槍が入り、最終的には中央アフリカ政府が承認しなかった。そのとき改めて、フランスが旧フランス領アフリカ諸国に対し、政治及び軍事面にとどまらず経済面においても、独立後も引き続き強いグリップを持っていることを認識させられた。

しばらくして、フランスのメーカーが同じような繊維機械を中央アフリカに輸出す

3　ダヴィッド・ダッコ
（一九三〇〜二〇〇三）
教育者であったが、一九五五年、黒アフリカ社会発展運動（MESAN）に入党し、政治家へ。五九年、フランスの支援を受け、三〇歳にして初代大統領に就任。六五年、従兄弟で国軍参謀総長のボカサによるクーデターで政権を追われる。八一年の大統領選で再び大統領となるが、同年の国軍参謀総長アンドレ・コリンバのクーデターによって失脚。

ることになったと聞いたが、その後、紡績工場が操業を開始した気配がないところをみると、おそらく計画はどこかで挫折したのだろう。

二・「黒いナポレオン」と「フランスの傀儡」政権

一九六〇年はアフリカ諸国の独立が相次ぎ「アフリカの年」と呼ばれた。アフリカの将来に明るい展望が示されたものの、六七年にトーゴで起きた軍事クーデターの影響がアフリカ各地に広がり、民主的な選挙で選ばれた大統領も独裁的な傾向を強めるようになった。その結果、六〇年代後半から八〇年代後半までの二〇年ほどは、アフリカにとって暗い時代となった。

中央アフリカでは、一九六六年一月にダッコ大統領の従兄弟にあたるボカサ[*4]参謀総長がクーデターを実行し、ダッコ政権を倒して軍事政権を樹立した。大統領に就任したボカサ氏は七二年、終身大統領を宣言。また、七六年一二月に中央アフリカを帝政の下に置くとして、中央アフリカ帝国と国名を変えた。翌年には、一九世紀にナポレオン一世が皇帝に就任した時の戴冠式に真似て絢爛豪華な儀式を行い、ボカサ一世と称した。この儀式に国家予算の四分の一に当たる六五億円を注ぎ込み、「黒いナポレオン」の異名を取ることになったのである。

しかし、アフリカ最貧国の一つである中央アフリカでの派手な戴冠式と、ウガンダのアミン将軍の奇行は、欧米の新聞で大々的に、面白おかしく報道され、国際社会におけるアフリカのイメージを著しく傷つけた。また、フランスのジスカールデスタン[*5]大統領がボカサ皇帝から巨大なダイヤモンドを贈られたと、一九八一年の大統領選挙直前に雑誌「カナール・アンシェネ」で報じられ、再選に大きな痛手を受けたとされている。

一九七九年九月、フランスは中央アフリカに軍事介入し、ボカサ政権を倒して共和

4　ボカサ
（一九二一〜一九九六）ジャン＝ベデル・ボカサ。初代大統領のダッコは従兄弟。クーデターでダッコ氏を打倒し、第二代大統領の座に就き、一九七六年には国名を「中央アフリカ帝国」と改称。自ら皇帝となる。リビアを訪問中、フランスによる無血クーデターがおき、帝政は廃止。亡命先のフランスから帰国後、逮捕された。

5　ジスカールデスタン
（一九二六〜）ヴァレリー・ジスカールデスタン。フランス大統領。二代大統領のジョルジュ・ポンピドゥのもとで経済財務大臣を務めた。ポンピドゥが急死すると一九七四年に大統領選に出馬、当選。

制を復活した。そして、前大統領のダッコ氏を大統領に再び就任させた。ボカサ皇帝の失脚に対しては国民のみならず国際社会も大歓迎したものの、この事件は旧フランス領のアフリカ諸国は形のうえでは完全独立を達成しながら、いざという時はフランスによる政権交代があり得ることを象徴づけることになった。実際、フランスは経済的に支持すると同時に、政治面でも旧フランス領アフリカ諸国の命運を握っていたのである。

話は前後するが、中央アフリカは一九六八年六月、東京に大使館を設置した。その後、中央アフリカ大使は「日本側も、ぜひわが国の首都バンギに大使館を開設してほしい」と外務省に対し強硬に申し入れてきていた。七〇年代前半には外務省の北米局北米一課の首席事務官（課長に次ぐポスト）を務めていたので、アフリカ問題には全く関与していなかったが、毎週、開かれていた首席事務官会議でこの話を聞いた。

日本も中央アフリカに大使館を設置する方向で考えているという報告だったが、わたしは一九六〇年代の上ヴォルタ[*6]（現在のブルキナファソ）の例を引き、異議を唱えた。論旨は以下のようだったと記憶している。

「日本に大使館を開設するのは、日本からの経済技術協力に期待しているからなのであって、その期待に十分応えられないのであれば、日本大使館をバンギに設けても中央アフリカ側は落胆するに違いない。まずは、この点について真剣に検討すべきである」

結局、一九七四年一月、バンギに日本大使館が設置された。しかし、予想した通り日本の対中央アフリカ経済技術協力は進展しなかった。というのは、アフリカでは東アフリカの旧イギリス領であるケニア、タンザニアおよびウガンダに対し、日本は優先的に資金協力を開始したばかりだったからである。七〇年代の日本には、アフリカで分け隔てなく経済技術協力を展開するだけの力は、まだなかった。

一九九〇年代に入って日本もようやくアフリカの国々に対し、貧困対策を前提にし

6　上ヴォルタ（現在のブルキナファソ）の例
一九六二年、日本からの技術・資金協力を期待した上ヴォルタは東京に大使館を開設したが、当時の日本からは成果を得ることができず、四年後に大使館は閉館となった。

て満遍なく援助できるようになったが、中央アフリカは九二年一二月、二〇年近く開設していた東京の大使館を閉鎖した。東京に大使館を置いておく経済上のメリットはないという結論が下されたのだろう。

バンギに開設された日本大使館も二〇〇五年一月に閉鎖された。在カメルーンの大使館が中央アフリカを担当することになった。

ところが、日本はここ二、三年、アフリカ・サハラ以南[*7]で外交上、重要と思われる国に、毎年、新規に大使館を設置するようになって歓迎されている。近年の日本の国際的地位を勘案すれば、まさに時宜を得た措置と思われる。

中央アフリカの政治の動きに話を戻すと、一九八一年三月の大統領選挙ではダッコ氏が得票率五〇・二三パーセントで辛うじて当選した。しかし、ダッコ大統領返り咲きには、ボカサ皇帝による帝政を廃止するという意味しかなかった。抜本的な改革を打ち出せないままに、「フランスの傀儡」とまで揶揄されたダッコ大統領の対仏依存政策に批判が高まっていった。

大統領選から半年後の一九八一年九月、コリンバ[*8]参謀総長による軍事クーデターが起こった。現地のフランス軍司令官は本国政府の了承を得ないまま同参謀総長を支援したと言われている。八六年一一月、国民投票によって承認された憲法に基づき大統領選挙が実施され、同参謀総長は六年の任期をもって大統領に選ばれた。

三、初の民主的プロセスでパタセ大統領選出

一九八六年の憲法では複数政党制は成文化されていなかったが、九〇年代に入り、アフリカ大陸で広がった民主化の波の影響を受けて、中央アフリカでも複数政党制の確立を求める声が高まった。そして、九一年七月には憲法改正によって複数政党制が明文化された。翌九二年、大統領選挙が行われたが、後に無効となり、九三年八月に

---

7 サハラ以南
サハラ砂漠より南の地域をさす呼称。かつてのヨーロッパ人は、この地域を「未開の地」であるとして「暗黒大陸」と呼んだ。「ブラックアフリカ」「サブサハラ」とも呼ばれる。

8 コリンバ
(一九三五〜)
フランス軍に入隊、のち中央アフリカ共和国軍の参謀総長に。その後、一九九三年まで大統領を務めた。

改めて大統領選挙が実施された。当選したパタセ氏[9]は、中央アフリカで初めて民主的な選挙の下に選ばれた大統領といっていいだろう。

公務員だったパタセ氏は次第に頭角を現し、ダッコ政権で大臣のポストに就いた。さらにボカサ政権でもいくつもの大臣職を歴任、最後は首相のポストに収まった。一九八一年三月の大統領選では三八パーセントの支持を得たが、ダッコ氏に及ばず二位に終わった。しかし、この選挙は公正に欠けた選挙だったと言われており、にもかかわらず、パタセ氏がそれだけの支持を得たということは、その時点で国民の強い支持を受けていた証ともいえる。パタセ氏は、六年後の九九年九月の選挙でも再選された。

パタセ大統領は北部出身であるが、ダッコ大統領はじめそれまでの大統領は全て南部出身だった。そのため、政府関係機関の枢要なポストは南部出身者で占められていたが、パタセ大統領の登場によって主要ポストは北部出身者に入れ替えられた。南部出身者はこれに反発、軍の一部が幾度も反乱を企てたが、南部出身のボジゼ准将とフランス軍が反乱を抑えることに成功した。パタセ大統領は、ボジゼ准将を軍の参謀総長に据えた。

しかし、大統領の二期目は国民的にも受けが悪かった。北のリビア軍や南のコンゴ民主共和国の反乱軍なども中央アフリカの軍事クーデターに参画するようになり、非常に複雑な様相を呈するようになった。そういうなかで、パタセ大統領はボジゼ参謀総長の忠誠を疑うようになり、二〇〇一年一〇月にボジゼ参謀総長を罷免し、逮捕しようとした。ボジゼ氏はチャドの北に逃れ、政府軍とボジゼ氏を支持する反乱軍との間の戦いが始まった。チャドがボジゼ氏の反乱軍を支持したことから、パタセ大統領はチャドのイドリス・デビー[10]大統領を中央アフリカの政治に介入しているとして厳しく非難した。

二〇〇三年三月、パタセ大統領がニジェールでの会議に参加している間に、ボジゼ

9 パタセ
(一九三三〜二〇〇三)
アンジュ・フェリクス・パタセ。複数政党制の下、一九九三年、大統領に就任。北部出身者であり、それまで権力の中枢を握っていた南部出身者と対立。二〇〇二年にリビアとコンゴ民主共和国の支援を受け鎮圧に成功。しかし、二〇〇三年の外遊中にフランソワ・ボジゼによるクーデターで失脚。

10 イドリス・デビー
(一九五二〜)
ハブレ氏のもとで参謀長を務めたが、同氏と対立。スーダンに亡命。リビアなどの支援により反政府組織「愛国救済運動」(MPS)を結成。一九九〇年、帰国、暫定大統領に。九六年、〇一年、〇六年と当選を重ねた。

氏の率いる反乱軍が首都バンギを占拠、パタセ大統領は中央アフリカに帰国できない事態になった。そして、現在もなおトーゴに滞在中である。

ボジゼ元参謀総長は軍事政権を樹立、二〇〇三年九月に「国民対話」を実施した。さらに、〇四年一二月には、国民投票によって新しい憲法を採択した。新憲法に基づいて〇五年の三月から五月にかけて行われた大統領選挙ではボジゼ元参謀総長が勝利し、中央アフリカ第四代大統領が正式に誕生したのである。ちなみに、選挙で選ばれなかったボカサ氏は、ここではカウントしていない。

四. ボジゼ大統領との会談

わたしはアフリカ大陸にある独立国五三カ国を全て訪問することを目標にしている。しかし、軍人政権下の国は原則として訪問しない方針だ。したがって、中央アフリカでも民主的な選挙で大統領が選ばれる日を、長い間、待っていた。

ボジゼ大統領が誕生したので、早速、訪問を申し入れたところ、「ぜひ来てほしい」と、大統領からお招きを受けたので、二〇〇六年一月、同国の土を踏むことができた。これで訪問したアフリカの国の数は五一カ国となった。また、ユネスコ事務局長として同国を訪問したのは一九八三年のエンボー事務局長（前々任者）以来、二三年ぶりであった。

ボジゼ大統領からは「国民の和解と国の再建を旨として国造りを進めたいと思っている。教育および文化を中心として、ユネスコの協力を得たい」という真摯な要望があったので、わたしは「鋭意、期待に応えていきたい」と即答した。

長年の政治の混乱の結果、教育制度は根底から構築し直す必要があるということだった。また、文化については「国の統一のために、確固たる文化政策を立てたい」という理念をお持ちだった。

2006 年 1 月に目にした無形文化遺産「ピグミーの歌と踊り」
© UNESCO

　訪問中、楽しい思い出となったのは、ユネスコの無形文化遺産の「傑作」として宣言された[11]「アカ・ピグミー族の歌と踊り」（二〇〇八年、[12]無形文化遺産に登録）を見るために、同国南西部の森の奥深くを訪ねたことだ。

　村では、ピグミーの人たちによる複雑な多声合唱と勢いある手拍子とともに踊る儀式で大歓迎を受けた。子どもたちも大人に交じって、見よう見まねで参加している姿が印象的だった。同国の社会変化によって、彼らの生活様式も少なからず影響を受けているという。世代から世代に受け継がれてきた無形文化を、何とか守りぬいてほしいと痛切に思った。

　ボジゼ大統領とは、二〇〇八年五月に横浜で開かれた第四回[13]アフリカ開発会議（ＴＩＣＡＤ）でも再会した。

　二〇〇八年後半から〇九年にかけて、中央アフリカでは国民和解に向けての動きが起きた。〇八年六月、近隣ガボンの首都リーブルビルで、同国のボンゴ大統領の仲介によって、中央アフリカ政府と鎮静化していなかった二つの反乱軍との間で和平協定

11　アカ・ピグミー族の歌と踊り
ピグミーとは、成人男子の平均身長が一五〇センチ未満の民族の総称。中央アフリカ南西部に住むアカ・ピグミー族は、アフリカ大陸の他の地域にも類のない声楽的伝統を育んでいるため二〇〇八年に無形文化遺産に登録された。四声部からなる極めて複雑な対位法による多声音楽が特徴。

12　無形文化遺産
一九九九年、無形文化遺産保護のためにユネスコ執行委員会で正式決定された「人類の口承および無形遺産の傑作宣言」（通称・無形文化遺産）。伝統芸能や音楽のほか、言語、舞踊、演劇、風習、祭礼、儀礼などが認定対象とされる。

13　アフリカ開発会議（ＴＩＣＡＤ）
アフリカの開発をテーマとする国際会議。一九九三年以降、日本政府が主導し、国連や国連開発計画（ＵＮＤＰ）及び世界銀行などと共同で開催している。五年に一度の首脳級会合に加え、閣僚級会合なども開催し、二〇〇八年五月には横浜で四回

が調印されたのである。一二月には、バンギで和平協定の実施についての和解会議が開かれた。その会議の議長を務めたのが、ブルンジの前大統領ブヨヤ氏だった。

この国民和解会議を踏まえて、ボジゼ大統領はただちに新しい内閣づくりに動いた。そして、二〇〇九年一月、反政府勢力のみならず、かつての反乱軍及び市民社会の代表も加えた内閣を誕生させた。

かねてから面識があり新内閣で文化、スポーツ及び青年担当大臣になったチンガス氏が二〇〇九年四月、ボジゼ大統領からの伝言を携えてパリのユネスコ本部を訪れた。チンガス氏は、かつて教育大臣をつとめたこともある。

「国民和解内閣を形成し、今後、全国的な規模で国の再建を進めたい。そのための鍵となるものは教育制度の改革であり、さらに文化、特に有形・無形の文化遺産の保護が国民和解には重要だと思われるので、ユネスコの支援を引き続き得たい」

民主的に選ばれたボジゼ大統領は、国民和解内閣を形成した。国民和解の一層の進展によって、同国の政治安定と経済再建に着実な前進がもたらされることを期待している。

目となるＴＩＣＡＤ Ⅳ（第四回アフリカ開発会議）が開催された。通称は日アフリカサミット。

Republic of Equatorial Guinea

赤道ギニア共和国

赤道ギニア共和国（Republic of Equatorial Guinea）

面積	2万8057平方キロメートル（北海道の約3分の1）
人口	65万人
首都	マラボ（ビオコ島に位置する）
自然	首都は大陸内にはなく、ギニア湾西部とビアフラ湾との境に浮かぶビオコ島にある。北部には、最高峰である火山のマラボ山（標高3,008メートル）がそびえる。アフリカ大陸に位置するムビニは海岸低地と、内陸の低い丘陵を有し、高温多湿の熱帯雨林気候に覆われる。
産業	石油が主。サブサハラ諸国の中では、ナイジェリア、アンゴラに続く第3位。そのほか天然ガスや木材、コーヒーなどの農工業が盛ん。キャッサバ、サツマイモ、バナナなどを栽培するが食糧は輸入に依存している。
民族グループ	ブビ族、ファン族、コンベ族、ベレンゲ族等
言語	スペイン語（公用語）、フランス語（第2公用語）、ファン語、ブベ語
宗教	キリスト教99%、伝統宗教

＊　＊　＊

二国間の条約や取決はないが、経済援助を通じて、友好・協力関係を維持している。石油や原油を主とする対日輸出額は、1,175億円。対日輸入は、11.3億円で掘削用機械、蒸気タービン等（2008年 貿易統計）

一・独立とマシアス・ンゲマ大統領の恐怖政治

赤道ギニアは、アフリカ大陸で唯一スペインが支配した旧植民地である。一五世紀に大航海時代[*1]を迎えたヨーロッパはアフリカやアジアに植民地を開拓していったが、スペインはもっぱら新大陸アメリカでの領土獲得に野心を燃やしていたからだ。一八世紀後半にポルトガルとスペインがブラジルの領有権を巡って争った後、スペインはブラジルをポルトガルに譲る代わりに、ポルトガルはカメルーンとガボンに挟まれた自国領土の一部とギニア湾に浮かぶビオコ島を初めとする五つの島をスペインに割譲するという条約が成立した。スペインに割譲された領土が現在の赤道ギニアである。

国の総面積は北海道の三分の一程度の赤道ギニアは、大陸部と五つの島から成っている。首都マラボは、大陸部ではなく、火山島のビオコ島の北部にあるが、大陸を領有した国で首都が島に置かれた国は世界的にも珍しく、赤道ギニアとデンマークしかない。国名は、赤道直下に位置することに由来すると言われるが、実際には大陸部分を含めて赤道よりも若干北にある。

ポルトガルの植民地時代は奴隷貿易の中継地として栄えたものの、もともとは木材やカカオなどの一次産品に頼る貧しい地域だった。もっとも、西アフリカ深海に眠る天然資源に欧米諸国が着目していたなか、旧宗主国スペインも植民地時代にギニア湾、特に赤道ギニアで血眼になって長年探し回ったが見つからなかった。しかし、一九八〇年代に油田探査技術が進んだ結果、アメリカの大手石油会社によって大規模な油田が確認され、九二年にビオコ島の沖合いで原油・天然ガスの生産が始まった。さらに新たな油田の発見も相次ぎ、石油が赤道ギニアの主要な輸出品となったことで飛躍的な経済成長を続けるが、石油権益をめぐる国内外での動きも問題になっている。これについては後で触れたい。

さて、独立に関しては「後発組」と言えるだろう。というのも、一九五〇年代から

1　**大航海時代**
一五世紀の中ごろから一七世紀の中頃まで行われたヨーロッパ人によるアフリカ大陸、アメリカ大陸、アジア大陸などへの海外進出をいう。大きな目的に植民地獲得があった。主に、スペイン、ポルトガルなどの西南欧州国によって始められた。

他のアフリカ諸国で続々と〝宗主国離れ〟の気運が高まっていたのに対し、赤道ギニアでは五九年、住民すべてに宗主国スペインから市民権が与えられたり、スペインの国会に代表を送る権利を認められたからだ。しかし、そうしたスペインの同化政策に反発した民族主義者たちが隣国のガボンやカメルーンで組織した独立運動は次第に広がりをみせ、赤道ギニアも六三年にスペインから自治権を獲得、六八年には完全な独立を達成した。

初代大統領に就任したのは、独立運動を推し進めたメンバーの一人、マシアス・ンゲマ氏[*2]だった。しかし、就任すると全政党を統合した政党を創設して自ら党首となり、七二年、終身大統領を宣言、七三年には大統領に絶対権力を集中させる新憲法を制定するなどして完全な独裁体制を固めた。対外的には〝鎖国政策〟にも似た入国制限を設け、政治犯の大量処刑や国民の大半を占めていたカトリック教徒を弾圧した。七六年には、悪化の一途をたどっていた経済政策の変更を求めて集会を開いた政治家や上級公務員が投獄され、大統領の側近だった閣僚が獄中で撲殺されるなどの恐怖政治へと発展した。国民は近隣国への脱出を図ったため、独立当時一二〇万人だった人口は半分以下に減少、現在も約六五万人程度（二〇〇八年）である。

一一年間続いた独裁体制に終止符が打たれたのは七九年、大統領の甥オビアン・ンゲマ中佐[*3]による軍事クーデターだった。直後にマシアス・ンゲマ氏は軍事法廷にかけられ、処刑された。

二．オビアン・ンゲマ第二大統領の誕生

クーデター後に軍事政権を成立させたオビアン・ンゲマ中佐は、海外に大量亡命した国民の信頼を回復することを課題に掲げて一九八二年、新憲法の下で民政への移行を決め、大統領に選出された（任期七年）。もっとも、その後もクーデター未遂事件は度々

---

2 マシアス・ンゲマ（一九二四〜七九）初代大統領。同国が独立する直前の一九六八年に就任。以後、七二年には終身大統領を宣言するなど独裁政治を行った。これにより、国民の半数以上が国外へ脱出した。七九年に甥のオビアン・ンゲマ率いるクーデターで打倒された。

3 オビアン・ンゲマ（一九四二〜）テオドロ・オビアン・ンゲマ。赤道ギニア民主党（PDGE）の指導者。一九七九年に叔父のマシアス・ンゲマによる独裁政権を倒し、大統領に。以後、五度の選挙に勝ち現職。

起こり、オビアン・ンゲマ大統領の政治も独裁へと傾いていったが、八九年に行われた初の大統領選挙で再選された。ちなみに候補者は同氏のみだった。

一九九三年、複数政党制を認めた新憲法の下で議会選挙が実施された。新憲法では大統領の任期は七年と定められているが、再選回数に関する規定はない。九六年と二〇〇二年に行われた大統領選挙では、他の候補者も建前としては認められていたが、野党のボイコットを決め、対抗馬なくしてオビアン・ンゲマ大統領は再選され、依然として強面の政治スタイルを貫いた。

赤道ギニアは人口が少ない上に、冒頭でも触れたように突如として産油国となったことから、膨大な富を求めて様々な人間が入り込んできている。また、急激な金満化はとかく諸外国からジェラシーの対象になり易い。二〇〇四年には石油の利権に絡んで大統領追放を企てたサイモン・マン元英国特殊空挺部隊SAS隊員など外国人傭兵部隊によるクーデター未遂事件が起きた。マンは収監されていたジンバブエから拉致されて赤道ギニアの裁判にかけられ、禁固三四年と罰金の実刑判決を受けビオコ島の監獄に収監されている。余談になるが、同クーデターにはサッチャー[*4]元英国首相の息子も関わったとして逮捕されたが、南アで行われた裁判では罰金刑に留まった。

石油権益の大半を占める欧米政府の関与が増大するなか、治安の悪化も指摘され、油田を確保している各社は武装警備体制を強化している。イラクで悪名をはせた米国系民間警備会社ブラックウォーター社も支店を開設するなど、欧米系の民間企業は、赤道ギニアの〝すきま産業〟に関心を寄せている。

三、ユネスコ事務局長としての訪問

赤道ギニアを訪れたのは、二〇〇七年一月になってからである。外務省勤務時代を含めて、それまでにアフリカ大陸の独立国五三カ国のうち五一カ国を既に訪問してい

---

4 サッチャー
（一九二五～）
イギリス初の女性首相（一九七九～九〇）。保守主義を信奉し「鉄の女」と呼ばれた。社会福祉予算の削減、国営企業の民営化などで労働側と対決、対ソ強硬路線をとった。

たわたしにとって、赤道ギニアは五二カ国目にあたった。残っているのは、治安上の理由でなかなか訪問できないソマリアだけである。

日本製品や日本政府の開発援助がアフリカ大陸でかなり行き渡った現在、アフリカの国々を訪れれば、何かしらの形で日本の存在感というものを感じるのだが、赤道ギニアでは様子が違った。二〇〇五年になってようやく日本の商社が赤道ギニアで産出される石油やガスの権益取得に参加するようになったが、現地で多数を占める中国人やフィリピン人等を中心とするアジア人コミュニティーに比較しても、日本のプレゼンスは依然として低い。

訪問時の赤道ギニアは石油景気の最中で、バタ市もマラボ市も建築ブームであった。世銀の統計では、一人あたりの国民総所得(GNI)は二〇〇六年に八五一〇ドル、二〇〇七年に一万二八六〇ドル、二〇〇八年には一万四九八〇ドルと急増し、アフリカ大陸で断トツ一位の座を獲得した。ただし、石油や天然ガスの採掘以外に見るべき産業はなく、二〇〇四年時点ではGNIで一位、二位を誇っていたセイシェルやモーリシャスの街並みや家などの生活水準と比べると、国全体としてはまだ貧しい国という印象を受けた。

それでも石油のお蔭で経済が潤い、毎年高い経済成長率を達成しているのみならず、対外関係も改善の兆しが見られている。アメリカとの関係が冷却して赤道ギニアのアメリカ大使館は一九九五年に閉鎖されていたが、二〇〇三年には再開され、〇四年にはンゲマ大統領が訪米して対米関係の改善に努めた。現在ではアメリカ人に対して渡航ビザも免除されるまでになり、アメリカは石油確保の一環として赤道ギニアを非常に重視するようになっていることは現地でも感じられたことだ。

わたしはまず大陸部にある赤道ギニア第二の都市バタを訪れ、その後、ビオコ島にある首都マラボへ赴いた。バタ市にある官邸でまずオビアン・ンゲマ大統領と会談をし、大統領主催の夕食会に出席した。大統領はフランス語を流暢に話されたので、会話は終始フランス語で通していた。しかし、同席していた閣僚達はみな、大統領とはスペイン語で言葉を交わしていた。赤道ギニアはスペイン領であっただけに、国内での公用語はスペイン語になっている。しかし、一九八五年、経済的な枠組みである旧フランス領のアフリカ諸国を中心にしたCFAフラン圏（中部アフリカ経済通貨共同体）[*5]に加入、九七年にはフランス語を第二公用語と制定するなどフランスとの関係を強化したため、旧宗主国のスペインとの関係をぎくしゃくさせる結果を招いたのである。

オビアン・ンゲマ大統領は絶対的な権力を有していることは、側近の態度を見ていてもよく分かった。会談時には、サロンで大統領と向き合う形で座り、わたしの横には同行者二人がいたが、大統領の横の椅子には誰も座っていなかった。もっとも、同じ部屋には政府関係者二人がかなり離れたところに座していたが、誰なのか分からなかった。そのうちに、二人のうちのひとりが大統領に呼ばれてやってきたのだが、それは首相であった。首相でさえも、大統領に呼ばれない限り、大統領の近くに席を取れないということが驚きだった。

会話がだいぶ弾んだところで、大統領からこう尋ねられた。

「ところであなたはどこの国の出身ですか?」

このような質問を外国の首脳からされたのは初めてだった。しかし、日本であると答えても、あまり日本についての会話を進めるような雰囲気ではなかった。実はオビアン・ンゲマ大統領は、二〇〇六年一〇月に初めて日本を公式訪問している。お会いしたのは、その三カ月後だったが、大統領に日本訪問の感想を伺ってみても、あまり反応がなかった。そこで、ユネスコに話題を変えたところ話題が弾んだ。

大統領は教育と文化について関心が高かった。「国造りの基礎は教育にあり、教育への経済的援助は惜しまずに力を入れていきたい」と述べられ、そのノウハウについて

---

5 中部アフリカ経済通貨共同体（CEMAC）
中部アフリカ地域発展のための経済統合体。相互協力と関係強化を目的にカメルーン、ガボン、チャド、赤道ギニア、中央アフリカ、コンゴ共和国の六カ国が加盟し、共通のCFAフラン通貨を使用する。

特に、小学校前の幼児教育と高等教育の段階でアドバイスを受けたいと言われた。また、ユネスコを訪問したいと希望されたので、二〇〇七年一〇月に開かれるユネスコ総会でのスピーチをお願いすると非常に喜ばれた。

四．エイズ対策等について「ユネスコ賞」の設立

その約束どおり、オビアン・ンゲマ大統領は二〇〇七年一〇月のユネスコ総会の主賓のひとりとしてパリにお迎えし、スピーチをしていただいた。その中で、「アフリカにおいてはエイズ対策、マラリア対策、また、文化の多様性が重要であり、この三分野での研究を進めて成果を上げてもらいたい」と前置きをされた上で、研究者に対する特別な賞を設けたいという提案があった。それを受けて、ユネスコからは専門家を派遣し打ち合わせを進めた。

ユネスコが授与する「賞」を設けるにあたっては、まず事務的な検討を事務局で行い、その上で執行委員会に提案して委員会の了承を得ることになっている。オビアン・ンゲマ大統領が三〇〇万ドルの寄付を申し出た賞については、二〇〇八年一〇月の執行委員会に提案する運びとなった。大統領も賞の設立を楽しみにされていたようで、執行委員会の直前の九月末、国連総会が開かれていたニューヨークの国連本部の建物の中で大統領に偶然お会いすると「ユネスコ賞の設立をよろしく」と、力強く握手をされた。

実はこの賞は「ユネスコ・オビアン・ンゲマ賞」[*6]と名づけられることになっていたのだが、ンゲマ大統領にあまり良いイメージを抱いていない欧州諸国は賞の設置にすぐ賛成しなかった。赤道ギニアで現在は多数政党制が認められているとはいえ、実際には野党は様々な弾圧を受けていることは確かである。野党もまた、選挙が民主的に行われていないことを理由に政治に参加していない事情があり、結果的には一党独裁

6 ユネスコ・オビアン・ンゲマ賞 ユネスコ賞は、加盟国または任意の者により拠出・寄附された資金をもとに、ユネスコの各分野の活動で著名な功績を挙げた個人又は団体に与えられる褒章のこと。二〇〇八年に設立された「ユネスコ・オビアン・ンゲマ賞」は、人々の生活の質の向上に寄与する科学分野で功績をあげた研究者に贈られる。第一回目の受賞式は二〇〇九年一一月に行われる。

制と変わりがない。そのような状況では、ユネスコの中にオビアン・ンゲマ大統領の名前を冠した賞を配するのは政治的に問題があるというわけである。

しかし、アフリカ諸国は一致団結してオビアン・ンゲマ大統領のイニシアティブを強く支持した。そこで、両者の間でいろいろな折衝が行われた結果、以下のような妥協案が成立した。つまり、執行委員会としては「ユネスコ・オビアン・ンゲマ賞」の設立を認める決定を行い、その決定後に欧州諸国が「このような賞は政治的に問題があると考える」と声明を発表する、というのである。

欧州社会が、オビアン・ンゲマ大統領に対して好意的でないことはわたしも十分承知していたが、そこまで厳しく糾弾されるとは予想していなかった。わたしが日本国籍であるということも大抵の場合はプラスになるが、先にも述べたように、オビアン・ンゲマ大統領との関係では必ずしもそうではなかった。しかしながら、大統領とはユネスコの話を中心に和気あいあいと話ができる仲になり、赤道ギニアが初のユネスコ大使を任命した背景には、様々なユネスコの活動に関わっていくなかで国際社会との関係改善を図りたいとする大統領の意気込みがみてとれた。

そこでわたしもあえてユネスコ賞の設立を推進したのだが、オビアン・ンゲマという名前を冠した賞とする案は最後になって浮上してきたので、ノーとは言いにくかった。他方、エイズ対策等の重要な分野でユネスコ賞はできたものの、欧州諸国の反応からして、両手を挙げて喜ぶわけにもいかなかった。そんな次第で、赤道ギニアとの協力関係は、今後とも同国を取り巻く複雑な政治環境に配慮しつつ、慎重に進めていく必要があると考えている。

Democratic Republic of Sao Tome and Principe

サントメ・プリンシペ民主共和国

サントメ・プリンシペ民主共和国
(Democratic Republic of Sao Tome and Principe)

面積	960平方キロメートル（東京都の約半分）
人口	16万人
首都	サントメ
自然	ギニア湾に浮かぶ火山島。サントメ島とプリンシペ島からなる。首都があるサントメ島の北東部や南東部の平地とは海岸段丘でつながっている。最高峰は、ピコデサントメ山（標高2,024メートル）。熱帯雨林気候で高温多湿。
産業	農業国でカカオの輸出量が80%以上を占める。輸入品目の1位は食糧品と、諸外国に依存する。近年は海底油田の開発に着手し、今後は原油や石油産業が国を支える切り札として期待されている。
民族グループ	バンツー系及びポルトガル人との混血
言語	ポルトガル語
宗教	キリスト教

＊　＊　＊

現在のところ、在留邦人、在日当該国人（2007年10～12月末調べ）はともにゼロ。日本の経済協力は高く評価されており、今後は友好・協力関係が期待される。日本の公館は現在、ガボン大使館が兼轄。日本からの輸出は自動車、自動二輪車等。サントメ・プリンシペの輸入はカカオ豆、コーヒー等。

一．独立とダ・コスタ初代大統領の誕生

サントメ・プリンシペは、ガボンの西三〇〇キロのギニア湾に浮かぶ二つの火山島、首都のあるサントメ島とプリンシペ島から成る島国で、面積は東京都の約半分（九六〇平方キロ）だ。人口は一六万人。一人当たりの国民総所得（ＧＮＩ）は一〇二〇ドル（二〇〇八年）とアフリカで最も貧しい国のひとつだ。古くは、カカオ豆とサトウキビを輸出していたが、世界的な指標から見てサトウキビの栽培は必ずしも利益に結びつかないため、次第にカカオ豆の栽培に特化し、現在、同国の輸出の九〇パーセントはカカオ豆によって占められている。

西アフリカに点在する他のポルトガルの旧植民地と同じように、サントメ・プリンシペにも一五世紀から一六世紀にかけてポルトガル人が移住し、一五二二年にポルトガルの植民地となった。当初、サトウキビ栽培のためにアフリカ本土から連れてこられた奴隷たちは、一七世紀後半からはカカオ栽培の強制労働に駆り出された。

ポルトガル本国では一八七六年に奴隷制度は廃止されたが、プランテーションの所有者に与えられた自治権（ローカス制度）[*1]は維持され、白人農場主の下で働く労働者たちは奴隷と変わらぬ扱いを受け続けていた。

一九六〇年代にアフリカ各地で燃え上がった独立運動の気運は、二〇世紀半ばになってサントメ・プリンシペでも高まったが、当時の人口は六万四〇〇〇人あまりに過ぎず、武力闘争が大々的に組織されるには至らなかった。しかし、七四年にポルトガル本国でクーデター後に民主政権が樹立されると、それまで独立運動を進めてきたサントメ・プリンシペ解放運動党（ＭＬＳＴＰ）が交渉の担い手となって独立協定（アルジェ協定）を締結、ポルトガル領の植民地としては、ギニアビサウ、モザンビークに次いで、カーボヴェルデと同じく七五年七月に正式に独立を果たした。

独立と同時にＭＬＳＴＰの設立者ダ・コスタ氏[*2]が大統領に就任し、ＭＬＳＴＰの一

1　ローカス制度
プランテーション所有者に大幅な自治権が与えられた制度。一八七六年にポルトガル本国で奴隷制度が廃止されてからも、同国ではこの制度が続けられ、アフリカ人労働者は強制労働を課せられた。

2　ダ・コスタ
（一九三七〜）
マヌエル・ピント・ダ・コスタ。初代大統領。一九七五年から九一年までつとめた。独裁政権を維持していたが、九一年に民選大統領でミゲル・トロヴォアダに敗れた。

党独裁制を確立した。当初は、他の旧ポルトガル植民地と同様、東側諸国と密接な関係を持っていたが、経済は悪化の一途をたどり、一九八〇年代に入ってから親西欧路線に転換が図られた。MLSTPは、八五年に民主社会党（PSD）と合併、解放運動民主社会党（MLSTP―PSD）と名称を改めた。

二．民主化と政治の不安定化

独立以来、ダ・コスタ大統領の独裁体制が続いていたが、一九九〇年に入って民主化の波がサントメ・プリンシペにも訪れ、同年八月には複数政党制へ移行した。翌九一年一月の総選挙では野党が多数を占めたことを受け、三月の大統領選挙では中道の独立民主行動党（ADI）を率いるミゲル・トロヴォアダ氏[*3]が当選、同国初の政権交代が実現した。

一九九四年一〇月の総選挙では、左派のMLSTP―PSDが第一党を奪回したにもかかわらず、九六年七月の大統領選挙ではADIのトロヴォアダ大統領が再選を果たした。つまり、首相にはMLSTP―PSDの党首、大統領にはADIの党首というコアビタシオン（保革共存）状態になったのである。しかし、二〇〇一年七月の大統領選挙では実業家で外務大臣の経験もある無所属候補のデ・メネゼス氏[*4]が、過去に所属したADIの支援を取り付けてMLSTP党首のダ・コスタ元大統領を破って新大統領に就任。その直後にデ・メネゼス大統領の支援者によって改革勢力民主運動（MDFM）が結成された。

一九七五年から九一年まで大統領職にあったダ・コスタ氏は、九一年と九六年の大統領選挙でADIのトロヴォアダ氏に敗れながらも、返り咲きへの夢を捨てきれずに二〇〇一年にも大統領選にチャレンジしたのだったが、得票率は四〇パーセントで、デ・メネゼス氏の五五・二パーセントに及ばなかった。

3　ミゲル・トロヴォアダ
（一九三六〜）
一九七五年から四年間、同国首相。その後はダ・コスタ初代大統領との関係が悪化し、フランスへ亡命。帰国後、九一年に民選大統領に就任。

4　デ・メネゼス
（一九四二〜）
フラディケ・デ・メネゼス。実業家として活躍した後、外務大臣を経て、二〇〇一に大統領に就任した。〇三年に起こったクーデターで滞在中のナイジェリアに亡命状態となったが、無血で復権した。

トロヴォアダ時代からクーデター未遂事件があったサントメ・プリンシペで、二〇〇三年七月、ついにフェルナンド・ペレーラ率いる一隊による軍事クーデターが成功した。デ・メネゼス大統領はナイジェリアを訪問中だったが、首都サントメに残っていたマリア・ダス・ネイヴィス首相[*5]（女性）ら、数名の閣僚は拘留された。しかし、ポルトガル語諸国共同体[*6]および中部アフリカ諸国経済共同体[*7]（ECCAS）を中心とする国際的な仲介団の労によって、ペレーラ軍事政権は大統領側と交渉、デ・メネゼス大統領とネイヴィス首相の復権を認め退いた。クーデターは無血で終了した。

サントメ・プリンシペの政治が不安定化した背景には、海底油田の発見がある。ギニア湾に位置する同国の沖合いで、近年、数百億バレルとも言われる埋蔵量を誇る油田が見つかったのだ。国際入札でアメリカや中国の石油会社によって油田開発は着手されることになった。生産が開始されるのは、二〇一〇年の見込みだ。

カカオ豆の輸出に頼るしかなかったサントメ・プリンシペの脆弱な経済基盤にとって、海底油田の開発事業は大変に結構なことであるが、利権をめぐって政治が流動化している面もあることは、残念ながら否めない。

三．サントメ・プリンシペ訪問

サントメ・プリンシペを訪問したのは、クーデター未遂事件があった直後の二〇〇四年一月だった。元イギリス領のアフリカ諸国では白人が現地人との間に一線を画していたが、入植したポルトガル人たちは現地に自然に溶け込んだため、国民の大半がポルトガル人と、アフリカ大陸から連れて来られたアフリカ人奴隷の混血の末裔だ。そのような事情もあって、ポルトガルはアフリカに確保した植民地の独立をなかなか認めようとしなかったとも言える。

外国訪問中のデ・メネゼス大統領の代行としてわたしを迎えてくれたネイヴィス首

5 マリア・ダス・ネイヴィス 財務省、アフリカ開発銀行に勤務後、サントメ・プリンシペ解放運動民主社会党（MLSTP－PSD）に所属。二〇〇二年より〇四年まで首相。

6 ポルトガル語諸国共同体 ポルトガル語を公用語とする諸国が、政治、経済、文化の面で協力することを目的に設立された国際協力組織。Comunidade dos Países de Língua Portuguesa（略称・CPLP）。一九九六年に結成され、国家元首会議が二年に一度開催されている。

7 中部アフリカ諸国経済共同体（ECCAS） 一九八一年に中部アフリカ諸国を中心に作られた共同体。加盟国は、赤道ギニア共和国、ガボン、カメルーン、コンゴ共和国、コンゴ民主共和国、サントメ・プリンシペ、アンゴラ、チャド、中央アフリカ、ブルンジ、ルワンダの一一カ国。また、域内の紛争の予防・解決の組織として中央アフリカ平和安全保障委員会（COPAX）が設置される。

世界遺産登録候補にあげられるサントメの旧市街で遊ぶ子どもたち　© UNESCO ／ Pierre Gaillard

相は、まさにそのような混血の典型ともいえる目鼻立ちと小麦色の肌、小柄だが非常にチャーミングな女性だった。軍事クーデターの間、軍事政権による拘留に耐えたという力強さはどこに隠されているのかと思った。

首相のほか関係閣僚も出席した会談の席では、ユネスコが従来から進めている教育関連の協力をさらに強化することになった。また、国家的な統一を図る有効な手段として世界遺産を持つ意味を説明し、世界遺産条約の批准を勧めた。ネイヴィス首相はすぐに、「それなら、ぜひ、かつてのカカオ豆の大プランテーションだったローカ・アゴスディーノ・ネト農園を訪問してください」と反応した。

首相の発言に応じて、首都サントメ[*8]からそう遠くない現地を訪れた。すると保存状態が思いのほかよく感心した。しかし、同時に、ポルトガル人の経営者によって現地の人たちが奴隷のような扱いを受けた大農園を世界遺産にすることへ多少の疑問を持った。その後、同国は、二〇〇六年に世界遺産条約を批准し、現在では同プランテーションより、むしろサントメの旧市街を世界遺産にする方向で検討を進めている。

8　サントメ　同国で最も大きな都市。一六世紀に大聖堂が建てられた。同様に一六世紀に造られたセバスチャン砦は国立美術館になっている。

同国を訪問した直後の二〇〇四年三月、政府の石油契約をめぐる対立から閣僚四人が辞任、九月にはネイヴィス首相もスキャンダルの疑いが浮上して更迭された。デ・メネゼス大統領は内閣を解散、新しい内閣を組織した。

二〇〇六年三月の総選挙では、デ・メネゼス大統領が率いるMDFMが五五議席中二三議席を獲得、同党のダ・ヴェラ・クルス氏が首相に任命された。続いて行われた同年七月の大統領選挙では、MDFMの候補者として立候補したデ・メネゼス氏がトロヴォアダ元大統領の息子パトリス・トロヴォアダ氏を相手に六〇・五八パーセントの高得票率で再選を決めた。

二〇〇九年七月、リビア（シルト）でのアフリカ連合（AU）サミットの際、デ・メネゼス大統領にお会いしたところ、ぜひ、またサントメ・プリンシペにいらしてくださいとの招待を受けた。しかしながら、任期中にはとても訪問できそうもない。

Republic of South Africa

南アフリカ共和国

南アフリカ共和国（Republic of South Africa）

面積	122万平方キロメートル（日本の約3.2倍）
人口	4,868万人
首都	プレトリア
自然	ソレトとの国境付近は、2,000〜3,000 m級のトランスバール山脈が連なる。内陸部は、高原地帯。ナミビア、ボツワナとの国境付近よりカラハリ砂漠が続く。沿岸部、北東部は亜熱帯性気候。ケープ州は、地中海性気候。
産業	19世紀後半のゴールドラッシュ以降、鉱業中心で成長した。国内総生産（GDP）部門別内訳は、農業2.7%、鉱工業30.9%、サービス業66.4%（2006年）。先進国と同様に、第三次産業の割合が高い。農業は、畜業、とうもろこし、柑橘類、その他の果物、小麦、砂糖など。鉱業は、金、ダイヤモンド、プラチナ、ウラン、鉄鉱石、石炭、銅、クロム、マンガン、石綿など。
民族グループ	黒人（79%）、白人（9.6%）、カラード（混血、8.9%）、アジア系（2.5%）
言語	英語、アフリカーンス語、バンツー諸語（ズールー語、ソト語ほか）の合計11が公用語
宗教	キリスト教（人口の約80%）、ヒンズー教、イスラム教

＊　＊　＊

アフリカ諸国のリーダ格。日本との関係も活発。二国間の政治・経済問題ほか、アフリカ開発問題及びグローバルな問題を協議する「日・南ア・パートナーシップ・フォーラム」の第1回会合を1999年1月に開催。以後、回数を重ね、第9回会合は2009年1月に開催された。

一．国際社会に占める重み

南アフリカはアフリカ大陸の最南端に位置する。面積は日本の約三・二倍（約一二二万平方キロ）で、人口は四八六八万人（二〇〇八年）である。その約八〇パーセントを占めるのがアフリカ人で、残りは白人、混血およびアジア系だ。

南アフリカは一九一〇年、形のうえではイギリス国王を元首に戴く英自治領「南アフリカ連邦」として独立したが、三一年には政府の干渉を全く受けない英連邦[1]のメンバーとなった。六一年には英連邦から脱退して共和国に移行、南アフリカ共和国となった。しかしながら、アパルトヘイト[2]の下、全人口の一〇パーセントに満たない白人が支配的な地位を確保し、九〇パーセントを占めるアフリカ人らがその支配下に置かれることになったため、国際的には完全に孤立した。

一九九〇年代に入り、アパルトヘイト政策によって長年にわたり投獄されていたネルソン・マンデラ[3]氏が釈放され、アパルトヘイト関連法が廃止された。九四年四月には新憲法の下で全ての国民が参加した総選挙が実施された結果、翌年五月にはマンデラ政権が成立した。かくして、南アフリカは国際社会に完全に復帰し、アフリカにおいても国際社会においても重要な役割を果たすようになった。

国際社会への復帰から一五年経った今、南アフリカは政治的にも経済的にも、世界で重要な位置を占めている。国連の安全保障理事会の改革との関連で、もしアフリカに新たに常任理事国の椅子がひとつ与えられるとすれば、それは南アフリカとエジプトの間で争われる、と言われている。もっとも、アフリカ連合は二つの椅子を求めることにしている。要求が通れば、これら二カ国とナイジェリアの計三カ国によって争われるものと見られている。

南アフリカの一人当たりの国民総所得（GNI）は五八二〇ドル（二〇〇八年）。国内総生産（GDP）は一国でアフリカ全体の四分の一以上を占めており、アフリカ一

1　英連邦
一九三一年、英国議会で、ウェストミンスター憲章に基づいて発足。イギリスと英植民地だった独立した主権国家の連合で、英国王に忠誠を誓うものの、それぞれが主権を持つ。

2　アパルトヘイト
南アフリカ共和国で一九四八～九四年にわたって運用された人種隔離政策。白人支配者層に差別された非白人（バンツー／アフリカ黒人、カラード／混血、アジア系住民／インド人、パキスタン人等）は、居住地や職業、教育などを厳しく制限された。九四年に完全撤廃された。

3　ネルソン・マンデラ
（一九一八～）
ヨハネスブルグで黒人初の弁護士事務所を開設。一九四四年、アフリカ民族会議（ANC）青年同盟の創設に参加し、五〇年、議長に。反アパルトヘイト運動に尽力したが、六二年、国家反逆罪に問われ、二七年間投獄された。九〇年、アパルトヘイト終結を宣言したデ・クラーク大統領の政権下で釈放された。九五年、大統領に就任。白人と黒人の民族融和に尽力し、

の経済大国と言えよう。天然資源にも恵まれ、金の産出は世界第一位である。ほかにダイヤモンド、ウラニウム、石炭、クロム、ニッケル等が豊富である。したがって同国の経済成長は鉱業の主導によりもたらされたが、近年では、保険を始めとするサービス業の需要が伸び、製造業の割合も高くなっている。

G20サミット[*4]が二〇〇八年一〇月にワシントンで、次いで〇九年四月にロンドンで開かれたが、いずれのサミットにもアフリカから参加したのは南アフリカだけだった。アフリカ経済に果たす南アフリカの役割の大きさを示したといえよう。

二、人類の系譜をたどる

南アフリカは人類の歴史をたどるうえでも重要な位置を占めている。初期人類の発展を示す遺跡がエチオピアと並んで豊富に存在するのだ。

最近の学説によると、人類は約八〇〇万年前に初期人類（猿人アウストラロピテクス）が類人猿と共通の祖先から分かれて誕生したと見られる。発掘された最古の猿人の骨は、チャドの項で述べたように、約七〇〇万年前のトゥーマイ猿人である。その後、アフリカにはいろいろな猿人が出現しているが、南アフリカではヨハネスブルグの近郊のスタークフォンテンに初期人類関係の遺跡がある（ユネスコの世界遺産）。わたしは二〇〇二年九月に、この遺跡を訪れたことがある。

頭蓋骨が発見されている初期人類の猿人アウストラロピテクス・アフリカヌスは、約三〇〇万年以上前にアフリカの南部及び東部に住んでいたとみられている。その後のホモ・ハビリス、また、ホモ・エレクトス関係の骨も発見されており、スタークフォンテンは考古学者にとっては研究対象の宝庫である。現在の人類ホモ・サピエンスも約二〇万年前、やはりアフリカでホモ・エレクトスから誕生し、当初はホモ・エレクトスと共存していたが、次第に駆逐してホモ・サピエンスのみが繁栄したと考えられ

九三年にノーベル平和賞を受賞した。

4　G20サミット
サミット（主要国首脳会議）に参加する先進八カ国（G8／アメリカ合衆国、イギリス、イタリア、カナダ、ドイツ、日本、フランス、ロシア）と、EU議長国、中国、韓国、インド、インドネシア、サウジアラビア、トルコ、オーストラリア、メキシコ、ブラジル、アルゼンチン、南アフリカの、計二〇カ国による財務大臣・中央銀行総裁会議のこと。一九九九年設立。ワシントン、ロンドンでの会合は、グローバルな金融危機の克服を目的に開催されたので「金融サミット」とも呼ばれる。

ている。

　ホモ・サピエンスは、約一万四千年前に氷河時代が終わるとアフリカ各地に拡散していった。もっとも、一部はすでに氷河時代の約一〇万年前からアフリカを出てアジア、さらにはヨーロッパに向かったが、アフリカに残ったホモ・サピエンスも環境に合わせて次第に変貌を遂げて、一万年前には各地域でさまざまなホモ・サピエンスが誕生していたと見られている。

世界遺産のスタークフォンテン　© UNESCO ／ Francesco Bandain

　南部アフリカには、先住民のサン族とコイ族が住みついた。サン族は狩猟と採集の民であり、コイ族は遊牧民だった。そして、両民族とも旧石器時代の生活様式を保っていた。
　しかし、アフリカ中部で勢力をもったバンツー族が紀元後三、四世紀頃から南下を始め、サン族とコイ族を駆逐するようになった。時は流れ、一七世紀にはオランダ人、次いでフランス人、ドイツ人、さらに一八世紀にはイギリス人も入植した。そのためサン族およびコイ族はさらに内陸に追いやられることになった。現在はカラハリ砂漠に住んでいるが、部族として存続の危機にさらされている。

二〇〇二年九月、南アフリカの首都ヨハネスブルグで開催された国連主催の「持続[5]可能な開発に関する世界サミット」に出席した。初日の夜、ムベキ[6]大統領によって晩餐会が開かれたが、食事に先立ち、サン族とコイ族の生活を紹介する映画が上映された。技術の進展は止まることを知らないが、南アフリカの先住民がカラハリ砂漠の中、先祖伝来の文化を細々と保っている状況を紹介した映画は、先住民の文化をどのようにして守っていくかは国際社会にとって大きな課題であると訴えていた。わたしは、このような伝統的な文化を守るために、新しく無形文化保護条約を作成する必要があると強く主張し、アフリカ諸国は支持してくれた。西欧諸国は逆に、強固に反対していたときだけに、意を強くした。

三、南アフリカ連邦の形成

ポルトガルは一五世紀の中頃から西アフリカの金を求めて南下し、続いて奴隷に目をつけた。一四八八年には[7]バルトロウ・ディアスが喜望峰を発見、アジアの胡椒と香料を求めてインド、インドネシア、さらには中国に至る航路の開拓を企て、九八年には[8]バスコ・ダ・ガマが喜望峰を経由してインドの海岸に到着した。しかし、一六世紀に入ると次第にポルトガル帝国の国力は衰え、一五八〇年にはスペインに吸収された（一六四〇年には再独立達成）。

ポルトガルに代わって急速にアフリカへ進出してきたのがオランダであり、次いでイギリスだった。一六五二年、オランダは喜望峰に拠点を築いた。当初、先住民のサン族およびコイ族と共存していたオランダ人は、農業や牧畜に携わるようになるにつれて彼らの土地を奪った。コイ族はヨーロッパ人との戦いや病気により一八世紀初頭までに衰退した。一八世紀に入るとバンツー系の民族が移動してきたため、オランダ人入植者との間で衝突が起きるようになった。

---

5 持続可能な開発に関する世界サミット
二〇〇二年、南アフリカ共和国のヨハネスブルグで開催された、地球環境問題に関する国際会議（通称／WSSD）。一九九二年、ブラジルのリオ・デ・ジャネイロでの「環境と開発に関する国際連合会議」で採択された「アジェンダ21／持続可能な開発（将来の環境や次世代の利益を損なわない範囲内で、環境を利用し、社会発展を進めようとする理念）を実現するための行動計画」を点検し、今後の取り組みを強化する目的で開催された。

6 ムベキ
（一九四二〜）タボ・ムベキ。南アフリカ共和国第一二代大統領。一四歳からアフリカ民族会議（ANC）青年同盟に参加。国外追放となり、イギリスへ渡り、サセックス大学で経済学を学ぶ。旧ソ連、ボツワナ、ナイジェリアで亡命生活を送り、その間も反アパルトヘイト活動を継続。一九九〇年に帰国し、九四年、副大統領に。九九年、大統領に就任。地域の紛争解決に尽力し、アフリカ独自の発展を目指す「アフリカン・

一九世紀にイギリスがケープ地方に進出すると、オランダ系の住民（アフリカーナ人）は奥地に移動せざるを得なくなり、バンツー系の民族との衝突が激化した。さらに、イギリス人もケープ地方を植民地化すると奥地への侵入を開始し、今度はイギリス人とアフリカーナ人が衝突した。しかし、イギリス人は基本的にケープ地方を中心とした海岸地帯にとどまることになり、一九世紀の半ばには、内陸でアフリカーナ人が形成したトランスバール共和国とオレンジ自由国（いずれも、後に南アフリカの中核地帯となる）をイギリス政府も認めるようになる。この二つの国では、白人とアフリカ人の間に完全な差別が設けられていた。また、アフリカーナ人がバソトランド（現在のレソト）およびベチュアナランド（現在のボツワナ）を吸収しようとしたところ、イギリスはこれに反対、一九世紀後半、いずれも自国の植民地とした。

　イギリスの支配するケープ地方とアフリカーナ人の二つの共和国との関係が悪化し、両者間で二度にわたる戦争（南アフリカ戦争）[*9]が勃発したのは、一九世紀末から二〇世紀の初めにかけてのことだった。当初はアフリカーナ人の共和国側が優勢だったが、イギリスは五〇万人の軍を投じてアフリカーナ人の軍隊を徹底的に打ち破り、一九〇二年、南アフリカ全体に対する支配権を獲得した。

　以上のような経緯をたどって、一九一〇年、大英帝国内の主権国家として南アフリカ連邦は独立した。英国国王を元首としながらも、南アフリカ連邦は独自に首相を選出し、首相が行政権を行使した。国旗は、のちにマンデラ政権が誕生するまで、オランダ国旗の中にイギリス、オレンジ自由国、トランスバール共和国の国旗を含めた複雑な図柄が用いられた。

　独立した年に南アフリカ連邦初の総選挙が行われたが、選挙権は白人にしか与えられなかった。内陸部ではアフリカーナ人が、ケープ地方を中心とするイギリス系の白人を、数のうえでは圧倒的に上回っていたため、初代首相にはアフリカーナ系のボー

ルネッサンス」を唱えた。

7　バルトロウ・ディアス
（一四五〇頃～一五〇〇）
ポルトガルの航海者。ポルトガル国王ジョアン二世の命で、伝説のキリスト教徒の王の国「プレスター・ジョンの国」とアジアへの交易路を求め、アフリカ西海岸を南下。一四八八年にヨーロッパ人として初めてアフリカ南端に到達した。

8　バスコ・ダ・ガマ
（一四六九頃～一五二四）
ポルトガルの航海者。ポルトガル国王マヌエル一世の命を受け、香辛料入手を目的にインド航路を開拓した。一四九七年、リスボンを出航し、アフリカ南岸を経て、九八年、ヨーロッパ人で初めてカリカットに到達した。

9　南アフリカ戦争
イギリスとオランダ系住民（アフリカーナ）の国、トランスバール共和国、オレンジ自由国との戦争。ダイヤモンド、金をめぐりイギリスが侵略。一八九九年、両国は宣戦を布告。一九〇二年、降伏し、ともにイギリスの植民地となった。

タ氏が就任した。

四．アパルトヘイト政策と国際的孤立への道

南アフリカ連邦では、同じ白人の間でも、アフリカーナ人とイギリス人との間には対立があった。しかし、数に勝るオランダ系が次第にアフリカーナの文化を強調するようになり、それがアパルトヘイト（アフリカーンス語で「分離」の意）政策の先駆けとなった。

一九五〇年代から六〇年代にかけて、それまで事実上、存在していたアパルトヘイト政策を白人政権は逐次、法制化し、非白人、なかんずく黒人に対して厳しい差別を課すようになった。アフリカ人指導者によって一二年に設立されたアフリカ民族会議[*10]（ANC）は、当初、平和的な活動に専念していたものの、アパルトヘイトを終わらせるためには暴力に訴えるしかないと考える指導者らが台頭してきた。

白人側と非白人側の暴力的な対決の契機となったのは一九六〇年三月に起こった「シャープビル事件」だ。一六歳以上の黒人に身分証の携帯を義務づけたパス法（五二年成立）に反対するパン・アフリカ人会議（PAC）による平和的なデモに対して白人警官が発砲、アフリカ人側に六九人の死者、一八〇人以上の負傷者を出した。それに伴いANCも軍事組織を設け、白人政権の警察、軍事、政府関係施設を襲撃した。軍事組織の司令官を務めたのがANC副議長のネルソン・マンデラ氏だ。同氏は六二年八月に逮捕され、終身刑を言い渡された。その後、九〇年に釈放されるまでの約二八年間を獄中に送った。

アパルトヘイト政策を、より一層、過激な方向に法制化していったのは、一九五八年から八年間、首相を務めたヘンドリック・フルウールト氏[*11]だった。氏はいまなおアパルトヘイトの構築者とされている。当初、フルウールト氏は英連邦内にとどまるつ

10　アフリカ民族会議（ANC）　一九一二年、黒人の権利擁護を目的に結成された南アフリカ原住民民族会議が後に改称。六〇年に非合法化されたが、九〇年に合法化された。九四年、全人種参加の総選挙で第一党となり、当時のマンデラ議長が大統領に就任した。

11　ヘンドリック・フルウールト（一九〇一～六六）オランダに生まれ、宣教師の父とともにケープ・タウンに移住。大学教授、新聞紙編集長を経て、四八年、上院議員。五〇～五八年、原住民問題担当大臣を務め、人種差別政策を施行。五八年、首相となり、アパルトヘイト政策を推し進めた。

もりだったが、アパルトヘイトに対しての世界の批判が高まったため英連邦からの脱退を決めた。一九六一年五月、南アフリカ連邦は国民投票を経て共和国に移行した。

アパルトヘイト政策の下で、それぞれの民族は明確な住み分けが義務付けられていた。白人は都市の中心部、アジア人や混血は郊外、アフリカ人は南アフリカの中に設けられたバンツースタンと呼ばれる複数の地域に居住させられた（実際には、都市の郊外にもアフリカ人はかなり住んでいた）。南アフリカにとってのジレンマは、産業の中核を占める鉱業における労働力を主にアフリカ人に頼っていたことだ。多くのアフリカ人は、毎日、バンツースタンから鉱山へ遠距離移動しなければならなかった。

五．初めての訪問、国連での動き

南アフリカを初めて訪問したのは、一九六四年一〇月のことだった。ガーナ勤務時代に、現地の新聞等を通じてアパルトヘイト政策下の南アフリカの情勢はフォローしていたので、ぜひ一度、この目で現状を確認したいと思っていた。日本に帰国後、運良くアフリカ出張の機会があったので、直接は担当していなかった南アフリカにも立ち寄ることにした。

学生だった一九六〇年の夏、アメリカ南部を旅行した。その時、南北戦争から一〇〇年を経過してもなお南部においては白人と黒人の間に完全な平等が確立されていないことに驚いたことがあった。しかし、南アフリカのアパルトヘイト政策は、アメリカでみた黒人差別とは比較にならない非人道的なものであることを目の当たりにした。

当時、日本は南アフリカと外交関係を持っていなかったが、総領事館を置いていたので館員に車で町を案内してもらった。町の中核は完全な白人の町で、郊外にある黒人の住宅街は、アメリカの大都市にあるスラム街以上にひどい状況だった。

南アフリカは国連の一連の制裁を受けて国際的に孤立していたが、日本との関係を重視した南アフリカの白人政権は、日本人には「白人の地位」を与えていた。一方、アジア人は非白人という位置づけだったため、同じアジア人でありながら特別待遇を受けた日本人社会は微妙な立場に置かれていた。たとえば、バスは、白人用と非白人用に分かれていた。日本人は白人用のバスに乗ることが許されていたものの、しばしば白人の運転手から「お前は、非白人用のバスに乗れ」と追い出されたという。

一九五〇年代に入ると、国連の総会や安全保障理事会で、アパルトヘイト政策が取り上げられるようになった。六〇年のシャープビル事件は安全保障理事会で厳しく批判され、国連総会は一連の対南アフリカ制裁を採択、同国との外交関係を禁止する条項も含まれていた。七四年、南アフリカは国連総会のメンバーシップを停止され、アパルトヘイトは人類に対する犯罪であるという決議までされるに至った。

そのような状況を背景に、一九七八年に首相の地位についたピーター・ボータ氏[*12]は、基本的にはアパルトヘイト政策の強い信奉者でありながら、政策の周辺事項では多少の変更が必要だと考えた。そのため、八三年に制定した新憲法のひとつの目玉に、白人だけの議会に加えて、アジア人からなる議会および混血からなる議会の開設を据えた。とはいえ、南アフリカ全体に関わる事柄は、引き続き白人議会がコントロールした。また、首相のポストを廃止し、大統領に行政権を持たせた。改正点は白人社会から認められ、ボータ氏は新しい憲法の下で大統領に就任した。

一九八〇年代の後半、世界の東西関係は大きく動いた。きっかけとなったのは、八八年五月から六月にかけてモスクワで開催された米ソ首脳会談（レーガンとゴルバチョフによる会談）である。会談の結果、ナミビアに対し、ソ連は反乱軍側に武器を与えないこと、キューバは軍隊を引き揚げること、南アフリカもナミビアに対する支配をやめること、それまでは国連の監視下で選挙を行うこと——を内容とする、南ア

12 ピーター・ボータ
（一九一六～二〇〇六）
オレンジ自由国一九八四～八九年、大統領を務めた。人種差別緩和策をとりながらも、黒人暴動には弾圧を強化したので国際社会から非難を浴びた。アパルトヘイト政策の緩和が白人右翼の反発を買い、八九年、大統領を辞任。

フリカ・キューバ・アンゴラの三者合意が八八年一二月、ニューヨークで調印された。ボータ大統領としては、東西冷戦の雪解けの流れを受けて、ナミビアの支配権を譲らざるを得なくなったのであった（ナミビアの項参照）。

一九八九年一月、ボータ氏は軽い心臓麻痺を患い、一時、政治から引退することを表明した。しかし、同氏が期待した形では後任選びが進まず、結局、教育大臣を務めていたフレデリック・デ・クラーク氏[*13]が白人政党の長に選ばれた。ボータ氏は当初、大統領職を退くことを拒否したが最終的には妥協し、八九年九月、デ・クラーク氏が大統領に選出された。

六．アパルトヘイト政策の終焉とマンデラ大統領の誕生

デ・クラーク大統領は就任後初の演説で「ANCの活動の解禁」「ネルソン・マンデラ氏の釈放」「アパルトヘイト政策の廃止」を発表した。もっとも、デ・クラーク氏はボータ政権では教育大臣などを務め、アパルトヘイト政策を批判する側とは必ずしも見られていなかった。だからこそ、白人政党国民党の党首としてボータ氏の後継に選ばれたのである。

しかし、同氏も、全人口の一〇パーセントに満たない白人が、アパルトヘイト政策の下に国民の九〇パーセントを弾圧し続けることは不可能であると思っていたに違いない。従って、白人、黒人、アジア人が共存できる南アフリカを作っていきたいと、国の将来像を高らかに打ち上げたのである。

ネルソン・マンデラ氏は、二八年におよぶ獄中生活から解放され、一九九〇年二月に釈放された。同氏は獄中にあっても法律関係の勉強を怠らず、ロンドン大学から法学士の資格を得た。獄中にありながら、八一年にはロンドン大学の学長候補の一人に指名されるほど優秀だった（選挙ではアン王女に敗れた）。九一年、マンデラ氏はAN

13 **フレデリック・デ・クラーク**（一九三六〜）ヨハネスブルグ生まれのアフリカーナ。一九八九年、大統領に。ネルソン・マンデラを釈放し、アパルトヘイトの全廃に大きな役割を果たした。九三年、マンデラとともにノーベル平和賞を受賞。

C大会で党首に選ばれると、早速、デ・クラーク大統領と多民族国家を原則とする憲法制定に向けて交渉を始めた。交渉は容易ではなかったが、九三年一一月、「一人一票」の原則に基づく民主的な憲法をつくることで合意をみた。

同憲法に基づいて一九九四年四月、初めて民主的な選挙が行われた。マンデラ氏の率いるANCは得票率六三パーセントで第一党となり、デ・クラーク氏率いる白人政党国民党は二六パーセントとそれに続いた。翌年五月には、マンデラ氏が新しい南アフリカの初代大統領に選ばれた。副大統領には、同氏が獄中生活を送っていた間、海外でANCの活動を進めてきたムベキ氏が就任した。デ・クラーク氏も副大統領になったが、国民党は九六年に政権から離脱、同氏は副大統領を辞任した。

新生南アフリカの新しい国旗の色数は世界の国旗のなかでも最も多い六色だ。あらゆる民族のハーモニーを象徴するもので、レインボーフラッグ（虹の旗）と呼ばれる。アフリカ人を表す黒、白人を意味する白のほか、アフリカン・カラーともいわれる緑（農業）、黄（天然資源）、赤（独立のために流された血）、青（空）が使われている。国歌には五つの言語が用いられ、多様な文化への配慮がうかがえる。国旗、国歌ともに、アパルトヘイト政策によって蹂躙されてきた人権の回復を、国が一丸となって目指したことを端的に表している。

マンデラ氏の自伝『自由への長い道』には、幼少時代から獄中生活、釈放後のデ・クラーク氏との交渉について詳述され、九四年五月に大統領に就任したところで終わっている。最も興味深かったのは、新憲法作成のためのデ・クラーク氏との交渉の経緯だ。獄中生活が長期に及んだマンデラ氏は、白人社会に対して妥協的になっているのではないかというANCの一部指導者の疑念を払拭するため、安易な妥協はできなかった。他方、デ・クラーク氏も現実的な見地からアパルトヘイト政策に終止符を打ったものの、白人社会の権利を憲法上も確保することを主目的としていたので、両者間の交渉は難航したのである。

マンデラ氏は一九九三年、デ・クラーク氏とともにノーベル平和賞を受賞し、世界的な著名人の仲間入りをした。九五年に国賓として日本を訪問した際には大歓迎を受けた。南アフリカは、マンデラ政権下でイギリス連邦への再加盟を果たすとともに、二〇年ぶりに国連に復帰。アフリカ統一機構[*14]にも参加し、完全に国際社会の一員に復した。九四年に大統領に就任した時点で既に七七歳であったマンデラ氏は、一期五年を務めたなら引退するとかねてより宣言しており、後継者としてムベキ副大統領を指名していた。

七．マンデラ氏との会談

一九九八年一〇月に第二回アフリカ開発会議[*15]（TICAD）が東京で開かれた際、ユネスコ事務局長選の運動の一環として一時帰国し、小渕恵三[*16]総理と各国首脳（特にユネスコ執行委員会のメンバー国）との会談に出席した。マンデラ大統領は既に引退宣言をしていたのでムベキ副大統領が参加しており、立ち話ができた。選挙に関しては、良い印象を与えることができたと思った。

一九九九年六月、南アフリカでは二回目の議会選挙が行われた。ムベキ氏の率いるANCは、前回を上回る六六パーセントの得票率で第一党の地位を維持し、議会は同氏をマンデラ氏の後継者として大統領に選出した。

突然だが、ケープタウンの北にロビン島と呼ばれる島がある。この島は四〇〇年間、病院として利用されてきたが、のちに白人政権は政治犯を収容する刑務所を開設した。ネルソン・マンデラ氏も最初の一八年間、同島に収容された。多数の反アパルトヘイト闘士が収容されていたこともあり、島はアパルトヘイト政策による弾圧を象徴する存在である。マンデラ政権の下で世界遺産条約を批准した南アフリカは、ロビン島を

14　アフリカ統一機構（OAU）
かつて存在した国際組織。国連憲章と世界人権宣言を尊重。アフリカ諸国の統一と連帯を促進し、人民の生活向上のための相互協力・調整、国家の主権と領土を守り、独立の擁護、新植民地主義と闘うことが目的で一九六三年に発足。二〇〇二年にアフリカ連合へ発展した。

15　アフリカ開発会議（TICAD）
アフリカの開発をテーマとする国際会議。一九九三年以降、日本政府が主導し、国連や国連開発計画（UNDP）及び世界銀行などと共同で開催している。五年に一度の首脳級会合に加え、閣僚級会合なども開催し、二〇〇八年五月には横浜で四回目となるTICAD Ⅳ（第四回アフリカ開発会議）が開催された。通称は日アフリカサミット。

16　小渕恵三
（一九三七〜二〇〇〇）

元首相。官房長官、自民党幹事長、外務大臣等を歴任後の一九九八年、第八四代内閣総理大臣に就任。在任中に脳梗塞に倒れた。

2005年7月12日、ヨハネスブルクにあるネルソン・マンデラ財団を訪れ、マンデラ氏をユネスコ親善大使に任命した　©UNESCO／Debbie Yazbek

同国の世界遺産第一号とすべくユネスコに提案した。しかし、技術的審査を実施する国際記念物遺跡会議（ＩＣＯＭＯＳ）は、島にある牢獄の建物を実際的な見地から評価し、登録について「ノー」の結論を下した。

この案件が、京都会議[*17]（一九九八年一二月）に提案されたとき、世界遺産委員会の議長を務めていたわたしは、アパルトヘイト政策下の弾圧の歴史に鑑み、こう提案した。「ロビン島は、奴隷貿易の象徴的な存在になっているセネガルのゴレ島と同じように、政治的な見地から、世界遺産として登録すべきでしょう」。これが委員会に受け入れられ、会場も満場一致で支持してくれた。こうして、ロビン島は南アフリカの世界遺産第一号となった。

翌年、ユネスコ事務局長に就任してのち、マンデラ氏が獄中でユネスコの出版物を読み、元気づけられたというエピソードを耳にした。同氏には、ぜひユネスコ親善大使（人権担当）になってもらいたいと、南アフリカ政府を通じて要請書を送ったところ、

17　京都会議
一九九八年一二月の第二二回世界遺産委員会京都会議。古都奈良の文化財の正式登録のほか、三〇件の登録が審査された。

快諾を得た。親善大使は、ユネスコの重要なミッション遂行を助けていただくため著名人にお願いをしている制度だ。本来は、マンデラ氏にパリのユネスコ本部にお越しいただき任命式を執り行うところであるが、高齢であることもあり南アフリカに出向くことにした。

二〇〇五年七月、南アフリカのダーバンで開かれた世界遺産委員会の開会式でスピーチした後、ヨハネスブルグを訪れ、マンデラ氏が主宰するネルソン・マンデラ財団[18]の事務所で親善大使任命式を行った。一九一八年生まれの同氏は、八七歳の誕生日を迎える直前であった。杖を手に持っておられたが、全体としては、とてもお元気そうで、終始にこやかに会談に臨んでくれた。

冒頭、お誕生日のお祝いと、ユネスコが重視している人権問題担当の親善大使を引き受けてくれたことへの御礼を伝えた。マンデラ氏も「ユネスコが、かねてより人権重視を推進する国際機関であることはよく知っているので、そのユネスコに人権の分野で協力できるのは大変嬉しい」と話された。ロビン島が南アフリカの世界遺産第一号に登録されたときのエピソードを紹介したところ、とても喜んでくれた。

二〇世紀を代表する一〇人が選ばれるとすれば、その一人に必ず入るであろうマンデラ氏とお会いできたことは、非常に嬉しい出来事だった。

八　マンデラ氏引退後の南アフリカ

二〇〇四年四月、南アフリカで三度目の議会選挙が行われ、ANCが約七〇パーセントの支持を得て勝利し、議会ではムベキ大統領が再任された。

ムベキ大統領と三度目にお会いしたのは、三カ月後の七月、アディスアベバ（エチオピア）で開かれたアフリカ連合[19]（AU）サミットに特別ゲストとして招待された折のことだ。AUがわたしのユネスコ事務局長再選支持を決めたときで、会場でムベキ

18　ネルソン・マンデラ財団
ネルソン・マンデラ元大統領の提唱により、二〇〇三年に設立された、HIV／エイズ患者の支援団体。通称「46664」。マンデラ氏は一九六四年、四六六番目の受刑者としてロビン島に投獄された。その年号と番号を連ね、その時の経験から、「HIV／エイズ患者にも生きる権利がある」という思いが込められている。有名アーティストや著名人の協力でチャリティーコンサートなどを開催、資金援助や支援活動を行っている。

19　アフリカ連合（AU）
アフリカ統一機構が、発展改組して発足した。本部はエチオピアのアディスアベバ。アフリカの一層高度な政治的経済的統合の実現及び紛争の予防解決への取組強化のための地域統合体である。アフリカ諸国と諸国民間の一層の統一性及び連帯性の強化、アフリカの政治的経済的社会的統合の加速化、アフリカの平和と域内紛争や独裁政治の根絶、安全保障及び安定の促進、民主主義原則と国民参加統治の促進、持続可能な開発の促進、教育及び科学等での協力、グ

大統領から「おめでとう」と声をかけられ、こちらからも再選された大統領に祝福の言葉を伝えた。

二〇〇五年一一月にテュニス（チュニジア）で開かれた第二回世界情報社会サミット[*20]（ＷＳＩＳ）のセミナーの席でもお会いすることができた。ともに、やはり特別ゲストに招かれたのだ。「ユネスコにとり新しい情報技術の活用は重要ですが、それ以上に大切なことは、そのような技術を通じて得た情報を知識として活用していくことです。そういう意味で、このサミットでも『知識社会』の樹立を提唱しています」と述べたところ、ムベキ大統領は直ちに同意してくれた。

ムベキ大統領は、国際的には活躍を続けていたが、ＡＮＣにおける地盤は決して安泰ではなく、ジェイコブ・ズマ氏[*21]との間で常に権力闘争があったようだ。ズマ氏は、ムベキ大統領が誕生した一九九九年に副大統領に就任、若者や女性に絶大な人気があった。しかし、汚職がらみの疑惑が浮上して二〇〇五年一一月、辞任に追い込まれた。それでもズマ氏派は、一連の汚職の疑いはムベキ一派がでっち上げたものだと非難し、〇七年一二月のＡＮＣ大会では党首の座を巡って激しく対立した。その結果、ズマ氏が勝利し、ムベキ氏はＡＮＣ党首の座を奪われることになったのである。

ズマ一派は、二〇〇八年九月、ムベキ大統領に任期途中にしての辞任を求めた。それを受けてムベキ氏は〇九年四月までの任期満了を待たず、〇八年九月に辞任した。国民議会では、ＡＮＣの副総裁モトランテ氏を大統領に選んだが、あくまでも〇九年四月の大統領選挙までのつなぎ役としての大統領という前提であった。

二〇〇八年一二月には国防大臣などを務めたレコタ氏がＡＮＣを脱退し、新しい政党である国民会議（ＣＯＰＥ）を結成した。新党のメンバーは、ズマ党首のＡＮＣを良しとしなかったムベキ支持者が中心だった。マンデラ氏の下では一枚岩であったＡＮＣが、ズマ派とムベキ派に分離したと言える。しかし、ムベキ氏自身はＡＮＣの中

ローバリゼーション時代におけるアフリカ諸国の国際的な地位向上、等を目指している。

20 世界情報社会サミット（WSIS）
情報通信分野での初めての国連サミット。目的のひとつは、発展途上国のインターネットへのアクセス環境の充実を図ることで世界の情報格差を縮小することにあった。二〇〇三年、〇五年の二回に分けて開催された。

21 ジェイコブ・ズマ
（一九四二〜）
一九九九年、タボ・ムベキ政権で副大統領に就任。二〇〇五年、汚職事件で罷免されたが、〇七年、ANC議長選挙でムベキを抑えて当選し、〇九年に大統領となる。

にとどまった。というのも、ANCはアパルトヘイト政策と闘ったアフリカ人の政党であり、ムベキ氏にとって政敵ズマ氏の下に置かれようとも信条的に脱退できなかったのであろう。

ズマ氏に対する一連の汚職の疑惑については、二〇〇九年四月、検察当局が汚職容疑は追及しないと発表したが、国民の間ではさまざまな批判も起こった。しかし、同月実施された議会選挙では、ズマ氏が率いるANCがほぼ六六パーセントの支持を得て圧勝。一方のCOPEは票が伸びず、一〇パーセント程度の支持を獲得するに留まった。

選挙の結果は、COPEの結成がANCに打撃を与えず、疑惑などよそにズマ氏は若者や女性などを中心に大変な人気を保っていることを裏付けた。

ちなみに、野党民主連合（党首はケープタウンの市長を務めるドイツ系のヘレン・ジーレ氏）は票を伸ばし、一六パーセントの支持を得た。同連合は、白人票だけでなく、混血、さらには一部の黒人の票も獲得したと言われている。

二〇〇九年五月、新しい議会でANC党首のズマ氏がアパルトヘイト撤廃後の第四代大統領に就任。ネルソン・マンデラ氏、ムベキ氏、モトランテ氏に続き、ズマ氏は今後五年間、アフリカ一の経済大国であり政治的発言権も増しつつある南アフリカの大統領を務めることになったのである。副大統領にはモトランテ氏が就任した。

二〇〇九年七月のリビア（シルト）でのアフリカ連合サミットでズマ大統領に初めてお会いした。同氏は常ににこにこしており、親しみの持てる人だった。若者や女性に人気があるのも成程と思った。

二〇一〇年、アフリカ大陸では初めてのFIFAワールドカップ[*22]が開催される。アパルトヘイト時代には国際大会から締め出されていた南アフリカが、民主化に伴って一九九二年に復帰、二〇〇四年五月、チューリッヒ（スイス）の理事会で南アフリカ

22　FIFAワールドカップ　国際サッカー連盟（FIFA）が主催する国別対抗の世界選手権大会。四年に一度、開催される。二〇一〇年六～七月に開催される南アフリカでの大会は一九回目。三二チームが頂点をめざす。

での開催が決まったとき、会場にいたネルソン・マンデラ氏は感激して涙したという。南アフリカは、財政事情や治安の面でまだまだ諸問題が山積しているが、人種差別撲滅を掲げるワールドカップが同国で開催される意味合いは大きい。これまでになく世界が注目している大会だけに、ぜひとも成功させてもらいたい。

Kingdom of Lesotho

レソト王国

レソト王国（Kingdom of Lesotho）

面積	3万平方キロメートル（日本の九州の約0.7倍）
人口	201万人
首都	マセル
自然	南アフリカ共和国に囲まれる地形の国。国土の大半をドラケンスパークの山々で占める。山岳地帯では冬になると雪が降ることがあり、“南アフリカのスイス”とも呼ばれる。10～4月が夏季で雨が多い。
産業	農業（メイズ、ソルガム、小麦）、牧畜業が中心であるが、南アフリカ共和国への出稼ぎ労働者も多い。輸出入は7割を南アフリカに頼る。
民族グループ	バソト族
言語	英語（公用語）、ソト語
宗教	大部分がキリスト教

＊　＊　＊

1966年の独立と同時に日本は承認。近年は、駐日レソト大使が着任し、日本への要人の来訪が活発になっている。日本のレソトに対する貿易額は、輸出1.62億円、輸入1.24億円（2007年：財務省貿易統計）。日本からは繊維機械や自動車を輸出。一方、レソトは日本へ衣類等を輸出する。

一．独立にいたるまで

レソトは四方を南アフリカ共和国（南ア）に囲まれた飛び地のような国である。南アには、もうひとつ、同じように飛び地になったスワジランド王国が存在する。同国は、南北と西側の国境が南アフリカと、東側の国境はモザンビークと接している。

レソトの面積は、約三万平方キロと日本の九州をひと回り小さくしたほどだが、それでもスワジランドの二倍近い。人口も二〇一万人（二〇〇八年）と、やはりスワジランドの倍ほどもある。

レソトには南アフリカの先住民族サン族が住んでいたが、バソト族（バンツー系）の侵入によってサン族はすっかり追いやられてしまった。現在、レソトにサン族はいない。バソト族の団結は強い。他のバンツー系部族の侵入を受けながらも、レソトが山岳地帯に位置していることもあって、酋長の下に戦い、生き残ってきたのである。

一九世紀に入り、南アフリカに移住しアフリカーナと呼ばれた白人たち（オランダ系）は、当時、勢力を伸ばしてきたイギリス人によって海岸地帯から内陸部に追われ、バソト族の住む地域（「バソトランド」と呼ばれるようになっていた）にも侵入した。このため、アフリカーナとバソト族の間で激しい戦いがあった。バソト族がイギリスの支援を求めたため、バソトランドは一八四三年、同国の植民地となった。

イギリスはバソト族の伝統を受け入れ、国内政治は基本的に首長たちによって構成される民族評議会によって執り行うことを認めた。宗主国との共存に成功したバソト族は、一九一〇年、南アフリカが、南アフリカ連邦として独立する際、バソトランドを自国に吸収したいとイギリスに働きかけたとき、これに強く反対した。その結果、バソトランドは南アフリカ連邦に吸収されることなくイギリスの植民地のまま残った。それが幸いして、アパルトヘイト[*1]政策が南アに住む黒人たちを苦しめている間、レソトの人々はイギリスの植民地として、さらには独立国として、アパルトヘイト政策に

---

1 アパルトヘイト
南アフリカ共和国で一九四八〜九四年にわたって運用された人種隔離政策。白人支配者層に差別された非白人（バンツー／アフリカ黒人、カラード／混血、アジア系住民／インド人、パキスタン人等）は、居住地や職業、教育などを厳しく制限された。九四年に完全撤廃された。

よる弊害を、直接的に受けることはなかった。

しかし、アパルトヘイトの影響がレソトになかったわけではない。同国の経済基盤は農業と牧畜に依存しているため、隣国の南アに出稼ぎの場を求める人々も多かったからだ。アパルトヘイト時代、彼らも南アでは同国のアフリカ人同様、厳しい差別を受けた。

一九九四年、南アフリカでマンデラ政権が誕生した後、レソトは南アとの政治関係をようやく樹立できるようになった。現在でもレソトの男性就業人口の五分の二が南アの鉱山や農場に出稼ぎに出かけており、就業先からの送金に頼っている国民は多い。また、輸出入の七割は南アを相手国としており、レソトの経済は南ア経済に大きく依存しているのが現状だ。

レソト経済にとってもう一つの大きな収入源は観光だ。観光客の多くは南アフリカからやってくる。しかし、近年、レソトでもエイズが蔓延し、成人の感染率が二〇パーセントを超えるようになったことから、観光客が減って経済的な打撃を蒙っている。

それでも、アフリカ第一の経済大国である南アフリカとの経済的なつながりによる恩恵は大きい。一九八六年には、水資源や水力発電による電力を南アに供給する「レソト・ハイランド・ウォーター・プロジェクト協定」を同国と締結、建設業の活性化とともに電力輸出が本格化する見込みだ。ちなみに、レソトの一人当たりの国民総所得（ＧＮＩ）は一〇八〇ドル（二〇〇八年）と、同じ南部アフリカのマラウィの四倍に達している。

二．独立と独立後の政治的混乱

バソトランドは一九五四年にイギリスから自治権を獲得した。六〇年には首長層と選挙で選出された議員によって構成される立法審議会、行政審議会が開設された。立法審議会は独立を求めて憲法草案を作成、イギリスはこれを認め、六六年、バソトランドはレソト王国（国王はモシェシェ二世[*2]）として独立を達成した。「レソト」とは、バソト族が用いているソト語で「ソト語を話す人々」の意味だ。

イギリスからの独立は、流血の事態が生じることもなく順調に実現した。しかし、独立後の政治は、かなりの混乱を来すことになった。独立の一年前に作成された憲法によれば、立憲君主制が採られ、国王は国家元首ではあるが、立法権は議会にあり、議会が任命する首相に行政権が与えられて内閣はつくられる。これに従って、一九六六年、初めての総選挙が実施され、バソト国民党（ＢＮＰ）が第一党になった。独立後初の首相にはＢＮＰ党首ジョナサン[*3]氏が就任した。

しかし、政治的実権を握ろうとする国王モシェシェ二世とジョナサン首相とは常に緊張関係にあった。一九七〇年の総選挙では、野党のバソト会議党（ＢＣＰ）が勝利を収めそうになると、首相は総選挙の結果を受け入れずに緊急事態を宣言、憲法を停止、モシェシェ二世は一時、海外に亡命した。その後も、ジョナサン政権は総選挙を行わず、不安定な政治状況が続き、同政権は八六年、軍事クーデターにより倒された。軍事政権は、形の上では行政権及び立法権を国王モシェシェ二世に与えることにし、実際には軍事政権がこれらを行使しようとした。このため、国王と軍事政権の間にも緊張関係が生じ、モシェシェ二世は退位に追い込まれ、息子のレツィエ三世[*4]が九〇年に国王に即位した。

軍事政権側が作った新しい憲法は、一九六五年の憲法と同様に国王を国家元首としたが、行政権も立法権も保持しないことが明確にされた。首相は国民議会で選出するため、結果として多数党の党首が首相として行政権を行使する立憲君主制を採った。ちなみに、同じ王国であるスワジランドの場合は、国王は行政権、立法権の双方において絶対的な権力を行使できる仕組みになっている。

一九九三年、新憲法に基づいた総選挙が実施された。その結果、かつての野党ＢＣ

2　モシェシェ二世
（一九三八～九六）
一九六六年、レソト王国が独立した際、元首となったが、クーデターにより、九一年にイギリスに亡命した。九二年に帰国し、九五年に復位したが、翌年交通事故で死亡した。

3　ジョナサン
（一九一四～八七）
レアブア・ジョナサン。一九五六年に結成したバストランド国民党（後のバソト国民党）の党首として、六六年の総選挙で第一党となり、首相となる。二一年間政権を握ったが、八六年、ジャスティン・レハンヤ軍司令官の軍事クーデターにより失脚する。

4　レツィエ三世
（一九六三～）
一九九〇年、父のモシェシェ二世が追放されたことにより、国王に即位したが、ヌツ・モヘレ首相と対立し、九五年、父に王位を返還。翌年、父の事故死により国王として復位した。

Pが圧勝し、党首ヌツ・モヘレ氏[*5]が首相に就任した。しかし、レツィエ国王が政治に介入しようとしたため、九四年には退位に追い込まれ、父親のモシェシェ二世が復活した。同国王は新憲法に従い政治に一切、介入しないことを誓った。ところが九六年に自動車事故で亡くなり、再びレツィエ三世が即位した。

このように、独立後のレソトでは、憲法によって禁止されているはずの国王の政治介入が政治混乱の原因のひとつとなっていたが、九六年に国王に復位したレツィエ三世は、父モシェシェ二世が「政治に介入しない」と宣言した意志をしっかりと守り継いでいる。

しかしながら、国王が政治に関わらないという原則は確立したものの、レソトの政治的安定は実現していない。ＢＣＰ内の権力闘争から、党首だったモヘレ氏が党を離脱し、首相の地位を維持したまま新党「民主主義のためのレソト国民会議」（ＬＣＤ）を設立した。モヘレ氏は一九九八年五月に行われた総選挙前に政界から引退し、ＬＣＤの党首の座をモシシリ氏[*6]に譲った。総選挙ではＬＣＤが大勝し、国民議会の議席のほとんどを占め、モシシリ氏が首相に就任した。野党側は総選挙の結果をすぐには受け入れず、反政府デモなども行われたが、最終的には、二〇〇二年五月、新たに総選挙を実施することで与野党が合意した。そして、〇二年の総選挙でも、ＬＣＤが国民議会の過半数を占め第一党の座を維持したものの、バソト国民党、ＢＮＰもかなりの議席を獲得した。

三．レソト訪問

ユネスコ事務局長としてレソトを訪れたのは二〇〇四年三月だった。まず、国王レツィエ三世に謁見した。初めて国王に即位した一九九〇年は二七歳の若さだったが、謁見当時は四一歳になられていた。イギリスの大学（ケンブリッジ大学等）で勉強さ

5 ヌツ・モヘレ
（一九一八～九九）
一九五二年、バソト国民会議派（後のバソト会議党）を結成し、レソト王国の独立運動に携わった。九三～九四年、第五代首相に、九四～九八年、第七代首相に就任。途中、九七年に党内の内紛により離党。新たにレソト国民会議を結成し、議長に就任したが、病気を理由に副首相パカリタ・モシシリを後継者として、九八年に引退した。

6 モシシリ
（一九四五～）
パカリタ・モシシリ。ヌツ・モヘレのもと、一九九五年に副首相に就任。九七年、モヘレが結成した、レソト国民会議で副議長に就任。九八年、モヘレ引退後、首相に就任。

れただけあり、語彙が豊富で知的な会話を好まれる方だった。

国王が最も関心を寄せられたのは教育問題だった。今後、どのように改善してゆけばよいかと尋ねられ、「そのためにも、ぜひユネスコの力を借りたい」とおっしゃられた。アフリカで教育の量的拡大および質的改善を図っていくうえで最大の癌となるのは、有能な教師が不足していることである。従って、教員の数の拡大のみならず、質の向上が必要であり、それはまさにレソトに当てはまる。したがって、「ユネスコとしては今後、教員養成に重点をおいて協力していきたい」と伝えると非常に喜ばれた。

一九九六年に復位されてからの国王は、先にも述べたように、レソトの憲法を遵守されており、会談でも政治の話を持ち出すようなことはなかった。

その後に会談したモシシリ首相も、一九九〇年代に教育大臣を長年務めた経験から、国王と同様、教育の重要性を強調されたので、ユネスコの今後の協力について説明した。また、観光がレソト経済の柱の一つであることに鑑み、首相から「ようやく世界遺産条約を批准したので、ユネスコの専門家の協力を得て、ぜひレソトに世界遺産の第一号を誕生させたいと思っている」と依頼され、協力を約束した。首相には、なかなか安定感のある政治家だという印象を持った。

二〇〇六年一〇月、政府与党LCDから有力政治家が相次いで脱退し、新しい政党が作られた。LCDは議会でぎりぎり過半数を維持する形になったため、モシシリ首相は議会を解散した（憲法の規定に従い、レッィエ三世が宣言）。そして実施された二〇〇七年二月の総選挙では、政府与党LCDがモシシリ首相の下で勝利し、引き続きモシシリ氏が首相を務めることになった。

モシシリ首相とは二〇〇八年五月、横浜で開かれた第五回アフリカ開発会議[*7]（TICAD）でも言葉を交わす機会があった。総選挙での勝利にお祝いを述べたところ、にこりとしたうえで、「レソトが抱えている課題は引き続き重大なものがあるので、教

7 アフリカ開発会議（TICAD）
アフリカの開発をテーマとする国際会議。一九九三年以降、日本政府が主導し、国連や国連開発計画（UNDP）及び世界銀行などと共同で開催している。五年に一度の首脳級会合に加え、閣僚級会合なども開催し、二〇〇八年五月には横浜で四回目となるTICAD Ⅳ（第四回アフリカ開発会議）が開催された。通称は日アフリカサミット。

育面での協力を変わることなくよろしく」と答えてくれた。

レソトでもようやく民主主義が定着しつつあると感じるが、経済基盤は脆弱であるので、首相の今後の舵取りはなかなか難しいものがあるだろう。わたしもユネスコを通じて、教育面での協力を、これまでと同様、進めていきたいと思っている。

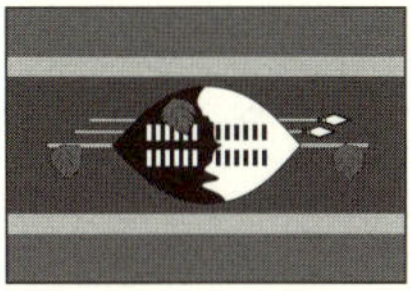

Kingdom of Swaziland

スワジランド王国

スワジランド王国
(Kingdom of Swaziland)

面積	1万7000平方キロメートル(日本の四国よりやや小さい)
人口	117万人
首都	ムババネ
自然	西部は、森林に覆われる高原で、東部は草原地帯。雨季は4~6月と11~1月の2回。インド洋のモンスーンの影響を受ける温帯ステップ気候である。水や鉱物の資源に恵まれる。
産業	石炭、アスベストなどの鉱業、砂糖、木材、柑橘類などの農業が中心。国民の約1%ほどの白人が経済の実権をもつ。特に、鉱業は隣国南アフリカ共和国との経済的結びつきが強い。電力の80%を南アに依存する。
民族グループ	スワジ族、ズールー族、トンガ族、シャンガーン族
言語	英語、シスワティ語
宗教	原始宗教、キリスト教

＊　＊　＊

1968年に日本はスワジランドを承認。公館は、日本側は在南アフリカ大使館が兼轄。一方、スワジランド側は在マレーシア大使館が兼轄する。日本の民間企業による直接投資もある。日本からの輸出は、ファスナー、銅線、機械類、乗用自動車等。またスワジランドからの輸入は柑橘類、パルプ、石綿等。

一．歴史とその独立

スワジランドの国土面積は約一万七〇〇〇平方キロと日本の四国よりやや小さい。人口は一一七万人（二〇〇八年）である。レソトは南アフリカ（南ア）にすっぽりと包まれた国だが、スワジランドは南アの東に位置し、東と南北は南アに囲まれているが、西側はモザンビークに接している。丘陵地帯と山岳地帯からなる国土は肥沃で、気候も温暖、水も豊富だ。石炭等の鉱物資源にも恵まれている。

国の三方がアフリカ一の経済大国である南アフリカと接している関係上、南アとは密接な結びつきを保っており、スワジランドの経済発展の礎となっている。その結果、一人当たりの国民総所得（ＧＮＩ）は二五二〇ドル（二〇〇八年）で南アの半分近くに達している。南アからはかなりの金額の産業投資も行われ、林業などの農業関連産業が伸びつつある。さらに、南アからの観光客によってもたらされる観光収入は、経済の大きな柱の一つになっている。しかし、近年、後述するエイズの影響が経済を脅かしている。平均寿命が著しく短くなり、生産に携わる国民が減少しつつあるほか、南アからの観光客も減少しているからだ。

スワジランドに住む主要民族はスワジ族だ。その他、南アフリカの有力な部族であるズールー族（二〇〇九年五月、南アの大統領に就任したズマ氏[*1]はズールー族の出身）、そして、南アと同じようにヨーロッパ人とアジア人が若干住んでいる。

スワジ族は元々ヌグワネ族と呼ばれ、南部アフリカの他の場所に住んでいた。一八世紀から一九世紀にかけて、南部アフリカでは部族間の闘いが各地で起こった。一九世紀、ヌグワネ族は他の部族との戦いに敗れ、部族の長であるソブーザ酋長に率いられて現在のスワジランドにあたる地域に逃れてきた。そこには、ソト族等の先住民が住んでいたが、スワジ族は彼らをいち早く吸収しスワジ王国を形成した。

一九世紀後半になると、スワジ王国にもヨーロッパ人が入植してくるようになっ

1　ズマ
（一九四二〜）
ジェイコブ・ズマ。一九九九年、タボ・ムベキ政権で副大統領に就任。二〇〇五年、汚職事件で罷免されたが、〇七年、ＡＮＣ議長選挙でムベキを抑えて当選し、〇九年に大統領となる。

た。スワジランドは一時的に南アフリカ連邦の統括下におかれたこともあったが、結局、イギリスの植民地となった。したがって、一九一〇年に南アが「南ア連邦」として独立した際、南ア連邦に吸収されることはなかった。それには、ソブーザ一世[2]がスワジ王国を建国して以来、子孫が代々国王として君臨する中央集権国家を作っていたことも関係していたであろう。スワジランド王国が独立を達成したのは一九六八年のことだ。

スワジランドは国王を国家元首とする君主国である。憲法上、国王は強力な権力が保証されており、軍を統帥し、司法、立法、行政の三権の上に立っている。立法権は国王に属しているが、国王の立法における諮問機関として両院政議会（上院及び下院）が設けられている。行政権も国王が統括しており、国王が下院議員の中から首相を任命する。国王の全般的な顧問として王室諮問評議会が存在する。首相も同評議会の助言を得て任命をすることになっている。閣僚は首相の助言に基づいて国王が任命する。司法機関の頂点には上級裁判所と最高裁判所が存在するが、両裁判所の裁判長は国王が任命することになっている。まさに国王は絶対的な権力を持っているのである。

二．ソブーザ二世の逝去とムスワティ三世の誕生

一九六八年九月のスワジランド独立当時の国王はソブーザ二世[3]であった。同国王が王位に就いたのは父親のヌグワネ五世が一八九九年に亡くなったときであり、ソブーザ二世はまだ生後数カ月の赤ん坊だった。したがって、ソブーザ二世の祖母が一九二一年までの二二年間、摂政を務めた。

ソブーザ二世は一九八二年八月に亡くなったが、一八九九年から計算すれば八三年も王位にあったことになる。実際に国王としての権力を振るったのは一九二一年からであるが、それでも六〇年以上になる。

スワジランドでは一夫多妻が慣習になっている。ソブーザ二世は、七〇人の妻を持ち、

2　ソブーザ一世（一七八〇年頃～一八三九）スワジ王国初代国王。一八世紀頃からバントゥー系スワジ人が定着していた地に、一八一五年、スワジ王国を建設し初代国王となった。息子のムスワジ王が部族をまとめ、四〇年頃、勢力圏を拡大。現在のスワジランドの基礎を築いた。

3　ソブーザ二世（一八九九～一九八二）一九二一年即位。イギリスの保護領とされていたスワジランドを、六八年に英連邦内の立憲君主国・スワジランド王国として独立させた。七八年、新憲法を発布。国政全般の権限を掌握し、長期間政権を維持した。

子供は二一〇人いたといわれる。

しかしながら、国王は予め自らの後継者を選ぶことはできない。賢人からなる「リココ」とよばれる王室諮問評議会が次の国王を選出することになっているからだ。ソブーザ二世の逝去後、自分の息子を王位に就けようとした残された妻たちの間で権力闘争が起こった。最終的にはリココが、一人の妻を「偉大な妻」として選出した。そして、その息子（後のムスワティ三世[*4]）が国王になることになった。スワジランドの伝統によれば、「偉大な妻」に選ばれる条件は、「息子が一人しかいない聡明な女性」だ。国王の妻として、現在のムスワティ三世の母に当たる人がその条件を満たす「偉大な妻」に選ばれたわけである。

一九八二年の時点では、ムスワティ三世はまだ一四歳であった。四年間のイギリス留学の後、八六年にスワジランドに帰国し、国王に即位した。

三．スワジランド訪問

ユネスコ事務局長としてスワジランドを訪問したのは、二〇〇四年三月のことだ。前々任者であるエム・ボウ事務局長が、一九八〇年、事務局長として初めて訪問している。二四年ぶりのユネスコ事務局長訪問とあって大歓迎を受けた。

スワジランドでの絶対的権力者は国王だが、二〇〇四年の時点で、ムスワティ三世は三六歳の若き国王だった。

ユネスコの基本政策の一つは、メンバー国、特に開発途上国においてユネスコの教育、文化等の活動を深めることだ。スワジランドにおいても教育関係、なかんずく同国で急速に広がっているＨＩＶ／エイズを防止するための教育の普及にユネスコは積極的に協力していきたい、と述べたところ歓迎の意を表してくれた。

同国では、わたしが訪問した時点で、青年（一五歳以上）のＨＩＶ／エイズ感染率

4　ムスワティ三世　（一九六八〜）一九八二年、父ソブーザ二世の死後、後継者を巡る抗争が起き、八六年に即位が決まった。アフリカ最後の絶対君主。国民の民主化運動やスワジランド労働組合連合（ＳＦＴＵ）のゼネストを受け、九三年以降、総選挙を四度実施。二〇〇六年には新憲法を採択した。

が三八パーセントに達していた。当時、南部アフリカのかなりの国でエイズ感染率は二〇パーセントを超えていたが、三八パーセントというのは最悪であった。その結果、平均寿命は四〇歳を切っていた（二〇〇七年現在で世界最下位の三九・六歳である）。

ＨＩＶ／エイズは、労働力不足を生じさせるなど、スワジランドの経済基盤に大きな打撃を与えていた。ＨＩＶ防止のための施策は非常に重要であり、学校でしっかりエイズ対策を教えることが不可欠になってきていたので、その旨を国王にお話ししたところ、国王は同席していたドゥラミニ首相に対し、早速その具体策をわたしと打ち合わせるよう指示した。その後、教育を通じてのエイズ予防対策を中心に、ユネスコの協力について首相及び教育大臣と具体的に話を詰めた。

国王はイギリスで教育を受けただけあって、立派な英語を話し、ＨＩＶ／エイズ防止対策の他に文化についても話が弾んだ。国王は、国民の団結をしっかり保っていくには、スワジランドの伝統的な文化を大事に保護していく必要があり、そのためにもユネスコの協力を得たい旨、述べられた。これに対してわたしは、ユネスコは有形の文化遺産を保護するために世界遺産条約を、また、無形の文化遺産（伝統的な芸能等）を保護するために無形文化遺産保護条約[*5]を採択しているので、スワジランドもぜひ早く両条約を批准し、締約国になっていただきたい、そうすれば両条約に基づく支援をユネスコから提供できるようになる――と述べた。国王は身を乗り出し、いち早くそれらの条約を批准したいと答えた。

ムスワティ三世は、日本に深い関心を持っておられ、一九九八年の第二回アフリカ開発会議（ＴＩＣＡＤ）[*6]には国王自ら参加されている。当時、ユネスコ事務局長選に向けて活動中だったわたしは、アフリカ各国の首脳陣、特にユネスコの執行委員会メンバーとなっている国のアフリカ首脳とは、会談の機会を設けていただいた。しかし、スワジランドは執行委員会のメンバー国ではなかったため、国王を遠くからお見かけ

5　無形文化遺産保護条約
世界各国の無形の伝統文化財（口承文学、音楽、舞踏、儀式など）を保存するための条約。遺跡や歴史的な建造物を保護するための世界遺産条約と対を成す。一九九八年、ユネスコは「人類の口承および無形文化財の傑作の宣言（傑作宣言）」を採択した。

6　アフリカ開発会議（ＴＩＣＡＤ）
アフリカの開発をテーマとする国際会議。一九九三年以降、日本政府が主導し、国連や国連開発計画（ＵＮＤＰ）及び世界銀行などと共同で開催している。五年に一度の首脳級会合に加え、閣僚級会合なども開催し、二〇〇八年五月には横浜で四回目となるＴＩＣＡＤ Ⅳ（第四回アフリカ開発会議）が開催された。通称は日アフリカサミット。

しただけに終わった。その時のことをお話しすると、国王は、自分は日本が大好きで、二〇〇三年の第三回ＴＩＣＡＤにも出席したし、次回もぜひ出席したいと述べられた（二〇〇八年五月に横浜で開催されたＴＩＣＡＤにも出席された）。

一時間ほど会談したであろうか、すると不思議なことが起こった。

国王、首相以下が挨拶もなく突然、退席した。ユネスコのスタッフも同じように退席した。気が付いた時には、国王の母親であるクイーン・マザーと二人きりで大広間に取り残されていた。クイーン・マザーは、五〇代の初めであったろうか、若々しい感じで、現地の服装・アクセサリーを身につけ、チャーミングであった。

会見が始まったとき国王は勿論、母君を紹介して下さったが、事前にこのようなシナリオについての説明が一切なかったため、どのように対応すべきか困り果ててしまった。とはいえ、黙ったままその場をやり過ごすわけにもいかず、意を決して立ち上がり、クイーン・マザーが座しておられる所に近づいた。

クイーン・マザーの服装と装飾品について尋ねたところ、きれいな英語で、「これはスワジランドの伝統に即した服装・装飾品です」と誇らしげに見せてくれた。英語が上手なので、安心してスワジランドの歴史などの話をした（考えてみれば、スワジランドの公用語はスワジ語と英語である）。ユネスコにお招きしたいと伝えたところ、フランスはまだ訪問したことはないし、ユネスコの本部も訪れてみたいと答えてくれた。

二〇分ほど話をしただろうか、そこに国王以下が戻ってきた。そこで正式に暇乞いの握手をし、国王に対し、クイーン・マザーをパリにご招待申し上げた旨、お話ししたところ、国王も喜んでくれた。

四．歴代の一夫多妻

三月八日は「国際女性デー」[*7]として世界的に認知されている。ユネスコでは、この日、

---

7 国際女性デー
一八五七年三月八日、ニューヨークの繊維工場の女性労働者が、劣悪な労働条件に抗議行動を起こした。約五十年後の一九〇八年三月八日、ニューヨークで一万五〇〇〇人の女性労働者が「パン（経済的安定）とバラ（女性の尊厳）」のスローガンを掲げ、デモ行進を行った。これらを受け、ドイツの社会主義者クララ・ツェトキンが、三月八日を「女性の政治的自由と平等のために戦う記念日を設けること」を提唱。一九七五年、国際婦人年にあたり、国連がこの日を「国際女性デー」として定めた。

各国の著名な女性を主賓に招いてさまざまな行事を開催している。そこで二〇〇五年の「国際女性デー」にはスワジランドのクイーン・マザーを主賓として招きたいと思い、ユネスコの事務局内でその旨の考えを披露したところ、女性問題担当部長（女性）から、直ちに反撃を食らった。担当部長曰く、スワジランドの国王は歴代一夫多妻制をとっており、現にムスワティ三世も、妻が既に一〇人以上いる、そういう国王の母親を主賓として招くのは、国際女性デーの趣旨に反するので、好ましくないのではないか、というのだ。確かに、部長の指摘のとおりである。

考えてみれば、ソブーザ二世には七〇人の妻いた。また、ムスワティ三世も、一夫多妻の路を歩んでいる。スワジランドの伝統に従ってのことであることは確かだが、結果としてみれば、二〇〇四年の時点でも既に一二人の妻を抱えていた。そして二〇〇五年には、一三番目の新しい妻を迎えることになっていたのである。一人一人の妻に新しい宮殿を造って与えるのが国王の義務となっており、妻を一人増やすことはスワジランド政府にとって大きな財政負担になっているということでもあった。

毎年、国王の前で若い独身女性が大勢ダンスを披露するお祭りがある由、訪問時に知った。そのお祭りの際に、国王は踊り手の女性たちの中から一人を選んで妻にする義務を負っているという話を耳にした。ところがその後、文献を読んでみると、事はそのように簡単なことではなかった。むしろ、スワジ族の中の有力者との関係の緊密化のために、その娘と結婚するというのである。国王はスワジランドの重要な一族と縁戚関係を結ぶことにより、国王としての立場を固めているのだという。上記のような慣習の背景には、このような力学があることを文献を通じて知った。

いずれにせよ、クイーン・マザーを「国際女性デー」のゲストとして本部にお招きする機会を逸した。その後、ユネスコのスワジランド大使（ロンドン駐在）から、いつユネスコを訪れることができるのかクイーン・マザーは大変楽しみにしているので、具体的な招待を頂きたいという申し出を受けた。したがって、わたしがユネスコを去る前に、なんとしてもクイーン・マザーをユネスコにお招きし、その機会にパリ訪問を堪能していただきたいと思っている。女性デーにお招きするのは相応しくないということは確かにそのとおりではあるが、スワジランドにおいて、クイーン・マザーは実際上、非常に大きな権力を持っているといわれている。国王が何かを決定する際は、必ずクイーン・マザーに相談し、その了承を得ているといわれる。クイーン・マザーにユネスコを訪問していただき、さらにいろいろな話をすることは有意義であると思っている。

世界遺産条約に関しては、国王は直ちに条約の批准手続きを進めたらしい。二〇〇五年一一月になって、世界遺産条約を批准したという知らせを受けた。わたしは直ちに世界遺産センター[*8]に対し、具体的な候補案件をつめて、暫定リスト作成に協力するよう指示した。

スワジランドから暫定リストの提出があったのは二〇〇八年一二月のことだ。リストには、同国の鉱山としては最も歴史ある「ウングウェンヤ鉱山」[*9]が入っていた。同鉱山には、スワジランドにかつて住んでいた先住民サン族が、先史時代、岩絵を描いた時に使用したといわれる赤色等の絵の具の元になった鉱石がある。紀元後には、バンツー族は同鉱山から鉄鉱石を採掘して鉄器を作るようになった。さらには、一九六〇年代に入ってからは鉄鉱石の近代的な採掘も始まっている。

同鉱山については、できるだけ早い機会に世界遺産（文化遺産）に登録されるように協力したいと思っている。

---

8 世界遺産センター
世界遺産委員会の事務局。世界遺産条約の締約国は、暫定リストを同センターに提出する。世界遺産委員会は「世界遺産リスト」へ登録するか否かを審査する。

9 ウングウェンヤ鉱山
スワジランドと北西部にある。最古の鉱山といわれ、長く鉄鉱石が産出されてきた。

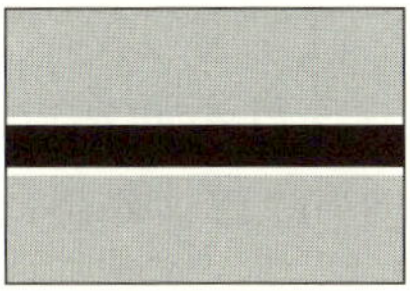

Republic of Botswana

ボツワナ共和国

ボツワナ共和国
(Republic of Botswana)

面積	58万2000平方キロメートル（日本の1.5倍）
人口	191万人
首都	ハボロネ
自然	中央にセントラル・カラハリ自然保護区、北部にモレミ動物保護区とチョベ国立公園を有し、野生動物の宝庫である自然豊かな地。亜熱帯の乾燥気候で西部と南部は砂漠気候。雨季は10～4月。冬は朝夕の温度差が大きい。
産業	1967年にダイヤモンドが発見されて以降、急速な経済発展を遂げる。現在はアフリカの中でも有数の経済力を持つ。このほか鉱物資源は、銅、ニッケル、石炭など。ウシやヒツジなどの農牧畜も行う。
民族グループ	ツワナ族、カランダ族、ムブクシュ族等
言語	英語、ツワナ語（国語）
宗教	キリスト教、伝統宗教

＊　＊　＊

日本はボツワナを独立とともに承認。日本側の公館は1997年より在南アフリカ大使館が兼轄する。一方、ボツワナ側の公館は2008年に正式に設置された。日本の対ボツワナ貿易額は輸出19.4億円、輸入28.7億円（2008年：財務省貿易統計）。輸出は乗用自動車が主。輸入は100%がダイヤモンドである。

一・カーマ三世の外交手腕

ボツワナの面積は日本の一・五倍（約五八万二〇〇〇平方キロ）ほどだが、その大半をカラハリ砂漠が占めるため、農耕に適している土地は総面積のわずか一パーセントだ。人口は一九一万人（二〇〇八年）。主に南アフリカと国境を接している東部地帯に集中し、首都ハボロネもここに位置している。

同国は農耕地帯が限られているところから、経済は伝統的に牧畜に依存してきた。ところが、一九六七年にダイヤモンド鉱脈が発見され、七一年から生産が開始されると、ボツワナの経済は画期的な変動を遂げた。現在、同国のダイヤモンド生産量は世界一で、輸出総額の約四分の三、政府収入の約五割をダイヤモンドが生み出している。その結果、過去三〇年間の平均経済成長率は年九パーセントと世界最高の水準にある。

着実な経済発展を背景に、安定した政治体制が築かれ大統領選挙および議会選挙は常に民主的に行われてきた。クーデターが試みられたこともない。そういう意味において、ボツワナはアフリカではモーリシャスと並んで民主主義が定着している国と言えよう。

モーリシャスでは民主的な選挙によって随時、政権交代が行われているが、ボツワナでは一九六六年の独立以来、常にボツワナ民主党（ＢＤＰ）が大統領選挙で勝利を収め、議会でも多数を占めてきた。しかし、野党もまた健全な形で存在している。

歴史を遡れば、ボツワナ一帯には狩猟採集民族のサン族が住み着いていた。ところが、バンツー系の諸部族が南下、一七世紀ごろにはツワナ族が定着し、サン族を次第にカラハリ砂漠へと追いやった。しかし、一九世紀の初めにはその他のバンツー系の部族も侵入し、ツワナ族との間で戦いが繰り返されるようになった。ただ、ボツワナ全体では引き続きツワナ族が支配権を維持することができた。現在の国名「ボツワナ」は「ツワナ族の国」の意に由来する一九世紀に入り、イギリスの進出に伴って南アフリカの沿岸地帯から奥地に追いやられたアフリカーナがボツワナにも侵入し始め、アフリカーナとツワナ族との間で衝突が起こるようになった。そのうえ、ボツワナの東に位置する南西アフリカ（現在のナミビア）に支配権を確立していたドイツもボツワナ侵入を試み始めた。さらに南アで成功したイギリス植民地主義者セシル・ローズ[*1]が南ローデシア（現在のジンバブエ）に支配権を確立すると、ボツワナへもその勢力を拡大しようとした。ツワナ族はこれらの勢力と武力衝突を繰り返しながら、イギリス政府直轄の植民地となることによって、この難局を切り抜けることになる。

ツワナ族の間でも権力抗争が生じたが、一九世紀の後半に至ってカーマ三世[*2]がツワナ族全体を統率するようになった。カーマ三世は、ツワナ族を構成する八部族のひとつバマングワト族の酋長だ。父親のゼクホマ一世やその弟（カーマ三世の叔父）のマシェン酋長と闘争を繰り返し、一八七四年にツワナ族全体を治めて大酋長に就任したのである。以来、バマングワト族の酋長がツワナ族全体の大酋長の地位に就くことになった。

カーマ三世はさまざまな改革を導入した。そのひとつがツワナ族の伝統であった一夫多妻制の廃止であり、一夫一婦制の確立だ。同氏は、大酋長に就任する以前にキリスト教に改宗していた。

一九世紀のボツワナは、先にも述べたように、南のアフリカーナ、西のドイツ人、東のセシル・ローズ一派からの脅威にさらされていた。カーマ三世は、三方からの圧力に対抗するためにはイギリス本国の統治下に入るしかないと考え、自らイギリスに赴きイギリス政府を説得した。

この説得にイギリス政府は応じた。一八八五年、ボツワナをベチュアナランドとしてイギリスの植民地とすることを決め、イギリス女王の代理として南アフリカに駐在する高等弁務官に統括させることにした。内政上の諸問題については、引き続きカー

---

1 セシル・ローズ
（一八五三～一九〇二）
イギリスの政治家。南アフリカでダイヤモンドや金の採掘で成功し、鉱山王となる。ケープ植民地議会の議員を経て、一八九〇年に首相となり、帝国主義政策を推進。ザンベジ川上流を征服し、自分の名にちなんでローデシア（現在のザンビア、ジンバブエ）と命名した。トランスバール共和国の併合計画が失敗し、失脚した。

2 カーマ三世
（一八三七～一九二三）
バントゥー系ツワナ人の王。一九世紀後半、ツワナ族を統率したが、アフリカーナやズールー人の侵略を受け、ドイツやセシル・ローズの支配を恐れたため、イギリス本国に保護を求めた。これにより、ボツナワの地に、一八八五年、イギリス保護領ベチュアナランドが成立した。

マ三世が執り行った。

以上の経過をたどり、ボツワナはイギリスの植民地となった。だからこそ一九一〇年に独立した南アフリカ連邦にも、また、南ローデシアにも併合されることなく生き残ることができたのである。それは、ひとえにカーマ三世の外交手腕によるものであるとともに、キリスト教に基づく一夫多妻制の廃止、一夫一婦制の確立などを実現したカーマ三世の改革をイギリス政府が評価した結果でもあった。

カーマ三世は一九二三年に亡くなるまで、ツワナ族の大酋長として、また、ベチュアナランドの統治者としての役割を四八年にわたり果した。同氏は一八三七年の生まれとされ、だとするなら享年八六歳、当時のアフリカでは大変な長命だった。

二、民主主義を定着させたセレツェ・カーマ大統領

現在のボツワナの政治体制の安定は、カーマ三世によるところが大きい。最初の妻が亡くなってから再婚を繰り返し、結果的には四人の妻と結婚したが、自ら一夫一婦制は守り、同時に二人の妻を持つようなことはなかった。息子二人、娘九人に恵まれ、長男セクゴマ二世が後を継いで大酋長の地位に就いた。しかし、一年余りで死去したため、セクゴマ二世の息子セレツェ・カーマ[*3]が、一九六六年、後継者となった。

セレツェ・カーマは当時四歳とまだ幼く、学業に専念する必要もあったため、セレツェ・カーマの叔父であるセケジー・カーマが摂政に就いた。セレツェ・カーマ氏はイギリス・オックスフォード大学留学中の一九四八年、ロイズ銀行に勤めていた白人女性と結婚したため、当時、アパルトヘイト政策をとっていた隣国、南アフリカの反発を招くことになった。結局、南アは宗主国イギリスに働きかけ、カーマ氏の王位放棄を帰国条件とさせた。従って五六年、カーマ夫妻は王位を放棄し、一市民としてボツワナに帰国した。

---

3 セレツェ・カーマ
(一九二一～八〇)
カーマ三世の孫。一九六二年、ベチュアナランド民主党(現ボツワナ民主党)を結成し、独立運動を開始。六五年、最初の総選挙で圧勝し、首相に就任する。六六年、ボツワナ共和国の独立とともに初代大統領となった。

しかし、カーマ氏はツワナ族に受け入れられ、同族議会の議員となる。さらに一九六二年に結党したボツワナ民主党（ＢＤＰ）の党首となり、独立運動を開始した。六五年の総選挙でＢＤＰは勝利を収め、カーマ氏は首相に就任。翌六六年、ベチュアナランドはボツワナとして独立を果たし、カーマ氏は初代大統領に選出された。その後も、同氏の率いるＢＤＰは議会選挙で常に多数を占め、六九年、七四年および七九年と引き続き大統領に選出された。

カーマ氏は南アフリカとは一線を画して反人種差別主義のスタンスを貫いて南部アフリカの白人支配に反対し、一九七七年にはローデシアとの国境を閉鎖した。長期に渡る在任中、一度も独裁に傾くことなく、複数政党制を導入し民主主義を定着させたカーマ大統領の功績は大きい。八〇年に膵臓がんで死去した大統領の遺体は首都ハボロネで一般公開され、最期の別れに集まった市民は四〇〇〇〇人を越えた。

三．マシーレ第二代大統領との出会い

セレツェ・カーマ大統領が亡くなった直後に行われた大統領選挙で選出されたのは、一九六六年に大統領となったカーマ氏の下で副大統領を務めてきたクエット・マシーレ[*4]氏である。もともと学校の先生であったが、セレツェ・カーマ氏とともにＢＤＰを立ち上げ、常に行動をともにしていた。マシーレ氏は民主的な選挙により当選を重ね、八〇年から九八年まで大統領の地位に留まった。

初めてマシーレ氏にお会いしたのは一九九三年一〇月、第一回アフリカ開発会議[*5]（ＴＩＣＡＤ）が東京で開かれた時だった。同会議で事務局長的な役割を担ったわたしは、当時の細川護熙[*6]総理の補佐役を務めていた。折しも、アフリカは大きな変動期を迎えていた。ひとつは、東西冷戦の終結によって、西側も東側もアフリカに対する政治的な関心を失ったことが挙げられる。さらに九〇年代、アフリカ各地で民主化が進展し、

4　クエット・マシーレ
（一九二五〜）
初代大統領カーマの死後、一九八〇年、大統領に就任。民主主義路線を引き継ぎ、経済政策に尽力した。八八年、大統領退任後も外交政策に携わった。九一年、イギリスのエリザベス二世からナイトの称号を授与された。

5　アフリカ開発会議（ＴＩＣＡＤ）
アフリカの開発をテーマとする国際会議。一九九三年以降、日本政府が主導し、国連や国連開発計画（ＵＮＤＰ）及び世界銀行などと共同で開催している。五年に一度の首脳級会合に加え、閣僚級会合なども開催し、二〇〇八年五月には横浜で四回目となるＴＩＣＡＤ Ⅳ（第四回アフリカ開発会議）が開催された。通称は日アフリカサミット。

6　細川護熙
（一九三八〜）
元首相。朝日新聞記者から参院議員に。熊本県知事をつとめたのち、再び参院議員、さらに衆院議員に。八党派連立により、一九九三年、第七九代内閣総理大臣就任。

民主的な選挙を実施する国が増えていた。もちろん、南アフリカのアパルトヘイト政策[*7]が廃止されたことは最も大きい出来事だった。

アフリカ人主導による新政権が相次いで誕生していたなかで、日本のＴＩＣＡＤ開催はアフリカ諸国から大いに注目された。一回目の会議に出席したアフリカの大統領五人のうちの一人が、ボツワナのマシーレ大統領だった（その他はベナンのソグロ、ウガンダのムセベニ、ガーナのローリンズ、ブルキナファソのコンパオレの各大統領）。なかでも最も注目を集めたのは、独裁制から民主的な体制に移った最初の国であるベナンのソグロ大統領（ベナンの項参照）と民主的に選ばれたマシーレ大統領だ。

当時のボツワナは、他のアフリカ諸国と異なり、一九七〇年代から始まったダイヤモンドの採掘によって着実な経済発展を遂げていた。しかし、ダイヤモンドに依存した経済から多角的な経済発展を進めることを課題にしており、地域インフラを整備し、産業を興す必要性があった。その見地から、日本の支援、なかんずく民間投資の増大を望んでおり、マシーレ大統領のスピーチもそのラインに沿ったものだった。

マシーレ氏に再びお目にかかったのは二〇〇二年、南アフリカ訪問を終えてパリに戻る飛行機を空港のＶＩＰルームで待っていた時だ。ちょうどボツワナに帰る途中のマシーレ氏が乗継で立ち寄られ、九年ぶりの偶然の再会となった。立ち話ではあったが、わたしが「あなたは何回も日本を訪問されているのに、残念ながらわたしはまだ一度もボツワナを訪れたことがない。そのうち必ず訪れたいと思っている」と話すと、マシーレ氏はこう答えてくれた。

「ボツワナの理解者が一人でも増えるのは嬉しい。日本は何度訪れても楽しいところだ。ボツワナ国民は日本から学ぶところが多いと感じている」

同氏はアフリカにおける日本のよき理解者の一人で、一九九〇年一一月の平成天皇の即位の礼に参加、九二年にも日本を訪問された。また、九三年の初めてのＴＩＣＡ

7　アパルトヘイト
南アフリカ共和国で一九四八～九四年にわたって運用された人種隔離政策。白人支配者層に差別された非白人（バンツー／アフリカ黒人、カラード／混血、アジア系住民／インド人、パキスタン人等）は、居住地や職業、教育などを厳しく制限された。九四年に完全撤廃された。

Dに続き、九八年一〇月の第二回TICADにも、当時のモハエ[8]大統領に前大統領として同行しているので、一〇年の間に四度も来日されたことになる。

四．ボツワナ訪問

ユネスコ事務局長として初めてボツワナを訪問したのは、二〇〇四年三月である。当時は、九八年三月に引退したマシーレ大統領の下で長年、副大統領を務めたモハエ氏が第三代大統領に就任していた。

わたしは国連合同エイズ計画[9]（UNAIDS）の議長としてHIV／エイズの成人感染率が二〇パーセントを越える南部アフリカの国々の保健大臣、教育大臣、財政大臣に集まっていただき、ザンビアで会議を開く直前だった（ザンビアの項を参照のこと）。モハエ大統領は海外訪問中であり、会うことはできなかったが、教育を通じてのエイズ予防対策に重点を置いて協力することを関係大臣に約束した。ちなみに、ボツワナのHIV／エイズの成人感染率は南部アフリカの中でもスワジランドと並んで高い。また、ボツワナが力を入れている教育、特に基礎教育の普及についてのより一層の協力についても話し合った。

モハエ大統領は二〇〇八年三月に二期目の任期を終えて引退した。第四代大統領に就任したのは、モハエ政権下で副大統領を務めていたイアン・カーマ[10]氏である。

同氏は、正確にはセレツェ・カーマ・イアン・カーマと呼ばれ、初代大統領のセレツェ・カーマ氏の長男である。父親が亡くなるとツワナ族の大酋長のポストを継いだが、軍人としての道を歩み、一九九〇年代には軍の司令官を務めた。九七年に軍からの引退を宣言、翌年四月、大統領に就任したモハエ氏から副大統領に任命されたのだった。とはいえ、副大統領の条件である国民議会の議席を持っていなかったため、九八年七月の補欠選挙で国会議員に当選したのち副大統領に就任。その後、政府与党ボツワナ

---

8 モハエ
（一九三九〜）
フェスタス・モハエ。イギリスのオックスフォード大学卒業。一九九二年、第二代大統領マシーレのもと、副大統領となる。財務、および開発計画大臣も兼ねる。九八年から二〇〇八年まで、大統領を二期務め、〇八年には、HIV／エイズ対策への取組みの功績に対して、「アフリカのノーベル平和賞」といわれる「モー・イブラヒム賞」を授与された。

9 国連合同エイズ計画（UNAIDS）
途上国のエイズ対策の強化支援について、国連各組織の全体的取組みを強化することを目的とする。一九九四年七月、国連経済社会理事会において承認され、九六年、正式に発足した。政策立案や調査研究、人材養成を中心とした技術支援などの活動を行っている。

10 イアン・カーマ
（一九五三〜）
父は初代大統領セレツェ・カーマ。一九九七年〜九八年、ボツワナ国防軍最高司令官となる。九八年、ボツワナ民主党から出

民主党（ＢＤＰ）の党首となった。

アフリカの多くの国において、部族社会も酋長も存在する。しかし、酋長の権限は全く儀式的なものに限られており、政治には通常、介入しない。レソト王国のようにかつて国王が政治に介入しようとして混乱を引き起こした例もあるが、ボツワナでは大酋長が選挙の洗礼を受けたうえで政治家としての発言権を確立し、そのうえで大統領のポストに就いている。つまり、民主的なプロセスが政治体制の安定に大きく寄与している。アフリカでは珍しい例である。

既に書いたが、ダイヤモンドに依存することによって急ピッチに発展してきたボツワナにとって重要な課題は、産業の多角化を進めることだろう。

イギリス領だった時代に外交手腕を振るったカーマ三世、独立後に民主主義を定着させた初代セレツェ・カーマ大統領、そしてイアン・カーマ第四代大統領――。同国の歴史は、三代にわたるツワナ族の大酋長であるカーマ一族を抜きにしては語れない。他国との友好関係を維持しながら民主的に内政の安定化を図ってきた同家の伝統が、これからのボツワナの経済発展に寄与することを期待している。


馬し当選。第三代モハエ大統領のもと、副大統領となる。モハエ大統領退任後、二〇〇八年大統領に就任した。

Republic of Namibia

ナミビア共和国

ナミビア共和国
(Republic of Namibia)

面積	82万4000平方キロメートル（日本の約2.2倍）
人口	211万人
首都	ウィントフック
自然	西部の海岸沿いには、世界最古といわれるナミブ砂漠が広がる。内陸部は高原、北部はアフリカ最大の塩湖・エトーシャ塩湖がある。
産業	牧畜やダイヤモンド、ウラン、亜鉛などの鉱業、えび、いわし、あじなどの漁業が主。主要貿易相手国は、輸出、輸入ともに南アフリカ。経済的にも同国への依存が強い。
民族グループ	オバンボ族、カバンゴ族、ダマラ族、ヘレロ族、白人他
言語	英語（公用語）、アフリカーンス、独語、その他部族語
宗教	キリスト教、伝統宗教

＊　＊　＊

日本は1990年の独立とともにナミビアを承認。公館は在南アフリカ大使館が兼轄。ナミビア側には現在公館はない。日本からの主な輸出は自動車・部品、電気機器。ナミビアからの輸入は生鮮魚、カニ・エビ等の海産物、亜鉛がある。ドイツ統治時代の影響を色濃く残し、英語のほかドイツ語も広く使われる。食事もソーセージやジャガイモ料理、ビールなどドイツらしさがうかがえる。

一・独立までに三〇年の闘争

アフリカ南西部に位置するナミビアの国土面積は、約八二万四〇〇〇平方キロ。日本の約二・二倍の広さを誇るが、人口はわずか二一一万人（二〇〇八年）だ。ウラン鉱、ダイヤモンド、天然ガス等の豊富な地下資源と大西洋の沖合に広がる世界有数の漁場、そして農業、牧畜に適した温暖な気候に恵まれ、サハラ以南[*1]のアフリカ諸国で最も豊かな自然環境にある国のひとつだ。

しかし、三〇年にわたる闘争を経て独立したのは一九九〇年代に入ってからのことで、本格的な国づくりへのスタートを切ったばかりだが、しかし、国民一人当たりのGNI（国民総所得）は三三六〇ドル（二〇〇六年）から六四七〇ドル（二〇〇八年）と飛躍的な成長をみせている。

ナミビアの大地には、サン族[*2]（ブッシュマン）やコイ族[*3]などの先住民が住んでいた。しかし、南部アフリカにバンツー系種族が進出、一四世紀にはバンツー族によって支配された。一五世紀末にはポルトガル人が上陸。しかし、ポルトガルは必ずしもナミビアの植民地化を企てたわけではなかった。当時、東洋航路の開設に重点を置いていたポルトガルは、ナミビアの北の隣国アンゴラの西海岸にすでに補給基地を設けていたため、すぐ南に位置するナミビアを植民地とする必要性があまり感じられなかったのではないかと思われる。

ドイツがイギリス、フランスに遅れてアフリカの植民地化競争に参画したのは一九世紀の終わりからだ。列強諸国によるアフリカ植民地の分割ルールを定めたベルリン列国会議[*4]（一八八四年）で、ドイツは南西アフリカ（現在のナミビア）を「獲得」した。植民地政府は、白人を入植させるために原住民の土地の接収に乗り出した。先住部族のコイ族やヘレロ族、ナマ族の戦士たちが激しい武力抵抗をこころみたが、ヨーロッパの近代兵器の前に多くの犠牲者を出した。

---

1 サハラ以南
サハラ砂漠より南の地域をさす呼称。かつてのヨーロッパ人は、この地域を「未開の地」であるとして「暗黒大陸」と呼んだ。「ブラックアフリカ」「サブサハラ」とも呼ばれる。

2 サン族
カラハリ砂漠を中心に、アンゴラから南アフリカ共和国にかけて暮らす、かつての狩猟、採集民。

3 コイ族
カラハリ砂漠に居住する民族。かつて、北アフリカの牧畜文化を携えて、大陸の東岸を南下、サン族と交わり、アフリカ南西部に定着したとされる。

4 ベルリン列国会議
一八八四年、アフリカ分割の原則を決めるために、ドイツのビスマルクが開催した会議。アフリカ分割競争をさらに激化させることになった。

ドイツはナミビアにとどまらずカメルーン、トーゴなども植民地にした。これに対抗して、それまでライバル関係にあったイギリスとフランスは接近し、一九〇四年、英仏協商[*5]を締結した。これによって、イギリスはエジプトの、フランスはモロッコの支配権を持つことを互いに認めた。

アフリカでの植民地獲得を巡るヨーロッパ列強の対立が、第一次世界大戦（一九一四～一八）勃発の背景に存在したことは留意すべきだろう。

一九一四年、イギリスの支配下にあった南アフリカ連邦（現在の南アフリカ共和国。以下、南ア）は、ドイツから南西アフリカを奪い取った。さらに第一次大戦に敗れたドイツは、一九一九年のベルサイユ条約[*6]によって全ての植民地を失い、南西アフリカは国際連盟の下で南アの委任統治領となった。

二、国連の動きと独立運動

南西アフリカをめぐる混乱の歴史は、第二次世界大戦後もつづく。その舞台となったのは、戦後に誕生した国際連合であり、国内の独立運動だった。

国連は戦後、南西アフリカを委任統治領から信託統治制度の下へ移す決議をした。しかし、南アは決議を承認しないばかりか、改憲によって政府の支配権を南西アフリカに及ぼすことを可能にしてアパルトヘイト[*7]を導入、参政権を白人に限るなどアフリカの人々の人権を無視する政策を実行に移し始めた。

度重なる国連側の説得にも南アは応じなかった。そのため、国連総会は「南アによる南西アフリカ支配は違法だ」として国際司法裁判所[*8]に提訴した。しかし、明確な回答が得られないまま、一九六六年一〇月、南アはアパルトヘイト法を南西アフリカに適用する措置を正式に決議した。

他方、国連総会は一九六八年に「南西アフリカ」を「ナミビア」と改め、安保理で

5　英仏協商
一九〇四年、ドイツの植民地政策に対抗するため、イギリスとフランスの間で結ばれた協定。イギリスのエジプト支配と、フランスのモロッコ支配を相互に認め合い、その他の地域の両国間の紛争解決を目指して締結された。

6　ベルサイユ条約
第一次世界大戦後の一九一九年、フランスのベルサイユで、敗戦国のドイツと連合国との間で調印された講和条約。ドイツは軍備縮小と莫大な賠償金が課せられた。これら厳しい条件が、後のナチス台頭と第二次世界大戦の一因となったといわれている。

7　アパルトヘイト
南アフリカ共和国で一九四八～九四年にわたって運用された人種隔離政策。白人支配者層に差別された非白人（バンツー／アフリカ黒人、カラード／混血、アジア系住民／インド人、パキスタン人等）は、居住地や職業、教育などを厳しく制限された。九四年に完全撤廃された。

8　国際司法裁判所
オランダ・ハーグに置かれる国

南アのナミビア統治を不法であると宣言。七一年、国際司法裁判所もようやく南アのナミビア支配の違法性を認めた。しかし、南アはその決定を全面拒否、事態の進展はみられなかった。

南ア問題の解決にもたつく国連を尻目に、ナミビア国内では独立運動が盛り上がっていった。中心となったのはサム・ヌジョマ氏[*9]だった。

同氏は二〇代から独立運動推進機関オガム・オランド人民機構（ＯＰＯ）に参加、一九六〇年に南西アフリカ人民機構[*10]（ＳＷＡＰＯ）と改称した同機関のトップに、弱冠三一歳で就任した人物だ。

ヌジョマ氏から贈られた自伝『他のものが動揺する時に』には、若いころからいかに独立運動に参加してきたかが克明に描かれている。原点となったのは、南西アフリカの人口の多くを占めるアフリカ人が虐待され、ごく少数の白人が優遇される措置への反発だった。独立を達成したアフリカの国々が国連加盟を果した一九六〇年、南西アフリカにおける人種差別、原住民への迫害の状況を国連総会で訴えるためにアメリカ・ニューヨークをめざして南西アフリカを脱出した同氏の〝冒険〟は、まさに手に汗を握る。

白人政権が支配するボツワナや南ローデシア（現在のジンバブエ）をバスで横断しようとして何度も逮捕されそうになりながらも、タンザニアの当時の首都ダーレスサラムに到達。そこから空路アクラ（ガーナ）に入り、ようやくニューヨークに着いた。

苦難の末にヌジョマ氏は、南西アフリカにおいて現地の人々がいかに虐待されているかを国連総会の場で、世界に向けて訴えることができた。これに対して南アは、「アフリカ人を優遇している」と反論。それは全くの嘘であると、ヌジョマ氏はさらに主張した。

その後、同氏はダーレスサラムにＳＷＡＰＯの拠点を設けて独立運動の指導を始めた。しかし、一九六六年になっても国連での進展は何らみられず、しびれを切らしたＳＷ

際連合の主要な司法機関。国連の総会および安全保障理事会によって選ばれた一五人の裁判官によって構成。国際間の法的紛争の裁判などを行う。

9　サム・ヌジョマ（一九二九〜）一九六〇年、南西アフリカ人民機構（ＳＷＡＰＯ）の議長に選出され、六六年からナミビア独立戦争の指導者となった。九〇年、独立を達成。初代大統領および国防軍最高司令官に就任。二〇〇五年に引退。

10　南西アフリカ人民機構（ＳＷＡＰＯ）ナミビアの政党。ナミビアがドイツ領であった第一次世界大戦中に独立運動を展開していた組織が母体となり、一九六〇年代から独立闘争を開始。九〇年、独立達成後、議長のサム・ヌジョマが初代大統領に。

2008年10月に行われたウーフェ・ボワニ賞の授賞式。左から、コートジボワールのベディエ前大統領、セネガルのディウフ前大統領、インドネシアのカッラ前副大統領、著者。その右が同賞を受賞したフィンランドのアハティサーリ元大統領。一番右は、ポルトガルのマリオ・ソワレス前首相　© UNESCO

APOは、ついに武力抗争に踏み切った。

一九七五年、隣国アンゴラが独立をはたした。SWAPOはその拠点をタンザニアからアンゴラに移したことによって、同国のネト初代大統領や大統領を支持するアンゴラ解放人民運動（MPLA）の軍事支援を受け、独立闘争を強化した。これに対し、南アはMPLAと対立するアンゴラ全面独立民族同盟（UNITA）を支援し、SWAPOへの軍事援助を止めさせようとしたが成功しなかった。

このような状況下で、西側諸国、なかでもアメリカ、イギリス、カナダ、西ドイツ等は、南アのナミビアへの対応に不満を抱いた。また南アは、一九七五年以降、アンゴラに本格的に派遣されていたキューバ軍の存在は、自国にとっての脅威であると受け止めるようになっていた。

南ア・アンゴラ・キューバの間に和平協定が結ばれるには、一九八八年まで待たなくてはならなかった。この年、南アはようやくナミビアの独立に合意した。

国連の監視下で選ばれたナミビアの憲法制定会議メンバーは、一九九〇年に新憲法を制定。同会議が衣替えした国民議会でSWAPO議長のヌジョマ氏は初代大統領に選出され、同年三月、ナミビアは独立を宣言した。

国連の先頭に立ちナミビア問題に当たったのは、在ナミビア国連事務総長特別代表に命じられたフィンランド人のマルッティ・アハティサーリ氏[*11]だった。同氏は、一九七三年、フィンランドの駐タンザニア大使に着任、SWAPOはじめ周辺の国々との関係構築に力を注いだ。のちにフィンランド大統領となった同氏は、大統領職を退いた後も世界各地の紛争解決に貢献。ユネスコは、二〇〇八年九月、ウーフェ・ボワニ平和賞を贈った。また、その翌月、同じ功績によって同氏はノーベル平和賞を受賞した。

ウーフェ・ボワニ平和賞は、コートジボワール（旧象牙海岸）の初代大統領をつとめ、同国の政治安定と経済成長を実現したウーフェ・ボワニ氏を記念して設けられた。

ヌジョマ氏は一九九四年、九九年にも再選され、二〇〇五年の初めまで合わせて三期一五年間、大統領を務めて引退した。九四年の選挙では七六・三パーセント、九九年には七六・八パーセントと圧倒的な支持率を得ていたが潔く退任し、他のアフリカ諸国の指導者へのよき模範となったといえる。

三．ヌジョマ初代大統領との出会い

二〇〇五年五月、ユネスコ事務局長として「報道の自由」の式典開催のためナミビアの首都ウィントフックを訪れた。五月三日は一九九三年の国連総会で定められた「世界報道の自由の日」[*12]である。ヌジョマ大統領は出身地の村に帰っていたが、大統領から差し向けられた専用機に搭乗し、首都から一時間ほどの大統領の地元を訪れた。

大統領の家は、とうていそうとは思えない質素なつくりだった。そこで一時間ほど、もっぱら独立運動当時の話をうかがった。また、「これまで事実上、一人事務所だった

11　マルッティ・アハティサーリ（一九三七〜）

フィンランド第一〇代大統領（在任一九九四〜二〇〇〇年）。現在のロシア領ビープリ生まれ。大学卒業後、外務省に入省し、外交官としてアフリカからバルカン諸国などで職務を歴任。国連ナミビア事務総長特別代表などもつとめた。一九九三年にフィンランド社会民主党の党首となり、翌九四年に大統領に当選。退任後は国連大使として世界の紛争解決に尽力、二〇〇八年に、インドネシア・アチェ和平合意やコソボなどの和平交渉を仲介した功績によってノーベル平和賞を受賞した。

12　世界報道の自由の日

一九九一年、ナミビア・ウィントフックで、ユネスコと国連により、「アフリカの独立、多元主義的な報道の促進に関するセミナー」が開催され、「フイントフック宣言」が採択された。民主主義にとって表現の自由は必要不可欠で、その侵害に対して抗議行動を起こすように世界に呼びかけたことを機に、一九九三年の国連総会で制定され、国際デーの一つとなった。

ウィントフックのユネスコ地方事務所を強化するので、教育、文化、科学などの面で、従来以上の多面的な協力を進めていきたい」と話したところ、「大歓迎だ」と喜んでいただいた。最後に「ぜひユネスコ本部にお招きしたい」と申し出ると快諾された。大統領のユネスコ訪問が実現したのは、二〇〇四年九月だった。

その際、前述した大統領の自伝『他のものが動揺する時に』を贈られた。大統領はペンを執り、署名するとともに「世界各国が平和と安全の中で生きるということが非常に重要である」と献辞を記した。ナミビアが国の目標として「Unity, Liberty, Justice（統一、自由、正義）」を掲げるように、ヌジョマ大統領が国民のために三〇年間、独立運動を繰り広げてきた根底には、献辞にある理念が絶えることなく息づいていたものと思われる。

四．ポハンバ第二代大統領の誕生

国の新しいリーダーを決める大統領選挙は、二〇〇四年一一月に実施された。この選挙では、与党ＳＷＡＰＯの推すポハンバ[*13]候補が七六・四パーセントの票を獲得して二人の野党候補を大差で破り、〇五年三月、ナミビア二代大統領に就任した。

ポハンバ大統領は、天然資源に恵まれた国にとかくありがちな汚職追放に力を注ぎ、国際的な評価を得ている。同大統領には二〇〇九年七月のリビア（シルト）で開かれたアフリカ連合サミットで初めてお会いしたが、「ヌジョマ前大統領によろしく伝えてほしい」と述べたところ、「ヌジョマ氏はその後、元気にしており、早速、その旨伝える」と約束してくれた。

「ナミビア」という国の名は、アンゴラ南部からナミビア南端の沿岸部に広がるナミブ砂漠に由来している。世界で最も美しいとされる砂漠であり、「ナミブ」とは現地の部族の言葉で「何もない」という意味だ。しかし、砂漠の地下には、ダイヤモンドを

---

13 ポハンバ
（一九三五〜）ヒフィケプニェ・ポハンバ。一九六〇年、二五歳のとき、南西アフリカ人民機構（ＳＷＡＰＯ）の創設に関わる。逮捕、軟禁を経て、九〇年、独立を果たすと、自治大臣、土地大臣等を務め、二〇〇五年に二代大統領に就任。

はじめ豊富な天然資源が眠っているといわれる。

ポハンバ大統領には、この〝宝の山〟を国民のために有効に活用し、独立の遅れをぜひとも取り戻してほしい。

Republic of Zimbabwe

ジンバブエ共和国

ジンバブエ共和国
(Republic of Zimbabwe)

面積	39万平方キロメートル（日本よりやや大きい）
人口	1,246万人
首都	ハラレ
自然	内陸国。ザンビアとの国境に、世界三大瀑布で世界遺産のヴィクトリア・フォールズがある。雨季は11～3月。亜熱帯に位置するが標高が高いため比較的過ごしやすい気候。
産業	たばこ、砂糖、綿花などの農業、プラチナ、クローム、アスベスト、ニッケル、金などの鉱業、食品加工、金属製品、機械などの工業が主であるが、近年は失業率80%以上（2007年：政府発表、実体は不明）と高く、低迷が続く。
民族グループ	ショナ族（75%）、ンデベレ族（20%）、白人（1%）
言語	英語、ショナ語、ンデベレ語
宗教	部族宗教、キリスト教

＊　＊　＊

日本は独立とともに承認。ジンバブエは、1982年より東京にジンバブエ大使館を設置する。日本からは、大学に対するLL及び視聴覚機材を供与したことがある。日本の対ジンバブエ貿易額は輸出25.8億円、輸入265.2億円。ニッケルやフェロクロムなどの鉱物を中心に輸入する。近年のインフラの影響で2009年より自国通貨が事実上中止となり、アメリカ・ドルや南アフリカ・ランドが中心となっている。

一・ローデシア・ニアサランド連邦崩壊と独立

ジンバブエのムガベ[*1]大統領はいま、国際社会で最も強権的な独裁者として批判されている。その圧政の下でジンバブエの国民の大半は塗炭の苦しみをなめている。この事実は誰も否定できない。

長年アフリカを舞台に活動してきたわたしには、そのような事態はとても残念なことである。アフリカ諸国の動向を注視してきた者として、もう一つ残念なのは、アフリカの他の政治指導者がムガベ大統領の行動を黙認、さらには支持しているかのような報道がなされていること、そして、ムガベ大統領がもたらしたと同様の圧政が他のアフリカ諸国でも行われているのではないか、と疑いの目を向けられていることだ。

色眼鏡をかけることなく、ジンバブエの現在を的確に理解してもらうために、ジンバブエの歴史の紹介から始めたい。

ジンバブエは一九八〇年まではローデシアと呼ばれていた。南部アフリカの内陸国で、国土面積は三九万平方キロと日本よりやや大きい。ザンベシ渓谷に向かって傾斜した台地からなる高原地帯で、熱帯性気候だが高地のためしのぎやすい。人口は日本の一〇分の一強の一二四六万人である（二〇〇八年）。

一〇世紀ころまでにショナ族（バンツー系の民族）が住み着き、一一世紀頃からさまざまな王国が相次いで成立した。しかし、それぞれの王国は、西アフリカのガーナ帝国、マリ帝国およびソンガイ帝国のように広大な面積を支配したり、何世紀にもわたって君臨したりすることはできなかった。そのため、世界的にはあまり知られていない。

その中にあって一三世紀から一四世紀にかけて栄えたグレイト・ジンバブエ王国[*2]はよく知られている。国名にもなっているジンバブエはショナ語で「石の家」を意味する。ジンバブエ王国時代には、石で多様な建造物がつくられ、いくつかは現在も残っている。ジンバ

---

1 ムガベ
（一九二四〜）
ロバート・ムガベ。英国領南ローデシア出身。南アフリカ大学、ロンドン大学等で学び、教師職を経て、一九六〇年、南ローデシアに帰国後、ジンバブエ・アフリカ民族同盟（ZANU）を結成し書記長となる。六四年、逮捕され、一〇年間、拘留。釈放後、ジンバブエ・アフリカ民族解放軍（ZANLA）を結成し、独立を求めてローデシア政府軍と武装闘争に入る。八〇年、ジンバブエ共和国の成立とともに、初代首相に。八七年から、大統領制に移行し、第二代大統領に就任。野党を徹底的に弾圧し、独裁者として批判を受けている。

2 グレイト・ジンバブエ王国
現在のジンバブエ共和国の中央部に、一三〜一四世紀にかけて栄えた王国。金を輸出し、インド交易の中継点として繁栄した。石造建築の遺跡「グレート・ジンバブエ」は、世界遺産に登録されている。

ブエの南東部にある二五〇メートルからなる楕円形の壁を持つ城の遺構もその一つだ。遺構は、一九八六年、ユネスコの世界遺産に登録された。

出土品からグレイト・ジンバブエ王国はすでに金、銅、鉄を採掘・加工する技術を持っていたことが明らかになっている。また、出土品には中国製陶器が含まれていたことから、この王国がかなり広域な交易を行っていたことを想像させる。

この石造の城跡を一九世紀に発見したのはドイツの探検家カール・マウフ[*3]だった。当時、根強かったアフリカ人に対する偏見から、フェニキア人[*4]かアラブ人が作ったものだろうとされた。後に考古学的な調査が進み、城壁を建造したのはショナ族であることが明らかになった。もっとも、全てが解明されたわけではない。たとえば、楕円形の壁に囲まれた「神殿」の内側にある紡錘型の石積みの「塔」がどのような目的に使われたのかは謎のままだ。城は一五世紀ころに放棄された。城をつくりだしたその文化の全貌は、いつしか原住民の意識の底に沈んでしまった。

なお、ここで発見された石柱頭部の八つの彫像「鳥神柱」は「ジンバブエ・バード」と呼ばれ、現在、国の象徴として国旗の紋章に描かれている。

グレイト・ジンバブエ王国も長くは続かなかった。一六世紀に入り、ポルトガル人は東アフリカ沿岸を支配したのち、内陸に侵入。当時はいくつもの首長国が並び立っていたものの、侵入の排撃に成功した。その後も一九世紀後半にいたるまで、ヨーロッパ人に植民地化されることなくアフリカの人々の手によって誕生した首長国は複数存続したのである。

当時は「マショナランド」と呼ばれていたこの地域を、最終的に征服したのは英国人のセシル・ローズ[*5]だった。ローズといえば、一九世紀末、南アフリカのダイヤモンド鉱山で莫大な財産を築き、世界のダイヤモンド市場を独占するデビアス社を設立した有名人である。帝国主義の信奉者で、大英帝国は南アフリカの北へさらに勢力を伸

---

3 カール・マウフ
（一八三七〜七五）
ドイツの地理学者、探検家。ドイツ人宣教師から、ジンバブエのショナ族居住地にあるという巨大な遺跡について聞き、一八七一年、現地を訪れ、「グレート・ジンバブエ」の遺跡を発見した。古代フェニキア人かユダヤ人が築いたと主張したが、後の研究でアフリカ人の手によるものであることが分かった。

4 フェニキア人
紀元前一五世紀〜紀元前八世紀頃、地中海東岸（現在のレバノン近隣沿岸諸都市）で海上交易に従事した民族。沿岸諸都市を中心に都市同盟を形成し、後にカルタゴなど海外植民地を建設した。

5 セシル・ローズ
（一八五三〜一九〇二）
イギリスの政治家。南アフリカでダイヤモンドや金の採掘で成功し、鉱山王となる。ケープ植民地議会の議員を経て、一八九〇年に首相となり、帝国主義政策を推進。ザンベジ川上流を征服し、自分の名にちなんでローデシア（現在のザンビア、

ばすべきだと固く信じ、一八八九年、その資金力を背景に国策会社の「南アフリカ会社」を設立、マショナランドを征服した。具体的には南ローデシア（現在のジンバブエ）にあたるこの地に自らの名に因んで「ローデシア」（「ローズの家」の意）と命名し、一八九四年にイギリスの植民地としたのである。

ちなみに、現在のジンバブエ、ザンビアのイギリス領時代の呼称を「ローデシア」といった。一九一一年に南北に分断され、北ローデシアは六四年にイギリス連邦ザンビア共和国として独立、南ローデシアは翌年、白人が政権を握ったままローデシア（正称は南ローデシア）として一方的に独立を宣言した。

「アフリカのナポレオン」の異名をとるほどの権威を手中に納めたローズだったが、一九〇二年、四八歳の若さで死亡した。しかし、マショナランド北部にローズが建設した町ソールスベリの開発特許をその地の酋長から得ていた南アフリカ会社がローデシアを長い間、統治した。マショナランドは概ね農耕に適していたため、白人の農業移民の入植が進んだ。

南アフリカ会社の下で、水利がよく吸血性のツェツェ蠅[*6]が少ない最良の土地は、ほとんど白人入植者の所有地となった。他方、アフリカ人に割り当てられた土地は不毛の地だった。公平さを欠いた同社のやり方は、イギリス本土でも批判されるほどだった。

このような状況を背景にして、南アフリカ会社が行政権を握っている現状に入植者は反発し、第一次大戦後の一九二三年、国民投票が行われた。その結果、正式にイギリスの自治植民地（イギリス領ローデシア）となった。こうして南部アフリカの中核をなすエリアに、白人入植者が支配する植民地が成立したのである。

第二次大戦後の一九五三年には、南ローデシアの提唱により、白人が支配する同国を中核に、銅をはじめとする天然資源の豊富な北ローデシア（ザンビアの項参照）、そして、アフリカ人労働力の豊富なニアサランド（マラウイの項参照）による「ローデシ

ジンバブエ）と命名した。トランスバール共和国の併合計画が失敗し、失脚した。

6 ツェツェ蝿
蚊のように皮膚を刺し、血を吸う吸血性の蝿。「アフリカ睡眠病」（高熱、頭痛、意識混濁が起こり、眠り続け衰弱して死に至ることもある病気）の病原体であるトリパノゾーマという血液原虫を媒介する。近年は中央アフリカからアンゴラにかけて被害が出ている。家畜にも多大な被害を及ぼす。

シア・ニアサランド連邦」が成立した。

こうして、南アフリカの中央部に共同市場が生まれた。そして、第二次世界大戦後にイギリスや南アフリカから多額の資本流入があったこともあり、国内製造業は整備され、飛躍的な経済発展がみられた。農業面でも葉タバコやとうもろこし生産が急増し、南ローデシアへの移住はさらに増え続け、一九六〇年ころまでに白人人口が二二万人にのぼった。生み出された富の多くは、農業に従事していたアフリカ人に配分されることはなかった。白人との格差は、こうして一層、進んだ。

白人の圧倒的な優位に対して、アフリカ人による抵抗運動が一九五〇年代に広がった。ジョシュア・ウンコモ氏[*7]を中心とするジンバブエ初のアフリカ人による政党として結成された国民民主党（NDP）は白人政権によって禁止されたため、同氏は六二年に新政党ジンバブエ・アフリカ人民連合（ZAPU）を結成した。しかし、ZAPUの活動は生ぬるいとして、より過激な独立運動を志向する人たちはジンバブエ・アフリカ民族同盟（ZANU）を結成、党首にはチテポ氏が就任した。また、当初、ZAPUに参加していたムガベ氏もZANUに加わり、書記長に任命された。その間、白人入植者の指導者だったイアン・ダグラス・スミス氏[*8]は、一九六五年、白人優位の維持を望む少数ながら強力なヨーロッパ系住民に支持され、南ローデシア首相に就任した。

一九六二年、ニアサランドがローデシア・ニアサランド連邦から脱退してマラウイとして独立、次いで六三年には北ローデシアも同連邦から脱退しザンビアとして独立すると、連邦は崩壊した。続いて南ローデシアも単独で独立を求めたが、当時のイギリス政府（労働党）は、すぐには独立を認めなかった。このためスミス首相は六五年一一月、一方的に独立を宣言、イギリスと断交した。

7　ジョシュア・ウンコモ
（一九一七～九九）

ジンバブエ・アフリカ人民連合（ZAPU）を結成。後のジンバブエ共和国初代首相ロバート・ムガベとともに武装闘争に入る。ジンバブエ・アフリカ民族同盟（ZANU）に移ったムガベとともに、七六年、「愛国戦線（PF）」を結成。八〇年、イギリスからローデシアが独立達成した際、ロバート・ムガベ首相のもとで内務大臣に。八七～九九年、副大統領。

8　イアン・ダグラス・スミス
（一九一四～二〇〇七）

一九六五年、南ローデシアをイギリスから独立させて、白人政権のローデシア共和国を誕生させ、初代首相に就任した。強硬な人種差別政策をとり、黒人解放組織と闘争を続けたが、七九年、イギリスの調停を受け入れ、八〇年の総選挙で黒人解放組織に敗北。ジンバブエ共和国独立後も国会議員として白人の権利擁護に務めた。

二・ムガベ政権の誕生

こうした一連のできごとが起こった当時、わたしはちょうどガーナに在勤していた。南ローデシアの首都ソールスベリの日本総領事館の深井龍雄総領事が、南ローデシアを中心とする南部アフリカ情勢について、いつも興味深い報告を外務省に送っていたのは、その頃のことだ。この報告は至急情報として在ガーナ大使館にも多く配布されていた。わたしはとても関心を持って動向をフォローしたのを覚えている。

その情報からは、白人入植者たちの独裁政権に対してジンバブエのアフリカ人が抵抗している状況が手に取るように伝わってきた。一方、西アフリカのイギリス領だったガーナやナイジェリアは、自然環境が厳しかっただけに白人の入植はなかった。自然環境がそれだけ独立運動がスムーズに進展するという対照的な結果になっていた。それ厳しいという経済的にはマイナスの要素が、政治的な独立を獲得するという意味においては、ガーナやナイジェリアの国民にプラスに働いている現象に、わたしは運命の皮肉を感じた。

抵抗運動の中心となっていたムガベ氏は、一九六四年、スミス政権のもとで逮捕・投獄され、一〇年間、獄中で過ごした。獄中にあった七二年にローデシアの解放組織はゲリラ活動を開始した。七四年にようやく釈放されたムガベ氏は、独立を達成したばかりのモザンビークに逃れ独立運動を進めた。そして同年三月、ザンビア滞在中のＺＡＮＵ党首のチテポ氏が自動車にしかけられた爆弾によって暗殺され、ムガベ氏が同党を取り仕切ることになった。

南ローデシアの白人政権は旧宗主国イギリスからさえ批判され、国際社会の中で完全に孤立していたが、唯一、アパルトヘイト[*9]政権下の南アフリカの支持を得ていた。イギリスは、現状のままでは南ローデシアの存続は不可能と判断し、白人政権側と独立運動推進のアフリカ人指導者たちをロンドンに招いて交渉のテーブルに着かせた。

---

9 アパルトヘイト
南アフリカ共和国で一九四八～九四年にわたって運用された人種隔離政策。白人支配者層に差別された非白人（バンツー／アフリカ黒人、カラード／混血、アジア系住民／インド人、パキスタン人等）は、居住地や職業、教育などを厳しく制限された。九四年に完全撤廃された。

そして、「ランカスターハウス協定」を双方に受諾させることに成功した。同協定のポイントは、議会は一〇〇議席とし、そのうちの二〇議席を常に白人に割り振り、残りの八〇議席は選挙で選出することにあった。協定に基づいて総選挙は行われ、八〇議席のうちムガベ氏の率いるZANUが五七議席を獲得、ムガベ氏が八〇年三月に首相に就任し、ムガベ政権が誕生した。

政権が誕生した当初、ムガベ首相は全体として穏健な政策をとった。教育や医療に重点的に予算を回し、白人入植者に対しても強制的に土地を収用するような政策は実施しなかった。

ムガベ首相は就任してから一年あまりたった一九八一年に訪日している。わたしは外務省の経済協力局政策課長として日本の経済協力全般を統括する立場にあった。それまでの日本の経済協力の姿勢は、アジア各国を対象にしたものが中心で、他地域への経済協力は例外的に進めるという程度のものだった。しかし、今後はアジア以外の中近東、中南米、さらにはアフリカに対しても、もっと協力するという新しい方針を打ち出して、実行しようと考えていた。

そのような時期のムガベ首相の来日だった。わたしは経団連で行われた首相のスピーチを聴きに出かけた。白人入植者のアフリカ人への対応がいかにひどかったか前置きしたムガベ首相のスピーチは、なかなか筋が通ったものだったと記憶している。具体的には以下のようなものだった。

「これからは、そのような白人入植者とも融和を図りながら国家建設を進めていく。そのためには国際社会全体の支援が必要であり、ジンバブエからははるかに遠いものの、経済大国の日本からも、政府の援助、民間の投資を得たい」

振り返って考えてみれば、当時はムガベ首相が政治家として最も意欲にみちた時期であり、国際社会もまたムガベ氏を支援しようとしていた。

三、ムガベ政権の独裁化

一九八五年の総選挙でもムガベ首相の率いるジンバブエ・アフリカ民族同盟（ZANU）は圧勝した。八七年には憲法改正が行われ、行政権が首相から大統領に移った。それまで大統領は象徴的かつ儀礼的なポジションに過ぎなかったが、文字通り国家元首として行政を取り仕切ることになった。その大統領の座にムガベ氏が着いた。翌八八年にはムガベ氏のZANUとウンコモ氏の率いるジンバブエ・アフリカ人民連合（ZAPU）が合併し、その後、ウンコモ氏は副大統領に任命された。ムガベ氏は九〇年に再選、さらに九六年にも三選された。

しかし、高インフレ、高失業、深刻な外貨不足などに悩まされ、ムガベ大統領は世界銀行および国際通貨基金[*10]（IMF）の指導による構造調整政策により行政の民営化を進めた。しかし、その結果、国民の大多数を占めるアフリカ人の生活は、一層、苦しくなった。

そのためムガベ大統領は一九九七年、白人の農場主から大規模農場を強制的に接収し、土地を持たないアフリカ人に配分する「農地解放政策」を打ち出した。この政策により、政府は十分な補償も行わないまま一一〇〇万ヘクタールにも上る白人の農地を強制収用しアフリカ人農民に再配分した。しかし、その実態は、政府与党の支持者に対してのみの再配分だったと言われる。政府の民兵によって暴力的に農場を占拠された白人農場主は、ジンバブエから脱出するなどした。このためムガベ大統領は、白人社会はもとより国際社会からも非難されるようになった。

白人の農場は効率的に運営、経営されていた。ジンバブエの農産物輸出は輸出全体の半分を占め、同国は「アフリカの穀物庫」と呼ばれるほどだった。しかし、農地は「解放」によって荒廃し、農産物の輸出どころか食糧自給もままならぬ状況[*11]となった。インフレ率は加速の一途をたどった。年間の物価上昇率は一万パーセント、次いで一〇万パー

10　国際通貨基金（IMF）
(International Monetary Fund) 為替相場の安定と自由化、国際収支の均衡を図ることを目的に、ブレトンウッズ協定に基づき一九四五年設立された国際金融機関。本部はアメリカのワシントンに置かれている。日本は一九五二年に加盟。

11　食糧自給もままならぬ状況
強制的な土地の収用によって農業は大きな打撃を受け、ジンバブエの食糧自給率は低下した。二〇〇八年には、ジンバブエの人口の半数以上は国外からの食糧援助が必要になった。

セント、二〇〇八年六月には二〇〇万パーセントを超えた。失業率は政府の発表で八〇パーセント（二〇〇七年）に上り、国内経済は最悪の状態に陥っている。

二〇〇〇年の議会選挙で与党ZANUは引き続き第一党の座を維持したが、労働組合の運動家を中心とする野党の民主改革運動（MDC）が五七の議席を獲得、与党（六二議席）に迫った。したがって、議会は一党支配から二大政党へと移行した。〇二年三月の大統領選挙では、ムガベ大統領とMDC党首のチャンギライ氏[*12]の一騎打ちとなって激しい選挙戦が展開され、結局、ムガベ氏が四選を果たした。しかし、与野党の対立は一層、激化し、農産物の大幅な生産量の落ち込み、インフレ率の天文学的な上昇、失業率のアップを背景に、ムガベ政権に対する国民の不満は次第に大きくなっていった。大規模な反政府デモも起きたが、政府は治安部隊を出動して弾圧、MDC党員を次々に逮捕した。

そのような社会、経済状況のなか、二〇〇八年三月に総選挙ならびに大統領選挙が行われた。総選挙では野党MDCが躍進、議会で第一党となった。大統領選挙の第一回ラウンドでも野党のチャンギライ氏が四七・九パーセントの支持を得たのに対し、ムガベ氏は四三・二パーセントにとどまった。いずれも過半数を獲得できなかったため、第二ラウンドとなる決選投票が〇八年六月に実施されることになった。ムガベ氏は、八四歳という高齢でもあり、当初、決選投票で敗北すれば潔く退く覚悟をほのめかしていた。にもかかわらず、一転、何としても決選投票は勝つ、という強い姿勢を打ち出した。

その背景には、それまでムガベ氏を支えてきたZANUおよび軍幹部による大統領への次のような圧力があったからだといわれる。

「あなたは大統領選挙に負けても、南アに亡命すれば余生を静かに過ごすことができるだろう。しかし、われわれは行くあてもなくジンバブエに残ることになる。野党候

---

12 チャンギライ
（一九五二〜）
モーガン・チャンギライ。ジンバブエ最大野党の民主改革運動（MDC）の党首として、二〇〇八年の大統領選挙に出馬。野党支持者が弾圧を受けたため、選挙からの撤退を表明。後にムガベと連立政権樹立に関する合意を交わし、〇九年、首相に就任した。

補が大統領になれば、今度は弾圧される側にまわることになるのだ。だからもっと頑張ってもらわなければ困る」

決選投票を目前に、ムガベ氏は警察などを使って与党の支持者を弾圧するようになった。身の危険を感じたチャンギライ候補は隣国に逃れた。

決選投票の行われるひと月ほど前の二〇〇八年五月のはじめ、わたしは国際地球観測年[13]の打ち上げのためにタンザニアのアルーシャを訪れていた。折しも同地に、ジンバブエ訪問から戻ったばかりのアフリカ連合委員会（AU）委員長ジャン・ピン[14]氏が、AU議長となったタンザニアのキクウェテ大統領への報告のために滞在していた。ジャン・ピン氏とは以前から親しい間柄だった（ガボンの項目を参照）。ユネスコとAU委員会との協力関係について会談した後、「ぜひジンバブエの現状や今後の見通しについて聞かせてほしい」と頼んだところ、つぶさに語ってくれた。

ジャン・ピン委員長によれば、ムガベ大統領が耳を傾ける政治指導者は世界でただ一人、南アフリカのムベキ大統領しかいない。ジャン・ピン氏がムガベ大統領に面会を申し込んでも一切返事がなかったので、ムベキ大統領に「アフリカ連合の委員長としていろいろと話をしたいので、ムガベ大統領を説得してほしい」と頼んだところ、ようやくムガベ大統領に会うことができたという。

しかし、ムガベ大統領に対し、AUを代表して「決選投票を民主的に実施することはジンバブエ国民のため、国の将来のために必要である」と主張しても、党や軍の幹部から強い圧力を受けていることもあって、大統領は聞く耳を持たなかった。ジャン・ピン氏は「わたしのミッションは失敗したと言わざるを得ない」と残念そうだった。この報告を聞いたキクウェテAU議長も頭を抱えたという。わたしも、とても暗い気持ちになった。

チャンギライ氏は、予想されたように、身の危険を感じてか決選投票への出馬辞退

---

13 国際地球観測年
一九五七〜五八年にかけて一年半続いた、地球物理現象に関する国際科学研究プロジェクトの名称。その五〇周年を記念して、さまざまな国際研究プロジェクトが二〇〇七年から〇八年にかけて行われた。

14 ジャン・ピン
（一九四二〜）ガボンの政治家。ユネスコ・ガボン政府代表部勤務などを経て大臣、政府要職を歴任。一九九九年から二〇〇八年まで外相。

を宣言した。

四．与野党連合政権の成立

相手候補の決選投票撤退によりムガベ大統領は当選した。しかし、そのような選挙結果は国際社会では無論のことアフリカでも認められなかった。そこで最後に、南アフリカのムベキ大統領が担ぎ出され、ムガベ大統領と野党のチャンギライ党首との間で折衝が重ねられた。

合意がようやく成立したのは二〇〇八年九月のこと。その結果、ムガベ氏は引き続き大統領の座にとどまり外交政策および治安維持の責任を果たすものの、チャンギライ氏が首相に就任して行政権を持ち、政府を構成することになった。しかし、この「パワー・シェアリング」協定は容易に実現しなかった。閣僚ポストの割り振りをめぐって合意に達することができなかったからだ。

具体的には、ZANUが軍を掌握する国防大臣および警察を統括する内務大臣の両ポストを求めたのに対し、チャンギライ側は国防大臣のポストはZANUに渡すが内務大臣のポストはMDCが取る、と両者の主張は折りあわなかった。したがって「パワー・シェアリング」協定は実施されず、チャンギライ内閣も組閣されないまま時間が経過した。その間、ジンバブエ経済はさらに悪化、食糧不足は深刻さを増した。また、行政が機能しない結果、公共サービスは低下し、コレラの発生にもつながった。欧米はムガベ氏の退陣を強く求めたが、同氏は一切取り合わなかった。

二〇〇九年一月、スイスのダボス会議[*15]（世界経済フォーラム）に赴き、そこで開催されたアフリカの首脳たちによるフォーラム「アフリカの現状・将来」に出席した。

最も議論が交わされたのはジンバブエ問題だった。ケニアのオディンガ首相は「〇八年三月の第一回選挙結果を尊重してムガベ大統領は退陣し、チャンギライ氏が政権を

15　ダボス会議
スイス・ジュネーブに本部を置く世界経済フォーラム（WEF）が、毎年一月、スイスのダボスで開催する総会の通称。政財界などのリーダーの連携を図り、世界の経済や社会問題の改善に取り組むことを目的としている。

取るべきだ」と明快に主張した。それに対し、南アフリカの新しい大統領ムランティ氏は「いま重要なことは、昨年九月に合意された『パワー・シェアリング』をきちんと実施すること。つまり、ムガベ大統領、チャンギライ首相のもとで与野党連合の政権を作って、現下の問題に早急に対応することだ」と述べた。セネガルのワッド大統領の意見は「現実を直視し、チャンギライ氏との連合政権を成立させるしかない、ということをムガベ大統領にしっかりと悟らせなければいけない」というものだった。

その直後の一月三〇日、チャンギライ氏は、国防大臣と内務大臣のポストをZANUへ、というムガベ氏の申し出を呑んで、連合政権への参加を発表した。同首相の下で連合政権が機能し、ジンバブエが抱えている山積する課題――食糧不足、農業生産の増大、行政サービスの改革、膨大なインフレの抑制、失業対策――に、本腰を入れて取り組んでくれることを、わたしは心から願っている。

ムガベ大統領の独裁傾向が国際的にも批判されるようになったのは、ユネスコ事務局長に就任してからのことであり、わたしはいまだにジンバブエを公式訪問できない状況にある。しかし、大統領には二〇〇二年に南アフリカで開かれた[16]「持続可能な開発に関する世界サミット」(国連主催)やエチオピアのアディスアベバで〇四年に開かれた[17]アフリカ連合(AU)サミットに特別ゲストとして招かれた時などにお会いした。

アディスアベバでは、晩餐会で隣り合わせになった。一九八一年の来日の折の経団連での講演はなかなかのものでしたよ、とムガベ大統領に伝えたところ、大統領は「あの日のことは忘れられない」と応じてくれた。また、「ユネスコはハラレ事務所を強化して、ジンバブエのみならず近隣のザンビア、マラウイなども担当させるつもりです。途上国における活動強化を推進しますのでご支援をよろしく」と申し出たところ、ユネスコの活動には大いに期待していると答えてくれた。ただ、ジンバブエに対する国際的な評価を考慮すると、ユネスコとしてはあまり力を入れるわけにもいかず、言葉

---

16 持続可能な開発に関する世界サミット
二〇〇二年九月、南アフリカ共和国のヨハネスブルグで開催された、地球環境問題に関する国際会議（WSSD）。一九九二年、リオ・デ・ジャネイロでの「環境と開発に関する国際連合会議」で採択された「アジェンダ21／持続可能な開発（将来の環境や次世代の利益を損なわない範囲内で、環境を利用し、社会発展を進めようとする理念）を実現するための行動計画」を点検し、今後の取り組みを強化する目的で開催された。

17 アフリカ連合（AU）
アフリカ統一機構が、発展改組して発足した。本部はエチオピアのアディスアベバ。アフリカの一層高度な政治的経済的統合の実現及び紛争の予防解決への取組強化のための地域統合体である。アフリカ諸国と諸国民間の一層の統一性及び連帯性の強化、アフリカの政治的経済的社会的統合の加速化、アフリカの平和と域内紛争や独裁政治の根絶、安全保障及び安定の促進、民主主義原則と国民参加統治の促進、持続可能な開発の促進、教育及び科学等での協力、グ

には注意して話した。

大統領は八〇代にしてはとても元気そうだった。雑談をしていると、意外に穏健な人柄が感じられ、とても独裁者のようには思えなかった。

以上のような経緯から、残念ながら未だにジンバブエの首都ハラレを訪れていない。しかし、一度は「石の家」（ジンバブエの意味）の国に足を踏み入れたいという思いは、二〇〇四年三月に叶えられた。ザンビアのリビングストーン市を訪れた時に、世界遺産になっているヴィクトリアの滝まで足をのばし、ジンバブエ領に入ることができたのである。ハラレからジンバブエ政府のユネスコ国内委員会の関係者およびユネスコ事務所の所長以下に来てもらい、歓談する機会も持てた。

世界遺産のヴィクトリアの滝　© UNESCO／Véronique Dauge

ヴィクトリアの滝はザンビアとジンバブエの国境を流れるザンベシ川の中流域にあり、ナイアガラの滝（アメリカ・カナダ国境）、イグアスの滝（ブラジル・アルゼンチン国境）と並んで世界三大瀑布のひとつに数えられる。滝幅は最大一七〇〇メートル、落差は一五〇メートルにもおよび、長大なスペクタクルを展開している。滝の南にはジンバブエを代表するマナ・プールズ国立公園[*18]（世界遺産）が広がっている。皮肉な

ローバリゼーション時代におけるアフリカ諸国の国際的な地位向上、等を目指している。

18　マナ・プールズ国立公園
ジンバブエ西部の野生生物保護地域。ゾウや水牛などの草食動物や、絶滅の恐れのある希少動物が棲息し、一九八四年、世界遺産に登録された。

ことに、アフリカ南部でもっとも開発が遅れていることが幸いして豊かな自然環境が保全され、クロサイ[*19]やナイルワニ[*20]など希少動物も生息する動植物の楽園だ。

ジンバブエに民主的な政権ができれば、ぜひ首都ハラレ訪問を実現したいと思っている。二〇〇八年六月の大統領選挙に期待したが望みは満たされなかった。現時点では、ムガベ大統領とチャンギライ首相の連合政権が機能することを願うしかないだろう。ムガベ大統領はすでに八五歳を越えられ、アフリカにおける最長老の大統領である。将来、ムガベ大統領の健康が悪化したり、大統領とチャンギライ首相の間でまた大きな意見の違いが生じたりすると、連合政権の維持自体が危うくなる。

二〇〇九年にイギリスの民間シンクタンクである新経済財団が「世界で幸せに暮らす国」のランキングを発表したところ、ジンバブエは一四三カ国中の最下位だった。独裁政権の下で国民は貧困とエイズに苦しんでいることが理由に挙げられているのは、まことに残念である。かつては観光客を魅了した豊かな自然環境に恵まれたジンバブエに、再び新しい日々が訪れることを切望している。

---

19 クロサイ
アフリカに棲息する二角サイの一種。体長約三メートル、体高約一・五メートル。体色はほぼ灰色。雨や泥によって黒く見える。口の先が尖っている。主にマメ科の植物を食べる。

20 ナイルワニ
北西部を除くアフリカの大部分に棲息。最大七メートルになり、ワニ類の最大種。地域によっては信仰の対象となっている。古代エジプトでは、聖なる神の使いとされた。

Republic of Zambia

ザンビア共和国

ザンビア共和国
(Republic of Zambia)

面積	75万2610平方キロメートル(日本の約2倍)
人口	1,262万人
首都	ルサカ
自然	11～4月ごろまで雨季。北部の年間降水量は1,300mm程度、南部は500mm程度。亜熱帯性であるが、首都は標高1,200mほどの高地に位置し比較的過ごしやすい。南部には世界遺産ヴィクトリア・フォールズを有する。
産業	とうもろこし、たばこ、落花生、綿花、茶、コーヒー、畜産等の農業、銅、コバルト、亜鉛、鉛、石炭などの鉱業、食品加工、繊維、建築資材、肥料の工業が中心。また、ヴィクトリア・フォールズの観光業も盛ん。
民族グループ	73部族(トンガ系、ニャンジァ系、ベンバ系、ルンダ系)
言語	英語(公用語)、ベンバ語、ニャンジァ語、トンガ語
宗教	8割近くはキリスト教、その他　イスラム教、ヒンドゥー教、伝統宗教

＊　＊　＊

日本は1964年のザンビア独立とともに承認。1970年には、在ザンビア日本大使館を開設した。ザンビア側も1975年に駐日ザンビア大使館を設置。日本からの主な輸出は鉄道以外の車両・部品、通信機器等。ザンビアからの輸入は銅・銅製品、コバルト等の非鉄金属・非鉄金属製品、たばこ等。リビングストン博物館に対する視聴覚教材供与(2,020万円)やザンビア国営テレビ局に対する番組ソフト供与(1,840万円)、ザンビア柔道連盟柔道器材整備計画(3,600万円)など、これまで日本は文化無償協力を行っている。また、首都ルサカでは毎年、日本大使杯柔道大会が開かれている。

一・ザンビアの独立とカウンダ初代大統領

ザンビアは南部アフリカの内陸に位置し、国土面積は日本の約二倍である。銅を多く産出し、農耕地に適した土地も多い。とはいえ、ザンビアは未だにアフリカにおける最も貧しい国のひとつで、人口（日本の約一〇分の一の一二六二万人、二〇〇八年）の六割が一日一ドル以下で生活する貧困層である。また、最近ではＨＩＶ／エイズの感染者が増加傾向にあり、成人（一五歳以上）のＨＩＶ／エイズ感染率は一時二〇パーセントを超えていた。現在は約一七パーセントに落ちたとはいえ、いずれにしても高い感染率である。

ザンビアは一九世紀後半、イギリスが現在のジンバブエ（かつての南ローデシア）と共に統治した植民地「ローデシア」に含まれ、北ローデシアと呼ばれていた。一九五三年には、南ローデシアの白人入植者たちがイニシアティブをとり、かつ本国も了承するかたちで、隣国ニアサランド（現在のマラウイ）との間でローデシア・ニアサランド連邦が形成された（経緯についてはマラウイを参照のこと）。

南ローデシアはケニアのようにイギリス人入植者が多く、白人が政権を握り、イギリスもなかなか独立を認めようとしなかった。しかし、ニアサランドにおいては、同連邦がアフリカ人労働者を搾取しているとして元々、現地住民の根強い抵抗があった。そのなかでバンダ氏[*1]がマラウイ会議党（ＭＣＰ）を中心に推し進めた独立運動が次第に盛り上がり、ニアサランドはマラウイとして一九六四年七月に独立を果たした。次いで、北ローデシアも三カ月後の同年一〇月二四日、カウンダ氏[*2]の指導の下で独立を達成した。

折しも、独立の当日は、東京オリンピックの閉会式と重なった。このため、開会式では北ローデシアとして入場した選手団が、閉会式では新国名ザンビアを名乗っての参加になった。アルファベット順では最後のザンビアから、残留の選手一人が新国旗

---

1 バンダ
（一八九六年〜一九九七）
ハスティングズ・バンダ。一九五三年、南ローデシアの白人入植者による、ローデシア・ニヤサランド連邦（英国領中央アフリカ連邦）の結成に強く反対し、独立運動の中心的存在となった。イギリスと交渉を続け、六四年、ニサヤランドをマラウイ共和国として独立させ、六六年に初代大統領に。マラウイ会議党（ＭＣＰ）の一党支配体制をとり、七一年には「終身大統領」を宣言。約三〇年間、独裁政治を行った。

2 ケネス・カウンダ
（一九二四〜）
一九五一年、北ローデシア・アフリカ民族会議（後のアフリカ民族会議・ＡＮＣ）に参加。ハリー・ンクンブラと指導的役割を果たす。後に離党し、六〇年に統一独立国民党（ＵＮＩＰ）を結成し、独立運動に尽力する。六二年、自治政府の首相となり、ンクンブラが率いるアフリカ民族会議と連立内閣を成立させ、六四年、初代大統領に。九一年、複数政党制民主主義運動のフレデリック・チルバに敗れた。

を手に誇らしげな面持ちでスタジアムに入場、その後ろには開催国である日本選手団が進み、注目度も満点の印象的なフィナーレとなった。

さて、こうしてローデシア・ニアサランド連邦は崩壊したが、南ローデシアだけは白人入植者が握る政権が引き続き残ることになったのである。

ザンビア独立に際しては、白人支配の連邦制に反対して一緒に活動していた二人の功労者が挙げられる。一人は初代大統領に就任するケネス・カウンダ氏で、もう一人はハリー・ンクンブラ氏である[*3]。両者は最初、北部ローデシア・アフリカ会議という組織を結成し、ンクンブラ氏は議長に就任、カウンダ氏は幹事長を務めていた。同組織は後にアフリカ民族会議[*4]（ANC：African National Congress）と改称し、カウンダ氏が総裁となり、ンクンブラ氏が議長を継続。一九五〇年代初めから現地の住民たちを鼓舞して、反連邦主義を煽った。

一連の独立運動中に破壊活動分子というレッテルを貼られて二人は何度も投獄される憂き目にあっている。ところが、カウンダ氏がANCから離れ、その後に結成した統一独立国民党（UNIP）の総裁に就任すると、ンクンブラ氏率いるANCとの確執が始まった。それでも一九六二年末に二組織は漸く結束することに成功、独立を果たした後の総選挙ではUNIPが勝利を収め、カウンダ氏が初代大統領に就任した。

カウンダ政権が最初に着手したのは、イギリス系の会社が掌握していた銅の採掘権をザンビア政府へ取り戻すことだった。というのも、ローデシア連邦政府を牛耳っていた白人は南ローデシアに集中して住んでいたこともあって、銅から得た収入を連邦政府は主として南ローデシアの開発のために使っていたのである。現在も、ザンビアの首都ルサカと、南ローデシアの首都（現在のジンバブエの首都ハラレ）を比較すると、ハラレのほうが遥かに立派な町である。

銅の採掘地点がイギリス政府の管轄下にあるのではザンビア政府の収入も限られた

3 ハリー・ンクンブラ
（一九一七～一九八三）
ザンビア独立運動の指導者。一九五一年、北ローデシア・アフリカ民族会議（後のアフリカ民族会議・ANC）を結成。後に、統一独立国民党（UNIP）を結成したカウンダと、六二年、連立内閣を成立。

4 アフリカ民族会議（ANC）
一九一二年、黒人の権利擁護を目的に結成された南アフリカ原住民民族会議が後に改称。六〇年に非合法化されたが、九〇年に合法化された。九四年、全人種参加の総選挙で第一党となり、当時のマンデラ議長が大統領に就任した。

ものになるので、ザンビアの独立後、カウンダ大統領はその採掘権をザンビア政府に取り戻すことに尽力し、成功した。しかし、内政的には一党独裁制を進め、一連の企業の国有化を進めて社会主義体制を築いていった。さらに、ザンビアの輸出収入の九五パーセントを占めていた銅の国際価格が七〇年代に下落していく過程で、社会主義体制は行き詰まりを見せ始めた。

八〇年代に入ると、大統領は世銀及び国際通貨基金[*5]（ＩＭＦ）の協力を得て、経済の構造調整政策を手掛けようとしたこともあったが、全体としてスムーズに行かなかった。また、隣国南ローデシア及びモザンビークの独立を求める同志達や、南アフリカにおける反アパルトヘイト[*6]の支援など行ったことが、カウンダ政権を経済的に一層苦しくさせる要因となった。

他方、これらの国々の独立を進めたり、アパルトヘイトと闘ったりした人たちは、カウンダ氏の支援を非常に高く評価していた。従って、ネルソン・マンデラ氏が一九九〇年に南アフリカで長年の投獄生活を終えて釈放されたときに、真っ先に訪れたのはザンビアであった。しかし、その九〇年二月、ザンビアではカウンダ政権がまさに終わりを告げつつあるときだった。

二．野党のチルバ氏が第二代大統領に就任

ザンビアで民主化を求める声が高まるにつれ、一九八五年に大統領を辞職していた隣国タンザニアのジュリウス・ニエレレ氏も、かつて支持していたカウンダ大統領に対し、複数政党制の導入を勧めるようになっていた。結局、九〇年には複数政党制が導入され、翌年に行われた初の複数政党制下の大統領選挙では、結成されたばかりの野党の多数民主主義運動（ＭＭＤ）の党首フレデリック・チルバ氏[*7]がカウンダ氏を敗ってザンビアの第二代大統領に就任した。

5　国際通貨基金（ＩＭＦ）
(International Monetary Fund)
為替相場の安定と自由化、国際収支の均衡を図ることを目的に、ブレトンウッズ協定に基づき一九四五年設立された国際金融機関。本部はアメリカのワシントンに置かれている。日本は一九五二年に加盟。

6　アパルトヘイト
南アフリカ共和国で一九四八～九四年にわたって運用された人種隔離政策。白人支配者層に差別された非白人（バンツー／アフリカ黒人、カラード／混血、アジア系住民／インド人、パキスタン人等）は、居住地や職業、教育などを厳しく制限された。九四年に完全撤廃された。

7　フレデリック・チルバ
（一九四三～）
初代大統領ケネス・カウンダの一党独裁制に対して、複数政党制の導入を求め、一九九〇年、多数民主主義運動（ＭＭＤ）を結成し、最有力野党となった。九一年の大統領選で圧勝し、第二代大統領となった。民主化と経済の自由化を進めたが、ＵＮＩＰを含む野党を弾圧し、反発が強まり、二〇〇二年に引退した。

サハラ以南[8]のアフリカ大陸で、現職大統領が野党の大統領候補に選挙で負けて辞任するという〝事件〟はそれまでなかった。その第一号は九一年三月、ベナンのケレク大統領だったので、ザンビアのカウンダ氏は第二号ということになる。いずれも、長期政権に対し国民が不満を持つようになり、その不満が民主的な選挙で政権交代に繋がったと言えよう。一九九〇年代に入ってから、アフリカで次第に民主主義が定着し出したことを示している。

チルバ氏は大統領になるや否や、カウンダ氏の経済政策を大幅に修正した。社会主義体制から市場経済体制に転換、何百もの国営企業を民営化し、外国資本の導入を積極的に行ったのである。一九九六年、チルバ氏は大統領に再選された。しかし、そのような民営化の進展と平行して、政府内で汚職が広がり、大統領自身も汚職に関わっているとの噂が出回るようになった。チルバ氏は大統領の三選を禁止した憲法を改正することも試みたが、最終的には野党勢力のみならず与党ＭＭＤ内部からも強い抵抗にあって断念、二〇〇二年に任期満了で大統領職から引退した。

三、ムワナワサ第三代大統領による国の再建

二〇〇一年暮の大統領選挙では、ＭＭＤに担ぎ出された候補ムワナワサ[9]氏が当選した。同氏は、もともとはカウンダ政権を批判するという意味でチルバ氏と同盟を組んでいたので、一九九一年に大統領にチルバ氏が就任すると、副大統領に任命された経緯がある。しかし、チルバ政権に幻滅を感じ（特に、汚職などの増加）、わずか三年後に副大統領職を辞した。そして九六年、ＭＭＤの大統領候補を目指してチルバ氏に挑戦したが失敗、ムワナワサ氏は政界から引退していた。

そのような時に、ＭＭＤの幹部はチルバ氏の後任として、指導力のあるムワナワサ氏に目をつけたわけである。大統領選挙では一一人の候補者が戦ったが、ムワナワサ

8　サハラ以南
サハラ砂漠より南の地域をさす呼称。かつてのヨーロッパ人は、この地域を「未開の地」であるとして「暗黒大陸」と呼んだ。「ブラックアフリカ」「サブサハラ」とも呼ばれる。

9　ムワナワサ
（一九四八〜二〇〇八）
レヴィー・ムワナワサ。一九九二〜九四年、第二代大統領チルバ政権で副大統領に。一時政界を退いたが、チルバ大統領から後継指名を受け、二〇〇二年、第三代大統領に就任。チルバ前政権下の政治腐敗の一掃に努め、国内の民主化と貧困削減に尽力した。〇六年、二期目の大統領選も勝利したが、〇八年六月、脳梗塞で倒れ、八月に死去した。

氏は二九パーセントの得票率を得て首位で当選した（過半数を超えなければならないという憲法の規定はなかった）。同氏は大統領に就任すると汚職追放に着手し、チルバ前大統領が在職中に国費から四〇〇〇万ドル以上をロンドンの銀行口座に送金していたことを突き止めた。イギリスの裁判所に訴えたところ、チルバ氏が四六〇〇万ドルを不正に着服したことが立証されたが、同氏はこれに反論。政府とチルバ氏の間で長い間争われた結果、二〇〇八年五月にザンビア政府が約六〇〇〇万ドル（資金及び財産）をチルバ氏から取り返したと発表した。

また、経済面では、一日一ドル以下で生活する最貧困層を減らすことを目標に、ムワナワサ大統領はチルバ前大統領が敷いた市場経済体制の下、銅の生産に依存していたモノカルチャーからの脱却に務めた。銅の輸出の比重は一九七〇年代よりは減っているが、それでも約六割を占めていた。産業の多角化のために、農業の振興と観光開発を大きな柱とし、農業では隣国ジンバブエのムガベ大統領の圧政を受けて逃れてきた白人農場主などを受け入れ、未開拓地での開拓に関わらせた。また観光面では、ナイアガラ（北米）、イグアス（南米）と並んで世界の三大瀑布のひとつと言われジンバブエとの国境に流れるザンベジ川にあるヴィクトリアの滝、さらにはゾウやカバ、キリン、シマウマ等の多くの動物が生息する大自然を活用するプロジェクト開発に取り組んだ。

四．ムワナワサ大統領との出会い

わたしがムワナワサ大統領に初めてお目にかかったのは、二〇〇四年三月にザンビアのリビングストーン市で開かれたエイズ対策閣僚会議である。ユネスコをはじめ世界銀行やＵＮＩＣＥＦ[*10]、ＵＮＤＰ[*11]など一〇国際機関が参加する国連合同エイズ計画[*12]（ＵＮＡＩＤＳ）の運営理事会（ＣＣＯ）議長をわたしが二〇〇三～〇四年に務めた関係

---

10 UNICEF 国際連合児童基金（United Nations Children's Fund）。一九四六年に設立された、国際連合総会の補助機関。本部はニューヨーク。開発途上国や、戦争の被害に遭っている子どもの支援活動を行う。八九年に採択された「子どもの権利条約」の普及活動にも努めている。

11 UNDP 国際連合開発計画（United Nations Development Programme）。一九六五年に設立された、世界の開発とそれに対する援助のための国際連合総会の補助機関。本部はニューヨーク。開発途上国の経済・社会的発展のためのプロジェクトを行っている。

12 国連合同エイズ計画（UNAIDS） 発展途上国のエイズ対策の強化支援、国連のエイズ対策の強化・調整などを主な目的に、一九九六年に設置された。五つの国連機関と世界銀行が共同スポンサーになっている。

で、提案したものだ。折しも、ＵＮＡＩＤＳの加盟国からなる執行理事会の議長が当時、ザンビアの保健大臣だった。

ＨＩＶ／エイズはサハラ以南で蔓延が著しく、統計では世界のエイズ患者の約三分の二、また新規のＨＩＶ感染者の約三分の二がサハラ以南のアフリカに暮らしているが、その半分が南部アフリカに集中している。そのような状況に鑑みて、「南部アフリカのエイズ関係担当大臣、即ち治療という見地から保健大臣、また予防という面では教育大臣、加えて予算という面から財務大臣を合せた三大臣を各国から招いて、エイズ対策閣僚会議を開きたい」とザンビアの保健大臣に提案したところ、ただちに賛同してくれたのである。

そしてわたしは、エイズ対策に力を入れているムワナワサ大統領にぜひ基調演説をして欲しいとお願いしたところ、これにも快諾をいただいた。特に、ザンビア国内では一九九〇年代からＨＩＶ／エイズ感染者数が急激に増加し始め、成人のＨＩＶ感染率が二〇パーセントを超えるという状況だ。国民の平均寿命は四〇歳近くに低下し、六〇万人ともいわれるエイズ孤児の増加は深刻な問題である。

ＨＩＶ感染率を下げていくことを目標に掲げていた大統領はスピーチの中で、特にＨＩＶ感染率の高い職種が兵隊と、教師であると明かした。驚くべきことに、教師の一〇人のうち四人が感染者であるという。「教育が重要であるにも関わらず、このような惨憺たる状況ではとても子供たちの教育基盤を守って行くことができません。ＨＩＶ／エイズ撲滅に向けて、国連システムを始めとする国際社会から多大な支援をお願いしたい」という印象的なスピーチが感銘を与えた。

二〇〇六年九月に行われた大統領選挙で、ムワナワサ大統領が六三パーセントの得票率（第一回目の二九パーセントから大幅な伸びだ）で二期目の続投を決めたというニュースを耳にしたとき、わたしは大統領の業績がザンビア国民から評価された結果

---

13 アフリカ開発会議（ＴＩＣＡＤ） アフリカの開発をテーマとする国際会議。一九九三年以降、日本政府が主導し、国連や国連開発計画（ＵＮＤＰ）及び世界銀行などと共同で開催している。五年に一度の首脳級会合に加え、閣僚級会合なども開催し、二〇〇八年五月には横浜で四回目となるＴＩＣＡＤ Ⅳ（第四回アフリカ開発会議）が開催された。通称は日アフリカサミット。

だと確信し、嬉しく思った。

その後、〇八年五月に横浜で開催されたアフリカ開発会議[*13]（ＴＩＣＡＤ）Ⅳでお見かけしたときはお元気そうだったが、その翌月、エジプトのシャルム・エル・シェイクで開かれていたアフリカ連合[*14]（ＡＵ）サミットの途中で倒れた。脳溢血だった。回復を願う手紙を直ちにお送りしたが、同年八月に亡くなられた。一九四八年の九月三日生まれであったので、六〇歳を目前にしてのことだった。

政府の汚職を糾弾し、経済の多角化を図ることに努力し、また、ＨＩＶ／エイズ感染者についても感染率減少の方向で成果を上げつつあったムワナワサ大統領が急逝されたことは、ザンビア国民にとって大きな損失に違いない。

ムワナワサ大統領の下で副大統領を務めていたルピア・バンダ[*15]氏が大統領を代行したが、二〇〇八年一〇月に急遽、行われた大統領選挙でもバンダ氏が野党の候補者マイケル・サタ氏を敗って当選、一一月に大統領に就任した。当初、都市部で開票が始まった段階ではサタ氏のほうがリードしていたが、地方での開票が進むにつれてバンダ氏の票が伸び、最終的には得票率四〇・一パーセント対三八・一パーセントという僅差でバンダ氏が勝利した。しかしサタ氏は選挙結果を受け入れず、選挙に不正があったと抗議した。

そのような次第で、今後のザンビアの内政からは、まだまだ目が離せない状況なのである。

14　アフリカ連合（ＡＵ）
アフリカ統一機構が、発展改組して発足した。本部はエチオピアのアディスアベバ。アフリカの一層高度な政治的経済的統合の実現及び紛争の予防解決への取組強化のための地域統合体である。アフリカ諸国と諸国民間の一層の統一性及び連帯性の強化、アフリカの政治的経済的社会的統合の加速化、アフリカの平和と域内紛争や独裁政治の根絶、安全保障及び安定の促進、民主主義原則と国民参加統治の促進、持続可能な開発の促進、教育及び科学等での協力、グローバリゼーション時代におけるアフリカ諸国の国際的な地位向上、等を目指している。

15　ルピア・バンダ
（一九三七〜）

一九六〇年、政治活動を開始し、統一独立国民党（ＵＮＩＰ）青年部に入党。外交官を経て、多数民主主義運動（ＭＭＤ）に移る。二〇〇六年、第三代大統領ムワナワサのもと、副大統領に。〇八年、同大統領の死去により、大統領代行。後の総選挙で勝利し、第四代大統領に。

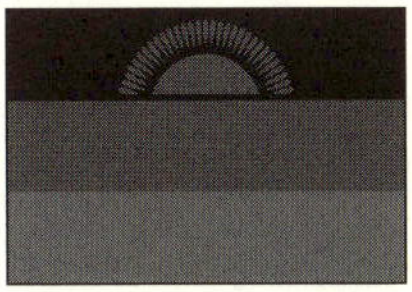

Republic of Malawi

マラウイ共和国

マラウイ共和国
(Republic of Malawi)

面積	11万8000平方キロメートル（北海道と九州をあわせた面積）
人口	1,427万人
首都	リロングウェ
自然	南北に長くのびる地形の国。国土の15%以上がマラウイ湖で、全体の5分の1は湖や川が占める水域が広がる。首都ほか都市の大半は高地にあり、比較的過ごしやすい。11～4月が雨季、4～10月が乾季。
産業	たばこ、茶、綿花、ナッツ、コーヒーの農業、繊維、石鹸、製靴、砂糖、ビール、マッチ、セメントなどの工業が中心であるが、世界最貧国のひとつで国連などの援助に依存する。
民族グループ	バンツー系（主要部族はチェワ族、トゥンブーカ族、ンゴニ族、ヤオ族）
言語	チェワ語、英語（以上公用語）、各部族語
宗教	キリスト教が半数、その他イスラム教、伝統宗教

*　*　*

日本は独立とともにマラウイを承認。マラウイは1992年に駐日マラウイ大使館を開設。一方、日本側は、2008年に在マラウイ日本大使館を設置した。日本から直接投資はない。日本マラウイ協会(1983年に設立)では、両国友好親善のために出版物の発行等、積極的な活動を行っている。

一．初代大統領に独立運動の闘士バンダ氏

マラウイは南部アフリカの内陸国で、国土面積は日本の北海道と九州をあわせた程度（約一一万八〇〇〇平方キロ）であり、人口は一四二七万人（二〇〇八年）だ。国土の一五パーセントを占め、ユネスコの世界遺産に登録されているマラウイ湖国立公園[*1]があり、漁業も行われている。同じ内陸国とはいえ、乾燥地帯に位置する西アフリカのブルキナファソ等に比べ、はるかに自然環境に恵まれていると言えるだろう。

高原地帯にあることから農耕地も豊かだ。主食のメイズ[*2]の他、輸出品目でもあるタバコや砂糖が栽培されている。しかし、輸出収入は主にタバコに頼っており、タバコの価格変動に財政が左右される典型的なモノカルチャーな国である。一人当たりの国民総所得（ＧＮＩ）は二九〇ドル（二〇〇八年）とアフリカでも最も貧しい国のひとつで、外国援助への依存度が非常に高い。

同国がイギリスから独立したのは一九六四年六月。独立運動の闘士だったハスティングズ・バンダ氏[*3]が首相に就任した。

一九六〇年代、アフリカ（サハラ以南）独立運動の闘士で、独立後に首相ないしは大統領に就任した政治指導者として最も知られているのは、ガーナのエンクルマ大統領だ。東アフリカではケニヤのケニヤッタ大統領が著名であり、次いでタンザニアのニエレレ大統領、ウガンダのオボテ首相、そして、南部アフリカではザンビアのケニス・カウンダ大統領とマラウイのバンダ首相（後に大統領）であり、これらの人々がアフリカの人々の尊敬を集めていた。

バンダ氏は、ニヤサランド（現在のマラウイ、ザンビア、ジンバブエ）と呼ばれていたイギリスの植民地で生まれた。若いころに南ローデシアと南アフリカでさまざまな仕事につき、一九二四年に渡米、歴史や医学を学んだ後にヨーロッパに渡ってイギリスの医大で学位を取得、開業もしたが、次第に政治活動に携わるようになり、イギ

---

1 マラウイ湖国立公園
マラウイ共和国、モザンビーク共和国、タンザニア連合共和国の国境をなす湖。世界最初の淡水湖国立公園で、面積は世界で九番目に広い。何百種類もの固有種の魚が生息し、一九八四年にユネスコの世界遺産にも登録された。

2 メイズ
イギリス英語での「とうもろこし」の通称（maize）。マラウイではメイズの粉を湯で練って団子状にしたシマ（Nshima）が主食となる。

3 ハスティングズ・バンダ
（一八九六頃～一九九七）
一九五三年、南ローデシアの白人入植者による、ローデシア・ニヤサランド連邦（英国領中央アフリカ連邦）の結成に強く反対し、独立運動の中心的存在となった。イギリスと交渉を続け、六四年、ニサヤランドをマラウイ共和国として独立させ、六六年に初代大統領に。マラウイ会議党（ＭＣＰ）の一党支配体制をとり、七一年には「終身大統領」を宣言。約三〇年間、独裁政治を行った。

リスを拠点にニヤサランドの独立運動を進めた。第二次世界大戦中もイギリスに滞在した同氏は、ガーナのエンクルマ氏やケニヤのケニヤッタ氏らと交友を深めたという。

南ローデシアのウォリ・ウォレンスキ首相は、一九五三年、南ローデシアと北ローデシア、さらにニヤサランドを加えたローデシア・ニヤサランド連邦の結成を提唱した。これに対してバンダ氏は、南ローデシアを統治する白人入植者らが、ニヤサランドのアフリカ人を単純労働力として搾取しようとするものだ、と激しく糾弾した。確かに、ニヤサランドのアフリカ人を南ローデシアの産業、さらに北ローデシアの銅産業のために活用しようという魂胆は明白といえた。

しかし、同年、ローデシア・ニヤサランド連邦は成立した。そのため、ニヤサランドでは独立運動の指導者としてバンダ氏を迎えたいという声が大きくなり、同氏は一九五八年に帰国。二五年に同国を離れて以来、実に三三年ぶりに故国の土を踏んだことになる。帰国直後には、既に独立を目指して活動していたニヤサランド議会党（MCP）の党首に選ばれた。

一方、イギリス本国においては、ウガンダの独立を承認した以上、アフリカにおける英領植民地の独立を、順次、認めざるを得ないという気運が高まりつつあった。一九六〇年代にアフリカに押し寄せた独立運動の高揚のなかで連邦の維持は困難になっていた。

独立運動の旗頭となったバンダ氏は、一九五九年に投獄されたものの翌年には釈放され、ロンドンでニヤサランドの独立交渉を行うようになった。そして六一年八月に行われた選挙で自治政府が形成され、バンダ氏は事実上の首相に就任した。その間、MCPはバンダ氏の下、国名ニヤサランドをマラウイと変更、ニヤサランド議会党をマラウイ議会党とした。

一九六四年七月、イギリスはついにニヤサランドをマラウイとすることを認め、マ

---

4 クワメ・エンクルマ
（一九〇九～七二）

ガーナ初代大統領。ガーナの独立運動を指揮し、アフリカの「独立運動の父」といわれる。英領

ラウイはローデシアとの連邦から脱退し独立した。ちなみに、ニヤサランド離脱後のローデシア連邦は、同年一〇月に北ローデシアがケネス・カウンダ氏の下でザンビアとして独立を達成したことで崩壊した。

独立から二年後の一九六六年七月、マラウイは新憲法を採択して共和制へ移行、バンダ氏は初代大統領に就任した。それまでもバンダ氏の率いるMCPが事実上、唯一の政党だったが、憲法上も一党独裁制が明記された。さらに七一年の立法措置によって、同氏は「生涯大統領（ライフ・プレジデント）」となった。

ガーナの[*4]クワメ・エンクルマ大統領と同様、独裁的な傾向を強めていったバンダ大統領は、首都リロングウェの建物の壁に大きな肖像写真を飾るとともに言論統制を行い、いかなる批判も許さなかった。それと同時に、空港や道路などの経済インフラストラクションの整備拡充を進め、学校や病院などの建設と社会的な設備投資を行った。サハラ以南の新興独立国家、なかでもガーナ、ギニア、マリ、タンザニア、ザンビア等の国々は、植民地支配からの急速な脱却をめざした結果、共産圏諸国に接近を図った。東西冷戦の中でアフリカでの拠点構築を狙っていた共産圏諸国も、それを歓迎した。しかし、マラウイは引き続き、西欧諸国との友好関係の推進に力を入れた。国民の主な出稼ぎ先であった南アフリカとも、まだ[*5]アパルトヘイト政策が盛んだった時期に外交関係を樹立した。マラウイは、アパルトヘイト下の南アフリカと外交関係のあった唯一のアフリカの国だ。

二、バンダ大統領の敗北とムルジ第二代大統領の誕生

一九九〇年代に入ると、民主主義の動きはマラウイにも訪れた。バンダ大統領は一党独裁制に終止符を打たざるを得なくなり、九三年の国民投票の結果、一党独裁制を廃止した。複数政党制を認めた新憲法の下、九四年五月、独立後初めての民主的な大

ゴールド・コースト生まれ。アメリカ合衆国に留学。一九三五年、イタリアのエチオピア侵攻を機に植民地制度の打倒を志す。イギリスに渡り、宗主国で優遇されるアフリカ出身のエリートの説得に奔走。第二次世界大戦後、帰国、四九年、会議人民党を結成、五一年の選挙で第一党となった。五七年、ゴールド・コーストはトーゴランドとともにガーナとしてイギリスから独立、初代首相に就任した。五八年、全アフリカ人民会議を開催。六〇年、共和制を採用し初代大統領に。アフリカ統一機構（OAU）の発足（六三年）に尽力したが、独裁体制の強化が反発を買い、六六年のクーデターにより失脚。七二年、チャウシェスク政権下のルーマニアで病死した。

5 アパルトヘイト
南アフリカ共和国で一九四八〜九四年にわたって運用された人種隔離政策。白人支配者層に差別された非白人（バンツー／アフリカ黒人、カラード／混血、アジア系住民／インド人、パキスタン人等）は、居住地や職業、教育などを厳しく制限された。九四年に完全撤廃された。

統領選挙と国民議会選挙が行われた。その結果、国民議会選挙ではムルジ氏[*6]が結成した野党統一民主戦線（UDF）がMCPを破り、第一党となった。大統領選挙でもムルジ氏が四七パーセントの支持を得、三八％を獲得したバンダ氏に勝利した。

バンダ氏は、マラウイにおける最大部族チェワ族出身であり、MCPはチェワ族を中心に構成されていた。一方のムルジ氏は、主要部族のひとつとはいえ、はるかに数が少ないヤオ族の出身だった。バンダ氏がムルジ氏に敗れたということは、バンダ氏は独立後、三〇年にわたる長期政権において同国の経済発展に力を注いではきたものの、独裁者として君臨し続けてきたことへの国民の反感が大いに高まっていたことを物語っていたと思われる。また、バンダ氏は、膨大な個人資産を蓄えたといわれる。

ムルジ氏は民主主義の推進に尽力し、国民の人気を集めた。したがって、五年後の一九九九年七月に実施された大統領選挙ではさらに支持票を伸ばし、五二パーセントを獲得して大統領に再選された。しかし、ムルジ氏自身も、次第に汚職に関わるようになったと言われる。九三年の新憲法によれば、大統領の任期は五年、三選禁止となっている。したがって、本来であればムルジ氏は二〇〇四年に政権の座を去るはずだったが、〇二年には憲法改正によって三選を可能にしようと試みた。

三、マラウイ訪問

わたしはユネスコ事務局長に就任するまでマラウイを訪れる機会がなかった。長年にわたる欧米での留学生活を体験し、「紳士」として国際的にも尊敬されたバンダ氏が、一九六〇年代にイギリスからの独立を獲得した国である。大統領になってからは独裁的な傾向を強めたことは承知していたが、そのような指導者の下に独立したマラウイの「その後」を早く見てみたいと思っていた。

二〇〇二年九月、ムルジ大統領の招待で同国を訪問することになり、改めてマラウ

6　バキリ・ムルジ
（一九四三〜）
統一民主戦線（UDF）党首。一九九四年、初代大統領バンダを破り、第二代大統領に就任。民主化に尽力した。

イの歴史について勉強してみると、想像以上にバンダ氏が独裁的な傾向を強めていた事実を知って愕然とした。したがって、そのバンダ大統領を選挙で破り、民主主義をマラウイにもたらしたムルジ大統領にお目にかかるのが楽しみになった。

ムルジ氏は一九四三年の生まれなので、お会いした二〇〇二年は五九歳だった。第一印象は、円熟味のある、迫力を感じさせる政治家——といったところだった。同氏は憲法改正による三選実現を狙ったものの、同年七月の国会で憲法改正案は否決されていた。その直後の九月に同国を訪問したのだが、ムルジ大統領の心境は、さばさばとしたもののように思われた。

食事にも招かれたが、マラウイの将来の見通しについては、口が重くなった。内陸国であり海を持たない同国は、然したる資源にも恵まれていない。具体的に、どのように経済を再建すればよいのか、大統領も困り果てておられる様子だった。ユネスコとしては教育面での協力を惜しまない、と言うのが精いっぱいだった。

四 ムタリカ第三代大統領の誕生

二〇〇四年四月、ムルジ氏は大統領を引退すると表明、UDFの仲間であるムタリカ[*7]氏を大統領候補に指名すると発表した。翌月に実施された選挙では、ムタリカ候補が三六パーセントの支持票を得て大統領に当選した。同国の憲法では、第一回投票で最も多数の支持票を得た候補が当選することになっている。

降板したムルジ氏は、UDF党首として引き続き政界に留まっていたが、ムタリカ氏が汚職追放を政策の大きな柱に据えた結果、ムルジ氏と衝突するようになった。ムタリカ大統領とUDF党首ムルジ氏の関係が決定的に悪化した結果、二〇〇五年二月、大統領はUDFから脱退、UDFは連立政権から離脱した。続いて五月、ムタリカ大統領は新党、民主進歩党（DPP）を発足させた。

---

7 ムタリカ（一九三四〜）

ビング・ワ・ムタリカ。インドやアメリカに留学後、国連職員を経て、一九九一年、東部南部アフリカ共同市場（COMESA）の初代事務局長に就任。統一民主戦線（UDF）の創設に携わり、バキリ・ムルジを支持したが、後に離党。統一党（UP）を創設したが、九九年の大統領選で大敗。UDFに復帰した。二〇〇二年、ムルジ大統領に後継者として指名され、〇四年、第三代大統領に。

ムタリカ大統領は、バンダ元大統領を国民的な英雄として復活させ、マラウイの歴史に残そうとした。そのため、飛行場をバンダ空港と名付け、スタジアムや中央病院にもバンダの名前を冠した。これはムルジ氏が一九九〇年代に行った逆のケースだったから、ムルジ氏との対立を一層、深める原因ともなった。

初代大統領のバンダ氏は、大統領選挙に敗れてから三年後の一九九七年一一月に亡くなった。同氏の生年については諸説あり、一八九八年二月に生まれた可能性が高いと言われるが、一八九六年だとする説も根強い。もし前者であれば享年九九歳、一八九六年ならば一〇一歳で没したことになり、アフリカの政治家には長寿が多いとはいえ、際立った長命だったことになる。特に近年、マラウイではエイズが蔓延し、平均寿命が四〇歳と言われているだけに、一〇〇歳前後まで生き延びた元大統領の生命力も、カリスマ性を増す一因になっているのかもしれない。

なかなかムタリカ大統領とお会いする機会がなかった。大統領が教育大臣を兼任されているので、二〇〇七年のユネスコ総会にお招きしたが実現しなかった。翌年五月、横浜で開催された[*8]アフリカ開発会議（ＴＩＣＡＤ）Ⅳではお目にかかったものの、挨拶と握手を交わすぐらいだった。

二〇〇九年の春の大統領選挙を控えて、二〇〇八年四月、ＵＤＦはムルジ氏を大統領候補に指名した。他方、ＤＰＰは〇八年一〇月、ムタリカ大統領を候補に指名した。先にも述べたが、大統領はムルジ政権時代の汚職疑惑を追及する姿勢をとり、これに対してムルジ氏は、なんら根拠がなく、政治的動機にもとづいていると反論している。両者は、二〇〇九年五月の大統領選挙で対決したが、ムタリカ大統領が圧勝した。

マラウイの国旗は、国のシンボルでもあるアフリカ第三の広さを誇るマラウイ湖から太陽が半分、顔を出したデザインとなっている。これは、独立に際し、日本のような国家にしたいという願いをこめて、日の丸を意識したとされる。以前、ムルジ元大

8　アフリカ開発会議（ＴＩＣＡＤ）
アフリカの開発をテーマとする国際会議。一九九三年以降、日本政府が主導し、国連や国連開発計画（ＵＮＤＰ）及び世界銀行などと共同で開催している。五年に一度の首脳級会合に加え、閣僚級会合なども開催し、二〇〇八年五月には横浜で四回目となるＴＩＣＡＤ　Ⅳ（第四回アフリカ開発会議）が開催された。通称は日アフリカサミット。

統領が、日本の駐マラウイ大使に「日本の国旗では太陽が昇ってしまっているが、マラウイはこれから昇っていこうとしている」と説明したように、これからの発展を見守りたい。

Republic of Mozambique

モザンビーク共和国

モザンビーク共和国
(Republic of Mozambique)

面積	80万2000平方キロメートル（日本の約2.1倍）
人口	2,178万人
首都	マプト
自然	インド洋に面した国。北部は熱帯モンスーン気候、南部は亜熱帯モンスーン気候。内陸部の山岳部はステップ気候となる。雨季は10～3月。
産業	とうもろこし、砂糖、カシューナッツ、綿花、タバコ、丸太・木材などの農林業が主だが、アルミ、マンガンなどの資源も多い。漁業ではエビ、工業では輸入した原料よりアルミニウムを精製、2003年に南ア企業により開発されたガス田も有する
民族グループ	マクア・ロムウェ族など43部族
言語	ポルトガル語
宗教	キリスト教（41%）、イスラム教（17.8%）、原始宗教

＊　＊　＊

モザンビーク側は1993年、日本に大使館を設置。日本は2000年に在モザンビーク大使館を置いた。日本の対モザンビーク貿易額は車輌・船舶、鉱物性生産品、機械類などの輸出で76.69億円。エビ、タバコ、ゴマの輸出で11.32億円（2007年：貿易統計）。日本はこれまでに文化無償供与も行っている。

一・モザンビークの独立と内戦の勃発

モザンビークは日本の約二・一倍の国土面積を有し、人口も二一七八万人に達し（二〇〇八年）、南部アフリカでは南アフリカと並ぶ大国である。長年の血なまぐさい独立闘争を経てポルトガルから独立を達成したのは一九七五年六月だったが、その直後に内戦が勃発した。内戦に終止符が打たれたのは九二年一〇月であり、九四年一二月にシサノ[*1]大統領が第二代大統領に就任して、ようやくモザンビークは国家建設の道を歩むことができるようになった。

歴史を遡ると、紀元後三世紀頃にバンツー系のアフリカ人が中部アフリカから南下してきたと言われている。次いでアラブ人が一〇世紀頃からモザンビークの海岸地帯に拠点を作るようになった。しかし、一五世紀に入ると大航海時代の先駆者だったポルトガルが、アラブに支配されたキリスト教徒救済を名目に掲げてアフリカ西海岸の南下を始め、ヨーロッパ人として初めて南部アフリカに上陸した。アフリカ大陸から三キロ離れたインド洋に浮かぶモザンビーク島には一四九八年、バスコ・ダ・ガマ[*2]が訪れて、喜望峰経由のインド航路が開かれることになった。モザンビークの名は、当時の島の君主ムーザ・アル・ビックに因んで命名されたものだ。その後、ポルトガルはモザンビーク島を、インド、さらには中国にいたる航路上の重要な補給基地として活用、また、同島を拠点にしてアフリカ大陸内陸部にも進出してインド洋交易を独占していたアラブ人を駆逐、植民地化を進めた。

一六世紀に入って、ポルトガル領東アフリカの首都が置かれたモザンビーク島には、オランダなどヨーロッパのライバルの侵攻に備えるために要塞「サン・セバスチャン」が建設され、金および香料、西インド諸島の砂糖プランテーション労働に使う奴隷貿易の中心的な拠点として栄えた。さらにはキリスト教の重要な伝道地として聖堂も設けられ、一五八六年にはローマ教皇に謁見した天正の少年使節団[*3]一行が帰国途中で立

1　シサノ
（一九三九〜）
ジョアキン・アルベルト・シサノ。一九六二年、モザンビーク解放戦線（FRELIMO）に加わった。初代大統領モサラ・マシェルのもとで外相に就任。八六年、マシェルの飛行機事故死後、大統領に就任。反政府組織モザンビーク国家抵抗運動（RENAMO）との内戦を終結させた。二〇〇五年に引退したが、アフリカの地域紛争解決に尽力し、〇七年、「アフリカのノーベル平和賞」といわれる「モー・イブラヒム賞」第一回受賞者となった。

2　バスコ・ダ・ガマ
（一四六九頃〜一五二四）
ポルトガルの航海者。ポルトガル王マヌエル一世の命で、一四九七年七月、リスボンを出航。喜望峰を回航してインドのカリカットに到達し東洋行路を発見した。一五二四年、ポルトガル領インド総督となったが病死した。

3　天正の少年使節団
一五八二年（天正一〇年）、九州のキリシタン大名、大友氏、有馬氏、大村氏が、ローマ教皇

世界遺産のサン・セバスチャン要塞　© UNESCO ／ Francisco Monteiro

ち寄った記録がある。ちなみに、島の中心部は一九九一年に世界遺産に指定され、サン・セバスチャン要塞は日本、オランダ等の資金を得てユネスコが復旧工事を進めている。

　一九世紀初頭、人道的見地と奴隷価格高騰という植民地の事情から世界に先駆けて奴隷貿易禁止令を出したイギリスはアフリカに艦艇を派遣、ポルトガルの奴隷貿易港湾は制圧されたが、モザンビーク島は引き続き、金および香料、象牙の貿易中継地として活用されていた。しかし、一九世紀後半にスエズ運河が開通したのに伴って貿易拠点の重要性が下がったことから一九〇七年、ポルトガルは首都をモザンビーク島からマプト（当時はロレンソ・マルケスと呼ばれた）に移した。一方、ポルトガル本土では一九三二年に独裁的な[*4]サラザール政権が成立、植民地政策を強める方針を打ち出した。そしてアフリカ、なかんずくモザンビークに関してはポルトガル人の入植者を増やす政策が取られ、七〇年頃までに二〇万人にも達した。しかし、現地アフリカ人の生活水準は低く、六〇年代に入ってアフリカ大陸（サハラ以南）で独立が相次ぐ中、国内で独立を求める機運が徐々に高まってきた。

　一九六一年、大西洋に面するポルトガル領アンゴラで、独立を求める武装闘争が始まったのに続き、翌年には[*5]モザンビーク解放戦線（ＦＲＥＬＩＭＯ）が[*6]エドゥアルド・

に遣わした四人の少年使節（イエズス会の学校「有馬セミナリオ」に在籍した、伊東マンショ、千々石ミゲル、原マルチノ、中浦ジュリアン）。イエズス会の巡察師ヴァリニャーノが、教皇グレゴリオ一三世やスペイン国王、イエズス会総長に使節を謁見させ、布教の成果を報告し、経済的援助を得る目的で派遣させた。

4　サラザール（一八八九〜一九七〇）
アントニオ・サラザール。ポルトガルの第一〇一代首相。コインブラ大学の政治経済学教授を経て、一九二八年、カルモナ政権下で財務大臣に。三二年、首相に就任し、六八年まで、エスタド・ノヴォ（新国家体制）と呼ばれる、保守権威主義的な独裁体制をとった。第二次大戦後も植民地支配を維持し、独立運動を弾圧したが、一九六八年、事故により辞任。

5　モザンビーク解放戦線（FRELIMO）
一九六二年、タンザニアで結成された、ポルトガル支配に反対するゲリラ組織を母体とする政党。七五年、モザンビーク独立

モンドラーニ氏を中心にタンザニアで結成され、モザンビークの白人支配者に対するゲリラ闘争が開始された。一時はゲリラ兵八〇〇〇人に対してポルトガル側は五万人の兵力を投入。六九年にはFRELIMOの党首モンドラーニ氏が爆弾で暗殺され、その後をサモラ・マシェル氏が引き継いだ。ソ連と中国の援助を受けて抵抗を続けるFRELIMOとポルトガル軍との戦闘は膠着状態に陥っていた。

ポルトガル本国では六八年に死去したサラザール首相の後任カエターノ氏[*7]が強圧的な植民地政策を続けていたが、七四年にリスボンで軍の無血クーデター（カーネーション革命）[*8]が起こり、社会党および共産党を中心とする暫定政権は、植民地を独立させることを基本政策とした。七六年の新憲法の下で行われた選挙でも社会党が政権を取り、エアネス大統領[*9]およびソアレス首相[*10]が誕生している。

こうした流れを受けて、モザンビークは七五年六月に独立を達成、初代大統領にはFRELIMOのトップを務めていたマシェル氏[*11]が就任した。しかし、マシェル政権は社会主義体制を基本とし、モザンビークの経済を政府のコントロールの下においた。また、南ローデシア（ジンバブエの旧称）のアフリカ人の抵抗運動や、南アフリカにおけるアパルトヘイト反対闘争の支援も始めた。従って、両国の政府は報復措置として、FRELIMO政権の打倒を目的にモザンビーク国内にあって反社会主義体制を求めるゲリラ組織モザンビーク国家抵抗運動（RENAMO）を軍事的に援助した。RENAMOは次第に軍事力を強化し、経済インフラストラクチャー（道路、鉄道等）のみならず、学校や医療施設を破壊、住民の殺戮に至った。

二、マシェル初代大統領の事故死とシサノ第二代大統領の誕生

そんな中で、マシェル大統領は南アフリカと和解協定を結び、南アフリカの反アパルトヘイトとその中核を成しているアフリカ国民会議党（ANC）に対する支援をや

後は、一党制を確立したが、反政府組織モザンビーク国家抵抗運動（RENAMO）と対立し、内戦が続いた。現在、FRELIMOとRENAMOの連合による二大政党制が成立している。

6　エドゥアルド・モンドラーニ

（一九二〇～六九）

モザンビークの解放運動指導者。ポルトガルやアメリカ留学を経て、国連の信託統治領調査官となった。六二年、モザンビーク解放戦線（FRELIMO）を結成し、ポルトガルからの独立をめざし、ゲリラ闘争を開始。六九年、党本部に送られてきた小包爆弾によって暗殺された。

7　カエターノ

（一九〇六～八〇）

マルセロ・カエターノ。リスボン大学の法学教授を経て、アントニオ・サラザールのもとでポルトガル青年団の長官や植民地省大臣に。一九六八年、サラザールの事故後、後継者となり首相に就任した。七四年、カーネーション革命の勃発後はブラジルへ亡命。八〇年、同地で没した。

めるかわりに、南アフリカ政府がＲＥＮＡＭＯに対する武力支援をやめるという協定を作ろうとした。また、マシェル大統領は、社会主義路線ではモザンビーク経済を再建できないと考えて軌道修正を始め、欧米諸国等の提携を求めだした。

しかし、マシェル大統領は一九八六年に飛行機の墜落事故で亡くなった。乗っていた四四人のうち三四人がモザンビーク政府の大臣や職員ら関係者だったため陰謀説もあったが、モザンビーク政府が徹底的に調査した結果、単なる事故であることが確認された。マシェル大統領死亡の後は、同氏を長年支え、独立後一一年あまり外務大臣を務めた後に首相のポストに就いていたシサノ氏が第二代大統領に就任した。

わたしは、マシェル初代大統領にお会いする機会はなかったが、グラサ・マシェル夫人には二〇〇〇年七月、モザンビークを訪れたときにお目にかかった。夫人は当時、モザンビークのユネスコ国内委員会の委員長として活躍されていたが、その後一九九八年、南アフリカのマンデラ元大統領と再婚した。異なる国のファーストレディとなった珍しいケースだろう。

シサノ氏の下で一九九〇年にはモザンビークに多数政党制が導入され、報道の自由も保障する新しい憲法が採択された。また、与党ＦＲＥＬＩＭＯと反政府ゲリラＲＥＮＡＭＯの間で、ようやく内戦を終わらせる合意が成立した。九四年一〇月にまず国民議会選挙および大統領選挙を行ったところ、シサノ氏が大統領に選ばれ、かつＦＲＥＬＩＭＯが議会の多数を占めることになった。シサノ大統領は、農業開発に重点を置いた経済開発を進め、経済の民営化を推進して民間部門の育成に力を入れた結果、九〇年後半になって毎年六パーセント前後の経済成長を遂げるようになった。南アフリカや外国からの投資も活発化し、アルミ精錬などの大規模な産業プロジェクトが動き出した。二〇〇〇年、〇一年と連続して大洪水に見舞われたが、諸外国の援助を受けて克服、その後も引き続き諸外国からの投資が活発で、近年は七、八パーセントの経

8　カーネーション革命
ポルトガル政府の独裁体制と、泥沼化する植民地戦争に反対して、一九四七年に青年将校ら起こした軍事クーデター。革命の成功を祝い、市民が捧げたカーネーションを兵士が銃口に挿したことが、後に革命の名称となり、別名「リスボンの春」ともいわれる。

9　エアネス
（一九三五〜）
アントニオ・エアネス。植民地戦争に長く従事し、一九七四年のカーネーション革命を推し進めた国軍運動（ＭＦＡ）に参加。革命後の混乱を収拾し、七六年の総選挙で、大統領に就任した。

10　ソアレス
（一九二四〜）
マリオ・ソアレス。サラザール独裁体制の反対運動に加わり、フランスに亡命中、ポルトガルの社会党に加わり、書記長となる。一九七四年、カーネーション革命が勃発すると帰国し、七六年、アントニオ・エアネスが大統領に就任すると、最初の首相となった。八六年から九六年まで大統領。

済成長を遂げている。一九九〇年後半の経済開発が軌道に乗り出したことを背景にして、九九年一二月大統領選挙ではシサノ大統領がＲＥＮＡＭＯの候補を破って再選を果たした。

三．シサノ第二代大統領との交流

わたしがシサノ大統領に初めてお会いしたのは二〇〇〇年七月、ポルトガル語諸国共同体[*12]のサミット出席のために、首都マプトを訪れたときだ。同サミットはポルトガルの音頭で旧ポルトガル領の国々、すなわちモザンビーク、アンゴラ、ギニアビサウ、カーボベルデのアフリカの四カ国に加え、ブラジルおよび東ティモール、それにポルトガル、そして準メンバーとして加盟した旧スペイン領赤道ギニアの計八カ国で構成されている。ポルトガル領の植民地ではサラザールおよびカエターノ政権時代に激しい独立運動が起こり、それに対してポルトガル軍が弾圧を行ったので、なかでもモザンビーク、アンゴラおよびギニアビサウは流血をもって独立を勝ち取った。ポルトガルとしては、こうした苦い歴史を乗り越えるためにも、これらのポルトガル語圏の国々の交流を促進することを目的に一九九七年から開催しているサミットである。

同サミットでは当然のことだがポルトガル語が共通語であり、ポルトガル語を解せない出席者はわたしひとりだった。従って、通常の国際会議のように同時通訳の施設は設けられてなかったが、全ての出席者はフランス語を理解できるということで、わたしのフランス語スピーチはポルトガル語に訳されなかった。わたしにとって印象的だったのは、ポルトガルの大統領および首相が、元は宿敵どうしだったポルトガル旧植民地の大統領たちと親しく話をしていたことである。ホスト国の大統領として司会を務めたシサノ氏は一見温和な印象を与えるが、故マシェル氏と共にＦＲＥＬＩＭＯの独立闘争を進めただけあって、表情にも非常な闘志がこもっていた。

---

11 マシェル（一九三三〜八六）サモラ・マシェル。看護職を経て、一九六三年、モザンビーク解放戦線（ＦＲＥＬＩＭＯ）に参加。軍事訓練を受け、最高司令官としてモザンビーク北部でポルトガル軍に対するゲリラ部隊を率いた。七五年、モザンビークの独立後、初代大統領に就任。国家の基礎作りに尽力したが、八六年、飛行機事故で死亡した。

12 ポルトガル語諸国共同体 ポルトガル語を公用語とする諸国が、政治、経済、文化の面で協力することを目的に設立された国際協力組織。Comunidade dos Países de Língua Portuguesa（略称・ＣＰＬＰ）。一九九六年に結成され、国家元首会議が二年に一度開催されている。

ポルトガルの大統領はジョルジェ・サンパイオ氏で、首相はアントニオ・グテーレス氏であった。一九七六年に制定されたポルトガルの憲法によれば、国家元首は大統領で、国民選挙で直接選ばれるが、行政権は首相が握っている。通常、首相は議会の多数党の党首が就任することになっている。グテーレス氏は社会党の党首で、一九九五年の選挙で社会党が久しぶりに政権を取り戻した結果、首相に就任した方である。同年首相の座に就いたときはまだ四六歳の若さであった。しかし、非常に弁が立つという印象を持った。他方、ジョルジェ・サンパイオ氏は、長らくポルトガルの首都リスボンの市長を務めた後、九六年の大統領選挙で大統領に選ばれた。なかなか愛想のいい方である。わたしはこの二人とは、ポルトガル語サミットでは立ち話をしただけであったが、その後、両氏とも国連のシステムの一員となり、現在は同僚として仲良くしている。

グテーレス氏は二〇〇二年に首相の座を辞していたところ、〇五年に国連難民高等弁務官[*13]に任命された。〇八年五月に横浜で開かれた第四回アフリカ開発会議[*14]（ＴＩＣＡＤ）には、国際機関の長としてわたしと一緒に参加した仲間である。他方、サンパイオ氏については、ポルトガル大統領を〇六年三月まで一〇年間に亘って務めたが、その間、リスボンやパリで三、四度お会いし、親しくしていたところ、〇七年四月にスペインとトルコが特に推進している「文明間の同盟」の事務局長として（正確に言えば、「文明間の同盟」[*15]の国連事務総長高等代表）、同氏もまた、同じ国連組織の仲間になった。ユネスコがいろいろな異文化間の交流を推進する役割を伝統的に担ってきていることもあり、サンパイオ氏とは同じ仲間として親しく付き合うようになった。グテーレス、サンパイオ両氏とこのような形でその後もお付き合いするようになろうとは、二〇〇〇年七月にマプトでお会いしたときは夢にも思わなかった。

シサノ大統領に話を戻すと、同大統領をユネスコ本部へ招待したところ二〇〇四年

13　国連難民高等弁務官
紛争や迫害から逃れ本来の国籍国の保護を得ることのできない難民に対し、人道的な立場から国際的に保護し、物資・医療・住居などの援助を行うとともに、恒常的な解決の実現を任務としている。

14　アフリカ開発会議（ＴＩＣＡＤ）
アフリカの開発をテーマとする国際会議。一九九三年以降、日本政府が主導し、国連や国連開発計画（ＵＮＤＰ）及び世界銀行などと共同で開催している。五年に一度の首脳級会合に加え、閣僚級会合なども開催し、二〇〇八年五月には横浜で四回目となるＴＩＣＡＤ Ⅳ（第四回アフリカ開発会議）が開催された。通称は日アフリカサミット。

15　文明間の同盟
「異なる文明・文化の共存」を旗印に、「西側世界とアラブ・イスラム世界の相互否定的認識」をただそうという国連のプロジェクト。二〇〇五年に正式に発足した。

五月に実現し、教育および文化の分野を中心とした協力関係の強化について話を進めた。また前年の〇三年にはジュネーブで、国連主催の第一回世界情報社会サミット[16]（WSIS）が開催され、スイスの援助でモザンビーク、マリおよびセネガルにおいてマルチメディア・センターを設置する協定を三カ国の大統領と結ぶことにしたところ、シサノ大統領が率先して出席してくれた。大統領は、モザンビーク全土で教育を徹底するためには、各地方にマルチメディア・センターを設けることが重要であり、ユネスコのイニシアティブを評価するとスピーチされた。〇八年五月にわたしがモザンビークを再度訪問したときは、首都マプトの郊外にユネスコの支援で開設されたマルチメディア・センターを見学した。同センターではラジオ放送のみならず、ポルトガル語ほか現地の言葉で様々な文化的、教育的な催し物が開かれ、その町の人々にとって非常に重要な集会所となっていることが認識できて嬉しく思った。

話はちょっと変わるが、独立を果たしたアフリカ諸国では、一〇年以上も政権の座についている大統領が珍しくなかったから、一九八六年に飛行機事故で死亡したマシェル初代大統領の後任となり、さらに二度の選挙で選ばれたシサノ大統領の進退については、モザンビークだけでなくアフリカ全体が注目していた。同国で九二年に制定された憲法は、大統領の任期は一期五年で、任期の制限はしていなかった。従って、〇四年一二月に二期目が終わるシサノ大統領が三選を求めるかどうかに、関心が集まっていたのである。

その答えを、シサノ大統領自身が出したのは、わたしも出席した二〇〇四年七月のアフリカ連合サミット（本部は、エチオピアの首都アディスアベバ）でのスピーチだった[17]。まず、のっけから会場に静かなどよめきが走った。というのも、大統領がスワヒリ語で話し始めたからだ。主に東アフリカで普及しているスワヒリ語は、英語、フランス語と並んでアフリカ連合の公用語のひとつだが、アフリカの首脳が公式の場で演

16　世界情報社会サミット（WSIS）
情報通信分野での初めての国連サミット。目的のひとつは、発展途上国のインターネットへのアクセス環境の充実を図ることで世界の情報格差を縮小することにあった。二〇〇三年、〇五年の二回に分けて開催された。

17　スワヒリ語
アフリカ東部、中部で広く使われているバントゥー語派言語のひとつ。タンザニア、ケニアの公用語。

説に用いた例は極めて珍しかったのである。そして大統領は、皆にこう伝えた。

わたしは健康状態もいいのですが、モザンビークに民主主義を定着させるためには、ひとりの人間が長らく大統領職に就いている状況は望ましくないと思われるので、三選は求めないことにしました。

当時、六四歳の若さで、きっぱりと言い放った大統領の決断に、場内から大きな拍手と喝采が沸き起こった。

シサノ氏は言葉どおり、モザンビークの政治からは退いたが、アフリカの政治からは引退しなかった。と言うのも、アフリカにおける同氏の政治家としての重みに鑑みアフリカの各地で地域紛争が起こると、アフリカ連合、あるいは国連より依頼されて、地域紛争の解決に駆り出されているからだ。わたしも二〇〇八年五月、首都マプトのジョアキム・シサノ国際会議場で行われた「報道の自由」における表彰式（生命の危険を冒して、勇敢に取材活動を行っているジャーナリストにユネスコ賞を授与するもの）では久しぶりにシサノ氏とは再会し、旧交を温め、アフリカの政治指導者としての活躍を祝した。

四．ゲブーザ第三代大統領の誕生

シサノ大統領の引退を受けて、二〇〇四年一二月に議会選挙と大統領選挙があわせて行われた。議会選挙においては、引き続きＦＲＥＬＩＭＯが半数以上の議席を獲得し、大統領選挙においてもＦＲＥＬＩＭＯのアルマンド・ゲブーザ氏[*18]が六三・七パーセントの支持を得て、野党ＲＥＮＡＭＯの候補者を破った。これは一九九九年にシサノ氏が得た五二・三パーセントを大きく上回るものである。

わたしは、二〇〇八年五月にモザンビークを訪れたときにゲブーザ大統領に初めてお会いした。同氏は若くしてＦＲＥＬＩＭＯの一員となり、ポルトガル軍に対してゲ

18　アルマンド・ゲブーザ（一九四三〜）二〇歳で、モザンビーク解放戦線（ＦＲＥＬＩＭＯ）に入り、ポルトガルから独立を果たすまで指導的役割を果たす。初代マシェル大統領のもと、内相を務めた。一九九二年、反政府組織モザンビーク国家抵抗運動（ＲＥＮＡＭＯ）と和平協定を結ぶ。二〇〇五年、第三代大統領に就任した。

リラ戦争を戦った闘志だったとは信じられないほど温和な人だった。一九七五年にモザンビークが独立し、マシェル大統領の下で内閣が形成されたときに、若くして内務大臣に就任したゲブーザ氏はその後、いろいろなポストを歴任。九〇年代に入ってシサノ大統領の下で経済民営化が進められたときは民間に移り、ビジネスマンとしても成功している。恐らく、ゲブーザ大統領の人当たりの良い紳士的な態度は、ビジネスマン時代に培われたものであろう。

最近の世界的な経済危機が、このところ好調なモザンビーク経済にも当然影響を与えると思われるが、ゲブーザ政権の下で政治が安定しているだけに、モザンビーク経済も困難をしっかり乗り切っていくだろうと確信している。

Republic of Angola

アンゴラ共和国

アンゴラ共和国
(Republic of Angola)

面積	124万7000平方キロメートル(日本の約3.3倍)
人口	1,802万人
首都	ルアンダ
自然	西側は大西洋に面し、ほかはコンゴやザンビア、ナミビアと接する。内陸は山岳地帯で、雨季に降る大量の雨が南部アフリカ全体の重要な水源のひとつになっている。
産業	鉱物資源に恵まれており、石油、ダイヤモンド等の鉱業が主。とうもろこし、フェイジョン豆、砂糖、コーヒー、サイザル麻などの農業や漁業にも近年では力を入れている。
民族グループ	オヴィンブンドゥ族(37%)、キンブンドゥ族(25%)、バコンゴ族(15%)等
言語	ポルトガル語(公用語)。その他ウンブンドゥ語等
宗教	在来宗教(47%)、カトリック(38%)、プロテスタント(15%)

＊　＊　＊

日本は1976年、アンゴラを承認。2000年にはアンゴラ側が在日大使館を設置。日本も2005年に在アンゴラ日本大使館を開いた。日本の対アンゴラ貿易額は、輸出が約329.19億円、輸入は約26.45億円(2008年:貿易統計)。車輛、鉄鋼製品、機械類・部品を輸出し、原油、魚介類、飼料などを輸入する。

一・独立

アンゴラはアフリカの南西部に位置し、国土面積は日本の約三・三倍（一二四万七〇〇〇平方キロ）、アフリカでポルトガル語を公用語とする国としては最大の人口一八〇二万人（二〇〇八年）を抱えている。

もともと潤沢な天然資源（石油、ダイヤモンド等）に恵まれ、農業および漁業も発展の可能性を秘めていたが、一九六一年から独立を達成する七四年までの一四年間に及んだ激しい独立戦争、そして、独立から二〇〇二年に停戦合意が成立するまで二七年間にわたった内戦を合わせた四一年間の戦闘で、国土は極端に疲弊した。膨大な人的な損害も出し、かつ資源開発も進まず、国力は極端に弱体化してしまったのである。しかし、内戦が終結した二〇〇〇年から、アンゴラの経済は石油収入を中心に毎年、かなりの成長（二〇〇六年は一四・六パーセント）を記録しており、〇七年には石油輸出国機構（ＯＰＥＣ）[*1]に加盟した。

石器時代の昔から原住民は暮らしていたが、紀元後七世紀頃、バンツー系の民族が北東部から移り定着し始めた。一三世紀頃から、コンゴ川の河口を中心にしたマコンゴ王国、北側にルワンゴ王国、上流を遡ったところにコンゴ王国と三大王国が栄えた。コンゴ川はアフリカ三大河川のひとつであり、アンゴラとコンゴ共和国の国境線を成して大西洋に流れ込んでいる。一五世紀末にはポルトガル人が到着し、一六世紀になって海岸地帯から次第に奥地へと勢力を伸ばし、植民地を拡大した。一九三二年にポルトガル本土に成立したサラザール政権は、海外やアフリカにおける植民地を自国の領土として位置付ける政策を推し進め、アンゴラも五一年に「海外州」となった。

第二次大戦後、特に一九五〇年代の終わりから六〇年代にかけて、アフリカのイギリス領およびフランス領の植民地が次々に独立するのを目の当たりにして、ポルトガル領の植民地でも次第に独立運動が盛んになったが、ポルトガルはそれを一切、認め

---

1 **石油輸出国機構（ＯＰＥＣ）** 一九六〇年に、石油産出国の利益を守るために設立された組織。Organization of the Petroleum Exporting Countries。原加盟国はイラン、イラク、クウェート、サウジアラビア、ベネズエラの五カ国。二〇〇九年現在は一三カ国が加盟。

る気配はなかった。アンゴラの原住民は六一年に蜂起し、その影響はギニアビザウやモザンビークへと広がった。

一九六八年にサラザール首相は病気に倒れ、右腕だったカエターノ氏が首相に就任した。しかし、基本的には独立闘争を力で抑え込もうとするサラザール政権の政策が踏襲されたため、アンゴラをはじめ、モザンビーク、ギニアビサウでも激しいゲリラ活動が展開されるようになり、ポルトガル政府は国家予算の四〇パーセントを独立闘争阻止のための軍事費に回さざるを得なかった。これに対し、ポルトガル国内でも反発が広がり、七四年四月、ついに無血クーデターへと発展した。その主な目的はアフリカにおける弾圧政策の転換だった。その結果、ポルトガル領のアフリカ諸国は相次いで独立、アンゴラも七五年一一月に独立を宣言した。

しかし、その後も内戦が絶えることのなかったアンゴラの歴史を語るには、独立闘争時代に遡って、当時の東西勢力の介入を理解する必要があるだろう。

一九五六年に結成されたアンゴラ解放人民運動（ＭＰＬＡ）は、都市のインテリ層を中心とした民族主義的な政治組織で、首都ルアンダを含む北部を基盤に活動を展開した。党首アゴスティニョ・ネト[*2]氏は、当初、アメリカの支援を期待した。しかし、望みは叶わないとみると方向転換し、ソ連およびキューバへ軍事援助を仰ぎ、キューバから延べ三〇万人ともいわれる兵員の派遣を受け入れた。一方、部族主義が強く、反共主義的イデオロギーをもつアンゴラ解放国民戦線（ＦＮＬＡ）は六二年に結成され、ザイール（現コンゴ民主共和国）とアメリカの支持を得た。また、ＦＮＬＡから六六年に分裂したアンゴラ全面独立民族同盟（ＵＮＩＴＡ）は、アンゴラの中部と南部に支持層を獲得していた。

2　アゴスティニョ・ネト（一九二二〜七九）ポルトガル統治下で、民族主義運動を進める一方、リスボン大学に留学し医学を学んだ。帰国後、民族主義運動で逮捕され、亡命。一九七四年、ポルトガルでカーネーション革命が起こり、ポルトガル軍が撤退すると、アンゴラ解放人民運動（ＭＰＬＡ）を率い、七五年独立を果たし、初代大統領に就任した。

二、独立後も長期化した内戦

この三つの解放組織とポルトガル本国で成立した新政府との間で「アルボール協定」[*3]が結ばれてアンゴラの独立は達成されたのだが、その直後に権力争いが巻き起こった。南北間、すなわち首都ルアンダを含む北部を支配するMPLAと、南部を支配するUNITA・FNLA連合が衝突、内戦が始まったのだ。

UNITAを軍事的に支援したのは、南アフリカとアメリカだった。南アはソ連とキューバが後ろ盾になっているMPLAが、当時は南アの支配下にあったナミビアの独立運動に影響を与えかねないことを恐れ、アメリカはアフリカでのソ連勢力の拡大を懸念したのだった。それでも独立から三カ月後の一九七六年二月、MPLAが連合軍を破って内戦は終結、MPLAの指導者ネト氏が初代の大統領に就任し、社会主義路線による国造りが始まった。

しかし、ネト氏が一九七九年に病死し、MPLAのナンバーツーだったドス・サントス[*4]氏が第二代大統領に就任すると、同氏の率いるMPLA軍とUNITAの指導者サビンビ氏の率いるUNITA・FNLA連合軍との戦いが再燃し、長期化した。八八年、アメリカのレーガン政権は、アンゴラに駐留するキューバ兵の段階的撤退をナミビアの独立の条件とする「リンケージ政策」を発表、基本的な合意の下でキューバと南アフリカは内戦から手を引くことになった。UNITAを引き続き支持していたアメリカも外交政策の転換により和平交渉に力点を置くようになり、九一年三月にはアンゴラ政府とUNITAの包括的な和平協定が結ばれることになった。アンゴラでも、ようやく多数の政党が合法化されるようになったのである。最終的にUNITAとの橋渡し役をしたのはポルトガル政府であり、二カ月後の五月にはリスボンで包括和平協定（ビセス合意）が調印された。

同協定に基づき一九九二年九月、国連の監視下で複数政党制による大統領選挙と議

---

3 アルボール協定
一九七五年一月、ポルトガルのアルヴォールにおいて、アンゴラの独立に際し、ポルトガルと三つの解放組織（MPLA、FNLA、UNITA）間で締結された協定。一一月一一日を独立の日とすることで合意した。

4 ドス・サントス
（一九四二〜）
一九五六年、アンゴラ解放人民運動（MPLA）に加わる。フランスへの亡命、ソ連での留学を経て、七〇年、帰国。MPLAの軍事部門に所属した。七五年の独立後、副首相、計画相を経て、七九年、第二代大統領に就任した。アンゴラ全面独立民族同盟（UNITA）との二度の内戦を経て、九七年、国民統合政府を樹立し、九七年大統領に再選された。

会選挙が行われた。大統領選の第一ラウンド得票率はドス・サントス氏四九・五パーセント、野党候補のサビンビ氏四〇・七パーセントで、決選は第二ラウンドに持ち越されることになった。しかし、サビンビ氏は選挙に不正があったと主張して第二ラウンドへの不参加を発表。その結果、MPLAのドス・サントス氏が大統領に再選された。が、政府軍とUNITA軍との間でまた内戦が始まった。

大統領選と同時期に行われた議会選挙でもMPLAが五四・七パーセントを取得（UNITAは三四・一パーセント）し多数を占めた。

その後、国連、アメリカ、ソ連による和平交渉が続けられ、一九九四年に停戦が実現。国連の下で和平プロセスが進められ、九七年に統一国民和解政府が樹立されたが、翌年にまたまた内戦状態に陥り、政府軍を相手にUNITA軍はゲリラ活動を展開した。しかし、二〇〇二年二月にサビンビ氏が戦死、UNITA軍は急速に弱体化し、ついに降伏した。政府とUNITAの間で和平協定が締結され、二七年間に及んだ内戦にようやく終止符が打たれた。独立戦争が始まって以来、四一年ぶりに和平が訪れた。

一九七〇年代後半から八〇年代にかけてのアンゴラは、ネト政権とドス・サントス政権の下、ソ連など東側がMPLAを全面的に支援したこともあって、東側諸国との関係が緊密だった。しかし、冷戦終結後は、ドス・サントス政権下で軌道修正が行われ、西側との関係が強化されていった。特に、石油やダイヤモンドなどの豊富な天然資源の開発を進めるためには西側諸国の協力が必要であった。世界各地のポルトガルから独立した国々を集め、九六年七月、ポルトガルが自ら設立したポルトガル語諸国共同体[*5]にもアンゴラは加盟した。

三、ドス・サントス大統領との出会い

ドス・サントス大統領に初めてお会いしたのは、ユネスコ事務局長に就任後の

---

5 ポルトガル語諸国共同体
ポルトガル語を公用語とする諸国が、政治、経済、文化の面で協力することを目的に設立された国際協力組織。Comunidade dos Países de Língua Portuguesa（略称・CPLP）。一九九六年に結成され、国家元首会議が二年に一度開催されている。

二〇〇〇年七月、マプト（モザンビーク）で開かれたポルトガル語諸国共同体のサミットに出席した時だ。その時、「なるべく早い機会に、ぜひアンゴラを訪問してほしい」との依頼を受けたのだが、アンゴラを初めて公式に訪問したのは〇四年の一月のことだった。

大統領は会談で次のように国づくりへの抱負を述べた。

「二七年にわたる内戦は、国土の破壊をもたらしただけではなく、国民が複数の勢力に分かれて対立し、そこにさまざまな国が介入し、それぞれに支援した結果、国民感情にしこりを残しています。このしこりを取り除いて、国民和解を進めることが最大の課題です。それを踏まえたうえで経済の再建を図らなければならないと思っています」

大統領は、にこりともせず、一見、気難しそうな印象だったが、一対一で話し合ってみると、ネト政権時代にユネスコに対し徹底的に破壊された教育制度の立て直しへの協力も求められたので、最大限の努力を約束した。話題は世界遺産にも及んだ。

「国民の和解を進めるうえでのシンボルとなる文化遺産を世界遺産として確立したいのです。ポルトガル植民地時代、奴隷を送り出す主な場所として二世紀以上にわたって利用された所が首都ルアンダの北部にあるので、ぜひ見ていただきたい」

要請により足を運んでみたが、残念ながら、当時使われていた家が一軒、再建されて野原のなかに建っていただけだった。奴隷を送り出したという意味において、当時の歴史を象徴するポイントであるとはいっても、世界遺産という見地から考えると、物理的な建物やモニュメントが保存されていないことが難点だなという印象を持った。

世界遺産条約を批准していても、アンゴラのようにひとつも登録できていない国がアフリカには少なくない（二〇〇八年時点で一五カ国）。消滅しやすい「土の文化」が基調であることもその大きな理由だが、歴史的な建物などを破壊した植民地時代の戦争や独立後の内戦の影響も決して軽んじられないだろう。

アンゴラでは天然資源、なかでも石油資源の開発が進み、サハラ以南[*6]ではナイジェリアに次ぐ石油産出国となり、経済再建への道を着々と進んでいる。二〇〇八年九月には一六年ぶりで議会選挙が行われ、与党MPLAが圧倒的な勝利をおさめた。ドス・サントス政権の業績を国民が積極的に認めた形となった。MPLAが議席の三分の二以上を占めた議会は、新しい憲法を作成するとも伝えられている。

一九九二年以降、大統領選挙は実施されていないが、七九年から続投しているドス・サントス大統領は、長期政権をいい意味でいかして国の再建を図ってきた。わたしとの会談で、「アンゴラの再建は必ず成し遂げる」と宣言したように、さらなるアンゴラ発展のために一層の基盤固めをしていくことだろう。

6 サハラ以南
サハラ砂漠より南の地域をさす呼称。かつてのヨーロッパ人は、この地域を「未開の地」であるとして「暗黒大陸」と呼んだ。「ブラックアフリカ」「サブサハラ」とも呼ばれる。

Republic of Madagascar

マダガスカル共和国

マダガスカル共和国
(Republic of Madagascar)

面積	58万7041平方キロメートル(日本の1.6倍)
人口	1,911万人
首都	アンタナナリボ
自然	東部は森が広がり、西部は乾燥地帯、中央部は高原など、多彩な地形で気候もさまざま。雨季は主に11～4月。
産業	米、コーヒー、バニラ、砂糖、クローブ、牛などの農業とエビ、マグロなどの漁業が中心。近年は観光業も盛ん。
民族グループ	アフリカ大陸系、マレー系、部族は約18(メリナ、ベチレオ他)
言語	マダガスカル語、フランス語、英語(共に公用語)
宗教	キリスト教41%、伝統宗教52%、イスラム教7%

＊　＊　＊

日本はマダガスカルを独立とともに承認。1968年に在マダガスカル日本大使館を設置。一方、マダガスカル側も69年に駐日大使館を置いた。日本はこれまでに、図書寄贈、中等基礎教育省に対する楽器、青年・スポーツ省に対する柔道機材等の無償協力を行っている。

一．ユニークな歴史

マダガスカルはアフリカ大陸の東、インド洋に浮かぶ島国だ。島としては世界で四番目の規模で、日本の一・六倍の面積（約五八万七〇〇〇平方キロ）を持つ。人口は約一九一一万人（二〇〇八年）で、後に述べるような歴史を反映して、マレー系アジア人、アフリカ人及び両者の混血から成っている。

六〇〇〇万年以上も前にインド亜大陸から切り離され、孤立した島として存続したため、ワオキツネザル[*1]やアイアイ[*2]などの霊長類や巨木バオバブ[*3]などに象徴される独特な生態系で知られ、東部に連なる熱帯雨林によって固有の種が守られてきた。

マダガスカルはもともと火山島で、中央が山岳地帯であり、平地は山岳地帯を取り巻く海岸地帯だけだ。農業国ではあるが、農業に適しているのは海岸地帯の平地と山岳地帯に限られ、国土の五パーセントしか活用されていない。そのため同国はアフリカでも最も貧しい国のひとつで、一人当たりの国民総所得（ＧＮＩ）は四一〇ドル（二〇〇七年）だ。

マレー系アジア人、より具体的には、インドネシア人が最初にマダガスカルに到着したのはいつ頃であるかについては諸説ある。最近では五世紀頃という説が有力だ。インドネシアからの移民の第一波は、五世紀から一一世紀頃まで続いたと見られている。インドネシアはマダガスカルから四〇〇〇マイル（六四〇〇キロ）も離れており、当時、インドネシアからマダガスカルに、直接、移民が到着したとは思えない。インド、さらにはスリランカに立ち寄った後にマダガスカルを目指したものと見られている。

アフリカ人（バンツー系）はインドネシア人よりも遅れて九世紀頃からマダガスカルに移住し始め、その後も断続的に、一八世紀頃まで移住が続いたと推測される。また、一〇世紀に入ってからは、アラブ人がアフリカ大陸の東海岸を次第に南下し、いくつかの地域に拠点を築くようになった。マダガスカルに移住していたインドネシア人も、

1　ワオキツネザル
マダガスカル島固有種。キツネザル科。体長は四～五〇センチ。尾は体長より二〇センチほど長く、黒と白の美しい縞模様がある。キツネに似た顔で、目の周りが黒い。昼間に行動し、五～三〇匹ほどの群れで暮らす。果実や木の葉、昆虫などを食べる。

2　アイアイ
マダガスカル島固有種。アイアイ科のサル。体長は約四〇センチ。長い尾と、大きな耳を持つ。体毛は茶色。リスやムササビに似ている。絶滅したとされたが、一九五七年に再発見された。ＷＷＦ（世界自然保護基金）の絶滅危惧種に指定されている。

3　バオバブ
熱帯アフリカ原産の、アオイ目パンヤ科の落葉樹。アフリカ・マダガスカル・インド・オーストラリアに分布する。高さは約二〇メートルで、幹が太く、空に向かって根を広げたような独特な枝ぶりをしている。果実は食用にも、薬や石鹸にもなる。

波頭を越えて大陸の東海岸に勢力を伸ばそうとした形跡があるが、アラブ人に駆逐されたようである。アラブ人はマダガスカルにも到着したが、必ずしも拠点とはしなかった。

その後、一三世紀から一五世紀にかけてマダガスカルに到着したインドネシア人の第二波の移民は、第一波よりも進んだ文化を持っていたため、先住民（第一波のマレー系アジア人及びアフリカ人）を征服し、各地に小さな王国をいくつも形成した。

第二波のインドネシア人はイスラム教徒だったため、イスラム文化とバンツー系文化は次第に合体していった。言葉もまたマレー語を基としながらバンツー系の言語を取り入れたマダガスカル語が育っていった。このように、同国においては、アジア、アフリカ及びアラブの三つの文化が混交していったのである。

マダガスカルの土を最初に踏んだヨーロッパ人はポルトガルの冒険家ディエゴ・ディアス[*4]で、一五〇〇年のことである。その後、イギリス人、オランダ人、フランス人が続いてマダガスカルに現れるが、拠点を置こうとしたのはフランス人だった。しかし、フランス人の築いた拠点は小規模なものだった。

二．メリナ王国

一六世紀から一七世紀にかけてヨーロッパ人が訪れたとき、マダガスカルにはいくつもの小さな王国が存在していた。そのなかのひとつメリナ王国を支配していたアンドリアンジャカ王は、一七世紀の初めに山岳地帯を中心に王国を建設し、現在の首都アンタナナリボに初めて王国の中心を構えた。以来、王国は続き、一七九四年にアンドリアナンプイニメリナ王[*5]が即位した。王は他の小さな王国を次々と吸収して自らの国を拡大、ついにアンタナナリボを中心として山岳地帯の大半を支配するメリナ王国を建設した。アンドリアナンプイニメリナ王こそ、マダガスカル全体の統治を確立し

4　ディエゴ・ディアス（一四五〇年以降～一五〇〇年以降）
ポルトガルの探検家。一四八八年に喜望峰を発見したバルトロメウ・ディアスの弟。バスコ・ダ・ガマのインド航海にも参加した。一五〇〇年八月一〇日にマダガスカルを発見。この日が聖ロレンソの祝日であったことから、「聖ロレンソ島」と命名した。

5　アンドリアナンプイニメリナ王（一七四五～一八一〇）
メリナ王国の王。一八世紀末、ベツィレゥ諸王国やサカラバ族など、マダガスカルの他の王国や民族を支配し、統一国家を築いた。

た最初の王といえるだろう。

一八一〇年にアンドリアナンプイニメリナ王が亡くなると、その息子がラダマ一世[6]としてメリナ王朝を継いだ。ラダマ一世は、アンタナナリボの街の中心にある丘の上に宮殿の建設を考え、二〇年に同王に接近してきたフランスに依頼して、同国の建築家ルイ・グロのデザインを基に宮殿の建設を始め、完成させた。ラダマ一世が二八年に亡くなると、その第一夫人が王位を継承し、ラナヴァルナ一世[7]として即位した。女王はラダマ一世が建造した宮殿を取り壊し、その後に同じくフランスの建築家ジャン・ラボルド[8]の設計による木造の広い宮殿（女王宮）を造らせた。

その後、女王ラナヴァルナ二世、三世と続くが、ラナヴァルナ二世はイギリスの影響下でキリスト教（プロテスタント）に改宗。イギリス人宣教師の布教活動もあり、マダガスカルの人々は相次いでキリスト教に改宗していった。その後、一八九六年にはフランスの植民地になるが、国民の過半数はプロテスタントのままであった。キリスト教の拡大とは裏腹に、イスラム教徒の勢力は次第に弱まっていった。

ラナヴァルナ一世が建てた木造の宮殿を中心に、丘の上にはいくつかの小さな宮殿が建ち並び、フランスの植民地時代、さらには一九六〇年にマダガスカルが独立した後も、国民統一の象徴として存在していた。しかし、九五年一一月、大火災が起こり、建物が木造であったこともあり、ほとんど焼失してしまった。

ユネスコ事務局長としてマダガスカルを初めて訪問したのは二〇〇四年二月のことで、当時、女王宮が焼失してから既にほぼ一〇年が経過していたが、女王宮を何とか元の形に再建することが、当時のマダガスカル国民にとって、そしてラヴァルマナナ[9]大統領にとっても悲願だった。したがって、大統領にお会いしたとき、大統領から真っ先に女王宮再建への協力の要請を受けた。小さな宮殿については、既に政府の下、再建の協議が進められているが、女王宮についてはユネスコの協力を得たい——という

---

6 ラダマ一世
（一七九三〜一八二八）
アンドリアナンプイニメリナ王の息子。メリナ王国がヨーロッパの植民地にならないように、国民の教育レベル向上を目指した。モーリシャスのイギリス総督ファーカーに依頼し、キリスト教の宣教団を通じて、学校開設のほか、印刷技術やアルファベットによるマダガスカル語表記、イギリス流の軍事訓練などの導入に力を入れた。

7 ラナヴァルナ一世
（一七八二〜一八六一）
ラダマ一世の死後、後継者となった、第一夫人ラマヴの即位後の名前。次第に反ヨーロッパ的な政策をとり、一八三四年、キリスト教の布教を禁止した。

8 ジャン・ラボルド
（一八〇五〜七八）
フランスの建築家、エンジニア。船が難破してマダガスカル島に漂着し、メリナ王国のラナヴァルナ一世のもとで、銃や弾薬を製造したり、鋳鉄やガラスの製造工場を作った。宮殿の設計にも携わる。王国の政治にも関わったが、クーデターに関与したとされ、フランスに送還された。

趣旨であり、それは当然ながら、再建の暁には世界遺産への登録を実現したいという強い希望だったので、ぜひ手助けしたいと思った。

女王宮の跡地を訪れたときも、女王宮再建を推進する委員会を結成していた王族の末裔たちから、大統領と同じ陳情を受けた。

もともとフランスの建築家によって建てられたこともあり、フランス政府にまず協力を要請したが、必ずしも良い返事をもらえなかった。そこで、日本政府の同意を得て、ユネスコにつくられた有形文化遺産関係の日本の信託基金から予算を捻出して再建に協力することにした。そして、二〇〇八年夏、ユネスコの専門家チーム（日本の専門家も参加した）を現地に派遣、打ち合わせを行った。

ここでマダガスカルの歴史に話を戻そう。

一九世紀になるとフランスとイギリスがマダガスカルへの勢力拡大を競いあい、さまざまな形でメリナ王朝の歴代の王にアプローチを試みた。同世紀の後半、フランスは武力に訴え、二度にわたる激しい戦争の末、一八九六年にマダガスカルを植民地とした。その過程でフランスは、真しやかにこう建言している。

「マダガスカルは野蛮な国で、かつ外国から移住して来た部族（マレー系アジア人のことを指す）が独裁的な国家を造っている」

しかし、これは事実ではない。前述のように、女王以下、メリナ王朝の主だった人たちは全てキリスト教徒であり、また、アンタナナリボの丘の上にある宮殿が象徴するように、アジア、アフリカ及びアラブの三つの文化を融合したマダガスカル独自の文化を既に育んでいたのである。

一八世紀から一九世紀にかけて、アフリカ大陸では野蛮な支配者が無知蒙昧な国民を奴隷のように酷使している、というイメージが西欧に広められたが、それがいかに間違っていたかということは、マダガスカルの例が如実に物語っている。

9 ラヴァルマナナ（一九四九〜）
マーク・ラヴァルマナナ。一九九九年、首都アンタナナリボの市長選挙に立候補し当選。二〇〇一年の大統領選に出馬。ラチラカ大統領と政権を巡る抗争があったが、〇二年、最高裁判所の判決により勝利が確定し、大統領に就任した。

三、マダガスカルの独立

二〇世紀に入るとマダガスカルでも独立を求める声が高まった。特に第一次大戦後には強まり、そして第二次大戦後、その声はさらに高くなった。そして、時には武力行使を伴う反乱すら起こるようになった。これに対してフランスは一九五〇年代、次第に自治権を認め、五八年には他のアフリカのフランス植民地と同じようにマダガスカルもフランス共同体のなかで自治権を獲得、六〇年六月には完全な独立を達成した。

当初はマルガシュ共和国という国名で独立した。初代大統領に就任したのは、フィリベール・チラナナ氏であった。*10 チラナナ大統領はフランスに留学した経験があり、フランスとの友好関係を外交政策の基本に据えた。六〇年代には安定した政治基盤のうえに立って政治を進めたが、七〇年代に入ると基盤は揺らぎ、七二年にはラマナンツォア参謀総長の軍事クーデターによって、ついにチラナナ政権は倒された。一二年間に及ぶチラナナ政権は、全体として独立後の安定した基盤を築いたと評価されており、同大統領はマダガスカルの「建国の父」としていまなお尊敬されている。

ラマナンツォア軍事政権は長続きしなかった。三年後の一九七五年にはラチラカ大尉が起こした軍事クーデターによって転覆し、ラチラカ軍事政権が成立した。同氏は翌七六年の大統領選挙で第二代大統領に選出され、その後も再選を重ねたものの幾度かクーデター未遂事件を体験した。したがって、他の多くのアフリカ諸国と同様、七〇年代、八〇年代は政治が安定しなかった。しかし、九〇年代に入り、新しい憲法が制定され、国名は現在の「マダガスカル共和国」と改められた。九三年二月に実施された大統領選挙でラチラカ氏はアルベール・ザフィ氏に敗れ、ザフィ氏が大統領に就任した。

ザフィ大統領の下で同国の経済は停滞し、汚職の噂は絶えなかった。一九九六年、大統領は国会で弾劾された。同年の大統領選ではラチラカ氏が勝利し、九七年二月、

10 フィリベール・チラナナ（一九一二〜七八）マルガシュ共和国初代大統領。教職を経て、フランスに留学した。民主社会党（ＰＳＤ）の党首となる。一九五八年、マダガスカルがマルガシュ共和国として、フランスに自治権を認められた際、首相となる。五九年、大統領に選出され、六〇年、初代大統領に就任。七二年の軍事クーデターで失脚し、七八年に病死した。

大統領に返り咲いた。ラチラカ大統領は国際通貨基金（ＩＭＦ）[11]の合意を得てマダガスカル経済の立て直しに取り組もうとしたが、ＩＭＦの合意を得ることはできなかった。

二〇〇一年一二月の大統領選挙でラチラカ大統領が挑戦を受けたのは、首都アンタナナリボの市長として国民的な人気を得ていたラヴァルマナナ氏だった。選挙管理委員会は、両候補とも得票率が二〇パーセントに及ばなかったとして再投票に臨むよう発表したが、ラヴァルマナナ氏は二〇パーセント以上を獲得したとして再投票を拒否し、二〇〇二年二月、自ら大統領宣誓式を行った。

他方、海岸地帯に住む人々からの支持を得たラチラカ氏は、大統領の座を去ろうとしなかった。その間、最高裁は選挙結果について再調査した。そして、ラヴァルマナナ氏の主張を認め、同氏が五一パーセント以上の支持を得ていたとの結論に達した。同氏の宣誓式は合法的なものであったことが証明された。

四．マダガスカル訪問

ユネスコ事務局長としてマダガスカルを訪問したのは、ラヴァルマナナ大統領が誕生してから二年後の二〇〇四年二月である。

同大統領は貧しい家庭に生まれ、少年時代には牛乳配達をして働いた。次いで会社を興し、ビジネスマンとして成功した人物であり、いつも、にこにこと愛想の良い人であった。マレー系のアジア人であることが、顔立ちを見ただけでよく分かった。

既に紹介したように、会談ではまずメリナ王朝の女王宮の復旧についてユネスコの協力を求めてきた。そして、有形にしろ無形にしろ、文化遺産は国民統一の要になるものであり、共通財産としてしっかり守っていくことが重要である、と強調した。そして、二〇〇一年に王朝時代の王宮跡などが残るアンブヒマンガの丘の王領地[12]が世界遺産になったことに対して感謝の意を表し、首都の中心に位置する丘にあるメリナ王

11　国際通貨基金（ＩＭＦ）
(International Monetary Fund)
為替相場の安定と自由化、国際収支の均衡を図ることを目的に、ブレトンウッズ協定に基づき一九四五年設立された国際金融機関。本部はアメリカのワシントンに置かれている。日本は一九五二年に加盟。

12　アンブヒマンガの丘の王領地
アンブヒマンガは、マダガスカル全域を初めて統一したメリナ王国の最初の首都。丘の上に、王宮や、墓廟が残り、博物館になっている。二〇〇一年に世界遺産に登録された。

朝の女王宮が復旧された暁には、ぜひ世界遺産にしたいと抱負を語った。

そこでわたしは、①メリナ王朝の女王宮の復旧には多額の資金を必要とするため、ドナーを探す必要があり、全力を挙げてそれに当たる用意があること②アンブヒマンガの丘の王領地の訪問を楽しみにしていること③無形文化遺産については、既にザフィマニリの木彫知識がユネスコの無形文化遺産傑作宣言[13]に載っており、いずれ無形文化遺産保護条約[14]の正式リストに移行されることになるであろうと伝えると、大統領はとても嬉しそうだった。

ザフィマニリの木彫知識は、一八世紀の大規模な森林伐採から逃れるために、森林地帯に移り住んだザフィマニリの人々によって継承されている木彫文化だ。大統領も「国としても大事に保存していきたい文化、技術である」と述べた。

ちょうど展覧会が開かれていたので見学に訪れた。単に彫刻としてよくできているだけではなく、インドネシアからマダガスカルに渡ってきたオーストロネシア語族とアラブ世界の影響を受けた幾何学的な模様には、さまざまな信仰や価値観に関連した意味があると知って、一層の感動を覚えた。

二〇〇六年一二月の大統領選では、ラヴァルマナナ大統領が第一回投票で五五パーセントの支持を得て当選を果たした。〇七年四月には、国民投票によって大統領により強力な権限を与えることを主眼とした憲法改正が行われた。その一環として、公用語に英語も加えられた。それまでは、マダガスカル語とフランス語が公用語だった。

ラヴァルマナナ大統領は、フランス語よりも英語が得意のように思われた。しかし、会談は常に達者なフランス語だった。同国の歴史に鑑みれば、フランス語と英語を公用語とすることは理に適っていたと思う。

メリナ王朝の女王宮の復旧に対するユネスコ支援については、ニューヨークでの国連総会や、アディスアベバ（エチオピア）やハルツーム（スーダン）でのアフリカ連

---

13 無形文化遺産傑作宣言
一九九九年、無形文化遺産保護のためにユネスコ執行委員会で正式決定された「人類の口承および無形遺産の傑作宣言」（通称・無形文化遺産）。伝統芸能や音楽のほか、言語、舞踏、演劇、風習、祭礼、儀礼など多岐にわたる無形文化遺産を認定対象とし、二〇〇一年、第一回の宣言が行われた。

14 無形文化遺産保護条約
世界各国の無形の伝統文化財（口承文学、音楽、舞踏、儀式など）を保存するための条約。遺跡や歴史的な建造物を保護するための世界遺産条約と対を成す。一九九八年、ユネスコは「人類の口承および無形文化財の傑作の宣言（傑作宣言）」を採択した。

合サミットの際、大統領とお会いするたびに、その後どうなっているか、と質問された。必ずしもすぐには良い返事ができないので、少々、困ったが、前述のとおり最終的には日本政府の協力を得て進めることになった。

二〇〇八年五月に横浜で開催されたアフリカ開発会議[*15]（ＴＩＣＡＤ）Ⅳの際に「間もなく専門家チームが現地に派遣される」と伝えると、ラヴァルマナナ大統領はとても喜んでくれた。

五．軍への権力委譲

ラヴァルマナナ体制の基盤はしっかりしていると思っていた。ところが、二〇〇九年一月下旬からマダガスカルの政治情勢は不穏な動きを見せ始めた。まだ三四歳と若い、首都アンタナナリボの市長ラジョリナ[*16]氏が反大統領派の市民を動員し、デモの先頭に立って、大統領への抗議運動を展開したからである。元はといえば、同市長が経営するテレビ局を大統領が閉鎖したことに端を発していた。

その前月にエチオピアで開かれたアフリカ連合[*17]（ＡＵ）サミットでは、次回サミットを七月の初めにマダガスカルで開くことを決めていた。わたしも出席を検討していたので、メリナ王朝の女王宮復旧について、その後のことを、直接、ラヴァルマナナ大統領と話し合うことができると楽しみにしていたのである。

しかし、ラジョリナ市長が先導する首都での抗議集会は、徐々に激化、反大統領派は大統領の退陣を要求しだした。結局、軍がどう動くかが鍵であると見られていたところ、軍の中枢は反大統領派に同調し始めた。当初、大統領は退陣要求を拒否していたが、軍が市長側についたことで結局、三月に入り退陣に追い込まれ、国外に逃亡した。

予期していなかった急速な事態の展開に驚いたが、ユネスコ事務局内のアフリカ担当者に状況を聞いて、ようやく事態が飲み込めた。即ち、主に沿岸地帯に住む低所得

15　アフリカ開発会議（ＴＩＣＡＤ）
アフリカの開発をテーマとする国際会議。一九九三年以降、日本政府が主導し、国連や国連開発計画（ＵＮＤＰ）及び世界銀行などと共同で開催している。五年に一度の首脳級会合に加え、閣僚級会合なども開催し、二〇〇八年五月には横浜で四回目となるＴＩＣＡＤ Ⅳ（第四回アフリカ開発会議）が開催された。通称は日アフリカサミット。

16　ラジョリナ
（一九七四〜）
アンドリー・ラジョリナ。広告代理店業、ディスクジョッキー等を経て、二〇〇七年、首都アンタナナリボ市長に当選。ラヴァルマナナ大統領の政府に批判的で、〇八年、自身が運営するテレビ局に、ラヴァルマナナ大統領への政権妨害で国外退去処分を受けたラチラカ元大統領を出演させた。これらの抗議活動が発端となり、ラヴァルマナナ大統領は辞任を表明、〇九年三月、暫定大統領に就任した。

17　アフリカ連合（ＡＵ）
アフリカ統一機構が、発展改組

者層の国民にとってみれば、ラヴァルマナナ大統領はビジネスマンとして成功した金持ちであり、それに対してのやっかみがあったことに加えて、同氏は大統領でありながら自らのビジネスを発展させようとしていると見られていたからだという。

冒頭にも書いたが、マダガスカルはアフリカでも非常に貧しい国のひとつだ。一日二ドル以下で暮らさざるを得ない国民の半数以上は、沿岸地帯を中心に生活している。アンタナナリボの市民は、もともとラヴァルマナナ大統領を支持していたが、大統領がラジョリナ市長と対決したことをきっかけに同市の若者たちが市長側に回ったことが退陣の大きな要素となったと言える。

アフリカ連合及びサミット、南部アフリカ開発共同体[*18]（ＳＡＤＣ）は、ただちにマダガスカルのメンバーシップを一時的に停止した。ＳＡＤＣは近年、クーデターで成立した政権に対しては、常に厳しい態度を取っている。

マダガスカルの最高裁では、今回はクーデターでなく、憲法に基づいた政権交代であると判決を下したが、国際的には受け入れられていない。また、同国の憲法では、大統領がなんらかの理由で不在になったときは上院議長が暫定的に大統領を務めることが明記されているが、国家元首の地位についたのはラジョリナ市長だった。

同氏自身はアンタナナリボ出身だが、全国的な支持を得る必要性を感じて、マダガスカルを構成する二二県から二名ずつ、合わせて四四名の代表で暫定的な政権（その長はラジョリナ氏）をつくったのである。そして、二〇一〇年一〇月に大統領選挙を行うと発表した。

他方、ラヴァルマナナ前大統領は辞職して海外に逃亡したものの、首都アンタナナリボを中心に同氏への支持が依然として根強いのも事実であり、支持者による集会がアンタナナリボで幾度も開かれている。ラヴァルマナナ氏自身も大統領に復帰する考えを捨てておらず、亡命先からラジョリナ暫定政権を厳しく批判している。

して発足した。本部はエチオピアのアディスアベバ。アフリカの一層高度な政治的経済的統合の実現及び紛争の予防解決への取組強化のための地域統合体である。アフリカ諸国と諸国民間の一層の統一性及び連帯性の強化、アフリカの政治的経済的社会的統合の加速化、アフリカの平和と域内紛争や独裁政治の根絶、安全保障及び安定の促進、民主主義原則と国民参加統治の促進、持続可能な開発の促進、教育及び科学等での協力、グローバリゼーション時代におけるアフリカ諸国の国際的な地位向上、等を目指している。

18 南部アフリカ開発共同体（ＳＡＤＣ）
一九八〇年、南部アフリカ開発調整会議（ＳＡＤＣＣ）として発足。南アフリカの民主化の進展とともに、九二年に現在の名称に。九四年には南アフリカも加わり、経済統合などを掲げるとともに、紛争の解決・予防等にも取り組んでいる。加盟一四カ国。

以上のような経緯により、ラヴァルマナナ大統領の下に安定化の方向に向かっているかに見えたマダガスカルの政治状況は、ふたたび荒海のなかに押しもどされた形になっている。このまま推移すれば、二〇一〇年一〇月の大統領選挙が実施されるまで同国の政情は安定しないであろう。

聞くところによると、海外に逃亡していたラチラカ大統領時代の政治指導者らが帰国し始めたといわれる。ラチラカ元大統領の基盤は沿岸地帯の国民であることから、二〇一〇年の大統領選には元大統領の一派からも立候補するだろうと見られている。そうなれば、現職のラジョリナ氏、ラヴァルマナナ前大統領（或いはその支持者）とラチラカ元大統領の流れを汲む候補者の三つ巴になることが予想される。

果たして、次の大統領選挙は、以上の三者の間で決着がつくのか。そうでなければ選挙後も、政治は安定しないだろう。マダガスカルの政治からは、当分、目を離すことができないと思っている。

Republic of Mauritius

モーリシャス共和国

モーリシャス共和国
（Republic of Mauritius）

面積	2045 平方キロメートル（ほぼ東京都大）
人口	127 万人
首都	ポートルイス
自然	マダガスカルの東のインド洋に浮かぶ火山島。亜熱帯海洋性気候で美しい海と白浜に囲まれる。11～4月が雨季。
産業	EPZ（輸出貿易地区）における繊維工業等、農業（砂糖、茶）、観光業が中心。
民族グループ	インド系（68.3%）、クレオール系（28.5%）、中国系（3.2%）
言語	英語（公用語）、フランス語、クレオール語
宗教	ヒンズー教（50%）、キリスト教（32%）、イスラム教（17%）、仏教（0.7%）

＊　＊　＊

日本はモーリシャスを独立とともに承認。日本の公館は在マダガスカル大使館が兼轄。モーリシャス側は大使館はなく、在京名誉領事館が商船三井株式会社社内に置かれている。日本からの主な輸出は貨物・乗用自動車、バス、原動機。モーリシャスからの輸入は魚、繊維製品等。モーリシャス島は近年、リゾートアイランドとしても人気が高い。

一．独立と民主的な政権交代

サハラ以南[*1]のアフリカ諸国で最も民主主義が定着している国は、インド洋に浮かぶ島嶼国モーリシャスである。同国では、軍事クーデターや内戦が勃発することなく、常に民主的な選挙によって政権交代が行われてきた。

マダガスカル島の東方八〇〇キロにあって総面積は約二〇四五平方キロと東京都ほどの広さ。人口は一二七万人（二〇〇八年）を数え、アフリカでは最も人口密度が高い（一平方キロあたり六三七人）。一七世紀以来の砂糖生産はじめ繊維産業や観光業を主な収入源とし、一人当たりの国民総所得（ＧＮＩ）は六四〇〇ドル（二〇〇八年）。アフリカでは、高水準にある。

政治、経済ばかりではなく、周囲を珊瑚礁で囲まれた火山島の同国は、「インド洋の楽園」「インド洋の真珠」などと呼ばれる美しい景観、自然にも恵まれている。

もともとはポルトガル人が一五〇五年に発見した島だった。その後、一六世紀末にオランダが植民地にし、一七世紀にはドイツが占領、一八世紀初頭からフランス領に、そして、一九世紀の初めにはイギリスの植民地となった。植民地時代には奴隷とされたアフリカ人が送り込まれ、また、インド商人がここを貿易拠点とした経緯もあって、現在もインド人とアフリカ人を中心とした社会構成となっており、人口の三分の二強をインド人、三分の一弱をアフリカ人が占めている。公用語の英語のほかフランス語、そして、主としてヨーロッパの言語と非ヨーロッパの言語が接触してうまれたクレオール語が飛び交う。宗教もヒンズー教、キリスト教、イスラム教が共存する。文化のるつぼを思わせるモーリシャスの現在の姿は、西欧列強の植民地支配にもてあそばれた同国の歴史を浮き彫りにしている。

モーリシャスは一九六八年、エリザベス英女王を元首として独立、首相が統治する立憲君主国となった。総選挙を制した政党のリーダーが首相に就任する議院内閣制が

1　サハラ以南
サハラ砂漠より南の地域をさす呼称。かつてのヨーロッパ人は、この地域を「未開の地」であるとして「暗黒大陸」と呼んだ。「ブラックアフリカ」「サブサハラ」とも呼ばれる。

採られ、労働党のシウサガル・ラングーラム党首[*2]が初代首相の座についた。

一九八二年までの一四年間、政権の座にあった同首相にお目にかかる機会はなかったが、現在、三代目（共和国の二代目大統領）の首相を務めるご子息のナヴィチャンドラ・ラングーラム氏[*3]（労働党党首）から「政治家としては立派な首相でしたが、家庭内では非常に厳しく、勉強すること、本を読むことを常に課せられました」と父親としての一面について耳にしたことがある。

一九八二年の総選挙では、野党のモーリシャス社会主義運動党（ＭＳＭ）が議会の多数派となった。党首のジュグノート氏[*4]は二代目英連邦モーリシャス二代目、共和国で初代の首相として一三年間にわたり政権を担い、植民地時代からの砂糖産業に依存した経済構造からの脱却と経済の多角化とともに教育制度の確立に重点をおいた国家予算の配分で堅実な政策を進めた。国の発展に果したジュグノート氏の功績は大きく、現在のモーリシャス経済の基盤を固めた首相と言えるだろう。

ジュグノート政権の下で憲法が改正され、一九九二年、モーリシャスは立憲君主制から共和制へ移行、初代大統領にリンガドー氏[*5]が就任した。議院内閣制のため行政権は首相が握り、国家元首である大統領は議会で選出された。

ちなみに、日本はモーリシャスに大使館は置かず、在マダガスカル大使館が兼轄している。

二、ラングーラム首相との交流

一九九九年七月、ユネスコ事務局長選の選挙運動の一環として、ユネスコ執行委員会のメンバーだったモーリシャスを初めて訪れ、リンガドー大統領の後任ウテム大統領[*6]およびラングーラム第三代首相と会談した。

当時、同国は、砂糖のほか繊維と観光業を三本柱とした産業構造へ移りつつあり、

---

2 シウサガル・ラングーラム（一九〇〇〜八五）モーリシャス労働党（ＭＬＰ）党首として、二〇年以上、独立運動を率いる。一九六八年、英連邦の王国として独立した際、初代首相に就任。工業推進政策をとり、経済発展を導いた。

3 ナヴィチャンドラ・ラングーラム（一九四七〜）父は初代首相シウサガル・ラングーラム。医師や弁護士を経て、モーリシャス社会主義運動党（ＭＳＭ）に入党。後に労働党（ＬＰ）党首となる。一九九五〜二〇〇〇年、および二〇〇五年に再選し、現在に至る。

4 アヌルード・ジュグノート（一九三〇〜）英連邦モーリシャス第二代首相。モーリシャス共和国初代首相。第七代大統領。一九七一年、モーリシャス闘志運動（ＭＭＭ）に入党、党首となる。八二年の総選挙で、ＭＭＭはモーリシャス社会党（ＰＳＭ）と連合して勝利し、首相に就任。だが、翌八三年、ＭＭＭの内紛とＰＳＭの離反により、同政権が崩壊したので、ＭＭＭを脱退しモーリ

一人当たりの国民所得は急激に伸びていた。外国からの援助に期待する国ではなくなっていたこともあって、他のアフリカ諸国とは異なり、開発援助および民間投資における日本との関係は必ずしも緊密とはいえなかった。

しかし、天然資源が乏しいにもかかわらず、第二次世界大戦の敗北から立ち上がり、短期間に世界第二位の経済大国に成長した日本に対し、大統領らが深い敬意を抱いていることは強く感じられた。その後、同国は事務局長選での支持を伝えてきたが、支持を決めるに当たり、いま述べたような日本への敬意の念がプラスに働いたことは間違いない。

ラングーラム氏の労働党は、翌年二〇〇〇年の総選挙で野党連合に敗れ、二代目の首相を務めたMSM党首ジュグノート氏が首相に返り咲いた。

遡れば一九九五年、労働党はモーリシャス闘志運動党（MMM）と手を結び勝利したのだが、連立政権を発足させた両党の関係はぎくしゃくしていた。九七年、ラングーラム首相は、意見が衝突したMMM党首のベランジェ外相を罷免し、連立政権に終止符を打った。これに対し二〇〇〇年の総選挙では、MMMがMSMと革新系連合を組んで労働党を破ったのだ。

二〇〇四年二月、ユネスコ事務局長として再びモーリシャスの土を踏んだ。大統領のジュグノート氏、首相のベランジェ氏[7]にお会いするとともに、野党に転じていたラングーラム氏と旧交を温め、世界遺産について話し合った。当時、モーリシャスに世界遺産はなかった。同国は国を挙げて世界遺産の誕生を切望していた。

ラングーラム氏とは「アプラヴァシ・ガート」[8]と「ル・モーン山」[9]を世界遺産に登録するには、どうすればよいかを語り合った。

アプラヴァシ・ガートは首都ポートルイス郊外の地区のことで近代の季節労働移住の発祥の地だ。モーリシャスがフランスの植民地だった時代には、サトウキビ、綿、コー

シャス社会主義運動（MSM）を結成し、同年の総選挙で勝利した。九五年の選挙では、MMMと労働党（MLP）との連立内閣が成立し、（MLP党主のラングーラムが首相となり、敗退した。二〇〇〇年の議会選挙で、MSMとMMMが連合を組んで過半数を獲得、再び首相になった。また、二〇〇三年から大統領に就任。

5 ビーラセイミー・リンガドー
（一九二〇〜二〇〇〇）
一九九二年、モーリシャスが英連邦王国から共和国となり、共和制となった際から、初代大統領に就任。在任期間は約三カ月だった。

6 カッサム・ウテム
モーリシャス共和国第二代大統領。一九九二年〜二〇〇二年まで在任。政府が提案した「テロ防止法」に反対して辞任した。

7 ベランジェ
（一九四五〜）
ポール・ベランジェ。一九六九年、モーリシャス闘志運動（MMM）を結成。ジュグノート首相のもとで副首相を務め、

ヒー等の栽培は主にアフリカ人奴隷によって担われた。イギリスの植民地時代にも奴隷の労働力は欠かせなかった。しかし、一九世紀前半には奴隷貿易が禁止されたため、イギリス政府はさとうきびプランテーションの労働の担い手として四五万人ものインド人を契約労働者としてモーリシャスに移住させた。彼らがその第一歩を印したのがアプラヴァシ・ガートであり、関連の建造物群が残されている。アプラヴァシ・ガートからは、さらにオーストラリアやアフリカ、カリブ諸国などをめざし「出稼ぎ」に出発したインド人労働者たちもいた。

2008年に世界遺産に登録されたル・モーンの文化的景観　©UNESCO／Francois Odendaal

「ル・モーン山」はモーリシャス島の南西部、インド洋に突き出たル・モーン半島の岩山のことだ。高さ五五メートル。逃亡した奴隷はここに身を潜め、山頂部や洞窟に小さな集落を形成した。当時の景観はいまも伝えられている。

アプラヴァシ・ガートを視察して、ここだけでは世界遺産と

二〇〇三年、首相に。

8 アプラヴァシ・ガート
モーリシャスの首都ポートルイスで、インドからの移民労働者の受け入れに使われた建造物。フランス系モーリシャス人やイギリス人の農園主たちが、製糖業の人手不足解消のため、四〇万人以上受け入れたとされる。当時の波止場、門、病院、馬小屋、などが残る。二〇〇六年、世界遺産に登録された。

9 ル・モーン山
ル・モーン山は、モーリシャス南西端の半島にある美しい景観を誇る観光地。奴隷制が廃止されるまでは、深い森の中に、奴隷が逃げ込み洞窟を掘って隠れ家としていたので、「自由を求めた奴隷たちの戦いのシンボル」として、二〇〇八年、世界遺産に登録された。

してのインパクトに欠けると思った。そこで、他のインド人の記念建築物とあわせて世界遺産の実現を図るようにアドバイスした。ル・モーン山も同時に登録を——という関係者の声も大きかったが、一歩ずつ手順を踏みながら、ひとつずつ実現させよう、と強く進言した。

二〇〇五年七月の総選挙でラングーラム氏率いる労働党は再び勝利し、五年ぶりに政権を奪回した。

翌年二月、同氏は首相として初めてフランスの土を踏んだ。ユネスコ本部でお会いした折、わたしのアドバイスに沿って、ユネスコ世界遺産委員会にアプラヴァシ・ガートを推薦した旨、伝えてくれた。そしてこの年、二〇〇六年にアプラヴァシ・ガートは、契約移民労働制度を象徴する出入国管理局跡や病院、埠頭の岸壁など複数の建物をふくむ遺跡として世界遺産に登録された。

さらに二〇〇八年には、ル・モーン山が「ル・モーンの文化的景観」として世界遺産に登録された。

実は、現地調査などによって世界遺産にふさわしい遺跡であるかどうか審査、勧告する国際記念物遺跡会議[*10]（ＩＣＯＭＯＳ）は、どちらも登録の推薦をしなかった。しかし、両案件の政治的な重要性に鑑み、ユネスコ世界遺産委員会は世界遺産として登録を認めたのである。世界遺産の実現は、国の誇りであるとともに観光業を経済基盤の重要な柱にしたいモーリシャス政府と国民にとって大きな出来事だった。

二〇〇八年一〇月、ユネスコを再訪したラングーラム氏は、ユネスコ執行委員会で次のようにスピーチした。

「厳しい世界経済のなかで、今後、いかに持続的な発展を遂げていくかがモーリシャスにとっても大きな課題です。そのような情勢に備えるためにも、当初から着実な教育制度を敷くことに重点を置いてきました」

10　国際記念物遺跡会議（ＩＣＯＭＯＳ）
文化遺産の保護に関わる国際的なＮＧＯ（非政府組織）。ユネスコのバックアップの下、一九六四年にベニスで開催された「歴史記念建造物関係建築家技術者国際会議」での「ベニス憲章」（記念物と遺跡の保存・修理に関する国際憲章）採択を受け、六五年に誕生。

そして、モーリシャス経済の柱に環境問題を据えることで、一層の飛躍を目指している、という前向きな発言に会場から温かい拍手が送られた。

ラングーラム氏は、先にも記したように初代首相を務めた父親の薫陶を受けて育った。しかし、まずアイルランドで医学を、次にイギリスで法律を修め広い視野を育んだうえで政治家に転身した。それだけに、アフリカでも殊に政策に強いリーダーのひとりだ。さらに、初めての首相時代にはベランジェ氏率いるMMMとの連立に終止符を打ったために、つづく総選挙では野党に転じながらも、五年後の総選挙では首相として復活をとげた経歴がもの語るように、芯のしっかりした政治家でもある。

しかし、アフリカの大半の国では国家元首[*11]である大統領が行政の長である。ラングーラム氏の場合、国家元首ではないことがアフリカで重きを置く政治家になるうえで大きなハンディキャップになっていると言えるだろう。同氏はアフリカ大陸そのものを舞台に、より活躍すべき政治家だと確信しているだけに残念でならない。

三、ジュグノート大統領との交流

二〇〇八年九月、パリのユネスコ本部を訪れたジュグノート大統領を事務局長専用食堂のランチにお招きした。その際、ユネスコ本部で総会および執行委員会担当の事務局長を務めるパースラメン氏にも、同席するよう声をかけた。同氏は、ジュグノート氏が首相だった時代（一九八二年〜九五年）に教育大臣を一〇年以上にわたって務め、政治家としてジュグノート氏をとても尊敬していると聞いていたからだ。

前述のように、ジュグノート氏はモーリシャスの第二代首相として現在の経済基盤を築いた人物だ。その成果があったからこそ、同国はアフリカ諸国でも有数のＧＮＩを誇るに至ったと言える。

さらに、一九八〇年代に世銀が各国の構造調整政策を認めるにあたり、ラングーラ

11　元首
外国に対して国を代表する国家の機関。条約の締結、外交使節の任免などに当る。君主、大統領、内閣、首相など国によって異なる。

ム前首相に教育関連の予算削減を約束させたが、ジュグノート氏は首相に就任するや世銀との約束を反故にし、むしろ教育関連予算を増やしたのだ。その下で教育大臣として教育制度の近代化を推進、実行に移したのがパースラメン氏だった。同氏もまた、教育が一国の経済発展の根幹を成すことをモーリシャスは実証したのだと自負している。

現在（二〇〇八年時点）のモーリシャスの国民一人当たりのGNIは六四〇〇ドルだが、ラングーラム首相は「三、四年後には一万ドルを超える」と断言する。すでにサハラ以南のアフリカでは経済発展ナンバーワン[*12]の国であり、その地位は一層、強固なものになるに違いない。資源に恵まれない小さな国が人的資源の育成のための投資によって得た成果が、まさに実を結んでいることを実証しているのである。

二〇〇〇年の総選挙で、ジュグノート氏のMSMとベランジェ氏のMMMの革新系連合が成立したことは既に書いた。この時、まず首相に就任したのはジュグノート氏であり、三年後には連立政権のもう一方の担い手であるベランジェ氏が首相となった。同時に、ウテム氏が一〇年間の大統領任期を満了し、その後任としてジュグノート氏が議会で大統領に選出された。

二〇〇八年九月、ユネスコにおいでになった当時、同氏はラングーラム首相および議会から大統領二期目就任の推薦を受けているので、当選は確実だろうとのことだった。事実、その後で再選のニュースを耳にした。わたしは早速、お祝いの手紙を差し上げた。

モーリシャスは独立から四〇年余りになる。わたしは、ラングーラム初代首相を除いて、二代目および四代目首相のジュグノート氏、三代目と六代目の首相で父の後継者となったラングーラム氏、五代目首相のベランジェ氏とは、折りにふれて話をする機会に恵まれてきた。さらには初代大統領のウテム氏、その後のジュグノート大統領とも交流してきたが、いずれも見識を備えた政治家だと感じた。

---

12 経済発展ナンバーワン
同国では、砂糖・繊維・観光産業からIT産業など新たな分野への投資を積極的に進めている。また、海外からの直接投資にも熱心に取り組んでいる。

モーリシャスに民主主義が定着している理由として、国民の教育水準が高いこと、優れた政治家を輩出していること——の二点を挙げておきたい。

あとがき

本書を執筆するにあたっては、いろいろな文献を参考にした。中でも一番活用したのは、ユネスコが編集・出版している「アフリカの歴史」（全八巻）で、先史時代から二〇世紀まで網羅されている、アフリカ人を中心に二〇〇人近くの専門家を動員して作成したもので、一巻が各八〇〇頁を超える大作である。第一巻は一九八一年に出版され、ちょうど私がユネスコ事務局長に就任した一九九九年までに八巻全てが刊行された。もっとも、資料の収集などに一〇年以上の準備を費やしていることを考えれば、全体として三〇年以上かけて作成したものと言える。同書はまさに、アフリカ人の見地から書かれた初の本格的なアフリカの歴史書であり、専門家の間で高い評価を得ている。

その他、ケンブリッジ大学出版による欧州主要国の歴史書（創土社より訳本出版）、地域ごとに編纂された「アフリカ現代史」（山川出版社）全五巻なども、アフリカの歴史や植民地政策、独立過程を理解する上で役に立った。日本とアフリカの関係については、外務省が作成している一連の公開資料が役立った。

日本でアフリカ研究の第一人者である文化人類学者の川田順造氏は、私が一九六〇年代の西アフリカ在勤時代から親しくしている縁で、同氏はご自身の手になる著書を必ず私に下さるが、アフリカ関係だけでも一〇冊以上を超える。アフリカ全体を理解する上で大変、貴重な資料となったことを記しておきたい。

最近のアフリカの情勢に関しては、私が常日頃愛読しているエコノミスト誌（英国）とジュンヌ・アフリカ誌（フランス）、また日刊紙ではフランスのフィガロ紙とル・モンド紙、イギリスのファイナンシャル・タイムズ紙やアメリカのインターナショナル・ヘラルド・トリビューン紙などに掲載されたアフリカ関係の記事を参考にした。これらは主として西欧及びアメリカの見地から書かれて（ジュンヌ・アフリカ誌は若干異なる）いるが、本書では現地の人々やアフリカ人、アラブ人の視点から分析する重要性を感じていた。従って、ユネスコ事務局のアフリカ局（サハラ以南のアフリカを担当）のアフリカ人スタッフ、対外関係局（北アフリカ担当）のアラブ人スタッフが随時、現状について私に報告したり、上げたりしてくれたメモに非常に助けられた。また、アフリカの各地に勤務している（あるいは勤務したことのある）外務省の後輩諸兄より、貴重な助言をいただいた。

このような大作になるとは恐らく、企画をされた「かまくら春秋社」の伊藤玄二郎代表も想像だにされなかったに違いないが、採算を度外視して筆者を激励していただいた。また、編集担当の田村朗さん、帆足公美さんには原稿・写真整理でご尽力いただいた。この場を借りて厚く御礼申し上げたい。

ユネスコ事務局の邦人職員にも言及しておきたい。中でも広報部の斎藤珠里氏には、データの収集のみならず、日本で長年ジャーナリストをしていた経験をいかして、膨大な分量の原稿を読みやすい形に作成してもらった。私の日本人秘書である梅原弥生および菅生好両氏も、縁の下の力持ちとして煩雑な仕事を数多く引き受けてくれた。彼女たちの協力なしには完成しなかった。最後に、この本のタイトルと副題の名付け親を紹介したい。『ハリー・ポッター』の翻訳で知られる松岡祐子氏である。「曙光」とは、まさにアフリカの現状を言い当てており、将来に期待を寄せる私の思いを汲んで余りある。

本来、ユネスコ事務局長の仕事だけでも多忙を極める。本書を執筆するにあたっては休暇を犠牲にしなければならなかった。そんな私を、むしろ激励してくれた妻、貴子には心から感謝している。他方、私にとって非常に残念なのは、二〇〇八年一二月に九三歳で他界した母に本書を手渡せないことである。私が愛着を持っているアフリカについて執筆することを、生前の母がとても喜んでくれた。上梓を心待ちにしていた母に、本書を捧げることにしたい。

二〇〇九年九月二九日　七二歳の誕生日に――

松浦晃一郎

各国のデータ部分の作成に当っては、主に外務省ホームページ（http://www.mofa.go.jp/mofaj/、2009年6月）および『大辞典NAVIX』（講談社）等を参考にしました。

各国の人口は2008年、世界銀行の統計によるものです。

松浦晃一郎（まつうら・こういちろう）

1937年生まれ。山口県出身。59年東京大学法学部を中退、外務省入省。61年米国ハヴァフォード大学経済学部卒。経済協力局長、北米局長、外務審議官を経て94年より駐仏大使。99年11月アジアから最初のユネスコ事務局長（第8代）に就任。05年に再任。著書に『ユネスコ事務局長奮闘記』、『世界遺産』など多数。

アフリカと共に50年
アフリカの曙光

著　者　松浦晃一郎
発行者　伊藤玄二郎
発行所　かまくら春秋社
鎌倉市小町二―一四―七
電話〇四六七（二五）二八六四
印刷所　ケイアール

平成二一年一一月一六日　発行

ISBN978-4-7740-0452-5